Linde/Clausnitzer/Kohlhepp · Vorteilhafte Testamentsgestaltung

Vorteilhafte Testamentsgestaltung

Ein Wegweiser für den Unternehmer, den Freiberufler und den Privatmann

begründet von

Dr. Georg Herold, Notar i. R. und

Wolfgang Kirmse, Oberregierungsdirektor i. R.

fortgeführt von

Dr. Trutz Linde, Notar a. D., Müllheim / Baden

Dr. Martin Clausnitzer, LL. M., Rechtsanwalt und Fachanwalt für Steuerrecht, Freiburg und

Hubert Kohlhepp, Wirtschaftsprüfer, Rechtsanwalt und Steuerberater, Tamm

6., völlig neubearbeitete und erweiterte Auflage

Rudolf Haufe Verlag · Freiburg i. Br.

Es haben bearbeitet:
Dr. Linde die Teile A I – IV; B; C I (1. – 5.), II (1., 3., 4), III, V u. VI; D I – V; – den Musterteil außer den Mustern M 44 – M 53; M 75 – M 77.
Dr. Clausnitzer die Teile A V; C I (1 c, 6.), II (2.), III, IV; D VI; E VIII (3.), IX; F II (3., 8 c); Muster M 53.
Herr Kohlhepp die Teile G und H; die Muster M 44 – M 52, M 75 – M 77.

Die Deutsche Bibliothek – CIP-Einheitsaufnahme

Vorteilhafte Testamentsgestaltung: ein Wegweiser für den Unternehmer, den Freiberufler und den Privatmann / begr. von Georg Herold und Karl Wolfgang Kirmse. Fortgef. von Trutz Linde, Martin Clausnitzer, Hubert Kohlhepp. – 6., völlig neubearb. und erw. Aufl. – Freiburg i. Br.: Haufe, 1993.
5. Aufl. u. d. T.: Herold, Georg: Vorteilhafte Testamentsgestaltung

ISBN 3-448-02778-2

NE: Herold, Georg [Begr.]; Linde, Trutz; Clausnitzer, Martin;
Kohlhepp, Hubert

ISBN 3-448-02778-2 Bestell-Nr. 72.02

1. Auflage 1967
2., überarbeitete und erweiterte Auflage 1972
3., vollständig überarbeitete Auflage 1975 (ISBN 3-448-00433-2)
4., vollständig überarbeitete Auflage 1981 (ISBN 3-448-01069-3)
5., vollständig überarbeitete Auflage 1985 (ISBN 3-448-01556-3)
6., völlig neubearbeitete und erweiterte Auflage 1993

Lektorat: Nicole Dürst

Umschlag-Entwurf: Strehlau & Hofe, Freiburg i. Br.
Satz und Druck: F. X. Stückle, Ettenheim

Vorwort zur 6. Auflage

„Das Jahrzehnt der Erben. In Deutschland stehen 1,7 Billionen Mark zur Neuverteilung an“ (Die Welt v. 4. 11. 1992). „Das Thema Erbschaft ist für die meisten Deutschen immer noch tabu“ (FAZ v. 23. 11. 1992). „Bei fehlendem Testament kann ein Unternehmen in die Krise kommen“ (HB v. 10. 11. 1992). Nach solchen Schlagzeilen, die sich heute zuhauf finden, hätte man 1967 bei Erscheinen der 1. Auflage dieses Handbuchs vergeblich gesucht. Die Dimensionen des Erbens und Vererbens hielten sich damals in überschaubaren Grenzen. Noch war die Generation des Wiederaufbaus am Werk, der erst jetzt die Generation der Erben folgt.
Trotz der gewaltigen Mehrung vererblicher Güter ist der Wissensstand breiter Kreise der Bevölkerung über das Erbrecht jedoch unverändert gering geblieben. So fallen in steigendem Maße Nachlaßwerte an Personen, die der Erblasser am allerletzten hätte bedenken wollen, weil keine wirksame letztwillige Verfügung den Nachlaß in die gewünschte Richtung lenkte, aber auch – jedenfalls über die Erbschaftsteuer – an den Staat, weil gesetzlich zulässige steuersparende Vorsorgemaßnahmen versäumt wurden.
Gerade auch auf dem Gebiet des Erbrechts gilt es, Verfügungen stets auch auf ihre steuerlichen Auswirkungen hin zu überprüfen. Dieses Handbuch wurde daher von Beginn an von einem Notar, der als solcher mit dem Erbrecht besonders vertraut ist, in Gemeinschaft mit einem Steuerfachmann gestaltet. Die bisherigen Autoren mußten altersbedingt davon absehen, die längst fällig gewordene 6. Auflage zu bearbeiten. Verlag und die Autoren dieser Auflage haben an der bewährten berufsspezifischen Arbeitsteilung festgehalten.
Das Buch mußte in weiten Teilen völlig neu bearbeitet werden, um einerseits der Fortentwicklung des Zivil- und Steuerrechts Rechnung zu tragen, andererseits aber auch die Änderungen zu berücksichtigen, die die Vereinigung der beiden deutschen Staaten zur Folge hatte. Ab dem 3. Oktober 1990 gilt das Recht der Bundesrepublik nun auch in den ostdeutschen Ländern. Der Einigungsvertrag sah jedoch im Familien-, Ehegüter- und Erbrecht eine Reihe von Übergangsregelungen vor, die zum Teil noch für längere Zeit von großer praktischer Bedeutung sind.
Dieses Handbuch spricht die Menschen in den alten und neuen Bundesländern an, die zur rechten Zeit Vorsorge für den Fall ihres Todes treffen wollen. Die allgemeinverständlichen Informationen und Hinweise sollen den Leser in die Lage versetzen, sich zunächst einmal selbst darüber klar zu werden, was aus seiner Sicht wünschenswert und machbar wäre, um sodann gezielt die Durchführung und die Auswirkungen mit einem Fachmann, also Notar, Anwalt, Steuerberater zu erörtern.

Freiburg i. Br., im Januar 1993 Die Verfasser

Vorwort zur 5. Auflage

Das Werk erläutert in allgemeinverständlicher Sprache die für die Regelung des Nachlasses wichtigsten Bestimmungen. Bürgerlich-rechtliche Fragen, etwa der Errichtung von Testamenten oder der gesetzlichen Erbfolge, werden ebenso behandelt wie einschlägige Bereiche des Steuerrechts, insbesondere des Erbschaftssteuerrechts. Die Möglichkeit, durch geschickte Gestaltung ganz legal Steuern zu sparen, sollte in geeigneten Fällen nicht ungenutzt bleiben. Das Buch kann im Einzelfall die Beratung durch einen Fachkundigen (Anwalt, Notar, Steuerberater), vor allem in schwierigen und komplexen Testamentsfragen, kaum ersetzen. Für den Leser ist ein gewisses Maß eigener Sachkenntnis aber auf jeden Fall von Vorteil. Entsprechend fundierte eigene Anregungen und Gestaltungsvorschläge können die Arbeit des Fachberaters wertvoll unterstützen.

Das Werk erscheint nun bereits in der 5. Auflage und dokumentiert damit das große Interesse an den bei einer möglichst vorteilhaften Nachlaßregelung zu beachtenden Gesichtspunkten. Die einschlägigen Vorschriften des Zivilrechts ebenso wie die des Steuerrechts haben sich seit dem Erscheinen der letzten Auflage in wichtigen Punkten geändert. Das Buch wurde deshalb vollständig überarbeitet und ergänzt. Die 5. Auflage gibt den Stand von Gesetzgebung, Rechtsprechung und Verwaltungsanweisungen vom Sommer 1985 wieder.

Den zivilrechtlichen Teil und die zahlreichen Muster im Anhang hat Herr Dr. Herold, Notar i. R., ausgearbeitet. Die steuerlichen Hinweise stammen von Herrn Oberregierungsdirektor i. R. Kirmse.

Die Verfasser hoffen, daß auch die Neuauflage ebenso wie die Vorauflagen bei den immer komplizierter werdenden rechtlichen Regelungen ein guter Ratgeber und Wegweiser sein kann.

Augsburg/Nürnberg, im Juli 1985 Die Verfasser der Vorauflage

Inhaltsübersicht

A. Überlegungen vor und nach der Testamentserrichtung

I. Rechtzeitige Errichtung

1 Niemand denkt gern an seinen Tod. Manche Menschen vermeiden es ängstlich, für den Fall ihres Ablebens vorzusorgen und rechtzeitig letztwillige Verfügungen zu treffen. Andere wiederum sind so unbekümmert, zu glauben, daß es damit keine Eile habe. Sie verschieben die Testamentserrichtung von einem Monat auf den anderen, von einem Jahr auf das nächste und meinen, es werde ihnen später, wenn sie einmal ernstlich krank sein sollten, immer noch genügend Zeit für die Testamentserrichtung verbleiben. Wie falsch diese Auffassung ist, zeigen die vielen unerwarteten und plötzlichen Todesfälle, die gerade Menschen in den besten Jahren immer wieder mitten aus dem beruflichen Schaffen reißen. Ein Herzinfarkt, ein Unfall im Verkehr oder Beruf mögen die Ursache sein. So kommt es, daß viele Menschen sterben, ohne zuvor ihren letzten Willen niedergelegt zu haben. Sie mögen zu Lebzeiten immer richtig und rechtzeitig disponiert und durch Ersparnisse, Versicherungen und dgl. gegen alle Wechselfälle des Lebens Vorsorge getroffen haben, die „Vorsorge" für den Fall ihres eigenen Ablebens haben sie unterlassen. Von den Folgen dieses Versäumnisses werden sie selbst zwar nicht mehr betroffen, für die Hinterbliebenen dagegen können sich hieraus große Nachteile ergeben.

2 Wenn eine letztwillige Verfügung fehlt, tritt die sog. gesetzliche Erbfolge ein, d. h. der Nachlaß fällt an die nächsten Hinterbliebenen des Verstorbenen. Dies wird nicht immer seinen Vorstellungen und Absichten entsprechen. Vor allem, wenn ein gewerbliches Unternehmen, wenn Grund- und Hausbesitz, eine freiberufliche Praxis, wertvolle Einrichtungsgegenstände, Schmuck und Kostbarkeiten, Familienerbstücke u. dgl. vorhanden sind, wird sich der Besitzer solcher Vermögenswerte in der Regel ganz bestimmte Gedanken darüber machen, wie diese Gegenstände nach seinem Tode unter seinen nächsten Angehörigen oder auch an entferntere Verwandte, an Freunde und Bekannte, verteilt werden sollen. Dieser Plan kann durch den Eintritt der gesetzlichen Erbfolge vereitelt werden (s. u. Rz. 147 – 196).
Die gesetzliche Regelung führt häufig dazu, daß mehrere Personen zu gleichen oder verschiedenen Anteilen Erben werden. Es entsteht dann eine Erbengemeinschaft, die früher oder später durch Aufteilung der vorhandenen Vermögenswerte auseinandergesetzt werden muß. Solche Erbauseinandersetzungen führen erfahrungsgemäß in vielen Fällen zu Meinungsverschiedenheiten und Streitigkeiten zwischen den Beteiligten, die in langwierigen und kostspieligen Prozessen ihren Niederschlag finden können. Die nächsten Verwandten werden auf diese Weise oft gegenseitig zu den erbittertsten

Feinden. Dabei hätte es der Erblasser in der Hand gehabt, diesen höchst unerfreulichen Auswirkungen seines Ablebens vorzubeugen: In einer letztwilligen Verfügung hätte er, wenn er schon mehrere Angehörige zu Miterben einsetzen wollte, für die Auseinandersetzung eindeutige und verbindliche Anordnungen treffen können.

3 Geradezu unerläßlich ist die rechtzeitige Testierung für jeden **selbständigen Geschäftsmann,** hängt doch das Schicksal des Betriebes in hohem Maße davon ab, daß der Inhaber für den Fall seines Ablebens die richtigen Verfügungen getroffen hat. Anderenfalls besteht die Gefahr, daß die Erben sich nicht einigen können, wer von ihnen den Betrieb übernehmen soll, so daß das Unternehmen verkauft werden muß und damit der Familie verlorengeht. Eine andere Gefahr besteht darin, daß die Erben Ansprüche geltend machen, die dem Betrieb die notwendigen Mittel entziehen, so daß der Übernehmer des Betriebs in Zahlungsschwierigkeiten und vielleicht sogar in Konkurs gerät. Kraft Gesetzes sind die Erben dazu berechtigt, das Gesetz nimmt keine Rücksicht auf den Betrieb. Der Vernichtung seines Lebenswerkes vorzubeugen ist allein Aufgabe des Unternehmers. Dabei wird er sein besonderes Augenmerk auf die Wahl eines geeigneten Nachfolgers richten müssen und auch an seine Ehefrau zu denken haben, die in der Regel darauf angewiesen ist, aus dem hinterlassenen Betrieb ihren Lebensunterhalt zu beziehen, und die der Verlust des Unternehmens am schwersten treffen würde. Durch rechtzeitige Testamentserrichtung für den Todesfall vorzubeugen, ist Pflicht jedes verantwortungsbewußten Menschen. Das sollte nicht erst im hohen Alter geschehen, sondern möglichst schon mit der Eheschließung, da von diesem Zeitpunkt an die Verantwortung für die wirtschaftliche Sicherstellung des Ehegatten und der künftigen gemeinsamen Kinder beginnt.

II. Periodische Überprüfung des Testaments

4 Bei frühzeitiger Testamentserrichtung bestehen freilich insofern Schwierigkeiten, als der menschlichen Voraussicht Grenzen gesetzt sind. Noch so wohlüberlegte letztwillige Verfügungen können durch die Entwicklung der Verhältnisse überholt werden. Personen, die als Erben eingesetzt oder mit Vermächtnissen bedacht sind, können sterben oder ihre Beziehungen zum Erblasser können sich so verändern, daß letzterer kein Interesse mehr daran hat, ihnen letztwillig etwas zuzuwenden. Der Erblasser weiß nicht, ob im Falle seines Ablebens sein Ehegatte wieder heiraten wird, ebensowenig weiß er, ob er selbst nach dem Vorversterben seines Ehepartners nicht wieder eine zweite Ehe eingehen wird. Wir können weder die Zahl noch das Geschlecht oder die Charaktereigenschaften unserer Kinder vorausberechnen. Ob eines davon zur Übernahme des Unternehmens oder der freiberuflichen Praxis

bereit und in der Lage sein wird, läßt sich nicht vorhersehen. Ebenso wie die Verhältnisse innerhalb der Familie entzieht sich auch die künftige wirtschaftliche und politische Entwicklung jeder Voraussicht. Kein Unternehmer kann schließlich die Schwierigkeiten voraussehen, die sich aus der Entwicklung der Marktverhältnisse ergeben. Ob sich sein Betrieb auch in dem noch härter werdenden Konkurrenzkampf der Zukunft behaupten wird, kann niemand mit Sicherheit voraussagen. Auch können sich die Vermögensverhältnisse des Erblassers so verändern, daß die getroffenen Verfügungen keinen Sinn mehr haben. Einzelne Vermögenswerte können nicht mehr vorhanden, andere neu hinzugekommen sein. Im Laufe der Jahre können Wertverschiebungen eintreten, die eine Abänderung der letztwilligen Verfügungen angezeigt erscheinen lassen. So kann z. B. ein Grundstück, das vor zehn oder fünfzehn Jahren lediglich geringwertiges Grünland war, inzwischen Bauland geworden sein und wegen der sprunghaft gestiegenen Grundstückspreise heute einen ganz erheblichen Vermögenswert darstellen.

Die gänzlich unvorhersehbare **Einigung Deutschlands,** die aufgrund des 5
Einigungsvertrages am 3. 10. 1990 rechtswirksam wurde, brachte umwälzende Änderungen des Rechts, die gerade auch für letztwillige Verfügungen, die Bürger der BRD sowie der DDR zu Zeiten der trennenden Mauern errichtet hatten, von größter Bedeutung sein können.
Die nunmehr bestehende Verfügbarkeit über Vermögensgegenstände im bisher „anderen" Deutschland, insbes. über Immobilien sowie Rechten hieran auf Rückübertragung und Entschädigung macht Testamente, die noch auf früheren Einschätzungen der Lage beruhten, korrekturbedürftig.
Die Ablösung des Erbrechts des ZGB (DDR) durch die Vorschriften des BGB (BRD) sowie die hierzu ergangenen Übergangsbestimmungen sollten aber auch jeden Bürger der ostdeutschen Länder veranlassen, sein Testament der neuen Rechtslage anzupassen.
Trotz all dieser Ungewißheiten kann aus den aufgezeigten Gründen auf eine frühzeitige Vorsorge für den Todesfall nicht verzichtet werden. Es braucht auch niemand zu befürchten, daß er sich mit der Errichtung seines Testaments bereits endgültig festgelegt hat. Testamente können jederzeit wieder außer Kraft gesetzt oder geändert werden. Auf welche Weise dies geschieht, wird weiter unten (Rz. 114ff.) näher erläutert. Nicht einseitig widerrufbar sind allerdings wechselseitige Verfügungen in gemeinschaftlichen Testamenten nach dem Tode des anderen Ehegatten und Erbverträge (s.u. Rz. 116 – 129).

Steuerliche Überlegungen sollen zwar bei der Abfassung eines Testaments 6
nicht allein den Ausschlag geben. Man sollte aber auch die steuerlichen Auswirkungen bei der Nachlaßregelung nicht ganz außer acht lassen. Durch ent-

sprechende Testamentsgestaltung können unter Umständen beachtliche Steuerbelastungen in rechtlich durchaus zulässiger Weise vermieden werden. Nun wird leider unser Steuerrecht häufig geändert. Man sollte deshalb ältere Testamente immer wieder einmal daraufhin überprüfen, ob sie nicht aus steuerlichen Gesichtspunkten anders gefaßt werden müssen. Für die Besteuerung von Erwerben von Todes wegen (insbesondere von Erbschaften und Vermächtnissen), aber auch für Schenkungen unter Lebenden sind seit dem 1. 1. 1974 die Bestimmungen des Erbschaftsteuer- und Schenkungsteuergesetzes (ErbStG) vom 17. 4. 1974 (BGBl I S. 933) in der Neufassung vom 19. 2. 1991 (BGBl I S. 468), in Kraft ab 1. 1. 1991, maßgebend (Einzelheiten s.u. Rz. 18ff.).

Es ist notwendig, letztwillige Verfügungen von Zeit zu Zeit daraufhin zu überprüfen, ob sie den gegebenen Verhältnissen und dem Willen des Testators noch entsprechen. Welche Unzuträglichkeiten entstehen können, wenn diese Überprüfung unterbleibt, zeigt folgender Fall, der Mitte der Fünfzigerjahre durch die Tagespresse ging:

Ein Mann war im hohen Alter von nahezu neunzig Jahren verstorben. In seinem Nachlaß fand sich ein Testament, das er vor etwa 50 Jahren errichtet hatte. Darin hatte er seine Ehefrau und seine beiden Kinder zu gleichen Teilen als Erben eingesetzt. Aber seine Ehefrau war längst nicht mehr am Leben, sein Sohn war im Ersten Weltkrieg gefallen und seine Tochter in der Nachkriegszeit nach Übersee ausgewandert; ihr Aufenthalt war nicht zu ermitteln. Das Testament enthielt ferner eine ganze Reihe von Vermächtnissen, auch diese erwiesen sich als nicht erfüllbar. So hatte der Erblasser verschiedene caritative Verbände bedacht, die sich längst aufgelöst hatten. Seiner Mutter, die bereits seit 40 Jahren die Erde deckte, sollte nach dem Testament ein namhafter Betrag in einer Währung zufallen, die es seit Jahrzehnten nicht mehr gab. Und so fiel das immerhin noch beträchtliche Vermögen des alten Sonderlings – trotz des vorhandenen Testaments – an den Fiskus, der es nicht ungern vereinnahmte.

III. Rechtliche Beratung

7 Vor Abfassung nicht ganz einfacher Testamente, besonders wenn umfangreicher Nachlaß zu verteilen und eine Vielzahl von Personen in unterschiedlicher Weise zu bedenken ist, wenn Anordnungen für den Fortbestand eines gewerblichen Unternehmens zu treffen sind oder die Gründung einer Familiengesellschaft ansteht, sollte sich der Erblasser stets von einem Notar oder Rechtsanwalt beraten lassen. Besonderes Augenmerk sollte er dabei auf die steuerlichen Auswirkungen der geplanten Verfügungen richten, ein Gesichtspunkt, der insbesondere beim Unternehmertestament beachtet werden

muß. In schwierigen Fällen wird der Erblasser gut daran tun, neben seinem Rechtsberater auch einen erfahrenen Steuerberater beizuziehen. Die hierdurch entstehenden Kosten machen sich in der Regel bezahlt. Entschließt sich der Erblasser zur Errichtung eines notariellen Testaments (beim Erbvertrag ist notarielle Beurkundung ohnehin vorgeschrieben), so erteilt der Notar jede gewünschte Auskunft und berät den Erblasser über die bestehenden Möglichkeiten der Verwirklichung seines letzten Willens und über die rechtlichen Auswirkungen der beabsichtigten Verfügungen.

Die nachfolgenden Ausführungen sollen die persönliche Rechtsberatung keineswegs überflüssig machen. Sie sollen dem Erblasser an Hand von Beispielen aber einen allgemeinen Überblick über das geltende Erbrecht und die verschiedenen Möglichkeiten der Testierung geben und darüber hinaus die besonderen Probleme aufzeigen, die sich gerade für den Unternehmer bei der Vorsorge für den Todesfall stellen. Die Hinweise müssen notgedrungen allgemein gehalten werden und können nicht die Besonderheiten des Einzelfalles berücksichtigen, weshalb in schwierigen Fällen immer die individuelle Beratung notwendig sein wird. Auch in diesen Fällen dürfte es von Vorteil sein, wenn der Erblasser bereits einen allgemeinen Überblick über die anstehenden Rechts- und Steuerfragen gewonnen hat und mit konkreten Vorstellungen zu seinem Berater geht; er wird dann dessen Ausführungen besser folgen können.

IV. Hinweise des Erblassers an seine Hinterbliebenen

Jeder Todesfall in der Familie bringt eine Fülle von Problemen mit sich. Das 8
gilt insbesondere dann, wenn der Vater oder der Ehemann stirbt, der sich bisher aller wirtschaftlichen und finanziellen Angelegenheiten selbst angenommen hatte. Die Angehörigen stehen jetzt mehr oder weniger hilflos da. Sie wissen vielleicht gar nicht, welche Bankverbindungen der Verstorbene hatte, ob mit seinem Tode Versicherungssummen fällig werden und bei welchen Versicherungsgesellschaften, ob Sterbekassengelder zu erheben sind usw. Dabei sind einige dieser Angelegenheiten durchaus eilbedürftig, wenn den Hinterbliebenen nicht Nachteile entstehen sollen, wie z. B. bei verspäteten Rentenanträgen.

Jeder verantwortungsbewußte und fürsorgliche Geschäfts- und Privatmann wird bestrebt sein, seinen Hinterbliebenen diese Schwierigkeiten zu ersparen, und ihnen beizeiten Hinweise und Ratschläge darüber zu geben, was dereinst im Falle seines Ablebens alles zu beachten sein wird. Mit einer bloßen mündlichen Unterrichtung ist es meist nicht getan. Abgesehen davon, daß sich manche Dinge im Laufe der Zeit ändern, etwa indem Sparverträge oder Versicherungen ablaufen und neu abgeschlossen werden und Verände-

rungen im sonstigen Vermögensbestand eintreten, werden in der Aufregung über den Todesfall solche Ratschläge leicht wieder vergessen. Es empfiehlt sich deshalb, diese Hinweise schriftlich niederzulegen und die Aufstellung von Zeit zu Zeit daraufhin durchzusehen, ob Änderungen oder Ergänzungen vorgenommen werden müssen. Es genügt dann im Todesfall, wenn die Angehörigen wissen, daß eine solche Aufstellung vorhanden ist und wo sie sich befindet.
Selbstverständlich kann niemand im voraus alle Fragen beantworten, die sich den Angehörigen im Falle seines Todes stellen werden. Es muß ihnen deshalb gesagt werden, an wen sie sich diesbezüglich wenden können. Vielleicht ist ein Freund der Familie Rechtsanwalt oder Notar, er kann den Hinterbliebenen in Rechtsangelegenheiten Beistand leisten. Oft sind – etwa im Zusammenhang mit einer Lebens- oder Unfallversicherung – medizinische Fragen zu klären; diesbezüglich können die Angehörigen an den Hausarzt des Verstorbenen oder an einen befreundeten Arzt verwiesen werden. Ist ein Betrieb oder Geschäft vorhanden, das weitergeführt werden muß, so ist es ratsam, den Angehörigen die Anschrift der zuständigen Berufsorganisation mitzuteilen (s. auch Rz. 299ff. sowie Muster M 1, Rz. 553).

1. Was ist im Todesfall zu veranlassen?

9 Ein approbierter Arzt hat den Eintritt des Todes festzustellen und einen Totenschein auszuschreiben, der spätestens am folgenden Tag dem zuständigen Standesamt vorzulegen ist; dabei muß eine Todesanzeige mündlich erstattet werden. Anzeigepflichtig ist in erster Linie die Person, in deren Wohnung sich der Sterbefall ereignet hat, in zweiter Linie jeder, der bei Eintritt des Todes zugegen war oder hiervon aus eigenem Wissen unterrichtet ist. Aufgrund der Todesanzeige stellt der Standesbeamte die Sterbeurkunde – auf Ersuchen der Angehörigen gleich in mehrfacher Ausfertigung – aus.
Bei Versterben in einer Krankenanstalt ergibt sich, wenn die Todesursache unklar ist, die Frage, ob die Leiche seziert werden soll. Den Hinterbliebenen steht insoweit ein Einspruchsrecht zu. Ob sie hiervon Gebrauch machen sollen oder nicht, kann ihnen der Erblasser in seinen Hinweisen nahelegen.
Besteht eine Lebens- bzw. Unfallversicherung oder/und werden mit dem Ableben Sterbegelder fällig, so müssen im Falle eines Unfalltodes die in Betracht kommenden Stellen umgehend telegrafisch oder mittels Einschreibebriefes verständigt werden.

2. Beerdigung

10 Fast jeder Erblasser hat bestimmte Wünsche, wie seine Beisetzung erfolgen und die Trauerfeier gestaltet werden soll. Vielleicht will er auf einem be-

stimmten Friedhof ruhen, möchte einen besonderen Grabstein haben und hat gewisse Vorstellungen über die darauf anzubringende Inschrift. All das kann man seinen Angehörigen auf die eingangs bezeichnete Weise mitteilen, muß sich aber darüber im klaren sein, daß derartige Wünsche für die Hinterbliebenen rechtlich nicht verbindlich sind (sie werden ihnen aus Pietätsgründen in der Regel nachkommen). Will der Erblasser seine Hinterbliebenen diesbezüglich auch rechtlich verpflichten, so muß er die entsprechenden Anordnungen in Form von „Auflagen“ testamentarisch treffen, und zwar unter Beachtung der für letztwillige Verfügungen geltenden Formvorschriften.
Die Kosten solcher „Auflagen“ mindern in voller Höhe den steuerpflichtigen Erwerb, auch wenn es sich um ein besonders teures Grabmal handelt. Hat der Erblasser insoweit in seinem Testament keine Anordnungen in Form einer Auflage erlassen, so sind von dem Erwerb neben den tatsächlich entstandenen Kosten der Bestattung auch die für ein angemessenes Grabdenkmal abziehbar. Für die Angemessenheit spielt neben der Lebensstellung des Erblassers auch die Höhe des Nachlaßvermögens eine Rolle. Ohne Nachweis wird für die Kosten der Bestattung, ein angemessenes Grabmal, die übliche Grabpflege sowie für die dem Erwerber unmittelbar im Zusammenhang mit der Abwicklung und Verteilung des Nachlasses oder der Erlangung des Erwerbs entstehenden Kosten insgesamt ein Betrag von 10000 DM von Amts wegen abgezogen (§ 10 Abs. 5 Nr. 3 ErbStG).
Wer eingeäschert werden will, sollte hierüber eine gesonderte schriftliche Erklärung vorbereiten. Die Genehmigung zur Feuerbestattung muß spätestens 24 Stunden vor der Einäscherung bei der Polizeibehörde des Einäscherungsortes schriftlich beantragt werden.

3. Letztwillige Verfügung

Wer ein Privattestament errichtet hat, das er bei sich zu Hause verwahrt, 11
sollte seinen Angehörigen mitteilen, wo sie diese Urkunde finden können. Ist in der letztwilligen Verfügung ein Testamentsvollstrecker ernannt worden, empfiehlt es sich, seinen Namen und seine Anschrift den Angehörigen bekanntzugeben und ihnen seine sofortige Verständigung zur Pflicht zu machen, damit er notwendige Maßnahmen alsbald treffen kann.

4. Versicherungen u. dgl.

Oft haben die Hinterbliebenen keine Kenntnis, welche Versicherungen be- 12
stehen, wo sich die Policen befinden, ob Sterbegelder anfallen und welche Pensions- und Rentenansprüche ihnen gegebenenfalls zustehen. Wichtig ist es für sie auch zu wissen, welche Versicherungen gekündigt oder umge-

schrieben werden müssen, ob weiterhin Prämien zu zahlen sind usw. Für die Hinterbliebenen ist es eine wesentliche Erleichterung, hierüber unterrichtet zu sein.

5. Vermögensverhältnisse

13 Mancher Geschäfts- oder Privatmann läßt zu seinen Lebzeiten seine Angehörigen über seine Vermögensverhältnisse weitgehend im unklaren, wofür verschiedene Gründe maßgebend sein können. Sie entfallen im Zeitpunkt seines Ablebens. Durch eine genaue Vermögensaufstellung wird vermieden, daß die Hinterbliebenen erst zeitraubende Erkundigungen über vorhandene Vermögenswerte anstellen müssen. Folgende Gliederung der Aufstellung ist empfehlenswert: Grundstücke, Beteiligungen, Forderungen, sonstige Rechte, Bankkonten und -depots, Sparbücher, Sparverträge, Bausparbriefe.
Ratsam ist es, auch die Schulden unter Angabe der Gläubiger anzuführen, damit die Hinterbliebenen wissen, wie die Nachlaßverhältnisse liegen. Auch über Bürgschaften, die der Erblasser übernommen hat, sollten die Angehörigen in Kenntnis gesetzt werden, weil sie evtl. hieraus in Anspruch genommen werden können, falls sie den Verstorbenen beerben. Vom Erblasser erteilte Vollmachten wirken vielfach über seinen Tod hinaus. Jeder Miterbe kann eine solche Vollmacht, wenn er von ihrem Bestehen weiß, kündigen, und zwar selbst dann, wenn die Vollmacht „unwiderruflich" erteilt worden ist.
Schließlich sollte der Erblasser in seiner Aufstellung noch die Gegenstände aufführen, die er ausgeliehen oder die er in Verwahr genommen hat, die ihm also nicht gehören und deshalb den Eigentümern zurückgegeben werden müssen.

6. Weiterführung des Betriebs

14 Wenn der Betriebsinhaber die Nachfolge nicht bereits zu Lebzeiten gelöst hat, wird hierüber erst Klarheit geschaffen, wenn feststeht, wer seine Erben geworden sind. Das ergibt sich erst nach Eröffnung seiner letztwilligen Verfügungen. Bis dahin müssen Übergangsmaßnahmen getroffen werden. Deshalb wird anzuordnen sein, wer den Betrieb einstweilen weiterführen soll, inwieweit bisher von dem Betriebsinhaber wahrgenommene Aufgaben auf andere Mitarbeiter übergehen sollen usw. Jedenfalls liegt es im Interesse der betrieblichen Kontinuität, wenn hierüber genaue Anweisungen des bisherigen Betriebsinhabers vorliegen.

7. Erteilung von Vollmachten

Für Zeiten längerer Abwesenheit oder Erkrankung, aber auch für den Todesfall, sollte nicht nur der Unternehmer, sondern auch jeder Privatmann rechtzeitig Vorsorge treffen, damit im Bedarfsfall die laufende Verfügungsmöglichkeit vor allem über Bank- und Postscheckkonten, über Bankdepots und Safes gesichert bleibt. 15
Der Erblasser wird einer Person seines Vertrauens eine mehr oder weniger weitgehende Vollmacht, am besten gleich eine Generalvollmacht, erteilen. Einfache Schriftform ist ausreichend. Eine notarielle Beurkundung ist allerdings für eine Generalvollmacht sehr zu empfehlen, wenn sie wirklich umfassend sein soll. Andernfalls könnte der Bevollmächtigte wichtige Rechtsgeschäfte, z.B. den Ankauf, Verkauf oder die Belastung von Grundstücken, nicht vornehmen. Legitimiert durch eine Generalvollmacht kann der Bevollmächtigte namens des Bevollmächtigten Willenserklärungen jeder Art gegenüber Geldinstituten, Finanz- und Verwaltungsbehörden, Gerichten und Versicherungen, abgeben. Die Generalvollmacht gilt über den Tod des Erblassers hinaus – in der Vollmachtsurkunde erwähnt das der Notar auf Wunsch ausdrücklich – und bindet auch seine Erben, bis die Vollmacht von den Erben widerrufen wird. Sie ermöglicht vor allem die Verwaltung des Nachlaßvermögens bis zur Annahme der Erbschaft. Möglich ist auch eine Vollmachtserteilung in der Weise, daß die Vollmacht erst mit dem Todesfall in Kraft tritt.

Das Betreuungsgesetz vom 12. 9. 1990 (BGBl I S. 2002, in Kraft seit dem 1. 1. 1992) verleiht einer im Zustand voller Geschäftsfähigkeit erteilten Vollmacht einen besonderen Wert: Gemäß § 1896 Abs. 2 S. 2 BGB ist die Anordnung einer Betreuung eines Volljährigen, der aufgrund einer psychischen Krankheit oder einer körperlichen, geistigen oder seelischen Behinderung seine Angelegenheiten nicht mehr besorgen kann, nicht erforderlich, soweit diese durch einen Bevollmächtigten besorgt werden können. 16
(Hierzu Muster M 2, Rz. 554).

V. Steuerliche Auswirkungen der Testamentserrichtung

Bei der Errichtung eines Testaments sollten auch die steuerlichen Auswirkungen der Nachlaßverteilung nicht ganz außer acht gelassen werden, wenn sie in der Regel auch nicht den Ausschlag geben dürften. Immerhin können durch eine entsprechende Testamentsgestaltung unter Umständen beachtliche Steuerbelastungen in rechtlich durchaus zulässiger Weise vermieden werden. Es handelt sich dabei zunächst einmal um die Besteuerung des Vermögensübergangs nach dem Tode des Erblassers selbst (s.u. Rz. 18ff.). 17

Darüber hinaus können sich Fernwirkungen auf die später von den Erben zu entrichtenden anderen Steuern ergeben. Bei der Vielgestaltigkeit der persönlichen und wirtschaftlichen (finanziellen) Verhältnisse können diese hier allerdings nicht erschöpfend dargestellt werden (s.u. Rz. 64ff.). In wirtschaftlich, besonders finanziell bedeutenderen Fällen empfiehlt sich immer die Zuziehung eines sachkundigen Beraters. Zur Orientierung sollen auch die allgemeinen Hinweise über die Stellung des/der Erben als Rechtsnachfolger eines Erblassers im Steuerrecht überhaupt dienen (s.u. Rz. 76ff.).

1. Erbschaftsteuer

18 Die Erbschaftsteuer wird nach den Vorschriften festgesetzt, die im Zeitpunkt ihrer Entstehung gelten. In der Regel ist dieser Zeitpunkt der Todestag des Erblassers. Bei Pflichtteils- und Erbersatzansprüchen (§§ 2303 und 1934a ff. BGB) ist das am Tag ihrer Geltendmachung maßgebende Erbschaftsteuerrecht entscheidend. In keinem Falle kommt es darauf an, welche steuerlichen Vorschriften bei Errichtung eines Testaments wirksam waren. Ein Erblasser kann auch nicht die Zahlung einer künftigen Erbschaftsteuer vorweg auf sich nehmen. Er kann allerdings in seinem Testament die Entrichtung der von dem künftigen Erwerber zu zahlenden Steuer einem anderen auferlegen; die Steuer dieses Erwerbers berechnet sich dann aus seinem eigentlichen Vermögensanfall zuzüglich der sich für diesen ergebenden Steuer (§ 10 Abs. 2 ErbStG). Vor allem die Anordnung von Vermächtnissen (s.u. Rz. 240ff.) erfolgt häufig mit dem Zusatz „frei von Erbschaftsteuer“. Vor der Erbschaftsteuerreform 1974 konnte auch in einem Lebensversicherungsvertrag bestimmt werden, daß die Versicherungssumme nach dem Tode des Versicherungsnehmers zur Bezahlung der Erbschaftsteuer und/oder zur Ablösung von Lastenausgleichsabgaben an das Finanzamt abzuführen sei. Die Versicherungssumme blieb dann im Rahmen des § 19 ErbStG 1959 erbschaftsteuerfrei; die zur Steuerklasse I oder II gehörenden Erben waren insoweit steuerlich entlastet. Seit dem 3. 10. 1973 besteht diese Vergünstigung nicht mehr. Für vor diesem Tage beantragte „Erbschaftsteuer- und Lastenausgleichsversicherungen“ enthält Artikel 6 des Erbschaftsteuerreformgesetzes 1974 eine Übergangsvorschrift: der alte § 19 ist bis zum 31. 12. 1993 weiterhin anzuwenden; doch mindert sich die nach ihm unberücksichtigt bleibende Versicherungssumme für jedes Kalenderjahr nach 1973 bis zum Eintritt des Versicherungsfalles um jeweils fünf von Hundert (stufenweiser Abbau der Vergünstigung).

19 Für alle Vermögensanfälle, für welche die Steuer nach dem 31. 12. 1973 entstanden ist oder entsteht, richtet sich die Erbschaftsteuer nach dem „Gesetz zur Reform des Erbschaftsteuer- und Schenkungsteuerrechts“ vom 17. 4.

1974 (BGBl I S. 933 ff.) mit verschiedenen Änderungen (z. B. durch Gesetz vom 14. 12. 1976, BGBl S. 3350, vom 18. 8. 1980, BGBl I S. 1542, und vom 22. 12. 1983, BGBl S. 1584), derzeit in der Fassung der Bekanntmachung vom 19. 2. 1991 (BGBl I S. 468). Die Erbschaftsteuer-Durchführungsverordnung vom 19. 1. 1962 regelt, soweit sie heute noch gilt, hauptsächlich Anzeigepflichten von Notaren, Gerichten und Versicherungsunternehmen. Von größerer materieller Bedeutung sind die gleichlautenden Ländererlasse vom 10. 3. 1976 (BStBl I S. 145). Sie haben aber keine Gesetzeskraft. Der Steuerpflichtige kann von ihnen abweichende Ansichten vertreten, die er notfalls dann vor den Gerichten durchfechten muß, da die Finanzämter nach diesen Ländererlassen verfahren. Besondere Abkommen zur Vermeidung doppelter Belastung mit Erbschaftsteuer bei Nachlaßvermögen im Ausland sind in Kraft mit Griechenland, Österreich, Schweden, Schweiz, Israel und mit den Vereinigten Staaten von Amerika. Besondere Vereinbarungen bestehen zwischen Saarland – Frankreich und mit Italien und den Niederlanden (Befreiung von Zuwendungen an gemeinnützige Organisationen). Die folgenden Abschnitte geben einen zusammengefaßten Überblick über die wichtigsten Bestimmungen des Erbschaftsteuerrechts und bringen einige Hinweise für unter Umständen aus erbschaftsteuerlichen Gesichtspunkten vorteilhafte Testamentsgestaltungen.

a) Die Erbschaftsteuer als Erbanfallsteuer

Der Steuer unterliegt nach § 1 ErbStG der Erwerb des einzelnen Empfängers 20
(Erbe, Vermächtnisnehmer, Pflichtteilsberechtigter usw.), die Bereicherung, die ihm zufließt. Die Erbschaftsteuer ist also eine Erbanfallsteuer im Gegensatz zur Nachlaßsteuer, die als eine Art letzter Vermögensteuer sich nach der Höhe des Nachlasses des Verstorbenen richtet, ungeachtet, in wieviel Teile dieser vererbt wird. Ob der Erwerb des einzelnen Empfängers kraft Gesetzes oder infolge eines Testaments bzw. Erbvertrages eintritt, spielt für die Erbschaftsteuer keine Rolle.

b) Grundlagen der Steuerberechnung

Die Höhe der Erbschaftsteuer hängt ab einmal von dem Wert des auf den 21
einzelnen Erwerber übergegangenen Vermögens und zum anderen von dem persönlichen (verwandtschaftlichen) Verhältnis dieses Erwerbers zum Erblasser.

c) Der steuerpflichtige Erwerb

Als steuerpflichtiger Erwerb gilt die Bereicherung des Erwerbers, soweit sie 22
nicht steuerfrei ist. Bereicherung ist der Betrag, der sich ergibt, wenn man

den Wert des angefallenen Vermögens um die nach dem ErbStG abzugsfähigen Nachlaßverbindlichkeiten kürzt (§ 10 Abs. 1 ErbStG).

d) Der maßgebende Stichtag

23 Für die Wertermittlung ist grundsätzlich der Zeitpunkt der Entstehung der Steuer – das ist meist der Todestag des Erblassers – maßgebend (§ 11 ErbStG; sog. Bewertungsstichtag). Spätere Wertsteigerungen oder auch Wertminderungen (z. B. bei Kursschwankungen oder Währungsveränderungen) können nicht berücksichtigt werden. Da auch der Umfang des Erwerbs sich nach den Verhältnissen am Bewertungsstichtag richtet, sollte auf diesen nach Möglichkeit immer eine besondere Vermögensübersicht zusammengestellt werden.

e) Die Bewertungsvorschriften

24 Die Bewertung der einzelnen Vermögensgegenstände richtet sich gemäß § 12 ErbStG grundsätzlich – Einzelheiten s. u. – nach den allgemeinen Bewertungsvorschriften im Ersten Teil des BewG sowie nach dem Ersten Abschnitt („Einheitsbewertung“) der besonderen Bewertungsvorschriften im Zweiten Teil dieses Gesetzes. Die anderen Vorschriften des BewG, insbesondere über den Umfang des sonstigen Vermögens und über nicht zu diesem gehörende Wirtschaftsgüter (§§ 110ff. BewG) haben für die Erbschaftsteuer keine Wirksamkeit (BFH vom 20. 10. 1965, BStBl 1966 III S. 38). Das ErbStG enthält eigene Befreiungsvorschriften.

25 Grundlage für die Bewertung bildet der sog. gemeine Wert (§ 9 BewG). Er wird durch den Preis bestimmt, der im gewöhnlichen Geschäftsverkehr (Handel auf dem freien Markt) nach der Beschaffenheit des Wirtschaftsgutes unter Berücksichtigung aller Umstände bei seiner Veräußerung zu erzielen wäre. Ungewöhnliche oder persönliche Verhältnisse – zu denen auch Verfügungsbeschränkungen durch letztwillige Verfügungen (Testamente) gehören – dürfen nicht berücksichtigt werden.
Wirtschaftsgüter, die einem Unternehmen dienen (sog. Betriebsvermögen), sind seit 1. 1. 1993 nicht mehr regelmäßig mit dem Teilwert, sondern mit den Steuerbilanzwerten oder mit den ertragsteuerlichen Werten anzusetzen (§ 10 S. 1 i. V. m. § 109 BewG i. d. F. des Steueränderungsgesetzes 1992 vom 25. 2. 1992). Danach kommt insbesondere der Ansatz von Kostenwerten (Anschaffungs- und Herstellungskosten) in Betracht, soweit nicht auf den Teilwert zurückgegriffen wird. Das ist nach § 10 BewG der Betrag, den ein Erwerber des ganzen Unternehmens im Rahmen des Gesamtkaufpreises für das einzelne Wirtschaftsgut ansetzen würde, wobei davon auszugehen ist, daß er das Unternehmen fortführt. Der auf den letzten Feststellungszeit-

punkt vor dem für die Erbschaftsteuer maßgebenden Stichtag (meist Todestag) ergangene Einheitswertbescheid für das Betriebsvermögen wird hier wichtige Anhaltspunkte bieten, wenn nicht bis zum Todestag Wertveränderungen in diesem Vermögen eingetreten sind. An sich müssen aber die Werte auf den Stichtag besonders ermittelt werden.

Ein bis zum 1. 1. 1986 erworbener Geschäfts- oder Firmenwert (goodwill) 26
wird steuerlich nur erfaßt, wenn er entweder in der DM-Eröffnungsbilanz angesetzt war, oder wenn nach dem 20. 6. 1948 für seinen Erwerb ein Entgelt gezahlt wurde (BFH vom 6. 8. 1971, BStBl 1971 II S. 677; sog. derivativer Geschäftswert). Es handelt sich um den Mehrwert eines Unternehmens über sein Reinvermögen hinaus, den auch ein Erwerber über den eigentlichen Substanzwert (= Aktiva abzüglich Passiva) hinaus zahlen würde. Für Erwerbsfälle ab dem 1. 1. 1986 wurde bereits durch das Steuerbereinigungsgesetz 1986 eine Bewertung „nach den Grundsätzen über die steuerliche Gewinnermittlung" vorgeschrieben (§ 12 Abs. 5 ErbStG i. V. m. § 9 Abs. 4 BewG a. F.). Dies ist nach dem Steueränderungsgesetz 1992 jetzt generell der Fall.

Ein originärer, vom Inhaber selbst geschaffener Geschäftswert spielt in der 27
Regel nur dann eine Rolle, wenn er als geldwerte Realität eindeutig konkretisiert und durch die Marktlage (z. B. bei Verpachtung des Unternehmens) in Erscheinung getreten ist. Für die Berechnung des Geschäftswertes (Schätzung) hat die Rechtsprechung die indirekte Methode verwendet. Dabei wird von dem mit branchenüblichem Zinsfuß kapitalisierten durchschnittlichen Ertragswert (nach Abzug eines angemessenen Unternehmerlohnes) der letzten Jahre das buchmäßige Betriebsvermögen (Substanzwert) abgezogen; der sich danach ergebende rohe Geschäftswert wird noch um einen Risikoabschlag (meist 50 %) gekürzt. In manchen Fällen wird auch die direkte Methode angewendet, die den nachhaltig erzielbaren Gewinn abzüglich Kapitalverzinsung und kalkulatorisch angemessenem Unternehmerlohn zur Grundlage hat (BFH vom 28. 10. und 8. 12. 1976 sowie 9. 2. 1977, BStBl 1977 II S. 73, 409 und 413). Daß ein Geschäftswert (er kann u. a. den „Namen" – guten Ruf – der Firma, einen festen Kundenkreis, spezialisierten Mitarbeiterstab, einen günstigen Standort, eine besondere Absatzorganisation, eine Monopolstellung, vorhandene Fabrikationsgeheimnisse, vor allem aber die Ertragsaussichten erfassen) bei den Auseinandersetzungen zwischen Miterben unter Umständen eine erhebliche Rolle spielen kann, ist eine andere, die Erbschaftsteuer weniger berührende Frage. Sonstige immaterielle Wirtschaftsgüter (Verlags- oder Urheberrechte, Warenzeichen, Konzessionen, Optionsrechte u. a.) sind anzusetzen, wenn sie entweder entgeltlich erworben wurden, oder wenn ihre selbständige Bewertungsfähigkeit durch die allgemeine Verkehrsanschauung oder durch Aufwendungen anerkannt

wird, die auf diese Wirtschaftsgüter gemacht wurden (BFH vom 13. 2. 1970, BStBl 1970 II S. 369 u. Abschn. 53 I VStR). Der bei Betriebsvermögen inländischer Gewerbebetriebe ab 1. 1. 1984 abziehbare Freibetrag von 125000 DM (ab 1. 1. 1993: 500000 DM) gilt nur für die Vermögen-, nicht auch für die Erbschaft- und Schenkungsteuer (neuer § 117a BewG i.d.F. des Steueränderungsgesetzes 1992 v. 25. 2. 1992, BGBl I S. 297).

28 Wertpapiere sind mit ihrem Börsenkurs am Stichtag anzusetzen (die sog. Steuerkurswerte nach § 113 BewG gelten nicht für die Erbschaftsteuer, vgl. § 12 Abs. 5 S. 3 ErbStG). Für nicht notierte Anteile an Kapitalgesellschaften wird der gemeine Wert – soweit er nicht aus Verkäufen festgestellt werden kann – seit dem 1. 1. 1993 nicht mehr nach dem sog. Stuttgarter Verfahren unter Berücksichtigung des Gesamtvermögens und der Ertragsaussichten der Gesellschaft geschätzt (Abschnitte 76ff. VStR), sondern mit dem Einheitswert des Gewerbebetriebs angesetzt (§ 11 Abs. 2 S. 3 n.F. BewG). Dabei ist – abweichend vom Bewertungsrecht – für erbschaftsteuerliche Zwecke der Wert des letzten Hauptfeststellungstermins (1. 1. 1990, 1. 1. 1993) vor dem Erbfall zugrunde zu legen (§ 12 Abs. 1a ErbStG n.F.). Für Anteilscheine an Kapitalanlagegesellschaften sowie für ausländische Investmentanteile ist der Rücknahmepreis maßgebend. Sonstige Kapitalforderungen und entsprechende Schulden sind – genauso wie Bargeld – mit dem Nennbetrag anzusetzen (der bei unverzinslichen befristeten Ansprüchen abgezinst werden muß). Noch nicht fällige Ansprüche aus Lebens-, Kapital- oder Rentenversicherungen werden mit ihrem Rückkaufswert oder mit zwei Dritteln der eingezahlten Prämien bewertet (§ 12 BewG). Spar(kassen)briefe sind entweder mit ihrem Rückzahlungswert am Stichtag oder mit ihrem um die noch nicht angefallenen (Zinses)Zinsen gekürzten Nennbetrag zu bewerten, Bundesschatzbriefe A mit ihrem Nennwert zuzüglich der aufgelaufenen Zinsen, Bundesschatzbriefe B mit ihrem Rückzahlungswert am Stichtage. Für Beteiligungen an Personengesellschaften ist deren Betriebsvermögen auf den Stichtag zu ermitteln und auf die Beteiligten umzulegen. Die Einlage eines typischen stillen Gesellschafters wird wie eine Kapitalforderung behandelt; bei längerer Unkündbarkeit kommen Zuschläge zum Nennbetrag wegen der voraussichtlich zu erwartenden Erträge in Frage.

29 Wiederkehrende Nutzungen und Leistungen (Nießbrauchs- und Gewinnbeteiligungsrechte, Renten und ähnliches) sind mit ihrem Kapitalwert anzusetzen; er entspricht der Summe der einzelnen Jahreswerte abzüglich der Zwischenzinsen unter Berücksichtigung von Zinseszinsen (bei einem Zinsfuß von 5,5%). Doch darf das Achtzehnfache des Jahreswertes nicht überstiegen werden (§ 13 BewG). Dieses gilt grundsätzlich auch für immerwährende Nutzungen, während solche von unbestimmter Dauer mit dem Neunfachen zu bewerten sind. Der Kapitalwert von lebenslänglichen Nutzungen be-

stimmt sich außerdem nach dem Lebensalter der berechtigten Person. § 14 und Anlage 9 BewG in der Fassung von Artikel 2 des Vermögensteuerreformgesetzes vom 17. 4. 1974 schreiben vor, mit welchem Vervielfacher je nach diesem Lebensalter der Wert der einjährigen Nutzung zu multiplizieren ist. Bei schwankenden Nutzungen ist als Jahreswert der Betrag zugrunde zu legen, der in Zukunft im Durchschnitt der Jahre voraussichtlich erzielt wird; nicht in Geld bestehende Nutzungen sind mit den üblichen Mittelpreisen des Verbrauchsortes anzusetzen. Einzelheiten vgl. §§ 13ff. BewG sowie Abschnitte 61ff. VStR.

Grundbesitz (dazu gehören außer dem Grundvermögen – wie bebaute und 30
unbebaute Grundstücke aller Art, Erbbaurechte, Wohnungs- und Teileigentum – und den Betriebsgrundstücken auch die wirtschaftlichen Einheiten des land- und forstwirtschaftlichen Vermögens laut §§ 20, 68ff., 99 und 33ff. BewG) ist – genauso wie die Mineralgewinnungsrechte nach § 100 BewG – mit dem Einheitswert auf den Zeitpunkt anzusetzen, der der Entstehung der Steuer (Stichtag) vorangegangen ist oder mit ihr zusammenfällt (§ 12 Abs. 2 ErbStG). Maßgebend seit dem 1. 1. 1974 sind die Einheitswerte, die nach dem BewG 1965 (BGBl 1965 I S. 1861) und den Wertverhältnissen vom 1. 1. 1964 auf den Stichtag von den Belegenheitsfinanzämtern festgestellt bzw. fortzuschreiben sind. Diese Einheitswerte sind aber nach Artikel 2 des Erbschaftsteuerreformgesetzes bei Grundstücken und Betriebsgrundstücken (§§ 70 und 99 Abs. 1 Nr. 1 BewG) – nicht auch bei land- und forstwirtschaftlichem Vermögen! – noch um 40 vom Hundert zu erhöhen. Grundstücke, die sich am Stichtag noch im Zustand der Bebauung befinden, sind mit 140% des sog. besonderen Einheitswertes nach § 91 Abs. 2 BewG anzusetzen, der auch einen Betrag für die noch nicht bezugsfertigen Gebäude(teile) mit umfaßt. Für ausländischen Grundbesitz ist genauso wie für ausländisches Betriebsvermögen der gemeine Wert maßgebend (§ 12 Abs. 6 ErbStG). Erfolgt die für einen Grundstücksverkauf des Erblassers nötige behördliche Genehmigung erst nach seinem Tode, so hat sie im Zweifel rückwirkende Kraft (vgl. § 184 Abs. 1 BGB). Zum Nachlaß gehört dann eine am Todestag noch nicht eingegangene Kaufpreisforderung. Diese wäre mit ihrem Nennwert zu versteuern; der meist wesentlich niedrigere Einheitswert des Grundstücks spielt für die Steuerberechnung keine Rolle (BFH II R 81/82 vom 25. 7. 1984).

Pflichtteilsansprüche sind Geldforderungen und grundsätzlich als solche zu 31
bewerten. Wird zur Befriedigung eines geltend gemachten Pflichtteilsanspruchs aber ein Grundstück an Erfüllungs Statt übereignet, so berechnet sich die Erbschaftsteuer nach dem Einheitswert des Grundstücks (Änderung der Rechtsprechung durch BFH vom 17. 2. 1982, BStBl II S. 350). Der Berechnung des Pflichtteils der nach § 2303 BGB in der Hälfte des Wertes des

gesetzlichen Erbteils besteht, sind aber nicht die steuerlichen Bewertungsvorschriften zugrunde zu legen, auch nicht eine vom Erblasser getroffene Wertbestimmung; der Wert (§ 2311 BGB) ist vielmehr durch Schätzung zu ermitteln, wie ihn im Streitfall das Gericht errechnen würde (= bürgerlichrechtlicher Verkehrswert).

32 Als Geldforderung ist auch der Erbersatzanspruch des nichtehelichen Kindes und anderer Personen gemäß §§ 1934a ff. BGB zu bewerten (s. u. Rz. 170ff.). Für die Berechnung des Anspruchs selbst sind aber nicht die Steuerwerte (z. B. nicht Grundstückseinheitswerte), sondern die gemeinen Verkehrswerte anzusetzen.

33 Die in Hamburg, Niedersachsen, Nordrhein-Westfalen und Schleswig-Holstein geltende Höfeordnung (Fassung vom 26. 7. 1976, BGBl 1976 I S. 1933; in manchen anderen Ländern gelten ähnliche Vorschriften) räumt den sog. „weichenden Erben“ gegen den Hoferben, soweit durch letztwillige Verfügung nichts anderes bestimmt ist, einen Anspruch auf Abfindung in Geld ein. Er richtet sich nach dem Wert des Hofes, der in der Regel kraft Gesetzes mit dem Eineinhalbfachen des Einheitswertes anzusetzen und von dem die den Hoferben allein treffenden Verbindlichkeiten abzuziehen sind. Als Geldforderung ist der Abfindungsanspruch mit dem Nennbetrag zu bewerten. Gleiches gilt für etwaige spätere Ergänzungsansprüche der Miterben nach § 13 HöfeO, wenn der Hoferbe den Hof oder Teile von ihm innerhalb von 20 Jahren nach dem Erbfall veräußert. Bemessungsgrundlage für die Besteuerung dieser Ergänzungsansprüche ist nicht der auf den einzelnen Miterben nach allgemeinen Erbbestimmungen fallende anteilige Einheitswert, sondern die Höhe der erhaltenen Ergänzungszahlung (Finanzgericht Niedersachsen vom 15. 8. 1978). Für den Hoferben ändert sich an seiner ursprünglichen Erbschaftsteuer nichts. Er mußte beim Tode des Erblassers den ihm zufallenden Hof wie ein Vorausvermächtnis außerhalb des ihm sonst noch anfallenden Erwerbs versteuern und konnte dabei die Abfindungsansprüche der Miterben als Nachlaßverbindlichkeit abziehen (soweit diese zinslos gestundet wurden, mußten sie dabei mit dem abgezinsten Betrag angesetzt werden). Einen späteren Veräußerungserlös hätte der Hoferbe höchstens bei seiner Einkommensteuer als Veräußerungsgewinn zu versteuern.

34 Etwas anderes gilt allerdings, wenn es sich nicht um ein Vorausvermächtnis zugunsten des Hoferben i. S. v. § 2150 BGB handelt (dessen Wert er sich nicht auf seinen Erbanteil anrechnen lassen muß), sondern um testamentarische Teilungsanordnungen i. S. v. § 2048 BGB, durch die ohne wertmäßige Begünstigung Gegenstände des Nachlasses auf die Miterben verteilt werden. In diesem Falle führt der Wertausgleich an die weichenden Miterben nicht

zu einer Wertverschiebung bei den Erbquoten, so daß die Aufteilung des Vermögens einschließlich der Abfindungszahlungen erbschaftsteuerlich unbeachtlich ist (so BFH v. 1. 4. 1992, DStR 1992, 1281). Jeder Miterbe hat dann nur seinen Erbanteil an den gesamten Nachlaßwerten einschließlich des Hofeseinheitswerts abzüglich seines Anteils an den Nachlaßschulden zu versteuern.

Bei Vermächtnissen richtet sich die Bewertung nach dem Wert des Wirt- 35
schaftsgutes, das vermacht ist (für ein Grundstück ist z. B. dessen Einheitswert maßgebend). Bei einem Wahlvermächtnis (§ 2154 BGB) ist der Wert des Gegenstandes entscheidend, den der Bedachte gewählt hat. Renten- und Nießbrauchsvermächtnisse sind mit ihren Kapitalwerten (§§ 13ff. BewG) anzusetzen. Ist Gegenstand eines Verschaffungsvermächtnisses ein Grundstück, so hat dessen Empfänger den Grundstückseinheitswert zu versteuern; der mit einem solchen Beschaffungsvermächtnis Beschwerte (Erbe usw.) kann das als Nachlaßverbindlichkeit von seinem Vermögensanfall abziehen, was er zur Beschaffung des nicht zum Nachlaß gehörenden „vermachten" Gegenstandes aufwenden mußte. Ist durch ein Kaufrechtsvermächtnis der Bedachte befugt, einen Nachlaßgegenstand zu einem bestimmten (meist recht günstigen) Preis zu erwerben, so liegt ein erbschaftsteuerpflichtiger Erwerb nur vor, soweit der steuerliche Wert des betreffenden Gegenstandes den festgesetzten Preis übersteigt (BFH vom 12. 7. 1961, BStBl 1961 III S. 391).

f) Die abzugsfähigen Beträge

Von dem steuerpflichtigen Erwerb sind als Nachlaßverbindlichkeiten ab- 36
zugsfähig die vom Erblasser herrührenden Schulden – soweit solche Schulden nicht schon bei dem Ansatz seines Betriebsvermögens abgezogen worden sind –, auch seine bis zu seinem Tod entstandenen persönlichen Steuerschulden sowie die sog. Erbfallverbindlichkeiten, die erst infolge des Todes entstehen. Zu diesen gehören die Verbindlichkeiten aus Vermächtnissen und Auflagen sowie – soweit geltend gemacht – aus Pflichtteilen und Erbersatzansprüchen, ferner die Kosten der Bestattung einschließlich der üblichen Beisetzungsfeierlichkeiten, für ein angemessenes Grabmal sowie die Grabstätte, auch für die übliche Grabpflege (anzusetzen ist in der Regel das Neunfache des jährlichen Aufwandes gemäß § 13 Abs. 2 BewG) und schließlich die Kosten, die dem Erwerber unmittelbar im Zusammenhang mit der Abwicklung, Regelung und Verteilung des Nachlasses oder mit dem Erlangen des Erwerbs (z. B. die Kosten eines für den Nachlaß geführten Prozesses) entstehen. Für alle diese Bestattungs- und Nachlaßregelungsaufwendungen wird auch ohne Nachweis für den gesamten Erbfall ein einmali-

ger Pauschalbetrag von 10000* DM abgezogen (§ 10 Abs. 5 Nr. 3 ErbStG); höhere Aufwendungen der erwähnten Art müssen allerdings im einzelnen nachgewiesen werden. Für den Testamentsvollstrecker ist eine angemessene Vergütung (s. Rz. 274ff.) abzugsfähig, soweit sie für die Durchführung der Erbauseinandersetzung gezahlt wird, nicht dagegen, soweit es sich um eine sog. Dauervollstreckung (im Gegensatz zur Abwicklungsvollstreckung), d.h. um eine länger laufende Nachlaßverwaltung handelt (notfalls muß die Gesamtvergütung aufgeteilt werden). Solche Verwaltungskosten können bei der Einkommensteuer unter Umständen als Betriebsausgaben (oder Werbungskosten) abgesetzt werden (BFH vom 22. 1. 1980, BStBl 1980 II S. 351), die Aufwendungen für eine Abwicklungstestamentsvollstreckung dagegen nicht. Hat der Erblasser eine Vergütung für den Testamentsvollstrecker festgesetzt, die über das angemessene Maß hinausgeht, so kann darin ein steuerbares Vermächtnis zugunsten des Testamentsvollstreckers liegen, das bei den Erben dann als Nachlaßverbindlichkeit abzugsfähig wäre.

Zuwendungen, die ein Erbe zu Lebzeiten des Erblassers an diesen als Gegen- 37
leistung für eine vertraglich vereinbarte Erbeinsetzung erbracht hat, sind Kosten, die unmittelbar im Zusammenhang mit der Erlangung des Erwerbs stehen (wenn z.B. in einem notariellen Vertrag der X von der künftigen Erblasserin als Erbe eingesetzt ist und dieser dafür nach dem Vertrag eine einmalige Summe bzw. monatliche Leibrenten zahlt). Solche Aufwendungen sind neuerdings als Nachlaßverbindlichkeiten vom Erwerb abziehbar (BFH vom 13. 7. 1983, BStBl 1984 II S. 37). Auch wenn ein Nacherbe auf die Geltendmachung von Pflichtteilsansprüchen verzichtet und dafür von dem Vorerben eine Abfindung erhält, so gehört diese zu den Verbindlichkeiten, die bei der Ermittlung des Vermögensanfalls des Vorerben abziehbar sind (BFH vom 18. 3. 1981, BStBl 1981 II S. 473).

Ausgaben für die Ausarbeitung der Erbschaftsteuererklärung können – 38
zwar nicht als Werbungskosten oder Betriebsausgaben (BFH vom 18. 7. 1972, BStBl 1972 II S. 878) – aber als Nachlaßverbindlichkeiten von dem Erwerb abgezogen werden (z.B. Erlaß Saarland v. 6. 2. 1991, DStR 1991, 350). Die Erbschaftsteuer selbst ist hingegen nicht abzugsfähig; es kann lediglich im Rahmen des § 21 ErbStG die in einem ausländischen Staat für Auslandsvermögen nachweisbar gezahlte ausländische Erbschaftsteuer auf die deutsche angerechnet werden. Allerdings sind reine Steuerberatungskosten, soweit sie nicht Betriebsausgaben oder Werbungskosten darstellen, nach § 10 Abs. 1 Nr. 6 EStG als Sonderausgaben bei der Ermittlung des Einkommens vom Gesamtbetrag der Einkünfte abzugsfähig. Die von einem Testamentsvollstrecker den Erben in Rechnung gestellten Kosten für einen

* 5000 DM, wenn die Steuer vor dem 1. 1. 1980 entstanden ist.

von ihm zur Abfassung der Erbschaftsteuererklärung beauftragten Steuerberater sind bei den Erben abzugsfähige Nachlaßverbindlichkeiten (FG München vom 21. 10. 1982, EFG 1983 S. 243, rechtskräftig).

Nicht vom Erwerb können ferner abgezogen werden die Kosten für die Ver- 39
waltung und Verwertung des Nachlasses (vgl. Nds. FG v. 4. 10. 1991, EFG 1992, 141) sowie alle Schulden und Lasten, die in wirtschaftlichem Zusammenhang mit nicht der deutschen Erbschaftsteuer unterliegenden Vermögensgegenständen stehen. Die nach § 25 ErbStG 1959 vorhandene Möglichkeit, auf Antrag eines Erwerbers, der im Haushalt oder Betrieb des Erblassers ohne Barlohn Dienste geleistet hatte, von seinem Erwerb einen seiner Arbeit und Dienstzeit angemessenen Betrag abzusetzen, besteht nach dem ErbStG 1974 nicht mehr. Dagegen gelten nach wie vor die infolge des Vermögensüberganges durch Vereinigung von Recht und Verbindlichkeit (oder Belastung) erloschenen Rechtsverhältnisse als nicht erloschen; entsprechende Ansprüche sind also anzusetzen und Verpflichtungen abzuziehen.

g) Die Steuerklassen

Man bezeichnet die Erbschaftsteuer als verwandtschaftsbezogen. Ihre Höhe 40
hängt nicht nur von dem Wert des Erwerbes ab, sondern außerdem noch von dem Verwandtschaftsverhältnis zwischen den Beteiligten, dem Erblasser (Schenker) und dem Erwerber. Nach diesem Verhältnis unterscheidet § 15 ErbStG vier Steuerklassen (bis Ende 1973 gab es fünf). Zu welcher Klasse ein Erwerber gehört, ist sowohl für die in Betracht kommenden Befreiungsmöglichkeiten wie für die Steuersätze von entscheidender Bedeutung. Wegen der Einteilung der Erwerber in die einzelnen Steuerklassen s. u. Rz. 179ff.

h) Die Steuerbefreiungen

Das ErbStG unterscheidet zwischen Steuerbefreiungen für bestimmte Ver- 41
mögensgegenstände oder Zuwendungen (§ 13) und Freibeträgen für den/die Erwerber (§§ 16 und 17). Alle Vergünstigungen kommen nebeneinander zur Anwendung. Steuerfrei bleiben u. a. Hausrat sowie Kunstgegenstände und Sammlungen bei einem Erwerb durch Personen der Steuerklassen I und II bis zu einem Wert von insgesamt 40000 DM, durch Personen der anderen Steuerklassen bis zu 10000 DM, und andere bewegliche körperliche Gegenstände (wie Kraftwagen, Schmuck, Segelboote, Privatflugzeuge usw.) bei Steuerklasse I und II bis zu 5000 DM und sonst bis zu 2000 DM. Zu versteuern ist jeweils nur der übersteigende Wert. Diese Befreiungen gelten aber nicht für Zahlungsmittel, Wertpapiere, Münzen, Edelmetalle, Edelsteine und Perlen. Grundbesitz, Kunstgegenstände, Kunstsammlungen, wissen-

schaftliche Sammlungen, Bibliotheken und Archive bleiben ganz oder zu 60 % steuerfrei, wenn sie der Allgemeinheit zugänglich, der Forschung oder Volksbildung nutzbar gemacht sind, ihre Erhaltung im öffentlichen Interesse liegt und die jährlichen Kosten die Einnahmen übersteigen. Der Erwerb durch arbeitsunfähige Vorfahren ist bis zu einem Vermögen von 40000 DM begünstigt. Wer dem Erblasser gegen unzureichendes Entgelt Pflege oder Unterhalt gewährt hat, kann bis 2000 DM von seinem Erwerb absetzen. Nicht der Erbschaftsteuer unterliegen auch Vermögensgegenstände, die (Vor-)Eltern ihren Abkömmlingen durch Schenkung oder Übergabevertrag zugewendet hatten und die an diese Personen durch Erbfolge zurückfallen.

42 Steuerfrei bleiben ferner Befreiungen von Schulden gegenüber dem Erblasser, sofern die Schulden durch Gewährung von Mitteln für einen angemessenen Unterhalt oder zur Ausbildung des Bedachten begründet worden sind oder der Erblasser die Befreiung wegen einer wirtschaftlichen Notlage des Schuldners angeordnet hat. Der unentgeltliche Verzicht auf die Geltendmachung eines Pflichtteils – oder (bei einem nichtehelichen Kind) Erbersatzanspruchs wird nicht zur Erbschaftsteuer herangezogen (§ 13 Abs. 1 Nr. 11 ErbStG). Wird für den Verzicht eine Abfindung gewährt, so gilt diese als vom Erblasser zugewendeter steuerbarer Erwerb von Todes wegen (§ 3 Abs. 2 Nr. 4 ErbStG). Besteht die Abfindung in der Übertragung eines Grundstücks, so berechnet sich die Steuer nach dessen (in der Regel um 40 % erhöhten) Einheitswerts, nicht nach dem Wert des Anspruchs, auf den verzichtet wird. Nicht zu versteuern ist der Erwerb des sog. Dreißigsten (nach § 1969 BGB muß der Erbe in den ersten 30 Tagen nach dem Tod des Erblassers den zu dessen Hausstand gehörenden und von ihm unterhaltenen Familienangehörigen im bisherigen Umfang Unterhalt gewähren). Die Anfälle an den Bund, ein Land oder eine Gemeinde bleiben genauo steuerfrei wie Zuwendungen an inländische Religionsgesellschaften oder Körperschaften, Personenvereinigungen und Vermögensmassen (Stiftungen) mit ausschließlich gemeinnützigen oder kirchlichen Zwecken sowie an politische Parteien. Die Begünstigung der sog. Erbschaftsteuer- und Lastenausgleichsversicherung nach § 19 ErbStG 1959 läuft (bis Ende 1993) aus. Nach dieser Vorschrift blieb eine Versicherungssumme, die entsprechend einem Lebensversicherungsvertrag nach dem Tode des Versicherungsnehmers binnen zwei Monaten zur Bezahlung der Erbschaftsteuer und/oder zur Ablösung von Lastenausgleichsabgaben an das Finanzamt abgeführt wird, bei der Feststellung des steuerpflichtigen Erwerbs von Angehörigen der Steuerklasse I oder II insoweit unberücksichtigt. Diese Vergünstigung ist weiterhin noch auf alle vor dem 3. 10. 1973 beantragten Lebensversicherungsverträge anzuwenden; doch mindert sich der begünstigte Betrag für jedes Kalenderjahr nach 1974 bis zum Eintritt des Versicherungsfalles um jeweils 5 %.

Von jedem Erwerb von Todes wegen sind die persönlichen Freibeträge abzuziehen. Der einzelne Erwerber braucht nur den über seinen Freibetrag hinausgehenden Wert seines Erwerbs zu versteuern. Steuerfrei bleiben für den Ehegatten 250000 DM, für jede andere zur Steuerklasse I gehörende Person (s. Rz. 179ff.), insbesondere also für jedes Kind 90000 DM, für jede Person der Steuerklasse II (Kindes-Kinder, Vorfahren bei Erwerben von Todes wegen) 50000 DM, für jede Person der Steuerklasse III (z. B. Geschwister und Geschwisterkinder, der geschiedene Ehegatte sowie Voreltern bei Schenkungen) 10000 DM und für alle anderen Erwerber (Steuerklasse IV; z. B. Onkel und Tante, Vetter und Base, Verlobte, Schwager und Schwägerin sowie juristische Personen) 3000 DM. Bei auf das Inlandsvermögen beschränkter Steuerpflicht gilt für alle Erwerber nur ein Freibetrag von 2000 DM. Der Ehegattenfreibetrag findet bei nichtehelichen Lebensgemeinschaften keine Anwendung (BFH vom 27. 10. 1982, BVerfG vom 1. 6. 1983, BStBl 1983 II S. 114 und 1984 S. 172). Voraussetzung für ihn ist, daß beim Tod des Erblassers noch eine rechtsgültige Ehe bestanden hat. Wenn die Ehegatten getrennt leben oder bereits ein Scheidungsverfahren läuft, so steht das der Gewährung des Ehegattenfreibetrages von 250000 DM nicht entgegen. 43

Zusätzlich zu diesen persönlichen Freibeträgen kann für den überlebenden Ehegatten sowie für Kinder noch ein besonderer Versorgungsfreibetrag in Frage kommen (aber nicht bei Schenkungen!). Er beträgt für den Ehegatten (weitere) 250000 DM. Er wird allerdings gekürzt um den Kapitalwert von solchen Versorgungsbezügen, die dem überlebenden Ehegatten „aus Anlaß des Todes des Erblassers“ zustehen und nicht der Erbschaftsteuer unterliegen. Das sind vor allem die Bezüge, die den Hinterbliebenen von Beamten nach dem Beamtenrecht, von Angestellten und Arbeitern nach den Sozialversicherungsgesetzen sowie von Freiberuflern aus einer berufsständischen Pflichtversicherung zustehen. Private Bezüge aufgrund eines Arbeitsverhältnisses (Tarifvertrages usw.) des Erblassers, auch des angestellten Gesellschafter-Geschäftsführers einer GmbH mindern den zusätzlichen Versorgungsfreibetrag entsprechend (BFH vom 20. 5. 1981, BStBl 1982 II S. 27). Der Kapitalwert solcher Versorgungsbezüge berechnet sich nach ihrem Jahreswert, der nach Anlage 9 zu § 14 BewG entsprechend dem Lebensalter des Empfängers zu vervielfachen ist. Liegen die Voraussetzungen für eine solche Kürzung nicht vor, so kann der überlebende Ehegatte (Witwe oder Witwer) ein Vermögen bis zum Wert von 500000 DM steuerfrei erben. Er braucht nur den darüber hinausgehenden Wert zu versteuern. Lebten die Ehegatten im gesetzlichen Güterstand der Zugewinngemeinschaft, so kommt als weitere Vergünstigung hinzu, daß für den Überlebenden der Betrag, der seiner nach steuerlichen Bewertungsgrundsätzen zu ermittelnden 44

Ausgleichsforderung entspricht, nicht zu seinem steuerpflichtigen Erwerb gehört, also steuerfrei bleibt (§ 5 ErbStG; s. Rz. 186ff. und Rz. 321ff.). Allerdings sind erbschaftsteuerfrei bleibende private Witwenrenten bei der Errechnung der Zugewinnausgleichsforderung nicht zu berücksichtigen (BFH vom 20. 5. 1981, BStBl 1982 II S. 27); sie mindern den nach § 5 Abs. 1 ErbStG steuerfrei bleibenden Zugewinnausgleichsbetrag (Ländererlasse vom Januar/Februar 1982). Der zusätzliche Versorgungsfreibetrag für Kinder beträgt bei deren Alter bis zu 5 Jahren 50000 DM, er nimmt um je 10000 DM bei einem Alter von jeweils weiteren 5 Jahren ab und beträgt bei einem Alter des Kindes von mehr als 20 Jahren bis zur Vollendung des 27. Lebensjahres noch 10000 DM. Er vermindert sich außerdem um einen 150000 DM übersteigenden Wert des Erwerbs und wird um den Kapitalwert von Versorgungsbezügen gekürzt, die – ähnlich wie bei dem überlebenden Ehegatten – dem Kind „aus Anlaß des Todes des Erblassers“ zustehen und nicht der Erbschaftsteuer unterliegen (sog. Waisengelder).

i) Die Steuersätze

45 Die Erbschaftsteuer wird nach bestimmten Hundertsätzen vom Wert des im einzelnen Anfall steuerpflichtigen Erwerbs erhoben. Diese Sätze sind in der Steuerklasse I am niedrigsten und in der Steuerklasse IV am höchsten. Außerdem sind sie nach Wertstufen gestaffelt. Einzelheiten ergeben sich aus der folgenden Zusammenstellung (§ 19 ErbStG):

Wert des steuerpflichtigen Erwerbs (§ 10) bis einschließlich Deutsche Mark	Vomhundertsatz in der Steuerklasse			
	I	II	III	IV
50000	3	6	11	20
75000	3,5	7	12,5	22
100000	4	8	14	24
125000	4,5	9	15,5	26
150000	5	10	17	28
200000	5,5	11	18,5	30
250000	6	12	20	32
300000	6,5	13	21,5	34
400000	7	14	23	36
500000	7,5	15	24,5	38
600000	8	16	26	40

Wert des steuerpflichtigen Erwerbs (§ 10) bis einschließlich Deutsche Mark	Vomhundertsatz in der Steuerklasse			
	I	II	III	IV
700000	8,5	17	27,5	42
800000	9	18	29	44
900000	9,5	19	30,5	46
1000000	10	20	32	48
2000000	11	22	34	50
3000000	12	24	36	52
4000000	13	26	38	54
6000000	14	28	40	56
8000000	16	30	43	58
10000000	18	33	46	60
25000000	21	36	50	62
50000000	25	40	55	64
100000000	30	45	60	67
über 100000000	35	50	65	70

Der Unterschied zwischen der Steuer nach diesem Tarif und der Steuer, die sich ergeben würde, wenn der Erwerb die vorhergehende Wertgrenze nicht überstiegen hätte, wird nur insoweit erhoben, als er aus bestimmten Prozentsätzen des die Wertgrenze übersteigenden Betrages gedeckt werden kann.

k) Berücksichtigung früherer Erwerbe

Bei der Anwendung des Steuertarifs sind zwei Besonderheiten zu beachten. 46
Einmal werden mehrere innerhalb von zehn Jahren von derselben Person anfallende Vermögensvorteile (auch frühere Schenkungen mit einer späteren Erbschaft) zusammengerechnet. Dabei werden dem letzten Erwerb die früheren nach ihrem früheren Wert hinzugerechnet. Von der Steuer für den Gesamtbetrag wird dann die Steuer abgezogen, die für die früheren Erwerbe zur Zeit des letzten zu erheben gewesen wäre (welche Steuer für den früheren Erwerb tatsächlich gezahlt wurde, spielt also keine Rolle); doch darf die durch jeden weiteren Erwerb veranlaßte Steuer nicht mehr als 70% dieses Erwerbes betragen.
Sog. negative oder Minus-Erwerbe sind von einer Zusammenrechnung ausgeschlossen; es handelt sich dabei um Vermögensanfälle, für die sich nach

den steuerlichen Bewertungsgrundsätzen kein positiver Wert ergibt (so können z. B. die Belastungen eines Grundstücks größer sein als sein anzusetzender, um 40 % erhöhter Einheitswert).

l) Begünstigung mehrfachen kurzfristigen Vermögensübergangs im engeren Familienkreise

47 Die andere Besonderheit bei Anwendung der Steuertarife besteht darin, daß die Steuer sich ermäßigt, wenn Personen der Steuerklasse I oder II Vermögen von Todes wegen anfällt, das in den letzten zehn Jahren vorher bereits von Personen dieser Steuerklassen erworben und damals versteuert worden ist (§ 27 ErbStG). Die Steuerermäßigung für diesen neuen Erwerb beträgt 50 %, wenn zwischen beiden Vermögensanfällen nicht mehr als ein Jahr liegt. Dieser Prozentsatz verringert sich von Jahr zu Jahr (je um 5 %) bis auf eine Ermäßigung von 10 %, wenn zwischen beiden Vermögensanfällen zwar mehr als acht, aber nicht mehr als zehn Jahre liegen.

m) Vermeidung der Erbschaftsteuer durch vorzeitige Schenkungen?

48 Der erbschaftsteuerlichen Belastung kann nicht dadurch ausgewichen werden, daß der künftige Erblasser sein Vermögen bereits zu Lebzeiten ganz oder zum Teil auf die Personen verteilt, die er auch in seinem Testament bedenken würde (sog. vorweggenommene Erbfolge). Es handelt sich dann um Schenkungen unter Lebenden. Jede solche freigebige Zuwendung unter Lebenden unterliegt der Schenkungsteuer (§ 7 ErbStG), soweit der Bedachte durch sie auf Kosten des Zuwendenden bereichert wird. Dabei wird die Steuerpflicht nicht dadurch ausgeschlossen, daß die Schenkung zur Belohnung oder unter einer Auflage gemacht oder in die Form eines lästigen Vertrages gekleidet wird. Für die Schenkungsteuer gelten grundsätzlich dieselben Bestimmungen (s. o.) wie für die Erbschaftsteuer. Die Frage, ob der Bedachte durch eine Zuwendung bereichert wurde, ist allerdings nicht nach steuerrechtlichen Bewertungsgrundsätzen zu entscheiden, sondern nach denen des bürgerlichen Rechts, die im allgemeinen den Verkaufs-, Verkehrs- oder Marktwert als maßgebend ansehen. Liegt danach eine Bereicherung vor, so werden der Berechnung der Schenkungsteuer dann allerdings die Werte zugrunde gelegt, die sich nach den steuerlichen Bewertungsvorschriften ergeben (für Grundbesitz z. B. die Einheitswerte).

Trotz dieser Besteuerung von Schenkungen können sich aber aus einer „vorweggenommenen Erbfolge“ steuerliche Vorteile ergeben, einmal bei der Belastung des Vermögensüberganges selbst, zum anderen hinsichtlich der aus dem betreffenden Vermögen künftig zu zahlenden Abgaben (näheres s. u. Rz. 375 ff. und Rz. 381 ff sowie Rz. 396 ff.). Wenn man durch zeitliches Trennen der einzelnen Vermögensübergänge noch die Auswirkungen der

Zusammenrechnungsvorschrift (§ 14 ErbStG, s.o. Rz. 46) vermeiden kann, können bei der Schenkung- und Erbschaftsteuer die Vorteile besonders groß sein.

n) Das Testament als Grundlage für die Besteuerung

Der einzelne Erwerber hat nach einem Todesfalle das zu versteuern, was ihm 49 aufgrund einer letztwilligen Verfügung (Testament) oder – wenn kein Testament usw. vorhanden ist – als gesetzlichem Erben am Stichtag zusteht. Bei mehreren Erben wird der Nachlaß des Verstorbenen gemeinschaftliches Vermögen von allen. Der Erwerb des einzelnen Miterben besteht in seinem Anteil an diesem Gesamthandsvermögen der Erbengemeinschaft. Die Höhe dieses Anteils ergibt sich entweder aus der letztwilligen Verfügung des Erblassers oder, wenn diese fehlt, aus dem Gesetz (gesetzliche Erbfolge gemäß §§ 1922ff. BGB; s.u. Rz. 147ff.). Dieser Anteil, die Erbquote des einzelnen Miterben, würde sich im Zweifel auch aus einem für die Besteuerung allerdings nicht immer verbindlichen Erbschein ergeben; er ist dann von dem betreffenden Miterben zu versteuern. Anordnungen des Erblassers, nach denen ein bestimmter Erbe einen bestimmten Nachlaßgegenstand erhalten soll, stellen ein sog. Vorausvermächtnis (§ 2150 BGB) dar, wenn der betreffende Gegenstand nicht oder nicht voll auf die Erbquote des Beteiligten angerechnet werden soll. Insoweit kann bei diesem ein zusätzlich steuerbarer Erwerb (neben seiner Erbquote) vorliegen. Andererseits wäre ein solches Vorausvermächtnis nach § 10 Abs. 5 Nr. 2 ErbStG als Nachlaßverbindlichkeit abzugsfähig. Teilungsanordnungen eines Erblassers sind sonst für die Besteuerung des Erbanfalls bei dem einzelnen Erben ohne Bedeutung (BFH vom 10. 11. 1982, BStBl 1983 II S. 329, unter ausdrücklicher Aufhebung früherer anderer Ansicht). Auch wie sich die Miterben über ihren gemeinsamen Nachlaß auseinandersetzen, was der einzelne Miterbe also dann tatsächlich erhält, spielt für seine erbschaftsteuerliche Belastung grundsätzlich keine Rolle. Gehen die erhaltenen Werte allerdings über seinen prozentualen Anteil am Nachlaß, über seine Erbquote hinaus, so kann darin eine außerhalb des Erbfalles liegende, zusätzliche steuerpflichtige Schenkung seitens der anderen Erbbeteiligten liegen (BFH vom 14. 7. 1982, BStBl 1982 II S. 714).

Insoweit ist deshalb bei der Auseinandersetzung der Erbengemeinschaft 50 Vorsicht geboten. Bestehen zwischen mehreren Erbbeteiligten Meinungsverschiedenheiten oder Zweifel über ihr Erbrecht bzw. die Höhe ihres Anteils, so ist ein ernst gemeinter Vergleich zwischen ihnen der Besteuerung genauso wie ein rechtskräftiges Zivilurteil zugrunde zu legen (BFH vom 24. 7. 1972, BStBl 1972 II S. 886). Werden dagegen durch einen solchen Vergleich unzweifelhafte erbrechtliche Vorgänge geändert, so handelt es sich um zusätzliche steuerpflichtige Schenkungen; dann liegen also insgesamt mehrere

Steuertatbestände vor (RFH vom 14. 3. 1940, RStBl 1940 S. 417). Wegen Formmangels nichtige Testamente sind der Besteuerung zugrunde zu legen, soweit und solange die Beteiligten das wirtschaftliche Ergebnis des an sich nichtigen Testaments eintreten und bestehen lassen (§ 41 Abs. 1 AO). Liegt nicht nur ein Wunsch, sondern ein zwar formloses aber doch ernstliches Verlangen (z. B. in einer mündlichen Erklärung) des Erblassers hinsichtlich der Verteilung seines Vermögens nach seinem Tode vor und richten sich die Erben danach, so ist auch die Erbschaftsteuer entsprechend zu erheben (BFH vom 2. 12. 1969, BStBl 1970 II S. 119, und vom 12. 12. 1973, BStBl 1974 II S. 340). Ähnliches gilt, wenn die Beteiligten im gegenseitigen Einvernehmen durch die Verteilung des Nachlasses wirtschaftlich das Ergebnis herbeiführen, das eine erfolgreiche Anfechtung des Testaments gehabt hätte (RFH vom 25. 5. 1939, RStBl 1939 S. 935).

o) Folgerungen aus rein steuerlichen Erwägungen

51 Dieser kurze Überblick über das zur Zeit geltende Erbschaft- und Schenkungsteuerrecht führt zu folgenden Erwägungen, wenn man andere als erbschaftsteuerliche Gesichtspunkte einmal außer Betracht läßt (in der Praxis werden allerdings meist auch noch andere Gesichtspunkte – unter Umständen sogar überwiegend – zu berücksichtigen sein).

Zweckmäßig erscheint es, die Befreiungsmöglichkeit des ErbStG auszuschöpfen, soweit das nur geht. Da jedem Erwerber ein persönlicher Freibetrag zusteht (s. o. Rz. 41 ff.), hat eine Verteilung des Nachlasses auf möglichst viele Erwerber die Folge, daß sich nicht nur ein, sondern mehrere Freibeträge auswirken. Da der Wert des Erwerbes bei jedem Beteiligten dann entsprechend geringer ausfällt, werden auch die anzuwendenden Steuersätze niedriger.

Beispiel:
Geht ein Nachlaß im Wert von 2 000 000 DM auf ein über 27 Jahre altes Kind über, so ist nur einmal der Freibetrag von 90 000 DM abziehbar. Der Wert des steuerpflichtigen Erwerbes beträgt dann 1 910 000 DM, die Steuer 11 % = 210 100 DM. Könnte ein solcher Nachlaß auf vier Kinder verteilt werden, so würde jedes von seinem Erwerb 90 000 DM absetzen können; es brauchte dann nur 410 000 DM mit 7,5 % zu versteuern. Steuer je Kind 30 750 DM, für alle vier Kinder zusammen also 123 000 DM (gegenüber 210 100 DM oben).

52 Natürlich sind solche Verteilungen nur möglich, wenn die entsprechenden Familienangehörigen vorhanden sind (und bedacht werden sollen). Unter

Umständen könnte hier auch durch Adoption (§§ 1741 ff. BGB) geholfen werden, da Adoptivkinder genauso wie leibliche Kinder besteuert werden. Voraussetzung ist, daß es sich um eine bürgerlich-rechtliche Adoption handelt. Während früher dazu ein gerichtlich bestätigter Adoptionsvertrag erforderlich war, wird nach dem Adoptionsgesetz vom 2. 7. 1976 jetzt eine „Annahme als Kind" auf Antrag des Annehmenden vom Vormundschaftsgericht durch Beschluß ausgesprochen (§ 1752 BGB). Dieser staatliche Hoheitsakt hat auch für die Finanzverwaltung verbindliche Wirkung. Selbst wenn eine Adoption zu erheblicher Steuerersparnis führt, liegt kein Mißbrauch von Gestaltungsmöglichkeiten des Rechts im Sinn des § 42 AO vor (so schon zum früheren Adoptionsrecht RFH vom 26. 11. 1942, RStBl 1942 S. 1118). Die Adoption wird mit Zustellung des Gerichtsbeschlusses wirksam (§ 56e FGG). Diese muß also, damit ein Adoptionsverhältnis bei der Erbschaft- und Schenkungsteuer berücksichtigt werden kann, erfolgt sein, bevor die betreffende Steuer entsteht. Vorausgegangene privat-rechtliche Vereinbarungen zwischen dem Annehmenden und dem zu Adoptierenden haben (im Gegensatz zum früheren Recht) keine Auswirkung auf die Besteuerung. Allerdings kann das Gericht die Annahme als Kind auch noch nach dem Tode des Annehmenden aussprechen, wenn dieser bei Lebzeiten den Adoptionsantrag dem Gericht eingereicht oder einen Notar mit der Einreichung betraut hat. Mit dem Beschluß des Gerichts hat die Adoption dann die gleiche Wirkung, wie wenn sie noch vor dem Tode des Annehmenden erfolgt wäre (§ 1753 BGB). Die nach § 1744 BGB vorgesehene Pflegezeit vor Ausspruch der Annahme als Kind hat keinen Einfluß auf die Besteuerung nach dem ErbStG. Adoptiert werden können jetzt auch Volljährige. Der Annehmende muß das 25. Lebensjahr vollendet haben (bei der Annahme durch ein Ehepaar wenigstens einer der Eheleute).

Vorsichtig sein sollte man mit einer Verteilung des Vermögens auf Perso- 53
nen, die nicht zu der günstigen Steuerklasse I gehören, sondern z. B. als (Vor-)Eltern oder als Abkömmlinge noch lebender Kinder (also als Enkel des Erblassers) zur Steuerklasse II oder als Geschwister zur Klasse III (s. u. Rz. 179 ff.). Steuerfrei bleiben in diesen Fällen dann pro Erwerber nur 50000 bzw. 10000 DM, und die Steuersätze betragen in den am häufigsten vorkommenden Wertstufen für die Klasse II das Doppelte und für die Klasse III mehr als das Dreifache der Sätze der Steuerklasse I. Ob angesichts dieser Unterschiede das Überspringen einer Generation erbschaftsteuerlich von Vorteil ist, sollte in jedem Einzelfall durchgerechnet werden. Geht ein Nachlaß zunächst auf die Kinder und bei deren Tod auf deren Kinder über, so wird jeder Übergang für sich – allerdings nach den Freibeträgen und Steuersätzen der günstigsten Steuerklasse I – besteuert, insgesamt die Erbschaftsteuer also zweimal erhoben. Allerdings ermäßigt sich die Steuer für

den 2. Übergang, wenn zwischen ihm und dem ersten nicht mehr als zehn Jahre liegen, je nach dem zeitlichen Abstand um 10 bis 50 % (§ 27 ErbStG). Diese doppelte Besteuerung wird vermieden, wenn der Nachlaß gleich auf die Enkel übergeht (Überspringen einer Generation). Allerdings erfolgt die Besteuerung dann nach Steuerklasse II (Klasse I würde nur in Frage kommen, wenn die Kinder des Erblassers – die Eltern seiner Enkel – bereits verstorben sind). Die damit verbundenen Nachteile der geringeren Freibeträge und höheren Tarifsätze werden unter Umständen ausgeglichen, wenn die Zahl der zu bedenkenden Enkel größer ist als die der Kinder des Erblassers. Dann verteilt sich der Nachlaß auf mehr Erwerber, was dazu führt, daß der steuerpflichtige Wert des Erwerbs bei dem einzelnen geringer ist und damit auch in eine niedrigere Tarifstufe fällt. Vorteilhaft kann das Überspringen einer Generation besonders dann sein, wenn die erste selbst nennenswertes eigenes Vermögen besitzt. Bei dessen Übergang auf die zweite wird dann eine Zusammenrechnung mit dem Erwerb von den Großeltern vermieden, weil dieser schon bei deren Tod versteuert wurde.
Unter rein erbschaftsteuerlichen Gesichtspunkten ist es auch unzweckmäßig, wertvolleren Hausrat sowie andere Vermögensgegenstände, die bei einem Erwerb durch Personen der Steuerklasse I oder II bis zu 40000 DM steuerfrei bleiben (s. o. Rz. 41 ff.), ausgerechnet Angehörigen einer anderen Steuerklasse zu vermachen, bei denen nur ein solcher Erwerb bis zu 10000 DM steuerfrei bleibt (§ 13 Abs. 1 Nr. 1 a ErbStG).

54 Die Ausschlagung einer Erbschaft ist keine Schenkung; es entsteht weder eine Erbschaft- noch eine Schenkungsteuer. Die Ausschlagung ist aber nur wirksam, wenn sie innerhalb von sechs Wochen nach Kenntnis des Erben von seinem Erbfall gegenüber dem Nachlaßgericht erfolgt (§§ 1944 ff. BGB). Ist das nicht geschehen, so entsteht bei späterem Verzicht auf den Erbanfall einmal die Erbschaft- und außerdem noch eine Schenkungsteuer für die unentgeltliche Zuwendung des Erben an die durch seine verspätete „Ausschlagung“ bereicherten Personen. Bei einer rechtsgültigen, rechtzeitigen Ausschlagung fällt die Erbmasse rückwirkend auf den Todestag des Erblassers der Person an, die Erbe sein würde, wenn der Ausschlagende am Todestag nicht gelebt hätte (§ 1953 BGB). Durch eine Ausschlagung kann ein sonst steuerpflichtiger Erbfall übersprungen werden, wenn z. B. die Kinder des Erblassers ausschlagen und die Erbmasse dann gleich auf die Enkel übergeht. Ist deren Zahl größer als die der Kinder, so können die (allerdings für Enkel niedrigeren) Freibeträge öfter ausgenutzt werden. Wenn z. B. der einzige Sohn von seiner Mutter einen Nachlaß im Wert von 160000 DM erbt, so muß er nach Abzug des ihm zustehenden Freibetrages von 90000 DM 70000 DM versteuern. Hat er vier Kinder und erhält jedes, nachdem ihr Vater die Erbschaft von seiner Mutter ausgeschlagen hat, von der Großmut-

ter 40000 DM, so fällt überhaupt keine Erbschaftsteuer an, weil für jeden Enkel ein Freibetrag von 50000 DM gilt. Unter Umständen sind nach einer Ausschlagung auch die anzuwendenden Steuersätze niedriger, weil der Wert des von dem einzelnen Erwerber zu versteuernden Vermögensanfalls infolge der Aufteilung des Gesamtnachlasses auf mehr Personen entsprechend niedriger ist. Man sollte in solchen Fällen aber vor der Entscheidung am besten zusammen mit allen in Frage kommenden Personen eine genaue Durchrechnung vornehmen, abgesehen davon, daß für eine Ausschlagung auch andere als steuerliche Gesichtspunkte eine Rolle spielen können. Was als Abfindung für eine Ausschlagung gewährt wird, gilt nach § 3 Abs. 2 Nr. 4 ErbStG als vom Erblasser zugewendeter steuerbarer Erwerb, gleich von wem die Abfindung gegeben wird.

Unter dem Gesichtspunkt der Ersparnis von Erbschaft- und Schenkung- 55
steuer ist es vorteilhaft, schon bei Lebzeiten und möglichst frühzeitig mit der Verteilung seines Vermögens (des späteren Nachlasses) zu beginnen. Nach den Ausführungen unter Rz. 46 werden zwar mehrere innerhalb von zehn Jahren von derselben Person anfallende Vermögensvorteile zusammengerechnet und gemeinsam besteuert (auch frühere Schenkungen mit einem späteren Erwerb von Todes wegen). Das gilt aber nicht für Vermögensübergänge, die zeitlich länger als zehn Jahre auseinanderliegen. Jeder von ihnen wird dann gesondert für sich besteuert. Bei jedem finden die Freibeträge und sonstigen Vergünstigungen (wieder) Anwendung. Auch sind die Steuersätze niedriger als bei einem einmaligen bzw. zusammenzurechnenden und dadurch größeren Erwerb. Abgesehen davon können sich auch Vorteile bei anderen Steuern ergeben (z.B. vom Einkommen und Vermögen, weil Freibeträge unter Umständen mehrmals zur Anwendung kommen und die Steuersätze vielleicht niedriger liegen, wenn sich Vermögensteile und Einkünfte daraus auf mehrere Personen verteilen). Schließlich wachsen nach der Schenkung eintretende Vermögensmehrungen (z.B. bei einem Unternehmen durch nicht entnommene Gewinne oder die Bildung stiller Reserven) einem (vorzeitig) Beschenkten erbschaft- und schenkungsteuerfrei zu; würde sich das betreffende Vermögen noch bei dem Erblasser erhöht haben, so würde auch die Erbschaftsteuer dann entsprechend höher ausfallen. Die sog. vorweggenommene Erbfolge kann also steuerlich recht vorteilhaft sein. Vorsicht ist dabei aber geboten, wenn zu einem Betriebsvermögen gehörende Gegenstände übertragen werden sollen. Sie müssen dazu grundsätzlich vorher mit ihrem Teilwert aus diesem entnommen werden, was bei der Einkommensteuer in der Regel zu einer Erhöhung des steuerpflichtigen Gewinns führt (BFH vom 28. 2. 1974, BStBl 1974 II S. 481). Auch rechtzeitig vorgenommene Vermögensumschichtungen können zu einer Erbschaftsteuerersparnis führen. So werden Wertpapiere mit ihrem Kurswert am

maßgebenden Stichtag (Todestag), Bargeld oder Forderungen in der Regel mit dem Nennbetrag, Grundstücke dagegen mit den (nach § 121 a BewG nur mäßig erhöhten) Einheitswerten besteuert, die zur Zeit noch auf den Wertverhältnissen am 1. 1. 1964 beruhen und deshalb erheblich unter den Beträgen liegen, mit denen nach dem Verkehrswert vergleichbare Geldbestände, Wertpapiere usw. zur Steuer herangezogen werden. Insoweit kann es vorteilhaft sein, vor einer Schenkung oder vor dem Ableben höher zu bewertende Vermögensteile in Grundbesitz anzulegen bzw. auf diesen zu übertragen. Allerdings sollte dabei eine etwa anfallende Grunderwerbsteuer beachtet werden.

56 Auch andere Vermögensumschichtungen können vorteilhaft bei der Erbschaftsteuer sein. Hat der Erblasser Sparguthaben oder Wertpapiere vor seinem Tode noch in Hausrat, Kunstgegenständen oder Sammlungen angelegt, so bleiben diese bei jedem Erwerber der Steuerklassen I und II bis zu je 40000 DM, bei den anderen Steuerklassen bis zu je 10000 DM steuerfrei, während die nicht „umgeschichteten" Guthaben oder Wertpapiere voll versteuert werden müssen. Die Beteiligung an einer Personengesellschaft wird mit dem anteiligen Einheitswert des Betriebsvermögens erfaßt; soweit dieses aus Grundbesitz besteht, wirken sich die meist erheblich unter den Verkehrswerten liegenden niedrigen Einheitswerte der Grundstücke günstig aus. Dagegen sind Beteiligungen an Kapitalgesellschaften entweder mit dem Steuerkurswert oder, wenn ein solcher nicht vorhanden ist (wie bei den meisten GmbH's), mit dem gemeinen Wert anzusetzen, der aber ab dem 1. 1. 1993 die Ertragsaussichten der Kapitalgesellschaft nicht mit erfaßt (vgl. § 12 Abs. 1a, Abs. 5 ErbStG n.F. i.V.m. § 11 Abs. 2 S. 3 BewG n.F.). Die Beteiligung des (echten) stillen Gesellschafters wird als Kapitalforderung im allgemeinen mit ihrem Nennbetrag der Besteuerung zugrunde gelegt.

57 Die oft von einem Ehegatten geäußerte Absicht, daß seinen Nachlaß zunächst sein Ehepartner und nach dessen Tode die Kinder erhalten sollen, führt unter erbschaftsteuerlichen Gesichtspunkten zu dem Nachteil, daß der Nachlaß zunächst bei dem Übergang auf den Ehepartner und dann ein 2. Mal bei dem weiteren Übergang von diesem auf die Kinder versteuert werden muß. Eine solche Anordnung der Vor- und Nacherbfolge gemäß §§ 2100ff. BGB (s.u. Rz. 250ff.) ist insoweit nicht zu empfehlen. Günstiger ist bei der Erbschaftsteuer, gleich die Kinder als Erben einzusetzen und den Ehepartner als Nießbraucher.

Wir machen aber nochmals darauf aufmerksam, daß alle diese Erwägungen unter rein steuerlichen Gesichtspunkten angedeutet sind. Diese Gesichtspunkte können und sollen für die Gestaltung eines Testaments natürlich nicht allein den Ausschlag geben; man sollte sie aber auch nicht ganz außer acht lassen. Die persönlichen, familiären, geschäftlichen und betrieblichen Verhältnisse lassen oft mehrere Regelungen zu; ist das der Fall, so sollte man die steuerlich günstigste wählen.

Zu beachten ist, daß sich in den letzten Jahren die Besteuerung geändert hat 58
bei dem Erwerb von Vermögen, dessen Nutzungen nicht dem Erwerber sondern einem anderen zustehen, wenn z. B. das geerbte Vermögen mit einem Nießbrauchs-, Altenteils- oder Wohnrecht bzw. mit laufenden Leistungen (Rentenzahlungen usw.) belastet ist. Nach dem ErbStG 1959 minderten solche Belastungen mit ihrem Kapitalwert den steuerbaren Erwerb des Vermögensempfängers. Ab 1974 durften sie nicht mehr abgezogen werden; die auf den Kapitalwert der Belastungen entfallende Steuer wurde aber bis zum Erlöschen der Belastung zinslos gestundet, statt dessen konnte der Belastete auch eine Aussetzung der Besteuerung bis zum Erlöschen der Belastung wählen, wobei die Aussetzung sich aber auf den Hundertsatz beschränkte, zu dem der Jahresertrag des erworbenen Vermögens durch die Belastung gemindert wurde. Bei allen Erwerben von Todes wegen oder durch Schenkung, für welche die Steuer nach dem 30. 8. 1980 entstanden ist oder entsteht, können dagegen die erwähnten Belastungen grundsätzlich (wie vor 1974) vom Wert des belasteten Vermögens abgezogen werden.

Eine Ausnahme besteht nur für den Erwerb von Vermögen, dessen Nutzun- 59
gen (dem Schenker oder) dem Ehegatten des Erblassers (Schenkers) zustehen oder das mit einer Rentenverpflichtung oder mit der Verpflichtung zu sonstigen wiederkehrenden Leistungen zugunsten dieser Person belastet ist. Solche belastete Erwerbe werden ohne Berücksichtigung dieser Belastungen besteuert (= Abzugsverbot für solche Belastungen). Allerdings wird die auf den Kapitalwert dieser Belastungen entfallende Steuer bis zu deren Erlöschen zinslos gestundet. Der gestundete Betrag kann auf Antrag des Erwerbers jederzeit mit seinem Barwert (abgezinst gemäß § 12 Abs. 3 BewG) abgelöst werden. Der Steuerpflichtige kann die Zahlung dadurch in eine Zeit verlegen, in der sie ihm wegen seiner finanziellen Verhältnisse nicht so schwer fällt. Eine Aussetzung der Versteuerung ist nicht mehr möglich. Wenn der Erwerber das belastete Vermögen vor dem Erlöschen der Belastung ganz oder teilweise veräußert, so endet insoweit in diesem Zeitpunkt die Stundung. Vgl. § 25 ErbStG i. d. F. des Änderungsgesetzes vom 18. 8. 1980 Art. 7 Nr. 3 (BGBl I S. 1537 ff.). Meist ist aus erbschaftsteuerlicher Sicht die Einräumung eines Nießbrauchs (z. B. an einem Unternehmen) günstiger als die Anordnung einer Vor- und Nacherbschaft (s. Rz. 250 ff.), wobei die Einsetzung des Nießbrauchers als Testamentsvollstrecker diesem besondere finanzielle Sicherheit geben kann.

Eine andere Möglichkeit, von der in den Jahren vor 1974 manchmal erfolg- 60
reich (im Sinne von Steuereinsparungen) Gebrauch gemacht wurde, besteht

jetzt nicht mehr. Die Vereinbarung der Gütergemeinschaft war bisher nach der Rechtsprechung nur schenkungsteuerpflichtig, wenn mit dieser Vereinbarung in erster Linie erbrechtliche (und nicht güterrechtliche) Wirkungen herbeigeführt werden sollten. In der Praxis war das nur sehr schwer festzustellen. Nach dem neuen § 7 Abs. 1 Nr. 4 ErbStG gilt jetzt als steuerpflichtige Schenkung auch die Bereicherung, die ein Ehegatte bei Vereinbarung der Gütergemeinschaft erfährt (§§ 1415 ff. BGB).

61 Auch die Begünstigung von sog. Familienstiftungen – die vor allem bei großen Industrieunternehmen mit aus Gründen der Erbschaftsteuervermeidung ins Leben gerufen worden waren – ist größtenteils aufgehoben. Früher konnte ein solches Stiftungsvermögen über Generationen hinweg gleichsam „vererbt" werden, ohne daß einmal eine Erbschaftsteuer zu zahlen war. Jetzt unterliegt ihr Vermögen in Zeitabständen von je 30 Jahren seit ihrer Gründung einer Erbersatzsteuer (§ 1 Abs. 1 Nr. 4 ErbStG). Dasselbe gilt für einen Verein, „dessen Zweck im Interesse einer Familie oder bestimmter Familien auf die Bindung von Vermögen gerichtet ist". Die Steuer entsteht erstmals am 1. 1. 1984. Sie wird – nach Abzug eines Freibetrages von 180 000 DM von dem Stiftungs- bzw. Vereinsvermögen – nach dem Steuersatz erhoben, der für die Hälfte des steuerpflichtigen Vermögens nach Steuerklasse I gilt (§ 15 Abs. 2 ErbStG). Der Steuerbetrag kann auf 30 gleiche Jahresbeträge bei einem Zinssatz von 5,5 % „verrentet" werden (§ 24 ErbStG).

62 Im übrigen wird beim Übergang des Stiftungskapitals auf eine vom Erblasser angeordnete Familienstiftung (genauso wie beim Übergang von Vermögen aufgrund eines Stiftungsgeschäfts unter Lebenden) der Besteuerung das Verwandtschaftsverhältnis des nach der Stiftungsurkunde entferntest Berechtigten zum Erblasser (Schenker) zugrunde gelegt. Es kommt also nicht die sonst für juristische Personen geltende (ungünstige) Steuerklasse IV zur Anwendung. Diese gilt aber für spätere Zuwendungen an eine Stiftung. Die Erbersatzsteuer entfällt, wenn die Familienstiftung aufgelöst wird. Was dabei oder bei Auflösung eines Vereins, dessen Zweck auf die Bindung von Vermögen gerichtet war, erworben wird, ist allerdings als Schenkung unter Lebenden zu versteuern (§ 7 Abs. 1 Nr. 9 ErbStG). Als Schenker gilt der Stifter; der Besteuerung ist mindestens der Steuersatz für Steuerklasse II zugrunde zu legen (§ 15 Abs. 2 S. 2 ErbStG). Auf die danach sich ergebende Steuer wird die Erbersatzsteuer mit 50 bzw. 25 v. H. anteilsmäßig angerechnet, wenn seit deren Entstehung nicht mehr als zwei bzw. vier Jahre vergangen sind (§ 26 ErbStG). Nach Ansicht der Finanzverwaltung ist die Umwandlung einer Familienstiftung in eine andere Stiftung genauso zu behandeln wie eine formelle Aufhebung der Familienstiftung und Neugründung der anderen. Wird eine Familienstiftung durch Änderung ihrer Satzung in

eine gemeinnützige umgewandelt, so ist deren Erwerb nach § 13 Nr. 16b ErbStG steuerfrei. Dabei steht der Steuerfreiheit nicht entgegen, wenn höchstens ein Viertel des Einkommens der Stiftung in angemessener Weise zum Unterhalt des Stifters und seiner Angehörigen sowie zur Pflege ihrer Gräber und Ehrung ihres Andenkens verwendet wird (§ 58 Nr. 5 AO). Besondere Vergünstigungen galten, wenn eine am 1. 1. 1974 bereits bestehende Familienstiftung bzw. ein entsprechender Verein – um die Erbersatzsteuer zu vermeiden – noch vor dem 1. 1. 1984 aufgelöst wurde (Art. 7 ErbStReformgesetz vom 17. 4. 1974, BGBl I S. 933).

2. Andere Steuern

Bei der Abfassung eines Testaments und der Regelung des Nachlasses sollte 63
man auch Auswirkungen auf andere Steuern (neben der Erbschaftsteuer) nicht ganz außer Betracht lassen, um nach Möglichkeit spätere, unter Umständen recht unerfreuliche Überraschungen zu vermeiden. Hierbei spielt einmal eine Rolle, das Verhältnis der Erbschaft- (Schenkung-)steuer zu anderen Steuern. Wenn auch derselbe Vorgang nur selten einer doppelten Besteuerung unterliegt, so kann er doch die Voraussetzungen für die Erhebung mehrerer Abgaben enthalten. Zum anderen wäre an die künftige Belastung des/der Erben mit eigenen, sich aus dem erworbenen Vermögen ergebenden Steuern (z. B. der Einkommen- und Vermögensteuer) zu denken. Und schließlich verdient die Stellung des bzw. der Erben als Rechtsnachfolger des Erblassers im Steuerrecht überhaupt Aufmerksamkeit.

a) Verhältnis der Erbschaft- (Schenkung-)steuer zu anderen Steuern

aa) Verhältnis zur Einkommensteuer

Die Erbschaftsteuer erfaßt die im ErbStG aufgezählten Vermögensübergän- 64
ge (Erwerbe), die Einkommensteuer die im § 2 Abs. 1 EStG erschöpfend genannten Einkünfte. Beide Steuern gehen von verschiedenen, voneinander unabhängigen Tatbeständen aus. Diese liegen bei der Einkommensteuer in der Einkommens-, bei der Erbschaftsteuer in der Vermögenssphäre. Trotzdem können unter Umständen beide Steuern nebeneinander zu zahlen sein. Einkommen- und Erbschaftsteuer schließen sich gegenseitig nicht aus.
Der Erwerb einer Erbschaft (oder auch der Empfang einer Schenkung unter Lebenden) gehört nicht zu den im § 2 Abs. 1 EStG genannten Einkunftsarten; die entsprechenden Vermögensübergänge selbst unterliegen also nicht der Einkommensteuer. Wohl aber können aus dem ererbten oder geschenkt erhaltenen Vermögen Einkünfte im Sinn des § 2 Abs. 1 EStG fließen, die ohne den Vermögensübergang dem Erblasser bzw. Schenker zugestanden hätten. Das trifft z. B. zu bei den Außenbeständen eines nichtbilanzierenden

Geschäftsmannes oder Freiberuflers, die nach dessen Tod bei seinen Erben eingehen. Sie werden bei diesen nach § 24 Nr. 2 EStG zur Einkommensteuer herangezogen, unterliegen bzw. unterlagen bei dem Vermögensübergang aber außerdem den Vorschriften des ErbStG. Ähnliches gilt für Einnahmen aus rückständigen Mietforderungen nach dem Tode des Grundstückseigentümers. Auch wenn Erben einen landwirtschaftlichen oder gewerblichen Betrieb oder eine freiberufliche Praxis des Erblassers veräußern, für deren Erwerb sie Erbschaftsteuer bezahlt haben, kann ein Veräußerungsgewinn bei ihnen der Einkommensteuer unterliegen. Für solche Veräußerungsgewinne gelten die im Rahmen des § 34 EStG auf die Hälfte ermäßigten Steuersätze für außerordentliche Einkünfte, wobei noch die Freibeträge der §§ 14a, 16, 17 und 18 EStG vorher zum Abzug kommen (Antrag erforderlich).

65 Bei der Berechnung der Erbschaftsteuer konnte in all diesen Fällen wegen des Stichtagsprinzips eine etwa künftig von den Erben zu zahlende Einkommensteuer nicht berücksichtigt werden. Auch stellt die Erbschaftsteuer keine abzugsfähige Betriebsausgabe bei der Einkommensteuer dar. Um hier Doppelbelastungen zu mindern, sieht § 35 EStG für die Fälle eine Härteregelung vor, in denen bei der Ermittlung des Einkommens Einkünfte berücksichtigt worden sind, die im Veranlagungszeitraum oder in den vier vorangegangenen Veranlagungszeiträumen als Erwerb von Todes wegen der Erbschaftsteuer (nicht auch bei Zuwendungen unter Lebenden einer Schenkungsteuer!) unterlegen haben. Dabei kommt es auf den Zeitpunkt des Entstehens der Erbschaftsteuer (meist der Todestag) an. Die auf diese Einkünfte anteilig entfallende, um sonstige Steuerermäßigungen gekürzte tarifliche Einkommensteuer wird auf Antrag um einen bestimmten Hundertsatz ermäßigt. Dieser bemißt sich nach dem Verhältnis, in dem die festgesetzte Erbschaftsteuer zu dem Betrag steht, der sich ergibt, wenn dem erbschaftsteuerpflichtigen Erwerb die persönlichen Freibeträge (s.o. Rz. 43) sowie die bei Beendigung der Zugewinngemeinschaft erbschaftsteuerfrei bleibende Ausgleichsforderung wieder hinzugerechnet werden (= Gesamterwerb; s. Rz. 320ff. und Rz. 186ff.). Dabei ist die auf die begünstigten Einkünfte anteilig entfallende Einkommensteuer nach dem Verhältnis der begünstigten Einkünfte zur Summe der Einkünfte (vor Abzug von Sonderausgaben und außergewöhnlichen Belastungen) zu ermitteln, soweit die auf die begünstigten Einkünfte entfallende Einkommensteuer bei der Veranlagung nicht bereits gesondert ermittelt worden ist (z.B. für Veräußerungsgewinne gemäß § 34 EStG). Abschnitt 213e EStR 1990 enthält dazu folgende Beispiele:

66 A) Ein 1989 verstorbener Arzt vererbt Honorarforderungen in Höhe von 100000 DM, die seiner Witwe als Alleinerbin im Jahr 1990 zufließen. Sie sind Teil des erbschaftsteuerpflichtigen Erwerbs von 500000 DM. Bei der Veranlagung der Witwe zur Einkommensteuer für 1990 beträgt die

Summe der Einkünfte 150000 DM, in der die Honorarforderungen enthalten sind. Das zu versteuernde Einkommen beträgt 140000 DM.

1. Belastung mit Erbschaftsteuer:

erbschaftsteuerpflichtiger Erwerb	500000 DM
plus persönlicher Freibetrag der Witwe	250000 DM
plus zusätzlicher Versorgungsfreibetrag für sie	250000 DM
Gesamterwerb	1000000 DM

Erbschaftsteuer nach Klasse I
7,5 % von 500000 DM = 37500 DM
Verhältnis der Erbschaftsteuer
zum Gesamterwerb: $\frac{37500}{1000000}$ = 3,75 v. H.

2. Belastung mit Einkommensteuer:

Summe der Einkünfte	150000 DM
zu versteuerndes Einkommen	140000 DM
tarifliche Steuer nach der Splittingtabelle (§ 32a Abs. 5 Nr. 1 EStG)	36096 DM
Von diesem Betrag entfallen auf die zugeflossenen Honorarforderungen anteilig $\frac{100000 \times 36096}{150000}$	= 24064 DM

3. Minderung der Einkommensteuer von

Minderung der Einkommensteuer von	36096 DM
um 3,75 v. H. von 24064 DM =	– 902 DM
ergibt eine festzusetzende Einkommensteuer von	35194 DM

B) Zum Nachlaß gehört ein unbebautes Betriebsgrundstück, das beim Er- 67
werb von Todes wegen mit einem Einheitswert von 100000 DM + Zuschlag von 40 v. H. = 140000 DM angesetzt worden ist. Das Grundstück wird im folgenden Jahr veräußert.

Der Buchwert des Grundstücks beträgt	150000 DM
Veräußerungserlös	500000 DM
Die auf den Veräußerungsgewinn von	350000 DM

entfallende Einkommensteuer kann nicht ermäßigt werden, weil insoweit keine Belastung mit Erbschaftsteuer vorliegt.

Eine Ermäßigung der Einkommensteuer nach § 35 EStG ist aber nicht möglich, wenn beim Erwerb von Renten, Nießbrauchsrechten oder sonstigen wiederkehrenden Leistungen der Erwerber nach § 23 ErbStG statt der einmaligen Zahlung der Steuer nach dem Kapitalwert dieser Erwerbe die jährli-

che Zahlung im voraus von dem Jahreswert gewählt hat. Der Erbschaftsteuersatz bleibt zwar derselbe. Die jährlichen Erbschaftsteuerzahlungen sind aber aus dem Einkommen zu tragende dauernde Lasten und mindern nach § 10 Abs. 1 Nr. 1a EStG als abzugsfähige Sonderausgaben die von ihrem Empfänger zu zahlende Einkommensteuer. Dabei ist zu beachten, daß bei Leibrenten nur der sog. Ertragsanteil der Einkommensteuer unterliegt. Seine Höhe hängt ab von dem Lebensalter des Rentenberechtigten bei Beginn der Rentenzahlungen. Die verschiedenen Prozentsätze des Ertragsanteils ergeben sich aus der Tabelle im § 22 Nr. 1a EStG sowie aus § 55 EStDV.
Bei Belastung mit ausländischer Erbschaftsteuer kommt eine Ermäßigung nach § 35 EStG nicht in Betracht (so Hess. FG vom 18. 2. 1982, EFG S. 570, rechtskräftig; a. A. BFH, BStBl 1975 II S. 110 zu § 16 Abs. 5 a. F.; vgl. Schmidt, EStG, § 35 Anm. 5e).

68 Dagegen gewährt § 14a Abs. 4 und 5 EStG besondere Vergünstigungen bei der Einkommensteuer. Danach wird der Gewinn, der bei der Veräußerung oder Entnahme des zu einem land- oder forstwirtschaftlichen Betrieb gehörenden Grund und Bodens entsteht, auf Antrag zur Einkommensteuer nur herangezogen, soweit er 120000 DM übersteigt, wenn der Gewinn zur Abfindung weichender Erben verwendet oder der Grund und Boden diesen übereignet wird.
Dies gilt allerdings nur, wenn das Einkommen des Steuerpflichtigen im vorangegangenen Jahr 27000 DM bzw. bei zusammenveranlagten Ehegatten 54000 DM nicht überstiegen hat (sonst Ermäßigung).
Grundsätzlich muß im Zusammenhang mit Todesfällen zwischen einkommen- und erbschaftsteuerpflichtigen Vorgängen unterschieden werden. Das gilt besonders für Rentenzuwendungen oder Pensionszahlungen an frühere (Haus-)Angestellte des Erblassers. Selbst wenn solche Zahlungen in einem Testament erwähnt sind, muß es sich dabei nicht immer um den Erwerb durch ein Vermächtnis handeln, der nach § 3 Abs. 1 Nr. 1 ErbStG als Erwerb von Todes wegen gilt. Eine solche Testamentsbestimmung kann auch nur einen Hinweis an den/die Erben bedeuten, bereits bestehende, sich aus dem ehemaligen Arbeitsverhältnis ergebende (Ruhegehalts-)Ansprüche zu erfüllen. Dann liegen Einkünfte aus nichtselbständiger Arbeit im Sinn des § 19 EStG vor, die lediglich der Lohnsteuer und nicht auch noch der Erbschaftsteuer unterliegen (s. auch BFH, Urt. v. 24. 10. 1984, BStBl 1985 II S. 137). Welche dieser beiden Möglichkeiten in Betracht kommt, ist im Einzelfall unter Berücksichtigung aller Umstände festzustellen. Es kann sich auch teilweise um ein lohnsteuerpflichtiges Ruhegehalt und teilweise um eine erbschaftsteuerpflichtige letztwillige Zuwendung handeln, wenn z. B. der Erblasser in seinem Testament aus persönlichen Gründen dem Bedachten eine höhere Altersversorgung einräumt, als diesem an sich zusteht (BFH

vom 20. 8. 1965, BStBl 1965 III S. 706). Hat ein Arbeitgeber in seinem Testament bestimmt, daß die weiter zu seinem Betrieb gehörenden Arbeitnehmer jährlich einen angemessenen Gewinnanteil erhalten sollen, so unterliegen die entsprechenden Zahlungen der Lohn- und nicht der Erbschaftsteuer (FG Berlin vom 24. 1. 1984, EFG S. 406, rechtskräftig).

bb) Verhältnis zur Körperschaftsteuer

Bei steuerpflichtigen Körperschaften (§ 1 KStG), die nach den Vorschriften 69
des HGB zur Führung von Büchern verpflichtet sind, werden zwar nach § 8 Abs. 2 KStG alle Einkünfte als solche aus Gewerbebetrieb behandelt und unterliegen damit der Körperschaftsteuer. Es muß sich dabei aber um Einkünfte handeln, die zu einer der sieben Einkunftsarten im § 2 Abs. 1 EStG gehören. Ein Erwerb von Todes wegen gehört nicht dazu. Er kann deshalb außer zur Erbschaftsteuer nicht auch noch zur Körperschaftsteuer herangezogen werden (BFH vom 4. 3. 1970, BStBl 1970 II S. 471).

cc) Verhältnis zur Vermögensteuer

Die Erbschaftsteuer erfaßt den Vermögensübergang, die Vermögensteuer 70
den Vermögensbesitz. Die Tatbestände dieser beiden Steuern sind also verschieden. Trotzdem können sich gewisse Überschneidungen ergeben. Sie haben ihren Grund darin, daß die Vermögensteuerpflicht des Erblassers zwar mit seinem Tode erlischt, die Vermögensteuer aber bis zum Schluß des betreffenden Kalenderjahres erhoben wird (§§ 5 und 16 bis 18 VStG). Schuldner dieser Vermögensteuer sind die Erben als Rechtsnachfolger des Erblassers. Sie können bei ihrer Einkommensteuer diese Vermögensteuer – wie auch ihre etwaige eigene – nicht (mehr) als Sonderausgabe abziehen.
Bei dem Erwerber (Erben) unterliegt das angefallene Vermögen erst vom nächsten 1. Januar nach dem Übergang an den Vorschriften des VStG. War er bisher schon vermögensteuerpflichtig, so wirkt sich der Erwerb auf seine Vermögensteuer nur aus, wenn der Vermögenszuwachs zu einer Neuveranlagung führt. Voraussetzung dafür ist, daß der neue Wert des Gesamtvermögens des Erwerbers entweder um mehr als ein Fünftel oder um mehr als 150000 DM von dem Wert des zuletzt veranlagten Vermögens abweicht (eine Wertabweichung nach oben muß außerdem mindestens 50000 DM, nach unten mindestens 10000 DM betragen; § 16 VStG).

dd) Verhältnis zur Grunderwerbsteuer

Erbschaftsteuer und Grunderwerbsteuer schließen sich gegenseitig aus. Der 71
Grundstückserwerb von Todes wegen (auch aufgrund eines Vermächtnisses) ist von der Besteuerung nach § 3 Nr. 2 GrEStG – genauso wie eine Grund-

stückschenkung unter Lebenden – ausgenommen. Die Erbschaftsteuer hat hier den Vorrang; doch ist nicht erforderlich, daß für den Grundstücksübergang auch tatsächlich Erbschaftsteuer gezahlt wurde. Etwas anderes gilt aber bei einer Grundstücksschenkung unter Auflage, wenn der Wert der Auflage entgegen der Regelung des § 25 Abs. 1 ErbStG nicht bei der Schenkungsteuer erfaßt, sondern als entgeltlicher Teil einer gemischten Schenkung angesehen wird (BFH vom 12. 4. 1989, BStBl 1989 II S. 524, 526; BFH vom 29. 1. 1992, BB 1992, 847). Die Auflage wird in diesem Fall fiktiv als Gegenleistung behandelt und unterliegt der GrESt, ohne gegen das Verbot der Doppelbelastung zu verstoßen (vgl. BVerfG vom 15. 5. 1984, BVerfGE 67, 70, 88 zu § 3 Nr. 2 Satz 2 GrEStG). Von der Grunderwerbsteuer ausgenommen ist auch der Erwerb eines zum Nachlaß gehörenden Grundstücks durch Miterben (nicht auch durch Pflichtteilsberechtigte) zur Teilung des Nachlasses (Nr. 3, a.a.O.). Haben Miterben ihre Gesamthandsgemeinschaft an einem Grundstück dadurch aufgelöst, daß sie sie im Wege der Erbauseinandersetzung in eine Bruchteilsgemeinschaft umgewandelt haben, und veräußert dann einer der Bruchteilseigentümer seinen Anteil am Grundstück, so handelt es sich nicht mehr um eine Erbauseinandersetzung (selbst wenn die Umwandlung in Bruchteilseigentum nur als vorläufig gedacht war); der Vorgang unterliegt deshalb der Grunderwerbsteuer (BFH vom 28. 4. 1954, BStBl 1954 III S. 176).
Der Pflichtteilsanspruch besteht in einer Geldforderung in Höhe des halben Wertes des gesetzlichen Erbteils (s. u. Rz. 215 ff. und Rz. 220 ff.). Erhält der Pflichtteilsberechtigte zur Befriedigung seines Anspruchs ein Grundstück, so ist dieser Erwerb von der Grunderwerbsteuer befreit, auch wenn die Übertragung als Abfindung für den Verzicht auf die Geltendmachung des Pflichtteils erfolgt (teilweise Änderung der Rechtsprechung durch BFH vom 30. 9. 1981 und 17. 2. 1982, BStBl 1982 II S. 76 und 350). Auch die Übertragung eines Grundstücks an Stelle eines in Geld zu erfüllenden Vermächtnisanspruchs ist in der Regel als Erwerb von Todes wegen grunderwerbsteuerfrei (FG Schleswig-Holstein vom 15. 12. 1981, EFG 1982 S. 363, rechtskräftig). Der Erwerb des letzten aller Erbanteile – zu denen auch Grundbesitz mit gehört – durch denselben Erwerber löst Grunderwerbsteuerpflicht aus. Die Steuer ist nicht vom Einheitswert des Grundstücks, sondern nach § 10 Abs. 1 GrEStG von der Gegenleistung zu berechnen, zu der auch der Wert der untergehenden Beteiligung des Erwerbers am Gesamthandsvermögen gehört (BFH vom 10. 6. 1964, BStBl 1964 III S. 486).

ee) Verhältnis zur Gesellschaftsteuer und Börsenumsatzsteuer

72 Freiwillige, nicht auf einer gesetzlichen oder gesellschaftsrechtlichen Verpflichtung beruhende Leistungen eines Gesellschafters an eine inländische

Kapitalgesellschaft – zu denen nach dem KVStG auch die GmbH (AG) & Co. KG gehört – unterlagen nach § 2 Abs. 1 Nr. 4 KVStG der Gesellschaftsteuer, wenn sie geeignet waren, „den Wert der Gesellschaftsrechte zu erhöhen". Solche Zuwendungen konnten auch durch Einsetzen der Gesellschaft als (Mit-)Erbe oder Vermächtnisnehmer erfolgen. Sie unterlagen dann auch der Erbschaftsteuer. Beide Steuern schlossen sich nicht immer gegenseitig aus. Die Gesellschaftsteuer betrug in der Regel 1 vom Hundert des gemeinen Werts der Leistung (§§ 8 und 9 KVStG). Steuerschuldner ist die Kapitalgesellschaft; neben ihr haftet der Leistende (§ 10 a.a.O.). Für die Erbschaftsteuer finden die Vorschriften der Steuerklasse IV Anwendung. Die Gesellschaftsteuer ist durch das Finanzmarktförderungsgesetz v. 22. 2. 1990 mit Wirkung ab 1. 1. 1992 aufgehoben worden. Allerdings sind die Vorschriften nach dem 31. 12. 1991 weiterhin anzuwenden, soweit Gesellschaftsteuer bereits vor dem 1. 1. 1992 entstanden ist und noch Steuerpflichten zu erfüllen sind, die mit bereits entstandener Steuer im Zusammenhang stehen, oder soweit für diese Steuern gehaftet wird. Die Festsetzungsfrist für die Gesellschaftsteuer beginnt spätestens mit Ablauf des Kalenderjahres 1992 (Art. 4 Abs. 3 und 4 des ÄndG).

Der Börsenumsatzsteuer unterlagen nach §§ 17 ff. KVStG entgeltliche Ver- 73
träge, die auf den Erwerb des Eigentums an Wertpapieren im Inland oder unter Beteiligung eines Inländers gerichtet sind. Darunter fiel nicht die Verteilung von Wertpapieren eines Erblassers unter den Erben entsprechend einer Teilungsanordnung oder dem Verhältnis der Erbteile. Wohl aber entstand Börsenumsatzsteuer, wenn sich die Erben abweichend davon in anderer Weise auseinandersetzen (steuerpflichtiges Anschaffungsgeschäft nach BFH vom 10. 6. 1959, BStBl 1959 III S. 420). Der Steuersatz schwankte zwischen 1 und 2,5 vom Tausend. Die Steuer berechnete sich nach dem vereinbarten oder dem mittleren Börsen- bzw. Marktpreis, fehlte ein solcher, nach dem Wert des Papiers. Steuerschuldner waren die Vertragsteile. Die Börsenumsatzsteuer ist durch das Finanzmarktförderungsgesetz vom 22. 2. 1990 mit Wirkung ab 1. 1. 1991 aufgehoben. Die Vorschriften sind jedoch nach dem 31. 12. 1990 weiterhin anzuwenden, soweit die Steuer bereits vor dem 1. 1. 1991 entstanden ist und noch Steuerpflichten zu erfüllen sind, die mit bereits entstandener Steuer im Zusammenhang stehen, oder soweit für diese Steuer gehaftet wird. Die Festsetzungsfrist für die Börsenumsatzsteuer beginnt spätestens mit Ablauf des Kalenderjahres 1991 (Art. 4 Abs. 2 und 4 des ÄndG).

ff) Verhältnis zur Umsatzsteuer

Der Umsatzsteuer unterliegen nach § 1 UStG die „Lieferungen und sonsti- 74
gen Leistungen, die ein Unternehmer im Erhebungsgebiet gegen Entgelt im

Rahmen seines Unternehmens ausführt". Da bei Erwerben von Todes wegen (wie auch bei Schenkungen) ein Entgelt fehlt, schließen sich Erbschaft- und Umsatzsteuer gegenseitig schon aus diesem Grunde aus, ganz abgesehen davon, daß Erbschaften und Schenkungen nicht in die geschäftliche, unternehmerische, sondern in die private Sphäre fallen.
Die Unternehmereigenschaft kann nicht im Erbgang übergehen, sondern hängt von der Erfüllung der allgemeinen Voraussetzungen durch den Erben ab (vgl. BFH vom 19. 11. 1970, BStBl 1971 II S. 121 u. Abschn. 19 Abs. I UStR 1992). Eine Erbengemeinschaft, die das Geschäft ihres Erblassers fortführt, ist Unternehmer. Die Veräußerung eines durch Erbfolge übergegangenen Geschäfts zur Erbauseinandersetzung ist bei nachhaltiger Tätigkeit nach den allgemeinen Vorschriften zu versteuern. Bemessungsgrundlage ist das Entgelt für die übertragenen Besitzposten (§ 10 Abs. 3 UStG). Der Umsatz beruht auf der Tätigkeit des/der Erben, nicht auf der des Erblassers. Ein nicht qualifizierter Rechtsnachfolger (z. B. die fachunkundige Witwe eines Arztes, die die Praxis durch einen angestellten Mediziner – sei es auch nur für eine kurze Übergangszeit – fortführen läßt) kann die Steuerfreiheit für Umsätze aus der Tätigkeit als Arzt nach § 4 Nr. 14 nicht in Anspruch nehmen, auch nicht für das Entgelt aus der Veräußerung der Praxis, bei der es sich außerdem um ein Hilfsgeschäft handelt, das sowieso dem Regelsteuersatz unterliegt (FG Niedersachsen vom 13. 1. 1978, EFG 1978 S. 408, rechtskräftig; Abschn. 92 UStR 1992).
Lösen die Miterben-Gesellschafter einer OHG die Erbengemeinschaft auf und setzen sie sich dabei so auseinander, daß ein Miterbe das Geschäft gegen Auszahlung der Auseinandersetzungsguthaben an die anderen übernimmt, so gilt das nach dem BFH-Urteil vom 12. 3. 1964 (BStBl 1964 III S. 290) nicht als umsatzsteuerpflichtiger Leistungsaustausch.

75 Da der Erbe als Gesamtrechtsnachfolger in die Rechtsstellung des Erblassers eintritt, muß er nicht nur die Umsatzsteuerrückstände des Erblassers bezahlen (§ 45 AO), sondern auch für die umsatzsteuerpflichtigen Lieferungen und Leistungen des Erblassers die Umsatzsteuer nachentrichten, wenn der Erblasser nicht nach den vereinbarten, sondern nach den vereinnahmten Entgelten bisher seine Umsätze versteuert hat (sog. Istversteuerung nach § 20 UStG). Der Erbe tritt insoweit in die umsatzsteuerliche Rechtsstellung des Erblassers ein (BFH vom 19. 11. 1970, BStBl 1971 II S. 121). Ob der Erbe das Geschäft fortführt oder nicht, spielt dabei keine Rolle. Er braucht nicht selbst Unternehmer zu sein. Er wird es auch nicht als Rechtsnachfolger des Erblasser-Unternehmers, sondern nur dann, wenn bei ihm selbst die Voraussetzungen für den Unternehmerbegriff vorliegen.

b) *Die Stellung des/der Erben als Rechtsnachfolger des Erblassers im Steuerrecht überhaupt*

aa) *Verfahrensfragen*

76 Als Gesamtrechtsnachfolger des Erblassers i. S. v. § 45 AO haben der bzw. die Erben die allgemeinen steuerlichen Pflichten zu erfüllen, die der Erblasser nach der AO zu erfüllen gehabt hätte (z. B. zur Buchführung, Erteilung von Auskunft, Abgabe von Erklärungen, Zahlung von Steuern usw.). Sie müssen auch, sobald sie erkennen, daß der Erblasser eine unrichtige Steuererklärung eingereicht hat, diese unverzüglich berichtigen (§ 153 AO). Betriebsprüfungen, die noch eine Zeit vor dem Erbfall betreffen (Unternehmen des Erblassers), können auch noch gegen den/die Erben angeordnet werden (BFH vom 9. 5. 1978, BStBl 1978 II S. 501). Der Vermächtnisnehmer ist allerdings kein Rechtsnachfolger des Erblassers im Sinne dieser Bestimmungen der AO (BFH vom 6. 3. 1975, BStBl 1975 II S. 739).
Noch den Erblasser betreffende Steuerbescheide sind nichtig, wenn sie sich an den Verstorbenen richten (BFH v. 17. 6. 1992 – X R 47/88). Sie werden dem/den Erben „als Gesamtrechtsnachfolger des Erblassers X" bekanntgegeben (§ 122 AO). Nimmt das Finanzamt einen der Miterben als Gesamtschuldner für Steuerschulden des Erblassers in Anspruch, so braucht es in seinem Steuerbescheid die übrigen Miterben nicht zu erwähnen (BFH vom 28. 6. 1984, BStBl II S. 784). Ist ein Nachlaßpfleger bestellt, weil über die Person(en) des/der Erben Ungewißheit besteht, so werden Steuerbescheide ihm als gesetzlichen Vertreter der unbekannten oder ungewissen Erben zugestellt (BFH vom 30. 3. 1982, BStBl II S. 687), bis das Nachlaßgericht die Nachlaßpflegschaft aufgehoben hat. Der Testamentsvollstrecker ist zwar nicht gesetzlicher Vertreter des/der Erben; er kommt aber – neben den Erben – als Empfänger von Bescheiden über vor dem Erbfall entstandene Steuern des Erblassers in Betracht, wenn er als Empfangsbevollmächtigter des Erben bestellt wurde (Abschn. 2.14 BMF-Bekanntgabeerlaß vom 8. 4. 1991) oder im Rahmen der Verwaltung des gesamten Nachlaßvermögens nach § 2213 Abs. 1 BGB zur Erfüllung von Nachlaßverbindlichkeiten verpflichtet ist (BFH vom 30. 9. 1987, BStBl 1988 II S. 120).

77 Ein gegenüber dem Erblasser unanfechtbar gewordener Bescheid wirkt auch gegen die Erben; sie können ihn nicht (nochmals) anfechten (§ 166 AO). Ist ein dem Erblasser bekanntgegebener Bescheid bei seinem Tode noch nicht bestandskräftig, so stehen dem/den Erben dieselben Rechtsbehelfe zu, die der Erblasser hätte geltend machen können. Allerdings beginnt für den Erben keine neue Rechtsbehelfsfrist, vielmehr läuft die für den Erblasser bereits begonnene Monatsfrist mit ihrer Restzeit für den Erben weiter (dieser kann höchstens nach § 110 AO Wiedereinsetzung in den vorigen Stand beantragen, wenn er ohne Verschulden verhindert war, die Frist einzuhalten).

Dem Erblasser noch bei Lebzeiten zugegangene Feststellungsbescheide über einen Einheitswert (für ein Grundstück oder ein Betriebsvermögen) sowie Grundsteuermeß- und -zerlegungsbescheide wirken gegenüber einem Rechtsnachfolger auch, ohne daß sie diesem bekanntgegeben worden sind (dingliche Wirkung solcher Bescheide); der Erbe kann sie nur innerhalb der für den Erblasser maßgebenden Frist anfechten (§ 353 AO). Ist die Rechtsnachfolge infolge Todes des Erblassers allerdings vor Ergehen eines solchen Feststellungsbescheides eingetreten, so wirkt dieser Bescheid gegen den/die Erben nur dann, wenn er ihm/ihnen bekanntgegeben wurde; damit beginnt für ihn/sie die Rechtsbehelfsfrist (§ 182 Abs. 2 S. 2 AO). Unabhängig von der Rechtskraft solcher Bescheide kann der Erbe unter den Voraussetzungen des § 22 BewG eine Fortschreibung des Einheitswertes beantragen.
Auch eine Klage zum Finanzgericht kann der Erbe nur innerhalb der für den Erblasser laufenden Frist erheben. Ein bereits anhängiger Prozeß wird durch den Tod des Erblassers bis zu seiner Aufnahme durch den/die Erben unterbrochen, wenn der Erblasser nicht durch einen Prozeßbevollmächtigten vertreten war; aber auch in diesem Falle ist das Verfahren auf Antrag auszusetzen (§ 155 FGO i. V. m. §§ 239, 246 ZPO).

78 Die Erbschaftsteuererklärung ist von einem Testamentsvollstrecker oder Nachlaßverwalter bzw. Nachlaßpfleger abzugeben, soweit diese vorhanden bzw. bestellt sind (§ 31 Abs. 5 und 6 ErbStG). Die Erbschaftsteuerbescheide werden dann auch diesen Personen mit Wirkung für und gegen die Erben, nicht aber sonstige Berechtigte (BFH vom 14. 11. 1990, BStBl 1991 II S. 49, 52) bekanntgegeben. Sie haben für die Bezahlung der Erbschaftsteuern zu sorgen, auch soweit sie Vermächtnisnehmer oder Pflichtteilsberechtigte betreffen (§ 32 ErbStG). Rechtsbehelfsbefugnisse stehen ihnen – ohne Vollmacht der Betroffenen – in der Regel nur zu, soweit sie selbst als Miterbe oder Vermächtnisnehmer belastet sind (BFH vom 4. 11. 1981, BStBl 1982 II S. 262). Versäumt ein Erbe wegen verspäteter Unterrichtung des Testamentsvollstreckers/Nachlaßverwalters, rechtzeitig Einspruch einzulegen, kann er wegen fehlenden Verschuldens Wiedereinsetzung beantragen (§ 110 AO).

79 Nach § 45 AO gehen die Steuerschulden des Erblassers (nicht jedoch die Eigenschulden des Erben für Einkünfte aus dem Nachlaß, vgl. BFH vom 28. 4. 1992, ZAP/EN-Nr. 793/92) auf den/die Erben als Rechtsnachfolger über (ausgenommen Zwangsgelder). Sie haben dafür nach den Vorschriften des BGB über die Haftung von Erben für Nachlaßverbindlichkeiten einzustehen, können aber auch die entsprechenden Haftungsbeschränkungen geltend machen (z. B. auf den Nachlaß durch Anordnung einer Nachlaßverwaltung oder Eröffnung des Nachlaßkonkurses; §§ 1967 ff. und 1975 ff. BGB). Das kann nicht schon bei der Steuerfestsetzung, sondern muß im Zwangs-

vollstreckungsverfahren geschehen (BFH vom 24. 6. 1981, BStBl 1981 II S. 729). Mehrere Erben sind Gesamtschuldner (§ 44 AO). Bis zur Teilung des Nachlasses kann jeder Miterbe im Rahmen des § 2059 BGB eine Zahlung aus seinem sonstigen Vermögen verweigern, das er außer seinem Anteil am Nachlaß noch besitzt. Bei einer Vollstreckung gegen Erben sind grundsätzlich die einschlägigen Vorschriften des BGB und der ZPO entsprechend anzuwenden (§ 265 AO). Bis zur Teilung des Nachlasses ist ein gegen alle Miterben gerichteter Verwaltungsakt des Finanzamtes nötig (§ 747 ZPO). Grundsätzlich kann die Vollstreckung wegen einer fälligen Leistung erst beginnen, wenn der Vollstreckungsschuldner zur Leistung aufgefordert wurde und seit dieser Aufforderung mindestens eine Woche verstrichen ist. Ein solches Leistungsgebot gegen den Gesamtrechtsnachfolger ist auch nötig, wenn bereits eins gegen den Erblasser ergangen war. Es muß auch gegen einen Erben ausgesprochen werden, gegen den ein an den Erblasser gerichteter Bescheid wirkt, ohne daß er dem Erben bekanntgegeben wurde (§ 254 AO). Bei Testamentsvollstreckung muß ein gesonderter Bescheid auf „Duldung der Vollstreckung" gegen den TV ergehen, wenn der Steuerbescheid nicht an ihn adressiert war (§ 748 ZPO).

Solange eine Erbengemeinschaft besteht, werden ihre Einkünfte sowie die 80
betreffenden Einheitswerte einheitlich gesondert festgestellt und auf die einzelnen Erben mit bindender Wirkung für deren Besteuerung aufgeteilt (§§ 179ff. AO). Die Erbengemeinschaft als solche ist nicht einkommensteuerpflichtig. Die Aufteilung der Einkünfte auf die Miterben richtet sich nach den Erbanteilen; abweichende Vereinbarungen von ihnen können aber berücksichtigt werden, soweit in ihnen keine Verwendung des Einkommens liegt (BFH vom 12. 1. und 27. 6. 1978, BStBl 1978 II S. 333 und 674). Das im Gesamthandsvermögen einer Erbengemeinschaft stehende Betriebsvermögen wird bewertungsrechtlich nur den Miterben zugerechnet, die als Mitunternehmer des Betriebs anzusehen sind (BFH vom 28. 7. 1978, BStBl 1979 II S. 4).

bb) Bei der Einkommensteuer

Grundsätzlich setzt der Erbe für das Einkommensteuerrecht die Person des 81
Erblassers fort (BFH vom 11. 8. 1971, BStBl 1972 II S. 55). Der Erbfall selbst stellt für die Einkommensteuer einen außerbetrieblichen Vorgang dar. Er führt auch bei dem Erblasser zu keiner steuerpflichtigen Gewinnrealisierung. Diese tritt erst bei dem Erben ein, falls dieser Gegenstände, die bei dem Erblasser zu einem Betriebsvermögen gehörten, veräußert oder entnimmt (BFH vom 21. 2. 1973, BStBl 1973 II S. 317).
Der Erbe kann das Wahlrecht nach § 26 EStG zwischen getrennter Veranlagung oder Zusammenveranlagung ausüben (BFH vom 13. 11. 1979, BStBl

1980 II S. 188 und FG Köln, EFG 1984, 31). Von der Möglichkeit des § 34 Abs. 3 n. F. EStG 1990 (Versteuerung von den Erben zufließenden Einkünften des Erblassers für eine Tätigkeit, die sich über mehrere Jahre erstreckt hatte, zu einem ermäßigten Tarif) können die Erben Gebrauch machen. Einkünfte aus nichtselbständiger Arbeit des Erblassers sind vom Erben unter Anwendung der für ihn maßgebenden Merkmale (z. B. Steuerklasse) zu versteuern. Zahlt er dem Erblasser nach dessen Tod noch zugeflossene Gehälter oder Löhne an den Arbeitgeber zurück, so sind diese Rückzahlungen beim Erben negative Einnahmen (BFH vom 19. 12. 1975, BStBl 1976 II S. 322). Die erhöhten Absetzungen für Ein-, Zweifamilienhäuser oder Eigentumswohnungen im Rahmen des auslaufenden § 7b EStG (s. a. Abschnitt 52ff. EStR 1990) kann der Erbe (auch ein Vermächtnisnehmer und die Erbengemeinschaft) sowie ein Miterbe, der bei der Erbauseinandersetzung ein solches Haus usw. erhalten hat, im Rahmen der Bemessungsgrundlage bis zum Ende des Begünstigungszeitraums fortführen, soweit die entsprechenden Voraussetzungen bei dem Erblasser vorlagen (BFH vom 15. 1. 1965, BStBl 1965 III S. 252). Sie können sich natürlich bei Erben, die sonst keine großen Einkünfte haben, nicht so stark auswirken. Man sollte deshalb bei einer Testamentserrichtung mit sog. 7b-Häusern usw. – soweit nicht andere Gründe dem entgegenstehen – möglichst solche Erwerber bedenken, die andere positive Einkünfte haben. Diese werden dann um die erhöhten Abschreibungen gekürzt; die Einkommensteuer des/der Erben vermindert sich entsprechend. Im übrigen bemessen sich alle Absetzungen für Abnutzung bei den zu einem Nachlaß gehörenden Wirtschaftsgut nach den Anschaffungs- und Herstellungskosten, die der Erblasser aufgewendet hat (§ 11d EStDV). Dabei kann der Erbe die vom Erblasser noch nicht ausgenutzten verschiedenen Begünstigungen, Bewertungsfreiheiten, Bewertungsabschläge und erhöhten Absetzungen in Anspruch nehmen (z. B. § 7d EStG, §§ 76ff. EStDV).

82 Im Bereich der Erbauseinandersetzung über Wirtschaftsgüter des Privatvermögens hat eine Rechtsentwicklung eingesetzt, die zu einer weitgehenden Gleichbehandlung mit Betriebsvermögen geführt hat. Bei der Auseinandersetzung können nämlich durch Abfindungsleistungen oder die Übernahme von Verbindlichkeiten absetzbare Anschaffungskosten entstehen (vgl. BMF vom 31. 12. 1988, BStBl 1988 I S. 546 = NJW 1989, 3264). Damit im Zusammenhang stehende Schuldzinsen sind als Werbungskosten abziehbar, wenn das erworbene Gut der Einkünfteerzielung dient (BFH, BStBl 1987 I S. 423). Die zu einem Betrieb gehörenden Wirtschaftsgüter sind mit den Werten, die der Erblasser für sie ausgeworfen hatte, weiterzuführen; der Erbe ist an diese Werte gebunden (§ 7 EStDV). Etwaige stille Reserven werden also nicht aufgelöst.

Handelt es sich hingegen um eine Erbengemeinschaft, ist nach der neuen Rechtsprechung des Bundesfinanzhofs davon auszugehen, daß alle Miterben automatisch mit dem Erbfall einkommensteuerrechtlich die Eigenschaft von Mitunternehmern erwerben und bis zur Auseinandersetzung über den Gewerbebetrieb behalten (Beschluß des Großen Senats vom 5. 7. 1990 GrS 2/89, BStBl 1990 II S. 837 und BMF v. 11. 1. 1993, DStR 1993, 51). 83
Der laufende Gewinn aus Gewerbebetrieb wird nach den üblichen Regeln einer gewerblich tätigen Personengesellschaft ermittelt und entsprechend den Erbanteilen auf die Miterben verteilt. Dies gilt auch dann, wenn die Miterben von vornherein die schnellstmögliche Auseinandersetzung angestrebt haben (sog. schlichte Erbengemeinschaft).
Erfolgt die anschließende Erbauseinandersetzung durch Realteilung ohne Ausgleichszahlung, liegt weder eine endgültige Veräußerung oder Anschaffung noch eine Aufgabe von Mitunternehmeranteilen vor. Die Miterben können vielmehr entweder eine Betriebsaufgabe (mit der Folge eines einkommensteuerpflichtigen Veräußerungsgewinns nach § 16 Abs. 1 Nr. 2 EStG) erklären oder die übernommenen Wirtschaftsgüter weiterhin im Betriebsvermögen halten und die bisherigen Buchwerte fortführen (Rz. 14).
In der Praxis häufiger dürfte allerdings der Fall sein, daß nur ein Miterbe den Betrieb fortführt und die weichenden Erben eine Geldabfindung erhalten. Hierin liegt die Veräußerung von Mitunternehmeranteilen durch die weichenden Miterben, die jetzt einen steuerpflichtigen Veräußerungsgewinn erzielen, während der übernehmende Miterbe Anschaffungskosten in Höhe der Abfindung zu aktivieren hat. Gleiches gilt auch bei einer Realteilung, wenn einer der Miterben Werte erhält, die seine Erbquote übersteigen, und er deshalb Ausgleichszahlungen an die übrigen erbringt. Der Erbfall ist daher auch einkommensteuerlich von großer Bedeutung (vgl. Rz. 14 – 22).

Kein Veräußerungsgewinn entsteht demgegenüber, wenn bei dem Tod eines Mitunternehmers einer **Personengesellschaft** alle Erben aufgrund einer einfachen Nachfolgeklausel an die Stelle des verstorbenen Gesellschafters treten. Das Vermögen des Erblassers geht unentgeltlich auf die Miterben über, die die Buchwerte gemäß § 7 Abs. 1 EStDV fortzuführen haben (BFH, BStBl 1981 II S. 614). 84
Gleiches gilt für den Nachfolger-Miterben, wenn der Gesellschaftsvertrag die Fortführung mit einem der Miterben vorsieht (sog. qualifizierte Nachfolgeklausel). Anders verhält es sich jedoch, wenn die Gesellschafter-Miterben sich anschließend auf einen Nachfolger einigen und dieser die übrigen Miterben abfindet: Diese bei einfacher Nachfolgeklausel unter den Miterben getroffene Abfindungsvereinbarung stellt jetzt eine entgeltliche Veräußerung von Mitunternehmeranteilen mit den aufgezeigten Folgen dar, während die weichenden Miterben bei qualifizierter Nachfolgeklausel von vorn-

herein nicht Mitunternehmer-Gesellschafter geworden sind und lediglich einen erbrechtlichen Ausgleichsanspruch erworben haben.
Tritt hingegen überhaupt kein Miterbe die Nachfolge des Erblassers als Gesellschafter an, weil die Erben aufgrund einer **Fortsetzungsklausel** von der Gesellschafterstellung ausgeschlossen sind, wird in der Anwachsung der Beteiligung bereits eine entgeltliche Veräußerung des Mitunternehmeranteils des Erblassers gesehen. Würden die Erben mit einem Betrag abgefunden, der den Buchwert des Gesellschaftsanteils des Verstorbenen übersteigt, so entsteht in der Höhe des Unterschiedsbetrags ein (tarifbegünstigter) Veräußerungsgewinn, und zwar noch in der Person des verstorbenen Gesellschafters (BFH, BStBl 1975 II S. 580; BFH, BStBl 1981 II S. 614).
In der Person des Erblassers entstandene berücksichtigungsfähige Verluste, die bei diesem nicht ausgeglichen und auch nicht im Wege des Verlustrücktrags abgezogen werden konnten, sind im Veranlagungszeitraum (= Kalenderjahr) des Erbfalls bei der Ermittlung des Gesamtbetrages der Einkünfte des Erben mit dessen Einkünften auszugleichen (BFH vom 13. 11. 1979, BStBl 1980 II S. 189). Soweit das nicht möglich ist, sind die Verluste bei dem Erben im Wege des Verlustabzugs im Rahmen des § 10d EStG zu berücksichtigen (BFH vom 23. 6. 1962, BStBl 1962 III S. 386), bei mehreren Erben anteilig nach dem Verhältnis der Erbteile (Abschnitt 115 Abs. 1 S. 3 EStR 1990).

85 Bei den sog. Spekulationsgeschäften des § 23 EStG ist bei dem/den Erben für die Berechnung der Spekulationsfrist von dem Zeitpunkt des entgeltlichen Erwerbs durch den Erblasser auszugehen und nicht von dem des Erbanfalls (BFH vom 21. 3. 1969, BStBl II S. 520 und vom 5. 11. 1974, BStBl 1975 II S. 411).

86 Kosten, die im Zusammenhang mit einem Erbfall entstehen (für Reisen, Regelung des Nachlasses usw.), gehören nicht zur Einkommens- sondern zur Vermögenssphäre; sie können weder als Werbungskosten noch als außergewöhnliche Belastung (Beerdigungskosten unter Umständen in beschränktem Umfang laut Abschnitt 189a Abs. 3 EStR) bei der Einkommensteuerveranlagung des/der Erben berücksichtigt werden (BFH vom 12. 10. 1967, BStBl 1968 II S. 10). Dagegen kann der Erbe die noch für den Erblasser gezahlten Kirchensteuern als Sonderausgaben geltend machen (§ 10 Abs. 1 Nr. 4 EStG). Abzugsfähige Sonderausgaben sind auch die gemäß § 23 Abs. 1 ErbStG jährlich im voraus auf den Jahreswert geerbter wiederkehrender Nutzungen zu entrichtenden Erbschaftsteuern (BFH vom 5. 4. 1965, BStBl 1965, III S. 360) sowie Beiträge an Bausparkassen, sofern der Erbe in vom Erblasser abgeschlossene Verträge eintreten kann (s. auch BFH vom 15. 6. 1973, BStBl 1973 II S. 737). Als Sonderausgaben („dauernde Lasten“) kommen auch die wiederkehrenden Leistungen eines Erben in Betracht, die er

anderen für den Verzicht auf eine Erbauseinandersetzung gewährt, und zwar bei gleichbleibenden Zahlungen ein Abzug als Leibrente mit dem Ertragsanteil, bei der Höhe nach schwankenden Zahlungen jeweils mit dem betreffenden vollen Betrag (BFH vom 17. 12. 1965, BStBl 1966 III S. 244). Daß ein Erbe für den Erbanfall Erbschaftsteuer gezahlt hat, schließt zwar nicht aus, daß er für die ihm später aus dem angefallenen Vermögen zufließenden Einkünfte auch Einkommensteuer entrichten muß. Doch wird diese auf seinen Antrag um einen bestimmten Hundertsatz ermäßigt, soweit sie auf Einkünfte entfällt, die im Veranlagungszeitraum oder in den vorangegangenen vier Veranlagungszeiträumen als Erwerb von Todes wegen der Erbschaftsteuer unterlegen haben (§ 35 EStG; Abschnitt 213e EStR; Einzelheiten s. o. Rz. 64ff.).

Bei Bausparverträgen gelten die Sperrfristen von 10 bzw. 7 Jahren für die 87
Berücksichtigung der Bausparbeiträge als Sonderausgaben (§ 10 Abs. 1 Nr. 3 und Abs. 6 EStG) bzw. für das Erlangen der Prämien (§ 2 Abs. 2 Satz 3 des Wohnungsbau-Prämiengesetzes vom 10. 2. 1982, BGBl I S. 133) nicht, wenn der Sparer stirbt. Wird nach seinem Tode der Vertrag aufgelöst und werden die Bausparbeträge an den/die Erben ausgezahlt, so findet weder eine Nachversteuerung statt noch müssen Prämien zurückgezahlt werden. Der Bausparvertrag kann auch von dem/den Erben fortgesetzt werden. Die bereits bei dem Erblasser begonnene Sperrfrist läuft dann weiter; sie beginnt nicht etwa neu. Für die im Todesjahr von Erblasser und Erben geleisteten Bausparbeiträge werden die Prämien nach den persönlichen beiderseitigen Verhältnissen gesondert festgesetzt (BdF vom 11. 7. 1974). Führt der Erbe den Vertrag fort, verfügt aber dann noch innerhalb der Sperrfrist in einer die Vergünstigung ausschließenden Weise über ihn, so ändert sich an der Steuer- und Prämienvergünstigung des Erblassers nichts; der Erbe muß jedoch die von ihm geleisteten Bausparbeiträge, soweit sie als Sonderausgaben berücksichtigt wurden, nachversteuern bzw. ihm gewährte Prämien zurückzahlen.

Haben Ehegatten gemeinsam einen Bausparvertrag abgeschlossen und be- 88
erbt der eine den anderen, so kann der Überlebende auch innerhalb der Sperrfrist über die von ihm **vor** dem Tod des anderen sowie über die von dem Gestorbenen geleisteten Bausparbeiträge verfügen, ohne daß die Steuer- oder Prämienvergünstigung verlorengeht (BFH vom 15. 6. 1973, BStBl 1973 II S. 737; vgl. Abschnitt 94 Abs. 4 Nr. 1 EStR 1990; entsprechendes gilt nach BdF S 1964 vom 14. 3. 1974 für den Bereich des Sparprämiengesetzes). Für die von dem überlebenden Ehegatten **nach** dem Tode des anderen geleisteten Beträge bleibt die Bindung an den begünstigten Zweck innerhalb der weiterlaufenden Sperrfrist bestehen. Bei ihrer Verletzung kommt eine Nachversteuerung bzw. Rückzahlung der Prämien hinsichtlich

der von dem überlebenden Ehegatten nach dem Tode des anderen geleisteten Bausparbeträge in Betracht. Prämien nach dem Spar-Prämiengesetz (Neufassung vom 10. 2. 1982, BGBl I S. 125) gehen nicht durch eine vorzeitige Verfügung über die Sparbeträge vor Ablauf der Festlegungsfrist (sechs Jahre) verloren, wenn der Prämiensparer oder sein von ihm nicht dauernd getrennt lebender Ehegatte nach Vertragabschluß gestorben ist und der Vertrag dann vorzeitig aufgelöst wird. Die Prämie für die vom Erblasser eingezahlten Sparraten richtet sich trotz der nach seinem Tode eingetretenen Gesamtrechtsnachfolge ausschließlich nach seinen persönlichen Verhältnissen (Bundesministerium der Finanzen vom 3. 2. 1975).

cc) Bei der Gewerbesteuer

89 Bei der Gewerbesteuer gilt der Betrieb mit dem Tode des Erblassers als eingestellt und durch den/die Erben neu gegründet. Im Todesjahr sind deshalb zwei Gewerbesteuerveranlagungen durchzuführen, wobei der tatsächliche Gewerbeertrag jeweils auf einen Jahresbetrag umzurechnen ist (§ 10 Abs. 3 GewStG). Der Gewerbesteuermeßbetrag mindert sich nach §§ 11 Abs. 6 und 13 Abs. 4 entsprechend der Dauer der Gewerbesteuerpflicht. Gewerbeverluste, die noch zu Lebzeiten des Erblassers in dessen Einzelfirma entstanden sind, können dessen Erben, auch wenn sie das Geschäft fortführen, abweichend von der Einkommensteuer von ihrem Gewerbeertrag nicht nach § 10a GewStG kürzen (BFH vom 14. 1. 1965, BStBl 1965 III S. 115). Ebenso kann der Anteil des Verstorbenen am Gewerbeverlust einer Personengesellschaft nicht von den erbenden Mitgesellschaftern abgezogen werden (BFH vom 4. 2. 1966, BStBl 1966 III S. 374).

90 Wird der geerbte Betrieb bei dem Erwerber mit einem diesem bereits gehörenden Betrieb vereinigt, so gilt der gesamte Ertrag der vereinigten Betriebe als Gewerbeertrag des Erhebungszeitraumes (= Kalenderjahres), in dem der Vermögensübergang eingetreten ist. Unter Umständen kann das zu einer Erhöhung der Gewerbesteuervorauszahlungen führen. Das Gewerbekapital ändert sich erst zum nächsten 1. Januar, vorausgesetzt, daß infolge der Vereinigung der Betriebe der Einheitswert für das bisherige Betriebsvermögen des nunmehrigen Erben fortgeschrieben werden muß oder sowieso eine neue Hauptfeststellung der Einheitswerte erfolgt. Fehlen dem Erben einer freiberuflichen Praxis die fachlichen Voraussetzungen und führt er die Praxis mit Hilfe eines Fachmannes als Treuhänder – und sei es auch nur für kurze Zeit – fort, So übt der Erbe eine der Gewerbesteuer unterliegende gewerbliche Tätigkeit aus (BFH vom 19. 5. 1981, BStBl II S. 665). Verpachtet er dagegen (z.B. die Witwe eines Freiberuflers) die geerbte Praxis, so bezieht er (sie) nicht der Gewerbesteuer unterliegende Einkünfte aus Vermietung und Verpachtung.

dd) Hinsichtlich der Vermögensteuer s.o. Rz. 70, der Umsatzsteuer Rz. 74.

B. Allgemeines über Verfügungen von Todes wegen

I. Testierfähigkeit

Die Testierfähigkeit (d.h. die Fähigkeit, ein Testament zu errichten, zu ändern oder aufzuheben) beginnt mit der Vollendung des 16. Lebensjahres. Minderjährige ab 16 Jahren sind allerdings insofern nur beschränkt testierfähig, als sie kein Privattestament, sondern lediglich ein öffentliches Testament errichten können (§§ 2229, 2233 BGB), und zwar nur in der Form der mündlichen Erklärung des letzten Willens vor dem Notar oder der Übergabe einer offenen Schrift. Da ein Testament nur vom Erblasser persönlich errichtet werden kann (§ 2064 BGB), kann der gesetzliche Vertreter nicht für den Minderjährigen testieren. Andererseits ist auch die sonst für Rechtsgeschäfte Minderjähriger vorgeschriebene Zustimmung des gesetzlichen Vertreters bzw. des Vormundschaftsgerichts kraft ausdrücklicher gesetzlicher Bestimmung (§ 2229 Abs. 2 BGB) bei der Testamentserrichtung entbehrlich, so daß der Minderjährige über 16 Jahre ohne Wissen und Willen seiner Eltern ein öffentliches Testament errichten kann. Ein Testament, das ein Minderjähriger unter 16 Jahren errichtet hat, bleibt auch nichtig, wenn er das 16. Lebensjahr überschritten hat. Ehegatten und Verlobte können, auch wenn sie noch nicht 16 Jahre alt sind, mit dem anderen Ehegatten oder Verlobten einen Erbvertrag schließen, bedürfen dazu aber bis zur Volljährigkeit der Zustimmung der Eltern oder des Vormunds zusammen mit der des Vormundschaftsgerichts (§§ 2275 Abs. 2 BGB). 91

Das Betreuungsgesetz vom 12. 9. 1990 (BGBl I S. 2002, in Kraft seit dem 1. 1. 1992) hob § 6 BGB auf: Es gibt nun keine Entmündigung Volljähriger mehr. Früher angeordnete Vormundschaften werden in Betreuungen umgewandelt (Art. 9 § 1 BtG). Damit ist die bisherige Testierunfähigkeit von Entmündigten entfallen (§ 2229 Abs. 3 BGB a.F.). Unverändert gilt jedoch § 2229 Abs. 4 BGB, der besagt: „Wer wegen krankhafter Störung der Geistestätigkeit, wegen Geistesschwäche oder wegen Bewußtseinsstörung nicht in der Lage ist, die Bedeutung einer von ihm abgegebenen Willenserklärung einzusehen und nach dieser Einsicht zu handeln, kann ein Testament nicht errichten.“ Der Erblasser muß also im Zeitpunkt der Testamentserrichtung im Vollbesitz seiner geistigen Kräfte sein. Nichtig ist z.B. ein Testament, das der Erblasser im Zustand sinnloser Trunkenheit niedergeschrieben hat. Andererseits kann ein Geistesgestörter in lichten Momenten (lucida intervalla) testierfähig sein. Ist eine Betreuung (§§ 1896ff. BGB n.F.) angeordnet, stünde dies der Errichtung einer letztwilligen Verfügung nicht entgegen. Das Vormundschaftsgericht könnte auch keinen Einwilligungsvorbehalt in Ansehung letztwilliger Verfügungen des Betreuten anordnen (§ 1903 Abs. 2 BGB n.F.). 92

93 Muß ein Erblasser befürchten, daß ein übergangener Erbe nach seinem Tode versuchen wird, mit der Behauptung, bei Errichtung der letztwilligen Verfügung sei der Testierer nicht geschäftsfähig gewesen, die Unwirksamkeit dieser Verfügung geltend zu machen, sollte er seinen letzten Willen zur Urkunde eines Notars erklären, da dieser darin seine Feststellungen über die Geschäftsfähigkeit des Klienten vermerken muß (§§ 11, 28 BeurkG). Empfehlenswert wäre auch eine Bescheinigung des Hausarztes, gegebenenfalls gar des Amtsarztes, über die bestehende Geschäftsfähigkeit. Schließlich könnte im Testament oder in einem Begleitschreiben den behandelnden Ärzten Befreiung von ihrer Schweigepflicht erteilt werden für den Fall eines Rechtsstreits über die Wirksamkeit des Testaments.

94 Tatsächlich unfähig, ein Testament zu errichten, sind Personen, die ihren letzten Willen weder schriftlich noch mündlich auszudrücken vermögen. Dies ist z. B. der Fall bei einem Stummen, der nicht lesen kann (vgl. § 2233 Abs. 2 BGB) und bei einem Stummen, der nicht in der Lage ist zu schreiben, etwa weil seine Hand völlig gelähmt ist. Die Errichtung eines Testaments durch Zeichensprache ist unzulässig. Testierfähig ist dagegen ein Stummer, der lesen kann; er kann durch Übergabe einer offenen oder verschlossenen Schrift testieren (§ 2233 Abs. 3 BGB).

II. Testamentsformen

1. Öffentliches Testament

95 Ein öffentliches Testament wird von einem Notar errichtet, und zwar entweder durch mündliche Erklärung des letzten Willens oder durch Übergabe einer offenen oder verschlossenen, den letzten Willen enthaltenden Schrift (§§ 2231, 2232 BGB). In ersterem Fall erklärt der Erblasser dem Notar mündlich seinen letzten Willen. Dies kann in zusammenhängender Rede oder durch Frage und Antwort geschehen. Dabei macht der Notar den Erblasser auf Bedenken gegen den Inhalt seiner Erklärungen und gegen die Gültigkeit des beabsichtigten Testaments aufmerksam. Der Notar faßt die Erklärungen des Erblassers in die richtige Form und bringt sie zu Protokoll, das dem Erblasser vorgelesen wird. Bei der Übergabe einer offenen oder verschlossenen Schrift muß der Testator dem Notar erklären, daß die Schrift seinen letzten Willen enthalte. Die Schrift selbst braucht vom Erblasser nicht eigenhändig verfaßt und unterschrieben zu sein; es genügt ein mit Schreibmaschine beschriebenes Blatt Papier. Wird die Schrift offen übergeben, so soll der Notar von ihr Kenntnis nehmen und dem Erblasser etwaige Zweifel an der Gültigkeit und Bedenken gegen den Inhalt mitteilen. Eine verschlossen übergebene Schrift dagegen darf der Notar ohne Erlaubnis des Erblassers nicht öffnen (§ 30 BeurkG).

Der Notar kann einen zweiten Notar oder bis zu zwei Zeugen zuziehen. Er soll es tun, wenn der Erblasser es verlangt. Widerspricht der Erblasser, so soll der Notar von der Zeugenzuziehung absehen. Ein Zeuge oder ein zweiter Notar soll zugezogen werden, wenn der Erblasser taub, blind, stumm oder sonst am Sprechen verhindert ist. Die Zeugen sollen während der ganzen Verhandlung zugegen sein und die Niederschrift mitunterzeichnen. Über die Errichtung eines öffentlichen Testaments muß in jedem Falle eine **Niederschrift** aufgenommen werden; diese muß verlesen, vom Erblasser genehmigt und von ihm eigenhändig unterschrieben werden. Ein Verstoß hiergegen macht das Testament nichtig. Wer nach der Überzeugung des Notars Geschriebenes nicht zu lesen vermag, kann das Testament nur durch mündliche Erklärung errichten. Ist der Erblasser nach der Überzeugung des Notars stumm oder sonst am Sprechen gehindert, so kann er nur durch Übergabe einer offenen oder verschlossenen Schrift testieren. Die Erklärung, daß die Schrift seinen letzten Willen enthalte, muß er bei der Verhandlung eigenhändig in die Niederschrift oder auf ein besonderes Blatt schreiben, das der Niederschrift als Anlage beigefügt werden soll (§ 2233 BGB, §§ 22, 23, 31, 32 BeurkG). Zu den besonders strengen Anforderungen an das Testament eines Taubstummen vgl. OLG Hamm, RPfleger 1989, 156. 96

Die Errichtung eines Testaments in notariell beurkundeter Form ist sehr zu empfehlen. Bei den strengen Formvorschriften des Gesetzes geschieht es häufig, daß sich eigenhändig errichtete Testamente nach dem Tode des Erblassers wegen Formverstoßes als nichtig herausstellen und daß dann der letzte Wille des Erblassers nicht zum Tragen kommt, sondern die gesetzliche Erbfolge eintritt. Durch Errichtung eines öffentlichen Testaments bewahrt der Erblasser die von ihm Bedachten vor solchen Nachteilen. Damit wird auch der Gefahr vorgebeugt, daß einer der Erben später das Testament anficht, indem er die Echtheit des Inhalts oder der Unterschrift bestreitet und eine Fälschung behauptet. Das öffentliche Testament wird sogleich nach der Errichtung versiegelt und beim Amtsgericht – in Baden-Württemberg beim staatlichen Notariat – in öffentliche Verwahrung gegeben. Wer sein Testament durch mündliche Erklärung vor dem Notar errichtet, hat zudem den Vorteil, daß sein letzter Wille von der Urkundsperson in klarer und rechtlich einwandfreier Weise zu Protokoll gebracht wird, so daß spätere Streitigkeiten zwischen den Erbschaftsanwärtern wegen des Inhalts der letztwilligen Verfügung (wie sie bei Privattestamenten häufig sind) vermieden werden. 97

2. Privattestament

Ein Privattestament muß, um rechtsgültig zu sein, vom Erblasser eigenhändig geschrieben und unterschrieben werden (§ 2247 Abs. 1 BGB). Das Erfordernis der eigenhändigen Niederschrift bezieht sich auf den gesamten 98

Wortlaut des Testaments. Deshalb ist ein mit der Maschine geschriebenes und vom Erblasser unterzeichnetes Testament nichtig. Ungültig sind auch Einschaltungen mit mechanischen Schriftzeichen oder Zusätze dritter Personen. Die persönliche Niederschrift wird vom Gesetz deshalb verlangt, damit nach dem Tode des Erblassers im Zweifelsfall die Echtheit des Testaments durch Schriftvergleich festgestellt werden kann. Gleichwohl wird die Gültigkeit eines Testaments nicht dadurch beeinträchtigt, daß es in Druckbuchstaben niedergeschrieben ist. Der Erblasser kann sich insbesondere dann der Druckschrift bedienen, wenn ihm die Abfassung in Schreibschrift schwerfällt oder er die Unleserlichkeit des Testaments befürchtet.

Abzuraten ist davon, den letzten Willen in einem Brief – etwa an den eingesetzten Erben – zum Ausdruck zu bringen. An sich bestehen zwar, wenn die oben angeführten Formvorschriften gewahrt sind, gegen die Gültigkeit des Testaments keine Bedenken. Da jedoch ein Brieftestament nicht den üblichen Gepflogenheiten entspricht, werden strenge Anforderungen bei der Prüfung gestellt, ob der Erblasser in seinem Schreiben wirklich schon letztwillige Verfügungen treffen wollte oder ob es sich nicht etwa nur um einen Entwurf handle, der dem Adressaten zur Kenntnis gegeben werden sollte.

Unleserliche Passagen können die Wirksamkeit des gesamten Testaments in Frage stellen. Durchstreichungen von Textstellen und Rasuren sind nicht verboten, können aber den Beweiswert der Urkunde beeinträchtigen.

99 Unterzeichnet werden sollte mit dem vollen Vor- und Familiennamen. Unterschreibt der Erblasser in anderer Weise, z. B. unter Angabe der Familienstellung („Euer Vater", „Onkel Fritz"), so steht dies der Gültigkeit des Testaments nicht entgegen, wenn die Unterzeichnung zur Feststellung der Urheberschaft und der Ernstlichkeit der Erklärung ausreicht (§ 2247 Abs. 3 BGB). Die Verwendung lediglich der Anfangsbuchstaben des Namens oder eines Handzeichens kann auf das Vorliegen eines bloßen Entwurfs hindeuten, ist also nicht zu empfehlen.

Die Unterschrift gehört an den Schluß des Textes. Die bloße Selbstbezeichnung des Erblassers im Text des Testaments („Ich, Georg Stadler, bestimmte hiermit letztwillig ...") ist keine Unterschrift. Die eigenhändige Namensangabe auf einem Testamentsumschlag kann als Unterschrift angesehen werden, doch sollte man sich hierauf nicht verlassen (BayObLG, NJW-RR 1989, 9).

100 Orts- und Datumsangaben sind keine notwendigen Testamentsbestandteile, ihre Weglassung oder Anbringung mit mechanischer Schrift (Stempel) beeinträchtigt deshalb die Gültigkeit der letztwilligen Verfügung nicht (§ 2247 Abs. 2 BGB). Trotzdem ist zumindest die Angabe des Zeitpunkts der Testamentsniederschrift unbedingt ratsam. Ergeben sich nämlich infolge Fehlens der Zeitangabe unbehebbare Zweifel an der Gültigkeit der letztwilligen Ver-

fügung – z. B. wenn noch ein zweites Testament vorliegt und nicht festgestellt werden kann, welches von beiden jüngeren Datums ist –, so führt dies zur Nichtigkeit (§ 2247 Abs. 5 BGB; vgl. hierzu BayObLG, NJW-RR 1989, 1092).
Oft wird im Text eines Testaments auf Anlagen Bezug genommen, die der letztwilligen Verfügung beigenommen sind; sie müssen nicht den gesetzlichen Formvorschriften entsprechen – können also z. B. mit Maschine geschrieben sein –, wenn sie keine Willenserklärungen des Erblassers enthalten und nur der Erläuterung des Testamentsinhalts dienen. Da die Grenzen zwischen bloßen Erläuterungen und Willenserklärungen jedoch flüssig sind, ist Vorsicht geboten.

Die letztwillige Verfügung kann in jeder beliebigen Sprache und auch in 101
Kurzschrift niedergeschrieben werden. Erforderlich ist aber, daß die Schrift lesbar ist, sei es auch mit Hilfe eines Schriftsachverständigen. Die Hand des Schreibenden darf gestützt, nicht aber die Feder geführt werden. Kann ein Erblasser bei der Leistung des Schriftzugs nicht mehr aktiv mitwirken, ist er nicht mehr schreibfähig. Schreibunfähige, Leseunfähige und Minderjährige über 16 Jahre können nur in öffentlicher Form, also vor einem Notar, testieren (§ 2247 Abs. 4 BGB). Blinde, die die Blindenschrift beherrschen, können ein eigenhändiges Testament errichten, wenn sie die Schrift mit der Hand und nicht mit einer Schreibmaschine anfertigen. Sind einzelne Teile des Testaments nicht handgeschrieben, so sind diese auf jeden Fall nichtig. Ob auch der weitere Inhalt ungültig ist, hängt davon ab, ob anzunehmen ist, daß der Erblasser die übrigen handgeschriebenen Verfügungen ohne die unwirksamen Verfügungen getroffen haben würde oder nicht (§ 2085 BGB).
Der Testator kann mit Tinte, Bleistift, Kugelschreiber, Farbstift, Kreide oder Pinsel auf jede beliebige Unterlage schreiben, z. B. auf ein Blatt Papier, eine Postkarte, einen Notizblock, aber auch auf eine Tischplatte, wenn nichts anderes zur Verfügung steht. Wer aus dem Testament Rechte herleitet, muß notfalls die Eigenhändigkeit der Niederschrift beweisen. Die Echtheit der Unterschrift beweist nur, daß der Text den Willen des Erblassers wiedergibt, nicht dagegen, daß er eigenhändig niedergeschrieben wurde.
Ein Privattestament braucht keine Überschrift zu haben. Um jeden Zweifel auszuschließen, daß es sich nur um einen Testamentsentwurf handeln könnte, empfiehlt es sich, das Testament mit den Worten „Mein Testament" oder „Mein letzter Wille" zu beginnen. Besteht das Testament aus mehreren Blättern, muß nicht jedes einzelne Blatt unterschrieben werden, ihre Zusammengehörigkeit sollte jedoch irgendwie, z. B. durch Numerierung der Blätter, zum Ausdruck gebracht werden.

Im Gegensatz zum öffentlichen Testament besteht für das privatschriftliche 102
Testament keine Pflicht zur amtlichen Verwahrung. Da aber auch das beste

Testament nichts nützt, wenn es beim Tod des Erblassers nicht sofort vorliegt, ist eine sichere Verwahrung von größter Bedeutung. Wird es im Safe verwahrt, sollten die Hinterbliebenen darauf hingewiesen werden (vgl. oben Rz. 8ff.). Die amtliche Verwahrung beim Amtsgericht, in Baden-Württemberg beim staatlichen Notariat, ist jedoch der sicherste Weg; die – einmalig – zu entrichtende Gebühr ist relativ geringfügig.

3. Nottestament, Seetestament, Konsulartestament

103 Bei unmittelbarer Todesgefahr kann ein Nottestament – entweder vor dem Bürgermeister der Gemeinde und zwei Zeugen oder vor drei Zeugen (§§ 2249, 2250 BGB) – errichtet werden. Das sog. „Drei-Zeugen-Testament“ kommt insbesondere in Frage, wenn das Haus, in dem sich der Erblasser befindet, etwa infolge eines Naturereignisses (Lawine, Bergrutsch, Überschwemmung) oder wegen ansteckender Krankheit nicht oder nicht rechtzeitig von einem Notar oder Bürgermeister betreten werden kann, ferner in den Fällen, in denen sich der Erblasser in so naher Todesgefahr befindet, daß ein Notar oder Bürgermeister nicht mehr rechtzeitig zugezogen werden kann. Diese Lage kann sich bei einem Unfall im Hochgebirge, bei einem Verkehrsunfall, aber auch bei einer plötzlichen lebensgefährlichen Erkrankung in der Wohnung des Erblassers oder im Krankenhaus bei einer akuten Verschlimmerung des Leidens ergeben.

104 Da die Gefahr des Mißbrauchs hier besonders groß ist, sieht das Gesetz eine Reihe von Sicherungsmaßnahmen vor. So muß der Erblasser seinen Willen mündlich erklären; die Übergabe einer Schrift an die drei Zeugen wäre unzulässig. Ein Stummer kann daher nicht in dieser Weise testieren. Die Zeugen, die während der ganzen Dauer der Testamentserrichtung zugegen sein müssen, haben ein Protokoll aufzunehmen, in welchem anzugeben ist, aus welchen Gründen die Beteiligten eine Testamentserrichtung vor dem Notar oder Bürgermeister nicht mehr für möglich halten. Daß die Befürchtung sich nachträglich als unbegründet herausstellt, berührt die Gültigkeit des Nottestaments nicht. Die Zeugen dürfen zwar untereinander, nicht aber mit dem Erblasser verwandt sein. Auch der Ehegatte kann nicht Zeuge sein. Die Niederschrift muß in Gegenwart des Erblassers erfolgen. Sie braucht nicht handschriftlich, sondern kann auch mit einer Schreibmaschine angefertigt werden. Sie muß dem Erblasser vorgelesen und von ihm genehmigt werden, was im Protokoll zu vermerken ist. Die Niederschrift muß von allen Zeugen und auch vom Erblasser unterschrieben werden. Ist der Erblasser zur Unterschriftsleistung nicht mehr fähig, so sollen die Gründe dafür in der Niederschrift angegeben werden (vgl. hierzu BayObLG, NJW 1991, 928).
Ein Testament, das nur vor zwei Zeugen errichtet wird, ist nichtig, z.B. wenn keine Möglichkeit besteht, rechtzeitig einen dritten Zeugen hinzuzu-

ziehen. Es tritt dann die gesetzliche Erbfolge ein. Ein Nottestament, egal ob es vor dem Bürgermeister und zwei Zeugen oder in Form des Drei-Zeugen-Testaments errichtet wurde, verliert seine Wirkung, wenn der Erblasser drei Monate nach der Errichtung noch lebt. Nottestamente verfallen häufig der Nichtigkeit, weil eines der Formerfordernisse außer acht gelassen wurde. Dies unterstreicht die schon mehrfach betonte Notwendigkeit, Testamente rechtzeitig zu errichten und damit nicht bis zum Eintritt einer akuten Lebensgefahr zu warten. In der Hast und Eile, mit der dann gehandelt wird, kann mancher Fehler unterlaufen, der bei ruhigem und überlegtem Handeln vermieden würde.

Nachstehend ein Beispiel für die Niederschrift bei Errichtung eines Drei- 105
Zeugen-Testamentes:

Testament

Wir,
Name
Name
Name

sind zur Zeit Patienten des Städtischen Krankenhauses X-Stadt. Der Kaufmann ..., ebenfalls Patient des Krankenhauses, erklärte heute nach einer Operation, daß er sich sehr schwach fühle und sein Testament machen wolle. Mit Rücksicht auf seinen Zustand ist zu befürchten, daß die Beiziehung des zuständigen Notars oder des Bürgermeisters von X-Stadt nicht mehr rechtzeitig erfolgen kann. Aus dem Gespräch mit Herrn ... gewannen wir die Überzeugung, daß er geschäftsfähig und geistig völlig klar ist. Während unserer dauernden Anwesenheit erklärte der Erblasser:
„Ich bestimme Herrn ..., wohnhaft in ... Straße ... zu meinem alleinigen Erben.
Außerdem ordne ich folgende Vermächtnisse an: ...“
Vorstehende Niederschrift wurde dem Erblasser vorgelesen und in unserer Gegenwart von ihm genehmigt. Die Unterschrift konnte der Erblasser nicht mehr leisten, weil er bereits zu schwach war.
X-Stadt, den ... (Ort, Tag und Stunde)
Eigenhändige Unterschriften der drei Zeugen

Wer sich auf einer Seereise an Bord eines deutschen Schiffes außerhalb eines inländischen Hafens befindet, kann – auch ohne Notlage – ein Testament durch mündliche Erklärung vor drei Zeugen errichten (Seetestament –

§ 2251 BGB). Schließlich kann ein Testament auch vor einem deutschen Konsul im Ausland errichtet werden (Konsulartestament § 11 Konsulargesetz v. 11. 9. 1974, BGBl I S. 2317).

4. Gemeinschaftliches Testament*

Neben dem einseitigen, d.h. dem nur von einer Person errichteten Testament, kennt das Erbrecht noch das gemeinschaftliche Testament, das nur von Ehegatten errichtet werden kann (§ 2265 BGB). Verlobte, Partner einer nichtehelichen Lebensgemeinschaft (vgl. hierzu auch BVerfG, NJW 1989, 1986), Verwandte oder gar befreundete Personen, die ihren letzten Willen gemeinschaftlich niederlegen wollen, können dies nur in Form eines Erbvertrages tun, der vor einem Notar abgeschlossen werden muß (s.u. Rz. 111 ff.). Auch das gemeinschaftliche Testament kann sowohl in öffentlicher wie in privatschriftlicher Form errichtet werden, wobei die Voraussetzungen für die gewählte Testierungsart bei beiden Ehegatten gegeben sein müssen. Wollen sie ein gemeinschaftliches eigenhändiges Testament errichten, so müssen beide Eheleute volljährig sein. Ist einer der Ehegatten noch minderjährig, so kann das gemeinschaftliche Testament nur als öffentliches und auch hier lediglich durch mündliche Erklärung gegenüber der Urkundsperson oder durch Übergabe einer offenen Schrift, nicht dagegen durch Übergabe einer verschlossenen Schrift errichtet werden (§ 2233 Abs. 1 BGB). Selbstverständlich kann von den Ehegatten auch jeder für sich allein testieren; sie sind keineswegs auf die Form des gemeinschaftlichen Testaments angewiesen. 106

Beim gemeinschaftlichen Testament handelt es sich im Grunde um zwei Testamente, die in einer Urkunde zusammengefaßt sind. Jeder Ehegatte legt seinen letzten Willen nieder, jeder verfügt über sein Vermögen, aber beide tun es gemeinsam in einer Urkunde. Dabei genügt es, wenn einer der Ehegatten die Verfügung von Anfang bis zum Ende eigenhändig niederschreibt und unterzeichnet und der andere die gemeinschaftliche Erklärung mitunterzeichnet (§ 2267 BGB); dabei sollen Tag und Ort der Unterzeichnung angegeben werden.

* Vgl. Muster M 24 – M 41 (Rz. 578 – 596) im Anhang.

Beispiel: 107
Gemeinschaftliches Testament
Wir, die Eheleute ... in ... setzen uns für den Fall unseres Ablebens gegenseitig zu Alleinerben ein.
... Ort, den ... Datum
Unterschrift des Ehemannes
... Ort, den ... Datum
Unterschrift der Ehefrau

In diesem Falle decken sich die Verfügungen der beiden Ehegatten inhaltlich. Dies braucht nicht der Fall zu sein. Die Ehegatten können im gemeinschaftlichen Testament auch voneinander unabhängige Verfügungen treffen. Der kinderlose Mann kann z.B. nur seine Verwandten, seine Frau nur die ihren zu Erben einsetzen.

Beispiel: 108
Gemeinschaftliches Testament
Sollte ich, der Ehemann, der Erstversterbende sein, so berufe ich meinen Bruder A zu meinem alleinigen Erben.
Sollte ich, die Ehefrau, zuerst versterben, so soll meine Schwester B meine Alleinerbin sein.
... Ort, den ... Datum
Unterschrift des Ehemannes
Unterschrift der Ehefrau

Der Text muß in den obigen Beispielen vom Ehemann oder von der Ehefrau eigenhändig niedergeschrieben werden. Ein nur mit Schreibmaschine abgefaßtes Testament wäre trotz eigenhändiger Unterschrift beider Ehegatten wegen Formmangels nichtig. Statt dessen kann aber auch auf ein und derselben Urkunde jeder Ehegatte seine Erklärung eigenhändig schreiben und unterschreiben.

Beispiel: 109
Gemeinschaftliches Testament
Hiermit setze ich meine Ehefrau zur Alleinerbin ein.
Ort und Datum *Unterschrift des Ehemannes*
Ich setze meinen Mann zum Alleinerben ein.
Ort und Datum *Unterschrift der Ehefrau*

Das gemeinschaftliche Testament braucht keine Erbeinsetzung zu enthalten. Die Ehegatten können es bei der gesetzlichen Erbfolge bewenden lassen und im Testament lediglich Vermächtnisse aussetzen, wobei jeder, unabhängig vom anderen, seine Verwandten und andere Personen bedenken kann. Außer Erbeinsetzungen und Vermächtnissen kann das Ehegattentestament auch Auflagen und andere letztwillige Anordnungen in Verbindung mit einer Erbeinsetzung oder ohne eine solche enthalten, wie z. B. die Anordnung einer Testamentsvollstreckung, Teilungsanordnungen, Benennung eines Vormunds für minderjährige Kinder, Pflichtteilsentziehungen u. ä.
Ein gemeinschaftliches Testament liegt nach der Rechtsprechung auch dann vor, wenn jeder Ehegatte seinen letzten Willen auf einem gesonderten Bogen Papier niedergelegt hat, die beiden Erklärungen jedoch aufeinander Bezug nehmen. Ohne eine solche Bezugnahme ist ein gemeinschaftliches Testament nur anzunehmen, wenn aus den beiden Einzeltestamenten selbst nach außen erkennbar ist, daß die Ehegatten eine gemeinsame letztwillige Erklärung abgeben wollten (BGH, NJW 1953, 698; OLG Hamm, OLGZ 1979, 262). Die bloße gemeinsame Verwahrung der Testamente in einem unbeschrifteten offenen Umschlag genügt allein nicht (BayObLG, BayObLGZ 1959, 228).
Ob ein gemeinschaftliches Testament oder nur zwei Einzeltestamente vorliegen, ist von großer Bedeutung: Einerseits wegen der vorbeschriebenen Formerleichterungen für die Niederschrift, andererseits wegen der Formerschwernisse bei einem Widerruf (§ 2271 BGB; vgl. hierzu Rz. 116ff.).

110 Eine häufige Form des gemeinschaftlichen Testaments ist das sog. **„Berliner Testament“**, bei welchem sich die Ehegatten gegenseitig zu Erben einsetzen und gleichzeitig bestimmen, daß nach dem Tode des Längerlebenden der beiderseitige Nachlaß an einen oder mehrere Dritte fallen soll.

Beispiel:
Gemeinschaftliches Testament
Ort und Datum
Wir, die Eheleute ... und ... setzen uns hiermit für den Fall unseres Ablebens gegenseitig zu Alleinerben ein. Nach dem Tode des Letztversterbenden von uns soll unser beiderseitiger Nachlaß zu gleichen Teilen auf unsere Kinder übergehen.
Unterschrift des Ehemannes *Unterschrift der Ehefrau*

Nach der gesetzlichen Auslegungsregel des § 2269 BGB ist diese Verfügung im Zweifel so zu verstehen, daß die Kinder für den gesamten Nachlaß als Erben des zuletztverstorbenen Ehegatten eingesetzt sind, der überlebende Ehe-

gatte also Vollerbe des Erstversterbenden und nicht nur Vorerbe wird (zum Vorerben vgl. Rz. 250ff.).
Vor unbedachter Errichtung eines solchen Berliner Testaments ist aber dringend zu **warnen!** Nach dem Tode des erstverstorbenen Ehegatten ist nämlich der Längstlebende bei der vorstehenden Formulierung an die Einsetzung der Kinder zu unter sich gleichen Anteilen **rechtlich gebunden;** er kann also keine hiervon abweichende letztwillige Verfügung mehr treffen, auch wenn veränderte Verhältnisse dies gebieten würden. Zu dieser Bindung und einer Befreiung hiervon vgl. Rz. 116ff.
Das Berliner Testament, bei dem die Kinder lediglich Erben des zuletztversterbenden Ehegatten werden, bedeutet für den ersten Todesfall eine Enterbung der Kinder, da die gesamte Erbschaft hier an den überlebenden Ehegatten fällt und den Kindern ihr gesetzliches Erbteil vorenthalten wird. Die Kinder sind an sich berechtigt, aus dem Nachlaß des erstversterbenden Elternteils den Pflichtteil zu verlangen, werden dies jedoch mit Rücksicht auf ihre Erbeinsetzung auf den Tod des längerlebenden Elternteils in der Regel unterlassen. Für den Fall, daß eines der Kinder dennoch auf den Gedanken kommen sollte, den Pflichtteil zu verlangen, können die Eltern eine zusätzliche Sicherung in das gemeinschaftliche Testament einbauen, indem sie folgenden Zusatz anfügen:

„Wenn eines unserer Kinder bereits beim Ableben des Erstversterbenden von uns beiden Ansprüche stellt, insbesondere seinen Pflichtteil verlangen sollte, wird es und sein ganzer Stamm auch für den zweiten Sterbefall auf den Pflichtteil verwiesen. Sein Erbteil wächst den anderen Erben zu gleichen Teilen an. Falls der Pflichtteil von allen Pflichtteilberechtigten verlangt werden sollte, hat der Überlebende von uns beiden das Recht, über seinen Nachlaß nach freiem Ermessen zu verfügen."

III. Erbvertrag*

111 Beim Erbvertrag handelt es sich um eine vertraglich bindende, grundsätzlich einseitig widerrufliche Verfügung von Todes wegen. In bindender Form können nur Erbeinsetzungen, Vermächtnisse und Auflagen vereinbart werden (§ 2278 BGB). Andere im Erbvertrag enthaltene Verfügungen (z. B. Ernennung eines Testamentsvollstreckers, Entziehung des Pflichtteils) binden die Vertragsschließenden nicht; sie sind, wie gewöhnliche testamentarische Verfügungen, jederzeit frei widerruflich.

* Vgl. Muster M 42 (Rz. 597) im Anhang.

Einen Erbvertrag kann der Erblasser nicht nur mit dem Bedachten schließen, sondern auch mit einem Dritten, der aus bestimmten Gründen an der vertragsmäßigen Bindung des Erblassers interessiert ist. Man denke etwa an einen Geschäftspartner des Erblassers, der diesem ein zinsgünstiges Darlehen gewährt hat und sich nun als Gegenleistung vom Erblasser vertraglich ein Vermächtnis versprechen läßt, das einem Verwandten des Darlehensgebers zugewendet werden soll. In diesem Vertrag hat nur der eine Teil Verfügungen von Todes wegen getroffen; es handelt sich um einen einseitigen Erbvertrag. Es gibt auch zweiseitige Erbverträge, in denen jeder Vertragschließende Verfügungen von Todes wegen trifft.

112 Ein Erbvertrag bedarf zu seiner Rechtswirksamkeit der **notariellen Beurkundung.** Er kann nur persönlich – also nicht durch einen Vertreter – und nur bei gleichzeitiger Anwesenheit beider Vertragsteile vor dem Notar geschlossen werden. Erbverträge sind auch zwischen Personen möglich, die miteinander nicht verwandt, verheiratet oder verlobt sind. Ehegatten und Verlobte können den Erbvertrag mit einem Ehevertrag verbinden (§§ 2274, 2276 BGB).
Einen Erbvertrag kann nur abschließen, wer unbeschränkt geschäftsfähig ist. Eine Ausnahme gilt für Ehegatten und Verlobte: Sie können einen Erbvertrag mit Zustimmung ihres gesetzlichen Vertreters auch bei beschränkter Geschäftsfähigkeit abschließen. Ist der gesetzliche Vertreter ein Vormund, so ist die Genehmigung des Vormundschaftsgerichts erforderlich (§ 2275 BGB).

113 Auch der Erwerb aufgrund eines Erbvertrages ist im Rahmen der allgemeinen Bestimmungen des Erbschaftsteuergesetzes steuerpflichtig, selbst wenn sich der Empfänger zu einer Gegenleistung verpflichtet hat (der Erblasser hat seinen Vertragspartner zum Erben eingesetzt und dieser sich dafür „als Entgelt für die Erbeinsetzung und bedingt hierdurch" zur Zahlung eines einmaligen Betrages oder/und einer monatlichen Leibrente für bestimmte Zeit an den künftigen Erblasser oder auch an Dritte verpflichtet). Zuwendungen, die der durch einen Erbvertrag als künftiger Erbe Eingesetzte zu Lebzeiten an den künftigen Erblasser als Gegenleistung für die vertraglich vereinbarte Erbeinsetzung erbringt, sind im Gegensatz zu früherer Rechtsprechung und Verwaltungspraxis nach dem BFH-Urteil vom 13. 7. 1983 (BStBl 1984 II S. 37) Kosten, die „unmittelbar im Zusammenhang mit der Erlangung des Erwerbs stehen". (Dies soll nach BFH, BStBl 1985 II S. 137, aber nicht für Dienstleistungen des Erben gelten!) Ist der Erbfall eingetreten, so sind von dem Erwerb des Erben die von ihm laut Erbvertrag erbrachten Leistungen als Nachlaßverbindlichkeiten abziehbar. Der Erbschaftsteuer soll ja nur die Bereicherung des Erwerbers unterliegen. Deren Höhe steht erst nach Eintritt des Erbfalls fest. Der Abschluß des Erbvertrages ist kein erbschaftsteuerpflichtiger Tatbestand.

IV. Widerruf, Änderung und Aufhebung von Testamenten und Erbverträgen*

1. Widerruf einseitiger Testamente

Der Erblasser kann ein einseitiges Testament jederzeit im ganzen oder hinsichtlich einzelner darin getroffener Verfügungen widerrufen. Er hat also die Möglichkeit, Verfügungen von Todes wegen den veränderten Verhältnissen anzupassen, falls dies notwendig wird. Der Widerruf setzt grundsätzlich Testierfähigkeit (s. o. Rz. 91 ff.) voraus. 114

Der Widerruf kann auf mehrfache Weise erfolgen:

a) Durch Errichtung eines weiteren Testaments, das lediglich den Widerruf des früheren zum Inhalt hat (**Widerrufstestament** – § 2254 BGB). Auf diese Weise kann ein öffentliches Testament durch ein Privattestament widerrufen werden und umgekehrt.

b) Durch **Vernichtung der Testamentsurkunde** in der Absicht, die letztwillige Verfügung aufzuheben, oder durch Vornahme von Veränderungen, die den Aufhebungswillen erkennen lassen, wie z. B. Zerreißen, Durchstreichen des Textes, Hinzufügen eines Vermerks „aufgehoben" oder „ungültig" u. dgl. (§ 2255 BGB).

c) Durch **Rücknahme** eines öffentlichen Testaments aus der **amtlichen Verwahrung** (§§ 2256, 2258 a BGB). Die Rückgabe kann nur an den Erblasser persönlich erfolgen und nicht etwa an den beurkundenden Notar. Gleichgültig ist hierbei, ob der Erblasser den Willen hatte, das aus der Verwahrung zurückgenommene Testament zu widerrufen. Wird dagegen ein eigenhändiges Testament aus der amtlichen Verwahrung zurückgenommen, so hat dies allein noch nicht den Widerruf zur Folge. Dieser muß vielmehr auf eine der angegebenen Arten besonders erklärt werden.

d) Durch **Errichtung eines neuen Testaments,** das mit dem früheren Testament in Widerspruch steht (§ 2258 BGB).

Beispiel:
Früher wurde A zum Erben bestimmt, jetzt wird B als Erbe eingesetzt.

e) Durch **Errichtung** eines dem Testament inhaltlich widersprechenden **Erbvertrages** (§ 2289 BGB).

Das neue Testament, das die früheren aufheben soll, wird man zweckmäßigerweise wie folgt einleiten:

* Vgl. Muster M 64 – M 70 (Rz. 621 – 628) im Anhang.

„Unter Widerruf und Aufhebung meiner früheren letztwilligen Verfügungen bestimme ich nunmehr als allein wirksam: ...“

115 Unzweckmäßig ist es, wenn der Erblasser mehrere Testamente nacheinander errichtet, ohne in den späteren Testamenten zum Ausdruck zu bringen, ob sie die früheren aufheben oder nur ergänzen sollen. Grundsätzlich sollten sämtliche letztwilligen Anordnungen in **einer** Testamentsurkunde getroffen werden. Wird der Widerruf vom Erblasser widerrufen, so gilt wieder die ursprüngliche Verfügung, falls sie noch nicht beseitigt worden ist, z. B. durch Vernichtung der Testamentsurkunde.

2. Widerruf gemeinschaftlicher Testamente

116 Ehegatten, die ein gemeinschaftliches Testament (§§ 2265 ff. BGB; vgl. oben Rz. 106 ff.) errichten wollen, sollten dies nur tun, wenn sie sich zuvor zuverlässig und umfassend über die rechtlichen Voraussetzungen eines Widerrufs informiert haben. Leider wird dies häufig versäumt, was dann zu gänzlich ungewollten Auswirkungen führen kann.
Relativ einfach ist die Rechtslage, wenn sich die Eheleute lediglich gegenseitig (wechselseitig) zum alleinigen Erben einsetzen, ohne weitere letztwillige Anordnungen zu treffen. Wird die Ehe vor dem Tode eines der Ehegatten aufgelöst, so wird damit das gemeinschaftliche Testament seinem ganzen Inhalt nach unwirksam (§§ 2268, 2077 BGB). In diesem Falle bedarf es also keines ausdrücklichen Widerrufs.

117 Sind sich die Ehepartner darin einig, das Testament aufzuheben, so können sie dies bewerkstelligen, indem sie

- ein neues Testament errichten, in dem sie das alte Testament widerrufen (§§ 2254 BGB), wobei handschriftliche Form selbst dann genügt, wenn das zu widerrufende Testament notariell beurkundet worden war,
- ein handschriftlich errichtetes Testament gemeinschaftlich vernichten (§ 2255 BGB),
- ein notariell errichtetes Testament gemeinschaftlich aus der amtlichen Verwahrung zurücknehmen (§§ 2272, 2256 BGB).

118 Errichten die Eheleute ein neues Testament, ohne das alte ausdrücklich zu widerrufen, so wird das frühere Testament nur insoweit widerrufen, als das spätere Testament mit dem früheren in Widerspruch steht (§ 2258 BGB). Ob und inwieweit dies der Fall ist, kann im Einzelfall zweifelhaft sein, weshalb zu empfehlen ist, grundsätzlich in einem neuen Testament alle früheren letztwilligen Verfügungen zu widerrufen.

Errichten die Eheleute vor einem Notar einen Erbvertrag, so wird eine frühere letztwillige Verfügung der Erblasser aufgehoben, soweit sie das Recht des vertragsmäßig Bedachten beeinträchtigen würde (§ 2289 BGB). Auch in diesem Falle empfiehlt es sich, den Aufhebungswillen ausdrücklich zu erklären.

Sind sich dagegen die Ehegatten nicht darüber einig, das gemeinschaftlich 119
errichtete Testament wieder aufzuheben, verbleibt dem widerrufenden Ehepartner nur die Möglichkeit, diesen Widerruf vor einem Notar zu erklären, der dann eine Ausfertigung seiner Urkunde (§ 47 BeurkG; eine bloße beglaubigte Kopie der Urkunde, § 42 BeurkG, genügt nicht) dem anderen Ehegatten zustellen lassen muß. Dabei muß der widerrufende Erblasser die Erklärung persönlich abgeben und geschäftsfähig sein (§§ 2271, 2296 BGB). Der Widerruf wird wirksam, wenn die Ausfertigung der Widerrufserklärung dem anderen Ehegatten zugegangen ist. Dieser muß also noch am Leben sein; geschäftsfähig braucht er nicht – mehr – zu sein. Hat er einen gesetzlichen Vertreter, so ist die Erklärung diesem zu übermitteln (§ 131 BGB).
Niemals kann ein Ehegattentestament durch ein einseitiges Testament widerrufen werden (§ 2271 Abs. 1 S. 2 BGB).
Aber auch wenn sich die Ehegatten nicht nur wechselseitig zum Erben eingesetzt, sondern auch noch Anordnungen auf Ableben des Längstlebenden von ihnen getroffen haben (Berliner Testament, § 2269 BGB) gilt – solange beide Ehegatten am Leben sind – das vorstehend Gesagte. Ein wirksamer Widerruf umfaßt sämtliche Verfügungen in dem Testament (§ 2270 Abs. 1 BGB).

Problematisch wird es nach dem Tode eines Ehegatten. Er ist an die auf Ab- 120
leben des Längstlebenden getroffenen Anordnungen rechtlich gebunden; mit dem Tode des anderen Ehepartners ist das Recht zum Widerruf erloschen (§ 2271 Abs. 2 BGB).
Dies gilt zwar nur für solche Verfügungen in dem gemeinschaftlichen Testament, von denen anzunehmen ist, daß die Verfügung des einen Ehegatten nicht ohne die Verfügung des anderen getroffen sein würde (sog. wechselbezügliche Verfügungen, § 2270 Abs. 1 BGB). Der Gesetzgeber geht im Zweifel von einer solchen Wechselbezüglichkeit aus, wenn „sich die Ehegatten gegenseitig bedenken oder wenn dem einen Ehegatten von dem anderen eine Zuwendung gemacht und für den Fall des Überlebens des Bedachten eine Verfügung zugunsten einer Person getroffen wird, die mit dem anderen Ehegatten verwandt ist oder ihm sonst nahesteht“ (§ 2270 Abs. 2 BGB). Aber gerade diese Voraussetzungen treffen auf die große Masse solcher Testamente zu. Wegen unklarer Formulierungen ist nicht selten zunächst einmal offen, wie diese auszulegen sind. Dies kann zu langwierigen Streitigkeiten insbesondere im Nachlaßverfahren auf Ableben des längstlebenden Ehe-

gatten führen, der einseitig eine von den gemeinschaftlich getroffenen Anordnungen abweichende letztwillige Anordnung getroffen hatte. Wissenschaftliche Abhandlungen und Gerichtsentscheidungen in nicht endenwollender Zahl legen hierfür ein beredtes Zeugnis ab.

121 Dabei könnte mittels einer schlichten **Freistellungsklausel** ein Zweifel leicht vermieden werden.

Beispiel:
Gemeinschaftliches Testament
Unter Widerruf aller früheren letztwilligen Verfügungen setzen wir uns gegenseitig zum alleinigen unbeschränkten Erben ein.
Erben des Längstlebenden von uns sind unsere Kinder Hans, Otto und Gerda zu gleichen Anteilen.
An die hier auf Ableben des Längstlebenden getroffenen Anordnungen ist dieser rechtlich nicht gebunden. Er kann völlig frei unter Lebenden wie auch von Todes wegen über sein Vermögen und über das vom Erstverstorbenen Ererbte verfügen.

Die Zulässigkeit solcher Klauseln ist anerkannt (BGH, NJW 1964, 2056).

122 Denkbar wären auch begrenzte Freistellungen, wie z. B. folgende:

Erben des Längstlebenden von uns sind der Patensohn des Ehemannes, Lothar Müller, und die Evangelische Kirchengemeinde Dingsda zu unter sich gleichen Anteilen.
An die Einsetzung der Evangelischen Kirchengemeinde als Erbin zur Hälfte ist der Längstlebende gebunden. Über die andere Hälfte des Nachlasses kann er nach seinem freien Ermessen verfügen.

123 Ist der Längstlebende mangels einer Freistellungsklausel rechtlich gebunden, kann er die auf sein Ableben getroffenen Verfügungen aufheben, wenn er das ihm Zugewendete ausschlägt (§ 2271 Abs. 2 BGB). Hierzu ist zunächst zu beachten, daß eine Ausschlagung fristgebunden ist: Sie muß binnen 6 Wochen ab Verkündigung des vom Nachlaßgericht eröffneten gemeinschaftlichen Testaments in notariell beglaubigter Erklärung gegenüber dem zuständigen Nachlaßgericht erfolgen (§§ 1944, 1945 BGB). Die ganze Tragweite einer solchen Ausschlagung ist aber für den juristischen Laien kaum überschaubar – er sollte hierzu stets den Rat des Fachjuristen einholen.

Schließlich kann in manchen Fällen eine Lösung des Längstlebenden von bindenden Anordnungen auch dadurch erfolgen, daß er – zumeist wohl gegen eine angemessene Abfindung – mit den bindend eingesetzten Schlußerben einen – notariell zu beurkundenden – **Zuwendungsverzichtsvertrag** gem. § 2352 BGB schließt. Allerdings wirkt dieser grundsätzlich nicht auch auf Abkömmlinge (anders als ein Erbverzichtsvertrag), sowie auf ausdrücklich oder im Wege der Auslegung zu ermittelnde Ersatzerben (Ersatzvermächtnisnehmer). Hierin liegen seine Schwächen.

Fazit:
Ehegatten, die ein gemeinschaftliches Testament errichten, sollten sorgfältig abwägen, ob sie den Längstlebenden rechtlich binden wollen und eine gewollte Bindung, erst recht eine Befreiung von einer Bindung, ausdrücklich erklären.

Besonderheiten des Einigungsvertrages für ostdeutsche Testierer:

Haben Ehegatten in Ostdeutschland vor dem Wirksamwerden des Beitritts 124
(3. 10. 1990) gemäß den §§ 388 ff. ZGB ein gemeinschaftliches Testament errichtet, so gilt für die Bindung des Erblassers auch künftig das bisherige Recht der DDR, wie in §§ 390 ZGB näher geregelt.
Leben beide Erblasser noch, so können sie einvernehmlich ihr Testament durch ein neues gemeinschaftliches Testament, nun auch durch einen Erbvertrag, den das ZGB nicht kannte, durch Rücknahme des notariellen Testaments aus der amtlichen Verwahrung sowie durch Vernichtung des alten Testaments widerrufen (§§ 392 Abs. 1, 387 Abs. 2 und 3 ZGB). Ist ein einvernehmliches Handeln nicht möglich, so kann jeder Ehegatte das gemeinschaftliche Testament durch notariell beurkundete Erklärung gegenüber dem anderen Ehepartner widerrufen (§ 392 Abs. 2 ZGB). Dies entspricht weitgehend den Bestimmungen des BGB.

Abweichend vom BGB sah aber das ZGB zwei Möglichkeiten vor, sich noch 125
nach Eintritt des ersten Erbfalls von der Bindung an das gemeinschaftliche Testament zu lösen:
Gem. § 392 Abs. 4 ZGB konnte der überlebende Ehegatte seine im gemeinschaftlichen Testament getroffenen Verfügungen durch Erklärung gegenüber dem Staatlichen Notariat widerrufen, wenn er gleichzeitig die Erbschaft ausschlägt. In diesem Fall kann er seinen Pflichtteilsanspruch geltend machen.
Aber auch noch nach Annahme der Erbschaft räumte § 393 ZGB dem längstlebenden Ehegatten das Recht ein, seine im gemeinschaftlichen Testament getroffenen Verfügungen durch Erklärung gegenüber dem Staatlichen

Notariat aufzuheben, wenn er das aus der Erbschaft Erlangte, soweit es seinen gesetzlichen Erbteil überstieg, an die im Testament genannten Erben oder deren Rechtsnachfolger herausgab oder wenn diese auf die Herausgabe verzichtet hatten. Mit der Aufhebung war dann der überlebende Ehegatte an das gemeinschaftliche Testament nicht mehr gebunden.

126 Gemäß Art. 235 § 2 EGBGB sind diese Vorschriften des ZGB auch noch nach dem Beitritt anzuwenden. Dies ist jedoch leichter gesagt, als getan, wie es die kontroversen Ausführungen in einer Vielzahl von Aufsätzen zum deutsch-deutschen Erbrecht eindrucksvoll belegen (vgl. z. B. *Sandweg*, BWNotZ 1992, 45 ff.).

Fazit:
Bürger der DDR, die ein gemeinschaftliches Testament mit bindenden Anordnungen auf Ableben des Längstlebenden vor dem 3. 10. 1990 nach den Vorschriften des ZGB errichtet hatten, sollten unter Beachtung der Bestimmungen des BGB das frühere Testament durch ein neues Testament ersetzen.
Ist ein Ehegatte bereits verstorben, so sollte der Längstlebende den Rat eines Fachjuristen einholen, um praktikable Möglichkeiten einer gewünschten Befreiung von einer Bindung zu erörtern.

3. Aufhebung eines Erbvertrages

127 Ein Erbvertrag kann im ganzen oder in einzelnen Verfügungen nur durch einen neuen Erbvertrag der Vertragsparteien – bei Ehegatten auch durch ein gemeinschaftliches Testament – aufgehoben werden. Nach dem Tode eines Vertragsschließenden ist eine Aufhebung nicht mehr möglich (§§ 2290, 2292 BGB). Eine vertragsmäßige Verfügung, durch die ein Vermächtnis oder eine Auflage angeordnet ist, kann von dem Erblasser auch durch Testament aufgehoben werden. Zur Wirksamkeit der Aufhebung ist aber die notariell beurkundete Zustimmung des Vertragspartners erforderlich (§ 2291 BGB).
Soweit ein Erbvertrag Erbeinsetzungen, Vermächtnisanordnungen und Auflagen (s. u. Rz. 239–249) enthält, führt er zu einer vertragsmäßigen Bindung der Beteiligten, die grundsätzlich einseitig nicht gelöst werden kann (§ 2278 BGB). Darin liegt der wesentliche Unterschied zum Testament. Spätere Verfügungen von Todes wegen des Erblassers über sein Vermögen sind insoweit unwirksam, als sie das Recht des vertragsmäßig Bedachten beeinträchtigen. Dagegen kann der Erblasser über sein Vermögen durch Rechtsgeschäft unter Lebenden auch weiterhin verfügen (§ 2286 BGB; vgl. hierzu unten Rz. 130).

Die vertragsmäßige Bindung kann erwünscht sein, so z. B. wenn zwei unverheiratete Brüder sich gegenseitig zu Erben einsetzen und zugleich einen Dritten als Erben des Letztversterbenden bestimmen. Sie kann aber auch zu einer schweren Fessel werden, wenn sich die Verhältnisse nach Vertragsabschluß ändern (z. B. wenn einer der Brüder heiratet und aus der Ehe Kinder hervorgehen, eine fristgemäße Anfechtung des Erbvertrages nach §§ 2079, 2281 ff. BGB jedoch versäumt wurde). Einen Erbvertrag abzuschließen kann deshalb nur empfohlen werden, wenn sich die künftige Entwicklung der Verhältnisse mit einiger Sicherheit übersehen läßt, so daß eine Änderung der getroffenen Anordnungen voraussichtlich nicht mehr notwendig sein wird. Besonders der Unternehmer sollte dies bedenken und sich, wenn er sich dennoch zu einem Erbvertrag entschließt, die Möglichkeit des Rücktritts vorbehalten.

Ein einseitiger **Rücktritt** von einem Erbvertrag ist nur in zwei Fällen mög- 128
lich: Wenn der Bedachte sich einer Verfehlung schuldig macht, die den Erblasser zur Entziehung des Pflichtteils berechtigt (s. u. Rz. 233), oder wenn die Verfügung mit Rücksicht auf eine rechtsgeschäftliche Verpflichtung des Bedachten, dem Erblasser für dessen Lebenszeit wiederkehrende Leistungen (z. B. eine Unterhaltsrente) zu gewähren, getroffen wurde und die Verpflichtung vor dem Tode des Erblassers aufgehoben wird (§ 2294 f. BGB).
Der Erblasser kann sich aber im Erbvertrag den **Rücktritt vorbehalten,** und zwar ganz allgemein oder nur für einen bestimmten Fall, hinsichtlich des ganzen Vertrages oder nur einzelner Verfügungen, für eine bestimmte Frist oder unbefristet. Er kann dann unter den gegebenen Voraussetzungen jederzeit vom Vertrag zurücktreten (§ 2293 BGB). Bei Lebzeiten des Vertragspartners erfolgt der Rücktritt durch Erklärung gegenüber dem anderen Teil, die der notariellen Beurkundung bedarf. Eine Ausfertigung dieser Urkunde ist dann dem anderen Teil zuzustellen (§ 2296 BGB); (vgl. Muster M 70, Rz. 628). Nach dem Tode des Vertragspartners kann der Erblasser, soweit er zum Rücktritt berechtigt ist (§ 2297 BGB), die vertragsmäßige Verfügung auch durch Testament aufheben.

Sind in einem Erbvertrag von beiden Teilen vertragsmäßige Verfügungen 129
getroffen, so erlischt das vertraglich vorbehaltene Rücktrittsrecht (nicht auch das Rücktrittsrecht aufgrund der §§ 2294, 2295 BGB) des einen Vertragsteils mit dem Tode des anderen. Der Überlebende kann von dem Vertrag nur noch loskommen, wenn er das ihm Zugewendete fristgemäß ausschlägt. In diesem Falle kann er seine erbvertraglichen Verfügungen durch Testament aufheben (§ 2298 Abs. 2 BGB). Diese Einschränkung gilt nicht, wenn ein anderer Wille der Vertragsschließenden anzunehmen ist (§ 2298 Abs. 3 BGB). So können die Vertragspartner z. B. vereinbaren, daß das vorbehaltene Rücktrittsrecht mit dem Tode des Erstversterbenden nicht erlö-

schen soll, oder daß der Überlebende den Rücktritt auch dann erklären kann, wenn er das ihm Zugewendete nicht ausschlägt. Umgekehrt kann vereinbart werden, daß dem überlebenden Vertragsteil auch dann kein Rücktrittsrecht zustehen soll, wenn er das ihm Zugewendete ausschlägt. Die Rücknahme eines Erbvertrags aus der besonderen amtlichen Verwahrung hat – anders als beim öffentlichen Testament – keinen Einfluß auf seine Wirksamkeit.

V. Verfügungsfreiheit des Erblassers für Rechtsgeschäfte unter Lebenden

130 Im vorstehenden Abschnitt wurde die Frage erörtert, ob und inwieweit ein Testament oder ein Erbvertrag den Erblasser daran hindert, später eine abweichende Verfügung von Todes wegen zu treffen. Hiervon zu unterscheiden ist die Frage, ob dadurch die Verfügungsfreiheit des Erblassers für Rechtsgeschäfte unter Lebenden eingeschränkt wird; ob er also trotz erfolgter Erbeinsetzung oder vermächtnisweiser Zuwendung eines Gegenstandes an einen Dritten sein Vermögen bzw. den Vermächtnisgegenstand anderweitig veräußern, verschenken oder belasten kann.

Der durch einen Erbvertrag oder ein gemeinschaftliches Testament gebundene Erblasser kann ohne jede Beschränkung über sein Vermögen durch Rechtsgeschäfte unter Lebenden verfügen (§ 2286 BGB). Selbst Schenkungen, die er in der Absicht macht, den Vertragserben zu beeinträchtigen und zu benachteiligen, sind wirksam; sie begründen aber nach Anfall der Erbschaft einen Bereicherungsanspruch des Vertragserben gegen den Beschenkten (§ 2287 BGB). Nach neuerer Rechtsprechung des BGH (vgl. z.B. Urt. v. 23. 4. 1986, DNotZ 1987, 115) kommt es wesentlich darauf an, ob der Erblasser ein **lebzeitiges Eigeninteresse** an der Verfügung hatte oder ob es sich eher um ein postmortales, gar primär fremdes Interesse handelte. Die Grenzen hierbei sind flüssig.

131 Soll absolut sichergestellt werden, daß der Erblasser über den erbvertraglich vermachten Gegenstand nicht mehr unter Lebenden verfügt, wäre eine derartige Verfügungsbeschränkung ausdrücklich zu vereinbaren. Sie wirkt allerdings nur unter den Vertragspartnern, könnte einem gutgläubigen Erwerber nicht entgegengehalten werden (§ 137 BGB). Handelt es sich bei dem vermachten Gegenstand um ein Grundstück, so könnte das schuldrechtliche Verfügungsverbot durch ein unmittelbares Erwerbsrecht des Bedachten für den Fall eines Verstoßes gegen das Verbot gesichert werden, das im Grundbuch vorzumerken (§ 883 BGB) wäre (vgl. hierzu BGH, DNotZ 1969, 759; BayObLG, RPfleger 1989, 190, ferner Muster M 3, Rz. 555 im Anhang).

VI. Nichtige und anfechtbare letztwillige Verfügungen

1. Nichtige letztwillige Verfügungen

Das deutsche Erbrecht wird von dem Grundsatz der **Testierfreiheit** beherrscht; dieser Grundsatz steht unter dem Schutz der Erbrechtsgarantie des Art. 14 I 1 GG (BVerfG, NJW 1982, 565; 1985, 1455; BGH, NJW 1990, 2055). Der Erblasser ist grundsätzlich nicht nur frei, durch Einsetzung eines oder mehrerer Erben die Gesamtrechtsnachfolge in seinen Nachlaß zu bestimmen, sondern auch beliebige weitere Einzelheiten zu regeln, die für das Schicksal des hinterlassenen Vermögens von Bedeutung sind. 132
Gänzlich frei ist er jedoch nicht; gesetzliche Schranken hat er zu beachten.

a) Ge- und Verbote des Erbrechts

Läßt ein Erblasser, der – krankheitsbedingt – nicht selbst länger schreiben kann, den von ihm diktierten letzten Willen von einer anderen Person schreiben, so ist das Testament selbst dann unrettbar nichtig, wenn er es mit eigener Hand unterschrieben hat (Verstoß gegen § 2064 BGB). 133
Überläßt ein Erblasser in seinem Testament einer anderen Person die Bestimmung, wer ihn beerben soll, so ist das Testament nichtig, weil § 2065 BGB ausdrücklich verbietet, Dritte über den Nachlaß bestimmen zu lassen.
Verbietet ein Erblasser, sein Testament alsbald nach seinem Tode zu eröffnen, so ist dieses Verbot nichtig (§ 2263 BGB). Das Nachlaßgericht hat das als solches wirksame Testament alsbald nach dem Tode des Erblassers zu eröffnen. Weitere gesetzliche Schranken werden jeweils bei der Erörterung letztwilliger Gestaltungsmöglichkeiten erörtert.

b) Verstoß gegen sonstige gesetzliche Verbote

§ 134 BGB bestimmt, daß ein Rechtsgeschäft – hierzu zählt auch die letztwillige Verfügung –, das gegen ein gesetzliches Verbot verstößt, nichtig ist. 134
Maßgeblicher Zeitpunkt für die Frage, ob es dies tut oder nicht, ist nicht der Tag der Testamentserrichtung, sondern der des Erbfalls (§ 2171 BGB).
Vermacht der Erblasser einer Person einen Gegenstand, der im Zeitpunkt seines Todes einem Einfuhr- oder Ausfuhrverbot unterliegt, so ist das Vermächtnis nichtig.
Vermacht ein Erblasser einer Person eine Geldrente, deren DM-Betrag sich nach dem jeweiligen Wert einer bestimmten Menge von Feingold oder dem jeweiligen Kurs einer ausländischen Währung ausrichten soll, so verstößt dies gegen § 3 des Währungsgesetzes und ist nichtig. Ob der erkennbare Erblasserwille in einem solchen Fall zugunsten des Bedachten durch Umdeutung (§ 140 BGB) in eine zulässige Wertsicherungsklausel anerkannt werden kann, ist im Einzelfall zu entscheiden.

Setzt ein Heimbewohner in seinem Testament den Träger des Altenheims als Erben ein, so ist die letztwillige Verfügung wegen eines Verstoßes gegen das Verbot des § 14 Abs. 1 HeimG grundsätzlich nichtig, wenn die Erbeinsetzung dem Heimträger zu Lebzeiten des Erblassers mit dessen Wissen bekannt war und eine Ausnahmegenehmigung fehlt (vgl. BVerwG, NJW 1990, 2268; BayObLG, NJW 1992, 55; BayObLG MDR 1993, 244).

c) Verstoß gegen die guten Sitten

135 Ein Rechtsgeschäft, das gegen die guten Sitten verstößt, ist gem. § 138 I BGB nichtig.
Übergeht ein Erblasser in seinem Testament nahe Angehörige zugunsten familienfremder, nicht verwandter Personen, so stellt dies für sich allein keinen Verstoß gegen die guten Sitten dar, da der Ehegatte sowie die Abkömmlinge durch ihr Pflichtteilsrecht geschützt werden, das ja gerade darauf basiert, daß der Erblasser sie durch Verfügung von Todes wegen von der Erbfolge ausgeschlossen hat (§ 2303 BGB; vgl. hierzu Rz. 211 ff.). Es besteht auch innerhalb der nahen Verwandten kein allgemeiner Anspruch auf gleiche Behandlung.
Nach heutiger Auffassung kann nur in besonders hervorstechenden Ausnahmefällen Sittenwidrigkeit und damit Nichtigkeit der letztwilligen Verfügung angenommen werden. Ausschlaggebend ist, ob in dieser Verfügung selbst eine unredliche (also verwerfliche) Gesinnung des Erblassers zum Ausdruck kommt und eine Verwirklichung erstrebt (BGH, DNotZ 1984, 42). Maßstab bildet das „Anstandsgefühl aller billig und gerecht Denkenden“, das einem steten Wandel unterworfen ist. Die – vom Volke gewählten – gesetzgebenden Organe, Erkenntnisse der höchstrichterlichen Rechtsprechung und der Fachwissenschaften spiegeln diesen Wandel wider.

136 Ein Beispiel für sich ändernde Maßstäbe bietet die richterliche Beurteilung sog. „Geliebtentestamente“. Früher waren Zuwendungen eines verheirateten Erblassers, dessen Ehe zerrüttet, aber nicht geschieden war, an seine neue Lebensgefährtin selbst dann nichtig, wenn er viele Jahre mit ihr zusammengelebt und mit ihr Kinder gezeugt hatte. Sogar Zuwendungen an diese leiblichen Kinder, die gem. § 1589 II BGB a. F. als nicht verwandt mit ihrem Vater galten, konnten als sittenwidrig und damit nichtig angesehen werden.

137 Mit einer Grundsatzentscheidung vom 31. 3. 1970 (DNotZ 1970, 496) leitete der BGH eine differenzierende Betrachtungsweise ein: Nur wenn das Zuwendungsgeschäft ausschließlich sexuelle Motive hatte, sei es als Entlohnung für die geschlechtliche Hingabe oder die Bestimmung zur Fortsetzung solcher Beziehungen, könne von einer Sittenwidrigkeit ausgegangen werden. Dies sei aber zumindest bei länger dauernden Verbindungen nicht die Regel, sondern die zu beweisende Ausnahme, weil sich solche Beziehungen nicht im

Sexualbereich zu erschöpfen pflegten (BGH, DNotZ 1973, 758). Allerdings sind in jedem Einzelfall u. a. sowohl das Verhalten der „zurückgesetzten" Personen als auch die Beziehungen der bedachten Person zum Erblasser zu berücksichtigen, die eine letztwillige Verfügung zu ihren Gunsten als gerechtfertigt oder zumindest weniger anstößig erscheinen lassen können, ferner die Auswirkungen der letztwilligen Verfügung auf die zurückgesetzten Familienangehörigen (BGH, DNotZ 1984, 42).
Spätestens seitdem nun auch nichteheliche Kinder mit ihrem Vater verwandt sind (Aufhebung des § 1589 II BGB durch Gesetz vom 19. 8. 1969), können Zuwendungen an solche nicht mehr als sittenwidrig angesehen werden.

Als sittenwidrig werden in der Regel Verfügungen anzusehen sein, die einen 138
Eingriff in die Grundrechte der bedachten bzw. nicht bedachten Person darstellen, wie z. B. die Enterbung einer Tochter, weil sie mit einem Katholiken oder einem Farbigen verheiratet sei, eine Zuwendung unter der Bedingung, daß der Bedachte aus der Kirche austritt oder daß er konvertiert und ähnliches. Allerdings kommt es auch hier jeweils auf die Würdigung der gesamten Umstände an, die zu der letztwilligen Verfügung führten. So hatte eine Erblasserin ihre Töchter als Erben ihres Vermögens eingesetzt, das im wesentlichen aus einem Geschäftsbetrieb bestand. Dabei hatte sie Testamentsvollstreckung angeordnet und dem Testamentsvollstrecker die Aufgabe zugewiesen, die Beteiligung der Tochter E am Nachlaßvermögen solange zu verwalten, wie diese „mit einer religiösen, pseudoreligiösen oder wissenschaftlichen Sekte verbunden" sei (die Tochter hatte sich der Scientology Church zugewandt). Damit verfolgte die Erblasserin den Zweck, den Fortbestand des zum Nachlaß gehörenden Betriebes zu sichern, um auch der E und ihrer Familie einen angemessenen Lebensunterhalt zu gewähren. Auf Betreiben der E erklärte das zunächst angerufene LG Düsseldorf die Beschränkung durch Testamentsvollstreckung für nichtig. Erst das OLG Düsseldorf verneinte die Sittenwidrigkeit dieser Anordnung (vgl. hierzu *Smid,* NJW 1990, 409).

Als der Vater eines Behinderten durch Anordnung einer Nacherbfolge nebst 139
Testamentsvollstreckung sein bescheidenes Vermögen im Interesse dieses Kindes so weiterleitete, daß die Sozialbehörde keine Möglichkeit hatte, wegen ihrer Aufwendungen für das Kind auf den Nachlaß zu greifen, bemühte diese Behörde sogar 3 Instanzen, um dann vom BGH hören zu müssen, daß in diesem konkreten Fall nicht von einem Verstoß gegen die guten Sitten auszugehen sei (NJW 1990, 2055).

Fazit:
Ob eine letztwillige Anordnung gegen § 138 BGB verstößt und daher nichtig ist, kann zumeist nur unter Berücksichtigung und Würdigung al-

ler Umstände beurteilt werden, die zu der Anordnung führten. Dabei ist auch die Entwicklung der höchstrichterlichen Rechtsprechung zu beachten. Dies ist nur einem Fachjuristen möglich. Ohne dessen Rat sollte kein Erblasser Anordnungen der hier beschriebenen Art treffen.

d) Nichtigkeit und Steuerrecht

140 Ist eine letztwillige Verfügung wegen Formmangels oder fehlender Testierfähigkeit (s. o. Rz. 91 ff.) nichtig, so ist das für die Besteuerung insoweit und so lange ohne Bedeutung, wie die Beteiligten das wirtschaftliche Ergebnis der nichtigen Verfügung eintreten bzw. bestehen lassen (§ 41 Abs. 1 AO). Abweichend vom bürgerlichen Recht werden dann wegen Formmangels nichtige letztwillige Verfügungen wie rechtswirksame angesehen (BFH vom 7. 10. 1981, BStBl 1982 II S. 28). Dadurch soll eine doppelte Besteuerung vermieden werden, die sonst eintreten würde, wenn infolge der bei Nichtigkeit eines Testaments nun maßgebenden gesetzlichen Erbfolge der Erbe – dem nichtigen Testament entsprechend – einem Dritten etwas aus dem Nachlaß zuwendet (Erbschaftsteuer des gesetzlichen Erben und Schenkungsteuer des bedachten Dritten). Liegt nur eine mündliche Äußerung des Erblassers vor, die die Erben ausführen, so erfolgt die Besteuerung dementsprechend, wenn das ernstliche Verlangen des Erblassers – nicht nur ein Wunsch – erkennbar war, daß nach seinem Tode mit seinem Vermögen oder bestimmten Teilen von diesem in dem von ihm geäußerten Sinne verfahren werden sollte (BFH vom 2. 12. 1969, BStBl 1970 II S. 119, sowie BFH II R 130/71 vom 12. 12. 1973, BStBl 1974 II S. 340).

2. Anfechtbarkeit einer Verfügung von Todes wegen

141 Die Anfechtung eines Testaments ist nur aus bestimmten, im Gesetz abschließend aufgeführten Gründen möglich (§§ 2078 ff. BGB). Sie ist zulässig,

a) wenn der Erblasser zu der letztwilligen Verfügung widerrechtlich durch **Drohung,** sei es von dem testamentarisch Bedachten oder einem Dritten bestimmt worden ist, z. B. durch Drohung mit einer Anzeige wegen einer von ihm begangenen Straftat;
b) soweit der Erblasser über den Inhalt seiner Erklärung im **Irrtum** war oder eine Erklärung dieses Inhalts überhaupt nicht abgeben wollte und anzunehmen ist, daß er die Erklärung bei Kenntnis der Sachlage nicht abgegeben haben würde;

Beispiel:
Der Erblasser ordnet gesetzliche Erbfolge in der irrtümlichen Auffassung an, daß die vollbürtigen Geschwister den halbbürtigen vorangingen; der Erblasser verschreibt sich und wendet einem Vermächtnisnehmer deshalb 5000 DM statt 500 DM zu; der Erblasser bezeichnet eine Person, die er als Erben einsetzen will, irrtümlich mit dem Namen einer anderen Person (bleibt trotzdem erkennbar, welche Person tatsächlich gemeint war, weil die falsche Bezeichnung offensichtlich ist, so besteht kein Anfechtungsgrund; so z.B. wenn der Erblasser von seinem „Enkel Karl in W“, der in Wirklichkeit „Franz“ heißt, spricht und nur einen einzigen Enkel besitzt, der in W lebt).

c) soweit der Erblasser zu seiner letztwilligen Verfügung durch die **irrige Annahme oder Erwartung** des Eintritts oder Nichteintritts eines Umstandes bestimmt worden ist;

Beispiel:
Der Erblasser hatte im Zeitpunkt der Testamentserrichtung fälschlich angenommen, er werde nicht mehr heiraten; er hatte geglaubt, seine Ehe werde kinderlos bleiben, während dann doch noch Kinder geboren wurden; er hatte sich über die Bedürftigkeit eines Bedachten getäuscht.

d) wenn der Erblasser einen zur Zeit des Erbfalles vorhandenen **Pflichtteilsberechtigten** (s.u. Rz. 211ff.) übergangen hat, dessen Vorhandensein ihm bei Errichtung der letztwilligen Verfügung nicht bekannt war oder der erst nach Errichtung geboren oder pflichtteilsberechtigt wurde.

Beispiel:
Der Erblasser nahm irrtümlich an, seine Kinder seien bereits gestorben. Voraussetzung für die Anfechtung ist, daß der Pflichtteilsberechtigte beim Erbfall gelebt hat oder doch bereits erzeugt war. Übergangen hat der Erblasser einen Pflichtteilsberechtigten dann, wenn er ihm überhaupt nichts oder nur ganz wenig zugewendet und ihn auch nicht ausdrücklich enterbt hat. Die Anfechtung ist ausgeschlossen, wenn anzunehmen ist, daß der Erblasser auch bei Kenntnis der Sachlage die letztwillige Verfügung getroffen hätte. Dies kann z.B. der

Fall sein, wenn ihm erst nach Testamentserrichtung die Existenz eines Pflichtteilsberechtigten bekannt wird, er aber gleichwohl sein Testament nicht ändert.

142 **Anfechtungsberechtigt** ist bei einseitigen Verfügungen jeder, dem die Aufhebung der letztwilligen Verfügung unmittelbar zustatten kommen würde. So können die gesetzlichen Erben eine Erbeinsetzung anfechten, durch die sie von der gesetzlichen Erbfolge ausgeschlossen wurden, der Vorerbe kann die Einsetzung eines Nacherben anfechten und umgekehrt, der Erbe die Anordnung eines Vermächtnisses oder einer Auflage, durch die er beschwert ist, der durch ein früheres Testament eingesetzte Erbe ein späteres Testament, durch das ein anderer Erbe eingesetzt wurde. Der Erblasser selbst ist nicht anfechtungsberechtigt, denn er kann sein Testament jederzeit ohne Angabe von Gründen widerrufen. Die Anfechtung erfolgt durch formlose Erklärung gegenüber dem Nachlaßgericht, wenn sie eine Erbeinsetzung, die Ausschließung eines gesetzlichen Erben von der Erbfolge, die Ernennung eines Testamentsvollstreckers oder den Widerruf einer derartigen Anordnung betrifft; in allen übrigen Fällen (z. B. bei Anfechtung eines Vermächtnisses) gegenüber dem Anfechtungsgegner.
Ein **gemeinschaftliches, wechselbezügliches Testament** oder einen **Erbvertrag** kann der Erblasser zu seinen Lebzeiten aus den Gründen der §§ 2078 und 2079 BGB anfechten (s. oben). Wegen Übergehung eines Pflichtteilsberechtigten kann er jedoch nur anfechten, wenn dieser z. Z. der Anfechtung vorhanden ist. Die Anfechtung bleibt wirksam, auch wenn der Pflichtteilsberechtigte nach der Anfechtung fortfällt.

143 Die Anfechtung kann nur binnen **Jahresfrist** erfolgen. Die Frist beginnt im Falle der Anfechtbarkeit wegen Drohung mit dem Zeitpunkt, in welchem die Zwangslage aufhört, in den übrigen Fällen mit dem Zeitpunkt, in welchem der Erblasser von dem Anfechtungsgrunde Kenntnis erlangt. Die Anfechtungserklärung bedarf beim Erbvertrag und beim wechselbezüglichen gemeinschaftlichen Testament der notariellen Beurkundung (§§ 2281 – 2283 BGB). Nach dem Tode des Erblassers ist derjenige zur Anfechtung berechtigt, dem die Aufhebung des Erbvertrages unmittelbar zustatten kommen würde (§§ 2080 BGB), sofern das Anfechtungsrecht des Erblassers z. Z. des Erbfalles nicht bereits erloschen ist. Bei erfolgreicher Anfechtung ist die angefochtene Verfügung als von Anfang an nichtig anzusehen.

3. Verwahrung von Testamenten und Erbverträgen

Die beste letztwillige Verfügung nutzt wenig, wenn sie nicht bei Eintritt des Todesfalls unverzüglich zum zuständigen Nachlaßgericht gelangt, um von diesem eröffnet und den Beteiligten mitgeteilt zu werden (§§ 2259, 2260 BGB). Hat der **Notar** den letzten Willen beurkundet, gelangt dieses stets in die amtliche Verwahrung beim örtlichen zuständigen Amtsgericht (§§ 2258a, 2258b BGB; § 34 Abs. 1 BeurkG), in Baden-Württemberg beim zuständigen Notariat (§ 1 Abs. 2 Bad.-Württ. LFGG). Beim Erbvertrag, der immer der notariellen Beurkundung bedarf, können die Vertragspartner die besondere amtliche Verwahrung ausschließen; dann verwahrt der Notar die Urschrift des Erbvertrages (§ 34 Abs. 2 BeurkG). Hat der Erblasser sein Testament jedoch **eigenhändig** errichtet, so steht es in seinem Belieben, ob er es in die amtliche Verwahrung gibt (§ 2248 BGB) oder ob er es daheim, in einem Banksafe oder auf sonstige sichere Art selbst verwahrt. 144

Die Kosten der amtlichen Verwahrung sind – in Relation zum Wert des Nachlasses – so geringfügig, daß ihretwegen niemals auf eine amtliche Verwahrung verzichtet werden sollte (vgl. Rz. 549). Durch die amtliche Verwahrung besteht eine Garantie dafür, daß das Testament beim Sterbefall zum Vorschein kommt, und zwar selbst dann, wenn der Erblasser inzwischen seinen Wohnsitz gewechselt, dies aber dem Verwahrgericht nicht mitgeteilt hat. Das Verwahrgericht informiert nämlich den Standesbeamten des Geburtsorts des Erblassers über die Verwahrung. Der Standesbeamte, der den Sterbefall registriert, teilt diesen dem Geburtsstandesamt mit, das daraufhin das Verwahrgericht von dem Sterbefall unterrichtet. 145

Für die Besteuerung bleibt die anfechtbare letztwillige Verfügung maßgebend, bis die Anfechtung mit Erfolg durchgeführt ist, d.h. das bisherige wirtschaftliche Ergebnis tatsächlich beseitigt wird (§ 41 Abs. 1 AO). Vorher ergangene Steuerfestsetzungen (auch bereits rechtskräftige) sind dann aufzuheben bzw. zu ändern, solange die Festsetzungsfrist (in der Regel vier Jahre) noch nicht abgelaufen ist; sie beginnt in diesen Fällen aber erst mit Ablauf des Kalenderjahres, in dem die Anfechtung durchgeführt wurde (§§ 169, 175 Abs. 1 S. 2 AO). Etwa überzahlte Beträge werden erstattet (§ 37 AO). Stellen die Beteiligten ohne formelle Anfechtung im gegenseitigen Einvernehmen durch die Nachlaßverteilung wirtschaftlich das Ergebnis her, das eine Anfechtung gehabt hätte, so ist das auch für die Besteuerung maßgebend (RFH vom 23. 5. 1939, RStBl 1939 S. 935). 146

C. Das gesetzliche Erbrecht

I. Gesetzliche Erbfolge

Die gesetzliche Erbfolge tritt ein, wenn und soweit der Erblasser über die Erbfolge keine Verfügung von Todes wegen getroffen hat. Dabei geht das Erbrecht des BGB von folgenden Grundsätzen aus:

1. Grundsatz der Gesamtrechtsnachfolge

147 „Mit dem Tode einer Person (Erbfall) geht deren Vermögen (Erbschaft) als Ganzes auf eine oder mehrere andere Personen (Erben) über" (§ 1922 I BGB). Mit diesem Satz beginnt der Gesetzgeber das 5. Buch des BGB, das in 463 Paragraphen das Erbrecht abhandelt. Die in Klammern wiedergegebenen Begriffe (sog. Legaldefinitionen) finden wir immer wieder in den einzelnen Vorschriften; sie sind wichtig für das Verständnis des deutschen Erbrechts.

In der Sekunde, in der der Erblasser verstirbt, geht automatisch sein gesamtes Vermögen mit allen Aktiven, aber auch allen Passiven (Schulden) auf den oder die **Erben** über (Gesamtnachfolge, Universalsukzession). Eine Erbfolge in einzelne Gegenstände kennt das Recht nicht; sie kann auch nicht durch eine entsprechende letztwillige Anordnung geschaffen werden. Zwar kann der Erblasser letztwillig einem von mehreren Erben oder einer dritten Person einen Vermögensvorteil (z.B. ein bestimmtes Grundstück) zuwenden (Vermächtnis § 1939 BGB). Gleichwohl fällt aber auch dieser Gegenstand dem oder den Erben zu. Zur Erfüllung des Vermächtnisses müssen diese rechtsgeschäftlich – bei Immobilien in notarieller Urkunde (§ 313 BGB) – an den Bedachten übereignet werden.

148 Diese Grundregeln sind der Bevölkerung weithin unbekannt. Diese Unkenntnis führt in privatschriftlichen Testamenten nicht selten zu Anordnungen, die – wörtlich genommen – unzulässig sind und oft nur mühsam im Wege der Umdeutung realisiert werden können.

Auf die Erben übergehen nur solche Vermögensbestandteile, die **vererblich** sind, also z.B. kein Wohnungsrecht (§ 1092 I 1 BGB), kein Nießbrauch (§ 1059 BGB), aber auch keine **persönlichen** Gesellschafterrechte (Gesellschaft bürgerlichen Rechts, OHG, Komplementär einer KG), wohl aber kapitalistische Beteiligungen (Kommanditanteil, Anteil an einer GmbH, einer AG). Im Gesellschaftsvertrag können allerdings persönliche Beteiligungen **vererblich** gemacht werden (vgl. hierzu Rz. 399ff.).

Der Anfall der Erbschaft bedeutet keine **Zwangserbschaft.** Jedem zum Erben Berufenen bleibt das Recht, die Erbschaft mit rückwirkender Kraft auszuschlagen (vgl. Rz. 161ff.).

Die Erbschaftsteuer richtet sich bei jedem einzelnen Miterben nach dem Wert seiner Erbquote am Gesamtnachlaß, die auf ihn fallen würde, wenn die Gesamthandsgemeinschaft der Miterben am Todestage aufgelöst worden wäre (§ 39 Abs. 2 Nr. 2 AO). Wie sich im einzelnen die Miterben auseinandersetzen und die verschiedenen Nachlaßgegenstände unter sich verteilen, darauf kommt es nicht an. Deshalb kann auch die Erbschaftsteuer sofort festgesetzt werden, ohne die Erbauseinandersetzung abzuwarten. Teilen allerdings die Erben den Nachlaß abweichend von dem Testament bzw. bei seinem Fehlen abweichend von der gesetzlichen Erbfolge, so hat das zwar für die Festsetzung ihrer Erbschaftsteuer keine Bedeutung. Doch kann in einer solchen abweichenden Teilungsvereinbarung eine zusätzliche steuerbare Schenkung liegen, ein zweiter selbständiger Steuertatbestand nach dem ErbStG. Das ist dann der Fall, wenn ein Erbe mehr erhält, als ihm nach dem Testament bzw. der gesetzlichen Erbfolge zusteht, er also auf Kosten der anderen Erben bereichert wird, und wenn die Beteiligten diese Bereicherung auch gewollt haben. Besondere Teilungsanordnungen eines Erblassers sind für die Besteuerung der einzelnen Miterben entgegen früherer Rechtsprechung grundsätzlich ohne Bedeutung (BFH vom 10. 11. 1982, BStBl 1983 II S. 329). 149

Die Zuweisung bestimmter Nachlaßgegenstände an bestimmte Miterben braucht – selbst bei Anrechnung auf den Erbteil – jedoch nicht immer eine Teilungsanordnung zu sein, sondern kann auch ein Voraus-Vermächtnis (BFH vom 12. 7. 1961, BStBl 1961 III S. 391) darstellen (§ 2150 BGB); dieses wäre dann als Nachlaßverbindlichkeit (§ 1967 Abs. 2 BGB) nach § 10 Abs. 5 Nr. 2 ErbStG zu berücksichtigen. Die Anordnung von (Teil-)Vermächtnissen kann insoweit vorteilhaft sein, wie für den Erwerb bestimmter Gegenstände (z.B. Hausrat, Schmuck, Kunstgegenstände oder Sammlungen, nicht aber Münzen, Edelsteine und Perlen) durch bestimmte Personen erhöhte Freibeträge gelten, und zwar für jeden Erwerber jeweils ein neuer besonderer Freibetrag (§ 13 Abs. 1 und 3 ErbStG) neben den sog. persönlichen Freibeträgen (der §§ 16 und 17 ErbStG) (s.o. Rz. 41ff.). Bei Ermittlung der steuerbaren Erbquote sind Grundstücke nicht mit ihrem Verkehrswert oder einem Veräußerungserlös anzusetzen. Maßgebend ist vielmehr der Einheitswert, der „auf den Zeitpunkt festgestellt ist, der der Entstehung der Steuer vorangegangen ist oder mit ihr zusammenfällt" (§ 12 Abs. 2 ErbStG). Dieser Zeitpunkt ist in der Regel der Todestag des Erblassers. Bei Erwerben nach dem 31. 12. 1973 sind bis auf weiteres die nach dem BewG 1965 und den Wertverhältnissen vom 1. 1. 1964 festgestellten bzw. auf den Stichtag des Vermögensanfalls fortzuschreibenden Grundstückseinheitswerte anzuwenden und – soweit es sich nicht um land- oder forstwirtschaftliches Vermögen handelt – noch um 40% ihres DM-Nennbetrages zu erhö- 150 hen (Artikel 2 des Erbschaftsteuerreformgesetzes 1974). Vgl. auch oben Rz. 24ff.

151 ***Beispiel:***
Ein zwei Miterben 1984 je zur Hälfte angefallener Nachlaß besteht aus einem Grundstück mit einem maßgebenden Einheitswert von 200000 DM (geschätzter Verkehrswert 300000 DM) und 100000 DM Kapitalvermögen. Jeder Miterbe hat dann von dem steuerlichen Gesamtwert von 200000 + 80000 (= 40%) + 100000 = 380000 DM die Hälfte mit 190000 DM zu versteuern, auch wenn bei der endgültigen Auseinandersetzung der eine das Grundstück und der andere das Kapitalvermögen sowie eine zusätzliche Abfindung von dem Grundstückserwerber bekommt. Die Steuer beträgt für jeden Miterben – angenommen, er gehört als Kind des Erblassers in die Steuerklasse I – 4000 DM (4% von 190000 abzüglich 90000 DM persönlichem Freibetrag).

152 Besteht zwischen mehreren Personen Streit über ihr Erbrecht, so sind ernstgemeinte **Erbvergleiche** (genauso wie etwaige rechtskräftige Urteile) der Besteuerung zugrunde zu legen (BFH vom 24. 7. 1972, BStBl II S. 886). Das gilt aber nicht, wenn solche Vergleiche die Änderung unzweifelhafter erbrechtlicher Vorgänge bezwecken (RFH vom 14. 3. 1940, RStBl 1940 S. 417; BFH, BStBl 1961 II, S. 49). Insoweit liegen dann zusätzliche schenkungsteuerpflichtige unentgeltliche Zuwendungen vor (insgesamt also mehrere Steuertatbestände!).

2. Grundsatz der Verwandtenerbfolge

153 Nach dem Gesetz erben grundsätzlich nur Blutsverwandte, also Personen, deren eine von der anderen abstammt oder die von derselben dritten Person abstammen (Kinder, Enkel, Eltern und Großeltern, Onkel und Nichte, Tante und Neffe, Vetter und Base). Nicht blutsverwandt und daher von der gesetzlichen Erbfolge ausgeschlossen sind Verschwägerte, z.B. Schwiegermutter und Schwiegersohn, Stiefvater und Stieftochter, auch Stiefgeschwister. Eine Ausnahme vom Grundsatz der Verwandtenerbfolge besteht für den Ehegatten (s.u. Rz. 184ff.).

Das Erbrecht teilt die Verwandten in mehrere **„Ordnungen“** oder **„Stämme“** ein. Dabei bilden jeweils die Abkömmlinge zusammen mit ihren Eltern, Großeltern, Urgroßeltern usw. eine **Parentel- oder Erbfolgeordnung.** Solange aus einer näheren Parentel (Abkömmlinge des Erblassers selbst) Personen vorhanden sind, sind diese allein zur Erbschaft berufen. Die nächstfolgende Parentel (Eltern des Erblassers und deren Abkömmlinge) kommt erst dann zum Zuge, wenn aus einer näheren keine Erben mehr vorhanden sind (§ 1930 BGB). Erbe kann nur werden, wer zur Zeit des Erbfalls lebt. Ist ein zur Erbschaft Berufener im Zeitpunkt des Erbfalles bereits verstorben, so treten seine Abkömmlinge an seine Stelle. Wer im Erbfallzeitpunkt noch nicht geboren, aber bereits gezeugt war, gilt kraft ausdrücklicher gesetzlicher Anordnung als vor dem Erbfall geboren (§ 1923 BGB). Eine Leibesfrucht erbt also selbst dann, wenn ihr Vater noch vor der Geburt stirbt. Personen, die zur Zeit des Erbfalls noch nicht einmal gezeugt sind, können testamentarisch als Nacherben berufen werden. Hierbei sind aber die Besonderheiten einer Vor- und Nacherbfolge zu beachten (vgl. dazu Rz. 250ff.). Sind beim Erbfall weder Verwandte noch ein Ehegatte des Erblassers vorhanden und hat letzterer auch nicht testamentarisch über seinen Nachlaß verfügt, so fällt die Erbschaft an den **Fiskus** des Bundeslandes, dem der Verstorbene im Zeitpunkt des Todes angehört (§ 1936 BGB).

a) Gesetzliche Erben der ersten Ordnung sind die **Abkömmlinge des Erblassers.** 154
Ein bei Eintritt des Erbfalls lebender Abkömmling (z.B. der Sohn) schließt die durch ihn mit dem Erblasser verwandten Abkömmlinge (Enkelkinder) von der Erbfolge aus. An die Stelle eines im Zeitpunkt des Erbfalles nicht mehr lebenden Abkömmlings treten die durch ihn mit dem Erblasser verwandten Abkömmlinge (§ 1924 BGB). Dasselbe gilt, wenn der Abkömmling beim Erbfall zwar noch lebt, aber aus einem anderen Grunde nicht Erbe wird, weil er z.B. enterbt wurde, den Erbverzicht, jedoch beschränkt auf seine Person, erklärt oder die Erbschaft ausgeschlagen hat oder durch gerichtliches Urteil für erbunwürdig erklärt worden ist.

Beispiel:
Ein Unternehmer hatte drei Kinder. Ein Sohn ist verstorben und hat seinerseits zwei Kinder hinterlassen. Würden alle drei Kinder des Erblassers noch leben, so erhielten sie je ein Drittel des Nachlasses. Da ein Sohn verstorben ist, treten an seine Stelle die beiden Enkel und erben je ein Sechstel.

b) Gesetzliche Erben der zweiten Ordnung sind die **Eltern** des **Erblassers** 155
und deren **Abkömmlinge.** Leben beim Erbfall noch beide Eltern, so erben sie allein und zu gleichen Teilen. Lebt ein Elternteil nicht mehr oder ist er aus einem anderen Grunde von der Erbfolge ausgeschlossen (s. oben), so treten an seine Stelle seine Abkömmlinge. Sind Abkömmlinge nicht vorhanden, so erbt der überlebende Elternteil allein (§ 1925 BGB).

Beispiele:
Der Vater des kinderlos verwitweten Erblassers ist vor Jahren verstorben. Neben der Mutter sind noch drei Brüder des Erblassers vorhanden. Auf die Mutter fällt die Hälfte des Nachlasses, die andere Hälfte müssen sich die Brüder teilen, so daß von ihnen jeder ein Sechstel erhält.
Hat der Erblasser in dem obigen Beispiel außer seiner Mutter und den Brüdern noch einen Sohn hinterlassen, so fällt an diesen die ganze Erbschaft, da er als Angehöriger der ersten Ordnung die Angehörigen der zweiten Parentel von der Erbschaft ausschließt. Ist dieser Sohn vor dem Erbfall verstorben, war er aber verheiratet und hinterließ Kinder, so erben diese den gesamten Nachlaß und schließen ebenfalls die Mutter des Erblassers und dessen Brüder aus.

Zur Erbschaft sind nicht nur die gemeinschaftlichen, sondern auch die einseitigen Abkömmlinge der Eltern des Erblassers berufen. Es erben also neben den vollbürtigen Geschwistern des Erblassers und ihren Abkömmlingen auch seine halbbürtigen Geschwister und deren Abkömmlinge. Diese erben aber nur „mit einer Hand“, da sie nur an die Stelle des Elternteils treten, den sie mit dem Erblasser gemeinsam haben.

156 ***c)*** *Gesetzliche Erben der dritten Ordnung* sind die **Großeltern des Erblassers und deren Abkömmlinge** (§ 1926 BGB). Leben zur Zeit des Erbfalles alle vier Großeltern, so erben sie alle zu gleichen Teilen. Anstelle eines zur Zeit des Erbfalles verstorbenen oder sonst weggefallenen Großelternteils treten dessen Abkömmlinge (halbbürtige wie vollbürtige). Sind Abkömmlinge der Weggefallenen nicht vorhanden, so ist zu unterscheiden: Ist von dem väterlichen bzw. mütterlichen Großelternpaar der Großvater oder die Großmutter weggefallen, so fällt der Anteil des Weggefallenen dem anderen Teil des Großelternpaares oder dessen Abkömmlingen zu. Erst wenn von der väterlichen oder mütterlichen Linie beide Großeltern weggefallen und Abkömmlinge von einem Großelternteil nicht vorhanden sind, geht der Erbanteil des Großelternpaares auf die andere Linie über; das andere Großelternpaar bzw. dessen Abkömmlinge erben hier also allein.

Beispiel:
Von den Großeltern des Erblassers lebt nur noch der Großvater mütterlicherseits (G). Außer ihm leben von der mütterlichen Linie noch die kinderlose Kusine (K) des Erblassers, eine Tochter seines Onkels

(eines Bruders der Mutter) und ein Enkel (E) dieses Onkels. Väterlicherseits lebt noch eine Tante (T) des Erblassers (Schwester seines Vaters). Die Hälfte des Nachlasses geht auf die väterlichen Großeltern über. Sie fällt, da beide Großeltern verstorben sind, auf die in der väterlichen Linie allein noch vorhandene Tante T. Von der anderen Hälfte des Nachlasses, die auf die Linie der Großeltern mütterlicherseits übergeht, erhält der Großvater G eine Hälfte, also ein Viertel des Gesamtnachlasses. Das auf die verstorbene Großmutter entfallende Viertel des Nachlasses geht zu gleichen Teilen auf die Kusine K und den Enkel E des Onkels des Erblassers über; K und E erhalten also je ein Achtel des Nachlasses.

d) ***Gesetzliche Erben der vierten Ordnung*** sind die Urgroßeltern des Erblas- 157
sers und deren Abkömmlinge. Sie sind nach Gradeshöhe berufen (§ 1928 BGB). Leben noch Urgroßeltern zur Zeit des Erbfalls, so erben sie allein und zu gleichen Teilen, ohne Unterschied, ob sie derselben oder verschiedenen Linien angehören. Sie erhalten Kopfteile. Die Urgroßeltern schließen also nicht nur ihre eigenen Abkömmlinge, sondern auch die Abkömmlinge der weggefallenen Urgroßeltern aus, da sie mit dem Erblasser dem Grade nach näher verwandt sind als jene Abkömmlinge. Die gleiche Regelung gilt für alle ferneren Ordnungen (§ 1929 BGB). Die Zahl der Ordnungen ist durch das Gesetz nicht beschränkt. So können auch Personen, die nur einen ganz entfernten Vorfahren mit dem Erblasser gemeinsam haben, dessen gesetzliche Erben werden.
Neben Verwandten der vierten oder folgenden Ordnungen erhält der überlebende Ehegatte den ganzen Nachlaß (§ 1931 Abs. 2 BGB).

e) ***Der Fiskus als gesetzlicher Zwangserbe*** 158
Wenn zur Zeit des Erbfalls weder ein Verwandter des Erblassers feststellbar noch ein Ehegatte des Erblassers vorhanden ist und die Erbschaft auch nicht an einen durch Verfügung von Todes wegen berufenen Erben fällt, wird der Fiskus gesetzlicher Erbe (§ 1936 BGB). Ob diese Voraussetzung im Einzelfall vorliegt, hat das Nachlaßgericht von Amts wegen zu prüfen. Der Staat als Zwangserbe bezahlt Nachlaßverbindlichkeiten nur insoweit, als sie aus der Nachlaßmasse gedeckt werden können (näheres s. §§ 1964 – 1966, 1942, Abs. 2, 2011 BGB, § 780 Abs. 2 ZPO).

f) ***Deutsch-deutsches Erbrecht nach dem Einigungsvertrag*** 159
Aufgrund Art. 8 des Einigungsvertrages i. V. m. Art. 230 II EGBGB ist mit Inkrafttreten des Vertrages am 3. 10. 1990, 0 Uhr, in den neuen Bundesländern und Ost-Berlin das Erbrecht des BGB geltendes Recht geworden.

Allerdings bleibt gem. Art. 235 EGBGB für die erbrechtlichen Verhältnisse das bisherige Recht weiterhin maßgebend, wenn der Erblasser vor dem Wirksamwerden des Beitritts gestorben ist.
Das „Zivilgesetzbuch der Deutschen Demokratischen Republik" (ZGB), das am 1. 1. 1976 in Kraft getreten war, regelte die gesetzliche Erbfolge in mehrfacher Hinsicht anders als das BGB:
Gesetzliche Erben der 1. Ordnung waren der Ehegatte und die Kinder des Erblassers. Sie erbten zu gleichen Teilen, der Ehegatte jedoch mindestens ein Viertel des Nachlasses (§ 365 I ZGB). Hinterließ der Erblasser keine Nachkommen, erbte der Ehegatte allein (§ 366 ZGB). Erben der 2. Ordnung waren die Eltern des Erblassers und deren Nachkommen. Lebte ein Elternteil nicht mehr, erbte der überlebende Elternteil allein (§ 367 ZGB). Erben der 3. Ordnung waren die Großeltern des Erblassers und deren Nachkommen (§ 368 ZGB). Waren keine Erben bis zur 3. Ordnung vorhanden, so war der Staat gesetzlicher Erbe (§ 369 ZGB).
Zudem hatte die Verfassung der DDR bereits ab ihrem Inkrafttreten am 7. 10. 1949 in Art. 33 die Gleichstellung ehelicher und nichtehelicher Kinder in vollem Umfang eingeführt (vgl. hierzu auch unten Rz. 170ff.).

160 Für jeden deutschen Erblasser, der nach dem 3. 10. 1990 verstirbt, gilt nunmehr das Erbrecht des BGB. Dies ist insbesondere für die neuen Bundesbürger von Bedeutung, die aufgrund des bisher für sie geltenden Erbrechts keinen Anlaß hatten, hiervon abweichende letztwillige Verfügungen zu treffen, wie z. B. kinderlose Ehegatten, die nach früherem Recht einander allein beerbt hätten, während nun auch die Verwandten des erstversterbenden Partners Miterben werden.
Aber auch die Besonderheiten des Nichtehelichenrechts, des Pflichtteilsrechts sowie des Ehegüterrechts in der ehemaligen DDR können Anlaß geben, sich Gedanken über darauf abgestimmte letztwillige Verfügungen zu machen.
Auf diese Besonderheiten wird jeweils noch näher einzugehen sein.
Dagegen sollen hier die Auswirkungen des Einigungsvertrages auf die Rechtsnachfolge von Erblassern, die bis zum 2. 10. 1990 verstorben sind, nicht näher dargestellt werden. Schon jetzt ist eine Fülle von Zweifelsfragen erkennbar geworden, und es wird noch geraume Zeit vergehen, bis höchstrichterliche Entscheidungen, aber auch gesetzgeberische Nachbesserungen Klarheit verschaffen.

3. Die Erbausschlagung

161 Wer eine Erbschaft macht, hat nicht immer das große Los gezogen. Der Nachlaß des Verstorbenen kann nämlich derart überschuldet sein, daß der Erbe damit nur Sorgen und Ärger bekommt. In einem solchen Fall wird er

es sich schon sehr überlegen, ob er die Erbschaft annehmen soll, oder, genauer gesagt, ob er sie nicht besser ausschlägt, denn einer besonderen Annahme der Erbschaft bedarf es nach dem Gesetz nicht. Mit dem Tode des Erblassers wird nämlich der testamentarisch oder gesetzlich Berufene automatisch Erbe des Verstorbenen, ohne daß eine besondere Annahmeerklärung erforderlich wäre (§ 1942 BGB). Wer die angefallene Erbschaft nicht antreten will, darf also nicht untätig bleiben, sondern muß die Erbschaft ausdrücklich ausschlagen, sonst gilt sie als angenommen.

a) Ausschlagungsfrist

Die Ausschlagung kann nur innerhalb von sechs Wochen erklärt werden. 162
Diese verhältnismäßig kurze Frist hat den Zweck, möglichst bald eine endgültige Klärung herbeizuführen, wer nun eigentlich der Erbe ist. Die Frist beginnt mit dem Zeitpunkt, in dem der Erbe von dem Anfall der Erbschaft und dem Grund der Berufung Kenntnis erlangt (§ 1944 BGB). Der Erbe muß also nicht nur über den Tod des Erblassers unterrichtet sein, sondern auch wissen, weshalb ihm die Erbschaft zugefallen ist, ob er gesetzlicher oder durch Testament eingesetzter Erbe ist. Die Ausschlagungsfrist kann also frühestens mit dem Tode des Erblassers beginnen. Beruht das Erbrecht auf einem Testament, das sich in amtlicher Verwahrung befindet, so beginnt die Frist nicht vor der Verkündung des Testaments.

b) Form der Ausschlagung

Die Ausschlagung kann nur durch Erklärung gegenüber dem Nachlaßgericht erfolgen, und zwar entweder zur Niederschrift des Gerichts oder in notariell beglaubigter Form. Die Erklärung kann auch durch einen Bevollmächtigten abgegeben werden, die Vollmacht muß notariell beglaubigt sein (§ 1945 BGB). Über die Abgabe der Ausschlagungserklärung erteilt das Nachlaßgericht dem Erklärenden auf Verlangen eine Bestätigung.

c) Rechtsfolgen der Ausschlagung

Mit der rechtswirksamen Ausschlagung verliert der Ausschlagende rückwir- 163
kend die durch den Erbfall eingetretene vorläufige Rechtsstellung; der Anfall der Erbschaft an ihn gilt als nicht erfolgt (§ 1953 Abs. 1 BGB). Damit fällt auch die Erbschaftsteuerpflicht rückwirkend wieder fort.
Die Erbschaft fällt demjenigen an, der von vornherein als Erbe berufen gewesen wäre, wenn der Ausschlagende beim Erbfall nicht gelebt hätte; der Anfall gilt als mit dem Erbfall erfolgt (§ 1953 Abs. 2 BGB).
Auch der an die Stelle des Ausschlagenden tretende Erbe wird zunächst nur vorläufiger Erbe; schlägt auch er die Erbschaft aus, so fällt sie an den dann Berufenen, der seinerseits wiederum ausschlagen kann. Dies kann sich so-

lange fortsetzen, bis die Erbschaft dem als letzten gesetzlichen Erben berufenen Fiskus zufällt, der kein Ausschlagungsrecht hat (§ 1936 BGB).

164 Der Ausschlagende muß unbeschränkt geschäftsfähig sein. Eheliche Minderjährige werden durch beide Elternteile gemeinschaftlich, falls nur ein Sorgeberechtigter vorhanden ist, durch diesen allein vertreten (§ 1629 I BGB). Als gesetzliche Vertreter bedürfen die Eltern zur wirksamen Ausschlagung der vormundschaftsgerichtlichen Genehmigung (§ 1643 I BGB). Tritt der Anfall der Erbschaft an den Minderjährigen allerdings erst dadurch ein, daß ein zunächst als Erbe berufener Elternteil die Erbschaft ausgeschlagen hat, bedarf die gleichfalls für das Kind erklärte Ausschlagung keiner Genehmigung. Gleiches gilt, wenn die Mutter eines nichtehelichen Kindes als dessen Sorgeberechtigte eine Erbschaft ausschlägt (§ 1705 BGB). Fällt dem Kind allerdings die Erbschaft nach seinem Vater an, muß das Jugendamt als Amtspfleger die Ausschlagung erklären (§ 1706 Ziff. 3 BGB).

d) Steuerliche Folgen

165 Die Ausschlagung selbst unterliegt weder der Erbschaft- noch der Schenkungsteuer. Sie kann aber unter Umständen zu erheblichen Vorteilen bei der Erbschaftsteuerbelastung führen, z. B. in folgenden Fällen:
Der Sohn als alleiniger Erbe seines Vaters muß bei einem Nachlaß von 150000 DM nach Abzug des ihm zustehenden Freibetrages von 90000 DM seinen steuerpflichtigen Erwerb von 60000 DM mit 3,5 % = 2100 DM versteuern. Schlägt er aus und fällt der Nachlaß dann an seine drei Kinder, so erhält jedes 50000 DM. Da jedem (Enkel des Erblassers gehören zur Steuerklasse II) ein Freibetrag von 50000 DM zusteht, ist überhaupt keine Erbschaftsteuer zu zahlen.
Ist im umgekehrten Fall als Alleinerbe ein Enkel eingesetzt, so muß dieser bei einem Nachlaßwert von 90000 DM nach Abzug des ihm zustehenden Freibetrags von 50000 DM seinen steuerpflichtigen Erwerb von 40000 DM mit 6 % = 2400 DM versteuern. Schlägt er die Erbschaft aus und fällt diese dann an seinen Vater, so gehört dieser als Sohn des Erblassers zur Steuerklasse I. Ihm steht ein Freibetrag von 90000 DM zu, Erbschaftsteuer fällt daher nicht an. Gehen später durch Erbschaft oder Schenkung die 90000 DM vom Sohn des Erblassers auf dessen Sohn (Enkel des früheren Erblassers) über, so steht diesem wieder ein Freibetrag von 90000 DM zu, so daß er keine Erbschaftsteuer zu zahlen hätte (keine Änderung der Nachlaß- bzw. Vermögenswerte unterstellt).
Natürlich sollen solche Auswirkungen bei der Erbschaftsteuer nicht allein dafür entscheidend sein, ob eine Erbschaft ausgeschlagen werden soll oder nicht. Ganz außer acht lassen sollte man sie aber auch nicht.

4. Erbrecht adoptierter Kinder

Das Gesetz über die Annahme als Kind vom 2. 7. 1976 (BGBl I S. 1749), das am 1. 1. 1977 in Kraft getreten ist, hat das Recht der Adoption von Grund auf neu geregelt. Neu ist zunächst der Grundsatz, daß die Annahme als Kind (früher „Annahme an Kindes Statt“) durch einen einseitigen staatlichen Hoheitsakt des Vormundschaftsgerichts erfolgt und nicht mehr, wie früher, durch einen Adoptionsvertrag. Weiter gilt für Minderjährige der Grundsatz der Volladoption, was zweierlei bedeutet: 166

a) Mit der Annahme als Kind erlischt das Verwandtschaftsverhältnis des Kindes und seiner Abkömmlinge zu dessen bisherigen Verwandten samt allen Rechten und Pflichten (§ 1755 BGB); für die Einteilung in die Steuerklassen des ErbStG gilt es aber weiter (s. u. Rz. 180).
b) Das Kind wird rechtlich ein eheliches Kind des (der) Annehmenden (§ 1754 BGB). Es wird mit allen Verwandten des Annehmenden verwandt, mit den Verschwägerten verschwägert. Unterhaltsrecht und Unterhaltspflicht, gesetzliches Erbrecht und Pflichtteilsrecht bestehen nur noch den neuen Verwandten gegenüber. Es ist leiblichen ehelichen Kindern also rechtlich völlig gleichgestellt.

Bei bereits adoptierten Minderjährigen konnte bis zum 31. 12. 1977 dem Vormundschaftsgericht gegenüber erklärt werden, daß die seit 1. 1. 1977 gültigen neuen Bestimmungen über die Adoption nicht angewendet werden sollen.

Die Adoption volljähriger Personen ist wie bisher zulässig. Sie kann erfolgen, wenn die Annahme sittlich gerechtfertigt ist, entfaltet aber, verglichen mit der Adoption Minderjähriger, geringere Wirkungen. So erstrecken sich die Wirkungen der Annahme nicht auf die Verwandtschaft des Anzunehmenden. Auch behält der als Kind Angenommene seine bisherigen Verwandtschaftsbeziehungen mit den sich daraus ergebenden Rechten und Pflichten (§ 1770 Abs. 2 BGB). Unter bestimmten Voraussetzungen (§ 1772 BGB) kann das Vormundschaftsgericht auf Antrag auch für einen Volljährigen die Volladoption bestimmen, also wie bei einem Minderjährigen oder verwandten Minderjährigen die Annahme ausgestalten. 167

Der Ausspruch der Annahme setzt einen Antrag des oder der Annehmenden voraus, der der notariellen Beurkundung bedarf (§ 1752 BGB). Erforderlich sind die Einwilligung des Kindes, die es selbst erteilt, wenn es älter als 14 Jahre ist, bzw. seiner gesetzlichen Vertreter, der Eltern des Kindes, bei einem nichtehelichen Kind seiner Mutter sowie des Ehegatten des Annehmenden – sämtlich in notarieller Urkunde (§§ 1747 – 1750 BGB). Anders als bei der früheren Vertragsadoption kann das Erbrecht des angenommenen Kindes am Nachlaß der Adoptiveltern nicht mehr ausgeschlossen werden.

Deutsch-deutsches Adoptionsrecht nach dem Einigungsvertrag

168 Für Adoptionen galten in der DDR zunächst das BGB, ab 1. 1. 1957 die Verordnung über die Annahme an Kindes Statt vom 29. 11. 1956 und ab dem 1. 4. 1966 das Familiengesetzbuch der Deutschen Demokratischen Republik vom 20. 12. 1965 (FGB), dessen Bestimmungen auf alle bereits bestehenden Adoptionsverhältnisse fortan anzuwenden waren.
Ab dem 3. 10. 1990 gilt für zuvor begründete Annahmeverhältnisse das Recht des BGB, mit Ausnahme einiger Bestimmungen, die Art. 234 § 13 Abs. 1 EGBGB im einzelnen aufführt. Die **Volladoption** ist in beiden Rechtsordnungen verankert. Die – nicht unkomplizierten – Besonderheiten eines Fortbestehens gewisser verwandtschaftlicher Beziehungen in § 1756 BGB gelten für in der DDR begründete Annahmeverhältnisse nicht, um nicht bereits abgebrochene Verwandtschaftsverhältnisse neu zu begründen.
Unter der Herrschaft des FGB hatte es Adoptionen gegeben ohne Einwilligung der Kindeseltern. Insbesondere in Fällen einer sog. „Republikflucht" der Kindeseltern wurden deren nicht erteilte Einwilligungen durch Behördenakt ersetzt (§ 70 FGB). Eltern, die auf diese Weise ihr Kind verloren haben, können nunmehr Antrag auf Aufhebung des Annahmeverhältnisses stellen (Art. 234 § 13 Abs. IV – VI EGBGB). Die für solche Antragstellung zunächst auf ein Jahr begrenzte Frist wurde durch das Gesetz zur Änderung adoptionsrechtlicher Fristen (AdoptFristG) vom 30. 9. 1991 (BGBl I 1991, 1930) auf drei Jahre ab dem 3. 10. 1990 verlängert.
Im Gegensatz zum BGB kannte das FGB keine Volljährigenadoption.

169 Ehemalige Bürger der DDR, deren Kind ohne ihre Einwilligung von anderen Personen als Kind angenommen wurde, werden zu prüfen haben, ob sie binnen der genannten Frist von dem Antragsrecht Gebrauch machen werden. Fortbestand oder Aufhebung einer Kindesannahme haben natürlich auch erbrechtliche Konsequenzen.
In Fällen, in denen es deshalb im Geltungsbereich des FGB zu keiner eigentlich gewünschten Adoption gekommen ist, weil das anzunehmende Kind bereits volljährig war, wird zu prüfen sein, ob eine Adoption nunmehr unter der Herrschaft des BGB nicht nachgeholt werden sollte.

5. Das Erbrecht der nichtehelichen Kinder

170 Nach früherem Recht galt das nichteheliche Kind als nur mit der Mutter und deren Verwandten, nicht jedoch mit dem Vater verwandt (§§ 1589 Abs. 2 a. F., 1705 BGB). Dann stand ihm ein gesetzliches Erbrecht nur gegenüber der Mutter und deren Verwandten, nicht aber gegenüber dem Vater und dessen Verwandten zu.

a) Der gesetzliche Erbteil des nichtehelichen Kindes

Durch das am 1. 7. 1970 in Kraft getretene Gesetz über die rechtliche Stellung der nichtehelichen Kinder vom 19. 8. 1969 (BGBl I 1243) wird die Verwandtschaft des nichtehelichen Kindes mit seinem Vater und dessen Verwandten nunmehr voll anerkannt. Damit gelten grundsätzlich auch im Verhältnis zwischen dem nichtehelichen Kind und seinem Vater sowie den Verwandten seines Vaters die Bestimmungen der gesetzlichen Erbfolgeordnung. Das bedeutet, daß das nichteheliche Kind beim Tode des Vaters zu den gesetzlichen Erben der ersten Ordnung gehört und die Erben der zweiten und weiterer Ordnungen von der Erbfolge ausschließt; an die Stelle eines zur Zeit des Erbfalles nicht mehr lebenden nichtehelichen Kindes treten seine Abkömmlinge (§ 1924 BGB). Auch beim Tode von Verwandten des Vaters kann das nichteheliche Kind künftig zur gesetzlichen Erbfolge berufen sein, wie auch umgekehrt der Vater und seine Verwandten gesetzliche Erben des nichtehelichen Kindes und seiner Abkömmlinge sein können. 171

b) Der Erbersatzanspruch des nichtehelichen Kindes

Das neue Gesetz trägt aber auch der Tatsache Rechnung, daß das nichteheliche Kind im Regelfall nicht in der Familie des Vaters aufwächst und deshalb naturgemäß keine besondere Bindung an dessen Ehefrau und dessen Abkömmlinge besitzt. Deshalb soll vermieden werden, daß das nichteheliche Kind neben nahen Familienangehörigen des Vaters einer Erbengemeinschaft angehört. Da nach dem geltenden Recht Verfügungen über Nachlaßgegenstände, z.B. über Haus- und Grundbesitz und über gewerbliche Betriebe (Betriebsvermögen), nur durch alle Miterben gemeinschaftlich vorgenommen werden können (§ 2033 BGB), würde es Anlaß zu Auseinandersetzungen geben, wenn das nichteheliche Kind Miterbe neben anderen nahen Familienangehörigen des Erblassers würde. Auch die Bestimmungen über die Auseinandersetzung des Nachlasses, insbesondere das Recht, jederzeit die Auseinandersetzung zu verlangen (§ 2042 Abs. 1 BGB), würden dem nichtehelichen Kind die Möglichkeit geben, seine finanziellen Interessen rücksichtslos durchzusetzen. Aus diesen Gründen steht dem nichtehelichen Kind und seinen Abkömmlingen beim Tode des Vaters sowie beim Tode von väterlichen Verwandten neben ehelichen Abkömmlingen des Erblassers und neben der überlebenden Ehefrau des Erblassers an Stelle des gesetzlichen Erbteils ein Erbersatzanspruch in Höhe des Erbteils zu (§ 1934a BGB). Dieser Erbersatzanspruch ist eine Geldforderung, die sich gegen den Erben richtet. 172

Aus denselben Erwägungen erlangen ebenfalls nur einen Erbersatzanspruch 173

a) der Vater des nichtehelichen Kindes und seine Abkömmlinge beim Tode des nichtehelichen Kindes, wenn dessen Mutter oder deren eheliche Abkömmlinge noch am Leben sind (§ 1934a Abs. 2 BGB),
b) der Vater und seine Abkömmlinge, wenn beim Tode des nichtehelichen Kindes oder beim Tode eines Kindes des nichtehelichen Kindes noch der Ehegatte des nichtehelichen Kindes am Leben ist (§ 1934a Abs. 3 BGB).

Der Erbersatzanspruch berechnet sich nach dem Bestand und dem Wert des Nachlasses zur Zeit des Erbfalls. Er verjährt in drei Jahren ab Kenntnis des Berechtigten vom Erbfall und vom Bestehen des Anspruchs. Im übrigen gelten für den Erbersatzanspruch im wesentlichen die Vorschriften über den Pflichtteil entsprechend. Auf den Erbersatzanspruch eines Abkömmlings des Erblassers sind die Vorschriften über die Ausgleichspflicht unter Abkömmlingen entsprechend anzuwenden (§ 1934b BGB). War beim Tode des Vaters eines nichtehelichen Kindes die Vaterschaft weder anerkannt noch rechtskräftig festgestellt, so steht dem Kind ein gesetzliches Erbrecht oder ein Erbersatzanspruch nur zu, wenn das gerichtliche Verfahren zur Feststellung der Vaterschaft bereits zur Zeit des Erbfalls anhängig war. Dasselbe gilt im Falle des Todes eines Verwandten des Vaters (§ 1934c BGB).

174 Steuerlich gilt der Erwerb aufgrund Erbersatzanspruchs als Erwerb von Todes wegen (§ 3 Abs. 1 Nr. 1 ErbStG). Bei der Ermittlung seines Wertes sind die gemeinen Verkehrswerte anzusetzen, nicht irgendwelche besonderen Steuerwerte (Einheitswerte, Steuerkurswerte). Zu versteuern ist die sich danach ergebende Geldforderung, auch wenn sie nicht durch „Geld“ getilgt wird. Ob bei ersatzweiser Überlassung eines Grundstücks dessen Einheitswert der Besteuerung zugrunde zu legen ist, ist umstritten. Da der Erbersatzanspruch mit dem Pflichtteilsanspruch vergleichbar ist, sollten in solchen Fällen nach dem BFH-Urteil vom 17. 2. 1982 (BStBl II S. 350) die Grundstückseinheitswerte entsprechend maßgebend sein können. Die Steuerschuld entsteht erst mit dem Zeitpunkt der Geltendmachung des Erbersatzanspruchs (§ 9 Abs. 1 Nr. 1b ErbStG). Auch können Verbindlichkeiten aus Erbersatzansprüchen bei der Ermittlung des Vermögensanfalls an den/die anderen Erwerber nur insoweit abgezogen werden, wie Erbersatzansprüche geltend gemacht sind (§ 10 Abs. 5 Nr. 2 ErbStG). Der Verzicht auf die Geltendmachung eines Erbersatzanspruchs bleibt nach § 13 Abs. 1 Nr. 11 ErbStG steuerfrei. Der spätere Verzicht auf einen bereits geltend gemachten Erbersatzanspruch stellt dagegen eine steuerbare Schenkung an den/die dadurch begünstigten Erben dar. Die Abfindung für die Ausschlagung eines Erbersatzanspruchs gilt als vom Erblasser zugewendet und ist steuerpflichtig im Rahmen der allgemeinen Vorschriften (§ 3 Abs. 2 Nr. 4 ErbStG). Die Steuerschuld entsteht mit dem Zeitpunkt der Ausschlagung (§ 9 Abs. 1 Nr. 1f. ErbStG; s. auch BFH vom 18. 7. 1973, BStBl II 1973 S. 798), auch

wenn die Abfindung vereinbarungsgemäß erst später oder in Raten geleistet wird. Werden als Abfindung Grundstücke übertragen, so sind diese – sie gelten ja nach § 3 Abs. 2 Nr. 4 ErbStG als vom Erblasser zugewendet – mit ihrem steuerlichen Einheitswert anzusetzen (BFH vom 17. 2. 1982, BStBl II S. 350).

c) Anspruch des nichtehelichen Kindes auf vorzeitigen Erbausgleich

Oft ist es für das nichteheliche Kind wertvoller, schon in der Zeit der Grün- 175
dung einer Familie oder zu Beginn des Berufslebens eine Starthilfe zu bekommen, als die Verwirklichung seiner erbrechtlichen Anwartschaft abzuwarten. Aus diesem Grunde wird dem nichtehelichen Kind in der Zeit vom 21. bis 27. Lebensjahr gegenüber seinem Vater ein Anspruch auf vorzeitigen Erbausgleich in Geld eingeräumt (§ 1934d BGB). Dieser Anspruch hat eher die Merkmale eines familienrechtlichen Ausstattungsanspruchs als eines erbrechtlichen Instituts (KG, Urt. v. 3. 7. 1972, FamRZ 1973, 51). Diese Regelung, die eine Bevorzugung der nichtehelichen Kinder gegenüber den ehelichen Kinder darstellt, wird damit gerechtfertigt, daß nichteheliche Kinder im allgemeinen in der väterlichen Familie nicht denselben Rückhalt wie eheliche Kinder haben. Der Ausgleichsbetrag beläuft sich grundsätzlich auf das Dreifache des Jahresunterhalts, den der Vater im Durchschnitt der letzten fünf Jahre, in denen das Kind noch unterhaltsbedürftig war, zu leisten hatte. Ist nach den Erwerbs- und Vermögensverhältnissen des Vaters unter Berücksichtigung seiner anderen Verpflichtungen eine Zahlung in dieser Höhe entweder dem Vater nicht zuzumuten oder für das Kind unangemessen gering, so beläuft sich der Ausgleichsbetrag auf das den Umständen nach Angemessene, jedoch auf mindestens das Einfache und höchstens auf das Zwölffache des im Regelfall geschuldeten Ausgleichsbetrages.

Frühestens kann das Kind den Ausgleich nach Vollendung des 21. Lebens- 176
jahres verlangen, nicht schon nach Erreichung der Volljährigkeit. Spätestens muß das Verlangen am Tag vor der Vollendung des 27. Lebensjahres gestellt werden (§ 187 II 2 BGB); ein danach dem Vater zugehendes Verlangen ist wirkungslos. Ist das Verlangen fristgerecht und somit wirksam gestellt, verjährt der Anspruch auf Abschluß einer Vereinbarung in drei Jahren von dem Zeitpunkt an, in dem das Kind das 27. Lebensjahr vollendet hat (§ 1934d III BGB).

Der Anspruch ist höchstpersönlich, also nicht vererblich, abtretbar, verpfändbar oder pfändbar. Stirbt das Kind vor Festlegung des Betrages durch Vereinbarung oder Urteil, erlischt der Anspruch; stirbt der Vater vor dieser Festlegung, behält das Kind seine ursprüngliche erbrechtliche Position.

Vereinbarungen über den Erbausgleich bedürfen der notariellen Beurkundung. Unter Umständen kann der Vater Stundung des Ausgleichsbetrages verlangen. Die Inanspruchnahme des Erbausgleichs führt dazu, daß Erb- und Pflichtteilsansprüche des Kindes und seiner Abkömmlinge gegen den Vater und dessen Verwandte – wie auch umgekehrt – nicht mehr bestehen (§ 1934e BGB).

Hat das Kind das Verlangen verspätet gestellt und ist der Vater gleichwohl in einer § 1934d BGB entsprechenden Weise zu einer Vereinbarung bereit, so ist es streitig, ob diese bereits die erbausschließenden Wirkungen des § 1934e BGB hat. Kind und Vater sollten daher in der notariellen Urkunde wechselseitig auf ihre gesetzlichen Erb- und Pflichtteilsrechte gem. § 2346 BGB verzichten (vgl. Rz. 205ff.).

Steuerlich stellt der vorzeitige Erbausgleich zwar keine als Schenkung zu besteuernde freigiebige Zuwendung im Sinne des § 7 Abs. 1 Nr. 1 ErbStG dar, da das nichteheliche Kind unter den gesetzlichen Voraussetzungen einen Rechtsanspruch auf vorzeitigen Erbausgleich hat. Wegen seiner Wirkung – Ausscheiden des nichtehelichen Kindes als gesetzlicher Erbe und als Pflichtteilsberechtigter – läßt sich der vorzeitige Erbausgleich aber mit dem Erbverzicht der §§ 2346ff. BGB vergleichen. Die Abfindung für einen Erbverzicht wird als Schenkung besteuert. Dasselbe gilt für den Erwerb durch vorzeitigen Erbausgleich (§ 7 Abs. 1 Nr. 5 und 6 ErbStG).

d) Übergangsbestimmungen

177 Nichteheliche Kinder haben kein gesetzliches Erbrecht gegenüber ihrem Vater und dessen Verwandten und umgekehrt, wenn ihr Vater vor dem 1. 7. 1970 gestorben ist. Nichteheliche Kinder, die vor dem 1. 7. 1949 geboren sind, haben auch dann kein gesetzliches Erbrecht nach den neuen Vorschriften, wenn der Sterbefall ihres Vaters erst nach dem 30. 6. 1970 eingetreten ist. In beiden Fällen bleiben die früheren gesetzlichen Vorschriften über die Rechtsstellung des nichtehelichen Kindes weiterhin in Kraft.

Deutsch-deutsches Nichtehelichenrecht nach dem Einigungsvertrag

178 Das seit dem 1. 1. 1976 geltende ZGB führte die erbrechtliche Gleichstellung aller Kinder ein und beseitigte die bis dahin geltende Regelung, daß ein außerhalb der Ehe geborenes Kind nur unter bestimmten Voraussetzungen ein Erbrecht nach seinem Vater oder seinen Großeltern väterlicherseits hatte. Erbberechtigte Kinder im Sinne des § 365 ZGB sind daher alle Abkömmlinge des Erblassers, unabhängig davon, ob sie in einer Ehe des Erblassers oder außerhalb der Ehe geboren wurden. Dabei spielte das Geburtsdatum des Kindes keine Rolle; es konnte also auch vor dem 1. 7. 1949 geboren sein. Art. 235 § 1 EGBGB macht in Absatz II von dem Grundsatz, daß für Erbfälle ab dem 3. 10. 1990 das Recht des BGB gilt, eine Ausnahme für nichteheliche Kinder, die vor dem Wirksamwerden des Beitritts geboren sind.

Damit soll die nach ZGB begründete Erbaussicht eines nichtehelichen Kindes als schutzwürdige Rechtsposition aufrechterhalten werden. Für diese Kinder gelten daher die Vorschriften des BGB über das Erbrecht des ehelichen Kindes.
Waren Vater und Kind am 2. 10. 1990 noch Bürger der DDR, so ergeben sich keine Zuordnungsprobleme. Wie Fälle zu behandeln sind, in denen einer oder beide von ihnen den Wohnsitz, gar nur den gewöhnlichen Aufenthalt vor dem Stichtag in den Geltungsbereich des BGB verlegt hatten, kann noch nicht abschließend beurteilt werden (vgl. z. B. *Sandweg,* BWNotZ 1992, 45 ff.).
Was beim Tod des nichtehelichen Vaters für das Kind gilt, gilt ebenfalls im Falle des Todes des nichtehelichen Kindes für den Vater – er ist Erbe der 2. Ordnung.
Diese – unbefristete – Übergangsregelung kann also zu Folge haben, daß ein vor der Wende geborenes nichteheliches Kind ein anderes Erbrecht hat, als sein nach dem Beitritt geborenes (Stief-)Geschwisterteil, das „nur" einen Erbersatzanspruch hat, allerdings aber einen vorzeitigen Erbausgleich verlangen kann.
Diese Doppelspurigkeit sollte ostdeutschen Vätern nichtehelicher Kinder verstärkt Anreiz bieten, die Erbfolge nicht dem Gesetz zu überlassen, sondern mittels einer letztwilligen Verfügung zu regeln.

6. Steuerklassen nach dem Erbschaftsteuerrecht

Das Erbschaftsteuerrecht unterscheidet nicht wie das bürgerliche Recht 179
„Ordnungen" (s. o. Rz. 153 ff.), sondern Steuerklassen. Die Erwerber werden je nach ihrem persönlichen (verwandtschaftlichen) Verhältnis zu dem Erblasser (Schenker) einer Steuerklasse zugewiesen. Entstand die Steuerschuld vor dem 1. 1. 1974, so kamen fünf Steuerklassen in Betracht. Für Erwerbe nach dem 31. 12. 1973 gibt es nur noch vier Steuerklassen (§ 15 ErbStG). Die Zugehörigkeit zu einer bestimmten Steuerklasse ist entscheidend für die Gewährung der betreffenden Freibeträge und die Anwendung der entsprechenden Steuersätze.
Zur Steuerklasse I gehören der Ehegatte (auch wenn die Ehegatten getrennt leben oder sich im Scheidungsprozeß befinden; die Ehe darf aber noch nicht geschieden sein) und die Kinder. Ehegatten im Sinne des ErbStG sind nur die Partner einer Ehe, zu ihnen gehört daher nicht der Partner einer nichtehelichen Lebensgemeinschaft. Er kann weder den Freibetrag für Ehegatten (250 000 DM gemäß § 16 Abs. 1 Nr. 1 ErbStG) noch den besonderen Versorgungsfreibetrag von (weiteren bis zu) 250 000 DM gemäß § 17 Abs. 1 ErbStG in Anspruch nehmen; auch werden ihm die günstigeren Steuersätze der Steuerklasse I nicht gewährt (BFH vom 27. 10. 1982 und BVerfG vom

1. 6. 1983, BStBl II 1983 S. 114 und 1984 S. 172, BVerfG, BStBl II 1990 S. 103 u. 764).

180 Als Kinder gelten alle ehelichen und nichtehelichen Kinder, die Stiefkinder und Adoptivkinder sowie sonstige Personen, denen die rechtliche Stellung ehelicher Kinder zukommt. Die Besteuerung eines Erwerbers als Adoptivkind setzt voraus, daß am Todestag des Erblassers bereits eine rechtswirksame Annahme als Kind vorlag. Sie wird abweichend von früher jetzt nach dem Adoptionsgesetz vom 2. 7. 1976 (BGBl 1976 I S. 1749) vom Vormundschaftsgericht durch unanfechtbaren Beschluß ausgesprochen und mit Zustellung dieses Beschlusses wirksam (§ 1752 BGB und § 56e FGG). Vorausgegangene privatrechtliche Vereinbarungen zwischen dem Annehmenden und dem zu Adoptierenden haben noch keine Auswirkungen auf die Besteuerung, ebensowenig die nach § 1744 BGB vorgesehene Pflegezeit vor Ausspruch einer Adoption. Nach dem Tode des Annehmenden kann das Gericht die Adoption nur dann noch aussprechen, wenn der Annehmende seinen notariell beurkundeten Adoptionsantrag bei Lebzeiten dem Gericht eingereicht oder einen Notar mit der Einreichung beauftragt hatte; der Beschluß des Gerichts hat dann die gleiche Wirkung, wie wenn er noch vor dem Tode des Erblassers erfolgt wäre (§ 1753 Abs. 3 BGB). Gegebenenfalls sollten Adoptionsanträge also rechtzeitig gestellt werden. Sie können in gesetzlich durchaus zulässiger Weise zu erheblichen Steuerersparnissen führen, weil das Adoptivkind in die günstigste Steuerklasse fällt. Trotzdem liegt in solchen Fällen aber kein Mißbrauch von Gestaltungsmöglichkeiten des Rechts im Sinne des § 42 AO vor, so daß dem Erwerber die Besteuerung als Adoptivkind nach Steuerklasse I nicht verweigert werden kann, wenn das Gericht die Adoption ausgesprochen hat. Bei einem rechtswirksam Adoptierten erlischt zwar bürgerlich-rechtlich sein (und seiner Abkömmlinge) bisheriges verwandtschaftliches Verhältnis zu seinen leiblichen Eltern und bisherigen Verwandten. Für die Einteilung in die Steuerklassen des ErbStG wird dieses bisherige verwandtschaftliche Verhältnis aber als weiterbestehend angesehen (§ 15 Abs. 1a ErbStG). Erbschaften (oder auch Schenkungen) von leiblichen Eltern an ihr von dritter Seite adoptiertes Kind werden also weiterhin nach Steuerklasse I besteuert. Seit dem 1. 1. 1977 können im Gegensatz zu früher auch Volljährige adoptiert werden, „wenn die Annahme als Kind sittlich gerechtfertigt ist“, insbesondere wenn zwischen den Beteiligten ein Eltern-Kind-Verhältnis bereits bestand. Auch ein Volljähriger ist dann „Kind“ im Sinn der Steuerklasse I. Stiefkinder sind die einseitigen Kinder des anderen Ehegatten (auch die von diesem adoptierten Kinder); sie sind mit ihrem Stiefvater oder ihrer Stiefmutter nach bürgerlichem Recht nur verschwägert (§ 1590 Abs. 1 Satz 1 BGB), gehören aber nach dem ErbStG zur Steuerklasse I. Das gilt auch für das Adoptivkind der Ehe-

frau als Stiefkind ihres Mannes (BFH vom 31. 1. 1973, BStBl 1973 II S. 453).

181 Dagegen gehören Pflegekinder nicht zur Steuerklasse I, sondern zur Steuerklasse IV, wenn sie nicht aufgrund ihrer verwandtschaftlichen Beziehungen zu ihren Pflegeeltern in eine günstigere Steuerklasse einzustufen sind. Pflegekinder sind wie eigene Kinder in den Haushalt der Pflegeeltern aufgenommen, von denen sie auch überwiegend unterhalten werden; sie sind aber nicht adoptiert und oft auch nicht näher mit den Pflegeeltern verwandt. Zur Steuerklasse I gehören seit dem Reformgesetz 1974 außerdem noch „die Kinder verstorbener Kinder und Stiefkinder" (also die verwaisten Enkel und Stiefenkel).

182 Zur Steuerklasse II gehören die Abkömmlinge (Enkel und Urenkel) der in Steuerklasse I eingereihten Kinder, soweit sie nicht als „Kinder verstorbener Kinder" – z. B. vom Großvater der Enkel, dessen Vater nicht mehr lebt – in die Steuerklasse I einzustufen sind. Die Steuerklasse II gilt gegebenenfalls auch für die Adoptiv- und Stiefkinder eines Kindes sowie für Kinder von Adoptiv- oder Stiefkindern. Außerdem gehören bei Erwerben von Todes wegen, für welche die Steuer nach dem 31. 12. 1979 entstanden ist oder entsteht, die Eltern und Voreltern, die von ihren Abkömmlingen (Kinder, Enkel usw.) etwas erben, zur Steuerklasse II. Ist die Steuer für solche Erwerbe von Todes wegen allerdings vor dem 1. 1. 1980 entstanden, so wird der Erwerb der (Vor-)Eltern noch nach der Klasse III besteuert. Die Steuerklasse III gilt auch für die Erwerbe der (Vor-)Eltern von ihren Nachfahren durch Schenkungen unter Lebenden, gleich ob die Steuer für diese vor oder nach dem Jahreswechsel 1979/80 entstanden ist oder entsteht.

183 Zur Steuerklasse III gehören außer den voll- und halbbürtigen Geschwistern und deren Abkömmlingen ersten Grades (Geschwisterkinder wie Neffen und Nichten) die Schwiegerkinder, Eltern und Voreltern (bei Schenkungen; bei Erwerb von Todes wegen nach dem 31. 12. 79 gilt Klasse II; s. o.), Stief- und Schwiegereltern sowie der geschiedene Ehegatte. Bei nichtehelichen Kindern gehören zu den Eltern die Mutter und der Vater.
Die Zugehörigkeit zu den Steuerklassen I, II und III gilt auch dann, wenn die (leibliche) Verwandtschaft durch Annahme als Kind bürgerlich-rechtlich erloschen ist (§ 15 Abs. 1 a ErbStG).
In die Steuerklasse IV schließlich fallen alle übrigen Erwerber wie der Verlobte, Onkel und Tante, Vetter und Base, Schwager und Schwägerin sowie juristische Personen und Vermögensmassen.
Sondervorschriften gelten für Vermögensübergänge auf eine vom Erblasser angeordnete Stiftung (§ 3 Abs. 2 Nr. 1 ErbStG), die wesentlich im Interesse bestimmter Familien im Inland errichtet ist (§ 15 Abs. 2 ErbStG), sowie in den Fällen des sog. Berliner Testaments (§ 15 Abs. 3 ErbStG: Besteuerung

nach dem günstigeren Verhältnis zu dem zuerst verstorbenen Ehegatten). Wegen der Wahl einer günstigeren Steuerklasse in Fällen der Nacherbfolge (§ 6 Abs. 2 ErbStG) s. u. Rz. 250 ff.

II. Erb- und güterrechtliche Ansprüche des Ehegatten

1. Gesetzliches Erbrecht des Ehegatten

184 Der überlebende Ehegatte des Erblassers ist neben Verwandten der ersten Ordnung zu einem Viertel, neben Verwandten der zweiten Ordnung oder neben den Großeltern des Erblassers zur Hälfte als gesetzlicher Erbe berufen. Sind weder Verwandte der ersten oder der zweiten Ordnung noch Großeltern vorhanden, so erhält der Ehegatte den gesamten Nachlaß (§ 1931 BGB).

Daß bei kinderlosen Ehen der längstlebende Ehegatte nicht in jedem Falle gesetzlicher Alleinerbe ist, ist weiten Kreisen der Bevölkerung nicht bekannt.

Besonders gilt dies auch für Bürger der neuen deutschen Länder, da das dort bis zum 3. 10. 1990 maßgebliche ZGB in § 366 ausdrücklich bestimmt hatte, daß der Ehegatte allein erbe, wenn Nachkommen des Erblassers nicht vorhanden seien.

Die Lehre hieraus lautet:

Kinderlose Ehepartner sollten sich dieser Rechtslage bewußt sein und durch eine letztwillige Verfügung die von ihnen gewünschte Erbfolge festlegen, falls sie die hier beschriebene gesetzliche Erbfolge nicht wünschen.

Setzen sie sich wechselseitig zum Alleinerben ein, sollten sie aber auch bedenken, daß es dann vom Zufall abhängen kann, an wen das beiderseitige Vermögen, das sich in der Hand des Längstlebenden vereinte, bei dessen Tod fällt.

Beispiel:

M und F sind verheiratet, keiner von ihnen hat Abkömmlinge. Die beiderseitigen Eltern sind bereits verstorben, jeder hat aber Geschwister. M verstirbt, seine Frau F verstirbt eine Stunde später. Das beiderseitige gesamte Vermögen fällt an die Geschwister der F. Die Geschwister des M gehen leer aus; sie haben auch keinen Pflichtteilsanspruch.

(Zu Alternativmöglichkeiten vgl. im Anhang Muster M 24 ff., Rz. 578 ff.).

Nichteheliche Lebensgemeinschaften entfalten keine Rechtsfolgen, die der Ehe vorbehalten sind, also insbesondere auch keinerlei gesetzlichen Erbansprüche. Verantwortungsvolle Partner sollten daher rechtzeitig an den Abschluß eines Erbvertrages denken, da ihnen die Errichtung eines gemeinschaftlichen Testaments verwehrt ist. Ein Erbvertrag bedarf zu seiner Wirksamkeit der notariellen Beurkundung (vgl. hierzu Rz. 111 ff.). 185
Im Erbschaftsteuerrecht wird der überlebende Partner einer nichtehelichen Lebensgemeinschaft nicht wie ein Ehegatte behandelt, sondern – wenn keine verwandtschaftlichen Beziehungen bestanden – nach denen der Steuerklasse IV besteuert (vgl. Rz. 179 ff.).

2. Rechtliche und steuerliche Besonderheiten nach dem ehelichen Güterrecht

a) Rechtliche Besonderheiten

Wie bereits aus den Beispielen oben Ziff. 1 ersichtlich, wirkt sich der Güter- 186
stand, in dem die Ehegatten zum Zeitpunkt des Todes des Erstversterbenden lebten, ganz erheblich auf das gesetzliche Erbrecht aus.

Für deutsche Ehepartner kommen drei Güterstände in Betracht:

aa) Die sog. Zugewinngemeinschaft (§ 1365 BGB)

Dieser Güterstand tritt automatisch ab dem Eheschluß vor dem Standesbe- 187
amten ein. Der Name ist leider irreführend, da gerade keine Gemeinschaft an Vermögensgegenständen eintritt: „Das Vermögen des Mannes und das Vermögen der Frau werden nicht gemeinschaftliches Vermögen der Ehegatten; dies gilt auch für Vermögen, das ein Ehegatte nach der Eheschließung erwirbt. Der Zugewinn, den die Ehegatten in der Ehe erzielen, wird jedoch ausgeglichen, wenn die Zugewinngemeinschaft endet“ (§ 1365 II BGB). Wird der Güterstand durch den Tod eines Ehegatten beendet, so wird der Ausgleich des Zugewinns dadurch verwirklicht, daß sich der gesetzliche Erbteil des überlebenden Ehegatten um ein Viertel der Erbschaft erhöht; hierbei ist unerheblich, ob die Ehegatten im einzelnen Fall einen Zugewinn erzielt haben (§ 1371 I BGB).

bb) Die Gütertrennung (§ 1414 BGB)

Dieser Güterstand setzt eine notarielle Vereinbarung voraus. Diese kann be- 188
reits vor Eheschluß getroffen werden, wobei für die Ehe der gesetzliche Güterstand der Zugewinngemeinschaft ausgeschlossen wird; während der Ehe kann der gesetzliche Güterstand jederzeit aufgehoben werden mit der Folge, daß Gütertrennung eintritt.

Gütertrennung wird vielfach von Unternehmern vereinbart, um zu vermeiden, daß im Falle einer Scheidung der Ehepartner einen hohen Zugewinnausgleich geltend macht, der dann das Unternehmen bis an den Rand des Ruins führen kann. Dagegen hat – entgegen einer weitverbreiteten Meinung – Gütertrennung **nichts** mit der Frage zu tun, ob ein Ehegatte für die Schulden des anderen Ehegatten haftet. Mit Ausnahme einer wechselseitigen Haftung für „Geschäfte zur Deckung des Lebensbedarfs" gem. § 1357 BGB, die als allgemeine Wirkung der Ehe unabhängig vom Güterstand besteht, haftet kein Ehegatte für die Schulden des anderen. Daß bisweilen der Konkurs eines Ehepartners auch das Vermögen des anderen in seinen Strudel reißt, ist keine Folge der Ehe, gar des Güterstandes, sondern des Verlangens der Geldgeber, daß bei Gewährung von Krediten für das Unternehmen beide Ehegatten die gesamtschuldnerische Haftung vertraglich übernehmen sollen.

cc) Die Gütergemeinschaft (§§ 1415 – 1518 BGB)

189 Die so breit angelegte gesetzliche Ausgestaltung dieses Wahlgüterstandes steht in keinem Verhältnis zur tatsächlichen Verwendung in heutiger Zeit. Hier werden die beiderseitigen Vermögen gemeinschaftliches Vermögen beider Ehegatten (Gesamtgut). Mit seiner Besonderheit einer fortgesetzten Gütergemeinschaft bei Tod eines Ehegatten (§§ 1483 ff. BGB) mag er insbesondere für Landwirte das Mittel der Wahl sein, bei denen ein Ehegatte den Hof, der andere Geldmittel in die Ehe einbringt und beide Partner in gleicher Weise Unternehmer sind. Als solche haben sie gleichen Anteil an Vermögen und Einkünften, haften aber auch für die gemeinschaftlich begründeten Verbindlichkeiten wie für die eines jeden von ihnen.
Die Vereinbarung dieses Güterstandes bedarf gleichfalls der notariellen Beurkundung (§§ 1408 ff. BGB).

Beispiele:
Die Eheleute M und F haben keine Abkömmlinge. Es leben noch die Mutter von M und seine beiden Brüder. M stirbt. Lebte er im Güterstand der sog. Zugewinngemeinschaft, so erbt F gem. § 1931 I BGB 1/2 des Nachlasses, gemäß § 1371 I BGB erhöht um 1/4; sie erbt also insgesamt 3/4. Die Mutter erbt 1/8, die beiden Brüder je 1/16 (§ 1925 BGB). Hatten M und F Gütertrennung vereinbart, so erben F 1/2, die Mutter 1/4 und jeder Bruder 1/8 des Nachlasses.

Hinterließ M neben seiner Frau noch 3 eheliche Kinder (gleich, ob aus der Ehe mit F oder aus einer früheren Ehe), so erbt F beim gesetzlichen Güter-

stand 1/4 + 1/4, also 1/2; jedes Kind erbt 1/6; bei Gütertrennung erben F und die 3 Kinder je 1/4.
(Erbt der längstlebende Ehegatte bei gesetzlichem Güterstand neben Abkömmlingen stets die Hälfte, bietet § 1931 IV BGB für den Fall der Gütertrennung die Besonderheit, daß der längstlebende Ehegatte und die Kinder zu gleichen Quoten erben; sind mehr als 3 Kinder vorhanden, so schmälert sich der 1/4 Erbteil des Ehegatten nicht weiter.)

dd) Deutsch-deutsches Güterrecht (Art. 234 § 4 EGBGB)

Mit dem Inkrafttreten der Verfassung der DDR am 7. 10. 1949 wurden alle 190
güterrechtlichen Bestimmungen des BGB außer Kraft gesetzt: Für alle Ehen galt ausnahmslos als Ausfluß des Gleichberechtigungsprinzips die Gütertrennung.
Das Familiengesetzbuch der DDR vom 20. 12. 1965, das am 1. 4. 1966 in Kraft trat, führte als gesetzlichen Güterstand die Eigentums- und Vermögensgemeinschaft ein, ließ aber abweichende Vereinbarungen zu (§§ 13 und 14 Familiengesetzbuch).
Mit dem Wirksamwerden des Einigungsvertrages (3. 10. 1990) gilt nun grundsätzlich für alle Ehepaare, die an diesem Tage im gesetzlichen Güterstand des FGB lebten, das Recht der Zugewinngemeinschaft, sofern nicht vertraglich ein anderes vereinbart wurde und sofern nicht wenigstens einer der beiden Ehegatten durch Ausübung seines Rechts zur Option für den alten Güterstand die Änderung seiner güterrechtlichen Verhältnisse ablehnt. Die Option ist befristet bis zum 2. 10. 1992; sie muß zur Urkunde eines Notars erklärt werden, der diese Erklärung beim Kreisgericht einreicht, wo sie binnen der Ausschlußfrist eingegangen sein muß.
Durch notariell zu beurkundenden Ehevertrag können die Ehegatten jederzeit im Rahmen des nun für ganz Deutschland geltenden BGBs ihre güterrechtlichen Verhältnisse regeln.

b) Steuerliche Besonderheiten

Im Erbschaftsteuerrecht gelten für die Zugewinngemeinschaft besondere 191
Vorschriften (§ 5 ErbStG):
Wird der Güterstand der Zugewinngemeinschaft durch den Tod eines Ehegatten beendet und der Zugewinn nicht nach § 1371 Abs. 2 BGB ausgeglichen, so gilt bei dem überlebenden Ehegatten nicht als Erwerb von Todes wegen der Betrag, den er im Falle des § 1371 Abs. 2 BGB als Ausgleichsforderung geltend machen könnte. § 1371 Abs. 2 BGB regelt die Fälle, in denen der überlebende Ehegatte nicht Erbe wird und ihm auch kein Vermächtnis zugewendet ist; ihm steht dann außer seinem Pflichtteil eine Ausgleichsforderung zu (sog. güterrechtliche Abwicklung der Zugewinngemeinschaft).

Diese besteht in der Hälfte des Betrages, um den der Zugewinn – Unterschied zwischen dem Anfangs- und dem Endvermögen (§ 1373 BGB) – des verstorbenen Ehegatten den Zugewinn des überlebenden übersteigt. Diese Ausgleichsforderung (§ 1378 BGB) bleibt erbschaftsteuerfrei, weil sie ihren Rechtsgrund im ehelichen Güterrecht unter Lebenden hat. Während für die Berechnung der Ausgleichsforderung nach bürgerlichem Recht die allgemeinen Verkehrswerte anzusetzen sind, darf der Nachlaß des Erblassers bei der Ermittlung des als Ausgleichsforderung erbschaftsteuerfreien Betrages aber höchstens mit den nach den steuerlichen Bewertungsgrundsätzen maßgebenden Werten angesetzt werden (Grundstücke z. B. mit 140% ihrer Einheitswerte). Dies führt zu einer Kürzung des Freibetrags, deren Umfang im einzelnen umstritten ist.

192 Wird der Güterstand der Zugewinngemeinschaft in anderer Weise als durch den Tod des Ehegatten beendet (z. B. durch Scheidung oder durch Abschluß eines Ehevertrages über die güterrechtlichen Verhältnisse gemäß § 1408 BGB) oder wird der Zugewinn nach dem oben erwähnten § 1371 Abs. 2 BGB ausgeglichen, so gehört die Ausgleichsforderung nicht zu dem Erwerb (von Todes wegen bzw. durch Schenkung unter Lebenden). Sie bleibt also bei der Berechnung der Erbschaft- und Schenkungsteuer außer Ansatz.
Neben der nicht als steuerpflichtiger Erwerb geltenden Ausgleichsforderung stehen dem überlebenden Ehegatten noch die Freibeträge von 250000 DM gemäß § 16 Abs. 1 Nr. 1 und zutreffendenfalls noch der besondere Versorgungsfreibetrag (bis zu weiteren 250000 DM) gemäß § 17 Abs. 1 ErbStG und die sonstigen Vergünstigungen für den Erwerb durch Ehegatten zu (z. B. der Freibetrag von 40000 DM für den Erwerb von Hausrat nach § 13 Abs. 1 Nr. 1 a ErbStG).

193 Nach § 1380 BGB wird auf die Ausgleichsforderung eines Ehegatten angerechnet, was ihm von dem anderen Ehegatten durch Rechtsgeschäft unter Lebenden mit einer entsprechenden Bestimmung zugewendet worden ist. Soweit für solche früheren unentgeltlichen Zuwendungen seinerzeit Schenkungsteuer gezahlt wurde, ist diese zu erstatten; doch muß der Erwerber zwischenzeitliche Nutzungen aus dem zugewendeten Vermögen wie ein Nießbraucher versteuern (§ 29 ErbStG).
Die Ausgleichsforderung ist ein Geldanspruch und stellt, soweit der überlebende Ehegatte sie geltend gemacht hat, eine den Nachlaß mindernde Nachlaßverbindlichkeit dar. Wie sie beglichen wird, ist für ihre Steuerfreiheit nach dem ErbStG ohne Einfluß. Liegt der Verkehrswert von zu ihrer Tilgung hergegebenen Vermögensgegenständen allerdings erheblich über dem Betrag der Ausgleichsforderung, so kann insoweit eine zusätzliche steuerbare Schenkung des/der Ausgleichspflichtigen vorliegen. Bei Hingabe eines

Nachlaßgrundstücks fällt nicht zusätzlich Grunderwerbsteuer an (§ 3 Abs. 3 S. 2 GrEStG).

Die Berechnung der Ausgleichsforderung bereitet vor allem dann Schwierigkeiten, wenn die Ehegatten das beiderseitige Anfangsvermögen nicht aufgezeichnet haben. Auch müssen die Zu- und Abrechnungen gemäß §§ 1374ff. BGB beachtet werden. Nach dem koordinierten Ländererlaß vom 10. 3. 1976 (BStBl 1976 I S. 145) sollen vertragliche Vereinbarungen hinsichtlich der Berechnung der Ausgleichsforderung zwischen den Eheleuten für die Finanzämter nicht bindend sein, auch kann die Vermutung im § 1377 BGB (das von den Eheleuten aufgestellte Verzeichnis über ihr Anfangsvermögen und die diesem hinzuzurechnenden Gegenstände sei richtig) von der Finanzverwaltung widerlegt werden. Auch ist die Vermutung gemäß § 1377 Abs. 3 BGB – das Endvermögen eines Ehegatten stelle seinen Zugewinn dar, soweit kein Verzeichnis über das Anfangsvermögen aufgenommen ist – vom Finanzamt widerlegbar und nicht anzuwenden, wenn der tatsächliche Zugewinn ermittelt werden kann (BFH vom 8. 2. 1984, BStBl II S. 438). Lediglich nominelle Wertsteigerungen des Anfangsvermögens infolge der Geldentwertung stellen nach dem BGH-Urteil vom 14. 11. 1973 (NJW 1974 S. 137) keinen Zugewinn dar. Von der Anwendung dieses Urteils sieht die Finanzverwaltung an sich ab; berechnet der überlebende Ehegatte aber seinen Zugewinn unter Berücksichtigung dieses Urteils, so soll in gleicher Weise auch bei der Berechnung des Zugewinns des Verstorbenen verfahren werden. Sind private Witwenrenten bei der Berechnung der Erbschaftsteuer nicht anzusetzen, so wird ihr Kapitalwert bei der Ermittlung der fiktiven Ausgleichsforderung im Gegensatz zu früher nicht (mehr) berücksichtigt (BFH vom 20. 5. 1981, BStBl 1982 II S. 27). Nicht der Erbschaftsteuer unterliegende Versorgungsbezüge erhöhen nicht mehr den erbschaftsteuerfrei bleibenden Zugewinnausgleichsbetrag. 194

3. „Voraus“ des Ehegatten

Ist der überlebende Ehegatte neben Verwandten der zweiten Ordnung oder neben Großeltern gesetzlicher Erbe, so erhält er außer seinem gesetzlichen Erbteil den sog. **Voraus,** das sind die zum ehelichen Haushalt gehörenden Gegenstände und die Hochzeitsgeschenke. Wird der Ehegatte neben Kindern des Erblassers gesetzlicher Erbe, so erhält er diese Gegenstände nur insoweit, als er sie zur Führung des angemessenen Haushalts benötigt (§ 1932 BGB). Der Voraus ist an sich als Erwerb von Todes wegen zu versteuern (§ 3 Abs. 1 Nr. 3 ErbStG), weil nach § 1932 Abs. 2 BGB auf ihn die für Vermächtnisse geltenden Vorschriften des bürgerlichen Rechts Anwendung finden. Die zum ehelichen Haushalt gehörenden Gegenstände bleiben aller- 195 dings bis zu einem Wert von 40000 DM steuerfrei (§ 13 Abs. 1 Nr. 1a ErbStG).

4. Ausschluß des Erbrechts

196 Der geschiedene Ehegatte hat kein gesetzliches Erbrecht. Das Erbrecht eines Ehegatten sowie sein Anspruch auf den Voraus entfallen bereits, wenn zur Zeit des Todes des Erblassers die Voraussetzungen für die Scheidung der Ehe gegeben waren und der Erblasser sie beantragt oder ihr zugestimmt hatte. Das gleiche gilt, wenn der Erblasser auf Aufhebung der Ehe zu klagen berechtigt war und die Klage erhoben hatte (§ 1933 BGB). Wesentlich ist, daß das Scheidungsbegehren rechtshängig, der Scheidungsantrag also wirksam zugestellt worden ist (BayObLG, NJW-RR 1990, 517; BGH, NJW 1990, 2382). In diesen Fällen hat der überlebende Ehegatte aber möglicherweise noch Ansprüche auf Unterhalt nach Maßgabe der §§ 1569–1586b BGB, die als Nachlaßverbindlichkeiten den Erben gegenüber geltend gemacht werden können.

Der geschiedene Ehegatte gehört nach Rechtskraft des Scheidungsurteils zur Steuerklasse III. Entsprechendes gilt für den Partner einer nichtigen oder aufhebbaren Ehe (BFH, BStBl 1987 II S. 174). Für ihn gilt damit nur ein Freibetrag von 10000 DM. Auch kommt der zusätzliche Versorgungsfreibetrag des § 17 ErbStG für ihn nicht mehr in Betracht.

Ehegatten, die zur Zeit des Entstehens der Steuer getrennt oder in Scheidung leben, gehören noch zur Steuerklasse I.

III. Ausgleichspflicht der Abkömmlinge

197 Werden Kinder oder Enkel des Erblassers gesetzliche Erben, so ist mangels abweichender letztwilliger Anordnung anzunehmen, daß der Erblasser alle Abkömmlinge hinsichtlich des Erbgutes gleich behandelt wissen wollte. Das führt dazu, daß erhebliche Vermögenszuwendungen, die der Verstorbene bei Lebzeiten einem Abkömmling gemacht hatte, nur als Abschlagszahlungen auf den künftigen Erbteil angesehen werden, weil sich sonst eine ungerechtfertigte Bevorzugung einzelner gegenüber der Gesamtheit der Erben ergäbe. Aus diesem Grunde ist der Empfänger einer solchen Zuwendung verpflichtet, bei der Auseinandersetzung des Nachlasses das Vorempfangene zum Ausgleich zu bringen.

Die Zuwendungen, die der Erblasser zu Lebzeiten Abkömmlingen gemacht hat, können steuerpflichtig sein. Für diese sog. **Schenkungsteuer** gelten dieselben Vorschriften wie bei der Erbschaftsteuer, insbesondere deren Tarifsätze und Freibeträge (§ 1 Abs. 2 ErbStG). Wichtig ist, daß nach § 14

ErbStG alle innerhalb von zehn Jahren von derselben Person anfallenden Vermögensvorteile (mit ihrem jeweiligen Zeitwert) zusammenzurechnen sind; von der Steuer für den Gesamtbetrag wird dann die Steuer abgezogen, die für die früheren Erwerbe zur Zeit des letzten zu erheben gewesen wäre (nicht die früher tatsächlich gezahlt worden ist). Zusammenzurechnen sind in diesem Rahmen auch Zuwendungen unter Lebenden (Schenkungen) mit einem späteren Erbanfall. Bei der Zusammenrechnung bleiben unberücksichtigt Erwerbe, für die sich nach den steuerlichen Bewertungsgrundsätzen kein positiver Wert ergeben hat (weil z. B. die auf einem Grundstück lastende Hypothek größer als der steuerlich anzusetzende Einheitswert des Grundstücks ist).

Eine Ausgleichspflicht besteht nach § 2050 BGB für: 198

a) Zuwendungen, die einem Abkömmling zur Eheschließung oder zur Erlangung einer selbständigen Lebensstellung gewährt wurden, soweit nicht der Erblasser bei der Zuwendung die Ausgleichspflicht ausgeschlossen hatte. Seit 1. 1. 1974 sind im Gegensatz zu früher Ausstattungen an Abkömmlinge zur Einrichtung eines den Vermögensverhältnissen und der Lebensstellung des Betreffenden angemessenen Haushalts nicht mehr steuerfrei. Doch bleiben nach wie vor steuerfrei Zuwendungen unter Lebenden zum Zweck des angemessenen Unterhalts oder zur Ausbildung des Bedachten sowie die üblichen Hochzeits- und sonstigen Gelegenheitsgeschenke (§ 13 Abs. 1 Nr. 12 und 14 ErbStG).
b) Zuschüsse, die als laufende Einkünfte gegeben wurden, sowie Aufwendungen für eine Berufsausbildung, aber nur insoweit, als sie das den Vermögensverhältnissen des Erblassers entsprechende Maß überstiegen haben.
   Laufende Zuschüsse an eine verheiratete Tochter (sog. Nadelgeld) sind schenkungsteuerpflichtig, wenn die Lebenshaltung der Tochter durch deren Unterhaltsanspruch gegen ihren Mann ausreichend gesichert ist. Trifft das nicht zu und hat die Tochter auch kein ausreichendes eigenes Vermögen bzw. Einkommen, so bleiben solche Zuschüsse, soweit sie angemessene Unterhaltszahlungen darstellen, steuerfrei (§ 13 Abs. 1 Nr. 12 ErbStG). Bei Steuerpflicht kann trotz des Freibetrages für Kinder (90 000 DM nach § 16 Abs. 1 Nr. 2 ErbStG) infolge der Zusammenrechnung aller innerhalb von zehn Jahren von derselben Person anfallenden Beträge (§ 14 ErbStG) eines Tages doch eine Steuerschuld entstehen.
c) Andere Zuwendungen unter Lebenden, wenn der Erblasser bei der Zuwendung die Ausgleichung angeordnet hatte.

Die Art und Weise, wie die Ausgleichung zu vollziehen ist, ergibt sich aus 199
folgendem Beispiel:

Der Erblasser hat ein Nettovermögen von 200000 DM. Gesetzliche Erben sind die Ehefrau zur Hälfte und zwei Kinder zu je einem Viertel. Die Tochter hat bereits eine Aussteuer im Wert von 40000 DM erhalten, dem Sohn wurde für 20000 DM eine Praxis eingerichtet. Nach Abzug des Erbteils der Ehefrau verbleiben für die Kinder noch 100000 DM. Werden die Vorempfänge (40000 + 20000 DM) hinzugerechnet, so ergibt sich ein Betrag von 160000 DM. Hiervon erhält jedes Kind die Hälfte, abzüglich des bereits Empfangenen, die Tochter also (80000 – 40000 =) 40000 DM, der Sohn (80000 – 20000 =) 60000 DM.

200 Ist das ausgleichspflichtige Kind bereits verstorben, so geht die Ausgleichspflicht auf dessen Abkömmlinge über (§ 2051 Abs. 1 BGB). Es kann geschehen, daß die Ausgleichsansprüche den gesamten Erbteil eines Kindes aufzehren und dieses bei der Nachlaßverteilung leer ausgeht. Dennoch behält es auch in diesem Falle seine Erbenstellung und ist zur Mitwirkung bei der Verwaltung des Nachlasses berufen. Will der Unternehmer die Ausgleichung ganz oder teilweise ausschließen oder sie nachträglich anordnen, so muß er dies im Testament bestimmen. Das Pflichtteilsrecht eines Abkömmlings (§ 2316 Abs. 3 BGB) darf hierdurch aber nicht beeinträchtigt werden.
Abkömmlinge, die kraft Testaments zu Erben berufen sind, sind ausgleichungspflichtig, wenn der Erblasser die Ausgleichungspflicht gewollt hat. Letzteres ist im Zweifel anzunehmen, wenn sie auf das eingesetzt sind, was sie als gesetzliche Erben erhalten würden oder wenn ihre Erbteile so bestimmt sind, daß sie zueinander in demselben Verhältnis stehen wie die gesetzlichen Erbteile (§ 2052 BGB).
Ausgleichspflichtige Zuwendungen mindern zwar nicht die Erbquote des Miterben, wohl aber den Wert des einzelnen Erwerbs nach dem Tod des Erblassers. Diese Wertverschiebung ist auch bei der Erbschaftsteuer zu berücksichtigen. Andererseits können ausgleichspflichtigen Vorempfänge mit dem späteren Erbanfall von der Zusammenrechnung gemäß § 14 ErbStG erfaßt werden (s. o. Rz. 46).

IV. Ausgleichsanspruch eines Abkömmlings

201 Die Bestimmungen über die Ausgleichungspflicht der Abkömmlinge sind durch das am 1. 7. 1970 in Kraft getretene Gesetz über die rechtliche Stellung der nichtehelichen Kinder ergänzt worden. Gegenstand der Ausgleichung unter Abkömmlingen des Erblassers sind jezt nicht mehr nur bereits empfangene Zuwendungen, sondern unter Umständen auch gewisse Leistungen der Abkömmlinge. Ein Kind oder Enkelkind des Erblassers kann

von den mit ihm als gesetzlichen Erben zur Erbfolge gelangenden anderen Abkömmlingen bei der Auseinandersetzung Ausgleichung verlangen, wenn es durch Mitarbeit im Haushalt, Beruf oder Geschäft des Erblassers während längerer Zeit, durch erhebliche Geldleistungen oder in anderer Weise in besonderem Maße dazu beigetragen hat, daß das Vermögen des Erblassers erhalten oder vermehrt wurde (§ 2057a BGB). Dasselbe gilt, wenn ein Abkömmling unter Verzicht auf berufliches Einkommen den Erblasser während längerer Zeit gepflegt hat. Der Ausgleichsanspruch besteht im Zweifel auch dann, wenn der Erblasser die Abkömmlinge durch Verfügung von Todes wegen auf dasjenige eingesetzt hat, was sie als gesetzliche Erben erhalten würden oder wenn er ihre Erbteile so bestimmt hat, daß sie im gleichen Verhältnis zueinander stehen wie die gesetzlichen Erbteile. Der Ausgleichsanspruch entfällt, wenn für die Leistungen des Abkömmlings ein angemessenes Entgelt gewährt oder vereinbart worden ist oder soweit dem Abkömmling wegen seiner Leistungen ein Anspruch aus anderen Rechtsgründen zusteht. Die Ausgleichung ist der Höhe nach so zu bemessen, wie es mit Rücksicht auf die Dauer und den Umfang der Leistungen und auf den Wert des Nachlasses der Billigkeit entspricht. Besteht ein Ausgleichsanspruch eines Abkömmlings, so wird bei der Auseinandersetzung dem Erbteil der ausgleichungsberechtigten Miterben hinzugerechnet. Sämtliche Ausgleichungsbeträge werden vom Wert des Nachlasses abgezogen, soweit dieser den Miterben zukommt, unter denen die Ausgleichung stattfindet.

Beispiel:
Der in Zugewinngemeinschaft lebende Erblasser hinterläßt seine Witwe und zwei Kinder A und B. Der Reinwert des Nachlasses beträgt 300000,– DM in bar und Wertpapieren. Das Kind A hat einen Ausgleichsanspruch in Höhe von 30000,– DM wegen jahrelanger Mitarbeit im Geschäft des Erblassers. Nach Abzug der 150000,– DM, die der Witwe als Miterbin zu 1/2 zustehen, verbleiben für die beiden Kinder 150000,– DM. Von diesem Betrag ist der Ausgleichsbetrag von 30000,– DM abzuziehen, so daß dann auf jedes Kind 60000,– DM entfallen. A erhält zusätzlich 30000,– DM, im ganzen also 90000,– DM. 202

Ausgleichungspflichten sind grundsätzlich auch bei Errechnung von Pflichtteilsquoten zu berücksichtigen (§ 2316 I BGB). Die Tochter einer Landwirtin, die ihrer verwitweten Mutter über lange Zeit bei der Bewirtschaftung des Hofes geholfen hatte und zur Alleinerbin eingesetzt wurde, wollte bei der Berechnung des Pflichtteils ihrer Schwester vorab vom Werte des Hofes ihren Ausgleichsanspruch abziehen. Das Gericht sprach ihr dieses Recht ab, da sie Alleinerbin geworden sei und § 2316 BGB für diesen Fall nicht gälte 203

(OLG Stuttgart, DNotZ 1989, 184 gegen LG Ravensburg, BWNotZ 1989, 146).

204 Nach § 13 Abs. 1 Nr. 9 ErbStG bleibt steuerfrei ein Erwerb bis zu 2000 DM durch Personen, die dem Erblasser unentgeltlich oder gegen unzureichendes Entgelt Pflege (oder Unterhalt) gewährt haben, soweit das Zugewendete als angemessenes Entgelt anzusehen ist. Das gilt aber nicht, wenn der Unterhalt aufgrund gesetzlicher Unterhaltspflicht gewährt wurde, oder wenn ein Kind im Rahmen des § 1619 BGB im Hauswesen oder Geschäft seiner Eltern Dienste geleistet hat, oder wenn Eheleute sich gegenseitig pflegen (BFH vom 27. 7. 1962, HFR 1963 S. 65, und vom 27. 9. 1957, BStBl III S. 427).

V. Erbverzicht

205 Der Erbverzicht ist ein Vertrag zwischen dem Erblasser und dem Erbschaftsanwärter, durch den letzterer auf sein Erbrecht verzichtet. Der Vertrag bedarf der **notariellen Beurkundung** (§ 2348 BGB). Der Verzichtende bedarf der Genehmigung des Vormundschaftsgerichts, solange er unter Vormundschaft oder in elterliche Sorge steht oder der Betreuer (§ 1896 BGB) den Verzicht erklärt (§ 2347 BGB). Durch den Erbverzicht können einzelne unter den Kindern der Erbanwärter und vor allem als künftige Pflichtteilsberechtigte gegen Vorabfindung freiwillig ausscheiden. Dies kann geschehen, wenn einem Kinde bereits zu Lebzeiten des Erblassers sein Anteil am Erbgut ohne Benachteiligung der übrigen Erbberechtigten zugewendet und ihm dadurch der Aufbau einer eigenen Existenz ermöglicht werden soll. Von dieser Möglichkeit wird häufig Gebrauch gemacht, um den Familienbesitz ungeteilt in einer Hand zu halten und das Familienunternehmen nicht durch Ansprüche einer Mehrzahl von Erben, insbesondere durch Pflichtteilsansprüche, in seinem Bestand zu gefährden. Der zur Nachfolge berufene Sohn erhält das Unternehmen ungeteilt; die übrigen Abkömmlinge werden bereits zu Lebzeiten des Erblassers „ausgezahlt" und verzichten dafür auf das Erbrecht einschließlich des Pflichtteilsanspruchs. Gerade in der Geltendmachung von Pflichtteilsansprüchen liegt eine besondere Gefahr für das Unternehmen, geht doch die damit verbundene Verschuldung nicht selten über das wirtschaftlich tragbare Maß hinaus. Während die gesetzlichen und meist auch die testamentarisch zugewendeten Erbteile vom Erblasser durch letztwillige Verfügung wieder entzogen werden können, ist der Entzug des Pflichtteils nur unter besonders schwerwiegenden, nur selten gegebenen Voraussetzungen möglich (s. u. Rz. 233 ff.). Dem vertraglichen Verzicht auf den Pflichtteil kommt deshalb in der Praxis große Bedeutung zu.

Die Wirkungen des Erbverzichts sind im wesentlichen folgende: 206

a) Der Verzichtende wird von dem ihm als Verwandten oder Ehegatten zustehenden Erbteil ausgeschlossen, wie wenn er zur Zeit des Erbfalls nicht mehr lebte. Er nimmt also an der Erbfolge nicht teil und hat auch kein Pflichtteilsrecht (§ 2346 BGB).
b) Der Erbverzicht eines Abkömmlings oder eines Seitenverwandten wirkt im Zweifel – d.h., wenn im Vertrag nichts anderes bestimmt ist – auch gegen die Abkömmlinge des Verzichtenden, so daß diese ihre Erbberechtigung oder ihr etwaiges Pflichtteilsrecht ebenfalls verlieren (§ 2349 BGB).
c) Der Verzicht eines Abkömmlings ist im Zweifel dahin auszulegen, daß er nur zugunsten der anderen Abkömmlinge und des Ehegatten des Erblassers gelten soll (§ 2350 Abs. 2 BGB).

Der Abschluß eines Erbverzichtvertrages kommt, wie erwähnt, vor allem 207 dann in Betracht, wenn dem Verzichtenden bereits zu Lebzeiten des Erblassers besondere Zuwendungen oder Abfindungen gewährt worden sind. Der Vertrag kann, solange die Vertragsschließenden leben und der Erbfall noch nicht eingetreten ist, wieder aufgehoben werden. Der Aufhebungsvertrag bedarf der notariellen Beurkundung (§ 2351 BGB).
Der Verzicht bezieht sich nur auf das **gesetzliche** Erbrecht. Dem Erblasser steht es frei, den Verzichtenden – etwa aufgrund veränderter Verhältnisse – letztwillig als Erben einzusetzen oder ihm durch Vermächtnis Vermögensgegenstände zuzuwenden.
Der Verzicht kann auf das Pflichtteilsrecht beschränkt werden (§ 2346 II BGB). Dies kann sich im Hinblick auf § 2310 BGB empfehlen. Hiernach wird bei der Festsetzung des für die Pflichtteilsberechnung maßgebenden Erbteils derjenige nicht mitgezählt, der durch Erbverzicht von der gesetzlichen Erbfolge ausgeschlossen ist.

Beispiel:
Der Erblasser E hat 3 Kinder, A, B und C. A verzichtet auf sein Pflichtteilsrecht am Nachlaß des Vaters. E setzt B zum Alleinerben ein und verweist C auf den Pflichtteil. C kann als Pflichtteil 1/6 des Nachlaßwertes von B verlangen. Hätte A auch auf sein gesetzliches Erbrecht verzichtet, betrüge die Pflichtteilsquote dagegen 1/4.

Der unentgeltliche Verzicht auf das gesetzliche Erb(Pflichtteils-)recht ist 208 keine Schenkung im Sinne des ErbStG. Eine für den Verzicht gewährte Abfindung ist aber nach § 7 Abs. 1 Nr. 5 ErbStG steuerpflichtig, und zwar in voller Höhe; der Wert des Verzichtes auf das Erbrecht kann von ihr nicht

abgezogen werden (BFH vom 16. 1. 1953, BStBl 1953 III S. 59). Die Besteuerung (Einteilung in die Steuerklassen) erfolgt nach dem persönlichen (verwandtschaftlichen) Verhältnis des künftigen Erblassers zu dem Verzichtenden, gleich von welcher Seite die Abfindung gewährt wird (BFH vom 25. 5. 1977, BStBl 1977 II S. 733 unter Änderung seiner Rechtsprechung). Die Steuer entsteht in dem Zeitpunkt, in dem die Abfindung gewährt wird. Der Verzicht auf einen noch nicht geltend gemachten Pflichtteil bleibt nach § 13 Abs. 1 Nr. 11 ErbStG steuerfrei, eine Abfindung hierfür ist wie beim Erbverzicht steuerpflichtig. Der unentgeltliche Verzicht auf einen bereits geltend gemachten Pflichtteil ist dagegen eine steuerbare Schenkung im Sinne des § 7 Abs. 1 Nr. 1 ErbStG. Was als Abfindung für den Verzicht auf einen entstandenen Pflichtteilsanspruch gewährt wird, gilt nach § 3 Abs. 2 Nr. 4 ErbStG als steuerbarer, vom Erblasser zugewendeter Erwerb von Todes wegen. Erfolgt die Abfindung durch Hingabe eines Grundstücks, so ist der Besteuerung dessen steuerlicher Einheitswert zugrunde zu legen (BFH vom 17. 2. 1982, BStBl II S. 350).
(Vgl. Muster eines Verzichtsvertrages M 4 (Rz. 556) im Anhang.)

VI. Die gesetzliche Hoferbenordnung

209 Ein besonderes gesetzliches Erbrecht gilt für bestimmte landwirtschaftliche und forstwirtschaftliche Betriebe nach der Höfeordnung i. d. F. des Gesetzes vom 26. 7. 1976 (BGBl I S. 1933ff.) in den Ländern Hamburg, Niedersachsen, Nordrhein-Westfalen und Schleswig Holstein*. Als Höfe im Sinne der Höfeordnung gelten alle in den genannten Ländern gelegenen land- und forstwirtschaftlichen Besitzungen mit einer zur Bewirtschaftung geeigneten Hofstelle, die im Alleineigentum einer natürlichen Person oder im Gemeinschaftseigentum von Ehegatten (Ehegattenhof) stehen oder zum Gesamtgut einer fortgesetzten Gütergemeinschaft gehören, sofern sie einen Wirtschaftswert von mindestens 20000,– DM haben. Maßgebend für den Wirtschaftswert sind die Steuerbewertungsvorschriften (§ 46 des BewertungsG i. d. F. der Bek. vom 26. 9. 1974 BGBl I S. 2369). Eine Besitzung mit einem Wirtschaftswert von weniger als 20000,– DM, aber mindestens 10000,– DM wird Hof, wenn der Eigentümer erklärt, daß sie Hof sein soll, und wenn der Hofvermerk im Grundbuch eingetragen wird.

Die Hofeigenschaft geht verloren, wenn keine der genannten Eigentumsformen mehr besteht oder eine der übrigen Voraussetzungen auf Dauer wegfällt. Der Verlust der Hofeigenschaft tritt erst mit der Löschung des Hofvermerks im Grundbuch ein.

---

* Auch das Land Rheinland-Pfalz hat eine eigene Höfeordnung.

Als Hoferben sind, soweit der Erblasser keine andere Bestimmung trifft, 210
kraft Gesetzes in der genannten Reihenfolge berufen die Kinder des Erblassers und deren Abkömmlinge, der Ehegatte, die Eltern, wenn der Hof von ihnen oder aus ihrer Familie stammt oder mit ihren Mitteln erworben worden ist, und schließlich die Geschwister des Erblassers und deren Abkömmlinge. Die in der Höfeordnung enthaltene Hoferbenordnung geht den Vorschriften des allgemeinen Erbrechts in den §§ 1922ff. BGB vor. Der Hofeigentümer kann den Hoferben durch Verfügung von Todes wegen (Testament, Erbvertrag) frei bestimmen oder ihm den Hof im Wege der vorweggenommenen Erbfolge nach Maßgabe des § 7 der Höfeordnung durch Übergabevertrag übergeben. Wenn eine Übergabe nicht stattgefunden hat, geht nach § 4 der Höfeordnung der Hof nebst allem, was zu seiner Wirtschaftseinheit gehört, mit dem Erbfall kraft Gesetzes in das Eigentum des gesetzlichen oder durch Verfügung von Todes wegen bestimmten Hoferben über. Der Hof wird zu keinem Zeitpunkt Gesamthandseigentum aller Erben. Ein Übertragungsakt ist nicht erforderlich. Den übrigen Erben stehen zum Ausgleich nur Geldansprüche gegen den Hoferben zu, deren Höhe sich aus einer besonderen Bewertungsvorschrift ergibt. Die Verfahrensordnung für Höfesachen ist enthalten in Abs. 2 des 2. ÄnderungsG zur Höfeordnung vom 29. 3. 1976 (BGBl I S. 881). Soweit sich daraus nichts anderes ergibt, sind auf das Verfahren in Höfesachen die Vorschriften des Gesetzes über das gerichtliche Verfahren in Landwirtschaftssachen vom 21. 7. 1953 (BGBl I S. 7667) anzuwenden.

Der Gesetzgeber gibt den nächsten Familienangehörigen des Erblassers ein Recht darauf, daß sie wertmäßig einen bestimmten Teil des Nachlasses erhalten.

D Pflichtteil

I. Pflichtteilsberechtigte*

211 Das Recht, den Pflichtteil zu verlangen, setzt voraus, daß die betroffene Person durch **Verfügung von Todes wegen** von der gesetzlichen Erbfolge ausgeschlossen wurde. Schlägt ein pflichtteilsberechtigter Erbe die Erbschaft aus, entfällt damit grundsätzlich auch sein Pflichtteilsrecht (§ 2303 BGB).
Von diesem Grundsatz gibt es zwei **Ausnahmen:**
Ist einem (Mit-)Erben ein Erbteil zugewendet, der die Größe seines Pflichtteils zwar übersteigt, aber mit Beschränkungen und Beschwerungen belastet ist, kann er den Pflichtteil verlangen, wenn er die Erbschaft ausschlägt (§ 2306 I 2 BGB).
Der überlebende Ehegatte, der im Güterstand der Zugewinngemeinschaft gelebt hat, kann neben dem Ausgleich des Zugewinns den Pflichtteil verlangen, wenn er die Erbschaft ausschlägt (§ 1371 II i. V. m. § 2303 II BGB).

212 Der Kreis der Pflichtteilsberechtigten ist eng gezogen. Pflichtteilsberechtigt sind nur die Abkömmlinge (Kinder, Enkel, Urenkel), die Eltern und der Ehegatte des Erblassers, nicht auch seine Geschwister (§ 2303 BGB). Der Pflichtteilsanspruch setzt im Einzelfall voraus, daß die Pflichtteilsberechtigten als gesetzliche Erben berufen sind; denn der Pflichtteil soll für sie ein Ersatz für den Ausschluß von der gesetzlichen Erbfolge sein.

Beispiel:
Der Erblasser hinterläßt zwei Söhne, die bereits eigene Kinder haben. Eine Tochter ist unter Hinterlassung von zwei Kindern gestorben. Neben den Söhnen und Enkelkindern ist noch die Ehefrau des Erblassers vorhanden.
Pflichtteilsberechtigt sind die Ehefrau, die beiden Söhne und die Kinder der bereits verstorbenen Tochter, nicht dagegen die Kinder der noch lebenden Söhne.
Die entfernteren Abkömmlinge und die Eltern sind nur dann pflichtteilsberechtigt:
a) wenn Abkömmlinge, die sie von der Erbfolge ausschließen würden, vor dem Erbfall verstorben sind;
b) wenn solche Abkömmlinge zwar noch am Leben sind, aber keinen Pflichtteilsanspruch haben. Dies ist der Fall:

* Vgl. Muster M 17 (Rz. 571); M 37 (Rz. 592) im Anhang.

wenn den Abkömmlingen der Pflichtteil rechtmäßig entzogen ist (§§ 2333 – 2335 BGB);
wenn sie auf die Erbschaft verzichtet haben (§§ 2346 ff. BGB);
wenn sie erbunwürdig sind (§§ 2339 ff. BGB) oder wenn sie die Erbschaft ausgeschlagen haben, ohne dadurch einen Pflichtteilanspruch zu erwerben.

Auch in diesen Fällen entsteht das Pflichtteilsrecht der entfernteren 213
Abkömmlinge und deren Eltern insoweit nicht, als die sie ausschließenden Abkömmlinge etwas aus dem Nachlaß erhalten haben, was ihnen vom Erblasser hinterlassen worden ist, z. B. ein Geldvermächtnis (§ 2309 BGB). Zum Kreis der pflichtteilsberechtigten Kinder zählen auch die legitimierten Kinder, die nichtehelichen Kinder und die durch Adoption als Kind Angenommenen. Hat das nichteheliche Kind den vorzeitigen Erbausgleich gegenüber seinem Vater durch Vereinbarung oder rechtskräftiges Urteil geltend gemacht (§ 1934e BGB), so steht ihm ein Pflichtteilsrecht nicht mehr zu.
Dem überlebenden Ehegatten des Erblassers, der durch Verfügung von Todes wegen von der Erbfolge ausgeschlossen ist, steht sowohl neben den Eltern als auch neben den Abkömmlingen des Erblassers ein Pflichtteilsrecht zu, es sei denn, daß zur Zeit des Erbfalls die Voraussetzungen für eine Scheidung der Ehe gegeben waren und der Erblasser die Scheidung beantragt oder ihr zugestimmt hatte (§ 1933 BGB).

In der DDR waren gem. § 396 ZGB bei Ausschluß von der Erbfolge durch 214
Testament pflichtteilsberechtigt: stets der Ehegatte des Erblassers; die Kinder, Enkel und Eltern jedoch nur, wenn sie im Zeitpunkt des Erbfalls gegenüber dem Erblasser unterhaltsberechtigt waren. Der Pflichtteilsanspruch betrug 2/3 des Wertes des gesetzlichen Erbteils des Pflichtteilsberechtigten. Für Erbfälle ab dem 3. 10. 1990 gilt nun das Pflichtteilsrecht des BGB.

II. Pflichtteilsanspruch

1. Entstehung

Der Pflichtteilsanspruch entsteht mit dem Erbfall; er ist vererblich und 215
übertragbar (§ 2317 BGB).
Pfändbar ist er nur dann, wenn er durch Vertrag anerkannt oder rechtshängig geworden ist (§ 852 Abs. 1 ZPO). Ob ein Pflichtteilsanspruch geltend gemacht wird, soll allein dem Berechtigten überlassen bleiben; ein Gläubiger von ihm kann die Geltendmachung nicht erzwingen. Eine praktisch bedeutsame Ausnahme bildet § 90 I 4 BSHG: Ist der Pflichtteilsberechtigte Sozial-

hilfeempfänger (§ 11 BSHG), so kann das mit Leistungen in Vorlage getretene Sozialamt den Anspruch auf Geltendmachung des Pflichtteilsanspruchs auf sich überleiten.
Bei Vor- und Nacherbfolge entsteht der Pflichtteilsanspruch bereits mit dem Tode des Erblassers. Mit Eintritt des Nacherbfalles entsteht kein neuer Pflichtteilsanspruch gegen den Nacherben.
Der Pflichtteilsanspruch entsteht nicht, wenn der Pflichtteilsberechtigte durch Vertrag mit dem Erblasser auf seinen gesetzlichen Erbteil oder seinen Pflichtteil verzichtet hat (§ 2346 BGB).

2. Anspruchsverpflichtete

216 Der Pflichtteilsanspruch ist ein schuldrechtlicher Anspruch, der sich gegen den Erben richtet und der die Zahlung eines bestimmten Geldbetrags zum Inhalt hat. Ein Pflichtteilsberechtigter wird nicht wie ein Erbe unmittelbar mit dem Tode des Erblassers automatisch Eigentümer oder Miteigentümer der Nachlaßgegenstände. Er hat keinen Einfluß auf die Nachlaßverwaltung und Nachlaßauseinandersetzung. Ein Anspruch auf Übertragung bestimmter Nachlaßgegenstände steht ihm nicht zu.
Der Erbe, der mit einem Vermächtnis beschwert ist, kann die Erfüllung dieses Vermächtnisses insoweit verweigern, daß die Pflichtteilslast von ihm und dem Vermächtnisnehmer verhältnismäßig getragen wird (§ 2318 BGB).
Ist der Erbe selbst pflichtteilsberechtigt, so kann er nach der Teilung des Nachlasses die Befriedigung eines anderen Pflichtteilsberechtigten soweit verweigern, daß ihm sein eigener Pflichtteil verbleibt. Für den Ausfall haften die übrigen Erben (§ 2319 BGB).
Der Erblasser kann durch Verfügung von Todes wegen die **Pflichtteilslast** im Verhältnis der Erben zueinander einzelnen Erben auferlegen und von den gesetzlichen Lastentragungsregeln abweichen (§ 2324 BGB).

3. Auskunftspflichten

217 Zur Berechnung seines Anspruchs kann der Pflichtteilsberechtigte vom Erben Auskunft über den Nachlaß verlangen. Sie ist durch Vorlage eines Bestandsverzeichnisses, bei dessen Aufnahme der Berechtigte auf seinen Wunsch hinzuzuziehen ist, und durch andere sachgerechte Unterlagen (z. B. Bilanzen, Gewinn- und Verlustrechnungen der letzten Jahre) zu erteilen. Der Berechtigte kann verlangen, daß mit der Aufnahme des Verzeichnisses ein Notar beauftragt wird. Die Auskunftspflicht erstreckt sich auch auf die Nachlaßverbindlichkeiten sowie auf die Schenkungen des Erblassers innerhalb der letzten 10 Jahre. Der Pflichtteilsberechtigte kann weiter fordern, daß der Wert der Nachlaßgegenstände z. B. durch Einholung von Sachver-

ständigengutachten, ermittelt wird. Die hierdurch entstehenden Kosten muß der Nachlaß tragen (§§ 2314, 260 BGB).

4. Fälligkeit und Stundung

Der Pflichtteilsanspruch wird sogleich mit dem Erbfall in voller Höhe fällig. 218
Dies kann der Erblasser nicht verhindern; seine letztwilligen Anordnungen über die Auszahlung sind unwirksam.

Werden Pflichtteilsansprüche geltend gemacht, so kann dies den Erben in große Schwierigkeiten bringen, insbesondere, wenn zum Nachlaß Gegenstände gehören, die der Erbe nicht veräußern kann, ohne seinen eigenen Lebensunterhalt zu gefährden. Zählt der Erbe selbst zum Kreis der pflichtteilsberechtigten Personen, so kann ihm die Erfüllung des Pflichtteilsanspruchs erleichtert werden (§ 2331 a BGB). Er kann vom Pflichtteilsberechtigten Stundung des Pflichtteils verlangen, wenn die sofortige Erfüllung des gesamten Anspruchs ihn wegen der Art der Nachlaßgegenstände ungewöhnlich hart treffen würde. Dies kann der Fall sein, wenn durch die Anspruchserfüllung der Erbe seine Familienwohnung aufgeben oder ein Wirtschaftsgut veräußern müßte, das für ihn und seine Familie die wirtschaftliche Lebensgrundlage bildet. Hier ist vor allem an diejenigen Fälle gedacht, bei denen zum Nachlaß ein gewerbliches Unternehmen gehört, das stille Reserven enthält, die bei der Berechnung des Pflichtteilsanspruchs berücksichtigt werden müssen. Eine sofortige Erfüllung des gesamten Pflichtteilsanspruchs würde hier oftmals das Unternehmen über seine Leistungsfähigkeit hinaus belasten.

Es darf allerdings kaum erwartet werden, daß die Gerichte von der Möglichkeit, den Pflichtteilsanspruch zu stunden, allzu häufig Gebrauch machen werden. Eine Stundung ist nur dann möglich, wenn sie dem Pflichtteilsberechtigten bei Abwägung der Interessen beider Teile zugemutet werden kann.

Ist der Pflichtteilsanspruch nicht bestritten, so entscheidet das Nachlaßgericht über die Stundung. Soweit der Pflichtteilsanspruch bestritten und deshalb das Prozeßgericht eingeschaltet wird, entscheidet dieses auch über den Stundungsantrag. Die Entscheidung ergeht im Urteil.

5. Verjährung

Der Pflichtteilsanspruch verjährt in drei Jahren, nachdem der Berechtigte 219
von dem Erbfall **und** der ihn beeinträchtigenden letztwilligen Verfügung Kenntnis erhalten hat, spätestens aber in dreißig Jahren nach dem Erbfall (§ 2331 BGB).

Der Auskunftsanspruch des Pflichtteilsberechtigten gegen den Erben verjährt in dreißig Jahren, jedoch nicht später als der Pflichtteilsanspruch selbst.

III. Umfang des Pflichtteilsanspruchs*

220 Der Pflichtteil beträgt die Hälfte des Reinwertes des gesetzlichen Erbteils (§ 2303 Abs. 1 BGB). Um den Umfang des Pflichtteilsanspruches im Einzelfall feststellen zu können, müssen der Erbteil, der dem Pflichtteilsberechtigten bei gesetzlicher Erbfolge zufallen würde, und der Wert des Nachlasses ermittelt werden.

1. Berechnung der Pflichtteilsquote

221 Zu ermitteln ist zunächst der gesetzliche Erbteil der als gesetzliche Erben in Betracht kommenden Personen (Abkömmlinge, Eltern, überlebender Ehegatte), wobei dem Güterstand, in dem der Erblasser lebte, besonderes Gewicht zukommt. Verwiesen sei hier auf die Ausführungen oben in Rz. 147 ff. Bei der Feststellung des für die Berechnung des Pflichtteils maßgebenden Erbteils werden auch diejenigen Personen mitgezählt, die durch letztwillige Verfügungen von der Erbfolge ausgeschlossen sind, die die Erbschaft ausgeschlagen haben und die für erbunwürdig erklärt sind. Der Wegfall dieser Personen als gesetzliche Erben kommt also den Pflichtteilsberechtigten nicht zugute (§ 2310 BGB).
Etwas anderes gilt dann, wenn Personen, die eigentlich pflichtteilsberechtigt sind, durch Vertrag mit dem Erblasser auf ihren gesetzlichen Erbteil verzichtet haben. Sie werden bei der Ermittlung der Pflichtteilsquote nicht mitgerechnet.
Hat dagegen ein Pflichtteilsberechtigter durch Vertrag mit dem Erblasser nicht auf sein gesetzliches Erbrecht, sondern nur auf sein Pflichtteilsrecht verzichtet (§ 2346 Abs. 2 BGB), so wird er bei Berechnung der Pflichtteilsquote – anders als beim Erbverzicht – mitgezählt.

2. Nachlaßwert

222 Der Berechnung des Pflichtteils wird der Bestand und der Wert des Nachlasses zur Zeit des Erbfalls zugrunde gelegt (§ 2311 BGB). Der Nachlaßwert ist, soweit erforderlich, durch Schätzung zu ermitteln. Eine vom Erblasser getroffene Bestimmung ist nicht maßgebend. Entscheidend ist der gemeine

* Vgl. Muster M 71 (Rz. 629) im Anhang.

Wert, nicht etwa der betriebliche Buchwert oder bei Grundstücken der Einheitswert. Nur dann, wenn zum Nachlaß ein Landgut gehört, kann der Erblasser bestimmen, daß für die Berechnung des Pflichtteilsanspruchs nicht der gemeine Wert, sondern der Ertragswert maßgebend sein soll (§§ 2312, 2049 BGB). Grundsätze hierzu sind gem. Art. 137 EGBGB dem Landesrecht vorbehalten, das den Vervielfältiger des Reinertrags bestimmt (z.B. 18fach BayAGBGB § 68, ebenso Bad.-Württ. AGBGB § 48; 25fach PrAGBGB § 83). Gehört ein Handelsgeschäft oder eine gesellschaftliche Beteiligung zum Nachlaß, so zählt zum Nachlaß auch der Firmenwert des Handelsgeschäfts oder der Beteiligung. Die stillen Reserven sind hierbei mit zu berücksichtigen.

3. Zusatzpflichtteil

Ist eine pflichtteilsberechtigte Person zwar nicht von der Erbfolge ausge- 223
schlossen, ist ihr aber ein Erbteil hinterlassen, der geringer ist als die Hälfte des gesetzlichen Erbteils, so kann dieser Pflichtteilsberechtigte von den Miterben als Pflichtteil so viel verlangen, daß der ihm zugewendete Erbteil zusammen mit dem sog. Zusatzpflichtteil die Hälfte des Wertes seines gesetzlichen Erbteils erreicht (§ 2305 BGB).
Schlägt er aus, erreicht er damit nicht etwa, daß er dafür seinen vollen Pflichtteil erhält; vielmehr verbleibt ihm nur sein Zusatzpflichtteil.

4. Vermächtniszuwendung

Ein Pflichtteilsberechtigter, der nicht zum Erben berufen ist, ist nicht ge- 224
zwungen, sich mit einem Vermächtnis zufrieden zu geben. Er hat die Möglichkeit, das Vermächtnis auszuschlagen und statt dessen den Pflichtteil zu verlangen. Ist der Wert des Vermächtnisses niedriger als die Hälfte des gesetzlichen Erbteils, so kann der Pflichtteilsberechtigte auch das Vermächtnis annehmen und zusätzlich als Pflichtteil den Betrag, der an der Hälfte des gesetzlichen Erbteils fehlt, fordern (§ 2307 BGB).

5. Anrechnung von Vorempfängen und Ausgleichungspflicht

Vielfach überträgt der Erblasser bereits zu seinen Lebzeiten Teile seines Ver- 225
mögens auf pflichtteilsberechtigte Personen durch Vertrag unter Lebenden. Um zu verhindern, daß andere Pflichtteilsberechtigte hierdurch benachteiligt sind, kann der Erblasser bei der Übertragung bestimmen, daß der Empfänger sich den Wert der Zuwendungen auf seinen künftigen Pflichtteil anrechnen lassen muß (§ 2315 BGB). In diesem Fall wird zur Berechnung des Pflichtteilsanspruchs der Wert der Zuwendung dem Nachlaß hinzugerech-

net. Maßgeblich ist hierbei der Wert des Vermögensgegenstandes im Zuwendungszeitpunkt.
Hat der Erblasser mehrere Abkömmlinge hinterlassen, die bei gesetzlicher Erbfolge eine Zuwendung des Erblassers untereinander ausgleichen müßten (vgl. §§ 2050ff. BGB), so bestimmt sich der Pflichtteil eines Abkömmlings nach demjenigen, was auf den gesetzlichen Erbteil unter Berücksichtigung der Ausgleichungspflicht bei der Teilung entfallen würde (§ 2316 BGB).

226 ***Beispiel:***
Ein im gesetzlichen Güterstand lebender Rentner hat seine Witwe zur Alleinerbin seines Vermögens von 900000,– DM eingesetzt. Er hinterläßt vier Söhne, die von ihrem Vater zu Lebzeiten folgende Zuwendungen erhalten haben:

Sohn A:	*40000,– DM*
Sohn B:	*50000,– DM*
Sohn C:	*30000,– DM*
Sohn D:	*60000,– DM*
zusammen:	*180000,– DM*

Bei der Zuwendung an seinen Sohn D hat der Erblasser bestimmt, daß sich D die 60000,– DM auf seinen Pflichtteil anrechnen lassen müsse.

Gesetzlicher Erbteil der Witwe:	*450000,– DM*
Gesetzlicher Erbteil der vier Söhne:	*450000,– DM*
Zuwendungen an die Söhne zu Lebzeiten des Vaters:	*180000,– DM*
Erhöhte Erbteile der vier Söhne:	*630000,– DM*
Der erhöhte Erbteil jedes Sohnes beträgt (630000,– : 4 =)	*157500,– DM*

Berechnung der Pflichtteile:
Sohn A: (157500,– ./. 40000,–) : 2 = 58750,– DM
Sohn B: (157500,– ./. 50000,–) : 2 = 53750,– DM
Sohn C: (157500,– ./. 30000,–) : 2 = 63750,– DM
Sohn D: (157500,– ./. 60000,–) : 2 = 48750,– DM

Da sich Sohn D die 60000,– DM auch auf sein Pflichtteil anrechnen lassen muß, geht für die Berechnung seines Pflichtteils die Hälfte dieser Zuwendung = 30000,– DM noch von dem Betrag von 48750,– DM ab, so daß er als Pflichtteil nur 18750,– DM zu beanspruchen hat (vgl. § 2316 Abs. 4 BGB).

Die Witwe als Alleinerbin hat mithin an Pflichtteilen zu bezahlen:

An	
Sohn A:	*58 750, – DM*
Sohn B:	*53 750, – DM*
Sohn C:	*63 750, – DM*
Sohn D:	*18 750, – DM*
zusammen:	*195 000, – DM*

6. Ehegattenpflichtteil

Der Ehegattenpflichtteil beträgt neben Verwandten der 1. Ordnung (Abkömmlinge) 1/8, neben Verwandten der 2. Ordnung (Eltern und Geschwister) oder neben Großeltern 1/4 des Nachlaßwertes. Bei der Zugewinngemeinschaft wird diese Pflichtteilsquote von 1/8 bzw. 1/4 auch als „kleiner Pflichtteil" bezeichnet im Gegensatz zu dem Pflichtteil, der sich aus dem nach § 1371 Abs. 1 BGB um 1/4 erhöhten gesetzlichen Erbteil ergibt und der als „großer Pflichtteil" bezeichnet wird. Dieser beträgt neben Verwandten der 1. Ordnung (Abkömmlinge) 1/4, neben Verwandten der 2. Ordnung (Eltern und Geschwister) oder neben Großeltern 3/8 des Nachlaßwertes. Beeinflußt wird die Größe des Ehegattenpflichtteils auch noch durch den ehelichen Güterstand. 227

Bei dem Güterstand der Gütertrennung beträgt der Ehegattenpflichtteil bei 1 Kind 1/4, bei 2 Kindern 1/6, bei 3 und mehr Kinder 1/8 des Nachlaßwertes (§ 1931 Abs. 4 BGB).

Beim Güterstand der Gütergemeinschaft beträgt der Ehegattenpflichtteil 1/8 bzw. 1/4 des Nachlaßwertes (s. oben). Zum Nachlaß gehören das Sondergut und das Vorbehaltsgut des Erblassers und sein Hälfteanteil am Gesamtgut. Dabei ist zu bedenken, daß die andere Hälfte des Gesamtguts kraft Güterrechts dem überlebenden Ehegatten bereits gehört (s. auch Rz. 353 ff. über Wahlgüterstände).

Beim gesetzlichen Güterstand der Zugewinngemeinschaft bestehen für den überlebenden Ehegatten folgende Alternativen:

a) Der überlebende Ehegatte ist gesetzlicher Erbe oder eingesetzter Miterbe 228
neben anderen Erben oder er ist Vermächtnisnehmer; hier bestehen folgende Möglichkeiten:
   - aa) Er kann es dabei belassen; ein Anspruch auf Zugewinnausgleich steht ihm nicht zu (vgl. § 1371 Abs. 1 BGB).
   - bb) Er hat durch Verfügung von Todes wegen einen Erbteil oder ein Vermächtnis erhalten, das geringer ist als sein „großer Pflichtteil" von 1/4 bzw. 3/8. Hier kann er den Erbteil bzw. das Vermächtnis

behalten und Ergänzung des Zugewendeten auf den Wert des „großen Pflichtteils" beanspruchen (§§ 2305, 2307 Abs. 1 BGB).

cc) Er kann die Erbschaft bzw. das Vermächtnis ausschlagen und statt dessen den „kleinen Pflichtteil" nach §§ 1931, 2303 Abs. 2 BGB beanspruchen und außerdem den güterrechtlichen Zugewinnausgleich nach §§ 1373 ff. BGB geltend machen. Dieser Weg kann für ihn vorteilhafter sein, wenn der verstorbene Ehepartner sein Vermögen erst während der Ehe erworben hat und der überlebende Ehegatte selbst keinen oder nur einen unbedeutenden Vermögenszuwachs hatte:

Beispiel:
Der Nachlaß des Erblassers ist während der Ehe erworben, also sein Zugewinn; er beträgt 180000,– DM. Die Witwe hat Anspruch auf Zugewinnausgleich = 90000,– DM. Diese 90000,– DM sind für die Nachlaßsache Nachlaßverbindlichkeiten, so daß ein Reinnachlaß von 90000,– DM verbleibt; davon 1/8 = 11250,– DM als „kleiner Pflichtteil". Der überlebende Ehegatte erhält somit 101250,– DM. Sein gesetzlicher Erbteil wäre nur 90000,– DM gewesen.

Die Ausweichmöglichkeit des überlebenden Ehegatten auf den Zugewinnausgleich, ergänzt durch den „kleinen Pflichtteil", ist ihm versperrt, wenn er durch Vertrag mit seinem Ehepartner auf sein gesetzliches Erbrecht oder sein Pflichtteilsrecht verzichtet hat (§ 1371 Abs. 3 BGB).

Welche dieser Möglichkeiten im Einzelfall die für den Ehegatten „günstigste" ist, ist äußerst schwer zu beurteilen. *Geißler* zeigt eine größere Zahl von Rechenbeispielen auf (BWNotZ 1990, 38), kommt aber zum – tröstlichen – Schluß, daß der pauschalierte Zugewinnausgleich im Todesfall über das erhöhte gesetzliche Erbrecht des Überlebenden vom Gesetzgeber so attraktiv gestaltet wurde, daß es i. d. R. uninteressant sein dürfte, den güterrechtlichen Weg zu gehen.

229 b) Ist der überlebende Ehegatte enterbt und auch nicht mit einem Vermächtnis bedacht, so kann er den Ausgleich des Zugewinns und den „kleinen Pflichtteil" beanspruchen (§ 1371 Abs. 2 BGB). Ein Wahlrecht auf den „großen Pflichtteil" unter gleichzeitigem Verzicht auf Zugewinnausgleich steht ihm nach einem Urteil des BGH vom 25. 6. 1964 (BB 1964 S. 1270) nicht zu (vgl. auch BGH in NJW 1982 S. 2497). Damit hat sich der BGH für die sog. Einheitstheorie und gegen die Wahltheorie entschieden.

Soweit der verstorbene Ehegatte in den letzten zehn Jahren vor seinem Ableben den Nachlaß durch Schenkungen gemindert hat, kann der überlebende Ehegatte auch den Pflichtteilsergänzungsanspruch geltend machen (§§ 2325 ff. BGB). 230
Beachte: Dem Ehepartner des Erblassers stehen keine Pflichtteilsergänzungsansprüche hinsichtlich solcher Schenkungen zu, die der Erblasser vor der Eheschließung gemacht hat (BGH, Urt. v. 21. 6. 1972, NJW 1973, S. 40).

IV. Ergänzungspflichtteil

Der Pflichtteilsberechtigte ist in gewissem Umfang dagegen geschützt, daß 231
der Erblasser zu Lebzeiten durch Schenkungen seinen Nachlaß verringert und dadurch den Pflichtteilberechtigten benachteiligt. Dieser kann verlangen, daß der Wert aller Schenkungen, die der Erblasser innerhalb der letzten zehn Jahre vor seinem Tod Dritten gemacht hat – ausgenommen Schenkungen aus Anstand oder sittlicher Pflicht –, dem Nachlaß hinzugerechnet und der Pflichtteil aus dem erhöhten Nachlaß berechnet wird (§ 2325 BGB). Ist die Schenkung an den Ehegatten des Erblassers erfolgt, beginnt die Zehnjahresfrist solange nicht zu laufen, als die Ehe besteht (§ 2325 Abs. 3 BGB). Die Differenz zwischen dem so erhöhten Pflichtteil und dem nach dem wirklichen Nachlaß bestimmten Pflichtteil wird als „Ergänzungspflichtteil" bezeichnet. Der Ergänzungspflichtteil ist eine Nachlaßverbindlichkeit, die grundsätzlich dem Erben oder den Miterben zur Last fällt. Ausnahmsweise richtet sich der Ergänzungsanspruch gegen den Beschenkten, wenn und insoweit der Erbe zur Ergänzung des Pflichtteils nicht verpflichtet ist, weil ihm bei Erfüllung des Anspruchs weniger als sein eigener Pflichtteil verbliebe (§ 2329 BGB). Die Grundsätze für die Pflichtteilsergänzung gelten auch für gemischte Schenkungen, d. h. für Verträge, in denen der Beschenkte sich zwar zu einer Gegenleistung an den Erblasser verpflichtet, diese Gegenleistung aber den Wert der Schenkung nicht erreicht. Hier wird nur derjenige Betrag zur Ergänzung des Pflichtteils herangezogen, der nicht durch eine Gegenleistung gedeckt ist. Dabei müssen Bewertungen der Vertragsparteien über den Wert von Leistung und Gegenleistung anerkannt werden, wenn sie auch unter Berücksichtigung eines Verwandtschaftsverhältnisses noch in einem vernünftigen Rahmen bleiben (vgl. BGH in DNotZ 1961 S. 325 für den Fall der Übergabe einer landwirtschaftlichen Besitzung gegen Gewährung von Altenteilsleistungen).
Ist der Erbe selbst pflichtteilsberechtigt, so kann er die Ergänzung des Pflichtteils insoweit verweigern, daß ihm sein eigener Pflichtteil einschließlich dessen verbleibt, was ihm selbst als Pflichtteilsergänzung zustehen würde (§ 2328 BGB).

232 Hinsichtlich der **Bewertung** der Schenkung unterscheidet das Gesetz zwischen **verbrauchbaren Sachen,** die mit dem Wert zum Zeitpunkt der Schenkung zu berücksichtigen sind (§ 2325 II 1 BGB), und **anderen Gegenständen,** wie insbesondere Immobilien, für die ein Wertvergleich zwischen den Werten bei der Schenkung und beim Erbfall anzustellen ist; zum Ansatz kommt der geringere Wert (Niederstwertprinzip), wobei aber der Kaufkraftschwund des Geldes zu berücksichtigen ist (BGH, NJW 1975, 1831).
Für Zuwendungen unter Ehegatten, die der ehelichen Lebensgemeinschaft dienen, hat der BGH den bisher unbekannten Begriff der **unbenannten Zuwendung** entwickelt, die keine Schenkung im engeren Sinne darstelle (vgl. z. B. BGH, FamRZ 1990, 600). Spekulationen, daß derartige Zuwendungen auch im Hinblick auf § 2325 BGB nicht als Schenkung zu behandeln seien, hat der BGH nun ein Ende bereitet (NJW 1992, 564).

V. Entziehung und Beschränkung des Pflichtteils

1. Entziehung*

233 Der Erblasser kann als Strafe für gewisse Verfehlungen einem Pflichtteilsberechtigten den Pflichtteil entziehen (man bezeichnet dies gewöhnlich als „Enterbung"), und zwar einem **Abkömmling** (§ 2333 BGB):

a) wenn dieser dem Erblasser, dessen Ehegatten oder anderen Abkömmlingen nach dem Leben trachtet;
b) wegen vorsätzlicher körperlicher Mißhandlung des Erblassers oder dessen Ehegatten, falls der Abkömmling von letzterem abstammt;
c) wegen eines Verbrechens oder eines schweren vorsätzlichen Vergehens gegen den Erblasser oder dessen Ehegatten;
d) wegen böswilliger Verletzung der gesetzlichen Unterhaltspflicht gegenüber dem Erblasser;
e) wegen Führung eines ehrlosen oder unsittlichen Lebenswandels gegen den Willen des Erblassers;

den **Eltern** (§ 2334 BGB): wegen der unter a), c) und d) bezeichneten Verfehlungen;
dem **Ehegatten** (§ 2335 BGB): wegen der oben unter a) bis d) bezeichneten Verfehlungen gegenüber dem Erblasser bzw. seinen Abkömmlingen. Schuldhafte Eheverfehlungen, z. B. Ehebruch, können nach Einführung des Zerrüttungsprinzips im Scheidungsrecht nicht mehr zur Entziehung des Ehegattenpflichtteils führen. Trotz Pflichtteilsentziehung kann beim gesetzlichen Güterstand der überlebende Ehegatte den Zugewinnausgleich bean-

* Vgl. Muster M 12 (Rz. 565) im Anhang.

spruchen, der aber bei grober Unbilligkeit verweigert werden kann (§ 1381 BGB).
Die Entziehung des Pflichtteils erfolgt durch letztwillige Verfügung. Der Entziehungsgrund muß darin angegeben sein (§ 2336 BGB). Ist die Verfehlung vom Erblasser bereits verziehen worden, so kann auf sie die Entziehung nicht mehr gestützt werden. Erfolgt die Verzeihung nach Errichtung des Testaments, in dem die Pflichtteilsentziehung angeordnet worden ist, so wird diese Anordnung durch die Verzeihung unwirksam (§ 2337 BGB).

2. Beschränkung in guter Absicht

Bei Verschwendungssucht oder erheblicher Verschuldung eines Abkömm- 234
lings kann der Erblasser dessen Pflichtteil dadurch beschränken (nicht kürzen!), daß er den Abkömmling den Verfügungsbeschränkungen eines Vorerben oder eines Vorvermächtnisnehmers unterwirft; der Erblasser kann auch die Verwaltung des Pflichtteils durch einen Testamentsvollstrecker anordnen (§ 2338 BGB). Die Anordnung dieser Beschränkung hat zur Folge, daß der Pflichtteilsberechtigte über die Pflichtteilssumme nicht verfügen kann und nur die Einkünfte hieraus erhält. Die Pflichtteilssumme unterliegt auch nicht dem Zugriff der persönlichen Gläubiger des Pflichtteilsberechtigten (§§ 773, 863 ZPO). Eine Beschränkung in guter Absicht kann nur unter Angabe ihres Grundes in einer letztwilligen Verfügung angeordnet werden. Die Anordnung wird unwirksam, wenn zur Zeit des Erbfalls der Abkömmling sich dauernd von dem verschwenderischen Leben abgewandt hat oder die Überschuldung nicht mehr besteht.

VI. Pflichtteilsansprüche und Erbschaftsteuer

Im Erbschaftsteuerrecht wird erst der geltend gemachte Pflichtteilsanspruch 235
als Erwerb von Todes wegen behandelt (§ 3 Abs. 1 Nr. 1 ErbStG). Solange er noch nicht erhoben ist, bleibt er sowohl als Belastung des Erben wie als Erwerb des Berechtigten unberücksichtigt (§ 10 Abs. 5 Nr. 2 ErbStG). Erst im Zeitpunkt der Geltendmachung entsteht die Steuerschuld (§ 9 Abs. 1 Nr. 1 b ErbStG). Das an diesem Tage geltende Recht ist für die Besteuerung maßgebend. Da der Pflichtteilsanspruch in einer Geldforderung besteht, ist deren Wert bei der Besteuerung zugrunde zu legen, auch wenn der Pflichtteilsberechtigte statt des ihm zustehenden Geldbetrages andere Vermögenswerte entgegennimmt. Erhält er allerdings ein Grundstück, so richtet sich die Steuer – ebenso wie der Abzug beim Erben – nach dessen Einheitswert. Grunderwerbsteuer fällt insoweit nicht an (BFH vom 30. 9. 1981 und 17. 2. 1982, BStBl 1982 II S. 76 und 350).

Der Verzicht auf die Geltendmachung eines Pflichtteilsanspruchs bleibt nach § 13 Abs. 1 Nr. 11 ErbStG steuerfrei. Wurde der Pflichtteilsanspruch bereits geltend gemacht, so stellt der ohne Gegenleistung erfolgende spätere Verzicht auf ihn eine steuerpflichtige Schenkung an denjenigen dar, dem der Verzicht zugute kommt. Andererseits gilt die Abfindung für den Verzicht auf einen entsprechenden Pflichtteilsanspruch nach § 3 Abs. 2 Nr. 4 ErbStG – gleich von wem sie gewährt wird – als vom Erblasser zugewendeter steuerpflichtiger Erwerb von Todes wegen. Die Steuerschuld entsteht mit dem Zeitpunkt des Verzichts; der Zeitpunkt der Abfindung ist ohne Bedeutung (§ 9 Abs. 1 Nr. 1 f ErbStG). Besteht diese in einem Grundstück, so ist für die Besteuerung dessen Einheitswert maßgebend (BFH vom 17. 2. 1982, BStBl II S. 350). Beträgt z. B. der Pflichtteilsanspruch eines 30 Jahre alten Sohnes 150000 DM und erhält dieser dafür Kapitalvermögen im gleichen Wert, so muß er nach Abzug des ihm zustehenden Freibetrages von 90000 DM 3,5 % von 60000 = 2100 DM Erbschaftsteuer zahlen. Erhält er aber ein Grundstück im Verkehrswert von 150000 DM und einem Einheitswert von 70000 DM, so bleibt dieser Erwerb steuerfrei, da der Freibetrag nicht überschritten wird.

E. Inhalt von Testamenten und Erbverträgen*

Es gibt viele Möglichkeiten, in Abweichung von der gesetzlichen Erbfolge 236
über den Nachlaß zu verfügen. Der Erblasser kann jede natürliche oder juristische Person entweder allein oder eine Mehrzahl von ihnen zu Erben seines Vermögens einsetzen. Er kann aber auch einzelnen von ihnen bestimmte Vermögensgegenstände zuwenden, ohne sie zu Erben zu machen (Vermächtnis). Er kann den Bedachten Auflagen machen, etwa dahingehend, wie und zu welchem Zweck sie das Zugewendete verwenden sollen. Er kann eine Person seines Vertrauens zum Testamentsvollstrecker bestimmen und sonstige Anordnungen, z. B. hinsichtlich der Verteilung des Nachlasses oder bestimmter Ausgleichs- und Anrechnungspflichten, treffen. Oberster Grundsatz sollte für den Testator sein, seinen letzten Willen klar und unmißverständlich zum Ausdruck zu bringen und durch die Erbeinsetzungen, Vermächtnisse usw. den Nachlaß und seine Verteilung erschöpfend zu regeln.

Im Rahmen der rechtlichen Möglichkeiten wird sich der Erblasser bei der 237
Ausgestaltung seines Testaments im wesentlichen von folgenden Zielsetzungen leiten lassen: Gewährleistung des Fortbestandes eines zum Nachlaß gehörenden Unternehmens, Gründung einer Familiengesellschaft, Erhaltung von Vermögenswerten, z. B. des vorhandenen Haus- und Grundbesitzes oder einer freiberuflichen Praxis, finanzielle Sicherstellung der Hinterbliebenen, vor allem des Ehepartners, Zuwendungen an Verwandte oder sonst nahestehende Personen aus Pietätsgründen, Zuwendungen an verdiente Angestellte, z. B. des Betriebs oder im Haushalt, caritative Zuwendungen, Ersparnis von Erbschaftsteuern durch zweckmäßige Nachlaßregelungen, z. B. durch Ausnutzung der Freibeträge für Kinder und Enkelkinder.
Wird ein öffentliches Testament oder ein Erbvertrag errichtet, so sorgt der beurkundende Notar für die Einhaltung der gesetzlichen Vorschriften sowie auch dafür, daß der Wille des Erblassers in der Urkunde eindeutig zum Ausdruck kommt. Bei der Errichtung eines Privattestamentes dagegen ist der Erblasser selbst für die rechtlich und sachlich einwandfreie Abfassung verantwortlich. Dabei sollte er sich immer vor Augen halten, daß ungenaue und unvollständige Testamente häufig Anlaß zu unerfreulichen Auseinandersetzungen zwischen den Erbschaftsanwärtern geben, die nicht selten zu lang andauernden Familienzerwürfnissen führen, und sich vor allem dann schädlich auswirken, wenn zum Nachlaß Betriebvermögen oder Grundbesitz gehören. Zwar greifen in manchen Fällen gesetzliche Auslegungsregeln ein, so z. B. nach § 2087 BGB (ob Erbeinsetzung oder Vermächtnis vorliegt), §§ 2088, 2089 BGB (bei Einsetzung auf Bruchteile erschöpfen diese den

* Vgl. hierzu die Muster im Anhang.

Nachlaß nicht), § 2090 BGB (Bruchteile übersteigen den Nachlaß), § 2092 (Erbeinsetzung mit oder ohne Bruchteilsangabe), § 2093 BGB (gemeinschaftliche Bruchteile), doch werden diese Auslegungsregeln meist nicht den wahren Absichten des Erblassers entsprechen.

238 Der Inhalt von rechtswirksamen Testamenten oder Erbverträgen ist auch der Besteuerung zugrunde zu legen, soweit es sich nicht um einen „Mißbrauch von rechtlichen Gestaltungsmöglichkeiten" handelt (§§ 41 Abs. 1 und 42 AO). Selbst nichtige Testamente werden bei der Erbschaftsteuer berücksichtigt, wenn die Erben den letzten Willen des Erblassers ausführen (BFH vom 2. 12. 1969 und 12. 12. 1973, BStBl II 1970 S. 119 und 1974 S. 340; s.o. Rz. 49ff. und Rz. 132ff.). Vergleiche unter den Beteiligten über die Auslegung unklarer Bestimmungen werden ebenfalls den Erbschaftsteuerveranlagungen zugrunde gelegt. Werden durch sie allerdings unzweifelhafte erbrechtliche Vorgänge geändert, so kann dadurch neben dem steuerpflichtigen Erbgang der Tatbestand einer zusätzlichen Schenkungsteuer erfüllt sein. Rechtswirksam angefochtene Testamente sind auch für das Steuerrecht nichtig. Andererseits ist eine vom Testament abweichende Nachlaßverteilung der Besteuerung zugrunde zu legen, wenn das Testament nach § 2078 BGB wegen Irrtums des Erblassers bzw. dessen Bedrohung mit Erfolg hätte angefochten werden können, die Beteiligten aber ohne formelle Anfechtung im allseitigen Einverständnis durch ihre Nachlaßteilung das Ergebnis herbeiführen, das eine Anfechtung gehabt hätte (RFH vom 23. 5. 1939, RStBl 1939 S. 935).

I. Erbeinsetzung*

239 Der wesentliche Inhalt des Testamentes ist die Bestimmung, wer **Erbe** sein soll. Eine Erbeinsetzung liegt vor, wenn der Erblasser dem Bedachten sein Vermögen als ganzes oder einen Bruchteil seines Vermögens zuwendet, auch wenn der Bedachte nicht ausdrücklich als Erbe bezeichnet wird. Werden dagegen nur einzelne Gegenstände zugewendet, so liegt darin keine Erbeinsetzung, sondern ein Vermächtnis (s.u. Rz. 240), selbst wenn der Bedachte in der letztwilligen Verfügung als Erbe bezeichnet wird (§ 2087 BGB). Anzuraten ist folgender Wortlaut:

„Ich setze meinen Ehegatten Hans-Kurt (oder: meinen Sohn Fritz) zu meinem Alleinerben ein."

---

* Vgl. Muster M 17 (Rz. 571; M 37 (Rz. 592) im Anhang.

Sollen mehrere Personen als Erben eingesetzt werden, so müssen die Erbteile bezeichnet werden:

„Meine Erben sollen meine Ehefrau Brigitte und meine beiden Söhne Karl und Georg sein. Jeder von ihnen soll ein Drittel meines Nachlasses erhalten.“

Unbedingt erforderlich ist eine genaue Bezeichnung der Bedachten; mit allgemeinen Formulierungen sollte sich der Testator nicht begnügen. Bestimmt er z. B. „meinen Nachlaß sollen unsere Verwandten erhalten“, so ist zweifelhaft, bis zu welchem Grad von Verwandtschaft er gehen wollte und ob er auch seine Ehefrau und deren Verwandte mit einbeziehen wollte. In diesem Falle würde die gesetzliche Auslegungsregel des § 2067 BGB eingreifen, wonach im Zweifel diejenigen Verwandten, die zur Zeit des Erbfalles gesetzliche Erben sein würden, als nach dem Verhältnis ihrer gesetzlichen Erbteile Bedachte anzusehen sind. Weitere Auslegungsregeln sind für Zuwendungen an Kinder oder Abkömmlinge des Erblassers selbst oder eines Dritten vorgesehen (s. u. Rz. 262 ff.); doch werden diese Auslegungsregeln nur selten dem wahren Willen des Erblassers entsprechen, so daß eine genaue Bezeichnung der zu Erben eingesetzten Personen unbedingt anzuraten ist.

II. Vermächtnisanordnungen*

Durch letztwillige Verfügung kann einem anderen ein Vermögensvorteil zu- 240
gewendet werden, ohne daß der Bedachte als Erbe eingesetzt wird; man nennt dies ein **Vermächtnis** (§ 1939 BGB). Der Vermächtnisnehmer wird nicht sofort mit dem Erbfall Eigentümer der ihm zugewendeten Nachlaßgegenstände; er erwirbt nur einen **schuldrechtlichen Anspruch** auf Herausgabe dieser Gegenstände **gegen den Erben** oder gegen einen anderen Vermächtnisnehmer, den er bei Nichterfüllung des Vermächtnisses klageweise geltend machen kann. Im Zweifel gilt der Erbe als mit dem Vermächtnis beschwert (§ 2147 BGB).

Der Unterschied zwischen Vermächtnis und Erbschaft ist vielfach nicht bekannt. Testiert jemand: „Ich vermache alles meiner Frau“, so setzt er damit nicht ein Vermächtnis aus, sondern bestimmt seine Frau zur Alleinerbin. Sie erhält nicht nur einen schuldrechtlichen Anspruch, sondern tritt in die gesamte Rechtsstellung des Erblassers ein. Bei der Frage, ob Erbeinsetzung

* Vgl. Muster M 5 – M 43 (Rz. 558 – Rz. 598) im Anhang.

oder Vermächtnisanordnung, kommt es nicht auf den Wortlaut der Verfügung, sondern auf die Absicht des Erblassers an.

241 Der Erblasser kann eine Erbeinsetzung mit einer Vermächtnisanordnung verbinden. Möglich ist aber auch, im Testament nur ein Vermächtnis auszusetzen, ohne über den Gesamtnachlaß zu verfügen. Es tritt dann die gesetzliche Erbfolge ein, die gesetzlichen Erben gelten als mit dem Vermächtnis beschwert. Von einem **Ersatzvermächtnis** spricht man, wenn angeordnet ist, daß, falls der zunächst Bedachte aus irgendwelchen Gründen den Vermögensgegenstand nicht erwirbt, ein anderer die Zuwendung erhalten soll. Es können aber auch nacheinander mehrere Vermächtnisnehmer in der Weise bedacht werden, daß der zunächst Bedachte zu einem bestimmten Zeitpunkt oder mit Eintritt eines bestimmten Ereignisses den vermachten Gegenstand an einen anderen Vermächtnisnehmer herauszugeben hat.

***Beispiele** von Vermächtnisanordnungen:*
Meiner Schwester Agathe vermache ich mein Grundstück (genaue Bezeichnung) in ...
oder:
Mein Freund Fritz König, wohnhaft in ..., erhält meine goldene Uhr als Vermächtnis.
oder:
Der X-Verein in ... erhält binnen vier Wochen nach meinem Tode aus meinem Nachlaß 3 000 DM.
Um die rechtzeitige Erfüllung des Vermächtnisses sicherzustellen, kann hinzugefügt werden:
Falls dieses Vermächtnis nicht innerhalb von sechs Wochen nach meinem Tode ausgeführt wird, hat mein Alleinerbe Karl Klein an den Vermächtnisnehmer außerdem noch 2 000 DM zu bezahlen.

242 Besondere Sorgfalt ist auf die genaue Bezeichnung der zugewendeten Gegenstände zu legen. Eine Anordnung wie: „Mein Bruder soll aus der Einrichtung meines Hauses ein Zimmer erhalten“, trägt den Keim für künftige Schwierigkeiten in sich, da nicht festgelegt ist, welche Zimmereinrichtung gemeint ist. Selbst wenn ein bestimmtes Zimmer genannt ist, kann es immer noch sein, daß sich im Zeitpunkt des Todes ganz andere Gegenstände dort befinden, als zur Zeit der Testamentserrichtung, und daß deshalb der Bedachte nicht das erhält, was der Erblasser ihm zuwenden wollte. Besser ist es daher, die vermachten Gegenstände im einzelnen zu bezeichnen. Beliebt sind auch Zuwendungen an „meine Hausangestellte“. Die wenigsten Erblasser wissen, daß dann die Angestellte berechtigt ist, die gerade im Zeitpunkt des

Todes im Haushalt beschäftigt ist, selbst wenn sie erst wenige Tage zuvor eingestellt wurde. Zu vermeiden sind auch Formulierungen wie: „Ich wünsche, daß mein Neffe meinen Fotoapparat bekommt." Wünsche sind nämlich für die Erben unverbindlich, selbst wenn sie in einem Testament stehen. Stets sollte der Erblasser seinen Willen in fester und bestimmter Form zum Ausdruck bringen.

Ein Vermächtnis kann auch mehreren Personen gemeinschaftlich (a) oder nacheinander (b) zugewendet werden: 243

Beispiel:
a) „Mein Hausgrundstück in Nürnberg vermache ich meinen Geschwistern Erna und Fritz zu gleichen Anteilen; Herr X soll darin ein lebenslängliches unentgeltliches Wohnrecht erhalten."
b) Aus meinem Nachlaß soll mein Bruder Karl 10000 DM erhalten. Sobald sein Sohn Hans volljährig ist, hat er an diesen den Betrag von 5000 DM auszuzahlen.

Ein Vermächtnis kann auch einem von mehreren Erben zugewendet werden **(Vorausvermächtnis** – § 2150 BGB). 244

Beispiel:
„Meine Erben sollen meine drei Kinder Fritz, Karl und Otto zu je einem Drittel sein. Außerdem vermache ich meinem Sohn Otto meinen Pkw ohne Anrechnung auf sein Erbteil."

Die Besonderheit des Vorausvermächtnisses im engeren Sinne liegt darin, daß sich der Erbe den Wert des ihm dadurch Zugewandten nicht auf sein Erbteil anrechnen lassen muß. Dies sollte aber ausdrücklich verfügt werden. Anderenfalls kann es Auslegungsschwierigkeiten geben, weil auch eine bloße Teilungsanordnung (§ 2048 BGB) gemeint sein könnte, die keine Wertverschiebung im Auge hat.
Durch Vorausvermächtnis kann z. B. einem von mehreren Kindern der Erwerb des väterlichen Unternehmens zu einem Preis ermöglicht werden, der unter dem Verkehrswert liegt (also billiger, als bei einer normalen Erbteilung). Damit kann demjenigen Kind, das seine Arbeitskraft ausschließlich dem väterlichen Betrieb gewidmet hat, eine sichere Lebensstellung verschafft werden, während sich die übrigen Kinder, die auf Kosten der Eltern für einen Beruf ausgebildet wurden und dort ihr Auskommen finden, sich den Rest des Nachlasses teilen müssen. Grenzen setzt das Pflichtteilsrecht.

Der Erblasser kann also eines seiner Kinder nicht soweit begünstigen, daß den anderen wertmäßig weniger als die Hälfte ihres Erbteils verbleibt.

245 Im Gegensatz zur Ausschlagung der Erbschaft kennt das Gesetz keine Form- und Fristvorschriften für die **Ausschlagung eines Vermächtnisses.** Die Annahme sowie die Ausschlagung des Vermächtnisses erfolgt durch Erklärung gegenüber dem Beschwerten – so § 2180 Abs. 2 BGB.
Der beschwerte Erbe kann dem Vermächtnisnehmer auch keine Frist setzen; anders nur, wenn ein Pflichtteilsberechtigter mit einem Vermächtnis bedacht worden ist (§ 2307 Abs. 2 BGB).
Das kann zu Problemen führen, wenn etwa ein GmbH-Anteil vermacht wurde, der damit Bedachte sich aber vorerst in Schweigen hüllt und dadurch die Gesellschafter in Ungewißheit über die Nachfolge läßt.
Abhilfe kann hier nur der Erblasser schaffen, indem er als Bedingung die Annahme binnen einer von ihm bestimmten Frist verfügt.

Beispiel:
Ich vermache V meinen Anteil an der X-GmbH mit der Maßgabe, daß das Vermächtnis entfällt, wenn V nicht binnen einer Frist von vier Wochen ab Erhalt der Benachrichtigung durch das Nachlaßgericht dem Erben die Annahme erklärt.

246 Der Erwerb aufgrund eines Vermächtnisses unterliegt der Erbschaftsteuer (§ 3 Abs. 1 Nr. 1 ErbStG), wenn der vermachte Gegenstand nicht infolge besonderer Befreiungsvorschriften (wie z.B. Hausrat im Rahmen des § 13 Abs. 1 Nr. 1 ErbStG) steuerfrei bleibt. Die Steuer richtet sich nach dem Wert des vermachten Gegenstandes (bei Grundstücken nach dem Einheitswert!) am Todestag des Erblassers, es sei denn, der Erwerb hängt von dem späteren Eintritt einer Bedingung ab (§ 9 Abs. 1 Nr. 1a ErbStG). Um denselben Betrag mindert sich der Wert des Vermögensanfalles, den der mit dem Vermächtnis Beschwerte zu versteuern hat. Renten- oder Nießbrauchsvermächtnisse sind mit ihrem Kapitalwert (§§ 13ff. BewG) anzusetzen. Hat der Bedachte das Recht, einen Nachlaßgegenstand zu einem vom Erblasser bestimmten – meist recht vorteilhaften – Preis zu erwerben (sog. Kaufrechtsvermächtnis), so liegt ein erbschaftsteuerbarer Erwerb nur vor, soweit der steuerliche Wert des betreffenden Gegenstandes den festgesetzten Preis übersteigt (BFH vom 12. 7. 1961, BStBl III S. 391). Auch wenn das Vermächtnis unwirksam war, kann es steuerlich anzuerkennen sein, wenn es dennoch erfüllt wurde (FG Ba.-Wü., EFG 1980, 347).

III. Auflagen*

Die Auflage ist eine Anordnung von Todes wegen, durch die der Erblasser den Erben oder einen Vermächtnisnehmer zu einer bestimmten Leistung verpflichtet, ohne einem anderen ein Recht auf diese Leistung zuzuwenden (§ 1940 BGB). Der durch die Auflage Begünstigte kann die Erfüllung der Auflage nicht erzwingen. Um die Ausführung der Auflage zu gewährleisten, kann die Ernennung eines Testamentsvollstreckers (s. unten Ziff. VII) zweckmäßig sein (§ 2223 BGB). 247

Beispiele:
a) Dafür, daß meine Hausangestellte Anna Pietsch aus meinen Sparguthaben bei der X-Bank 5 000 DM erhält, hat sie bis zu ihrem Lebensende mein Grab zu pflegen.
b) Meiner Ehefrau als meiner Alleinerbin mache ich zur Auflage, meine Schwester Karoline Meier, falls sie in Not kommen sollte, geldlich zu unterstützen.

Daß im Gegensatz zum Vermächtnisnehmer, der gegen den Beschwerten auf Leistung an sich klagen kann, dem Auflagebegünstigten ein solches Recht nicht zusteht, kann Erblassern zustatten kommen, die z. B. einem Kind, das überschuldet ist, etwas zukommen lassen wollen. 248

Beispiel:
Der Erblasser E hat zwei Kinder A und B. B ist völlig überschuldet. Würde E den B als Erben einsetzen oder ihm ein Vermächtnis zuwenden, könnten B's Gläubiger hierauf greifen.
E wird daher letztwillig anordnen:
Ich setze meinen Sohn A zu meinem alleinigen Erben ein.
Meinen Sohn B verweise ich auf den Pflichtteil. Für den Fall, daß er diesen nicht geltend macht, mache ich A zur Auflage, seinen Bruder B geldlich zu unterstützen, längstens solange, bis ein dem Pflichtteil entsprechender Betrag erreicht ist.

Ein Gläubiger des B kann weder Ansprüche aus dem Pflichtteilsrecht seines Schuldners geltend machen, da nur ein Pflichtteilsanspruch, der durch Vertrag anerkannt oder rechtshängig geworden ist, der Pfändung unterworfen

---

* Vgl. Muster M 10 (Rz. 563); M 31 (Rz. 585) im Anhang.

ist (§ 852 ZPO), noch aus der Auflage, da diese B ja keinen einklagbaren Anspruch gewährt.

249 Nach § 3 Abs. 2 Nr. 2 ErbStG gilt als vom Erblasser zugewendeter steuerpflichtiger Erwerb, was jemand infolge der Vollziehung einer vom Erblasser angeordneten Auflage erhält. Die Steuerschuld entsteht aber erst, wenn die Auflage vollzogen wird (§ 9 Abs. 1 Nr. 1 d ErbStG). Der Wert der Auflage mindert den steuerpflichtigen Erwerb des mit der Auflage Belasteten (§ 10 Abs. 5 Nr. 2 ErbStG). Der Besteuerung ist das persönliche (verwandtschaftliche) Verhältnis des Erwerbers zum Erblasser, der die Auflage angeordnet hat, zugrunde zu legen.

Auch seine Auflagen sollte der Erblasser in bestimmter Form treffen und sie nicht bloß in die Form eines Wunsches kleiden, der für die Erben unverbindlich ist. Das ist auch für die Erbschaftsteuer von Bedeutung. Die Kosten für die übliche Grabpflege sind vom Erwerb auch absetzbar, ohne daß diese Grabpflege in einer „Auflage" besonders angeordnet ist (§ 10 Abs. 5 Nr. 3 ErbStG). Die Grabpflegekosten sind mit ihrem Kapitalwert, in der Regel mit dem Neunfachen der jährlichen Aufwendungen (§ 13 Abs. 2 BewG) anzusetzen. Bei der Erbschaftsteuer stellen die Grabpflegekosten, auch wenn sie durch Testament einer Person besonders auferlegt worden sind, für diese keine als „dauernde Lasten" abzugsfähigen Sonderausgaben im Sinn des § 10 Abs. 1 Nr. 1 a EStG dar, außer wenn sie den Nachlaßwert übersteigen (BFH, BStBl 1989, 779); auch eine vom steuerpflichtigen Einkommen abziehbare außergewöhnliche Belastung im Sinn des § 33 EStG liegt insoweit nicht vor (BFH vom 23. 11. 1967, BStBl 1968 II S. 259).

IV. Vor- und Nacherbschaft*

250 Der Erblasser kann eine Erbeinsetzung in der Weise vornehmen, daß zuerst eine und später eine andere Person Erbe wird. Der erste Erbe wird als **Vorerbe,** der spätere als **Nacherbe** bezeichnet (§ 2100 BGB). Der Zweck einer solchen Anordnung liegt darin, das Vermögen, das der Erblasser hinterläßt, in bestimmter Weise zu binden. Ist eine zur Zeit des Erbfalls noch nicht gezeugte Person als Erbe eingesetzt, so ist im Zweifel anzunehmen, daß sie als Nacherbe eingesetzt ist; Vorerben sind bis dahin die gesetzlichen Erben (§ 2101 BGB). Die testamentarische Anordnung kann z. B. lauten:

---

* Vgl. Muster M 7 (Rz. 560); M 14 – M 17 Rz. 568 – Rz. 571); M 28 (Rz. 582); M 30 (Rz. 584); M 33 (Rz. 588); M 38 (Rz. 593); M 54 – M 63 (Rz. 610 – Rz. 620) im Anhang.

Hiermit berufe ich meinen Bruder Karl Grundig zum Vorerben. Nacherben sollen zu gleichen Anteilen seine Kinder sein.

Vorerbe und Nacherbe sind wahre Erben des Erblassers. Sie teilen sich die Herrschaft über den Nachlaß in der Weise, daß der Vorerbe bis zu seinem Tode oder einem vom Erblasser bestimmten Zeitpunkt oder Ereignis die Erbschaft behält, während der Nacherbe erst danach in den Genuß der Erbschaft gelangt. Die Vorerbschaft kann auf Lebenszeit des Vorerben, sie kann aber auch für eine von vornherein bestimmte Zeitdauer, z. B. auf fünf oder zehn Jahre, angeordnet werden. In Testamenten, in denen der Erblasser seine Ehefrau als Vorerbin und seine Kinder als Nacherben einsetzt, wird als Nacherbfall häufig neben dem Tode auch die Wiederverheiratung der Ehefrau bestimmt. Der Nacherbe erlangt mit dem Tode des Erblassers eine im Zweifel vererbliche **Anwartschaft** auf die Erbschaft. Über sie kann er entweder unter Lebenden oder von Todes wegen verfügen.

Häufig entspricht aber die Vererblichkeit der Anwartschaftsrechte des 251
Nacherben keineswegs den Wünschen des Erblassers (§ 2108 Abs. 2 BGB). Hat dieser z. B. seine Frau als Vorerbin und seine Kinder als Nacherben eingesetzt, so wird es in der Regel seinen Vorstellungen nicht entsprechen, wenn der Anteil eines Sohnes, der nach Eintritt des Erbfalls (Tod des Erblassers), jedoch vor Eintritt des Nacherbfalls (Tod der Vorerbin) kinderlos verstirbt, auf dessen – eheliche oder nichteheliche – Partnerin übergeht, die der Sohn zu seiner Erbin eingesetzt hatte. Abhilfe können hier nur der ausdrückliche Ausschluß der Vererblichkeit der Anwartschaftsrechte der Nacherben und die Einsetzung von Ersatznacherben schaffen.
Im Hinblick auf § 2065 BGB dürfte es unzulässig sein, den Vorerben zu ermächtigen, Nacherben zu bestimmen oder auch nur im Wege einer letztwilligen Verfügung den der Nacherbfolge unterliegenden Nachlaß innerhalb der Nacherben wertungleich aufzuteilen.

Der Vorerbe hat bis zum Eintritt des Nacherbfalles die **Nutznießung** am 252
Nachlaß im Rahmen einer ordnungsgemäßen Wirtschaft; er ist in dieser Zeit gewissermaßen Treuhänder des Erblassers mit der Aufgabe, dereinst die Erbschaft dem Nacherben zu übergeben. Um dies zu gewährleisten, unterliegt der Vorerbe in seiner Verfügungsbefugnis gewissen Beschränkungen:

a) Über **Grundstücke** und **Grundstücksrechte** (z. B. Hypotheken und Grundschulden), die zum Nachlaß gehören, kann der Vorerbe nur mit Einwilligung des Nacherben wirksam verfügen. Eine ohne Einwilligung des Nacherben getroffene Verfügung ist diesem gegenüber insoweit unwirksam, als sie dessen Recht vereiteln oder beeinträchtigen würde (§ 2113 Abs. 1 BGB).

b) **Unentgeltliche Verfügungen** des Vorerben über die Nachlaßgegenstände sind ohne Einwilligung des Nacherben ebenfalls unwirksam (§ 2113 Abs. 2 BGB). Das gilt nicht für Schenkungen, die einer sittlichen Pflicht oder einer auf den Anstand zu nehmenden Rücksicht entsprechen (z. B. für übliche Weihnachts- und Geburtstagsgeschenke).

c) Kündigt der Vorerbe eine zur Erbschaft gehörende Hypothekenforderung oder Grundschuld und willigt der Nacherbe in eine Auszahlung des Kapitals an den Vorerben nicht ein, so kann dieser nur Hinterlegung für ihn und den Nacherben verlangen (§ 2114 BGB).

d) Zur Erbschaft gehörige **Inhaberpapiere** und Schuldverschreibungen auf den Inhaber hat der Vorerbe auf Verlangen des Nacherben zu hinterlegen. Er kann über diese Papiere nur mit Zustimmung des Nacherben verfügen (§ 2116 BGB).

e) Geld, dessen dauernde Anlegung wirtschaftlich geboten erscheint, darf der Vorerbe nur entsprechend den für die Anlegung von **Mündelgeld** geltenden Vorschriften anlegen (§ 2119 BGB).

253 Nach dem Eintritt der Nacherbfolge ist der Vorerbe verpflichtet, dem Nacherben die Erbschaft in dem Zustand herauszugeben, der sich bei einer bis zur Herausgabe fortgesetzten ordnungsmäßigen Verwaltung ergibt; er hat dem Nacherben auf Verlangen Rechenschaft abzulegen (§ 2130 BGB). Der Nacherbe tritt in die Haftung für die Nachlaßverbindlichkeiten ein. Die Haftung des Vorerben erlischt grundsätzlich mit dem Eintritt des Nacherbfalles, jedoch nicht ausnahmslos (§ 2145 BGB).

Will der Erblasser dem Vorerben eine freiere Stellung verschaffen, insbesondere ihn bei der Verwaltung des Nachlasses von der Mitwirkung des Nacherben unabhängig machen, so kann er ihn von den gesetzlich bestimmten Beschränkungen und Verpflichtungen – ausgenommen den Verfügungsbeschränkungen bei unentgeltlichen Verfügungen – entbinden; man spricht dann von einer **befreiten Vorerbschaft** (§ 2136 BGB). Dies dürfte z. B. bei der Einsetzung des Ehegatten als Vorerben angebracht sein. Dasselbe erreicht der Erblasser, wenn er den Nacherben nur auf den Überrest einsetzt, der bei Eintritt des Nacherbfalls noch vorhanden ist (§ 2137 BGB). Umgekehrt ist aber der Erblasser auch befugt, dem Vorerben noch weitergehende Verfügungsbeschränkungen und Verpflichtungen, als sie das Gesetz vorsieht, aufzuerlegen. So kann er insbesondere die Verfügungsmacht des Vorerben dadurch völlig lahmlegen, daß er die Verwaltung des Nachlasses einem Testamentsvollstrecker überträgt. Die Anordnung einer befreiten Vorerbschaft kann wie folgt lauten:

a) *Ich setze meine Ehefrau Maria bis zu ihrem Tode als Vorerbin ein. Nacherben sollen meine Kinder Fritz und Karl sein. Die Vorerbin ist von allen gesetzlichen Beschränkungen, soweit zulässig, befreit.*
b) *Wir, die Eheleute Karl und Eva Klein, setzen uns gegenseitig zu befreiten Vorerben ein. Nacherben sollen unsere gemeinschaftlichen Kinder Otto und Richard sein. Der Nacherbfall tritt mit der Wiederverheiratung oder mit dem Tode des überlebenden Ehegatten ein.*

Der befreite Vorerbe hat eine sehr weitgehende Verfügungsfreiheit. Er kann auch über Grundstücke verfügen; lediglich zu Schenkungen ist er nicht berechtigt. Befreiung von den gesetzlichen Beschränkungen sollte deshalb nur erteilt werden, wenn die Person des Vorerben Gewähr dafür bietet, daß die Rechte der Nacherben gewahrt bleiben. 254

Zu beachten ist, daß es keine Erbeinsetzung bzgl. bestimmter Gegenstände gibt. Hinterläßt der Erblasser z. B. ein Wohnhaus und ein Wertpapierdepot, so kann er nicht anordnen, daß A sein Alleinerbe sein solle, in Ansehung des Wohnhauses jedoch mit einer Nacherbfolge zugunsten von B belastet sei. Zulässig wäre es aber, A zum Vorerben und B zum Nacherben einzusetzen, und dabei zugleich anzuordnen, daß A im Wege eines **Vorausvermächtnisses** (§ 2150 BGB) das Wertpapierdepot zugewandt erhalte. Der alleinige Vorerbe erwirbt den ihm auf diese Weise zugewandten Gegenstand ohne weiteres mit dem Sterbefall des Erblassers, und zwar frei von Rechten des Nacherben (§ 2110 Abs. 2 BGB; BGH NJW 1960, 959). 255
Wird ein Handelsgeschäft dem alleinigen Vorerben als Vorausvermächtnis vermacht, so scheidet es mit dem Tode des Erblassers aus dem Nachlaß aus. Daher haftet der Nacherbe nicht für die Schulden des Erblassers (vgl. hierzu § 27 HGB; BGH NJW 1960, 959).
Bedeutungsvoll für die Nacherbfolge ist das **Surrogationsprinzip** nach § 2111 BGB. Es trägt dem Umstand Rechnung, daß sich – insbesondere bei einem längeren Zeitraum zwischen Erbfall und Nacherbfall – der Bestand des Nachlasses ändern kann. § 2111 BGB weist die Nutzungen dem Vorerben, die Substanz (auch bei befreiter Vorerbschaft) dem Nacherben zu.

Die Vor- und Nacherbfolge ist das Mittel der Wahl, wenn ein Vermögen der engen Familie (dem Ehegatten und den Abkömmlingen des Erblassers) frei von Ansprüchen von erb- und pflichtteilsberechtigten weiteren Personen (wie insbesondere Kindern des Ehegatten aus einer früheren Ehe sowie einem künftigen Ehepartner des Ehegatten) erhalten werden soll. Wie die vorstehenden Ausführungen bereits andeuten, gehört dieses Instrument zu den rechtlich schwierigsten Teilen des deutschen Erbrechts. Unbedachte 256 laienhafte Formulierungen führen immer wieder zu katastrophalen Rechtsfolgen, die nach dem Tode des Erblassers nur selten mehr behoben werden können.

Wer gleichwohl eine Vor- und Nacherbfolge anordnen will, sollte daher stets den Rat eines im Erbrecht sehr erfahrenen Fachjuristen einholen.

Dies gilt besonders auch für Bürger der ehemaligen DDR. Sie konnten bis zum Inkrafttreten des ZGB (1. 1. 1976) eine Vor- und Nacherbfolge anordnen. Das ZGB schaffte dieses Rechtsinstrument ab, während seit Inkrafttreten des Einigungsvertrages nun wieder derartige Anordnungen möglich sind.

257 Im Erbschaftsteuerrecht gelten für die Behandlung der Vor- und Nacherbschaft die besonderen Vorschriften des § 6 ErbStG. Danach gilt der Vorerbe als Erbe. Er hat den vollen Wert seines Erwerbes zu versteuern, gleichgültig, wann die Nacherbfolge eintritt. Die Beschränkungen, denen der Vorerbe kraft Gesetzes oder letztwilliger Verfügung unterliegt, können bei der Bewertung seines Erbanfalles nicht berücksichtigt werden (§ 9 Abs. 2 und 3 BewG). Der Vorerbe hat die durch die Vorerbschaft veranlaßte Erbschaftsteuer aus den Mitteln der Vorerbschaft zu entrichten (§ 20 Abs. 4 ErbStG). Ist das bis zu seinem Tode nicht geschehen, so geht diese Steuerschuld als Nachlaßverbindlichkeit auf seine Erben über. Auch bei der Vermögensteuer des Vorerben wird das Vorerbschaftsvermögen so erfaßt, als ob keine Nacherbfolge angeordnet wäre. Der Nacherbe ist mit dem steuerpflichtig, was er als Nacherbschaft erhält. Die Besteuerung richtet sich nach seinem persönlichen (verwandtschaftlichen) Verhältnis zum Vorerben, doch kann ihr auf Antrag des Nacherben auch sein Verhältnis zum Erblasser zugrunde gelegt werden. Dieser Antrag ist zweckmäßig, wenn der Nacherbe dadurch in eine günstigere Steuerklasse kommt.

Beispiel:
Vorerbe ist der Sohn A des Erblassers X, Nacherbe der andere Sohn B. Im Verhältnis von B zu A gilt die Steuerklasse III (Geschwister), im Verhältnis B zu X die bedeutend günstigere Steuerklasse I (Vater/Sohn).

258 Die Steuerschuld des Nacherben entsteht mit dem Eintritt der Nacherbfolge (§ 9 Abs. 1 Nr. 1h ErbStG). Nach diesem Zeitpunkt richtet sich auch die Bewertung. Tritt die Nacherbfolge nicht erst durch den Tod des Vorerben, sondern schon vorher mit dem vom Erblasser bestimmten Zeitpunkt oder Ereignis ein (z. B. Abschluß des Studiums des Vorerben oder Heirat der Vorerbin), so gilt die Vorerbfolge als auflösend, die Nacherbfolge als aufschiebend bedingter Anfall. Die Steuerpflicht des Nacherben richtet sich hier immer nach seinem Verhältnis zum Erblasser (nicht zum Vorerben;

BFH vom 10. 5. 1972, BStBl 1972 II S. 765). Dem Nacherben wird aber die vom Vorerben entrichtete Steuer angerechnet, abzüglich des Steuerbetrages, der der tatsächlichen Bereicherung des Vorerben entspricht. Diese besteht meist in den gezogenen Nutzungen und einem etwaigen (zulässigen) Substanzverbrauch. Auch bei ordnungsgemäßer Benutzung können „Veränderungen oder Verschlechterungen von Erbschaftssachen" (§ 2132 BGB) eingetreten sein, die den Nachlaßwert vermindert haben, ohne den Vorerben zu bereichern (BFH vom 10. 5. 1972, BStBl 1972 II S. 765).

Geht bei Eintritt der Nacherbfolge nicht nur das Vorerbschaftsvermögen, 259
sondern daneben auch noch eigenes Vermögen des Vorerben auf den Nacherben über, so sind beide Vermögensanfälle hinsichtlich der Steuerklasse getrennt zu behandeln. Die Steuer ist für jeden Erwerb jedoch jeweils nach dem Steuersatz zu erheben, der für den gesamten Erwerb gelten würde. Die getrennte Behandlung beider Vermögensübergänge führt also nicht zu einem Progressionsvorteil. Ein Freibetrag für das übergehende eigene Vermögen des Vorerben kann nur gewährt werden, sowie der Freibetrag durch das der Nacherbfolge unterliegende Vermögen nicht verbraucht ist. Dem Nacherben steht also nicht etwa für jede Vermögensmasse ein besonderer Freibetrag zu. Was ein Vorerbe dem Nacherben mit Rücksicht auf die angeordnete Nacherbschaft vor ihrem Eintritt herausgibt, gilt als steuerpflichtige Schenkung unter Lebenden (§ 7 Abs. 1 Nr. 7 ErbStG). Auch in diesem Falle ist auf Antrag der Versteuerung das Verhältnis des Nacherben zum Erblasser zugrunde zu legen (§ 7 Abs. 2 ErbStG). Die Steuerschuld entsteht im Zeitpunkt der Herausgabe (§ 9 Abs. 1 Nr. 2 ErbStG). Eine Anrechnung der vom Vorerben entrichteten Steuer ist aber im Gegensatz zu den Fällen, in denen die Nacherbfolge nicht durch den Tod des Vorerben eintritt (s. o.), nicht möglich.

Die Anwartschaft eines Nacherben ist zwar vererblich, sie gehört aber nicht 260
zu seinem Nachlaß im Sinne des ErbStG (§ 10 Abs. 4 ErbStG). Wenn die Anwartschaft infolge Todes des Nacherben auf dessen Erben übergeht, so liegt darin kein steuerpflichtiger Vorgang. Das Entgelt, das ein Nacherbe bei Lebzeiten für eine Übertragung dieser Anwartschaft erhält, gilt jedoch als vom Erblasser zugewendeter steuerpflichtiger Erwerb von Todes wegen (§ 3 Abs. 2 Nr. 6 ErbStG). Die Steuerschuld entsteht in diesem Falle im Zeitpunkt der Übertragung der Anwartschaft (§ 9 Abs. 1 Nr. 1i ErbStG). Für die Besteuerung ist das persönliche (verwandtschaftliche) Verhältnis zwischen dem sein Anwartschaftsrecht übertragenden Nacherben und dem Erblasser maßgebend.

Da der Vorerbe wie ein Vollerbe besteuert wird, ist die Anordnung einer Vor- und Nacherbschaft steuerlich in der Regel nicht besonders günstig. Zweckmäßiger dürfte es sein, an Stelle der Vorerbschaft dem, der insoweit begünstigt werden soll, ein Nießbrauchsrecht oder ein Rentenvermächtnis einzuräumen (vgl. dazu Rz. 287 ff.).

V. Ersatzerbschaft*

261 Der Erblasser kann für den Fall, daß ein Erbe vor oder nach Eintritt des Erbfalles – durch Tod, Erbverzicht oder Ausschlagung der Erbschaft – wegfällt, eine oder mehrere andere Personen als Erben einsetzen (Ersatzerbschaft – § 2069 BGB).

Beispiel:
Ich setze meine Kinder Karl und Fritz zu gleichen Anteilen als Erben ein. Sollte eines der Kinder vor oder nach Eintritt des Erbfalles wegfallen, so erbt an seiner Stelle mein Enkel Erich.

Hat der Erblasser einen Abkömmling zum Erben eingesetzt, so gelten im Zweifel dessen Abkömmlinge, soweit sie bei der gesetzlichen Erbfolge an seine Stelle treten würden, als Ersatzerben (§ 2096 BGB). Die Einsetzung als Nacherbe enthält im Zweifel auch dessen Einsetzung als Ersatzerbe (§ 2102 Abs. 1 BGB). Umgekehrt ist aber der Ersatzerbe nicht ohne weiteres auch Nacherbe. Das erklärt sich daraus, daß die Stellung des Nacherben stärker ist als die des Ersatzerben; denn der Nacherbe wird immer Erbe, wenn er den Nacherbfall erlebt, während der Ersatzerbe nur zum Zuge kommt, wenn der in erster Linie Bedachte nicht Erbe wird.
Die Bestimmung eines Ersatzerben ist meist ratsam. Sofern sie unterblieben ist, tritt, wenn mehrere Personen nebeneinander zu Erben berufen sind, einer von ihnen wegfällt und Abkömmlinge des Weggefallenen nicht vorhanden sind, Anwachsung ein (§ 2094 BGB). Anwachsung bedeutet die bei Wegfall eines von mehreren Erben eintretende Erhöhung der Erbteile der anderen Erben.

Beispiel:
Der Bruder des Erblassers ist zur Hälfte, seine beiden Schwestern sind je zu einem Viertel als Erben eingesetzt. Fällt eine Schwester weg, so erhält der Bruder 1/2 + 2/12 = 2/3, die andere Schwester erhält 1/4 + 1/12 = 1/3.

Im Erbschaftsteuerrecht wird der Ersatzerbe wie ein „normaler“ Erbe behandelt.

---

* Vgl. Muster M 14 (Rz. 568); M 16 (Rz. 570) im Anhang.

VI. Auslegung von Testamenten*

Testamente sind vielfach nicht so klar und eindeutig abgefaßt, daß aus ihrem Inhalt mit Sicherheit erkennbar wäre, was der Erblasser wirklich gewollt hat. Oft entstehen Zweifel über die Person eines Bedachten, über Art und Umfang einer Zuwendung u. dgl. In allen diesen Fällen bedarf die letztwillige Verfügung der Auslegung. Als Grundsatz gilt, daß nicht an dem buchstäblichen Sinn des Ausdrucks zu haften, sondern der tatsächliche Wille des Erblassers zu erforschen ist (§ 133 BGB). Zu diesem Zweck sind z. B. die besondere Ausdrucksweise des Erblassers zu berücksichtigen, seine Lebensgewohnheiten und schließlich auch die allgemeine Lebenserfahrung. Auch andere Umstände können wichtige Hinweise für den wirklichen Willen des Erblassers geben, so z. B. Anordnungen, die in früheren, formnichtigen letztwilligen Verfügungen getroffen wurden, Äußerungen des Erblassers gegenüber Dritten, wie z. B. dem Steuerberater, mit dem er steuerliche Folgen erörterte, aber auch Freunden etc. 262

Neben einer solchen erläuternden Auslegung kann eine **ergänzende Auslegung** des Testaments notwendig werden, wenn sich die Verhältnisse zwischen der Errichtung der letztwilligen Verfügung und dem Erbfall geändert haben. Es gilt dann, an Hand der im Testament getroffenen Bestimmungen zu ermitteln, was der Erblasser angeordnet haben würde, wenn er diese Änderungen vorausgesehen hätte. Gerade diese Art der Auslegung bietet oft ganz erhebliche Schwierigkeiten.

Das BGB enthält eine Reihe von Auslegungsregeln. Sie bestimmen, welcher Wille des Erblassers „im Zweifel“ anzunehmen ist, d. h. wenn eine andere als die vom Gesetz unterstellte Willensrichtung nicht festzustellen ist. Die wichtigsten dieser Auslegungsregeln sind die folgenden: 263

a) Hat der Erblasser seine **gesetzlichen Erben** ohne nähere Bestimmung bedacht, so sind diejenigen, welche zur Zeit des Erbfalles seine gesetzlichen Erben sein würden, nach dem Verhältnis ihrer gesetzlichen Erbteile bedacht (§ 2066 Satz 1 BGB). Ein Erwerb der Erbschaft nach Kopfteilen tritt also nicht ein.

* Zur Auslegung von Testamenten vgl. BGH, Urt. v. 24. 11. 1979 und Beschl. v. 9. 4. 1981, NJW 1980 S. 1276 und 1981 S. 1736.

b) Hat der Erblasser seine **Verwandten** oder seine **nächsten Verwandten** ohne nähere Bestimmung bedacht, so sind im Zweifel die zur Zeit des Erbfalles als gesetzliche Erben in Betracht kommenden Verwandten als bedacht anzusehen. Sie erben nicht nach dem Grad ihrer Verwandtschaft zum Erblasser, sondern nach dem Verhältnis ihrer gesetzlichen Erbteile (§ 2067 BGB).
c) Hat der Erblasser seine **Kinder** ohne nähere Bestimmung bedacht und ist ein Kind vor Errichtung des Testaments unter Hinterlassung von Abkömmlingen verstorben, so ist im Zweifel anzunehmen, daß diese Abkömmlinge insoweit bedacht sind, als sie bei der gesetzlichen Erbfolge an die Stelle des weggefallenen Kindes treten würden (§ 2068 BGB). Die Bestimmung berücksichtigt, daß nach dem gewöhnlichen Sprachgebrauch unter „Kindern" auch Enkel und entfernte Abkömmlinge verstanden werden. Auch für Adoptivkinder und nichteheliche Kinder eines männlichen Erblassers gilt die gesetzliche Vermutung des § 2068 BGB.
d) Hat der Erblasser einen **bestimmten Abkömmling** bedacht und fällt dieser nach Testamentserrichtung weg – sei es durch Tod, Ausschlagung der Erbschaft oder Erklärung als erbunwürdig –, so ist im Zweifel anzunehmen, daß dessen **Abkömmlinge** Ersatzerben werden sollen (§ 2069 BGB).
e) Hat der Erblasser die **Abkömmlinge eines Dritten** – z. B. eines Freundes – ohne nähere Bestimmung bedacht, so ist im Zweifel anzunehmen, daß die Abkömmlinge des Dritten im Zeitpunkt des Erbfalles gemeint sind (§ 2070 BGB).
f) Hat der Erblasser ohne nähere Bestimmung eine **Gruppe von Personen** (z. B. „meine Betriebsangehörigen") bedacht, so sind im Zweifel diejenigen als bedacht anzusehen, die zur Zeit des Erbfalles – nicht etwa im Zeitpunkt der Testamentserrichtung – dieser Personengruppe angehören (§ 2071 BGB).
g) Hat der Erblasser die **Armen** ohne nähere Bestimmung bedacht, so erbt im Zweifel die Fürsorgestelle derjenigen Gemeinde, in deren Bezirk er seinen letzten Wohnsitz hatte, unter der Auflage, das Zugedachte unter Arme zu verteilen (§ 2072 BGB).
h) Hat der Erblasser den Bedachten in einer Weise bezeichnet, die auf mehrere Personen paßt, und läßt sich nicht ermitteln, wer von ihnen bedacht werden sollte, so gelten sie als zu gleichen Teilen bedacht (§ 2073 BGB). Hat also der Erblasser „seinen Freund Hans" mit einem Vermächtnis von 1000 DM bedacht und kommen zwei Freunde mit diesem Vornamen in Betracht, so erhält jeder von ihnen 500 DM.

i) Hat der Erblasser eine letztwillige Zuwendung unter einer aufschiebenden Bedingung angeordnet, d.h. die Zuwendung vom Eintritt eines bestimmten Ereignisses abhängig gemacht, so gilt sie im Zweifel nur, wenn der Bedachte den Eintritt der Bedingung erlebt (§ 2074 BGB). Die Anwartschaft aus einer solchen Zuwendung ist sonach unvererblich.

j) Hat der Erblasser ein Tun oder Unterlassen (z.B. „wenn mein Erbe sich nicht scheiden läßt“) des Bedachten zur aufschiebenden Bedingung einer Zuwendung gemacht, so ist diese Bindung im Zweifel als auflösende Bedingung für ein entgegengesetztes Verhalten gedacht (der Erbe verliert also die Erbschaft wieder, wenn er sich nach Antritt der Erbschaft doch noch scheiden läßt – § 2075 BGB).

k) Hat der Erblasser einen Ersatzerben für den Fall berufen, daß ein anderer nicht Erbe sein kann, so ist er im Zweifel auch berufen, wenn jener nicht Erbe sein will (§ 2097 BGB).

l) Hat der Erblasser die Erben gegenseitig als Ersatzerben eingesetzt, so gelten sie im Zweifel nach dem Verhältnis ihrer Erbteile als Ersatzerben eingesetzt (§ 2098 BGB).

m) Läßt der Inhalt einer letztwilligen Verfügung verschiedene Auslegungen zu, so ist im Zweifel diejenige Auslegung vorzuziehen, bei der die Verfügung Erfolg haben kann (§ 2084 BGB). So kann z.B. die letztwillige Bestellung eines Pflegers als Ernennung eines Testamentsvollstreckers ausgelegt werden.

n) Der vom Erblasser im Testament gebrachte Ausdruck „Enterbung“ bedeutet im exakten juristischen Sprachgebrauch nur den Ausschluß von der gesetzlichen oder testamentarisch angeordneten Erbfolge. Im allgemeinen Sprachgebrauch wird in aller Regel unter „Enterbung“ verstanden, daß der „Enterbte“ keinerlei Anteil am Nachlaß des Erblassers, auch nicht den Pflichtteil erhalten soll. Diese Auslegung ist insbesondere dann angebracht, wenn im Testament gleichzeitig „Gründe für die Enterbung“ genannt sind (so OLG Hamm, Beschluß v. 28. 7. 1972 FamRZ 1972 S. 660).

o) Enthält ein Testament mehrere Verfügungen und ist eine von ihnen unwirksam, so stellt sich die Frage, ob die Teilnichtigkeit die Unwirksamkeit des ganzen Testaments zur Folge hat. Nach der Auslegungsregel in § 2085 BGB bewirkt die Unwirksamkeit einer Verfügung nur dann auch die Unwirksamkeit der übrigen in derselben Urkunde enthaltenen Verfügungen, wenn anzunehmen ist, daß der Erblasser diese ohne die unwirksame Verfügung nicht getroffen hätte. Im Zweifel bleiben also die übrigen Verfügungen des Erblassers in Kraft. Auch eine einheitliche Verfügung, z.B. die Einsetzung zum Alleinerben, kann zum Teil wirksam, zum Teil unwirksam sein.

264 ***Beispiele:***
1. Der kinderlos im gesetzlichen Güterstand verheiratete Erblasser hat seine Freundin, mit der er zusammenlebt, zur Alleinerbin eingesetzt und damit seine Ehefrau und seine Geschwister enterbt. Der Bundesgerichtshof hat die Enterbung der Ehefrau wegen Sittenwidrigkeit (als Vergütung für ehewidrige Beziehungen) für nichtig erklärt und ihr den gesetzlichen Erbteil (3/4 des Nachlasses) zuerkannt, die Enterbung der Geschwister aber als wirksam bestätigt, so daß die Freundin nur den gesetzlichen Erbteil (1/4 des Nachlasses) der Geschwister erhielt (BGHZ Bd. 53 S. 273, 381).
2. Ein Erblasser hat seine Kinder zu Erben eingesetzt mit der ausdrücklichen Anordnung, daß sie vom Nachlaß nichts verkaufen dürften. Die Erbeinsetzung der Kinder bleibt im Zweifel in Kraft (§ 2085 BGB), das Veräußerungsverbot ist nach § 137 BGB nichtig.

265 Für die Erbschaftsteuer ist die Testamentsauslegung zu berücksichtigen, die alle Beteiligten billigen, wie auch bei Streit oder Ungewißheit darüber, ob und in welcher Höhe ein Erbanfall vorliegt, das Ergebnis eines ernst gemeinten Vergleichs der Beteiligten (oder auch eines gerichtlichen Urteils) der Besteuerung zugrunde zu legen ist (BFH vom 24. 7. 1972, BStBl 1972 II S. 886). Werden allerdings unzweifelhafte erbrechtliche Vorgänge durch Vereinbarungen der Beteiligten geändert, so kann in diesen Vereinbarungen eine Schenkung liegen, die zu einer zusätzlichen Schenkungsteuer neben der den unzweifelhaften erbrechtlichen Vorgängen entsprechenden Erbschaftsteuer führt. Im übrigen ist – abgesehen von besonders ausgesetzten Vermächtnissen – es für die Besteuerung an sich ohne Bedeutung, welche Nachlaßgegenstände der einzelne Erbe erhält; jeder muß den Anteil am Gesamtnachlaß versteuern, der sich aus dem Testament oder der gesetzlichen Erbfolge für ihn ergibt (seine Erbquote). Erhält er bei der Verteilung des Nachlasses mehr, so kann darin außerhalb des Erbfalles ein zusätzlich schenkungspflichtiger Vorgang liegen.

VII. Einsetzung eines Testamentsvollstreckers

1. Aufgaben und Befugnisse

266 Der Testamentsvollstrecker ist ein vom Erblasser durch letztwillige Verfügung berufener Vertrauensmann (Treuhänder), dem die Vollziehung des letzten Willens im Sinne des Erblassers obliegt. Die Gründe, die den Erblasser veranlassen, einen Testamentsvollstrecker einzusetzen, können verschie-

dener Art sein. Dem Erblasser kann es darum gehen, die Ausführung seiner letztwilligen Verfügung unabhängig von den Erben sicherzustellen oder die Auseinandersetzung sachgemäß durchführen zu lassen. Er kann mit der Ernennung eines Testamentsvollstreckers aber auch in erster Linie den Zweck verfolgen, einen Verwalter für den Nachlaß zu erhalten, etwa weil die Erben hierzu nicht in der Lage sind. In Fällen dieser Art, in denen die Verwaltung des Nachlasses die wesentliche Aufgabe des Testamentsvollstreckers bildet, spricht man von einer sog. **Verwaltungsvollstreckung.** Besteht die Aufgabe des Testamentsvollstreckers vornehmlich in der Durchführung der Auseinandersetzung, so handelt es sich um eine sog. **Abwicklungsvollstreckung.**

Der Wirkungskreis des Testamentsvollstreckers hängt von den Verfügungen 267
des Erblassers ab (vgl. hierzu BayObLG, Beschl. v. 29. 3. 1976, NJW 1976 S. 1692). Hat dieser hierüber nichts Näheres bestimmt, so ist es die Aufgabe des Testamentsvollstreckers, die letztwilligen Verfügungen des Erblassers auszuführen, die Nachlaßverbindlichkeiten zu berichtigen, die Auseinandersetzung unter mehreren Erben zu bewirken und den Nachlaß zu verwalten (§§ 2203 ff. BGB). Der Erblasser kann in seinem Testament die gesetzlichen Befugnisse des Testamentsvollstreckers erweitern oder beschränken (auch gegenständlich: BayObLG, Beschl. v. 4. 2. 1982, BayObLG Z 1982 S. 59). Er kann Richtlinien für die Vermögensverwaltung des Testamentsvollstreckers aufstellen, nach denen sich dieser zu richten hat. Fehlen solche Anordnungen, so hat sich der Testamentsvollstrecker nach dem ihm anderweitig bekannt gewordenen Willen des Erblassers, im übrigen nach Gerechtigkeit und Billigkeit zu richten und auf die Wünsche der Erben und Vermächtnisnehmer Rücksicht zu nehmen. Der Erblasser kann die Befugnisse des Testamentsvollstreckers z. B. dahin beschränken, daß dieser nur die Verwaltung des Nachlasses, nicht aber die übrigen Testamentsvollstrecker-Aufgaben übertragen erhält. Er kann auch den Anteil eines Miterben oder nur einzelne Nachlaßgegenstände der Verwaltung des Testamentsvollstreckers unterstellen. Andererseits kann der Erblasser den Wirkungskreis des Testamentsvollstreckers auch erweitern; er kann ihm beispielsweise die Verwaltung des Nachlasses auch für die Zeit nach Beendigung seiner sonstigen Aufgaben übertragen.

Gehört zum Nachlaß ein **Unternehmen,** auf das der Erblasser auch über sei- 268
nen Tod hinaus Einfluß nehmen möchte, kann die Anordnung einer Testamentsvollstreckung empfehlenswert sein. Allerdings kommt es hierbei entscheidend auf die Gesellschaftsform an.
In der hier gebotenen Vereinfachung kann gesagt werden, daß Testamentsvollstreckung an Beteiligungen an Kapitalgesellschaften (AG, GmbH) grundsätzlich zulässig ist.

Dagegen unterliegen die Rechte eines persönlich haftenden Gesellschafters (OHG, KG) wegen der mit dem Gesellschaftsanteil verbundenen personenrechtlichen Elemente und der unterschiedlichen Haftungsgrundsätze von Erbrecht und Gesellschaftsrecht nicht der Testamentsvollstreckung.
Nach nunmehr gefestigter Rechtsprechung ist dagegen Testamentsvollstrekkung bei Kommanditeinlagen zulässig (BGH, DNotZ 1990, 183).
Hinsichtlich eines Einzelunternehmens bestehen keine Schwierigkeiten, wenn der Testamentsvollstrecker dieses veräußern, verpachten, stillegen oder dem Erben zur freien Verfügung überlassen soll. Soll er dagegen das Unternehmen fortführen, so gibt es Probleme.
Ersatzlösungen können hier nicht näher erörtert werden, zumal sie ständig im Wandel begriffen sind (vgl. z. B. Schmellenkamp, MittRhNotK 1986, 181).
Bei der Vereinbarung von Gesellschaftsverträgen sollte die Möglichkeit einer Testamentsvollstreckung in Geschäftsanteile bedacht werden und – so oder so – ausdrücklich geregelt werden.

269 Durch die Einsetzung eines Testamentsvollstreckers wird dem Erben die Verfügung über den Nachlaß entzogen (§§ 2205, 2211 BGB). An seiner Stelle ist der Testamentsvollstrecker verfügungsberechtigt. Unentgeltliche Verfügungen – abgesehen von Pflichtgeschenken – sind ihm aber untersagt. Nur mit Zustimmung der Erben und der Vermächtnisnehmer kann der Testamentsvollstrecker auch über den Rahmen von Pflicht- und Anstandsschenkungen hinaus unentgeltlich über Nachlaßgegenstände verfügen (BGH, Beschl. v. 24. 9. 1971, NJW 1971 S. 2264). Der Testamentsvollstrekker kann Verbindlichkeiten für den Nachlaß eingehen, soweit sie für die ordnungsgemäße Verwaltung erforderlich sind. Der Erblasser kann auch bestimmen, daß der Testamentsvollstrecker in der Eingehung von Verbindlichkeiten für den Nachlaß nicht beschränkt sein soll. Wegen des Prozeßführungsrechts des Testamentsvollstreckers vgl. §§ 2212, 2213 BGB, 748 ZPO. Für schuldhafte Verletzung seiner Pflichten haftet der Testamentsvollstrekker den Erben und Vermächtnisnehmern (§ 2219 BGB).

270 Er hat die Erbschaftsteuererklärung abzugeben (§ 31 Abs. 5 ErbStG). Der Steuerbescheid wird ihm mit Wirkung für und gegen den Erben bekanntgegeben (§ 32 Abs. 1 ErbStG; BFH vom 14. 11. 1990, BStBl 1991 II S. 52).
Die Bekanntgabe des Erbschaftsteuerbescheids setzt damit auch die Rechtsbehelfsfrist für die Anfechtung in Lauf. Ein Steuerbescheid, mit dem lediglich Erbschaftsteuer aufgrund Vermächtnisanfalls und/oder aufgrund Erwerbs infolge Vertrags des Erblassers zugunsten des Erwerbers auf den Todesfall festgesetzt wird, kann dem Testamentsvollstrecker dagegen nicht mit Wirkung für ihn und gegen den Erben bekanntgegeben werden (BFH vom 14. 11. 1990, BStBl 1991 II S. 49).

Der Testamentsvollstrecker hat für die Bezahlung der Erbschaftsteuer sowie der anderen aus dem Nachlaß zu entrichtenden Steuern zu sorgen und haftet neben dem/den Steuerpflichtigen (auch für Säumniszuschläge), soweit Ansprüche aus dem Steuerschuldverhältnis infolge vorsätzlicher oder grob fahrlässiger Verletzung der ihm auferlegten Pflichten nicht festgesetzt oder erfüllt werden (§ 32 ErbStG; §§ 34, 35, 69 und 191 AO). Er kann aber, soweit er nicht selbst Miterbe oder Vermächtnisnehmer ist, den ihm bekanntgegebenen Erbschaftsteuerbescheid ohne Prozeßvollmacht der Erben (Vermächtnisnehmer) nicht mit Rechtsbehelfen beim Finanzamt bzw. Finanzgericht anfechten (BFH vom 4. 11. 1981, BStBl 1982 II S. 262). Erst recht nicht kann ein Testamentsvollstrecker – solange er nicht entsprechend bevollmächtigt ist – einen den/dem Erben bekanntgegebenen Einheitswert-, Gewinnfeststellungs- oder persönlichen (z. B. Einkommen-) Steuerbescheid im Rechtsbehelfsverfahren angreifen (BFH vom 16. 12. 1977 und 15. 2. 1978, BStBl II 1978 S. 383 und 491). Andererseits kann von ihm in der Regel auch nicht die Abgabe von Einkommen- oder Vermögensteuererklärungen für den/die Erben verlangt werden (BFH vom 16. 4. 1980, BStBl 1980 II S. 605).

2. Ernennung*

Der Erblasser kann einen oder – vor allem bei größerem Nachlaß – auch 271
mehrere Testamentsvollstrecker ernennen (§ 2197 BGB). Auch ein Miterbe kann zum Testamentsvollstrecker ernannt werden, doch ist dies nicht zu empfehlen, weil sich aus der Beteiligung des Testamentsvollstreckers am Nachlaß eine Interessenkollision ergeben kann, die leicht zu Schwierigkeiten mit den anderen Erben führt. Die Ernennung kann an den Eintritt einer Bedingung geknüpft oder befristet werden. Die Ernennung kann auch lediglich zu dem Zweck erfolgen, daß bei einer angeordneten Nacherbfolge bis zum Eintritt des Nacherbfalles die Rechte und Pflichten des Nacherben wahrgenommen werden (§ 2222 BGB). Schließlich kann es die alleinige Aufgabe des Testamentsvollstreckers sein, für die Ausführung der einem Erben oder Vermächtnisnehmer gemachten Auflage zu sorgen.

Die Anordnung der Testamentsvollstreckung und die Ernennung des Testamentsvollstreckers erfolgt in der letztwilligen Verfügung z. B. durch folgende Bestimmungen:

* Vgl. Muster M 21, M 22 (Rz. 575, 576); M 34 (Rz. 589); M 40 (Rz. 595) im Anhang.

a) Ich setze meinen Sohn Karl Schneider zu meinem Alleinerben ein. Herrn Otto Fuchs in Fürth bestelle ich zum Testamentsvollstrecker. Sein Amt endet, sobald mein Sohn Karl sein 21. Lebensjahr vollendet.

b) Ich ernenne Herrn Otto Fuchs in Fürth und, falls dieser das Amt nicht annehmen sollte, Herrn Fritz Ertel in Erlangen zum Testamentsvollstrecker. Aufgabe des Testamentsvollstreckers soll allein die Liquidierung meines Betriebes in Tennenlohe und die Verteilung des Erlöses an die Erben sein. Hierbei soll der Testamentsvollstrecker von allen gesetzlichen Beschränkungen – soweit zulässig – befreit sein. Als Vergütung für seine Tätigkeit soll er 5 % des erzielten Erlöses erhalten.

272 Das Amt des Testamentsvollstreckers ist besonders verantwortungsvoll. Es erfordert – namentlich bei umfangreichem Nachlaß – besondere Umsicht und Energie. Der Erblasser sollte deshalb nur eine wirklich geeignete Person zum Testamentsvollstrecker bestimmen und wird sich schon zu Lebzeiten vergewissern, daß diese zur Annahme des Amtes auch bereit ist. Für den Fall, daß der zunächst Vorgesehene das Amt nicht annehmen kann oder will, kann der Erblasser im Testament einen Ersatzmann bestimmen. Doch kann der Erblasser die Bestimmung des Testamentsvollstreckers auch einem Dritten überlassen, z. B. einer vertrauenswürdigen Person seines Verwandten- oder Bekanntenkreises oder einer Behörde (z. B. der zuständigen Industrie- und Handelskammer). Die Bestimmung erfolgt dann durch Erklärung des Dritten in öffentlich beglaubigter Form gegenüber dem Nachlaßgericht (§ 2198 BGB). Der Erblasser kann auch das Nachlaßgericht um Ernennung eines geeigneten Testamentsvollstreckers ersuchen; er wird dies tun, wenn er auf alle Fälle einen Testamentsvollstrecker wünscht, z. Z. aber keine dafür geeignete Persönlichkeit kennt. Rein vorsorglich kann er das Nachlaßgericht um Ernennung eines Testamentsvollstreckers für den Fall ersuchen, daß der von ihm selbst Benannte das Amt nicht annimmt oder später wegfällt. Die Anordnung in der letztwilligen Verfügung könnte z. B. lauten:

Für meinen Nachlaß ordne ich Testamentsvollstreckung an. Die Person des Testamentsvollstreckers soll meine Ehefrau Agathe Klein, ersatzweise mein Sohn Fritz Klein bestimmen. Sollte der Testamentsvollstrecker nicht binnen sechs Wochen nach meinem Tode dem Nachlaßgericht gegenüber bestimmt worden sein, dann soll das Gericht von sich aus eine geeignete Person, möglichst einen Notar oder einen Wirtschaftsprüfer, zum Testamentsvollstrecker ernennen.

3. Beginn und Erlöschen des Amtes

Das Amt des Testamentsvollstreckers beginnt mit dem Zeitpunkt, in dem der Ernannte das Amt annimmt. Er kann aber auch die Übernahme ablehnen. Annahme oder Ablehnung sind gegenüber dem Nachlaßgericht zu erklären. 273

Zu Testamentsvollstreckern können natürliche oder juristische Personen (z. B. Treuhandgesellschaften oder Banken, die dann durch ihre Organe handeln), aber auch die jeweiligen Inhaber eines bestimmten Amtes, etwa eines Notariats, bestellt werden. Der Testamentsvollstrecker muß voll geschäftsfähig sein, er darf auch keinen Betreuer nach § 1896 BGB erhalten haben.

Das Nachlaßgericht erteilt dem Testamentsvollstrecker auf Antrag ein Zeugnis über seine Ernennung. Darin werden beschränkende oder erweiternde Anordnungen des Erblassers eingetragen. Das Zeugnis begründet gegenüber anderen Personen oder Stellen die Vermutung, daß der darin Bezeichnete in dem angegebenen Umfang Testamentsvollstrecker geworden ist.

Eine Überwachung der Tätigkeit des Testamentsvollstreckers durch das Nachlaßgericht erfolgt nicht; dieses kann nur in bestimmten Fällen und nur auf Antrag eines Beteiligten (Erben, Vermächtnisnehmer, Auflageberechtigten) Einfluß auf die Tätigkeit des Testamentsvollstreckers nehmen. Auch seine Vergütung wird nicht durch das Nachlaßgericht festgesetzt.

Das Amt des Testamentsvollstreckers endet

a) mit dem Tode des Testamentsvollstreckers, dem Verlust seiner Geschäftsfähigkeit oder der Bestellung eines Betreuers für ihn (§ 2225 BGB);
b) durch Kündigung seitens des Testamentsvollstreckers, die gegenüber dem Nachlaßgericht zu erklären ist. Sie setzt keinen besonderen Kündigungsgrund voraus und kann jederzeit erfolgen. Der Testamentsvollstrecker macht sich aber schadenersatzpflichtig, wenn er ohne wichtigen Grund zur Unzeit kündigt, d. h. zu einer Zeit, zu der dem Nachlaß ohne Testamentsvollstrecker schwerer Schaden droht (§ 2226 BGB);
c) mit der Entlassung des Testamentsvollstreckers durch das Nachlaßgericht, die aus wichtigem Grund auf Antrag eines Beteiligten erfolgen kann (§ 2227 BGB).

4. Vergütung des Testamentsvollstreckers

Die Höhe der Vergütung, die der Testamentsvollstrecker für seine Amtsführung verlangen kann, sollte im Testament bestimmt sein. Der Testator kann die Honorierung auch ganz ausschließen. In diesem Falle steht es dem als Testamentsvollstrecker Berufenen frei, sein Amt abzulehnen oder zu kündi- 274

gen. Fehlt eine Bestimmung über die Testamentsvollstreckervergütung, so greift die gesetzliche Regelung des § 2221 BGB ein, wonach der Testamentsvollstrecker eine angemessene Vergütung verlangen kann. Bei Bemessung der Höhe der Vergütung sind Umfang und Schwierigkeit des Amtes, Größe der Verantwortung und erzielte Erfolge, sowie der Wert des Nachlasses zu berücksichtigen; auch die Ortsüblichkeit ist in Betracht zu ziehen.
Als üblich werden vielfach auch heute noch die von Plaßmann in JW 1935 S. 1830 bekanntgegebenen Grundsätze für die Höhe der Vergütung im Bezirk des Rhein. Notariats angesehen. Danach beträgt die übliche Vergütung bei einem Bruttonachlaßwert:

bis 20000 DM	*4%*
darüber hinaus bis 100000 DM	*3%*
darüber hinaus bis zu 1000000 DM	*2%*
darüber hinaus	*1%*

Bei besonders umfangreicher und zeitraubender Tätigkeit des Testamentsvollstreckers kann die Vergütung bis zu 10% des Nachlaßwertes ausmachen. Detailliertere Berechnungsmethoden finden sich im Handbuch von Haegele/Winkler „Der Testamentsvollstrecker", 9. Aufl. 1987, Rdn. 570ff.

275 Wird die durch den Erblasser letztwillig festgesetzte Vergütung nicht als angemessen erachtet oder ist angeordnet, der Testamentsvollstrecker solle überhaupt keine Vergütung erhalten, so kann durch Vertrag des Testamentsvollstreckers mit den Erben und den sonstigen Nachlaßbeteiligten eine angemessene Vergütung vereinbart werden.
Arbeiten, die normalerweise nur gegen Entgelt geleistet werden (z.B. Rechtsanwalts-, Notar- oder Steuerberatertätigkeit), kann der Testamentsvollstrecker im Zweifel neben seiner Vergütung gesondert berechnen (§§ 2218, 670 BGB; Palandt, BGB § 2221 Rdn. 9). Außerdem erhält er die ihm entstandenen Auslagen ersetzt.

276 Die Vergütung und Auslagen des Testamentsvollstreckers gehören steuerlich zu den Kosten im Zusammenhang mit der Regelung des Nachlasses im Sinne des § 10 Abs. 5 Nr. 3 ErbStG und sind von dem steuerpflichtigen Erwerb abzuziehen. Allerdings darf die Vergütung an den Testamentsvollstrecker nicht unangemessen hoch sein. Das Finanzamt prüft die Angemessenheit – sie hängt wesentlich mit von dem Wert des verwalteten Nachlasses und dem Umfang der Arbeitsbelastung des Testamentsvollstreckers ab – selbst dann noch, wenn die Vergütung im Testament festgelegt wurde. An eine gerichtliche Entscheidung über die Höhe ist es allerdings gebunden. Geht die Ver-

gütung über das Angemessene hinaus, so stellt der übersteigende Betrag ein gegebenenfalls steuerpflichtiges Vermächtnis an den Testamentsvollstrecker dar. Zahlen die Erben von sich aus mehr, als angemessen ist, so kann insoweit eine schenkungsteuerpflichtige freigebige Zuwendung der Erben an den Testamentsvollstrecker vorliegen. Steht die Höhe der Vergütung bei der Erbschaftsteuerveranlagung noch nicht fest, weil sich die Tätigkeit des Testamentsvollstreckers über längere Zeit hinzieht, so muß der Betrag geschätzt werden. Im übrigen ist gerade bei einer längere Zeit dauernden Testamentsvollstreckung zu beachten, daß die mit der laufenden Nachlaßverwaltung zusammenhängenden Kosten keine den Erwerb mindernden Ausgaben zur Regelung des Nachlasses sind (§ 10 Abs. 5 Nr. 3 letzter Satz ErbStG). Die Kosten für eine solche Dauertestamentsvollstreckung (z. B. für die Verwaltung eines Unternehmens des Erblassers im Auftrag und Interesse der Erben) können aber als Betriebsausgaben bei der Einkommensteuer den Gewinn mindern (BFH vom 1. 6. 1978, BStBl 1978 II S. 499, und vom 22. 1. 1980, BStBl 1980 II S. 351).

Der Testamentsvollstrecker selbst ist, wenn er nachhaltig tätig wird, Unter- 277
nehmer im Sinne des Umsatzsteuerrechts; in der Regel gilt für ihn der normale Steuersatz. Zur Gewerbesteuer wird er nicht herangezogen. Bei der Einkommensteuer gehören seine Vergütungen zu den Einkünften aus sonstiger selbständiger Arbeit im Sinne des § 18 EStG.

5. Pflichten des Testamentsvollstreckers

Unverzüglich nach Annahme seines Amtes hat der Testamentsvollstrecker 278
ein Verzeichnis der seiner Verwaltung unterliegenden Nachlaßgegenstände sowie der bekannten Nachlaßschulden zu erstellen und dem Erben auszuhändigen. Dieser kann verlangen, daß er bei der Aufnahme des Verzeichnisses hinzugezogen wird.

Der Testamentsvollstrecker ist zur ordnungsgemäßen Verwaltung verpflichtet. Bei schuldhaften Pflichtverletzungen macht er sich den Erben gegenüber schadenersatzpflichtig. Eine Schadenersatzpflicht entfällt, wenn sich der Testamentsvollstrecker in Übereinkunft mit den Erben über eine Anordnung des Erblassers hinwegsetzt.

Nachlaßgegenstände, die der Testamentsvollstrecker zur Erfüllung seiner Obliegenheiten nicht benötigt, hat er auf Verlangen dem Erben zur freien Verfügung zu überlassen. Das gilt jedoch nicht bei der Verwaltungsvollstreckung.

Zwischen dem Testamentsvollstrecker und den Erben besteht ein auftragsähnliches Rechtsverhältnis. Daraus folgt, daß er verpflichtet ist, den Erben Auskünfte zu erteilen und ihnen Rechnung zu legen (auf Verlangen jährlich). Nach Beendigung seiner Verwaltung hat der Testamentsvollstrecker – soweit nicht schon vorher geschehen – den Nachlaß mit allen Nutzungen gegen Ersatz aller Aufwendungen herauszugeben.

VIII. Bestimmungen über die Nachlaßauseinandersetzung*

1. Teilungsverbot

279 Der Erblasser kann die Auseinandersetzung des Nachlasses unter den Erben für eine bestimmte Zeit oder bis zum Eintritt eines bestimmten Ereignisses ausschließen oder von der Einhaltung einer Kündigungsfrist abhängig machen. Eine solche Verfügung ist unwirksam, wenn dreißig Jahre seit dem Eintritt des Erbfalls verstrichen sind. Ohne diese zeitliche Beschränkung kann der Erblasser anordnen, daß die Auseinandersetzung bis zum Eintritt eines bestimmten Ereignisses in der Person eines Miterben oder, falls er eine Nacherbfolge oder ein Vermächtnis anordnet, bis zum Eintritt der Nacherbfolge oder bis zum Anfall des Vermächtnisses ausgeschlossen sein soll (§ 2044 BGB). Ein solches Teilungsverbot kann vor allem dann veranlaßt sein, wenn ein Betriebsgrundstück zum Nachlaß gehört, aus dem bestimmte Erben (die Ehefrau, die Tochter) ihren Lebensunterhalt beziehen sollen. Nach dem Gesetz wird nämlich jeder Erbe Miteigentümer an jedem einzelnen Erbschaftsgegenstand und ist als solcher berechtigt, die Gegenstände (z. B. das Geschäftsgrundstück) zum Zweck der Auseinandersetzung zur Versteigerung zu bringen. Damit kann das Unternehmen der Familie verlorengehen. Es kann von einem Dritten, aber auch von einem vermögenden Erben zum Schaden der anderen aufgekauft werden. Dem kann durch folgende Anordnung vorgebeugt werden:

Hiermit bestimme ich, daß meine Erben mein Geschäftsgrundstück zum Zwecke der Auseinandersetzung nicht veräußern dürfen, solange meine Ehefrau noch lebt.

Eine solche Anordnung hindert die Erben nicht daran, bei Vorliegen eines wichtigen Grundes dennoch die Auseinandersetzung zu verlangen. Es empfiehlt sich daher, auch für diesen Fall Vorsorge zu treffen, etwa mit folgendem Zusatz:

---

* Vgl. Muster M 10 (Rz. 563); M 12, M 13 (Rz. 565, 566); M 23 (Rz. 577); M 34 (Rz. 589); M 40, M 41 (Rz. 595, 596) im Anhang.

Verlangt einer der Erben trotzdem vorzeitig die Auseinandersetzung wegen eines wichtigen Grundes, so soll er nur den Pflichtteil erhalten.

2. Verteilung der Nachlaßgegenstände

Die Miterben sind nicht darauf angewiesen, die Erbschaftsgegenstände zum 280
Zwecke der Auseinandersetzung zu veräußern. Die Auseinandersetzung kann auch durch Verteilung der Gegenstände in Natur erfolgen, dabei kommt es häufig zu Streitigkeiten, wenn ein und derselbe Gegenstand von mehreren Erben begehrt wird, oder die Erben sich über den Wert eines bestimmten Gegenstandes und seine Anrechnung auf den Gesamterbteil eines Miterben nicht einig werden. Diesen Unstimmigkeiten, die nicht selten schon zu Familienzerwürfnissen geführt haben, kann der Erblasser durch Bestimmungen über die Art und Weise der Auseinandersetzung vorbeugen. Auch wird ihm oft daran liegen, daß einzelne Gegenstände einem bestimmten Erben zufallen. Weist er durch Teilungsanordnungen bestimmte Nachlaßgegenstände einem einzelnen Erben zu, so sollte er nicht versäumen, auch über die Anrechnung auf dessen Erbteil Bestimmungen zu treffen.

Beispiele:
Meinen Kraftwagen soll mein Sohn Fritz unter Anrechnung von 30 % des Schätzungswertes auf sein Erbteil erhalten.
Meine Schlafzimmereinrichtung, bestehend aus folgenden Gegenständen ..., soll meine Schwester Frieda Groß bekommen; der Anrechnungswert soll durch ein Sachverständigengutachten ermittelt werden.
Meine Tochter Maria erhält mein Wertpapierdepot. Der Wert der Papiere bestimmt sich nach dem Tageskurs am Teilungstag. Die Teilung soll am ersten Werktag des zweiten auf meinen Tod folgenden Kalendermonats stattfinden.

Der Erblasser kann auch bestimmen, daß die Auseinandersetzung nach billi- 281
gem Ermessen eines Dritten erfolgen soll. Die daraufhin von dem Dritten getroffenen Anordnungen sind unwirksam, wenn sie offenbar unbillig sind (§ 2048 BGB).
Gehört ein gewerbliches Unternehmen zum Nachlaß, so wird sich der Erblasser überlegen, wer von den Erben das Geschäft weiterführen soll, bzw., wenn die Erben das Unternehmen gemeinschaftlich weiterführen sollen, in welcher Rechtsform dies zu geschehen hat. Gegebenenfalls wird er die Gründung einer Familiengesellschaft (OHG, KG, GmbH, stille Gesellschaft) anordnen (s. u. Rz. 399).

3. Steuerliche Besonderheiten

282 Steuerlich wird jeder Miterbe so behandelt, als ob er am Nachlaß nach Bruchteilen beteiligt wäre (§ 39 Abs. 2 Nr. 2 AO). Wertmäßig hat er zu versteuern, was seiner Erbquote entsprechend vom Nachlaß auf ihn entfiele, wenn die Erbengemeinschaft am Todestage aufgelöst worden wäre. Wie die einzelnen Nachlaßgegenstände dann tatsächlich auf die Erben verteilt werden, spielt für die Erbschaftsteuer keine Rolle. Die Erbquote des einzelnen Miterben ergibt sich im Zweifel aus dem vom Amtsgericht, in dessen Bezirk der Erblasser seinen Wohnsitz hatte (§ 73 FGG), auf Antrag ausgestellten Erbschein (§ 2357 BGB). Teilungsanordnungen des Erblassers (§ 2048 BGB) sind nach dem BFH-Urteil vom 10. 11. 1982 (BStBl 1983 II S. 329) und der diesem folgenden Verwaltungspraxis im Gegensatz zu früher für die Besteuerung ohne Bedeutung. Allerdings kann in der Zuweisung eines bestimmten Nachlaßgegenstandes an einen bestimmten Miterben ein Vorausvermächtnis (§ 2150 BGB) liegen, wenn der Erblasser den Bedachten dadurch besonders und zusätzlich zu dessen Erbquote begünstigen wollte. Der Empfänger muß dann dieses Vorausvermächtnis zusätzlich neben dem Wert seiner Erbquote versteuern.

283 Andererseits mindert der Wert des Vorausvermächtnisses nach § 10 Abs. 5 Nr. 2 ErbStG den Gesamtnachlaß und damit auch die Erbquote, die von diesem auf den Empfänger des Vorausvermächtnisses entfällt. Manchmal soll nach dem Willen des Erblassers ein Miterbe einen bestimmten Gegenstand (z. B. ein Grundstück) zu einem bestimmten Übernahme- bzw. Anrechnungspreis erhalten (sog. Kaufrechtsvermächtnis). Bei der für die zu versteuernde Erbquote maßgebenden Nachlaßberechnung mindert der Steuerwert des vorausvermachten Gegenstandes (bei einem Grundstück z. B. sein Einheitswert, der noch um 40 % zu erhöhen ist, wenn es sich nicht um land- oder forstwirtschaftliches Vermögen handelt) den Wert des Gesamtnachlasses, während eine von dem Begünstigten etwa zu leistende Ausgleichszahlung (ein „Kaufpreis“) diesem wieder bis zur Höhe des Steuerwerts hinzuzurechnen wäre. Der begünstigte Voraus(kaufpreis)vermächtnisempfänger muß neben seiner Erbquote den Wert des vorausvermachten Gegenstandes noch zusätzlich versteuern, soweit dessen Steuerwert den zu zahlenden Kaufpreis übersteigt (BFH vom 12. 7. 1961, BStBl III S. 391, BStBl 1972 II, S. 886).

Beispiel:
Der Begünstigte soll ein Grundstück mit einem Verkehrswert von 200 000 DM und einem (um 40 % erhöhten) Einheitswert von 70 000 DM bei einer Anrechnung von 40 000 DM erhalten. Er muß dann insoweit 30 000 DM

versteuern. Soll ihm dagegen das Grundstück mit 120000 DM angerechnet werden, so entsteht insoweit keine Steuerschuld für das Vorausvermächtnis.

Teilen Miterben den Gesamtnachlaß abweichend von der dem einzelnen 284
nach dem Testament oder der gesetzlichen Erbfolge zustehenden Erbquote auf, so kann darin eine unentgeltliche Zuwendung des einen an den anderen Miterben liegen, wenn der eine auf Kosten des anderen bereichert wird und nicht nur ein Streit oder eine Ungewißheit darüber beseitigt werden soll, was dem einzelnen bei Auflösung der Erbengemeinschaft zusteht. Es handelt sich dann neben dem zu versteuernden Erbschaftserwerb noch um eine unter Umständen zusätzlich steuerbare Schenkung (BFH vom 14. 7. 1982, BStBl 1982 II S. 714). Dabei ist zu beachten, daß bei dieser Schenkung für die Steuerklasse das persönliche verwandtschaftliche Verhältnis der Miterben zueinander maßgebend ist, während für den Erbschaftserwerb die Steuerklasse sich nach dem Verhältnis des/der Erben zum Erblasser richtet.

Beispiel:
Erben zwei Kinder den Nachlaß ihres Vaters, so erfolgt die Besteuerung nach Steuerklasse I. Führt ihre Auseinandersetzung zu einer zusätzlich zu versteuernden Schenkung des einen an den anderen, so gilt hierfür die Steuerklasse III (Schenker und Beschenkter sind Geschwister).

Nimmt ein Miterbe im Rahmen einer Erbauseinandersetzung bei dem Er- 285
werb eines Kommanditanteils für Ausgleichszahlungen an Miterben einen Kredit auf, so sind die Zinsen – da durch das Erzielen gewerblicher Einkünfte veranlaßt – bei ihm als Sonderbetriebsausgaben abzugsfähig (Rechtsprechung durch BFH-Urteil vom 19. 5. 1983, BStBl 1983 II S. 380). Auch die Finanzierungskosten für Abfindungen an weichende Erben bei der Erbauseinandersetzung über Grundbesitz können bei der Einkommensteuer des abfindenden Grundstücksempfängers Betriebsausgaben bzw. Werbungskosten bei seinen Einkünften aus Vermietung und Verpachtung sein.
Gehört zum Nachlaß ein gewerbliches Unternehmen, so wird dieses nach § 2032 Abs. 1 BGB gemeinschaftliches Vermögen mehrerer Miterben. Die seit dem Erbfall erzielten Gewinne werden bei der Einkommensteuer grundsätzlich allen Miterben als Einkünfte aus Gewerbebetrieb zugerechnet, weil die Miterben in die Rechtsstellung des Erblassers eintreten und der Erbengemeinschaft die Erträge des Nachlasses bis zur Auseinandersetzung zufließen (BFH vom 12. 1. 1978, BStBl 1978 II S. 333).

286 Nach der neueren Rechtsprechung des Bundesfinanzhofs haben die Miterben auch die Eigenschaft von Mitunternehmern, solange die Erbauseinandersetzung über den Gewerbebetrieb nicht vollzogen ist (so BFH vom 5. 7. 1990 GrS 2/89, BStBl 1990 II 837). Veräußert dann später ein Miterbe seinen (Miterben- und Gesellschafts-)Anteil, so liegt bei ihm ein gem. § 16 Abs. 1 Nr. 2 EStG tarifbegünstigter Veräußerungsgewinn (oder auch -verlust) vor. Der übernehmende Miterbe hat Anschaffungskosten in Höhe der Abfindung. Etwas anderes gilt nur im Falle der vollständigen Auseinandersetzung und Auflösung des Gewerbebetriebs durch Realteilung ohne Ausgleichszahlungen. Wegen Einzelheiten siehe oben Rz. 82 ff. und den dort zitierten ausführlichen BMF-Erlaß nebst Rechtsprechung. Im übrigen ist ein Veräußerungsgewinn nur einkommensteuerpflichtig, soweit er – von Ausnahmen abgesehen – 30000 DM bzw. bei der Veräußerung eines Teilbetriebes oder Anteils am Betriebsvermögen den entsprechenden Teil davon übersteigt (§ 16 Abs. 4 EStG). Schließlich gelten für Veräußerungsgewinne die auf die Hälfte ermäßigten Steuersätze des § 34 EStG. Noch weitergehende Vergünstigungen bestehen bei der Veräußerung bestimmter land- und forstwirtschaftlicher Betriebe sowie der Entnahme von entsprechendem Grund und Boden, wenn es sich dabei um die Abfindung weichender Erben handelt (§ 14 a EStG und Abschn. 133 a EStR sowie BdF S 2239 A vom 29. 9. 1982).

IX. Nießbrauch an Erbteilen von Miterben

287 Die Zuwendung eines Nießbrauchs an den Erbteilen von Miterben ist in Testamenten und Erbverträgen häufig zu finden. Meist wird dem überlebenden Ehegatten an den Erbteilen noch minderjähriger Kinder der Nießbrauch zugedacht:

„Meiner Frau Inge geb. Klein soll an den Erbteilen meiner Kinder Andreas und Karl bis zu deren Volljährigkeit der Nießbrauch zustehen."

Durch eine solche Anordnung wird der Nießbrauch noch nicht mit unmittelbar dinglicher Wirkung begründet. Vielmehr wirkt die Bestimmung wie ein Vermächtnis (§ 2174 BGB), welches dem Begünstigten das Recht verleiht, von den betreffenden Miterben die Bestellung des Nießbrauchs zu verlangen; diese sind verpflichtet, bei der Nießbrauchsbestellung mitzuwirken.

288 Auch der Erwerb des Nießbrauchs ist steuerpflichtig. Zu versteuern ist der **Kapitalwert.** Er ergibt sich in der Regel aus dem Jahreswert und einem Vervielfältiger, dessen Höhe von der Zeitdauer des Nießbrauchs, unter Umstän-

den auch von dem Lebensalter der beteiligten Personen, abhängt (§§ 13 – 16 BewG). Statt des Kapitalwerts ist der gemeine Wert anzusetzen, wenn er nachweislich höher oder niedriger ist. Bei der Ermittlung des Kapitalwerts darf der Jahreswert einer Nutzung „nicht mehr als den achtzehnten Teil des Wertes betragen, der sich nach den Vorschriften des Bewertungsgesetzes für das genutzte Wirtschaftsgut ergibt" (§ 16 BewG). Im übrigen können Erbschaftsteuerveranlagungen im Rahmen des § 14 Abs. 2 BewG auf Antrag berichtigt werden, wenn bei lebenslänglichem Nutzungsrecht der Vervielfältiger des Jahresbetrages infolge frühzeitigen Todes des Betreffenden wesentlich von der wirklichen Dauer der Nutzung abweicht. Nicht in Geld bestehende Nutzungen (Sachbezüge, freie Wohnung u.ä.) sind mit den Mittelpreisen des Verbrauchsortes, der Höhe nach schwankenden Nutzungen mit dem in Zukunft im Durchschnitt der Jahre voraussichtlich erzielbaren Betrag anzusetzen. Grundsätzlich muß bei der steuerlichen Bewertung des Nießbrauches an einer Erbschaft von den Werten der Nießbrauchsrechte an den einzelnen Nachlaßgegenständen und den betreffenden Lasten ausgegangen werden, weil ja auch der Nießbrauch an einem Nachlaß nach §§ 1085, 1089 BGB dadurch bestellt wird, daß der Berechtigte den Nießbrauch an den einzelnen Nachlaßgegenständen erlangt. Als Jahreswert des Nießbrauches gilt deshalb nicht 1/18 des nach den steuerlichen Bewertungsgrundsätzen sich ergebenden Rohnachlasses, sondern die Summe der für jeden einzelnen Nachlaßgegenstand anzusetzenden Jahreswerte, jeweils auf 1/18 des Steuerwertes des einzelnen Gegenstandes nach oben begrenzt (BFH vom 4. und 19. 6. sowie 23. 7. 1980, vom 14. 10. 1981 und 27. 7. 1983, BStBl 1980 II S. 608, 631 und 748, 1982 II S. 163 und 1983 II S. 740).

Die Besteuerung von Vermögen, dessen Nutzungen (Nießbrauch!) einem an- 289
deren als dem Erwerber zustehen oder das mit einer Rentenverpflichtung oder der Verpflichtung zu einer sonstigen wiederkehrenden Leistung belastet ist, hat in § 25 ErbStG eine besondere Regelung erhalten. Diese Vorschrift ist durch Artikel 7 Nr. 3 und 4 des Gesetzes „zur Änderung und Vereinfachung des Einkommensteuergesetzes und anderer Gesetze" vom 18. 8. 1980 (BGBl 1980 I S. 1537ff.) neu gefaßt worden. Wenn die Steuer für einen Erwerb nach dem 30. 8. 1980 entstanden ist oder entsteht (z.B. bei Tod des Erblassers oder Geltendmachung eines Pflichtteilsanspruchs nach diesem Stichtag), so mindert nach § 10 Abs. 1 S. 2 ErbStG grundsätzlich der kapitalisierte Wert des Nießbrauchs oder der sonstigen wiederkehrenden Leistungen (Rentenverpflichtungen) den steuerbaren Wert des Erwerbs. Ohne Berücksichtigung derartiger Belastungen (= Abzugsverbot) wird aber der Erwerb von Vermögen besteuert, dessen Nutzungen dem Ehegatten des Erblassers zustehen oder das mit einer Rentenverpflichtung oder mit der Verpflichtung zu sonstigen wiederkehrenden Leistungen zugunsten dieser

Person belastet ist (§ 25 Abs. 1 S. 1 ErbStG). Die auf den Kapitalwert solcher Belastungen entfallende Steuer wird jedoch von Amts wegen bis zum Erlöschen der Belastung(en) zinslos gestundet. Dabei kann der Erwerber jederzeit die Ablösung der gestundeten Steuer mit ihrem Barwert nach § 12 Abs. 3 BewG beantragen. Sollte der Erwerber das belastete Vermögen vor dem Erlöschen der Belastung ganz oder teilweise veräußern, so endet insoweit die Stundung in diesem Zeitpunkt.

290 Im Gegensatz zu diesen neuen Bestimmungen gilt weiterhin für Erbfälle, die vor dem 31. 8. 1980 eingetreten sind (und für vor diesem Zeitpunkt ausgeführte Schenkungen), noch § 25 ErbStG in seiner Fassung vom 17. 4. 1974/ 14. 12. 1976 (BGBl 1974 I S. 933 und 1976 I S. 3341). Danach konnte der Erwerber eines solchen belasteten Vermögens – im Gegensatz zu der eben besprochenen neuen Regelung ganz gleich, ob die Nutzungen usw. dem (Schenker oder) Ehegatten des Erblassers (Schenkers) oder einer dritten Person zustehen – grundsätzlich den Kapitalwert der Belastungen nicht vom Wert seines Erwerbs abziehen. Er hatte aber ein Wahlrecht für die Besteuerung solcher belasteten Erwerbe. Wählte er die sofortige Besteuerung, so wurde diese nach den Verhältnissen im Zeitpunkt des Erwerbs durchgeführt ohne Berücksichtigung der Belastung durch fremde Nutzungsrechte usw. Da dem Erwerber die Nutzungen – soweit sich die Belastungen (Nießbrauch!) auswirken – aber nicht zustehen, wird die Steuer von Amts wegen bis zum Erlöschen der Belastung(en) insoweit zinslos gestundet, als sie auf den Kapitalwert der Belastung(en) entfällt. Der gestundete Betrag kann auf Antrag des Steuerpflichtigen jederzeit mit seinem Kapitalbetrag im Zeitpunkt der Antragstellung abgelöst werden (Abschnitt 8.7 des insoweit weitergeltenden Erbschaftsteuererlasses vom 10. 3. 196, BStBl 1976 I S. 145). Statt der sofortigen Versteuerung konnte der Erwerber des belasteten Vermögens auch beantragen, daß die Versteuerung seines Erwerbs bis zum Erlöschen der Belastung ausgesetzt wird.

291 Allerdings ist diese Aussetzung der Höhe nach begrenzt. Sie darf den Prozentsatz nicht übersteigen, zu dem der Jahresertrag des erworbenen Vermögens durch die Belastung(en) gemindert ist. Die ausgesetzte Besteuerung erfolgt dann erst im Zeitpunkt des Erlöschens der Belastung(en), und zwar mit dem dann vorhandenen Wert; denn erst in diesem Zeitpunkt entsteht insoweit die Steuer (§ 9 Abs. 2 ErbStG). Bis dahin eingetretene Wertsteigerungen des betreffenden Vermögens unterliegen damit der Besteuerung (ausgenommen solche, die infolge eigener zusätzlicher Aufwendungen des Erwerbers eingetreten sind), Wertminderungen wirken sich zugunsten des Erwerbers aus. Geht im Falle einer Aussetzung der Besteuerung das belastete Vermögen vor dem Erlöschen der Belastung(en) durch Erbfolge auf einen anderen über, so wird für diesen Übergang keine Steuer erhoben. Erlischt später die Belastung, so wird der, dem das Vermögen in diesem Zeitpunkt gehört,

so besteuert, als ob er das Vermögen unmittelbar von dem ursprünglichen Erblasser erworben hätte. Überträgt der ursprüngliche Erwerber das belastete Vermögen unentgeltlich, so endet in diesem Zeitpunkt insoweit für ihn die Aussetzung. Die Steuer für seinen Erwerb bemißt sich dann nach dem Wert des übertragenen Vermögens in diesem Zeitpunkt nach Abzug der Belastung. Auch wenn der ursprüngliche Erwerber das belastete Vermögen vor dem Erlöschen der Belastung veräußert, endet in diesem Zeitpunkt insoweit die Aussetzung der Versteuerung.

BFH (Urteil vom 27. 10. 1982, BStBl 1983 II S. 45) und BVerfG (Beschluß 292
vom 15. 5. 1984, BStBl 1984 II S. 608) haben keine verfassungsrechtlichen Bedenken gegen die Nichtberücksichtigung der erwähnten Belastungen bei gleichzeitiger Stundung des auf ihren Kapitalwert entfallenden Steuerbetrages bis zu deren Erlöschen.
Der Nießbrauchs- (oder Renten-)berechtigte auf der anderen Seite hat für seine Besteuerung auch ein Wahlrecht. An sich erfolgt diese nach dem kapitalisierten Wert seiner Bezüge. Er kann aber auch die jährliche Versteuerung im voraus von dem Jahreswert wählen (§ 23 ErbStG). Der Steuersatz richtet sich zwar auch in diesem Fall nach der Höhe des gesamten Vermögensanfalls einschließlich des Kapitalwerts der wiederkehrenden Nutzungen usw. Doch fällt die Zahlung der Jahresraten in der Regel leichter, weil diese aus den jährlichen Bezügen bestritten werden können. Die Zahlung der Steuer setzt auch erst ein, wenn die Bezüge des Berechtigten den ihm zustehenden Freibetrag erreicht haben. Die jährlichen Steuerzahlungen mindern als Sonderausgaben („dauernde Lasten") im Sinne des § 10 Abs. 1 Nr. 1 a EStG in voller Höhe das steuerpflichtige Einkommen des Zahlenden. Dieser hat außerdem das Recht, die Jahressteuer zum jeweils nächsten Fälligkeitstermin mit ihrem Kapitalwert in diesem Zeitpunkt abzulösen. Die Steuer für neben einem Nießbrauchs-(Renten-)recht sonst noch angefallenes Vermögen ist in einem Betrag zu entrichten.

X. Verwirkungsklauseln

Bei Verwirkungsklauseln soll eine vom Erblasser in der Form eines Erbteils 293
oder Vermächtnisses festgelegte Zuwendung wieder beseitigt werden, falls der Bedachte etwas tut oder unterläßt, was mit den Verfügungen des Erblassers nicht übereinstimmt. Damit will der Erblasser seinem letzten Willen in verstärktem Umfang Geltung verschaffen.

Beispiele:
„Wer von meinen Kindern die in meinem Testament angeordneten Erbeinsetzungen, Vermächtnisse und Auflagen nicht anerkennt und deren

Wirksamkeit bestreitet, erhält das ihm Zugewendete nicht und ist hiermit auf den Pflichtteil gesetzt." „Wer mein Testament ganz oder in einzelnen Punkten anficht oder hier gegen prozessiert, erhält nichts von meinem Nachlaß."
„Falls mein Neffe Karl Müller das Referendarexamen nicht bis spätestens 1. Januar 1993 bestanden hat, verfällt das ihm ausgesetzte Barvermächtnis von 10000, – DM."

Die Ehepartner haben sich in einem gemeinschaftlichen Testament (Ehegatten-Testament) gegenseitig zu alleinigen und ausschließlichen Erben eingesetzt und weiter bestimmt, daß beim zweiten Sterbefall alle aus der Ehe hervorgegangenen Kinder Erben zu gleichen Stammteilen werden sollen (sog. Berliner Testament). Hier wird häufig die Strafklausel (Verwirkungsklausel) hinzugesetzt:

„Sollte eines unserer Kinder beim ersten Sterbefall seinen Pflichtteil beanspruchen, dann soll es auch für den zweiten Sterbefall auf den Pflichtteil gesetzt sein. Sein Erbanteil wächst den Kindern zu, die beim ersten Sterbefall ihren Pflichtteil nicht geltend gemacht haben."

294 Derartige Verwirkungs- oder Strafklauseln haben im Zweifel den Charakter einer auflösenden Bedingung. Wenn sich aus dem Testament nichts Gegenteiliges ergibt, wird in aller Regel davon auszugehen sein, daß grundsätzlich bereits ein ernsthafter gerichtlicher oder außergerichtlicher Versuch, eine testamentarische Verfügung als unwirksam zu Fall zu bringen, die Verwirkung zur Folge haben soll.
Nicht anwendbar ist eine Verwirkungsklausel dann, wenn ein Bedachter lediglich Schritte, etwa durch Befragung des Nachlaßrichters, eines Notars oder Rechtsanwalts unternimmt, ob die Klausel vom Erblasser herrührt, ob sie nicht wegen Formwidrigkeit, Verstoß gegen die guten Sitten oder Geschäftsunfähigkeit des Verfügenden als nichtig anzusehen oder wegen Willensmängeln anfechtbar ist. Eine allgemeine Verwirkungsklausel ist im Zweifel auch dann nicht anzuwenden, wenn lediglich über die Auslegung des auslegungsbedürftigen Testaments gestritten oder wenn es wegen Irrtums, Täuschung oder Drohung angefochten wird, um den wahren Willen des Erblassers zur Geltung zu bringen. Voraussetzung ist hier allerdings, daß ernsthafte Zweifel ein solches Vorgehen rechtfertigen. Verwirkungsklauseln sind nichtig, wenn durch sie ein verbots- oder sittenwidriges Verhalten des Bedachten bezweckt oder veranlaßt werden soll.

F. Vorsorgemaßnahmen im Hinblick auf den Erbfall und den Scheidungsfall

I. Sorge für Betrieb und Familie

Bei Errichtung einer letztwilligen Verfügung stehen für den Unternehmer 295
zwei Gesichtspunkte im Vordergrund: den Fortbestand seines Betriebes zu gewährleisten und seine Angehörigen wirtschaftlich sicherzustellen. Die Maßnahmen, die diesen Zwecken dienen sollen, müssen sorgfältig aufeinander abgestimmt werden. Der Betrieb soll der Witwe und den Kindern als Lebensgrundlage dienen. Deshalb muß vor allem verhindert werden, daß das Unternehmen durch die Nachlaßauseinandersetzung in seiner Existenz gefährdet wird und der Familie verlorengeht. Gefahr droht dem Betrieb vor allem durch das jedem Erben zustehende Recht, jederzeit die Auseinandersetzung zu verlangen (§ 2042 BGB). Der Unternehmer sollte deshalb nicht einfach bestimmte Personen zu Erben einsetzen oder die gesetzliche Erbfolge eintreten lassen und es dann den Erben überlassen, sich wegen der Übernahme des Betriebes durch einen von ihnen oder wegen der gemeinschaftlichen Weiterführung des Unternehmens zu einigen. Über diese Punkte sollten vom Erblasser klare und eindeutige Bestimmungen getroffen werden. Überhaupt ist es meist wenig vorteilhaft, den Betrieb auf eine Vielzahl von Erben übergehen zu lassen. Unter mehreren Inhabern entsteht in Fragen der Geschäftsführung oft Streit, der um so schwerer beizulegen ist, je mehr Personen daran beteiligt sind. Auch sollte nicht durch die Einsetzung vieler Erben oder Erbstämme das Kapital des Unternehmens zersplittert werden. Je kleiner und zahlreicher die Kapitalanteile sind, um so weniger werden sich ihre Inhaber untereinander und mit dem Betrieb verbunden fühlen. Auf einen Familienbetrieb kann sich das nur nachteilig auswirken. Deshalb sollte das Unternehmen möglichst nur auf einen oder einige wenige auserwählte Erben übertragen werden.

Daraus entstehen aber neue Probleme und Gefahren für das Unternehmen. 296
Die vom Erblasser übergangenen Familienangehörigen können Pflichtteilsansprüche geltend machen, die von den Erben in Geld zu befriedigen sind. Werden sie als Erben eingesetzt, ohne zur Betriebsübernahme berechtigt zu sein, so werden sie Abfindungsansprüche gegen den oder die Betriebsübernehmer geltend machen. In beiden Fällen werden dem Betrieb Mittel entzogen, was zu Zahlungsschwierigkeiten führen kann, die unter Umständen die Liquidation oder den Verkauf des Unternehmens zur Folge haben. Auch diese Gefahren muß der Unternehmer im Auge behalten und durch zweckentsprechende Anordnungen zu vermeiden suchen.

Schließlich muß der Unternehmer auch mit der Geburt weiterer Kinder rechnen und auch die Möglichkeit einer Wiederverheiratung seiner Ehefrau ins Auge fassen.

297 Einen geeigneten Nachfolger zu finden, kann schwierig sein, zumal es hierbei nicht nur auf die fachliche Eignung, sondern auch auf charakterliche Qualitäten ankommt. Von der richtigen Wahl des Nachfolgers hängt aber weitgehend der Fortbestand des Unternehmens ab. Falsch wäre es, hierbei in erster Linie verwandtschaftliche Rücksichten walten zu lassen. Im Mittelpunkt der Überlegungen hat immer die Frage zu stehen, ob sich derjenige, der den Betrieb erhalten soll, hierzu auch wirklich eignet.
Glaubt der Unternehmer, einen geeigneten Nachfolger gefunden zu haben, und verfügt dieser bereits über die erforderliche Lebens- und Geschäftserfahrung, so sollte ihm in der Leitung des Betriebs möglichst freie Hand gelassen werden. Je nach Lage des Einzelfalls kann es auch zweckmäßig sein, dem Betrieb eine gesellschaftliche Form zu geben durch Gründung einer OHG, einer KG oder einer atypischen stillen Gesellschaft. Auch die Rechtsform einer GmbH oder AG kann für ein Familienunternehmen in Betracht kommen. Der Unternehmer sollte seine Nachfolge möglichst einfach gestalten. Komplizierte Regelungen oder solche, die auf allzu weite Sicht getroffen werden, erweisen sich häufig als ungünstig. Auch steuerliche Gesichtspunkte müssen beachtet werden. Gegebenenfalls wird sich der Unternehmer vor der Abfassung seines Testaments hierüber mit einem Fachmann beraten.

298 Bei Handwerksbetrieben sind die Bestimmungen der Handwerksordnung i. d. F. vom 28. 12. 1965 (BGBl 1966 I S. 2) zu berücksichtigen. Danach darf nach dem Tode eines selbständigen Handwerkers zunächst der Ehegatte den Betrieb fortführen. Dasselbe gilt für Erben bis zur Vollendung ihres 25. Lebensjahres und für den Testamentsvollstrecker. Nach Ablauf eines Jahres ist eine Fortführung des Betriebes durch die bezeichneten Personen nur gestattet, wenn der Betrieb von einem Meister oder einem Handwerker mit ausreichenden Kenntnissen, der eine Ausnahmebewilligung erhalten hat, geleitet wird (vgl. §§ 4, 8 der Handwerksordnung).

II. Vorsorge bei Lebzeiten

299 Mit der Errichtung des Testaments allein ist es nicht getan. Schon zu Lebzeiten sollte der Unternehmer seine geschäftlichen und privaten Dispositionen darauf ausrichten, daß die Betriebsübernahme durch den Nachfolger reibungslos und ohne Schaden für Betrieb und Familie erfolgen kann.

1. Vermögensverzeichnis

300 Die Abwicklung des Nachlasses wird wesentlich erleichtert, wenn die Erben ein vom Erblasser erstelltes Vermögensverzeichnis vorfinden. In dieses Verzeichnis sollte der Unternehmer sein ganzes Vermögen, gegliedert nach den einzelnen Vermögensbestandteilen und mit zutreffenden Wertangaben versehen, aufnehmen. Beim Grundbesitz sollten die einzelnen Grundstücke nach Lage und Grundbuchbezeichnung, Einheitswert und jeweiligem Verkehrswert aufgeführt werden. Auch über bestehende Grundstücksbelastungen sollte das Verzeichnis Aufschluß geben. Der Wert des Geschäftsvermögens ist aus den Büchern und Bilanzen zu entnehmen, so daß sich hierüber nähere Angaben erübrigen. Ist der Unternehmer dagegen an einer Personen- oder Kapitalgesellschaft beteiligt, so müssen Art und Höhe dieser Beteiligung angegeben und die zu ihrem Nachweis erforderlichen Unterlagen bezeichnet werden; das gilt auch für stille Beteiligungen. Bei Wertpapieren soll neben dem Nenn- und Kurswert auch der Aufbewahrungsort (Bankdepot) angegeben werden. Vorhandene Bank- und Sparkassenguthaben sollte das Verzeichnis ebenso enthalten wie private Forderungen und abgeschlossene Versicherungen. In ein vollständiges Vermögensverzeichnis gehören auch alle bestehenden Verbindlichkeiten (Bankdarlehen, Bürgschaften usw.), soweit es sich nicht um Geschäftsverbindlichkeiten handelt, die aus den Büchern zu ersehen sind.

301 Schwierig gestaltet sich oft die Ermittlung der richtigen Werte der einzelnen Vermögensgegenstände, doch kann der Unternehmer hier die Wertangaben aus seiner Vermögensteuererklärung übernehmen. Er muß sich allerdings darüber im klaren sein, daß die Vermögensteuerwerte nicht immer den wirklichen Verkehrswerten entsprechen. Besonders die in der Vermögensteuererklärung anzusetzenden steuerlichen Einheitswerte für den Grundbesitz (einschließlich Landwirtschaft) bleiben meist weit hinter den tatsächlichen Werten zurück. Die letzte Hauptfeststellung der Einheitswerte des Grundbesitzes hat auf den 1. 1. 1964 stattgefunden. Die hierbei festgestellten Einheitswerte sind erst am 1. 1. 1974 in Kraft getreten. Um die in der Zeit zwischen dem 1. 1. 1964 und dem 1. 1. 1974 eingetretenen Veränderungen der Grundstückswerte zu berücksichtigen, waren erstmals auf den 1. 1. 1974 Fortschreibungen vorzunehmen. Für die Vermögensteuer und Erbschaftsteuer werden die Einheitswerte für den Grundbesitz mit einem Zuschlag von 40 % zugrunde gelegt (§ 121 a BewG). Der Zuschlag unterbleibt bei Grundbesitz, der zu einem land- oder forstwirtschaftlichen Betrieb gehört. Im übrigen können Einheitswerte für Grundbesitz nur fortgeschrieben werden, wenn sich entweder die Grundstücksart (z. B. infolge einer Bebauung oder Umwandlung eines Geschäfts- in ein Mietwohngrundstück) oder die Zurechnung (anderer Eigentümer) gegenüber der letzten Feststellung geändert hat,

oder wenn der neue Einheitswert von dem alten nach oben um mehr als ein Zehntel (mindestens um 5000 DM) oder um mehr als 100000 DM bzw. nach unten um mehr als ein Zehntel (mindestens um 500 DM) oder um mehr als 5000 DM abweicht (§ 22 BewG).

302 Natürlich ist es mit einer einmaligen Aufstellung des Vermögensverzeichnisses nicht getan. Die Angaben müssen von Zeit zu Zeit überprüft und erforderlichenfalls ergänzt und berichtigt werden. Dies soll wenigstens alle 4 bis 5 Jahre geschehen. Wenn größere Vermögensverschiebungen eintreten, sollte das Verzeichnis sofort berichtigt werden. Die Durchsicht des Vermögensverzeichnisses wird den Unternehmer auch veranlassen, seine testamentarischen Verfügungen daraufhin zu überprüfen, ob sie den gegenwärtigen Vermögensverhältnissen noch angemessen und mit den vorhandenen Mitteln zu erfüllen sind; gegebenenfalls wird er sein Testament ändern müssen.
Von dem Aufbewahrungsort des Vermögensverzeichnisses sollten die nächsten Angehörigen unterrichtet werden, damit sie das Verzeichnis im Todesfall rasch zur Hand haben. Der Unternehmer wird auch wichtige **Urkunden** persönlicher, familiärer und geschäftlicher Art sammeln, in Gruppen geordnet aufbewahren und den Familienangehörigen ihren Aufenthaltsort mitteilen, da auch diese Urkunden im Erbfall Bedeutung haben können.
S. auch Rz. 8ff. sowie Muster M 1 (Rz. 553) im Anhang.

2. Zweckmäßige Vermögensanlage

303 Sein Vermögen unterschiedlich anzulegen und nicht alle Mittel auf eine Anlageart zu konzentrieren, ist ein Rat, der nicht nur für den Unternehmer, sondern ebenso für den Privatmann gilt. Der Unternehmer insbesondere muß diesen Grundsatz beherzigen, wenn er eine größere Familie hat. Nicht immer ist es nämlich vorteilhaft, die Ehefrau und alle Kinder an dem Unternehmen zu beteiligen; oft wird es der Unternehmer vorziehen, nur einem oder einigen ausgewählten Erben den Betrieb zu übergeben. Dann müssen die übrigen Familienmitglieder, will der Unternehmer sie nicht leer ausgehen lassen, mit anderen Vermögenswerten abgefunden werden.
Besitzt er außer dem Betrieb kein nennenswertes Vermögen, so bleibt ihm nur die Möglichkeit, die „weichenden Erben“ aus Mitteln des Betriebs abzufinden. Damit aber kann dem Unternehmen die Kapitalbasis entzogen werden, die zur Erhaltung seiner Wettbewerbsfähigkeit erforderlich ist. Diese Nachteile werden vermieden, wenn rechtzeitig Teile des Vermögens in Grundstücken, Eigentumswohnungen, Hypotheken, Wertpapieren oder in anderen Werten angelegt werden. Dann stehen im Todesfall genügend Vermögenswerte zur Verfügung, um alle Familienmitglieder angemessen zu bedenken.

3. Abschluß von Versicherungen

Durch den Abschluß geeigneter Versicherungen sorgt der Erblasser schon zu Lebzeiten wirksam für die wirtschaftliche Sicherstellung seiner Angehörigen. Zugleich sichert er damit den Bestand seines Unternehmens. Eine Lebensversicherung kommt vor allem zugunsten derjenigen Familienmitglieder in Betracht, die am Unternehmen nicht beteiligt werden sollen. Damit wird vermieden, daß die Versorgung dieser Personen durch eine aus dem Betriebsvermögen zu zahlende Rente sichergestellt werden muß. Die Geltendmachung von Pflichtteilsansprüchen kann verhindert werden, wenn zugunsten der Pflichtteilsberechtigten Lebensversicherungen in Höhe der zu erwartenden Pflichtteilsansprüche abgeschlossen werden. Die Pflichtteilsberechtigten müssen sich nämlich die Versicherungssumme auf ihren Pflichtteil anrechnen lassen, wenn dies bei der Festlegung der Bezugsberechtigung ausdrücklich angeordnet wurde. Für die Berechnung des Pflichtteils wird die Versicherungssumme dem Nachlaß hinzugerechnet und von dem Gesamtbetrag wieder abgezogen. 304

Beispiel:
Ein Unternehmer setzt seinen Sohn A zum Erben ein. Wert des Nachlasses 160000 DM. Zugunsten seines Sohnes B hat der Erblasser eine Lebensversicherung über 40000 DM abgeschlossen mit der Bestimmung, daß B sich die Lebensversicherungssumme auf den Pflichtteil anrechnen lassen muß. Der Pflichtteil (Hälfte des gesetzlichen Erbteils) würde sich dann errechnen auf (160000 + 40000) : 4 = 50000 DM. Auf diesen Betrag wird die Versicherungssumme von 40000 DM angerechnet, so daß B noch 10000 DM aus dem Nachlaß verlangen kann.

Vorteilhaft ist es, den Bedachten (Ehefrau, Kinder) im Versicherungsvertrag eine **unwiderrufliche Bezugsberechtigung** einzuräumen. Damit entzieht man das während der Versicherungsdauer angesammelte Kapital dem Zugriff etwaiger Gläubiger. Auch der Rückkaufswert einer Versicherung mit unwiderruflicher Bezugsberechtigung kann von den Gläubigern des Versicherungsnehmers nicht gepfändet werden; diese können lediglich im Wege der Anfechtung die im letzten Jahr gezahlten Prämien herausverlangen. Ist dagegen nur eine widerrufliche Bezugsberechtigung vereinbart, so kann ein Gläubiger des Versicherungsnehmers (des Unternehmers) die Rechte aus der Lebensversicherung pfänden. 305

Die Lebensversicherung bringt auch steuerliche Vorteile. Der Unternehmer kann die Prämien bei der Einkommensteuer unter den Voraussetzungen des § 10 EStG als Sonderausgaben absetzen (z. B. bei Risikoversicherung, Ren- 306 tenversicherung ohne Kapitalwahlrecht oder Kapitalversicherung mit mind. 12jähriger Laufzeit). Die Auszahlung der Versicherungssumme ist für den Unternehmer einkommensteuerfrei. Ist in dem Versicherungsvertrag nicht der Versicherungsnehmer, sondern eine andere Person (z. B. seine Ehefrau) als Bezugsberechtigter angegeben, so gehört im Todesfall die Versicherungssumme nicht zum Nachlaß. Der Bezugsberechtigte kann deshalb die Erbschaft selbst ausschlagen, ohne dadurch den Anspruch auf die Versicherungssumme zu verlieren (§ 167 Abs. 2 S. 2 VVG). Allerdings unterliegt auch dann der Vermögensanfall (= Erwerb der Versicherungssumme) der Erbschaftsteuer, weil er „aufgrund eines vom Erblasser geschlossenen Vertrages bei dessen Tode von einem Dritten unmittelbar erworben wird" (§ 3 Abs. 1 Nr. 4 ErbStG). Dagegen kommt eine Erbschaftsteuer in solchen Fällen nicht in Betracht, wenn der Dritte die Versicherungsprämien aus eigenen Mitteln entrichtet hatte. Auch Ansprüche aus einer Unfallversicherung sind erbschaftsteuerpflichtig, nicht aber Leistungen eines Luftfahrtunternehmens aus der Unfallversicherung an die Erben eines tödlich verunglückten Fluggastes (BFH vom 11. 10. 1978, BStBl 1979 II S. 115). Bei einer Autoinsassenunfallversicherung gehört der Anspruch auf Auszahlung der vom Versicherungsnehmer eingezogenen Versicherungssumme grundsätzlich zum Nachlaß des tödlich verunglückten Insassen (BFH vom 16. 1. 1963, BStBl 1963 III S. 187; vgl. auch Nds. FG vom 19. 2. 1992, EFG 1992, 540).

307 Die Versicherung kann auch in Form einer Lebens-Rentenversicherung abgeschlossen werden. Diese wird steuerlich wie eine Versorgungsrente behandelt. Ein Teilbetrag der vom Eintritt des Versicherungsfalles an zu zahlenden Rente ist als Ertragsanteil einkommensteuerpflichtig, während der andere Teil steuerfrei bleibt. Der Ertragsanteil errechnet sich aus der Tabelle in § 22 EStG. Der Erbschaftsteuer ist der kapitalisierte Wert der Rente zugrunde zu legen. Der Rentenberechtigte kann nach § 23 ErbStG beantragen, daß ihm statt der einmaligen Zahlung der Steuer vom Kapitalwert die Entrichtung der Steuer jährlich im voraus von dem Jahreswert gestattet wird. Der Steuersatz ist zwar derselbe, der Berechtigte kann aber seine jährlichen Steuerzahlungen als Sonderausgaben („dauernde Lasten") gemäß § 10 Abs. 1 Nr. 1 a EStG von seinem steuerpflichtigen Einkommen abziehen (BFH vom 5. 4. 1965, BStBl 1965 III S. 360).

308 Die Versicherung kann zur wirtschaftlichen Sicherstellung der Hinterbliebenen als lebenslängliche Versicherung auf den Todesfall oder als Risiko- (kurze Todesfall-) Versicherung mit Fälligkeit des Kapitals nur beim Tode innerhalb der fünf- oder zehnjährigen Versicherungsdauer (mit Umtauschrecht) abgeschlossen werden. Mit der Sicherstellung der Hinterbliebenen kann die Sicherung des eigenen Alters verbunden werden. Hierfür bieten die Versicherungsgesellschaften die kombinierte **Versicherung auf den Todes-**

und Erlebensfall mit oder ohne Invaliditäts-Zusatzversicherung oder die Ehegatten-Versicherung auf den Tod des Erstversterbenden an.
Sehr beliebt sind **Aussteuer- und Ausbildungsversicherungen** für den Sohn oder die Tochter. Durch Versicherung kann auch der Geldbedarf für Zahlungsverpflichtungen in Sonderfällen (z. B. zur Auszahlung von Vermächtnissen oder Pflichtteilsansprüchen) sichergestellt werden.

Während der Geltungsdauer des ErbStG 1959 konnte der Erblasser durch 309
den Abschluß einer sog. Erbschaftsteuerversicherung dem späteren Erben die Aufbringung der oft beträchtlichen Summen für die Erbschaftsteuer erleichtern und den Abzug größerer Barmittel aus dem Betrieb verhindern. Während die beim Todesfall fälligen Versicherungssummen normalerweise zur Errechnung der Erbschaftsteuer der Erbmasse zugerechnet werden, blieb die Versicherungssumme aus einer Erbschaftsteuerversicherung nach § 19 ErbStG 1959 dann steuerfrei, wenn sie binnen zwei Monaten nach dem Tode des Versicherungsnehmers unmittelbar an das Finanzamt gezahlt und dort zur Abdeckung der auf den sonstigen Nachlaß geschuldeten Erbschaftsteuer verwendet wurde. Die Steuerfreiheit trat allerdings nur insoweit ein, als durch die Versicherung Steuerschulden von Angehörigen der Steuerklassen I und II, also des Ehegatten, der Kinder oder Enkelkinder des Erblassers, abgedeckt wurden. Die Prämien für die Erbschaftsteuerversicherung konnte der Unternehmer als Sonderausgaben vom Einkommen absetzen.

Das Erbschaftsteuerreformgesetz 1974 hat den Inhalt des § 19 ErbStG 1959 310
nicht übernommen. Diese alte Vorschrift findet aber auf vor dem 3. 10. 1973 beantragte Lebensversicherungsverträge bis zum 31. 12. 1993 weiterhin Anwendung. Allerdings mindert sich die steuerfrei bleibende Versicherungssumme – wenn der Tod des Versicherungsnehmers oder seines überlebenden Ehegatten (§ 19 Abs. 1 und 2 ErbStG 1959) nach dem 31. 12. 1973 eintritt – für jedes dem Kalenderjahr 1973 bis zum Eintritt des Versicherungsfalles folgende Kalenderjahr um jeweils 5 vom Hundert (Art. 6 des Erbschaftsteuerreformgesetzes 1974). Die Vergünstigung wird also langsam abgebaut. Für 1974 wirkt sie sich noch voll aus, für 1975 mit 95 % usw. Bei einem Erbfall im Jahre 1985 bleiben dann 45 % von der Versicherungssumme bei entsprechender Verwendung noch steuerfrei, 1986 noch 40 %. Bei dieser Weiteranwendung der alten Vorschrift ist folgendes zu beachten:
Übersteigt die Versicherungssumme die aus ihr zu tilgenden Steuerbeträge, so fällt der Mehrbetrag in die Erbmasse und ist nicht steuerfrei. Dieser Mehrbetrag wird entweder dem ausdrücklich bezeichneten Berechtigten oder, wenn ein solcher nicht benannt ist, allen Erben hinzugerechnet. Reicht dagegen die Versicherungssumme zur Bezahlung der Erbschaftsteuer nicht aus und hat der Erblasser weder im Versicherungsvertrag noch im Testament angeordnet, in welcher Reihenfolge die Steuerschulden der einzelnen

Erben aus der Versicherungssumme gedeckt werden sollen, so wird die Versicherungssumme zunächst auf die Erben der Steuerklassen I und II im Verhältnis der Steuerbeträge verteilt, die sich ohne Berücksichtigung der Versicherungssumme ergeben. Verbleibt dann noch ein Betrag, so wird dieser nach den gleichen Grundsätzen auf die Erwerber der Steuerklasse III – V (alt) verteilt.

311 Diese begünstigte Erbschaftsteuerversicherung ist aber auf Lebensversicherungen beschränkt. Für reine Unfallversicherungen gilt sie nicht (wohl aber für Lebensversicherungen mit erhöhter Auszahlung bei Tod durch Unfall). Wichtig ist, daß die Bestimmung über die Verwendung der Versicherungssumme (oder auch nur eines bestimmten Teiles davon) zur Bezahlung der Erbschaftsteuer und Abführung an das Finanzamt in dem Versicherungsvertrag steht; es genügt nicht, daß sie nur in der letztwilligen Verfügung enthalten ist. Außer zur Deckung von Erbschaftsteuer kann die Versicherungssumme auch zur Ablösung der auf Personen der Steuerklassen I oder II entfallenden Lastenausgleichsabgaben des Versicherungsnehmers bestimmt sein; sie bleibt dann insoweit ebenfalls erbschaftsteuerfrei.

4. Rechtzeitige Wahl des Nachfolgers

312 Der Unternehmer, dem das Wohl seines Betriebs und seiner Familie am Herzen liegt, wird es nicht versäumen, sich rechtzeitig nach einem Nachfolger (oder einer Nachfolgerin) umzusehen, der (die) nach seinem Tode das Unternehmen weiterführen kann. Manche Betriebsinhaber warten damit allerdings viel zu lange. Gerade bei starken Unternehmerpersönlichkeiten, die den Betrieb aus eigener Kraft aufgebaut haben, findet man häufig die Neigung, das Heft nur allzulange in der Hand zu behalten. Der Gedanke, daß einmal jemand anderes dort schalten und walten soll, wo sie bisher allein bestimmt haben, ist ihnen unangenehm. Sie wollen den Betrieb bis ins hohe Alter selbst führen und glauben, es werde sich dann unschwer ein Nachfolger finden.

313 Es kann nicht genug davor gewarnt werden, die Nachfolgerfrage zu spät zu regeln. Niemand ist davor sicher, vorzeitig abberufen zu werden. Aber auch wenn man von der Möglichkeit des vorzeitigen Todes absieht, erweist sich die frühzeitige Suche nach dem Nachfolger als vorteilhaft. Eine geeignete Persönlichkeit zu finden, die willens und in der Lage ist, das Unternehmen weiterzuführen, ist nämlich nicht einfach. Der echte Unternehmer (die echte Unternehmerin) zeichnet sich durch eine Vielzahl von Eigenschaften geistiger und charakterlicher Art aus, wie sie nur bei wenigen Menschen vorhanden sind. Der Betriebsinhaber wird also vorsichtig auswählen und den oder die in Aussicht Genommenen längere Zeit hindurch sorgfältig beobachten

müssen, ehe er sich entschließt, ihm oder ihnen das Unternehmen anzuvertrauen. Schon diese Überlegung verbietet es, die Nachfolgefrage allzulange vor sich herzuschieben und dann eine überstürzte und nicht genügend überlegte Entscheidung zu treffen.

Wenn der Unternehmer unter seinen Kindern eine oder mehrere geeignete 314
Persönlichkeiten hat, die das Unternehmen einzeln oder in Gesellschaftsform weiterführen können, so ist er in einer glücklichen Lage. Vielfach wird auch die Ehefrau geeignet sein, den Betrieb zu leiten, vor allem, wenn sie schon bisher an verantwortlicher Stelle mitgearbeitet hat. Gelegentlich erweist sich auch ein Schwiegerkind als geeigneter Nachfolger. Doch ist bei einer Beteiligung von Schwiegerkindern am Unternehmen zu bedenken, daß dadurch Familienfremde in das Unternehmen gelangen können, was sich bei einem Familienunternehmen störend auswirken kann. Dagegen sind geeignete Vorkehrungen zu treffen, auf die weiter unten (Rz. 503 ff.) noch näher einzugehen sein wird. Nicht selten muß sich der Unternehmer außerhalb der eigenen Familie nach einem geeigneten Nachfolger umsehen. Diesen findet er manchmal im Kreis seiner leitenden Angestellten (Direktoren, Geschäftsführer, Prokuristen). Scheidet diese Möglichkeit aus, so wird der Unternehmer versuchen müssen, eine geeignete Führungskraft von außerhalb durch Annonce oder durch Vermittlung der Bundesanstalt für Arbeitsvermittlung und Arbeitslosenversicherung, bzw. deren Büro „Führungskräfte der Wirtschaft" in Frankfurt in seinen Betrieb zu holen und zum Nachfolger heranzubilden.

5. Adoption des Nachfolgers

Kinderlose Unternehmer adoptieren mitunter den Nachfolger (die Nachfol- 315
gerin); damit sind erbschaftsteuerliche Vorteile verbunden. Durch die Adoption erlangt der Angenommene die rechtliche Stellung eines ehelichen Kindes und hat Schenkungen sowie einen Erwerb von Todes wegen nach den günstigen Sätzen der Steuerklasse I zu versteuern. Zur Adoption ist erforderlich, daß der Annehmende das 21. bzw. 25. Lebensjahr vollendet hat. Für die Adoption volljähriger Personen gelten die Sondervorschriften in den §§ 1767 – 1772 BGB. Danach bleibt das Verwandtschaftsverhältnis zwischen dem Angenommenen und seiner leiblichen Familie bestehen (§ 1770 BGB), was zur Folge haben könnte, daß das Vermögen des Annehmenden über einen kinderlos bleibenden Angenommenen in die fremde (leibliche) Familie gelangt. Das aber dürfte nicht erwünscht sein. Abhilfe dagegen kann erreicht werden, wenn das Vormundschaftsgericht auf besonderen Antrag hin ausnahmsweise für den volljährigen Nachfolger die Volladoption ausspricht. Es müssen hier allerdings bestimmte Voraussetzungen gegeben sein

(vgl. § 1772 BGB), insbesondere dürfen nach dem nunmehr geltenden Adoptionsrechtsänderungsgesetz keine überwiegenden Interessen der Eltern des Annehmenden entgegenstehen.

316 Eine nach dem bürgerlichen Recht wirksame Annahme als Kind ist auch für die steuerliche Beurteilung verbindlich. Selbst wenn sie zu erheblicher Steuerersparnis führt, liegt kein Mißbrauch von Gestaltungsmöglichkeiten des Rechts im Sinn des § 42 AO vor, der die steuerlichen Vorteile einer Adoption ausschließen würde. Die Adoption muß aber, um bei der Erbschaft- und Schenkungsteuer berücksichtigt zu werden, erfolgt sein, bevor die betreffende Steuer entsteht. Dazu muß der Beschluß des Vormundschaftsgerichts, der die Annahme als Kind ausspricht, dem Annehmenden rechtzeitig vorher zugestellt worden sein. Er kann allerdings auch noch nach dem Tode des Annehmenden ergehen, wenn dieser bei Lebzeiten seinen Adoptionsantrag bei dem Vormundschaftsgericht eingereicht oder einen Notar mit der Einreichung betraut hatte. Die Annahme hat dann die gleiche Wirkung, als wenn sie vor dem Tode erfolgt wäre (§§ 1752, 1753 BGB). Lediglich private Vereinbarungen zwischen dem Annehmenden und dem zu Adoptierenden haben auf die Besteuerung keine Auswirkung. Von Bedeutung ist auch im Zusammenhang mit der Einsetzung von nicht verwandten Personen als Unternehmernachfolger bzw. Führungskräfte und einer etwaigen Adoption solcher Personen, daß im Gegensatz zu früher nach § 1767 BGB in der Fassung des Adoptionsgesetzes vom 2. 7. 1976 (BGBl 1976 I S. 1753) jetzt auch bereits Volljährige noch adoptiert werden können, „wenn die Annahme sittlich gerechtfertigt ist". Mit der Annahme als Kind erlöschen nach §§ 1755f. BGB zwar grundsätzlich die Verwandtschaftsverhältnisse des Angenommenen und seiner Abkömmlinge zu den bisherigen (leiblichen) Verwandten. Die Steuerklassen I, II und III Nr. 1 bis 3 gelten bei der Erbschaftsteuer aber auch in diesen Fällen weiter (§ 15 Abs. 1a ErbStG).
Vgl. hierzu auch Rz. 166ff. mit Hinweisen auf das deutsch-deutsche Adoptionsrecht.

6. Schrittweiser Abbau der Unternehmerverantwortung

317 Ist der Nachfolger oder die Nachfolgerin gefunden, so sollte er (sie) möglichst frühzeitig an der Leitung des Unternehmens beteiligt werden; nur so kann er sich mit den besonderen Problemen des Betriebes vertraut machen und in seine künftige Unternehmerrolle hineinwachsen. Selbst wenn es manchem Unternehmer schwerfallen wird, die Verantwortung mit einem Nachfolger zu teilen, zur Wahrung der Kontinuität der Unternehmensleitung ist es jedoch unerläßlich, daß der Nachfolger bereits Erfahrung in der Ge-

schäftsführung besitzt. Solange ihm der bisherige Betriebsinhaber noch mit seinem helfenden Rat zur Seite stehen kann, wird es dem Nachfolger wesentlich leichter fallen, sich mit seinem neuen Aufgabenkreis vertraut zu machen, als wenn er plötzlich, von einem Tag auf den anderen, die alleinige Verantwortung übernehmen muß. Nur durch frühzeitige Teilnahme an der Unternehmensleitung lernt der Nachfolger (die Nachfolgerin) seine eigenen Kräfte und Fähigkeiten kennen und gewinnt jene Sicherheit und Gewandtheit, die im Umgang mit der Belegschaft wie auch bei den Verhandlungen mit Geschäftspartnern und Banken dringend erforderlich ist.

Für den Unternehmer selbst bringt die frühzeitige Zusammenarbeit mit dem 318
Nachfolger den Vorteil, daß er diesen jahrelang beobachten, seine Fähigkeiten und Schwächen kennenlernen und mit Sicherheit beurteilen kann, ob der Ausgewählte den Anforderungen in jeder Weise gewachsen ist. Sollte dies nicht der Fall sein, so bleibt dem Unternehmer immer noch genügend Zeit, sich nach einem anderen Nachfolger umzusehen. Er geht kein Risiko ein, wie es der Fall wäre, wenn er dem Nachfolger zeitlebens jeglichen Einfluß auf die Betriebsleitung verwehren und sich darauf verlassen würde, daß dieser zu gegebener Zeit schon alles richtig machen werde.
Unerläßlich ist es, daß der Nachfolger über eine qualifizierte Berufsausbildung verfügt. Allein auf seine angeborenen Fähigkeiten und praktische Berufserfahrung sollte sich heute kein Unternehmer mehr verlassen. Der wirtschaftliche Erfolg wird mehr und mehr zu einem Produkt rationaler Berechnungen und solider Fachkenntnisse, die nur an geeigenten Hoch- und Fachschulen erworben werden können. Einen Teil seiner praktischen Ausbildung sollte der Nachfolger – gerade wenn er aus dem Familienkreis kommt – auf jeden Fall in einem fremden Betrieb erfahren. Dadurch weitet sich sein Horizont und er wird manche Erfahrungen, die er dort gewinnt, später im eigenen Betrieb nutzbringend verwerten können. Wo immer es geht, sollte der Unternehmer seinen Nachfolger Auslandserfahrung sammeln lassen, gewinnt doch der Umgang und die Zusammenarbeit mit ausländischen Geschäftspartnern im Zuge der fortschreitenden internationalen Verflechtung der Märkte immer größere Bedeutung.

7. Benennung eines Vormunds oder Pflegers für minderjährige Kinder

Hinterläßt der Unternehmer bei seinem Tode minderjährige Kinder, so ist 319
seine Witwe die gesetzliche Vertreterin der Kinder. Besitzt sie keine genügende Geschäftserfahrung, um die vermögensrechtlichen Belange der Kinder zu wahren und den Betrieb zu führen, bis diese volljährig geworden sind, so ist die Einsetzung eines Testamentsvollstreckers (vgl. hierzu Rz. 266ff.) anzuraten. Elternlose Kinder erhalten bis zu ihrer Volljährigkeit

einen Vormund. Für dieses Amt kommt nur eine vertrauenswürdige Person in Betracht, die der Familie verwandtschaftlich oder freundschaftlich nahesteht und über genügend Geschäftserfahrung verfügt, um den Betrieb bis zur Volljährigkeit des Nachfolge-Sohnes weiterzuführen. Da der Unternehmer mit der Möglichkeit seines vorzeitigen Ablebens rechnen muß, wird er sich, falls die übrigen Voraussetzungen gegeben sind, rechtzeitig in seinem Verwandten- oder Bekanntenkreis nach einer geeigneten Persönlichkeit umsehen, die im Falle seines Todes die Vormundschaft übernehmen kann. Er wird sich indessen nicht damit begnügen, den Ausgewählten in seinem Testament als Vormund seiner Kinder zu bezeichnen (vgl. §§ 1776, 1777 BGB), sondern wird sich schon vorher mit ihm besprechen, ihm die Verhältnisse schildern, die er im Falle der Amtsübernahme vorfinden wird, und sich vergewissern, ob der Betreffende zur Übernahme der Vormundschaft auch bereit ist. Für den Fall, daß der zunächst Bestimmte vorzeitig stirbt oder die Vormundschaft niederlegt, kann der Erblasser einen Ersatz-Vormund benennen. Möglich ist auch die Aufstellung eines Ergänzungspflegers für minderjährige Kinder, wenn der Erblasser letztwillig verfügt hat, daß das ihnen zugewendete Vermögen bis zu ihrer Volljährigkeit nicht durch ihre Eltern verwaltet werden soll (§ 1909 Abs. 1 BGB). Wird nur ein Elternteil von der Vermögensverwaltung ausgeschlossen, so verwaltet und vertritt der andere Elternteil allein (§ 1638 Abs. 3 BGB). Sind beide Elternteile von der Verwaltung des zugewendeten Vermögens ausgeschlossen, so erhält das Kind dafür einen Pfleger. Die Pflegschaft wird vom Vormundschaftsgericht angeordnet und als Pfleger ist derjenige berufen, den der Erblasser letztwillig bestimmt hat (§ 1917 Abs. 1 BGB).

8. Beachtung des Güterstandes

320 Der Güterstand, in welchem die Ehegatten leben, beeinflußt auch die Erbfolge. Das Güterrecht erzeugt Bindungen, die die Dispositionsfreiheit und damit auch die Testierfreiheit beeinträchtigen können, und enthält auch sonst Gefahrenquellen, die ein sorgfältig vorausplanender Unternehmer kennen und durch ehevertragliche Vereinbarungen nach Möglichkeit ausschließen sollte. Im folgenden wird ein kurzer Überblick über die im BGB vorgesehenen Güterstände gegeben und es werden dabei Möglichkeiten aufgezeigt, wie sich der Unternehmer vor nachteiligen Auswirkungen schützen kann.

a) Gesetzlicher Güterstand der Zugewinngemeinschaft

321 Aufgrund des Gleichberechtigungsgesetzes ist seit dem 1. 7. 1958 die Zugewinngemeinschaft in der BRD und in Westberlin gesetzlicher Güterstand.

Sie gilt immer dann, wenn die Ehegatten nicht durch Ehevertrag einen anderen Güterstand vereinbart haben, und zwar auch für solche Ehen, die vor dem 1. 7. 1958 geschlossen wurden und für die seinerzeit noch die früheren gesetzlichen Güterstände der Verwaltung und Nutznießung des Mannes (bis 31. 3. 1953) und der Gütertrennung (vom 1. 4. 1953 bis 30. 6. 1958) gegolten haben, sofern nicht einer der Ehegatten von den Überleitungsbestimmungen des Art. 8 Abs. 1 Nr. 3 und 4 des Gleichberechtigungsgesetzes Gebrauch gemacht und innerhalb der dafür vorgesehenen Frist durch einseitige Erklärung gegenüber dem Amtsgericht die Zugewinngemeinschaft ausgeschlossen und Gütertrennung herbeigeführt hat.

Deutsche Ehegatten, die als Vertriebene oder Flüchtlinge in die BRD über- 322
siedelten, behielten den in der alten Heimat einmal begründeten Güterstand bei (Prinzip der Unwandelbarkeit bzw. einer sog. Versteinerung des Güterstandes). Dies wurde den meisten von ihnen nicht bewußt, was zu sehr unliebsamen Überraschungen insbesondere für den Fall einer Scheidung oder auch des Todes (kein Zusatzerbteil gem. § 1371 Abs. I S. 1 BGB) führen konnte.
Abhilfe schuf hier das Gesetz über den ehelichen Güterstand von Vertriebenen und Flüchtlingen vom 4. 8. 1969 (BGBl I S. 1067), das am 1. 10. 1969 in Kraft trat. Es leitete den bisher maßgeblichen Güterstand in den gesetzlichen Güterstand des BGB über. Für Ehepaare, die bereits am 1. 10. 1969 ihren gewöhnlichen Aufenthalt in die BRD bzw. West-Berlin verlegt hatten, trat die Überleitung am 1. 10. 1969 ein, jedoch mit der Maßgabe, daß jeder Ehegatte bis zum 31. 12. 1970 in notarieller Urkunde gegenüber dem zuständigen Amtsgericht erklären konnte, daß der bisherige gesetzliche Güterstand fortgelten solle. Siedelten Ehegatten erst nach dem 1. 10. 1969 in die BRD über, so gilt für sie das Güterrecht des BGB nach Ablauf von vier Monaten mit der Maßgabe, daß jeder Ehegatte binnen Jahresfrist die Überleitung ablehnen kann.

Das Gesetz galt auch für „Ehegatten aus der sowjetischen Besatzungszone 323
Deutschlands oder dem sowjetisch besetzten Sektor von Berlin". Für Bürger der DDR oder Ost-Berlins, die nach dem 6. 10. 1949 geheiratet hatten, galt die Gütertrennung als gesetzlicher Güterstand. Sie wurde aufgrund des am 1. 4. 1966 in Kraft getretenen Familiengesetzbuchs der DDR vom 20. 12. 1965 abgelöst von der Eigentums- und Vermögensgemeinschaft der Ehegatten (§ 13 FGB), die in etwa der Errungenschaftsgemeinschaft gem. §§ 1519ff. BGB a.F., die bis zum 30. 6. 1958 als Wahlgüterstand galt, entsprach.
Art. 234 § 4 EGBGB bestimmt nun, daß für Ehegatten, die Bürger der DDR waren und im dort geltenden gesetzlichen Güterstand lebten, am Tag des Wirksamwerdens des Beitritts (3. 10. 1990) die Vorschriften der §§ 1363ff.

BGB gelten. Jeder Ehegatte konnte jedoch in notariell beurkundeter Erklärung gegenüber dem zuständigen Kreisgericht bis zum 2. 10. 1992 erklären, daß für die Ehe der bisherige gesetzliche Güterstand fortgelten solle.
Wurde der Güterstand übergeleitet, so können bei einem etwa erforderlich werdenden Zugewinnausgleich, insbesondere im Falle einer Scheidung (§§ 1372 ff. BGB) zusätzliche Probleme auftreten, da sich das Endvermögen (§ 1375 BGB) nach den Vermögensveränderungen ab dem 3. 10. 1990 errechnet, das Anfangsvermögen (§ 1374 BGB) gemäß den Regeln der §§ 39 – 41 FGB zu bestimmen ist. Hier gilt es, im Wege der Rechtsprechung und Rechtslehre noch manche Unklarheit zu beseitigen (vgl. auch *Rauscher,* DNotZ 1991, 209; *Böhringer,* DNotZ 1991, 223; *Rauscher,* DtZ 1991, 20).

Hinweis:
Ehegatten, die im Zeitpunkt des Beitritts Bürger der DDR waren und dort ihren gewöhnlichen Aufenthalt hatten, sollten sich von einem Fachjuristen über die nunmehr für sie maßgebliche Rechtslage aufklären lassen und Möglichkeiten erörtern, wie durch ehevertragliche Vereinbarungen Rechtsverhältnisse, die ihnen gemäß sind, geschaffen werden können.

aa) Wesen der Zugewinngemeinschaft

324 Bei der Zugewinngemeinschaft entsteht **kein gemeinschaftliches Vermögen** – der Name ist insoweit irreführend – vielmehr bleiben die Vermögensmassen beider Ehegatten einschließlich des Zugewinns während der Ehe rechtlich getrennt. Jeder Ehegatte verwaltet sein Vermögen selbständig und erwirbt dessen Nutzungen (§ 1364 BGB). Lediglich nach Beendigung der Zugewinngemeinschaft durch Auflösung der Ehe oder durch Vereinbarung eines anderen Güterstandes wird der während der Ehe erzielte Zugewinn in der Weise ausgeglichen, daß zugunsten des Ehegatten, der den geringeren Zugewinn zu verzeichnen hat, eine Ausgleichsforderung gegen den anderen Ehegatten entsteht. Die Zugewinngemeinschaft ist ihrem Wesen nach also eine Gütertrennung mit nachträglichem Ausgleichsanspruch.
Da die Vermögensmassen der Ehegatten nicht gemeinschaftliches Vermögen werden, haftet das Vermögen des einen Ehegatten nicht für die Schulden des anderen. Zugunsten der Gläubiger stellt das Gesetz jedoch die – allerdings durch Gegenbeweis widerlegbare – Vermutung auf, daß die im Besitz eines oder beider Ehegatten befindlichen Gegenstände demjenigen Ehegatten gehören, der Schuldner ist und gegen den vollstreckt wird (§ 1362 BGB). Nach § 739 ZPO wird darüber hinaus für die Durchführung der Zwangsvollstreckung nur derjenige Ehegatte als Gewahrsamsinhaber und Besitzer der zu

pfändenden Sachen angesehen, gegen den vollstreckt werden soll. Damit erhält der Gläubiger die Möglichkeit, auch in diejenigen Gegenstände zu vollstrecken, die sich im Besitz oder Gewahrsam des Ehegatten seines Schuldners befinden, während sonst im Vollstreckungsrecht der Grundsatz gilt, daß nur in die im Gewahrsam des Schuldners selbst befindlichen Sachen vollstreckt werden kann.

Beispiel:
Vollstreckt ein Gläubiger des Ehemannes in Einrichtungsgegenstände, die der Ehefrau gehören und sich in ihrem Besitz befinden, so kann die Frau die Vollstreckung nicht mit dem Einwand abwenden, daß die Gegenstände sich gar nicht im Gewahrsam des Schuldners befinden. Sie muß vielmehr durch Drittwiderspruchsklage (§ 771 ZPO) die Unzulässigkeit der Zwangsvollstreckung geltend machen und hierzu ihr Eigentum an den gepfändeten Gegenständen nachweisen. Diese Regelung gilt nur, wenn die Ehegatten nicht getrennt leben. Bei getrennt lebenden Ehegatten wird vermutet, daß die im Besitz eines Ehegatten befindlichen Sachen ihm auch gehören.

bb) Verfügungsbeschränkungen

Der Grundsatz, daß jeder Ehegatte über sein Vermögen frei verfügen kann, 325
wird durch die §§ 1365, 1369 BGB eingeschränkt:
Jeder Ehegatte kann sich nur mit Einwilligung des anderen verpflichten, über sein **Vermögen im ganzen** zu verfügen. Hat er sich ohne Zustimmung des anderen Ehegatten hierzu verpflichtet, so kann er die Verpflichtung nur erfüllen, wenn der andere Ehegatte einwilligt (§ 1365 BGB). Diese Bestimmung wird von der Rechtsprechung weit ausgelegt. Als Verfügung über das Vermögen im ganzen wird es bereits angesehen, wenn über ein einzelnes Vermögensobjekt verfügt wird, welches das ganze Vermögen oder doch im wesentlichen das ganze Vermögen des betreffenden Ehegatten ausmacht, dem gegenüber der Wert der sonst noch vorhandenen Vermögensstücke wirtschaftlich nicht ins Gewicht fällt (vgl. BGH, NJW 1980, 2350 und NJW 1991, 1739). Weder ist dabei maßgebend, ob sich der verfügende Ehegatte dessen bewußt war, über das ganze Vermögen zu verfügen, noch kommt es darauf an, ob für den weggegebenen Vermögensgegenstand eine gleichwertige Gegenleistung erworben wurde. Allerdings greift § 1365 BGB bei Verfügung über einen einzelnen Vermögensgegenstand nur ein, wenn der Vertragspartner positiv weiß, daß es sich hierbei um das (nahezu) gesamte Vermögen des Verfügenden handelt, er zumindest die Verhältnisse kennt, aus denen sich dies ergibt (BGH, DNotZ 1966, 44), und zwar im Zeitpunkt des Abschlusses des Verpflichtungsgeschäftes (BGH, NJW 1989, 1609).

Der Zustimmung seiner Ehefrau bedarf ein **Unternehmer,** wenn er seinen Betrieb, der im wesentlichen sein Vermögen ausmacht, gegen Barzahlung oder gegen Rente verkaufen will. Bringt der Ehegatte den wesentlichen Teil des Vermögens als Einlage in eine Gesellschaft ein, so ist zwar nicht schon der Abschluß des Gesellschaftsvertrages zustimmungsbedürftig, wohl aber jede Änderung des Gesellschaftsvertrages, soweit sie eine Verfügung über die Einlage des Ehegatten enthält, z. B. die Vereinbarung einer Abfindungsklausel für den Fall, daß der Ehegatte aus der Gesellschaft ausscheidet.

326 Macht ein Grundstück das gesamte oder nahezu gesamte Vermögen eines Ehegatten aus, so liegt in seiner **Belastung,** insbesondere mit einer Hypothek oder Grundschuld, nur dann eine gem. § 1365 BGB zustimmungsbedürftige Verfügung, wenn die Belastung den Grundstückswert bei Berücksichtigung etwaiger Vorbelastungen ganz oder im wesentlichen ausschöpft.

Durch die Verfügungsbeschränkung des § 1365 BGB soll der andere Ehegatte vor der Gefährdung seines künftigen Ausgleichsanspruchs gesichert werden und sollen die wirtschaftlichen Grundlagen der Familie erhalten bleiben.

Die zweite Verfügungsbeschränkung betrifft die Gegenstände des ehelichen Haushalts. Der Gesetzgeber will sicherstellen, daß die Haushaltsgegenstände auch dann im gemeinsamen Haushalt verbleiben, wenn sie einem Ehegatten allein gehören. Deshalb bestimmt § 1369 BGB, daß jeder Ehegatte über ihm gehörende Gegenstände des ehelichen Haushalts nur mit Zustimmung des anderen Gatten verfügen oder sich zu einer solchen Verfügung verpflichten darf. So benötigt z. B. ein Ehegatte die Zustimmung des anderen zu einem Vertrag, durch welchen er seinem Gläubiger eine ihm allein gehörende Zimmereinrichtung der ehelichen Wohnung sicherungsübereignet hat.

327 Verträge, die ein Ehegatte ohne die erforderliche Zustimmung des anderen abgeschlossen hat, sind schwebend unwirksam. Sie werden wirksam, wenn der andere Ehegatte sie nachträglich genehmigt; wie werden endgültig unwirksam, wenn die Genehmigung verweigert wird (§ 1366 BGB). Der gute Glaube des Erwerbers des Vermögens im ganzen oder der Haushaltsgegenstände wird nicht geschützt. Der ohne Einwilligung abgeschlossene Vertrag ist auch dann schwebend unwirksam, wenn der Dritte (Erwerber) ihn in der Meinung abgeschlossen hat, sein Vertragsgegner sei nicht verheiratet, lebe nicht in Zugewinngemeinschaft oder handle mit Zustimmung des anderen Ehegatten. Der die Zustimmung verweigernde Ehegatte kann von dem Dritten Gegenstände herausverlangen (§ 1386 BGB). Doch sind von den beiden Verfügungsbeschränkungen nur Rechtsgeschäfte unter Lebenden betroffen, nicht dagegen Verfügungen von Todes wegen; die Testierfreiheit der Ehegatten ist also nicht eingeschränkt (BGH, FamRZ 1969, 323, 325).

*cc) Ausgleich des Zugewinns unter Lebenden**

Durch die Erklärung der Zugewinngemeinschaft zum gesetzlichen Güterstand wollte der Gesetzgeber sicherstellen, daß der wirtschaftliche Erfolg des gemeinsamen Lebens beiden Ehegatten gleichermaßen zugute kommt. Deshalb ist nach Beendigung der Zugewinngemeinschaft der während der Dauer des Güterstandes erzielte Zugewinn unter den Ehegatten auszugleichen. Auf welche Weise der Ausgleich zu bewirken ist, richtet sich danach, ob der Güterstand zu Lebzeiten beider Ehegatten oder erst mit dem Tode eines Gatten beendet wird. 328

Die sog. **güterrechtliche Regelung,** bei welcher eine Ausgleichsforderung des einen Ehegatten gegen den anderen entsteht, greift Platz, wenn die Zugewinngemeinschaft zu Lebzeiten beider Ehegatten endet, wenn also die Ehe geschieden, aufgehoben oder für nichtig erklärt wird oder wenn die Zugewinngemeinschaft durch Ehevertrag aufgehoben und durch einen anderen Güterstand (z. B. Gütertrennung) ersetzt wird. Die güterrechtliche Regelung kommt auch zur Anwendung, wenn auf die Klage eines Ehegatten hin ein Urteil auf vorzeitigen Ausgleich des Zugewinns gemäß §§ 1385 ff. BGB ergangen ist. Die Klage kann nach dreijährigem Getrenntleben von jedem Ehegatten eingereicht werden. In diesen Fällen entsteht zugunsten desjenigen Ehegatten, der während des Bestehens des Güterstandes den geringeren Zugewinn erzielt hat, eine **Ausgleichsforderung** gegen den anderen Ehegatten.

Zugewinn ist der Betrag, um den das Vermögen eines Ehegatten bei Beendigung der Zugewinngemeinschaft (Endvermögen) jenes Vermögen übersteigt, das er zu Beginn des Güterstandes besaß (Anfangsvermögen – § 1373 BGB). Für die Berechnung des Zugewinns sind also das Anfangs- und das Endvermögen zu ermitteln und einander gegenüberzustellen. Für ältere Ehen ist für das Anfangsvermögen der Stand vom 1. 7. 1958 maßgebend, da erst seit diesem Zeitpunkt die Zugewinngemeinschaft gesetzlicher Güterstand ist. Als **Anfangsvermögen** ist das Reinvermögen nach Abzug der Schulden anzusetzen, doch dürfen die Verbindlichkeiten nur bis zur Höhe des Vermögens abgezogen werden, so daß das Anfangsvermögen nie kleiner als Null sein kann (§ 1374 Abs. 1 BGB). Dem Anfangsvermögen wird hinzugerechnet, was ein Ehegatte während des Bestehens der Zugewinngemeinschaft von Todes wegen oder mit Rücksicht auf sein künftiges Erbrecht, durch Schenkung oder durch Ausstattung erwirbt. Ausgleichspflichtig sind allerdings die Erträge und die realen Wertsteigerungen dieser Vermögenswerte (§ 1374 Abs. 2 BGB). 329

* Hierzu Vertragsmuster M 73 (Rz. 631) „Vorteilhaft geänderte Zugewinngemeinschaft" im Anhang.

330 Über die Bewertung des Anfangsvermögens bestimmt das Gesetz, daß die Vermögensgegenstände mit demjenigen Wert anzusetzen sind, den sie zu Beginn des Güterstandes hatten. Für die später erworbenen, dem Anfangsvermögen hinzuzurechnenden Gegenstände ist der Wert maßgebend, den sie im Zeitpunkt des Erwerbes hatten (§ 1376 Abs. 1 BGB). Diese Vorschrift ist besonders bedeutsam für Wertpapiere, die häufigen Kursschwankungen unterliegen. Aktien, die ein Ehegatte schon vor der Ehe besaß, sind mit dem Kurswert anzusetzen, den sie zu Beginn des Güterstandes hatten. Für Aktien, die ein Ehegatte später durch Erbfall oder Schenkung erworben hatte, ist der Kurswert im Zeitpunkt des Erwerbs maßgebend. Entsprechend sind die Verbindlichkeiten zu bewerten. Im übrigen enthält das Gesetz nur für land- und forstwirtschaftliche Betriebe nähere Bewertungsvorschriften; diese Betriebe sind mit ihrem Ertragswert anzusetzen (§ 1376 Abs. 4 BGB). Die übrigen Vermögensobjekte sind mangels einer ausdrücklichen Bewertungsvorschrift mit ihrem **Verkehrswert** anzusetzen.

331 **Endvermögen** ist das Vermögen, das einem Ehegatten nach Abzug der Verbindlichkeiten bei Beendigung des Güterstandes gehört (§ 1375 BGB). Um zu verhindern, daß der ausgleichspflichtige Ehegatte sein Vermögen nach Eintritt der Zugewinngemeinschaft durch Schenkung, Verschwendung oder in sonstiger Weise zum Nachteil des ausgleichsberechtigten Ehegatten vermindert, sind für die Berechnung des Zugewinns folgende Beträge dem Endvermögen hinzuzurechnen:
Unentgeltliche Zuwendungen, die ein Ehegatte nach Eintritt des Güterstandes gemacht hat, ohne daß er damit einer sittlichen Pflicht oder einer auf den Anstand zu nehmenden Rücksicht entsprochen hätte, wie dies z. B. bei den üblichen Geburtstags- und Weihnachtsgeschenken der Fall wäre; Vermögensminderungen, die ein Ehegatte durch Verschwendung herbeigeführt hat; Beträge, um die ein Ehegatte sein Vermögen durch bewußt zum Nachteil des anderen Ehegatten vorgenommene Handlungen vermindert hat.
Diese Beträge sind jedoch nicht hinzuzurechnen, wenn die Vermögensminderung mindestens 10 Jahre vor Beendigung des Güterstandes eingetreten ist oder der andere Ehegatte mit der unentgeltlichen Zuwendung oder der Verschwendung einverstanden gewesen ist (§ 1375 Abs. 2 BGB).
Für die Berechnung des Endvermögens ist der Verkehrswert anzusetzen, den die einzelnen Vermögensgegenstände im Zeitpunkt der Beendigung des Güterstandes hatten (§ 1376 Abs. 2 BGB). Zum Zugewinn (vgl. BGHZ 46, 343) gehört auch der Vermögenszuwachs, der durch eine reale Erhöhung des Wertes von Vermögensgütern eingetreten ist. Nicht ausgleichspflichtig ist hingegen der Zugewinn, der lediglich auf der Geldentwertung beruht. Zu diesem Zweck muß der Wert des gesamten Anfangsvermögens mit Hilfe des allgemeinen Lebenshaltungskostenindex des Statistischen Bundesamts ent-

sprechend berichtigt werden (BGHZ 61, 385, OLG Frankfurt/M., FamRZ 1981 S. 393).

Beispiel: 332

Anfangsvermögen des Ehemannes im Jahre 1970 (Jahr der Eheschließung)		*240000,– DM*
Lebenshaltungskostenindex für 1970	*= 100*	
Lebenshaltungskostenindex für 1990	*= 212*	
Das berichtigte Anfangsvermögen beträgt: $(240000,- \times \frac{212}{100} =)$		*508800,–*
Bei einem Endvermögen des Ehemannes im Jahre 1990 von 716800,– DM ergibt sich ein realer Zugewinn von (716800,– ./. 508800,– =)		*208000,– DM*

Durch diese Hochrechnung des Anfangsvermögens bleibt der nur scheinbare Wertzuwachs unberücksichtigt.
Ein Ausgleich des Kaufpreisschwundes entfällt dann, wenn der Wert des Anfangsvermögens „Null" beträgt, etwa weil zu Beginn der Ehe die Verbindlichkeiten des Ehemannes höher waren als das von ihm in die Ehe eingebrachte Aktivvermögen (vgl. BGH in NJW 1984, 434).

Ist ein Ehepartner **Unternehmer** oder an Unternehmen beteiligt, so ist das 333 Unternehmen als Vermögensgegenstand wie jeder andere im Zugewinnausgleich zu berücksichtigen. Auch hierfür ist grundsätzlich der wahre Wert zugrundezulegen; der Unternehmens-Goodwill (Einschluß stiller Reserven) ist zu berücksichtigen, am Stichtag schwebende Geschäfte sind zu erfassen (BGH, NJW 1980, 229 und NJW 1987, 321). Sehr problematisch ist, ob und wie gesellschaftsvertragliche Abfindungsklauseln zu berücksichtigen sind (vgl. hierzu die eingehende Darstellung von *Reimann,* FamRZ 1989, 1248). Ein verantwortungsbewußter Unternehmer sollte zum Schutz des Unternehmens angemessene ehevertragliche Vereinbarungen treffen (vgl. unten ff.).

Übersteigt der Zugewinn des einen Ehegatten den Zugewinn des anderen, so 334 steht diesem die Hälfte des Überschusses als Ausgleichsforderung zu. Die Forderung ist nach oben begrenzt durch den Wert des Vermögens, welches nach Abzug der Verbindlichkeiten bei Beendigung der Zugewinngemeinschaft vorhanden ist. Auf die Ausgleichsforderung ist anzurechnen, was einem Ehegatten während des Bestehens des Güterstandes vom anderen mit der Bestimmung zugewendet worden ist, daß es auf die Ausgleichsforderung angerechnet werden soll. Im Zweifel sind alle Zuwendungen anzurechnen, die den Wert üblicher Gelegenheitsgeschenke übersteigen. Der Wert der Zuwendung wird bei der Berechnung der Ausgleichsforderung dem Zugewinn des Ehegatten zugerechnet, der die Zuwendung gemacht hat. Von dem so errechneten Ausgleichsbetrag wird der Wert der Zuwendung wieder abgezogen. Für die Berechnung des Wertes dieser Zuwendung ist der Zeitpunkt maßgebend, zu dem sie erfolgt ist (§ 1380 BGB).

335 ***Beispiele:***

1. *Bei der Eheschließung ist der Mann mit 60000 DM verschuldet. Bei Beendigung der Zugewinngemeinschaft durch Scheidung beträgt sein Vermögen 100000 DM und seine Schulden 20000 DM. Die Frau war bei Beginn wie bei Beendigung des Güterstandes vermögenslos. Obwohl der Mann während der Zugewinngemeinschaft (60000 + 80000 =) 140000 DM hinzuerworben hat, berechnet sich sein ausgleichsfähiger Zugewinn nur auf 80000 DM, da sein Anfangsvermögen mit Null anzusetzen ist (§ 1374 Abs. 1 BGB). Die Ausgleichsforderung seiner Frau beläuft sich auf 40000 DM.*
2. *Das Anfangsvermögen des Ehemannes beträgt nach Abzug der Schulden 40000 DM. Während des Bestehens der Zugewinngemeinschaft erwirbt er durch Erbschaft 60000 DM hinzu. Im Zeitpunkt der Scheidung beträgt sein Gesamtvermögen 200000 DM. Einige Zeit vorher hatte er seiner Freundin Schmuck im Wert von 20000 DM geschenkt. Die Frau brachte 20000 DM an Wertpapieren in die Ehe ein. Durch einbehaltene Zinsen und Kursgewinne wuchs die Anlage bis zur Scheidung auf 40000 DM.*

Anfangsvermögen des Mannes (hinzuzurechnen sind die 60000 DM, die er von Todes wegen erworben hat – § 1374 Abs. 2 BGB)	*100000 DM*
Endvermögen des Mannes (hinzuzurechnen sind die 20000 DM, die er an die Freundin verschenkt hat – § 1375 Abs. 2 BGB)	*220000 DM*
Zugewinn des Mannes	*120000 DM*
Zugewinn der Frau (40000 ./. 20000 =)	*20000 DM*
Übersteigender Zugewinn des Mannes:	*100000 DM*

Als Ausgleichsforderung steht der Frau die Hälfte des Betrages zu, um den der Zugewinn des Mannes den der Frau übersteigt (§ 1378 BGB), mithin 50000 DM.

3. *Das Beispiel 2 etwas abgewandelt:*
Der Mann hat den Schmuck von 20000 DM nicht seiner Freundin, sondern seiner Frau geschenkt. Der Zugewinn des Mannes (Unter-

schied zwischen erhöhtem Anfangsvermögen und tatsächlichem Endvermögen) von 100000 DM erhöht sich um den Wert der Zuwendung an seine Frau (20000 DM), beträgt mithin 120000 DM. Das Anfangsvermögen der Frau erhöht sich gemäß § 1374 Abs. 2 BGB um den Wert der unentgeltlichen Zuwendung, beträgt also 40000 DM. Endvermögen der Frau ist 60000 DM; Zugewinn der Frau also 20000 DM. Der Zugewinn des Mannes übersteigt den seiner Frau um 100000 DM. Daraus würde sich eine Ausgleichsforderung von 50000 DM errechnen, auf welche jedoch der Wert der Zuwendung, also 20000 DM, anzurechnen sind, so daß sich die Ausgleichsforderung der Frau auf 30000 DM beläuft.

Bei der Ausgleichsforderung handelt es sich um eine reine **Geldforderung.** 336
Sie entsteht mit der Beendigung des Güterstandes und ist von diesem Zeitpunkt an vererblich und übertragbar. Sie verjährt in drei Jahren, beginnend mit dem Zeitpunkt, in dem der Ehegatte von der Beendigung des Güterstandes erfährt, spätestens jedoch 30 Jahre nach Beendigung des Güterstandes (§ 1378 Abs. 3 u. 4 BGB). Obwohl der Ausgleichsanspruch grundsätzlich in Geld erfüllt werden muß, kann das Vormundschaftsgericht auf Antrag des Gläubigers anordnen, daß der Ausgleichsschuldner seinem Ehegatten bestimmte Gegenstände unter Anrechnung auf die Ausgleichsforderung zu übertragen hat (§ 1383 BGB). Mit dieser Bestimmung kann vor allem in den Fällen geholfen werden, wo das Vermögen des Ausgleichsschuldners zum größten Teil in schwer verwertbaren Sachwerten besteht. Nur in besonderen Ausnahmefällen, soweit der Ausgleich des Zugewinns nach den Umständen des Falles grob unbillig wäre, kann der Ausgleichspflichtige die Erfüllung der Ausgleichsforderung verweigern. Grobe Unbilligkeit kann insbesondere dann vorliegen, wenn der Ehegatte, der den geringeren Zugewinn erzielt hat, längere Zeit hindurch die wirtschaftlichen Verpflichtungen aus der Ehe schuldhaft nicht erfüllt hat (§ 1381 BGB).

dd) Ausgleich des Zugewinns bei Tod eines Gatten

Eine vereinfachte Abwicklung des Zugewinnausgleichs sieht das Gesetz für 337
die Fälle vor, in denen der Güterstand durch den Tod eines Ehegatten beendet wird. Hier wird der Ausgleich des Zugewinns dadurch bewirkt, daß sich der gesetzliche Erbteil des überlebenden Ehegatten um ein Viertel der Erbschaft erhöht (§ 1371 Abs. 1 BGB). Mit dieser **erbrechtlichen Lösung** sollen die Schwierigkeiten vermieden werden, die die Berechnung des Zugewinns nach dem Tod eines Ehegatten mit sich bringen würde und die leicht zu

Streitigkeiten zwischen dem überlebenden Ehegatten und den übrigen Erben des Verstorbenen führen könnten.

338 Der Güterstand der Zugewinngemeinschaft hat also unmittelbar erbrechtliche Wirkung. Gleichgültig ist dabei, ob die Ehegatten im Einzelfall überhaupt einen Zugewinn erzielt haben. Die Pauschalabfindung in Höhe eines Viertels der Erbschaft erhält der überlebende Ehegatte auch dann, wenn er selbst den größeren Zugewinn erzielt hat. Daß dies zu recht unerfreulichen und auch unbilligen Ergebnissen führen kann, wird noch zu zeigen sein. Der überlebende Ehegatte, der nach der gesetzlichen Erbfolge neben den Kindern ein Viertel erben würde, erhält bei der Zugewinngemeinschaft die Hälfte des Nachlasses. Ist er neben Großeltern, Eltern oder Geschwistern des Erblassers gesetzlicher Erbe, so erbt er drei Viertel des Nachlasses. Weiter erhält er noch den gesetzlichen **Voraus** nach § 1932 BGB. Sind Kinder vorhanden, so erhält er die zum ehelichen Haushalt gehörenden Gegenstände, soweit er sie zur Führung eines angemessenen Haushalts benötigt. Ist er neben Eltern, Geschwistern oder neben Großeltern des Erblassers gesetzlicher Erbe, so erhält er den gesamten ehelichen Hausrat, soweit dieser nicht Zubehör eines Grundstücks ist, sowie die Hochzeitsgeschenke.

339 Sowohl die Erhöhung des Erbteils um ein Viertel wie auch der Voraus kommen dem überlebenden Ehegatten nur dann zu, wenn er gesetzlicher Erbe wird. Hat der erstversterbende Ehegatte über seinen Nachlaß durch Testament oder Erbvertrag abweichend von der gesetzlichen Erbfolge verfügt, so erfolgt der Ausgleich des Zugewinns wieder nach der güterrechtlichen Regelung. Ist der überlebende Ehegatte von der Erbschaft ausgeschlossen und ist ihm auch kein Vermächtnis zugewendet worden, so kann er den Pflichtteil verlangen. Dieser berechnet sich aber nicht nach dem um ein Viertel erhöhten gesetzlichen Erbteil, sondern nach dem nicht erhöhten gesetzlichen Erbteil (sog. kleiner Pflichtteil). Neben diesem Pflichtteilsanspruch bleibt dem überlebenden Ehegatten der Anspruch auf Ausgleich des Zugewinns nach den oben erläuterten Grundsätzen erhalten (§ 1371 Abs. 2 BGB). Auf diese Ansprüche ist der überlebende Ehegatte beschränkt. Er hat nicht die Möglichkeit, auf den Ausgleich des Zugewinns zu verzichten und statt dessen seinen Pflichtteilsanspruch aus dem um ein Viertel erhöhten gesetzlichen Erbteil (den großen Pflichtteil) zu verlangen (vgl. oben Rz. 227 ff.).

340 Dasselbe Ziel kann der überlebende Ehegatte erreichen, wenn er durch Testament oder Erbvertrag als Erbe eingesetzt wurde oder gesetzlicher Erbe geworden ist, es aber vorzieht, die Erbschaft auszuschlagen. In diesem Falle kann er neben dem Ausgleich des Zugewinns den kleinen Pflichtteil verlangen und zwar auch dann, wenn die Ausschlagung nach den erbrechtlichen Grundsätzen einen Pflichtteilsanspruch nicht begründen würde. Der über-

lebende Ehegatte hat also die Wahl, auf den erhöhten gesetzlichen Erbteil von 1/2 bzw. 3/4 der Erbschaft zu verzichten und statt dessen den Ausgleich des Zugewinns zusammen mit dem kleinen Pflichtteil zu verlangen. Dies kann für ihn vorteilhaft sein, wenn der Nachlaß des vorverstorbenen Gatten ganz oder zum überwiegenden Teil aus Zugewinn besteht, während der überlebende Ehegatte keinen oder nur einen geringen Zugewinn erzielt hat. Ein weiterer Anlaß für die Wahl der güterrechtlichen Regelung könnte gegeben sein, wenn der Erstverstorbene durch Schenkung oder durch Verschwendung sein Vermögen vermindert hat. Der Erbteil nebst dem zusätzlichen Viertel erfaßt den Nachlaß nämlich nur in seinem Bestand zur Zeit des Erbfalls, also vermindert um die Schenkungen und das Verschwendete. Für die Berechnung des Pflichtteils dagegen sind die Schenkungen (§ 2325 BGB), für die Berechnung des Zugewinns außer Schenkungen auch noch das Verschwendete (§ 1375 Abs. 2 Nr. 1 u. 2 BGB) dem Nachlaß hinzuzurechnen.

Beispiel: 341

Bei seinem Tode hinterließ der im gesetzlichen Güterstand lebende Ehemann ein Vermögen von 200000 DM, wovon 150000 DM während der Ehe erworben wurden. Die Frau hat keinen Zugewinn erzielt, weil sie ausschließlich im Haushalt tätig war. Außer ihr sind noch zwei Kinder vorhanden. Durch Testament ist die Frau zu 1/5 als Erbin eingesetzt. Die Frau muß sich nun entscheiden, ob sie die Erbschaft annehmen oder ausschlagen soll.

(1) Nimmt sie an, so erhält sie 1/5 des hinterlassenen Vermögens ihres Mannes aufgrund der Erbeinsetzung. Dies ist weniger, als ihr Pflichtteilsanspruch betragen würde, der sich hier aus dem um ein Viertel erhöhten gesetzlichen Erbteil berechnet (großer Pflichtteil) und 1/4 der Erbschaft beträgt. Deshalb hat die Ehefrau einen Zusatzpflichtteil in Höhe von 1/20 (§ 2305 BGB); dabei handelt es sich, wie beim gewöhnlichen Pflichtteilsanspruch, um eine reine Geldforderung (§ 2317 BGB). Insgesamt erhält die Frau also bei Annahme der Erbschaft 1/5 + 1/20 = 1/4 vom Wert der Erbschaft (200000 DM) = 50000 DM.

(2) Schlägt sie die Erbschaft aus, so kann sie statt dessen Ausgleich des Zugewinns und daneben den kleinen Pflichtteil verlangen. Der Ausgleichsanspruch entsteht in Höhe der Hälfte des Zugewinns des Mannes und beträgt 75000 DM. Der Pflichtteilsanspruch beträgt 1/8 des um die Ausgleichsforderung verkürzten Reinnachlasses, also (200000 ./. 75000) : 8 = 15625 DM. Die Gesamtforderung der Ehefrau beträgt somit bei Ausschlagung der Erbschaft (75000 + 15625 =) 90625 DM

gegenüber nur 50000 DM, die sie erhalten würde, wenn sie die Erbschaft angenommen hätte.
Wäre die Ehefrau nicht durch Testament auf 1/5 des Nachlasses eingesetzt worden, sondern gesetzliche Erbin geworden, so stünde ihr gemäß § 1371 Abs. 1 BGB der um ein Viertel erhöhte gesetzliche Erbteil von insgesamt der Hälfte von 200000 DM, also 100000 DM zu. In diesem Falle wäre die Annahme der Erbschaft vorteilhafter gewesen als ihre Ausschlagung, die ihr, wie oben gezeigt, nur 90625 DM bringen würde. Anders wäre es dagegen, wenn das Vermögen des verstorbenen Ehemannes ganz aus Zugewinn bestehen würde, denn dann würde bereits der Ausgleichsanspruch 100000 DM betragen, dazu käme noch der kleine Pflichtteil.

342 Dieses Beispiel macht deutlich, wie wichtig es für den überlebenden Ehegatten ist, genau zu prüfen, welcher Weg für ihn der günstigere ist. Auch an die erstehelichen und vorehelichen Kinder des vorverstorbenen Ehegatten hat der Gesetzgeber gedacht. Ihnen gereicht die Erhöhung des gesetzlichen Erbteils des überlebenden Gatten zum Nachteil, ebenso den gemeinsamen Abkömmlingen. Bei letzteren wird dieser Nachteil dadurch wieder ausgeglichen, daß sie gesetzliche Erben des überlebenden Ehegatten werden oder doch zumindest Pflichtteilsansprüche gegen dessen Nachlaß haben. Nicht so bei den Stiefkindern, die nicht aus der Ehe mit dem Überlebenden stammen. Sie sind gegenüber dem überlebenden Ehegatten weder unterhalts- noch erbberechtigt. § 1371 Abs. 4 BGB legt deshalb dem überlebenden Ehegatten die Verpflichtung auf, den erbberechtigten Abkömmlingen des erstverstorbenen Ehegatten, welche nicht aus der durch den Tod des Ehegatten aufgelösten Ehe stammen, bei Bedarf die Mittel zu einer angemessenen Ausbildung aus seinem zusätzlichen Viertel-Erbteil zu gewähren. Die Bestimmung kommt nur zum Zuge, wenn der überlebende Ehegatte den Zusatzerbteil erhält; sie versagt, wenn der überlebende Ehegatte von der Erbschaft ausgeschlossen wird oder die Erbschaft ausschlägt und neben dem kleinen Pflichtteil den Ausgleich des Zugewinns verlangt. Diese Ansprüche der Stiefkinder können für den überlebenden Ehegatten unter Umständen eine erhebliche Belastung darstellen, so daß dieser erwägen wird, ob es nicht vorteilhafter ist, die Erbschaft auszuschlagen und statt dessen Ausgleich des Zugewinns und den kleinen Pflichtteil zu verlangen, um sich dadurch von den Ansprüchen der Stiefkinder zu befreien.
Wegen der erbschaftsteuerlichen Fragen bei Auflösung der Zugewinngemeinschaft durch Tod eines Ehegatten (§ 5 ErbStG) s. o. Rz. 186ff.

ee) Gefahren der Zugewinngemeinschaft

Mit der Einführung der Zugewinngemeinschaft wollte der Gesetzgeber auch 343
demjenigen Ehegatten, der nicht unmittelbar am Erwerbsleben teilnimmt, sondern sich ganz dem ehelichen Haushalt und den Kindern widmet, einen angemessenen Anteil an dem während der Ehe erworbenen Vermögen sichern. Diese Absicht ist durchaus zu billigen. Andererseits birgt der schematische Zugewinnausgleich Gefahren für das Unternehmen. Ein Unternehmer, der für die Zukunft richtig planen will, muß sich mit dieser Gefahrenquelle auseinandersetzen und nach Möglichkeiten ihre Beseitigung suchen.
Bei Beendigung des Güterstandes wird die Ausgleichsforderung sofort in voller Höhe zur Zahlung fällig. Im Falle der Scheidung sieht sich der Unternehmer, wenn er einen erheblichen Teil seines Vermögens erst während der Ehe erworben hat, einer hohen Barforderung gegenüber, die seinem Unternehmen vielleicht dringend benötigte Betriebsmittel entzieht. Besteht das Vermögen des ausgleichspflichtigen Ehegatten in der Beteiligung an einer Gesellschaft und lassen sich die zum Ausgleich benötigten Barmittel nicht anderweitig, insbesondere nicht aus dem Gewinnanteil an der Gesellschaft beschaffen, so besteht die Gefahr, daß der ausgleichsberechtigte Ehegatte das Auseinandersetzungsguthaben pfänden läßt und die Gesellschaft nach § 135 HGB kündigt. Damit kann nicht nur die Gesellschaftsbeteiligung des ausgleichspflichtigen Ehegatten verlorengehen, sondern die Gesellschaft selbst der Auflösung verfallen.

Die Pflicht zum Ausgleich des Zugewinns kann zu ausgesprochen unbilligen 344
und ungerechten Ergebnissen führen: Eine Ehe wurde geschieden. Der Ehemann, der während der Ehe ein Erwerbsgeschäft aufgebaut hatte, erzielte einen Zugewinn von 600000 DM, den er in sein Unternehmen investierte. Die Ehefrau erzielte keinen Zugewinn. Sie heiratete nach der Scheidung einen höheren Beamten. Obwohl sie durch das Einkommen ihres zweiten Mannes und durch die späteren Pensionsansprüche sichergestellt ist, kann sie gegen ihren früheren Ehemann einen Ausgleichsanspruch in Höhe von 300000 DM geltend machen, auch wenn dessen Betrieb dadurch ruiniert wird. Die Schuldfrage für die Scheidung der Ehe ist dabei ohne Belang.
Zwar kann der Ausgleichspflichtige die Erfüllung der Ausgleichsforderung verweigern, wenn der Ausgleich nach den Umständen des Falles „grob unbillig" wäre (§ 1381 BGB); doch werden an das Vorliegen dieser Voraussetzung strenge Anforderungen gestellt, so daß der ausgleichspflichtige Gatte mit diesem Einwand nur selten durchdringen wird (vgl. BGH NJW 1970, 1600). Er hat nur noch die Möglichkeit, beim Vormundschaftsgericht die Stundung der Ausgleichsforderung zu beantragen, wenn ihn die sofortige Zahlung besonders hart treffen würde und dem anderen Ehegatten die Stundung zugemutet werden kann (§ 1382 Abs. 1 BGB).

345 Unzuträglichkeiten können sich aus der Zugewinngemeinschaft auch ergeben, wenn die Ehe durch den Tod eines Gatten aufgelöst wird und sich nach § 1371 Abs. 1 BGB der gesetzliche Erbteil des überlebenden Ehegatten um ein Viertel erhöht. Da die ausgleichsberechtigte Ehefrau in diesem Falle bei Vorhandensein von Kindern die Hälfte, bei kinderloser Ehe sogar 3/4 des Vermögens ihres Mannes erbt, hängt das weitere Schicksal des Unternehmens im wesentlichen von ihr ab. Heiratet sie wieder, so kann das Unternehmen in familienfremde Hände übergehen. Zu unbilligen Ergebnissen kann die erbrechtliche Abwicklung des Zugewinnausgleichs insbesondere führen, wenn der ausgleichsberechtigte Ehegatte selbst Vermögen in die Ehe eingebracht hat und vor dem Ausgleichspflichtigen stirbt. Der erhöhte gesetzliche Erbteil steht nämlich auch demjenigen zu, der während der Ehe den größeren Zugewinn erzielt hat und an sich dem anderen gegenüber ausgleichspflichtig wäre.

346 Hat z. B. die Frau ein Vermögen von 100000 DM (Grundbesitz) in die Ehe eingebracht und als Hausfrau keinen Zugewinn in der Ehe erzielt, der Mann aber im Laufe der Ehe einen Zugewinn von 500000 DM gemacht, so erhält er bei Vorableben seiner Ehefrau nach der gesetzlichen Erbfolge trotzdem die Hälfte ihres Nachlasses, während die andere Hälfte an die Kinder geht. Hier kommt die gesamte Arbeitsleistung der Frau für Haushalt und Familie, ihr ganzer Beitrag zum Vermögenserwerb des Mannes, im Endergebnis dem Manne zugute. Wenn der Mann wieder heiratet, bedeutet das für die Kinder aus erster Ehe eine unbillige Benachteiligung, weil sie nach dem Tode ihres Vaters dessen Nachlaß mit der zweiten Frau, unter Umständen auch noch mit Kindern aus der zweiten Ehe, teilen müssen. Im Nachlaß des Vaters steckt ja nicht nur dessen Vermögenszuwachs während der ersten Ehe, sondern auch noch sein Erbanteil seiner ersten Frau. Als weiterer Nachteil kommen die Verfügungsbeschränkungen hinzu, denen jeder Ehegatte hinsichtlich seines Vermögens ausgesetzt ist und die oben unter Rz. 325 ff. im einzelnen dargelegt wurden.

ff) Ausweg: Vereinbarung von Gütertrennung

347 Der einfachste Weg, die Nachteile und Gefahren der Zugewinngemeinschaft auszuschließen, ist die Vereinbarung der Gütertrennung. Hierzu ist ein notarieller Ehevertrag erforderlich (§§ 1408, 1410 BGB). Damit sind sowohl die Verfügungsbeschränkungen wie die Gefahr späterer Ausgleichsforderungen und auch die erbrechtlichen Auswirkungen der Zugewinngemeinschaft beseitigt. Natürlich müßte dann auf andere Weise Vorsorge für einen gesicherten Lebensabend des Ehegatten getroffen werden, z. B. durch Abschluß einer Lebensversicherung, durch letztwillige Zuwendungen oder durch Beteiligung des Ehegatten an Unternehmen.

Vielfach wird allerdings der andere Ehegatte mit einem völligen Ausschluß der Zugewinngemeinschaft nicht einverstanden sein. Er wird ein solches Ansinnen, durch das ihm die Beteiligung am Vermögenszuwachs seines Gatten entzogen wird, vielleicht sogar als kränkend empfinden. In der notariellen Praxis kommt es immer wieder vor, daß Ehefrauen, wenn sie vom Notar pflichtgemäß über die Folgen eines vertraglichen Ausschlusses der Zugewinngemeinschaft belehrt werden, ihre Unterschrift unter die bereits vorbereitete notarielle Urkunde verweigern. Ohne Mitwirkung des anderen Ehegatten aber kann der gesetzliche Güterstand nicht ausgeschlossen werden. Tatsache ist, daß heute wesentlich weniger Eheverträge mit dem Ziel der Gütertrennung abgeschlossen werden als vor dem 1. 4. 1953, als noch der frühere gesetzliche Güterstand der Verwaltung und Nutznießung des Mannes am eingebrachten Gut der Frau galt. Will der Unternehmer sichergehen, daß die Vereinbarung der Gütertrennung nicht nach der Eheschließung am Widerstand seiner Ehefrau scheitert, so bleibt ihm nur die Möglichkeit, erst zu heiraten, wenn der Gütertrennungsvertrag notariell beurkundet ist.

gg) Weniger einschneidende Maßnahmen

Um gewisse Nachteile des gesetzlichen Güterstandes zu vermeiden, bedarf es 348
nicht des völligen Ausschlusses der Zugewinngemeinschaft. Durch Ehevertrag können nämlich auch bestimmte Einzelwirkungen der Zugewinngemeinschaft ausgeschlossen werden, ohne daß diese selbst aufgehoben zu werden braucht. So kann z. B. die Anwendbarkeit der die Unternehmensführung erschwerenden Bestimmung des § 1365 BGB, wonach Verfügungen über das Vermögen im ganzen von der Zustimmung des anderen Ehegatten abhängen, vertraglich ausgeschlossen werden. Möglich ist auch die Vereinbarung, daß lediglich der das Unternehmen leitende Ehegatte von dieser Bestimmung ausgenommen wird. Durch Ehevertrag kann für den Fall, daß die Ehe aufgehoben oder geschieden wird, der Ausgleich des Zugewinns ausgeschlossen werden.

Statt des völligen Ausschlusses des Zugewinnausgleichs können durch Ehevertrag die Entstehung und Berechnung des Zugewinns gegenüber der gesetzlichen Regelung modifiziert werden, etwa in dem Sinne, daß nicht, wie im Gesetz vorgesehen, die Hälfte des Zugewinns, sondern nur ein geringerer Anteil, etwa ein Drittel oder ein Viertel auszugleichen ist. Die Vereinbarung kann auch dahin gehen, daß der Zugewinnausgleich durch Leistung eines bestimmten Gegenstands an den Ausgleichsberechtigten, z. B. durch Übertragung eines Grundstücks, Einräumung des Nießbrauchs an einem solchen, durch Zuwendung einer Rente u. ä. bewirkt werden soll. Zweckmäßig ist häufig die Vereinbarung, daß die Ausgleichsforderung nicht sofort nach Beendigung des Güterstandes, sondern erst nach einem längeren Zeitraum oder in Raten fällig wird.

349 Auch die Erhöhung des gesetzlichen Erbteils des überlebenden Ehegatten nach § 1371 Abs. 1 BGB kann ehevertraglich ausgeschlossen werden. Darüber hinaus haben die Ehegatten jederzeit die Möglichkeit, durch Testament oder Erbvertrag die gesetzliche Erbfolge und damit auch die Rechtsfolge aus § 1371 Abs. 1 BGB auszuschließen und durch eine andere Erbregelung zu ersetzen.

350 In Gesellschaftsverträgen können, um den oben unter Rz. 343 ff. aufgezeigten Gefahren für den Bestand der Gesellschaft vorzubeugen, die Gesellschafter verpflichtet werden, entweder die Zugewinngemeinschaft durch Ehevertrag auszuschließen oder zumindest mit ihrem Ehegatten zu vereinbaren, daß die Gesellschaftsbeteiligung bei der Berechnung des Zugewinns außer Betracht bleibt (vgl. Sichtermann, BB 1959 S. 349). Für den Fall, daß ein Gesellschafter dieser Verpflichtung nicht nachkommt, kann bestimmt werden, daß dieser Gesellschafter so behandelt wird, wie wenn er seinerseits den Gesellschaftsvertrag gekündigt hätte (so auch Boesebeck, Betrieb 1958 S. 1147). Außerdem sollte sichergestellt werden, daß die Kündigung durch einen Gesellschafter nicht zur Auflösung der Gesellschaft führt, sondern letztere unter den übrigen Gesellschaftern fortgesetzt wird und daß bei der Feststellung des Auseinandersetzungsguthabens des ausscheidenden Gesellschafters der Firmenwert und die stillen Reserven außer Betracht bleiben.

hh) Berechnung des Anfangs- und Endvermögens

351 Empfehlenswert sind Vereinbarungen über die Berechnung des Anfangs- und des Endvermögens, da erfahrungsgemäß gerade über die Höhe des Ausgleichsanspruchs häufig Streit entsteht. Bei Scheidungen wird die Auseinandersetzung über die Berechnung des Ausgleichsanspruchs oft besonders hartnäckig geführt.

Anfangsvermögen ist, wie ausgeführt, das Vermögen, das einem Ehegatten nach Abzug der Verbindlichkeiten beim Eintritt des Güterstandes gehört, wobei die Verbindlichkeiten nur bis zur Höhe des Vermögens abgezogen werden können (§ 1374 Abs. 1 BGB – s. o. Rz. 328 ff.). Abweichend vom Gesetz können die Ehegatten einen anderen Betrag vereinbaren, den sie bei der Berechnung des Zugewinns als Anfangsvermögen zugrunde legen wollen. Sie können den Wert des Anfangsvermögens beim Unternehmer-Ehegatten wesentlich höher ansetzen, als es dem objektiven Wert entsprechen würde. Dann wird bei der späteren Abrechnung der Unterschied zwischen Anfangs- und Endvermögen entsprechend verringert, so daß ein Teil des Zugewinns nicht in den Ausgleichsanspruch einbezogen wird.

Bestand und Wert ihres beiderseitigen Anfangsvermögens können die Ehegatten auch in einem **Vermögensverzeichnis** gemeinsam feststellen (§ 1377 BGB) (vgl. Muster M 72 [Rz. 630] im Anhang). Jeder Ehegatte kann verlangen, daß der andere dabei mitwirkt. Dieses Verzeichnis sollte möglichst schon zu Beginn der Ehe oder kurz danach erstellt werden, da es mit zunehmendem Zeitablauf immer schwieriger wird, den ursprünglichen Wert des Vermögens genau zu bestimmen. Bei Altehen muß das Verzeichnis rückwirkend bis zum Inkrafttreten des Gleichberechtigungsgesetzes (1. 7. 1958) erstellt werden, da von diesem Zeitpunkt ab die Zugewinngemeinschaft als gesetzlicher Güterstand gilt. Ein solches Vermögensverzeichnis erzeugt keine vertragliche Bindung, sondern begründet lediglich die Vermutung, daß es richtig ist. Diese Vermutung hindert keinen der Ehegatten daran, später bei der Zugewinnberechnung seine Unrichtigkeit zu behaupten, nur muß er sie dann auch beweisen. 352

Bei der Berechnung des Endvermögens, die nach dem objektiven Wert der einzelnen Vermögensgegenstände zu erfolgen hat, bereitet die Bewertung immaterieller Vermögenswerte wie des Firmenwerts, der Urheberrechte, Patente, Lizenzen u. ä. besondere Schwierigkeiten. Es ist deshalb vorteilhaft, wenn sich die Ehegatten über die Bewertung solcher Vermögensgegenstände von vornherein vertraglich einigen, entweder in dem Sinne, daß sie diese immateriellen Werte bei der Berechnung des Zugewinns außer acht lassen, oder daß sie hierfür bestimmte Werte, z. B. die Werte der Steuerbilanz, zugrunde legen.

b) Wahlgüterstände

Durch notariellen Ehevertrag können die Ehegatten, wie erwähnt, den gesetzlichen Güterstand der Zugewinngemeinschaft ausschließen und einen anderen Güterstand vereinbaren (§ 1408 BGB). Das BGB regelt lediglich die Gütertrennung und Gütergemeinschaft. An sich sind die Ehegatten nicht gehindert, auch einen anderen, nicht im BGB geregelten Güterstand, etwa einen früher geltenden Güterstand oder einen Güterstand nach ausländischem Recht zu vereinbaren, doch kann dies nicht durch bloße Verweisung auf nicht mehr geltendes oder ausländisches Recht geschehen; vielmehr müssen die einschlägigen Bestimmungen in die Ehevertragsurkunde aufgenommen werden (§ 1409 BGB). 353

aa) Gütertrennung

Die Gütertrennung war vom 1. 4. 1953 bis 30. 6. 1958 gesetzlicher Güterstand und wurde durch das Gleichberechtigungsgesetz von der Zugewinngemeinschaft abgelöst. Seit dieser Zeit zählt die Gütertrennung zu den Wahlgüterständen, die zwischen den Eheleuten ausdrücklich vereinbart werden 354

müssen. Allerdings tritt kraft Gesetzes die Gütertrennung auch dann ein, wenn die Ehegatten durch Ehevertrag lediglich den gesetzlichen Güterstand ausschließen oder aufheben, ohne einen anderen Güterstand zu vereinbaren, ferner, wenn sie den Ausgleich des Zugewinns ausschließen oder die Gütergemeinschaft aufheben (§ 1414 BGB). Bei der Gütertrennung bleiben die Vermögensmassen von Mann und Frau völlig getrennt. Jeder verwaltet sein Vermögen für sich und zieht die Nutzungen daraus. In der Verfügungsfreiheit über ihr Vermögen sind sie in keiner Weise beschränkt. Die gesetzliche Erbfolge richtet sich nach den allgemeinen erbrechtlichen Vorschriften (§ 1931 BGB – vgl. oben Rz. 184). Den während der Ehe erzielten Zugewinn behält jeder Ehegatte für sich; ein Ausgleich findet nicht statt.
Nicht selten wird aus verschiedensten Gründen heraus vor oder bei Eheschluß der Zugewinn ehevertraglich ausgeschlossen. Blieb die Ehe intakt, verändert sich die Interessenlage der Ehegatten dahin, daß der Schutz vor dem ruinösen Zugewinnausgleichsverlangen des Partners im Falle einer Scheidung dem Bestreben weicht, den Längstlebenden vor Pflichtteilsforderungen von Abkömmlingen nach dem Tode des Erstverstorbenen zu schützen. Da i. d. R. der gesetzliche Güterstand den überlebenden Ehegatten besser stellt als die Gütertrennung, könnte die nun nicht mehr aktuelle Gütertrennung durch neuen Ehevertrag aufgehoben und der gesetzliche Güterstand als für die Ehegatten maßgebend vereinbart werden.
Entgegen einem weit verbreiteten Irrglauben hat die Vereinbarung der Gütertrennung nichts mit einem Schutz vor der Mithaftung eines Ehegatten für die Schulden des anderen zu tun. Außer für Geschäfte zur Deckung des Lebensbedarfs gem. § 1357 BGB haftet auch beim gesetzlichen Güterstand kein Ehegatte für die Schulden des Partners. Diese Mithaftung kann u. U. durch notariell beglaubigte Erklärung und deren Eintragung im Güterrechtsregister (§ 1412 BGB) ausgeschlossen werden.

bb) Gütergemeinschaft

355 Dieser Güterstand ist in bestimmten Gegenden Deutschlands noch bei Kleingewerbetreibenden und in der Landwirtschaft verbreitet. In der mittelständischen Wirtschaft und bei freiberuflich Tätigen spielt er eine untergeordnete Rolle, so daß sich ausführliche Erörterungen erübrigen und eine Beschränkung auf das Grundsätzliche genügen mag. Bei der Gütergemeinschaft werden folgende Gütermassen unterschieden:

1. Das **Gesamtgut:** Zu diesem verschmelzen die Vermögensmassen des Mannes und der Frau, soweit es sich nicht um Sondergut oder Vorbehaltsgut handelt (§ 1416 BGB). Hinsichtlich des Gesamtgutes leben Mann und Frau in einer **Gemeinschaft zu gesamten Hand.** Keiner kann über seinen Anteil am Gesamtgut oder an den einzelnen dazugehörenden

Gegenständen verfügen, er ist auch nicht berechtigt, Teilung zu verlangen. Gegen eine Forderung, die zum Gesamtgut gehört, kann der Schuldner nur mit einer aus dem Gesamtgut zu berichtigenden Forderung aufrechnen (§ 1419 BGB). Zum Gesamtgut gehört auch das Vermögen, das der Mann oder die Frau während der Gütergemeinschaft erwerben.

2. Das **Sondergut:** Es umfaßt diejenigen Gegenstände, die nicht durch Rechtsgeschäft übertragen werden können (z. B. unpfändbare Lohn- und Gehaltsansprüche, Schmerzensgeldansprüche). Jeder Ehegatte verwaltet sein Sondergut selbständig, aber für die Rechnung des Gesamtgutes (§ 1417 BGB).
3. Das **Vorbehaltsgut:** Es besteht aus den Gegenständen, welche durch Ehevertrag zum Vorbehaltsgut eines Ehegatten erklärt worden sind; ferner gehören dazu die Gegenstände, welche ein Ehegatte von Todes wegen erwirbt oder die ihm von einem Dritten unentgeltlich zugewendet werden, wenn der Erblasser in der letztwilligen Verfügung oder der Zuwendende bei der Zuwendung bestimmt hat, daß der Erwerb Vorbehaltsgut sein soll. Zum Vorbehaltsgut gehören auch die Surrogate für Rechte und Gegenstände des Vorbehaltsgutes. Das Vorbehaltsgut wird von jedem Ehegatten selbständig und im Gegensatz zum Sondergut für eigene Rechnung verwaltet.

Wer das Gesamtgut verwaltet, der Mann, die Frau oder beide gemeinschaft- 356
lich, richtet sich nach den Bestimmungen im Ehevertrag. Ist nichts vereinbart, so verwalten die Ehegatten das Gesamtgut gemeinschaftlich. Über die Rechte und Pflichten des verwaltenden und des nichtverwaltenden Ehegatten enthalten die §§ 1422 bis 1470 BGB nähere Bestimmungen. Andere Bestimmungen regeln die Auseinandersetzung des Gesamtgutes (§§ 1471–1482 BGB) und die fortgesetzte Gütergemeinschaft nach dem Tode eines Ehegatten zwischen dem überlebenden Ehegatten und den gemeinschaftlichen Kindern (§§ 1483 ff. BGB).

c) Erbschaftsteuerliche Gesichtspunkte bei der Wahl des Güterstandes

Die Eheschließung als solche enthält nicht zugleich auch einen schenkung- 357
steuerpflichtigen Vorgang (selbst wenn sie nur zum Zweck einer Erbschaftsteuerermäßigung erfolgen sollte, z. B. Gewinnung einer günstigeren Steuerklasse, wenn ein Onkel seine Nichte heiratet). Dagegen kann der Abschluß eines Ehevertrages über die güterrechtlichen Verhältnisse der Ehegatten schenkungsteuerrechtlich – und bei dem späteren Tode eines von ihnen auch erbschaftsteuerrechtlich – von Bedeutung sein, wenn sich dadurch die Vermögensverhältnisse der Ehegatten ändern bzw. Vermögensverschiebungen eintreten. Deshalb sollte man bei der Wahl des ehelichen Güterstandes auch mit an die steuerlichen Auswirkungen denken.

358 Der gesetzliche Güterstand der Zugewinngemeinschaft ist bei der Erbschaftsteuer insofern begünstigt, als bei dem überlebenden Ehegatten die Ausgleichsforderung bzw. bei der erbrechtlichen Abwicklung der Betrag, den er bei der güterrechtlichen Abwicklung (s. o. Rz. 320ff.) als Ausgleichsforderung geltend machen könnte, nicht als Erwerb von Todes wegen gilt, also erbschaftsteuerfrei bleibt (§ 5 ErbStG). Soweit der Nachlaß des verstorbenen Ehegatten bei der Ermittlung des als Ausgleichsforderung steuerfreien Betrages mit einem höheren als dem nach den steuerlichen Bewertungsgrundsätzen sich ergebenden Wert angesetzt worden ist, gilt höchstens der dem Steuerwert des Nachlasses entsprechende Betrag nicht als Erwerb von Todes wegen. Wenn der Güterstand der Zugewinngemeinschaft in anderer Weise als durch den Tod eines Ehegatten (z.B. durch Scheidung oder Abschluß eines Ehevertrages) beendet wird, so gehört die Ausgleichsforderung nicht zum schenkungsteuerpflichtigen Erwerb. Soweit in solchen Fällen frühere unentgeltliche Zuwendungen auf die Ausgleichsforderung nach § 1380 Abs. 1 BGB angerechnet worden sind, wird eine damals entrichtete Schenkungsteuer erstattet (§ 29 Abs. 1 Nr. 3 ErbStG). Der Beschenkte wird wegen der in der Zwischenzeit aus der Zuwendung gezogenen Nutzungen wie ein Nießbraucher behandelt; er muß ihren Kapitalwert (= Summe der Jahreswerte abzüglich [Zwischen]Zinsen in Höhe von 5,5 %) versteuern, der nach der Hilfstafel 2 zu § 13 Abs. 1 BewG und den dazu ergangenen Ländererlassen (BStBl 1975 I S. 508) zu ermitteln ist. Andererseits wirken sich bei Beendigung der Zugewinngemeinschaft die für den Ehegatten geltenden Freibeträge (250000 DM nach § 16 Abs. 1 Nr. 1 zuzüglich eines etwaigen besonderen Versorgungsfreibetrages bis zur Höhe von weiteren 250000 DM gemäß § 17 Abs. 1 ErbStG) natürlich zusätzlich aus. Wegen der Berechnung der Ausgleichsforderung s. o. Rz. 186ff.

359 Bei der **Gütertrennung** (§ 1414 BGB) behält jeder Ehegatte sein Vermögen, das er auch allein verwaltet und nutzt. Kein Ehegatte nimmt an dem Vermögenszuwachs des anderen teil. Die Gütertrennung kennt keinen (steuerbegünstigten) Ausgleichsanspruch. Die Erbschaftsteuer richtet sich nach den allgemeinen Vorschriften.

360 Bei der **Gütergemeinschaft** wächst während der Ehe die Vermögensmehrung des Gesamtgutes jedem Ehegatten schenkungsteuerfrei zu; das bei Abschluß des Ehevertrages bereits vorhandene Vermögen beider Ehegatten wird gemeinschaftlich (§ 1416 BGB). Derjenige Ehepartner, der kein oder nur ein geringeres Vermögen als der andere besitzt, wird auf dessen Kosten objektiv bereichert, da er durch die Vereinbarung der Gütergemeinschaft nun zur Hälfte an dem neuen Gesamtgut beteiligt ist. Zur Besteuerung dieser Bereicherung hat die Erbschaftsteuerreform 1974 eine Änderung gebracht. Nach § 7 Abs. 1 Nr. 4 ErbStG gilt als steuerpflichtige Schenkung unter Le-

benden immer die Bereicherung, die ein Ehegatte bei der Vereinbarung der Gütergemeinschaft erfährt. Was während der Gütergemeinschaft einem Ehegatten zugewendet wird, aber nicht zum Sonder- oder Vorbehaltsvermögen (§§ 1417, 1418 BGB) gehört, sondern in das Gesamtgut fällt, wird von dem anderen Ehegatten kraft Gesetzes (§ 1416 BGB) mit erworben. Insoweit liegt deshalb keine steuerbare Schenkung zwischen den Eheleuten vor. Die Vereinbarung der Gütergemeinschaft ist daher steuerlich vorteilhaft, weil jede Vermögensmehrung dieser Art jedem Ehegatten bereits bei Lebzeiten steuerfrei zuwächst. Allerdings läßt sich meist nicht voraussehen, welcher Ehegatte länger leben wird. Stirbt der ursprünglich weniger besitzende Ehegatte zuerst und fällt sein Gesamtgutsanteil an den anderen Ehegatten zurück, so muß dieser den Erwerb von Vermögen versteuern, das ihm früher vor der Vereinbarung der Gütergemeinschaft bereits gehört hat.

Die Ehegatten können auch vereinbaren, daß nach dem Tode eines von 361
ihnen die Gütergemeinschaft zwischen dem Überlebenden und den gemeinschaftlichen Abkömmlingen fortgesetzt wird (§§ 1483 ff. BGB). Bei dieser **fortgesetzten Gütergemeinschaft** gehört der Anteil des verstorbenen Ehegatten am Gesamtgut zivilrechtlich nicht zu dessen Nachlaß. Das Vermögen bleibt zusammen. Statt eines erbrechtlichen tritt hinsichtlich des Gesamtgutanteils der güterrechtliche Vermögensübergang ein. Die gemeinschaftlichen Abkömmlinge treten an die Stelle des Verstorbenen. Abweichend vom bürgerlichen Recht nimmt allerdings das Steuerrecht hier insoweit eine Erbfolge an, als nach § 4 ErbStG der Anteil des Verstorbenen am Gesamtgut so behandelt wird, wie wenn er ausschließlich den anteilsberechtigten Abkömmlingen zugefallen wäre. Die Besteuerung des anteiligen Erwerbs der Abkömmlinge richtet sich nach den allgemeinen Vorschriften des ErbStG. Dagegen tritt für den überlebenden Ehegatten keine Steuerpflicht ein, soweit er nicht Sonder- oder Vorbehaltsgut des Verstorbenen (mit-)erbt.

Stirbt während der Dauer der fortgesetzten Gütergemeinschaft ein anteilsberechtigter Abkömmling, so gehört – ebenfalls abweichend vom bürgerlichen Recht (§ 1490 BGB) – sein Anteil am Gesamtgut zu seinem Nachlaß. Als Erwerber dieses Anteils gelten seine Abkömmlinge und notfalls die Personen, denen sein Anteil nach § 1490 S. 3 BGB zuwächst. Die Besteuerung richtet sich nach deren persönlichen Verhältnis zu dem Verstorbenen. Verzichtet ein Abkömmling unentgeltlich auf seinen Anteil am Gesamtgut (§ 1491 BGB), so liegt darin ein schenkungsteuerpflichtiger Vorgang (RFH vom 21. 10. 1932, RStBl 1932 S. 1029). Die Steuer richtet sich nach dem persönlichen Verhältnis zwischen dem Verzichtenden und dem, dem der Anteil infolge des Verzichts zuwächst. Erfolgt der Verzicht bereits vor Eintritt der fortgesetzten Gütergemeinschaft, so gelten die für einen Erbverzicht maßgebenden Vorschriften (§§ 1517 Abs. 2, 2345 ff. BGB). Die Abfindung für einen solchen Verzicht ist dann nach § 7 Abs. 1 Nr. 5 ErbStG steuerpflichtig. Dagegen macht die Abfindung für einen Verzicht nach Eintritt der fortgesetzten Gütergemeinschaft diesen Verzicht zu einem entgeltlichen Geschäft, so daß eine Schenkungsteuer insoweit nicht in Betracht kommt.

III. Vorsorge für den Scheidungsfall

1. Scheidungs- und Scheidungsfolgenrecht

362 Durch das erste Gesetz zur Reform des Ehe- und Familienrechts (1. EheRG) vom 14. 6. 1976 (BGBl 1976 I S. 1421 ff.) wurde das Scheidungs- und Scheidungsfolgenrecht mit Wirkung ab 1. 7. 1977 neu geregelt und grundlegend umgestaltet. Während früher eine Ehe grundsätzlich nur geschieden werden konnte, wenn einer der Ehegatten schwere schuldhafte Eheverfehlungen begangen hatte (sog. Verschuldensprinzip), wird heute die Ehe schon dann geschieden, wenn sie gescheitert ist (sog. Zerrüttungsprinzip). Das Scheitern der Ehe wird nach Ablauf bestimmter Trennungsfristen (ein Jahr bei einverständlicher Scheidung und drei Jahre bei streitiger Scheidung) unwiderlegbar vermutet. Über die Scheidung und die Scheidungsfolgen (Zugewinnausgleich, Versorgungsausgleich, Unterhaltszahlung, Kindessorge, Regelung der Rechtsverhältnisse an der Ehewohnung und am Hausrat u. a.) wird in einem einzigen Verfahren vor dem Familienrichter beim Amtsgericht entschieden. Da für die Scheidung der Ehe und ihre vor allem vermögensrechtlichen Folgen das Verschulden des einen oder anderen Ehepartners am Scheitern der Ehe heute keine Rolle mehr spielt, kann auch derjenige Ehegatte, der die alleinige moralische Schuld an der Zerrüttung der Ehe trägt, etwa wegen Ehebruchs, grundsätzlich alle nachehelichen Versorgungsrechte für sich in Anspruch nehmen: Es steht ihnen also grundsätzlich das Recht auf Zugewinnausgleich, Versorgungsausgleich und möglicherweise auf jahrelange Unterhaltszahlungen zu.

2. Der Versorgungsausgleich

363 Der Versorgungsausgleich bildet das Kernstück des neuen Scheidungsfolgenrechts. Er wird ohne Rücksicht auf den Güterstand durchgeführt, in dem die Ehegatten gelebt haben. Grundvorstellung ist, daß alle während der Ehe begründeten Ansprüche und Aussichten auf eine spätere Altersversorgung auf beide Ehepartner aufzuteilen sind, um so für den berechtigten Ehepartner nach der Scheidung eine eigenständige Absicherung im Alter und bei Berufs- und Erwerbsunfähigkeit zu begründen. Das bedeutet für die meisten Fälle, daß der Mann an die geschiedene Frau von seinen Versorgungsan-

wartschaften Teile abgeben oder – um dies zu verhindern – nicht unerhebliche Geldbeträge zur Schaffung einer Absicherung seiner früheren Ehefrau aufbringen muß. Dadurch wird für die Ehefrau eine Rentenanwartschaft begründet oder die von ihr selbst erworbene Anwartschaft erhöht.

Der Versorgungsausgleich wird wie folgt durchgeführt: Zunächst werden 364
die Versorgungsanwartschaften jedes Ehepartners festgestellt und bewertet; sodann werden die Versorgungsanwartschaften beider Ehegatten einander gegenübergestellt und in ihrem Wert verglichen und schließlich wird vom Familienrichter der Versorgungsausgleich vollzogen.
Zum Vollzug des Wertausgleichs stehen drei Möglichkeiten zur Verfügung (§ 1587 b BGB):

a) Teilweise Übertragung von Rentenanwartschaften in der gesetzlichen Rentenversicherung vom Versicherungskonto des Ausgleichspflichtigen auf das Versicherungskonto des Ausgleichsberechtigten (sog. Renten-Splitting – zutreffend für Arbeiter und Angestellte –),
b) Begründung von Rentenanwartschaften in der gesetzlichen Rentenversicherung ohne Beitragsentrichtung zugunsten des Ausgleichsberechtigten durch Minderung von Anwartschaften auf Versorgung aus dem öffentlichen Dienstverhältnis des Ausgleichspflichtigen (sog. Quasi-Splitting – zutreffend für Beamte –),
c) Begründung von Rentenanwartschaften in der gesetzlichen Rentenversicherung durch Beitragsentrichtung seitens des Ausgleichspflichtigen zugunsten des Ausgleichsberechtigten (sog. Renteneinkauf – zutreffend insbesondere für Geschäftsleute und Freiberufler, die nicht gesetzlich rentenversichert sind –).

Die unter a) bis c) genannten Möglichkeiten des Wertausgleichs werden als öffentlich-rechtlicher Versorgungsausgleich bezeichnet.

Ist der öffentlich-rechtliche Versorgungsausgleich nicht möglich, so wird 365
der sogenannte schuldrechtliche Versorgungsausgleich nach Maßgabe des § 1587 f BGB durchgeführt. Das geschieht entweder auf Antrag eines Ehepartners durch das Familiengericht oder aufgrund einer besonderen Vereinbarung der beiden Ehepartner. Hier erhält der ausgleichsberechtigte Teil keine eigenen Versorgungsansprüche in der gesetzlichen Rentenversicherung, sondern lediglich einen unterhaltsähnlichen schuldrechtlichen Anspruch gegen den verpflichteten Teil auf Zahlung einer laufenden Geldrente (§ 1587 g BGB). Voraussetzung für den Anspruch auf Geldrente ist, daß bei beiden Ehegatten der Versorgungsfall eingetreten ist.
In gewissen Fällen schließt das Gesetz den Versorgungsausgleich aus, wenn die Inanspruchnahme des Verpflichteten unter Berücksichtigung der beiderseitigen Verhältnisse grob unbillig wäre, wenn der Berechtigte in Erwartung der Scheidung oder nach dieser bewirkt hat, daß ihm zustehende Anwart-

schaften oder Aussichten auf eine Versorgung nicht entstanden oder entfallen sind, und schließlich, wenn der Berechtigte während der Ehe längere Zeit hindurch seine Pflicht, zum Familienunterhalt beizutragen, gröblich verletzt hat (§ 1587h BGB).

3. Der Unterhaltsanspruch nach der Scheidung

366 Während nach früherem Recht der schuldig oder überwiegend schuldig geschiedene Ehegatte dem anderen unterhaltspflichtig war, kommt es jetzt für den Unterhaltsanspruch eines geschiedenen Ehegatten nur noch auf seine Bedürftigkeit an. Nach dem Gesetz kann ein Ehegatte nach der Scheidung von dem anderen Teil Unterhalt verlangen, solange und soweit von ihm wegen der Pflege oder Erziehung eines gemeinschaftlichen Kindes, wegen Alters oder wegen Krankheit eine Erwerbstätigkeit nicht erwartet werden kann (§§ 1570 – 1572 BGB); ist ihm eine teilweise Erwerbstätigkeit zuzumuten und decken die daraus erzielten Einkünfte nicht den vollen Unterhalt, so kann er den Unterschiedsbetrag fordern. Wer nach dem Gesagten keinen Anspruch hat, kann gleichwohl Unterhalt verlangen, solange und soweit er nach der Scheidung keine angemessene Erwerbstätigkeit findet (§ 1573 BGB). Schließlich steht einem geschiedenen Ehegatten ein Unterhaltsanspruch zu, soweit und solange von ihm aus anderen schwerwiegenden Gründen eine Erwerbstätigkeit nicht erwartet werden kann und die Versagung von Unterhalt unter Berücksichtigung der Belange beider Ehegatten grob unbillig wäre (§ 1576 BGB).
Ein Unterhaltsanspruch besteht nicht, solange sich der geschiedene Ehegatte aus seinen Einkünften und seinem Vermögen selbst unterhalten kann (§ 1577 BGB) oder soweit die Billigkeit den Wegfall oder die Einschränkung des Unterhalts aus besonderen Gründen – z.B. wegen kurzer Dauer der Ehe oder mutwilliger Herbeiführung der Bedürftigkeit – fordert (§ 1579 Abs. 1 BGB). Eine weitere Beschränkung des Unterhaltsanspruchs ergibt sich bei mangelnder Leistungsfähigkeit des Verpflichteten; Unterhalt ist dann nur im Rahmen der Billigkeit zu leisten.

4. Vorsorgevereinbarungen für den Scheidungsfall

367 Die weitgehenden vermögensrechtlichen Folgen einer Ehescheidung sollte jeder Ehepartner bereits dann erwägen, wenn er sich mit dem Gedanken einer Scheidung trägt. Noch besser ist es, wenn er sich mit dieser Frage schon vor Eingehung einer Ehe beschäftigen würde, vor allem dann, wenn seine oder des künftigen Ehepartners erste Ehe schon einmal gescheitert ist. Es gibt nämlich die Möglichkeit, den nachteiligen Vermögensfolgen einer Scheidung zu begegnen, und zwar durch einen Vertrag, der als Ehevertrag

zu seiner Wirksamkeit allerdings der notariellen Beurkundung bedarf* (vgl. zum Eherecht vertiefend: *Bergerfurth,* Das Eherecht, 10. Auflage, Rudolf Haufe Verlag). Vor Eingehung der Ehe ist auch der im Scheidungsfall berechtigte Teil (meist die Frau!) eher bereit, einen solchen Vorsorgevertrag abzuschließen, vor allem dann, wenn der voraussichtlich verpflichtete Teil den Vertragsabschluß als Voraussetzung für die Eheschließung verlangt. Bei bereits bestehender Ehe wird sich der voraussichtlich berechtigte Ehepartner häufig nicht oder nur unter Vorbehalten und entsprechender vermögensmäßiger Absicherung bereitfinden, auf Zugewinnausgleich, Versorgungsausgleich und Unterhaltsleistung für die Zeit nach der Scheidung zu verzichten. Ein diesbezügliches vor der Eheschließung gegebenes Versprechen des voraussichtlich berechtigten Teils auf notariellen Vertragsabschluß kann nach erfolgter Eheschließung nicht mehr realisiert werden. Der voraussichtlich verpflichtete Teil hat nicht die Möglichkeit, den notariellen Verzicht, etwa auf Versorgungsausgleich oder Unterhaltsleistung, im Klageweg zu erzwingen.

Der Versorgungsausgleich kann insgesamt ausgeschlossen werden; es sind 368
aber auch einschränkende Vereinbarungen möglich, z. B. daß Versorgungsausgleich und Unterhaltsleistung nur für einen Ehepartner oder für beide Teile, aber mit einer Zeitbestimmung oder unter einer Bedingung ausgeschlossen werden.

Beispiele:

a) Die Ehepartner verzichten gegenseitig auf Versorgungsausgleich und Unterhaltsleistung für die Zeit nach der Scheidung, falls die Ehe innerhalb der ersten 10 Jahre nach dem Zeitpunkt der Eheschließung wieder geschieden werden sollte.

b) Auf Zugewinnausgleich, Versorgungsausgleich und Unterhaltsleistung für die Zeit nach einer Scheidung verzichtet einseitig derjenige Eheteil, der sich während der Ehe eines derart schweren ehewidrigen Verhaltens schuldig gemacht hat, daß nach früherem Scheidungsrecht die Ehe aus seinem Alleinverschulden geschieden worden wäre.

Nach Beispiel b) hätte dann wenigstens derjenige Ehepartner, der moralisch die Schuld am Scheitern der Ehe trägt, nicht auch noch die vermögensmäßigen Vorteile aus der Scheidung für sich.

Allerdings ist ein vertraglicher Ausschluß des Versorgungsausgleichs unwirksam, wenn innerhalb eines Jahres nach Vertragsabschluß von einem der

* S. hierzu Muster M 65 (Rz. 623) im Anhang.

Ehegatten Scheidungsantrag gestellt wird. Auch im Zusammenhang mit der Scheidung können die Ehegatten Vereinbarungen über den Versorgungsausgleich treffen, die ebenfalls notariell beurkundet werden müssen und außerdem der Genehmigung des Familiengerichts bedürfen. Anwartschaftsrechte in einer gesetzlichen Rentenversicherung können durch eine solche Vereinbarung allerdings nicht begründet oder übertragen werden.
Daß, abweichend von der gesetzlichen Regelung, Unterhaltsvereinbarungen, auch ein vollständiger Unterhaltsverzicht, für die Zeit nach einer Scheidung getroffen werden können, ergibt sich aus § 1585c BGB. Ein Unterhaltsverzicht wäre nur dann sittenwidrig und nichtig, wenn durch ihn eine an sich bestehende Unterhaltsverpflichtung bewußt auf die öffentliche Fürsorge abgewälzt werden soll.

G. Überlegungen zur Einbeziehung von Familienmitgliedern

I. Gründung einer Familiengesellschaft*

Für jeden Unternehmer – ob Gewerbetreibender oder Freiberufler – stellt sich früher oder später die Frage, was im Falle seines Ablebens aus seinem Betrieb werden soll. Hat er Familie, so steht er vor einer doppelten Aufgabe. Einmal gilt es, einen geeigneten Nachfolger für die Unternehmungsleitung zu finden (vgl. Rz. 312ff.) und ihn rechtzeitig auf die Betriebsübernahme vorzubereiten. Zum anderen sollen auch diejenigen Familienmitglieder wirtschaftlich sichergestellt werden, die sich nicht an der Geschäftsführung beteiligen. In der Gründung einer Familiengesellschaft findet der Unternehmer häufig das geeignete Mittel, um beide Aufgaben zu lösen. 369

Haben Ehefrau und Kinder schon zu Lebzeiten des Unternehmers im Betrieb mitgearbeitet, so wird es dem Betriebsinhaber nicht schwerfallen, die geeigneten Nachfolger für die Unternehmensleitung auszuwählen und ihnen eine entsprechende Stellung innerhalb der Familiengesellschaft einzuräumen. Das Gesellschaftsrecht mit seinen vielen Gestaltungsmöglichkeiten bietet aber auch Wege, die nicht persönlich im Betrieb mitarbeitenden und deshalb an der Geschäftsführung nicht beteiligten Familienmitglieder an der Substanz und dem Ertrag des Unternehmens angemessen zu beteiligen. 370
Im Rechtssinne kann man von einer Familiengesellschaft dann sprechen, wenn neben der Familienzugehörigkeit der Gesellschafter im Gesellschaftsvertrag einer Personengesellschaft oder in der Satzung einer Kapitalgesellschaft vorgeschrieben wird, daß die Anteile in der Familie verbleiben und die Familie mindestens durch ein Mitglied Einfluß auf das Unternehmen ausübt. Als Familiengesellschaft wird man aber auch eine Gesellschaft bezeichnen können, bei der die Mitglieder einer Familie ohne ausdrückliche Vertrags- oder Satzungsbestimmungen lediglich aufgrund der tatsächlichen Gegebenheiten (z.B. wegen der Majorität des Kapitals oder des Stimmrechts) eine dominierende Stellung in der Gesellschaft einnehmen.

II. Gesellschaftsgründung zu Lebzeiten

Mancher Unternehmer wird, vielleicht aus einer gewissen konservativen Grundeinstellung heraus, Wert darauf legen, bis zuletzt der alleinige Herr in seinem Betriebe zu bleiben, und die Gesellschaftsgründung erst für den Fall 371

* Hierzu im Rudolf Haufe Verlag Bünz / Heinsius, Familiengesellschaften in Recht und Praxis, Loseblattwerk, Freiburg i. Br., 1980ff.

seines Todes ins Auge fassen. In diesem Falle müssen in der letztwilligen Verfügung ausführliche und klare Bestimmungen über die Ausgestaltung der künftigen Familiengesellschaft, über die Stellung der einzelnen Erben innerhalb der Gesellschaft usw. getroffen werden, damit über die Beteiligungsverhältnisse am Familienunternehmen später kein Streit entstehen kann.

372 Eine ganze Reihe von Gründen lassen es ratsam erscheinen, mit der Gesellschaftsgründung nicht bis zum Erbfall zu warten, sondern bereits zu Lebzeiten Söhne oder Töchter und evtl. auch die Ehefrau als Gesellschafter in das Unternehmen aufzunehmen und sie auf diese Weise mit dem Betriebsgeschehen zu verbinden. Durch ihre Aufnahme als Gesellschafter wird erfahrungsgemäß ihr Interesse und ihre Einsatzfreudigkeit gesteigert, sie fühlen sich nicht mehr als Arbeitnehmer, sondern als verantwortliche Mitinhaber des Betriebes. Ihre Autorität gegenüber dem Personal wird ebenso gestärkt wie das Vertrauen der Geschäftspartner und Kreditgeber, dessen sie zur späteren Alleingeschäftsführung dringend bedürfen. Sie wachsen so unter dem helfenden Rat des Vaters zwanglos in ihre Unternehmerrolle hinein. Die spätere Übernahme der vollen Unternehmerverantwortung beim Ausscheiden des Vaters stellt sie nicht mehr vor völlig neue Probleme, sondern geht reibungslos und ohne besondere Schwierigkeiten vor sich.

Durch die schon zu Lebzeiten des Betriebsinhabers erfolgende Gesellschaftsgründung werden auch die Schwierigkeiten vermieden, die sich ergeben können, wenn die Errichtung einer Familiengesellschaft den Erben überlassen wird. Der Erblasser, der am besten weiß, was dem Betrieb dienlich ist, hat es letzterenfalls in der Hand, die Gesellschaftsgründung zu beeinflussen. Er hat keine Gewähr dafür, daß die Erben alles in seinem Sinne ordnen. Die Möglichkeit, daß es nach seinem Ableben zu Zwistigkeiten und Zerwürfnissen Erben kommt, ist nicht von der Hand zu weisen. Dieser Gefahr wird durch möglichst frühzeitige Aufnahme der Kinder und evtl. auch der Ehefrau als Gesellschafter vorgebeugt. Die Beteiligungsverhältnisse am Unternehmen sind beim Ableben des bisherigen Inhabers bereits geordnet, der Weiterbestand des Geschäfts ist nicht gefährdet. Der Betrieb bleibt als gemeinsame Lebensgrundlage der Familie erhalten. Mit der Beteiligung der Kinder braucht nicht bis zu ihrer Volljährigkeit gewartet zu werden.

III. Voraussetzungen für die steuerliche Anerkennung

373 In steuerlicher Hinsicht ist bei den Überlegungen, ob, wann sowie gegebenenfalls in welcher Rechtsform eine Familiengesellschaft gegründet werden soll, u. a. folgendes zu beachten:

Die Gründung einer Familiengesellschaft kommt oft einer vorweggenommenen Nachlaßregelung (Erbfolge) gleich. Nach der Aufnahme von Abkömmlingen in das väterliche oder elterliche Geschäft wächst die Mehrung des Betriebsvermögens den Aufgenommenen erbschaftsteuerfrei zu. Außerdem ergeben sich in der Regel auch bei der Einkommen- und Vermögensteuer finanzielle Vorteile. Deshalb prüft die Steuerverwaltung auch vor der Anerkennung solcher Familiengesellschaften besonders kritisch, ob die Gestaltungsmöglichkeiten des Rechts nicht mißbraucht wurden, um die Steuergesetze zu umgehen. Liegt ein Mißbrauch vor, so „entsteht der Steueranspruch so, wie er bei einer den wirtschaftlichen Vorgängen angemessenen Gestaltung entsteht" (§ 42 AO), d. h. keine Anerkennung durch das Finanzamt.

Grundsätzlich kann einer Familiengesellschaft die Anerkennung allerdings 374
nicht deshalb versagt werden, weil ihre Gründung weniger auf betrieblichen, sondern mehr auf (erbschaft-)steuerlichen und familiären Erwägungen beruht (BFH vom 22. 8. 1951, BStBl 1951 III S. 181). Auch liegt bei der Aufnahme von Kindern in das elterliche Geschäft durch Gründung einer Familiengesellschaft keine Steuerumgehung vor, wenn die Kinder dadurch mit ihren späteren Aufgaben in dem Geschäft vertraut gemacht werden und an ihm besonders interessiert werden, in ihre Stellung als Mitunternehmer hineinwachsen sollen (BFH vom 6. 4. 1979, BStBl 1979 II S. 620). Ganz allgemein kann niemand verwehrt werden, unter mehreren (rechtlich zulässigen) Möglichkeiten die steuerlich günstigste zu wählen. Voraussetzung für die steuerliche Anerkennung ist, daß die getroffenen Vereinbarungen ernsthaft gemeint und nicht nur zum Schein erfolgt sind. Auch muß die praktische Durchführung der formellen Gestaltung entsprechen. Gerade bei Vereinbarungen unter den nächsten Familienangehörigen legt die Steuerverwaltung größten Wert auf klare (schriftliche!) Regelungen. Die häufigen „Rückdatierungen" solcher Verträge werden im Steuerrecht grundsätzlich nicht anerkannt (BFH vom 24. 7. 1963 und 8. 11. 1972, BStBl 1963 III S. 442 und 1973 II S. 287). Andererseits erhebt die Finanzverwaltung grundsätzlich keine Bedenken, wenn die Gesellschaftsverträge ihrem Inhalt nach den zwischen fremden Personen üblichen Vereinbarungen entsprechen (BFH vom 8. 2. 1979, BStBl 1979 II S. 405).
In einer Reihe von Urteilen zur Anerkennung von Vereinbarungen unter nahen Familienangehörigen hat die Rechtsprechung folgende Kriterien aufgestellt, nach denen die Finanzverwaltung immer die Prüfung vornimmt:

- *Fremdvergleich, d. h. die Regelungen werden dahin überprüft, ob auch ein fremder Dritter die Vereinbarungen so abgeschlossen hätte,*

- *schriftliche Vereinbarungen, d.h. über die geschlossenen Abreden muß eine schriftliche Vereinbarung vorliegen,*
- *tatsächliche Durchführung, d.h. die Vereinbarungen müssen tatsächlich so, wie sie niedergelegt sind, in der Praxis umgesetzt werden.*

Konkret heißt dies, daß bei einem Ehegattengehalt ein schriftlicher Vertrag vorliegen muß, der regelt, daß dieses Gehalt wie bei jedem anderen Arbeitnehmer auch auf dessen Konto regelmäßig zu zahlen ist. Wird nun das Gehalt auf ein Konto des Inhabers gezahlt, so entfällt die Anerkennung, da ein fremder Dritter das ihm zustehende Geld nicht dem Inhaber belassen würde. Über die vielfältigen Formen der Gesellschaftsgründung und die Besonderheiten der Familiengesellschaft, auch mit minderjährigen Kindern, informiert der im selben Verlag erschienene Band: *Romanovszky/Rux,* Vorteilhafte Gesellschaftsverträge.

IV. Schenkungsteuerliche Fragen bei der Gesellschaftsgründung

375 Die Aufnahme von Abkömmlingen in das väterliche Geschäft als Teilhaber ist insoweit keine Schenkung, wie der Aufgenommene durch den Einsatz seiner Arbeitskraft und die Mitübernahme der Haftung für Geschäftsschulden eine Gegenleistung erbringt (RFH vom 7. 11. 1940, RStBl 1941 S. 71). Die etwaige Bereicherung bei Aufnahme eines neuen Gesellschafters durch unentgeltliche Übertragung des Anteils an einer Personengesellschaft entspricht nicht immer dem Nennbetrag des betreffenden Kapitalanteils. Entscheidend für ihre Höhe ist der Anteil an dem nach den Grundsätzen des BewG festgestellten gesamten Gesellschaftsvermögens (RFH vom 4. 11. 1938, RStBl 1939 S. 272). Die Schenkung umfaßt auch die offenen und stillen Reserven. Die Bereicherung entspricht dem Betrag, den der neue Gesellschafter bei Auflösung der Gesellschaft gleich nach seinem Eintritt in sie erhalten würde, wenn nicht besondere Vereinbarungen vorliegen, die nach bürgerlichem Recht zulässig sind (BFH vom 29. 1. 1959, BStBl 1959 II S. 155). So kann für den Fall des Ausscheidens abweichend von der Regelung im § 738 BGB vereinbart werden, daß der Ausscheidende nur den Betrag erhält, der sich aus der Bilanz vom Ausscheidungsstichtag für sein Kapitalkonto ergibt (Abfindung zum Buchwert; BGH II ZR 52/77 vom 29. 5. 1978).

376 Allerdings nimmt das ErbStG auf solche Buchwertklauseln keine Rücksicht mehr. Ist Gegenstand einer ausgeführten Schenkung die Beteiligung an einer Personengesellschaft, bei der vertraglich festgelegt ist, daß der neue Gesell-

schafter bei Auflösung der Gesellschaft oder bei seinem vorherigen Ausscheiden nur den Buchwert seines Kapitalkontos erhält, so wird das bei der Feststellung seiner Bereicherung nicht beachtet. Soweit diese den Buchwert seines Kapitalanteils übersteigt (infolge der miterworbenen stillen Reserven usw.), gilt sie als auflösend bedingt im Sinne des § 5 BewG erworben. Es müssen also (zunächst) auch die stillen Reserven (einschließlich eines etwaigen Geschäftswertes) mit versteuert werden. Damit soll verhindert werden, daß sie dem Beschenkten dadurch unversteuert zukommen, daß sie ihm in den folgenden Jahren bei ihrer Auflösung als seine Gewinnanteile zufließen. Tritt allerdings dann später die Bedingung ein, indem beim Ausscheiden des Gesellschafters der Steuerwert seines Anteils über seiner Buchwertabfindung liegt, so ist auf Antrag der frühere Schenkungsteuerbescheid zu berichtigen und die Steuer zu erstatten, die auf den Unterschied zwischen dem Steuerwert des geschenkten Anteils abzüglich seines Buchwertes bei Abschluß des Schenkungsvertrages entfällt, höchstens jedoch die Steuer, die auf den Unterschiedsbetrag zwischen der Abfindung und dem höheren Steuerwert im Zeitpunkt des Ausscheidens entfällt. Dabei kommt es nicht auf die Identität zwischen den stillen Reserven zur Zeit der Schenkung und denen zur Zeit des Ausscheidens des Beschenkten an (ErbSt-Erlaß vom 10. 3. 1976, BStBl 1976 I S. 145, Abschn. 3.2). Dem Ausscheiden eines Gesellschafters steht seine Ausschließung sowie die Auflösung der Gesellschaft gleich. Der Antrag muß nach § 5 Abs. 2 BewG bis zum Ablauf des auf den Eintritt der Bedingung (Ausscheiden bzw. Auflösung) folgenden Jahres gestellt werden; antragsberechtigt sind auch die Erben des Beschenkten. Hinzuweisen ist auf die Regelung in § 7 Abs. 7 ErbStG.

Danach gilt als Schenkung auch der auf einem Gesellschaftsvertrag beruhen- 377
de Übergang des Anteils eines Gesellschafters bei dessen Ausscheiden aus der Gesellschaft auf die anderen Gesellschafter oder auch auf die Gesellschaft selbst, soweit der Steuerwert des Anteils im Zeitpunkt des Ausscheidens den Abfindungsanspruch übersteigt, wobei es gleichgültig ist, ob das Ausscheiden freiwillig oder zwangsläufig erfolgt. Die Steuer erfaßt die Bereicherung der anderen, in der Gesellschaft verbleibenden Gesellschafter oder auch der Gesellschaft selbst um den Unterschied zwischen der Abfindung des Ausscheidenden und dem Steuerwert seines Anteils. Die Besteuerung hängt nicht davon ab, daß der Ausscheidende die anderen bereichern wollte. Steuerpflicht tritt auch ein, wenn es sich um die Beteiligung an einer Kapitalgesellschaft handelt, die nach Ausscheiden eines Gesellschafters auf die Gesellschaft selbst übergeht, wobei diese dem Ausscheidenden (oder seinen Erben) einen Betrag zahlt, der unter dem Vermögensteuerwert der Beteiligung liegt. Eine entsprechende Regelung enthält § 3 Abs. 1 Nr. 2 ErbStG für den Fall, daß beim Tod eines Gesellschafters einer Personen- oder Kapi-

talgesellschaft (GmbH!) nach dem Gesellschaftsvertrag sein Anteil am Gesellschaftsvermögen (nicht auf seine Erben, sondern) auf die verbleibenden Gesellschafter (Anwachsung) oder die Gesellschaft selbst übergeht und die von diesen zu leistende Abfindung geringer als der Steuerwert des Anteils ist. Der Übergang gilt kraft Gesetzes als Schenkung auf den Todesfall und wird als Erwerb von Todes wegen besteuert.
Beachtung verdient bei der Aufnahme von neuen Gesellschaftern auch das BFH-Urteil vom 29. 1. 1959 (BStBl 1959 III S. 155). Nach seinem Tatbestand hatten die Gesellschafter einer OHG ihren Kindern Geldbeträge zugewendet mit der Auflage, diese (nach Abzug der Schenkungsteuer) als Kommanditeinlagen in der Gesellschaft zu verwenden, was auch geschah. Der BFH sah in diesen Vorgängen zwei schenkungsteuerpflichtige Tatbestände, einmal in den Geldzuwendungen, zum anderen in dem Wert der Kommanditanteile an den stillen Reserven der Gesellschaft.

378 Weiterhin gilt nach § 7 Abs. 6 ErbStG als steuerbare selbständige Schenkung ein „Übermaß an Gewinnbeteiligung", das mit seinem Kapitalwert zu versteuern ist. Ein solches Übermaß liegt nach dem Gesetz insbesondere vor, wenn die Beteiligung an einer Personengesellschaft mit einer Gewinnberechtigung ausgestattet ist, die der Kapitaleinlage, der Arbeits- oder sonstigen Leistung des Gesellschafters für die Gesellschaft nicht entspricht, oder die einem fremden Dritten üblicherweise nicht eingeräumt würde. Nach Abschn. 3.3 ErbStErlaß vom 10. 3. 1976 (BStBl 1976 I S. 145) ist eine bei den Ertragsteuern getroffene Entscheidung über das Vorliegen und den Umfang eines übermäßigen Gewinnanteils (eine durchschnittliche Rendite von nicht mehr als 15 % des tatsächlichen Wertes der Beteiligung wird in der Regel nicht beanstandet; Einzelheiten enthält Abschn. 138a Abs. 5 EStR, BFH-Urteil vom 24. 7. 1986, BStBl 1987 II S. 54) für die Schenkungsteuer zu übernehmen. Sonst ist der Jahreswert des übermäßigen Gewinnanteils selbständig zu ermitteln. Er kann von dem durchschnittlichen Gewinn der letzten drei Jahre vor der Schenkung abgeleitet werden. Für seine Kapitalisierung ist – wenn nichts anderes geregelt – von einer Laufzeit in gleichbleibender Höhe von fünf Jahren auszugehen, so daß der Jahreswert mit 4,505 nach der Hilfstafel 2 zu § 13 Abs. 1 BewG zu vervielfachen ist. Das Gesetz will durch diese neue Regelung eine angemessenere Besteuerung der in dem Gewinnübermaß liegenden Bereicherung herbeiführen. Auch wenn im Zusammenhang mit der Gründung einer Familiengesellschaft Schenkungsteuer zu entrichten ist, dürfte diese immer noch niedriger sein als eine später beim Tode des Alleininhabers zu zahlende Erbschaftsteuer, weil bei normaler Entwicklung des Geschäfts das Betriebsvermögen (und damit auch der Nachlaß) von Jahr zu Jahr zunimmt. Allerdings wird bei entsprechend hoher Beteiligung des Vaters bei dessen Tod auch noch eine Erbschaftsteu-

erschuld entstehen. Hier spielt dann die sog. Zusammenrechnungsvorschrift des § 14 ErbStG eine Rolle.

379 Nach ihr werden **alle innerhalb von zehn Jahren** von derselben Person durch Schenkung oder Erbgang **anfallenden Vermögensvorteile wie eine einheitliche Zuwendung behandelt.** Die früheren – auch bereits versteuerten – Erwerbe (hier z. B. die Schenkung von Kapitalanteilen) werden dem letzten (der Erbfolge) nach ihrem früheren Wert zugerechnet und von der Steuer für den Gesamtbetrag wird dann die Steuer abgezogen, die „für die früheren Erwerbe zur Zeit des letzten zu erheben gewesen wäre". Liegen zwischen den einzelnen Zuwendungen (unter Lebenden und von Todes wegen) jeweils mehr als zehn Jahre, so bleibt es dagegen bei der getrennten Besteuerung jedes einzelnen Vorganges. Das hat zur Folge, daß die Freibeträge sich bei jedem Steuerfall erneut auswirken. Außerdem ist der Erbschaftsteuertarif progressiv gestaffelt. Die einzelnen Steuerbeträge für mehrere, zeitlich nacheinander folgende, aber wegen Zwischenräumen von jeweils mehr als zehn Jahren getrennt zu behandelnde Vermögenszuwendungen sind deshalb insgesamt geringer als die Steuer, die sich bei einer Zusammenfassung dieser verschiedenen Zuwendungen in einer einzigen ergeben würde. Besonders im Hinblick auf die Zehnjahres-Frist kann deshalb unter rein erbschaftsteuerlichen Gesichtspunkten nicht früh genug mit der Verteilung des Vermögens – hier z. B. durch Gesellschaftsgründung – begonnen werden.

380 Ob das auch unter anderen Erwägungen vertretbar und zweckmäßig erscheint, ist natürlich eine andere Frage. Die Zahl der als Gesellschafter aufzunehmenden Familienmitglieder hängt auch mit der Größe der Familie zusammen. Ganz allgemein kann die Verteilung eines Vermögens (bei Lebzeiten oder auch für den Erbfall) auf möglichst viele Personen bei der Schenkung- bzw. Erbschaftsteuer insofern von Vorteil sein, als sich die Freibeträge dann öfter auswirken; auch wird wegen der Progression des Tarifs die Steuerbelastung ingesamt niedriger. Das früher einmal wegen der damals geltenden Vorschriften zweckmäßig und weit verbreitete Überspringen von Generationen (Vermögensübergang gleich auf die Enkel anstatt zunächst auf die Kinder) ist heute nicht mehr so sehr zu empfehlen, weil einmal sowohl die Freibeträge wie auch die Steuersätze für Kinder (Steuerklasse I) günstiger (90000 DM; 3 bis 35 %) sind als für Enkel (Steuerklasse II: 50000 DM und 6 bis 50 %). Außerdem wird nach § 27 ErbStG bei Vermögensübergängen von einer auf die andere Generation innerhalb von zehn Jahren die Steuer für den 2. Übergang nur zu ermäßigten Beträgen erhoben. Bei der Aufnahme von Schwiegersöhnen oder -töchtern durch Zuwendung von Kapitalanteilen ist darauf zu achten, daß die zur Steuerklasse III gehören, für die nur ein Freibetrag von 10000 DM, andererseits aber Steuersätze von 11 bis 65 % gelten. Auch sollte sich eine Tochter bei der „Weitergabe" von Zu-

wendungen ihres Vaters an ihren Mann zurückhalten, damit nicht wegen Mißbrauchs bürgerlich-rechtlicher Gestaltungsmöglichkeiten ein solcher Vorgang als unmittelbare Zuwendung des Vaters an den Schwiegersohn besteuert wird (BFH vom 11. 11. 1955, BStBl 1955 III S. 395, sogenannte Kettenschenkung, vergleiche aber FG Münster, EFG 1991, 737). Danach wird heute entscheidend darauf abgestellt, ob dem Erstempfänger nach den getroffenen Vereinbarungen ein eigener Entscheidungsspielraum über die Weitergabe des Vermögens verbleibt. Die Beteiligten können nämlich nach dem Urteil des Finanzgerichts Münster ihre Rechtsgeschäfte steuergünstig gestalten, ohne den Vorwurf des Mißbrauchs auf sich zu ziehen.

V. Andere steuerliche Vorteile

381 Die Gründung einer Familiengesellschaft hat zur Folge, daß sich die jährlichen Gewinne auf mehr Personen als bei einer Einzelfirma verteilen. Das führt bei der progressiven Staffelung unseres Einkommensteuertarifs u. U. zu beachtlichen Einsparungen (einschließlich Kirchensteuer).
Auch bei der **Vermögensteuer** können sich dadurch Vorteile ergeben, daß bei Aufteilung des Betriebsvermögens auf mehr Personen als bei einer Einzelfirma die persönlichen Freibeträge von je 70000 DM für den Steuerpflichtigen, seine Ehefrau und jedes Kind bei jedem Gesellschafter, sich insgesamt also mehrmals auswirken. Die zusätzliche Vergünstigung, nach der ab 1984 bei der Ermittlung des Gesamtvermögens für inländisches Betriebsvermögen ein Betrag von 125000 DM, ab 1. 1. 1993 500000 DM vermögensteuerfrei bleibt und der übersteigende Teil des Betriebsvermögens nur mit 75 % anzusetzen ist, kann für Familiengesellschaften gegenüber Einzelfirmen weitere steuerliche Vorteile bringen (§ 117a Abs. 3 BewG).

VI. Geschäftsübergabe zu Lebzeiten*

382 Dieselben Überlegungen, die zur Gründung einer Familiengesellschaft führen können (vgl. oben Rz. 369ff.), werden den Unternehmer, wenn nur ein Abkömmling vorhanden ist oder nur einer als Nachfolger in Frage kommt, u. U. veranlassen, den Betrieb schon zu Lebzeiten zu übergeben. Der Unternehmer kann die Betriebsübernahme dann noch persönlich durchführen und überwachen und dem Nachfolger nach der Übernahme der vollen Unternehmerverantwortung mit Rat und Tat zur Seite stehen. Durch die bereits zu Lebzeiten erfolgte Betriebsübergabe werden für den Todesfall klare Ver-

---

* Vgl. Muster M 75 (Rz. 634) im Anhang.

hältnisse geschaffen und Erbstreitigkeiten, die sich auf den Betrieb nachteilig auswirken können, vermieden.

1. Wahl des Übergabezeitpunktes

Zu welchem Zeitpunkt der Betrieb übergeben werden soll, ist nach den Gegebenheiten des Einzelfalles zu entscheiden. Ein noch rüstiger Betriebsinhaber wird die Leitung des Geschäfts länger in der Hand behalten wollen, als einer, den gesundheitliche Gründe zwingen, sich vorzeitig zur Ruhe zu setzen. Aber auch das Alter des Sohnes oder Enkels, ob er noch ledig oder bereits verheiratet ist, sowie die Verhältnisse des Betriebs selbst spielen dabei eine Rolle. Der Betriebsinhaber wird im allgemeinen darauf bedacht sein, einen gut gehenden Betrieb zu übergeben und nicht ein Unternehmen, das sich vielleicht gerade in wirtschaftlichen Schwierigkeiten befindet. 383

Immerhin sei vor einer zu frühen Betriebsübergabe gewarnt, schon wegen der hohen Anforderungen, die an den Nachfolger zu stellen sind (Rz. 312ff.). Andererseits darf die Betriebsübergabe auch nicht zu spät erfolgen. Es ist gewiß nicht richtig, wenn mancher Betriebsinhaber glaubt, bis ins hohe Alter hinein das Heft in der Hand behalten zu müssen, obwohl der Sohn längst erwachsen ist, schon eine eigene Familie hat und bestrebt ist, eine selbständige Existenz zu gründen. Wird ihm das verwehrt, so kann es zu Mißhelligkeiten und Auseinandersetzungen kommen, die den Sohn veranlassen können, seine weitere Mitarbeit im elterlichen Betrieb aufzugeben und anderenorts eine Stellung anzunehmen oder ein eigenes Unternehmen zu gründen. Wichtig ist es, daß der Betriebsinhaber alle mit der Betriebsübergabe zusammenhängenden Fragen möglichst frühzeitig und in freimütiger Weise mit dem Nachfolger bespricht. Der Sohn oder Enkel wird dann die Gründe, aus denen die Übergabe des Betriebs bisher noch hinausgeschoben wurde, leichter verstehen können, und der Betriebsinhaber wird sich vielleicht den Erwägungen seines Abkömmlings nicht länger verschließen, wenn dieser auf eine baldige Übergabe drängt. Das gute familiäre Verhältnis bleibt auf diese Weise am ehesten gewahrt. 384

2. Rechtsnatur und Form der Betriebsübergabe

Wird der Betrieb bereits zu Lebzeiten des Inhabers an den Sohn oder die Tochter übergeben, so wirkt dies normalerweise als vorweggenommene Erbfolge. Der Übernehmer verzichtet als Gegenleistung auf sämtliche Erb- und Pflichtteilsansprüche, oder es wird vereinbart, daß er sich den Wert des Betriebs auf seinen künftigen gesetzlichen Erbteil und auf seinen Pflichtteil an- 385 rechnen lassen muß. Darüber hinaus verpflichtet sich der Übernehmer im Übernahmevertrag häufig zu weiteren Leistungen, wie zur Zahlung einer Abfindung an den Übergeber, zu Versorgungsleistungen an den Übergeber und dessen Ehefrau, zu Hinauszahlungen an die Geschwister oder zur Bestellung von Wohnungsrechten am Geschäftsgrundstück. In fast allen Fällen sind aber diese Leistungen des Übernehmers niedriger als der Wert des Geschäfts, so daß zumindest kein vollentgeltlicher Vertrag vorliegt.

386 Es handelt sich dann entweder um eine **gemischte Schenkung** (teils Schenkung, teils Kauf) oder um eine **Schenkung unter Auflage** (§ 525 BGB). Das ist auch steuerlich von Bedeutung, weil die unentgeltliche Übertragung eines Geschäftsbetriebs weder eine Veräußerung im Sinne des § 16 Abs. 1 noch eine Betriebsaufgabe im Sinne des § 16 Abs. 3 EStG darstellt. Für die Steuerpflicht einer gemischten Schenkung ist außer dem Bewußtsein der Bereicherung ein Mißverhältnis zwischen den objektiven gemeinen Werten von Leistung und Gegenleistung im Zeitpunkt des Vertragsabschlusses Voraussetzung (BFH vom 12. 4. 1989, BStBl 1989 II S. 524). Hat der Nachfolger im Betrieb sich zur Zahlung einer (lebenslänglichen) Versorgungsrente an den bisherigen Inhaber verpflichtet, so ist bei der Prüfung, ob eine steuerbare (gemischte) Schenkung (= Bereicherung) vorliegt, der Kapitalwert der Rente nicht nach den steuerlichen Bewertungsvorschriften im § 14 BewG, sondern nach der allgemeinen Sterbestatistik (durchschnittliche Lebenserwartung) zu ermitteln (BFH vom 15. 6. 1956, BStBl 1956 III S. 252). Für die Berechnung der Schenkungsteuer sind dann allerdings die steuerlichen Bewertungsgrundsätze maßgebend (bei Grundstücken also z. B. die Einheitswerte).

In einkommensteuerlicher Hinsicht können Abstandszahlungen oder Gleichstellungsgelder zu einem steuerpflichtigen Veräußerungsgewinn führen, wenn sie wertmäßig über dem steuerlichen Kapitalkonto des Übergebers liegen. Werden Verbindlichkeiten mit übernommen, hängt die einkommensteuerliche Bewertung u. a. von der betrieblichen / privaten Natur der Verbindlichkeit ab (zu den Einzelheiten siehe das ausführliche BMF-Schreiben zur ertragsteuerlichen Behandlung der vorweggenommenen Erbfolge v. 13. 1. 1993, DStR 1993, S. 93 – 100, unter Tz. 24 – 40).

3. Geschäftsübergabe auf Rentenbasis*

387 Da der Geschäftsbetrieb für den Unternehmer häufig die einzige oder die wichtigste Einkommensquelle ist, wird er sich in dem Übergabevertrag von seinem Nachfolger häufig Versorgungsleistungen für sich und seine Ehefrau versprechen lassen. Meist geschieht dies in Form einer lebenslänglichen

* Vgl. Muster M 71 (Rz. 629) im Anhang.

Rente (Leibrente). Der Übergeber hat dann Gewißheit, daß er und sein Ehegatte für den Lebensabend gesichert sind. Bei frühzeitigem Ableben der Versorgungsberechtigten erhält der Nachfolger den Betrieb für eine nur geringe Gegenleistung. Da der Unternehmer den Betrieb nicht verkaufen, sondern seinem Nachfolger zu wesentlich erleichterten Bedingungen überlassen will, wird man bei der Berechnung der Rentenleistung von einem mehr oder minder unter dem Verkehrswert des Geschäfts liegenden Wert ausgehen (gemischte Schenkung oder Schenkung unter Auflage – s. oben Rz. 386).

Außer von dem Geschäftswert hängt die Höhe der Rente wesentlich von der 388
mutmaßlichen Lebenserwartung des bzw. der Versorgungsberechtigten ab. Hierfür sind die amtlichen Verrentungstabellen maßgebend.
Eine ausreichende Versorgung auf lange Sicht ist angesichts der ständigen Geldwertverschlechterung nur gewährleistet, wenn in den Übergabevertrag eine **Wertsicherungsklausel** eingebaut ist. Hierbei ist besondere Vorsicht geboten. Grundsätzlich bedürfen derartige Klauseln zu ihrer Rechtswirksamkeit der Genehmigung durch die zuständige Landeszentralbank. Den Antrag auf Erteilung der Genehmigung kann jeder Vertragspartner selbständig stellen, doch ist es ratsam, im Vertrag die Verpflichtung zur Antragstellung einer Partei aufzuerlegen. Wird die Genehmigung versagt, so führt dies zur Nichtigkeit des ganzen Übergabevertrages, es sei denn, daß die Parteien die Rechtsgültigkeit der übrigen Vertragsbestimmungen auch für diesen Fall vereinbart haben (§ 139 BGB). Es empfiehlt sich, im Übergabevertrag zu bestimmen, daß im Falle der Versagung der Genehmigung zwischen den Vertragsparteien eine neue genehmigungsfähige oder genehmigungsfreie Wertsicherungsklausel vereinbart wird. Aufgrund dieser Abrede hat jeder Vertragsteil einen Rechtsanspruch auf Abschluß einer neuen Vereinbarung, falls die Genehmigung von der Landeszentralbank versagt wird.

In ihrer Mitteilung Nr. 105/78 vom 9. 6. 1978 (BAnz Nr. 109/78), berich- 389
tigt durch Mitteilung vom 7. 7. 1978 (BAnz Nr. 124/78), hat die Deutsche Bundesbank die Richtlinien aufgestellt, die für Anträge auf Genehmigung von Wertsicherungsklauseln nach § 3 des Währungsgesetzes beachtet werden müssen. Für Geschäftsveräußerungen und Geschäftsübergaben auf Rentenbasis kommen erfahrungsgemäß als genehmigungsfähige Wertsicherungsklauseln nur solche in Betracht, die als Bezugsgrößen einen bestimmten Lebenshaltungskostenindex, ein bestimmtes Beamtengehalt, einen bestimmten Tariflohn (Tarifgehalt) oder bestimmte Renten aus der Sozialversicherung zum Gegenstand haben. Diese Wertbeständigkeitsklauseln werden nur dann genehmigt, wenn es sich um wiederkehrende Zahlungen handelt, die auf Lebenszeit des Empfängers (z.B. Übergeberehepaars) zu entrichten sind. Darüber hinaus wird der Lebenshaltungskostenindex auch dann als Wertsicherungsmaßstab zugelassen, wenn wiederkehrende Zahlun-

gen für die Dauer von mindestens 10 Jahren zu entrichten sind. In aller Regel wird als Wertmesser der Lebenshaltungskostenindex vereinbart, der sich erfahrungsgemäß am langsamsten nach oben verändert (z. Z. jährlich etwa 3 – 4 %). Auf klare Abfassung der Wertsicherungsklausel muß besonderer Wert gelegt werden, damit spätere Meinungsverschiedenheiten zwischen Übergeber und Übernehmer hierüber vermieden werden. Auch wenn die Vertragschließenden die von ihnen vereinbarte Wertsicherungsklausel für genehmigungsfrei halten, empfiehlt es sich, bei der Landeszentralbank vorsorglich ein sog. **Negativattest** einzuholen, in welchem die Bank bescheinigt, daß die vereinbarte Klausel keiner Genehmigung bedarf.

390 Übergabeverträge, in denen eine Leibrente versprochen wird, müssen schriftlich abgeschlossen werden (§ 761 BGB). Notarielle Beurkundung ist notwendig, wenn der Vertrag ein Schenkungsversprechen (§ 518 BGB), die Verpflichtung zur Eigentumsübertragung an einem Grundstück (§ 313 BGB), eine Auflassung (§ 925 BGB), die Begründung eines dinglichen Wohnungsrechts (sonst keine Bindung vor der Eintragung im Grundbuch; § 873 BGB) oder einen Erb- oder Pflichtteilsverzicht (§ 2348 BGB) enthält.

391 Bei der Geschäftsübergabe auf Rentenbasis liegt eine steuerbare Schenkung dann bzw. insoweit vor, wie zwischen dem objektiven Wert des übergebenden Betriebes und dem nach der allgemeinen Sterbestatistik ermittelten Kapitalwert der Rentenverpflichtung ein Mißverhältnis besteht (gemischte Schenkung; BFH vom 15. 6. 1956, BStBl 1956 II S. 252). Während für die Feststellung eines solchen Mißverhältnisses die beiderseitigen gemeinen Werte (Verkehrswerte) von Leistung und Gegenleistung zu vergleichen sind, müssen der Berechnung einer etwaigen steuerbaren Schenkung dann die steuerlichen Bewertungsvorschriften zugrunde gelegt werden. Dabei ist der Vorgang in einen entgeltlichen und einen unentgeltlichen Teil zu zerlegen. Nur der die Gegenleistung übersteigende Wert der Zuwendung kommt für eine Schenkungsteuer in Betracht. Diese berechnet sich dann aus dem anteiligen Steuerwert (bei Grundbesitz aus dem entsprechenden Einheitswert), der dem Verkehrswert des unentgeltlichen Teils der Zuwendung zur Gegenleistung des Beschenkten entspricht.

392 Die Rente zeichnet sich dadurch aus, daß Änderungen der Leistungsfähigkeit des Übernehmers oder des Bedarfsberechtigten keine Auswirkungen auf deren Höhe haben und dementsprechend § 323 ZPO keine Anwendung finden soll.

393 Vornehmlich aus steuerlichen Gründen kann sich die Vereinbarung einer dauernden Last empfehlen. Ihr Kern ist die Abänderbarkeit in entsprechender Anwendung des § 323 ZPO, insbesondere wenn der standesgemäße Unterhalt des Übernehmers oder des Übergebers aufgrund Änderungen der

wirtschaftlichen Verhältnisse nicht mehr gewährleistet wäre. In Betracht kommen insofern z. B. ein Minderbedarf wegen des Bezugs einer Rente oder eines Mehrbedarfs im Falle der Pflegebedürftigkeit des Übergebers, aber auch der wirtschaftliche Niedergang des Unternehmens. Die Vereinbarung einer dauernden Last ist somit für beide Teile mit besonderen Risiken verbunden. Insofern stellt sich die Frage nach (steuerunschädlichen) Möglichkeiten der Risikobegrenzung. Möglich erscheint es, das Erlöschen der Zahlungspflichten des Übernehmers für den Zeitpunkt vorzusehen, in dem die von ihm insgesamt aufgrund des Vertrages erbrachten Zahlungen den Verkehrswert des übertragenen Vermögens erreichen. Problematisch erscheint hingegen, ein Erlöschen der Zahlungspflichten für den Fall vorzusehen, daß der Übergeber sich dauernd in einem Alten- oder Pflegeheim befindet; Bedenken bestehen zum einen unter steuerrechtlichen Gesichtspunkten, wenn dadurch der Hauptanwendungsfall der Erhöhung der dauernden Last ausgeschlossen wird, zum anderen auch im Hinblick auf § 138 BGB, weil hierin eine Abrede zu Lasten des Sozialhilfeträgers erkannt werden kann.

Im Einkommensteuerrecht sind die bei Betriebsübergabe zwischen nahen 394
Angehörigen (= vorweggenommene Erbfolge) häufig vorkommenden Versorgungsrenten meist keine Betriebsausgaben, weil sie auf privaten, außerbetrieblichen Erwägungen beruhen (BFH vom 24. 4. 1991, BStBl 1991 II S. 794). Unter Umständen kann sie der Rentenverpflichtete als Sonderausgaben im Rahmen des § 10 Abs. 1 Nr. 1 a EStG vom Gesamtbetrag seiner Einkünfte abziehen. Bei dem bisherigen Betriebsinhaber (= Übergeber) sind die Renten als dauernde Lasten und wiederkehrende Bezüge im Sinn des § 22 Nr. 1 EStG in vollem Umfang oder meist als in ihrer Höhe gleichbleibende wiederkehrende Leibrenten mit ihrem Ertragsanteil einkommensteuerpflichtig (Abschn. 165 und 167 Abs. 1 EStR). Eine betriebliche Versorgungsleistung kann nur in Ausnahmefällen angenommen werden (BFH, Urt. v. 20. 12. 1988, BStBl 1989 II S. 585 und v. 29. 1. 1992, BStBl II S. 465). So liegt auch eine betriebliche Veräußerungsrente nur vor, wenn Leistung und Gegenleistung entweder objektiv gleichwertig sind oder die Beteiligten zumindest subjektiv davon ausgingen (BFH, Urt. v. 29. 1. 1992, BStBl II S. 465). Zu den Einzelheiten siehe BMF-Erlaß v. 13. 1. 1993, DStR 1993, 93 ff., unter Tz. 25.

4. Geschäftsverpachtung*

Häufig kann sich der Unternehmer nicht entschließen, sein Unternehmen an 395
seinen Nachfolger (hier Sohn oder Tochter) schon zu Lebzeiten zu übergeben. Er ist aber bereit, seinen Betrieb an den Nachfolger zu verpachten, der dann als Pächter den Betrieb unter eigener Verantwortung weiterführt. Die

* Vgl. Muster M 77 (Rz. 636) im Anhang.

Substanz des Unternehmens (bewegliches und unbewegliches Anlagevermögen, Umlaufvermögen, Firmenwert des Unternehmens) verbleibt hier im Eigentum des Unternehmers und fällt bei seinem Tode in die Nachlaßmasse. Hier ist es besonders wichtig, daß der Unternehmer in seinem Testament das Übernahmerecht seines Nachfolgers am Betriebsvermögen eindeutig festlegt. Die im Testament vorzusehenden Übernahmebestimmungen sollten sich u. a. erstrecken auf: Zeitpunkt der Übernahme; Wertschätzungen durch Sachverständige (Schiedsgutachter); Höhe, Sicherstellung, Verzinsung und Fälligkeit des Übernahmepreises; Höhe, Sicherstellung, Verzinsung und Fälligkeit der Hinauszahlungsbeträge an die Geschwister des Nachfolger-Sohnes; Höhe der Leibrente für die Witwe des Unternehmers und deren Sicherstellung durch Reallast und Wertbeständigkeitsklausel, Wohnungsrecht für die Witwe und ledige Geschwister.

5. Vorteile einer schrittweisen Übergabe

396 Als vorteilhaft kann es sich erweisen, wenn die Betriebsübergabe schrittweise erfolgt. Der Sohn oder Enkel kann zuerst als Angestellter im Betrieb mitarbeiten, später den Betrieb pachten oder als Mitgesellschafter in eine Familiengesellschaft aufgenommen werden, bis er dann schließlich der alleinige Betriebsinhaber wird. Es ist aber auch möglich, daß die Familiengesellschaft bis zum Tode des früheren Betriebsinhabers bestehen bleibt, wodurch sich dieser, selbst wenn er im Betrieb nicht mehr mitarbeitet, weiterhin einen Einfluß auf die Betriebsführung sichert. Wie die schrittweise Betriebsübergabe im einzelnen ausgestaltet wird, welche Gesellschaftsform gewählt und in welcher Weise der Sohn oder Enkel zunächst beteiligt wird, hängt von den jeweiligen Umständen ab. Rechtliche, wirtschaftliche und vor allem steuerliche Gesichtspunkte spielen dabei eine wichtige Rolle. Für den Übergeber des Betriebs ist es ferner wesentlich, wie er seinen weiteren Lebensunterhalt und gegebenenfalls auch den seiner Ehefrau sicherstellen kann, und wie die anderen Kinder abgefunden werden können, ohne daß dem Betrieb auf einmal zu viele flüssige Gelder entzogen werden. Alle diese komplizierten Fragen lassen es angezeigt erscheinen, daß sich der Betriebsinhaber, ehe er sich zu irgendwelchen Maßnahmen entschließt, mit rechtskundigen und geschäftlich bewanderten Personen darüber berät. Geschäftspartner oder Berufskollegen, die ihren Betrieb schon übergeben haben, werden ihm manchen wertvollen Hinweis geben können.

397 Unter schenkung- und erbschaftsteuerlichen Gesichtspunkten ist eine schrittweise Vermögensübergabe vor allem dann vorteilhaft, wenn die einzelnen Zuwendungen in Zeitabständen von mehr als zehn Jahren erfolgen. Nach § 14 ErbStG werden nämlich mehrere innerhalb von zehn Jahren von

derselben Person anfallende Vermögensvorteile in der Weise gemeinsam besteuert, daß „dem letzten Erwerb die früheren Erwerbe nach ihrem früheren Wert zugerechnet werden und von der Steuer für den Gesamtbetrag die Steuer abgezogen wird, welche für die früheren Erwerbe zur Zeit des letzten zu erheben gewesen wäre", doch darf die durch jeden weiteren Erwerb veranlaßte Steuer nicht mehr als 70 % des Erwerbes betragen. Innerhalb dieses Zehn-Jahres-Zeitraums werden auch Zuwendungen unter Lebenden mit einem Erwerb von Todes wegen (von derselben Person) zusammengerechnet. Liegen aber zwischen den einzelnen Zuwendungen oder auch zwischen der letzten Zuwendung unter Lebenden und dem Erbanfall jeweils mehr als zehn Jahre, so wird jeder Erwerb für sich getrennt besteuert.

Das bedeutet, daß bei jedem Erwerb von neuem alle Befreiungsbestimmun- 398
gen wieder voll zur Auswirkung kommen (z. B. bei Erwerben durch Kinder jedesmal wieder neu der persönliche Freibetrag von 90 000 DM gemäß § 16 Abs. 1 Nr. 2 ErbStG); außerdem ist infolge der progressiven Staffelung des Erbschaftsteuertarifs (§ 19 ErbStG) bei Übergang des ganzen Vermögens auf einmal die Steuer stets höher als die Summe der Steuern für mehrere, jeweils über zehn Jahre auseinanderliegende Teilerwerbe. Unter erbschaftsteuerlichen Gesichtspunkten kann deshalb an sich nicht früh genug mit der teilweisen Vermögensübergabe begonnen werden. Erwerbe, für die sich nach den steuerlichen Bewertungsgrundsätzen kein positiver Wert ergeben hat (sog. negative Schenkungen, weil z. B. die Hypotheken höher sind als der steuerliche Einheitswert für das Grundstück), bleiben bei der Zusammenrechnung unberücksichtigt. Erfolgt aber der Übergang steuerlich negativer und positiver Vermögensteile in einer einheitlichen Zuwendung, für die die Steuerschuld im selben Zeitpunkt entsteht, so werden beide Werte „saldiert" (z. B. der Wert eines hoch belasteten Grundbesitzes mit dem eines positiven Wertpapierdepots). Für die Ermittlung des 10-Jahres-Zeitraums sind die Stichtage anzusetzen, an denen für die einzelnen Erwerbe die Steuerschuld entstanden ist. Bei der Übertragung von Grundbesitz ist das der Fall, wenn die Beteiligten die für den Eintrag der Rechtsänderung im Grundbuch erforderlichen Erklärungen (Auflassung vor Gericht oder Notar gemäß § 925 BGB) abgegeben und die Umschreibung im Grundbuch beantragt und bewilligt haben. Wann die Besitzübergabe und/oder die Umschreibung im Grundbuch erfolgen, darauf kommt es nicht an. Der Schenker muß nur alle Rechtshandlungen vorgenommen haben, die von seiner Seite aus erforderlich sind, um dem Beschenkten das Eigentum an dem Grundstück zu verschaffen. Eine etwa erforderliche behördliche Genehmigung (z. B. nach dem Baurecht) hat in der Regel rückwirkende Kraft (§ 184 Abs. 1 BGB). Vgl. BFH vom 14. 3. 1979, 20. 2. 1980 und 25. 7. 1984, BStBl II 1979 S. 642, 1980 S. 307 und 1984 S. 771.

H. Testamentsgestaltung als Unternehmer, Freiberufler oder bei Beteiligungen an einer Personen-, Kapital- oder einer anderen Gesellschaft

399 Der Unternehmer muß bei seiner Testamentsgestaltung stets im Auge behalten, daß Erbrecht und Gesellschaftsrecht kollidieren können. Er muß daher seine letztwilligen Verfügungen und den Gesellschaftsvertrag aufeinander abstimmen. Auf die Frage, welche der verschiedenen zur Wahl stehenden Gesellschaftsformen für die Gründung einer Familiengesellschaft* geeignet ist, gibt es keine allgemein gültige Antwort. Die Entscheidung muß von Fall zu Fall, nach sorgfältiger Abwägung aller Umstände getroffen werden. Ausschlaggebend ist dabei nicht nur das Steuerrecht, auch betriebswirtschaftliche, haftungsrechtliche und erbrechtliche Fragen spielen dabei eine wesentliche Rolle. Der Unternehmer wird bei der heutigen Komplexität des Steuerrechts sowie den schwierigen Fragen bei Gesellschaftsgründungen ohne den kompetenten Rat eines Fachmannes kaum eine richtige Entscheidung treffen können.

Über die Gesellschaftsformen, die Gründe für die Wahl einer bestimmten Form und die Voraussetzungen hierzu informiert das im selben Verlag erschienene Buch von *Romanovszky/Rux* „Vorteilhafte Gesellschaftsverträge".

Welche Möglichkeiten sich für den Unternehmer ergeben, wenn eine bestimmte Gesellschaftsform vorliegt, soll der nachstehende Überblick zeigen. Wichtig ist hierbei, daß die grundlegende Regel beachtet wird, wonach bei Widersprüchen zwischen Gesellschaftsrecht und Erbrecht das Gesellschaftsrecht den Vorrang hat. Ist also z. B. in einem Gesellschaftsvertrag eine Regelung über die Nachfolge getroffen, so kann der beteiligte Gesellschafter in seinem persönlichen Testament über diese Regelung des Gesellschaftsvertrages keine andere Disposition treffen. Er ist also an seine gesellschaftsvertragliche Absprache gebunden. Es kann daher nicht deutlich genug darauf hingewiesen werden, vor Abschluß des Gesellschaftsvertrages fachkundigen Rat einzuholen, damit von vornherein Fehler, die später nicht oder nur noch mit großer Mühe korrigiert werden können, vermieden werden können.

---

* Nach den Ermittlungen des Statistischen Bundesamtes in Wiesbaden gab es im Jahr 1982 in der BRD 1338973 Einzelunternehmen mit Jahresumsätzen ab 200000,– DM, 128589 offene Handelsgesellschaften und 90300 Kommanditgesellschaften.

I. Testament des Einzelunternehmers

1. Vorsorge für den Fortbestand des Unternehmens*

Hat der Unternehmer weder Frau noch Kinder, so wird er sich zunächst im 400
Kreise seiner Verwandten (Geschwister, Neffen, Nichten) nach einem geeigneten Nachfolger umsehen und diesen zu seinem Erben einsetzen. Hierbei wird er in erster Linie auf die unternehmerischen Fähigkeiten des Betreffenden zu achten haben, denn der Erbe soll in der Lage sein, den Betrieb weiterzuführen. Seinen übrigen Verwandten, falls sie ihm so nahestehen, daß er ihnen letztwillige Zuwendungen machen will, kann er Vermächtnisse aussetzen, die der Erbe zu erfüllen hat. Er kann aber auch seine übrigen Verwandten zusammen mit dem Unternehmensnachfolger zu Miterben einsetzen und letztwillig anordnen, daß sie den Betrieb in Form einer Kommanditgesellschaft mit dem Nachfolgeerben als persönlich haftenden Gesellschafter fortsetzen sollen. Eignet sich keiner der Verwandten zur Fortführung des Betriebs, so kann der Unternehmer sie dennoch zu Erben bestimmen, sollte aber gleichzeitig anordnen, daß sie den Betrieb in Form einer Kapitalgesellschaft – z. B. als Familien-GmbH – fortzuführen haben.
Die Erben sind dann an der GmbH kapitalmäßig voll beteiligt, ohne daß ihre Mitarbeit erforderlich wäre. Die Geschäftsführung kann einem geeigneten Dritten übertragen werden. Die Neugründung einer GmbH setzt ein Mindeststammkapital von 50000 DM voraus (§ 5 GmbHG).

Der Unternehmer, der in seinem Testament eine Fortführung des Betriebs in 401
Gesellschaftsform vorsieht, muß letztwillig die Bedingungen des Gesellschaftsvertrages festlegen. Je vollständiger dies geschieht, um so sicherer werden mögliche Kontroversen unter den Erben ausgeschlossen. Der Unternehmer kann die Ausgestaltung des Gesellschaftsvertrages aber auch einem Dritten, z. B. einem Testamentsvollstrecker, übertragen und zur Klärung etwaiger Zweifelsfragen ein Schiedsgericht einsetzen; die Erben müssen dann den Gesellschaftsvertrag entsprechend dem Schiedspruch abschließen.

Die Verteilung des Nachlasses auf mehrere Erben ist **steuerlich** von Vorteil, 402
da sie die Progression des Erbschaftsteuertarifs abschwächt. Auch können sich dann die einzelnen Befreiungsvorschriften bei jedem Erben erneut (insgesamt also mehrmals) auswirken (bei jedem Kind bzw. Enkel z. B. jeweils ein persönlicher Freibetrag von je 90000 bzw. 50000 DM nach § 16 Abs. 1 ErbStG). Im übrigen ist zu beachten, daß die erbschaftsteuerliche Belastung um so größer ist, je entfernter der eingesetzte Erbe mit dem Erblasser verwandt ist. Die Steuersätze sind (bei Erwerben bis zu 6000000 DM) in der

* Vgl. Muster M 5 – M 10 (Rz. 558 – Rz. 563) sowie M 44, M 45 (Rz. 600, Rz. 601) im Anhang.

Steuerklasse II doppelt, in der Klasse III rund dreimal und in der Klasse IV vier- bis sechsmal so hoch wie in der Steuerklasse I.

403 Findet der Erblasser unter seinen Verwandten niemand, dem er sein Unternehmen anvertrauen möchte, so steht er bei der Wahl eines geeigneten Nachfolgers oft vor erheblichen Schwierigkeiten (vgl. oben Rz. 312ff.). Um wenigstens den Wert des Betriebs den Familienangehörigen des Erblassers zu erhalten, muß eine Lösung gefunden werden, die Gewähr dafür bietet, daß das Unternehmen fortgeführt wird und trotzdem der Wert des Unternehmens seinen Verwandten zukommt. Hier empfiehlt es sich, einem verdienten Mitarbeiter vermächtnisweise das Recht einzuräumen, das Unternehmen zu günstigen Bedingungen, die im einzelnen im Testament festgesetzt werden sollten, z. B. zum Buchwert zuzüglich × % zur Abgeltung stiller Reserven, zu übernehmen. Ist der Mitarbeiter wirtschaftlich nicht in der Lage, die Gegenleistung für die Überlassung des Betriebes aufzubringen, so bietet sich die Möglichkeit an, die Erben zu verpflichten, das Unternehmen in Form einer Gesellschaft mit beschränkter Haftung weiterzuführen und als Geschäftsführer einen verdienten Mitarbeiter zu bestellen. Um letzterem einen Anreiz zur Übernahme der Geschäftsführung zu geben, kann ihm das Recht eingeräumt werden, sich an der GmbH mit einem mehr oder weniger großen Geschäftsanteil zu beteiligen. In diesem Fall sollte jedoch die Stimmenmehrheit bei den Erben des Unternehmers verbleiben. Der Angestellte gehört zur Steuerklasse IV, wenn er mit dem Erblasser nicht verwandt ist. Von seinem Erwerb bleiben nur 3000 DM steuerfrei. Außerdem gelten für die Steuerklasse IV die höchsten Tarifsätze (in der ersten Wertstufe bereits 20%, bei 100000 DM 24%, bei 300000 DM schon 34% und bei 2000000 DM 50%!). Auch hier läßt sich durch die Verteilung das Nachlasses auf mehrere Erben die Steuerlast insgesamt mindern.

404 Zu beachten ist auch die durch Gesetz dem Erblasser eingeräumte Möglichkeit steuerfreier Zuwendungen an verschiedene Personen, Körperschaften oder Einrichtungen. Steuerfrei bleiben z. B. nach § 13 ErbStG:
Zuwendungen an den Bund, ein Land oder eine Gemeinde, ohne Rücksicht auf Höhe und Zweck der Zuwendung.
Zuwendungen, die ausschließlich kirchlichen, mildtätigen oder gemeinnützigen Zwecken gewidmet sind, sofern durch Aufsicht einer Behörde oder Religionsgesellschaft die Verwendung zu dem bestimmten Zweck gesichert ist. Die Begriffe dieser steuerbegünstigten Zwecke sind in den §§ 51 bis 68 AO und dem Einführungserlaß dazu vom 1. 10. 1976 (BStBl 1976 I S. 576ff.) genau umschrieben. In diesem Zusammenhang kann auch die Umwandlung des Unternehmens in eine gemeinnützige Stiftung interessant sein; das Betriebsvermögen wird dann in diese Stiftung eingebracht und dadurch eine Zerschlagung der Firma verhindert. Allerdings ist eine solche Stiftung nur

dann gemeinnützig, wenn durch sie die Allgemeinheit und nicht nur ein auf Familien- oder Belegschaftsangehörige beschränkter Personenkreis auf materiellem, geistigem oder sittlichem Gebiet selbstlos gefördert wird; bis zu einem Viertel des Einkommens der Stiftung kann jedoch zum angemessenen Unterhalt des Stifters und seiner nächsten Angehörigen verwendet werden. Andererseits darf die Stiftung keinen über den Rahmen einer Vermögensverwaltung hinausgehenden wirtschaftlichen Geschäftsbetrieb – ausgenommen einen sog. Zweckbetrieb im Sinn des § 65 AO – unterhalten. Zu beachten ist in diesem Zusammenhang auch, daß nach § 1 Abs. 1 Nr. 4 ErbStG das Vermögen einer Stiftung, sofern sie wesentlich im Interesse einer oder bestimmter Familien errichtet ist, in Zeitabständen von je 30 Jahren der Erbschaftsteuer unterliegt. Diese Erbersatzsteuer wird nach Abzug eines Freibetrages von 180000 DM nach dem Steuersatz der Steuerklasse I berechnet, der für die Hälfte des dann steuerpflichtigen Stiftungsvermögens gelten würde. Die Steuer kann in 30 gleichen jährlichen Teilbeträgen entrichtet werden (§ 15 Abs. 2 Satz 3 und § 24 ErbStG).

Zuwendungen an rechtsfähige Pensions-, Sterbe-, Kranken- und Unterstüt- 405
zungskassen, die eine soziale Einrichtung für (frühere) Zugehörige eines Betriebes darstellen;
Zuwendungen an politische Parteien;
Zuwendungen an inländische öffentlich-rechtliche Religionsgemeinschaften (bzw. jüdische Kultusgemeinden);
Zuwendungen an inländische Körperschaften, Personenvereinigungen, Anstalten oder Stiftungen, die nach ihrer Satzung und tatsächlichen Geschäftsführung ausschließlich und unmittelbar kirchlichen, gemeinnützigen oder mildtätigen Zwecken (s. o.) dienen;
Zuwendungen bis zu 2000 DM an Personen, die den Erblasser unentgeltlich oder gegen unzureichendes Entgelt gepflegt oder – ohne dazu gesetzlich verpflichtet zu sein – unterhalten haben, soweit sie als angemessenes Entgelt anzusehen sind.
Im übrigen kann beliebigen Einzelpersonen ein Vermächtnis bis zu 3099 DM (wegen Abrundung auf volle 100 DM nach unten) steuerfrei zugewendet werden (Freibetrag für Klasse IV; §§ 10 Abs. 1 und 16 ErbStG).

Eine wesentliche Verbesserung der Steuerklasse kann erreicht werden, wenn 406
der zum Erben Berufene **an Kindes Statt angenommen** wird. Adoptivkinder werden genauso wie leibliche Kinder nach Steuerklasse I besteuert (vgl. im Einzelnen die Ausführungen in Rz. 315ff.).

Dagegen haben vorausgegangene privat-rechtliche „Absprachen" zwischen 407
dem Annehmenden und dem Anzunehmenden keine Auswirkung auf die Besteuerung, ebensowenig die nach § 1744 BGB vorgesehene Pflegezeit vor

der Annahme. Wesentlich ist, daß nach dem neuen Adoptionsrecht jetzt auch Volljährige adoptiert werden können. Mit der Annahme als Kind erlangt der Adoptierte die rechtliche Stellung eines ehelichen Kindes des/der Annehmenden (andererseits erlöschen seine und seiner Abkömmlinge Verwandtschaftsverhältnisse zu den bisherigen Verwandten; für die Einteilung in die Steuerklassen des ErbStG gelten sie aber weiter). Damit sind auch die Kinder des Adoptierten als Enkel des Annehmenden anzusehen. Auch die Adoptivkinder von leiblichen Kindern des Erblassers gehören zu den begünstigten Abkömmlingen im Sinn der Steuerklassen I bzw. II.

408 Lebt der Unternehmer in einer kinderlos* gebliebenen, im übrigen aber intakten Ehe, so wird es sein Hauptanliegen sein, die Ehefrau wirtschaftlich sicherzustellen und gleichzeitig für den Fortbestand des Betriebes zu sorgen. Als Unternehmensnachfolger bietet sich in erster Linie die Ehefrau an, namentlich, wenn es sich um einen kleineren Betrieb handelt, in dem sie bereits seit Jahren mitgearbeitet hat. In der Regel wird hier die Ehefrau als alleinige Erbin eingesetzt werden; dies geschieht oft in Form eines gemeinschaftlichen Testaments, in welchem sich die Ehegatten gegenseitig zu Alleinerben einsetzen. Als „Schlußerben" nach dem Tode des Letztversterbenden können dann Verwandte und gute Bekannte eines oder beider Ehegatten eingesetzt werden (Berliner Testament; s. o. Rz. 106 ff.). Dabei sind allerdings die Pflichtteilsrechte etwa noch lebender Eltern zu beachten. Dem Ehegatten kann zur Unterstützung ein Testamentsvollstrecker zur Seite gestellt werden, dessen Befugnisse aber soweit eingeschränkt werden müssen, daß die wesentliche Verfügungsmacht immer noch dem Ehegatten verbleibt. Die Bestellung eines Testamentsvollstreckers kann aber immer nur eine zeitlich begrenzte Maßnahme sein, außerdem verursacht sie in der Regel nicht unerhebliche Kosten (s. o. Rz. 266 ff.).

409 Auch kinderlose Unternehmer haben oft den Wunsch, ihr Vermögen – unbeschadet der wirtschaftlichen Sicherstellung des Ehegatten – der eigenen Familie zu erhalten und es nicht in die des Ehegatten übergehen zu lassen. Insbesondere wird häufig ein Schutz dagegen gewünscht, daß das Vermögen infolge Wiederverheiratung des Ehegatten in fremde Hände gelangt. Zu diesem Zweck werden nicht selten der Ehegatte nur als Vorerbe (evtl. als befreiter Vorerbe – s. o. Rz. 250 ff.) und Verwandte des Erblassers als Nacherben eingesetzt, wobei der Nacherbfall auch mit der Wiederverheiratung des Ehegatten eintritt.

410 Der Nachlaß kann aber auch unmittelbar den eigenen Verwandten zugewendet und dem Ehegatten daran ein lebenslänglicher Nießbrauch vermacht

* Vgl. Muster M 14 – M 17 (Rz. 568 – Rz. 571) im Anhang.

werden. Diese Testierweise kann dann in Betracht kommen, wenn zum Nachlaß ein bedeutendes Vermögensobjekt gehört (etwa ein Fabrikbetrieb oder ein Landgut), das der Unternehmer unter allen Umständen seinen eigenen Verwandten erhalten will.

Der Erblasser kann aber auch seine Ehefrau und bestimmte Verwandte als 411
Miterben einsetzen und zugleich anordnen, daß die Erben das Unternehmen in Gesellschaftsform weiterzuführen haben. Dies kann zweckmäßig sein, wenn nicht die Ehefrau, wohl aber ein Verwandter für die Unternehmensleitung in Frage kommt. Dieser kann als persönlich haftender Gesellschafter, die Ehefrau und die übrigen Verwandten können als Kommanditisten oder stille Gesellschafter beteiligt werden. Auf diese Weise läßt sich eine Versorgung der Ehefrau erreichen und zugleich der Fortbestand des Unternehmens sicherstellen. Voraussetzung ist allerdings ein gutes persönliches Verhältnis zwischen dem Ehegatten und den übrigen Miterben, das ein gedeihliches Zusammenwirken in der Gesellschaft erwarten läßt, andernfalls sollte für die Witwe eine lebenslängliche Rente vorgesehen werden.
Über die Gefahren, die dem Bestand des Unternehmens aus dem gesetzlichen Güterstand drohen können, und die Möglichkeit ihrer Beseitigung siehe oben Rz. 343 – Rz. 350.

Der Ehegatte eines kinderlos verheirateten Erblassers fällt in die Steuerklas- 412
se I. Für ihn gelten also die niedrigsten Steuersätze (bei einem Erwerb z. B. bis zu 50000 DM 3 %, bis zu 100000 DM 4 %, bis zu 300000 DM 6,5 %, bis zu 500000 DM 7,5 % usw.). Außerdem steht ihm ein persönlicher Freibetrag von 250000 DM und im Rahmen des § 17 ErbStG zusätzlich noch ein besonderer Versorgungsfreibetrag bis zur Höhe von weiteren 250000 DM zu, wenn nicht Gütertrennung vereinbart wurde. Daneben bleiben u. a. steuerfrei Hausrat bis zu 40000 DM, Schmuck und Kraftwagen bis zu 5000 DM. – Wegen der steuerlichen Behandlung der Vor- und Nacherbschaft s. o. Rz. 250 ff., wegen der Besonderheiten bei Nießbrauchsrechten Rz. 287 ff. – Steuerlich vorteilhaft kann sich auch die vom bürgerlichen Recht abweichende Vorschrift in § 15 Abs. 3 ErbStG auswirken. Nach ihr gelten bei dem sog. Berliner Testament – Ehegatten haben sich gegenseitig als Erben eingesetzt und außerdem verbindlich festgelegt, an wen nach dem Tode des Überlebenden der beiderseitige Nachlaß fallen soll (§ 2269 BGB) – die mit dem Erstverstorbenen näher verwandten Erben hinsichtlich des von diesem stammenden Vermögens als dessen Erben (und nicht als Erben des zuletzt verstorbenen Ehegatten). Das kann die Einreihung in eine günstigere Steuerklasse mit allen ihren Vorzügen (höhere Freibeträge, niedrigere Steuersätze) bedeuten.

413 Für die Erbschaftsteuer liegen dann zwei Vermögensanfälle vor, die hinsichtlich der Steuerklasse getrennt zu behandeln sind. Für jeden Erwerb gilt aber der Steuersatz, der für den Gesamterwerb maßgebend ist. Außerdem kann nur (einmal) der Freibetrag abgezogen werden, der für das günstigere Verwandtschaftsverhältnis in Frage kommt. Die Besteuerung nach dem (günstigeren) Verhältnis zu dem zuerst verstorbenen Ehegatten soll allerdings nach § 15 Abs. 3 ErbStG nur möglich sein, soweit das Vermögen des zuerst verstorbenen bei dem Tod des überlebenden Ehegatten noch vorhanden ist und soweit der Überlebende an das gemeinsame Testament gebunden ist. Der BFH (Urteil vom 16. 9. 1982, BStBl 1983 II S. 44) versteht unter dieser Bindung keine absolute sondern nur eine relative. Er billigt die Vergünstigung des § 15 Abs. 3 a.a.O. auch dann zu, wenn der überlebende Ehegatte nach dem gemeinsamen Testament zwar die in diesem enthaltene Bestimmung des/der Schlußerben ändern konnte, von diesem Recht aber keinen Gebrauch gemacht hat. Die Schlußerben erhalten das gemeinschaftliche Vermögen der Ehegatten auch in solchem Falle nach dem Willen beider Ehegatten. Ein nicht zu unterschätzender Nachteil des Berliner Testaments liegt darin, daß die Freibeträge für Dritte sich nur einmal, nämlich beim Erwerb nach dem überlebenden Ehegatten auswirken können, weil beim Tode des erstverstorbenen Ehegatten die durch § 16 ErbStG begünstigten anderen Personen (Kinder usw.) ja noch nichts geerbt haben.

414 Sind Kinder vorhanden, so gilt es, zwischen den Interessen des überlebenden Ehegatten, der auf Lebenszeit wirtschaftlich sichergestellt werden will, und denen der Kinder, die ihren Anteil am väterlichen Vermögen bekommen und möglicherweise den Betrieb fortführen sollen, einen Ausgleich zu finden, und zugleich das Unternehmen in seinem Bestand zu erhalten. Der verantwortungsbewußte Unternehmer wird es nicht bei der gesetzlichen Regelung belassen, denn nach dieser fällt das Gesamtvermögen der aus dem Ehegatten und den Kindern bzw. Enkelkindern entstehenden Erbengemeinschaft zu; diese bestimmt dann, was mit dem Geschäft zu geschehen hat. Deshalb sollte der Unternehmer unter allen Umständen eine testamentarische oder erbvertragliche Regelung hinsichtlich seines Nachlasses treffen. Seine Verfügungen werden verschieden ausfallen, je nach Zahl, Alter und Befähigung der Kinder, nach der Größe und Bedeutung des Betriebes und des darüber hinaus noch vorhandenen Vermögens. Allgemein gültige Rezepte können nicht gegeben werden; vielmehr sind in jedem Falle gründliche Überlegungen anzustellen, um eine optimale Lösung zu finden, die den Interessen aller Beteiligten gerecht wird. Individuelle Beratung durch eine rechtskundige und in Wirtschafts- und Steuerfragen erfahrene Persönlichkeit wird in aller Regel unerläßlich sein. Der Unternehmer sollte die hierdurch entstehenden Kosten nicht scheuen, sie machen sich mehr als bezahlt.

Im folgenden sollen die Testiermöglichkeiten für den Familienvater aufgezeigt und praktische Hinweise gegeben werden.*

Steht in einem Sohn oder einer Tochter eine geeignete Unternehmerpersönlichkeit zur Verfügung, so kann der Unternehmer bestimmen, daß dieser Sohn oder die Tochter das Geschäft weiterführen und Erbe werden soll, während die Ehefrau und die übrigen Kinder durch Vermächtnisse (z. B. in Gestalt von Barvermächtnissen, eines Nießbrauchs oder einer Versorgungsrente) abgefunden werden (vgl. unten Rz. 442ff.). Voraussetzung für eine solche Regelung ist, daß außer dem Unternehmen noch genügend Vermögen vorhanden ist, um die Vermächtnisse und etwa geltend gemachte Pflichtteilsansprüche der „weichenden Erben" befriedigen zu können. Anderenfalls besteht die Gefahr, daß die Pflichtteilsansprüche und Barvermächtnisse den Erben zu übermäßiger Verschuldung oder gar zur Aufgabe des Betriebes zwingen. Nach dem Gesetz kann der Pflichtteilsberechtigte nur ausnahmsweise zu einer Stundung seiner Forderung gezwungen werden und braucht sich nicht auf Ratenzahlungen einzulassen (vgl. § 2331 a BGB). 415
Für den Fall, daß der zum Nachfolger Bestimmte die Erbschaft ausschlägt oder vor Eintritt der Erbschaft verstirbt, sollte ein Ersatzerbe eingesetzt werden (§ 2096 BGB). Nach dem Gesetz treten nämlich an Stelle eines als Erben eingesetzten Abkömmlings dessen Abkömmlinge (§ 2069 BGB), was oft nicht dem Willen des Erblassers entsprechen wird.

Die Geschäftsübergabe kann auch in der Form angeordnet werden, daß der als Nachfolger Eingesetzte zur **Übernahme** des Betriebs berechtigt sein soll und die Übertragung des Geschäfts und gegebenenfalls auch des Geschäftsgrundstücks aus dem Nachlaß auf sich verlangen kann. Es handelt sich dann um ein Vermächtnis, das die Erben (die Ehefrau und die übrigen Kinder oder die Ehefrau allein) zu erfüllen haben. Der Anspruch auf Übertragung des Geschäfts besteht unabhängig davon, ob der Nachfolger-Sohn Erbe wird; wird er zum Miterben eingesetzt, so liegt ein **Vorausvermächtnis** vor. Der Wert des übernommenen Geschäftsbetriebes bzw. Geschäftsgrundstücks wird in diesem Falle vom Gesamtnachlaß abgezogen und nur der so verminderte Nachlaß unter den Erben auseinandergesetzt. Der Erblasser kann anordnen, daß der Sohn, der den Betrieb erhält, hierfür einen Übernahmepreis zu entrichten hat. Schließlich kann der Unternehmer bestimmen, daß der Sohn das Unternehmen in Anrechnung auf sein Erbteil erhalten soll. Eine solche Bestimmung stellt eine **Teilungsanordnung** dar; sie ist nur wirksam, wenn der Sohn Erbe wird. Schlägt er die Erbschaft aus oder veräußert er seinen Erbteil, so wird die Teilungsanordnung hinfällig. Die Teilungsanordnung ist von der Erbeinsetzung streng zu scheiden. Die Erb- 416

* Vgl. Muster M 11 – M 13 (Rz. 564 – Rz. 566) und M 18 – M 23 (Rz. 572 – Rz. 577) im Anhang.

einsetzung bestimmt, wer Erbe wird und zu welchem Anteil; aus ihr ergibt sich z. B., daß die Ehefrau und die beiden Kinder des Erblassers als Erben zu je einem Drittel auf den Nachlaß eingesetzt sind. Die Teilungsanordnung bestimmt dagegen, wie die einzelnen Nachlaßgegenstände unter den Miterben verteilt werden. Der Unternehmer wird in seinem Testament zunächst die Erbquoten festlegen und sodann bestimmen, wer von den Erben das Geschäft übernehmen soll und, falls dadurch sein Erbteil überschritten wird, auch anordnen, daß der den Erbteil übersteigende Wert des Unternehmens von dem Übernehmer in Geld auszugleichen ist.

417 Zur Vermeidung von Zweifeln muß der Erblasser klar zum Ausdruck bringen, ob das Recht zur Geschäftsübernahme als eine Teilungsanordnung gewollt ist, also nur für den Fall, daß der Bedachte Erbe wird, oder ob es sich um ein Vermächtnis handelt, das von der Erbeneigenschaft des Bedachten unabhängig ist. Daraus, daß für den Geschäftserwerb ein Übernahmepreis festgesetzt ist, ergibt sich für die Unterscheidung, ob eine Teilungsanordnung oder ein Vermächtnis vorliegt, noch nichts, da auch einem Vermächtnisnehmer eine solche Verpflichtung auferlegt werden kann.

418 Als Grundlage für die Berechnung des Übernahmepreises bzw. des Anrechnungsbetrags bei der Erbteilung können der **Ertragswert**, der sich aus dem Durchschnittsgewinn der letzten drei oder fünf Jahre ergibt und der mit einem vom Erblasser zu bestimmenden Zinsfuß zu kapitalisieren ist, der **Zeitwert** (Verkehrswert), der einer besonders zu erstellenden Abfindungsbilanz zu entnehmen ist, der **Buchwert** der letzten Jahresbilanz oder auch der **steuerliche Einheitswert** bestimmt werden. Hierüber sollten zur Vermeidung von Streitigkeiten im Testament klare Anordnungen getroffen werden. Bei der Festsetzung der Abfindungsbeträge ist einerseits auf die Interessen der Miterben Rücksicht zu nehmen und eine gerechte Behandlung aller Angehörigen anzustreben, andererseits dürfen die Abfindungssummen nicht zu hoch angesetzt werden, um den Fortbestand des Betriebes nicht zu gefährden. Zweckmäßigerweise wird festgelegt, daß die Abfindungssummen an die einzelnen Erben in angemessenen Raten zu zahlen oder gegen entsprechende Verzinsung langfristig zu stunden sind. Soll durch die Abfindung der Unterhalt eines Miterben, z. B. der Witwe oder einer unverheirateten Tochter, sichergestellt werden, so kann der Unternehmer auch vorsehen, daß die Abfindung in Form einer Rente oder einer Gewinnbeteiligung erfolgen soll.

419 Schließlich kann im Testament festgelegt werden, ob die Übernahme mit allen Aktiven und Passiven erfolgen soll, ob es den „weichenden" Erben verboten ist, am gleichen Ort ein Konkurrenzunternehmen zu errichten oder sich an einem solchen zu beteiligen, u. dgl. Diesen Pflichten können sich die Erben nur dann entziehen, wenn sie die Erbschaft ausschlagen.

Um den Rechtszustand nach dem Erbfall nicht zu lange in der Schwebe zu lassen, sollte der Erblasser im Testament eine Frist bestimmen, innerhalb derer die Annahme oder Ablehnung der Geschäftsübernahme erklärt werden muß. Die Miterben haben sonst keine Möglichkeit, den Übernahmeberechtigten zu einer raschen Entscheidung zu zwingen, es sei denn, letzterer wäre nicht selbst Erbe, sondern Vermächtnisnehmer. Dann kann ihm als Pflichtteilsberechtigten nach § 2307 Abs. 2 BGB eine angemessene Frist zur Erklärung über die Annahme des Vermächtnisses gesetzt werden.

Streit entsteht unter den Erben häufig über die Frage, inwieweit Zuwendun- 420
gen, die der Erblasser einzelnen von ihnen bereits zu Lebzeiten gemacht hat, bei der Auseinandersetzung des Nachlasses auszugleichen sind. Nach dem Gesetz ist das, was als Aussteuer gegeben wurde, stets ausgleichungspflichtig, andere Zuwendungen, die als Einkünfte verwendet werden sollen, und Aufwendungen für die Berufsausbildung sind es nur insoweit, als sie das den Vermögensverhältnissen des Erblassers entsprechende Maß überstiegen haben (§ 2050 BGB). Sonstige Zuwendungen sind nur dann ausgleichspflichtig, wenn der Erblasser dies bereits bei der Zuwendung angeordnet hatte. Nachträglich kann der Erblasser solche Zuwendungen durch einseitige Bestimmung unter Lebenden nicht mehr ausgleichspflichtig machen. Wohl aber kann er durch letztwillige Verfügung nachträglich den Empfänger mit einem Vermächtnis zugunsten der Miterben belasten, aufgrund dessen er den Miterben so viel herauszugeben hat, als er im Falle der Ausgleichung zahlen müßte. Auf diese Weise kann der Erblasser im Ergebnis noch nachträglich eine Ausgleichung erreichen. Da über die Ausgleichungspflicht einer Zuwendung häufig Zweifel bestehen, sollten genaue Bestimmungen über die Ausgleichung von Vorempfängen im Testament nicht fehlen.

Der Versorgungszweck kann auch dadurch erreicht werden, daß der überle- 421
bende Ehegatte und die Kinder zu Miterben eingesetzt werden und, falls die Nutzungen des dem Ehegatten zugewendeten Erbteils zur Versorgung nicht ausreichen, ihm außerdem noch an den Erbteilen der Kinder ein Nießbrauch eingeräumt wird. Rechtlich liegt dann eine Erbeinsetzung, verbunden mit einem Nießbrauchsvermächtnis, vor. Die Erbeinsetzung des Ehegatten hat den Vorteil, daß dieser unmittelbar an der Substanz des Nachlasses beteiligt wird und nicht, wie beim Nießbrauchs- oder Rentenvermächtnis, von den Erben abhängig ist. Auch im Hinblick auf eine mögliche Wiederverheiratung kann die Erbeinsetzung der Ehefrau zweckmäßig sein, wenn der Erblasser ihr auch für diesen Fall ihren Erbanteil belassen will. Ist dies nicht der Fall, so wird er den Ehegatten nur als befreiten oder nicht befreiten Vorerben einsetzen und die Wiederverheiratung als Nacherbfall bestimmen. Wird dem Ehegatten ein Rentenvermächtnis ausgesetzt, so kann vorgesehen werden, daß die Rente im Falle der Wiederverheiratung nur so hoch ist, als es

zur Sicherung eines angemessenen Lebensunterhalts erforderlich ist. Die Bestimmung der Höhe der Rente kann einem Testamentsvollstrecker übertragen werden. Sind mehrere Kinder zur Unternehmensleitung geeignet und bereit, kann der Erblasser seine Erben in seinem Testament verpflichten, eine Familiengesellschaft in Gestalt einer Personengesellschaft (OHG, KG) zu gründen. Die Gründung einer Kapitalgesellschaft kann die geeignete Lösung sein, wenn keiner der Erben die Führung des Betriebes übernehmen kann oder will.

422 Sind die vorhandenen Kinder noch zu jung, um ihre Eignung für die Unternehmensnachfolge beurteilen zu können, so kann der Unternehmer die Auseinandersetzung über den gesamten Nachlaß oder über den Betrieb für eine bestimmte Zeit – etwa bis zur Volljährigkeit des jüngsten Sohnes (oder Kindes) – ausschließen. Damit kann die Anordnung verbunden werden, daß die Auseinandersetzung dann von einer erfahrenen Persönlichkeit, die zum Testamentsvollstrecker ernannt wird, nach billigem Ermessen vorgenommen werden soll. Der Erblasser kann die Bestimmung des Nachfolgers auch einem Beirat oder Ausschuß übertragen, der aus Familienangehörigen oder Kindern oder aus der Familie nahestehenden geschäftserfahrenen Personen besteht und dessen Zusammensetzung er mitbestimmt. Auf diese Weise wird sichergestellt, daß der Betrieb in die Hände des voraussichtlich geeignetsten Kindes gelangt.

423 Durch eine sog. **Verwirkungsklausel** kann die ordnungsmäßige Durchführung des Testaments sichergestellt werden. Die Klausel kann etwa dahin lauten, daß ein Miterbe, der die Erbauseinandersetzung vorzeitig verlangt oder seinen Erbteil veräußert oder dessen Erbteil von einem Gläubiger gepfändet wird, auf den Pflichtteil gesetzt werden soll, desgleichen ein Miterbe, der die Bestimmungen des Erblassers hinsichtlich der Auseinandersetzung durch Klage anficht.

424 Ist der überlebende Ehegatte geschäftserfahren und in der Lage, das Unternehmen selbständig weiterzuführen, so kann es angebracht sein, ihm die alleinige Geschäftsführung anzuvertrauen. Dies kann in der Weise geschehen, daß der überlebende Ehegatte als Alleinerbe eingesetzt wird und die Kinder erst nach dessen Ableben zu Erben berufen werden. Es liegt dann am überlebenden Ehegatten, zu gegebener Zeit die Kinder nach ihrer Eignung zur Geschäftsleitung heranzuziehen. Eine gewisse Gefahr liegt hier darin, daß die Kinder, die durch diese Regelung enterbt werden, ihren Pflichtteilsanspruch geltend machen. Es empfiehlt sich deshalb, den Kindern im Vermächtnisweg einen dem Pflichtteilsanspruch entsprechenden Betrag zuzuwenden. Um dem Betrieb keine baren Mittel zu entziehen, kann den Abkömmlingen in Höhe ihres Pflichtteils an dem Unternehmen eine Kommanditistenstellung

oder eine stille Beteiligung, evtl. mit Substanzbeteiligung (atypische stille Gesellschaft) eingeräumt werden.

Statt dessen kann auch bestimmt werden, daß der Ehegatte nur Vorerbe und 425
die Kinder Nacherben sein sollen, wobei Nacherbfall der Tod und gegebenenfalls auch die Wiederverheiratung des überlebenden Eheteils sein sollen. Die Bestimmung, welches der Kinder das Geschäft aus dem Nachlaß erhalten soll, kann wiederum einem Testamentsvollstrecker übertragen werden. Mitunter kann es aber auch sinnvoll sein, von vornherein die noch minderjährigen Kinder als Erben einzusetzen und dem überlebenden Ehegatten den Nießbrauch am Unternehmen oder eine Rente als Vermächtnis zuzuwenden (s.u. Rz. 442 – Rz. 446). Einer solchen Lösung wird vielfach der Vorzug gegeben, wenn mit einer Wiederverheiratung des Ehegatten zu rechnen ist und für diesen Fall eine Auseinandersetzung vermieden werden soll. Das Vermächtnis kann in der Weise ausgesetzt werden, daß der Nießbrauch oder die Rente bei Wiederverheiratung erlischt. Auch eine Teilung des Nachlasses zwischen dem überlebenden Ehegatten und seinen Kindern kommt in Betracht, unter Umständen mit einem Nießbrauch des Ehegatten an dem Vermögen, das den Kindern im Erbauseinandersetzungsvertrag zugeteilt wird.

Die bisher erörterten Testiermöglichkeiten sehen stets die Übernahme des 426
Betriebs durch einen der Erben (Ehefrau oder eines der Kinder) vor, während die übrigen Familienmitglieder sich den Rest des Nachlasses teilen, für ihren Verzicht auf das Unternehmen in bar abgefunden werden oder ein Nießbrauchs- oder Rentenvermächtnis erhalten. Solche Anordnungen werden von den „weichenden Erben" mit Recht oft als Benachteiligung empfunden, denn in der Regel wird vor allem wegen der ständigen Geldentwertung eine Beteiligung an der Vermögenssubstanz und dem Gewinn eines Unternehmens für wertvoller angesehen als eine Barabfindung. Auch entspricht es dem Wesen einer Familiengemeinschaft weit mehr, wenn die Ehefrau und sämtliche Kinder kapitalmäßig an dem Unternehmen beteiligt sind, dieses also in Form einer Gesellschaft (Personen- oder Kapitalgesellschaft) fortgeführt wird. Sofern sich der Unternehmer nicht schon zu Lebzeiten zur Gründung einer Familiengesellschaft entschließen kann (auf die Vorteile einer solchen Regelung wurde bereits oben unter Rz. 371 ff. hingewiesen), kann er die Gesellschaftsgründung auch in seiner letztwilligen Verfügung anordnen, indem er die Erben verpflichtet, das Unternehmen in Form einer Personen- oder Kapitalgesellschaft weiterzuführen.

In seinem Testament muß der Erblasser die Bestimmungen des von den Er- 427
ben abzuschließenden Gesellschaftsvertrags zwar nicht in allen Einzelheiten, doch wenigstens in seinen Grundzügen festlegen, wobei zumindest die Voraussetzungen eines Vorvertrags erfüllt sein müssen (BGH, Urt. v. 17. 12.

1952, BB 1953 S. 97). Aus den testamentarischen Anordnungen muß der Inhalt des später abzuschließenden Vertrages hinreichend bestimmt hervorgehen oder doch wenigstens soweit bestimmbar sein, daß der Vertragsinhalt im Zweifelsfalle gerichtlich festgesetzt werden kann. Zulässig ist es, die Festlegung der Vertragsbestimmungen im einzelnen einem Miterben oder einem Dritten, etwa einem Testamentsvollstrecker oder einem Schiedsgericht, zu überlassen (§§ 315, 317ff. BGB). Die Miterben müssen dann den Gesellschaftsvertrag nach Maßgabe des Schiedsspruchs abschließen. Die Vertragsgestaltung einem Miterben zu überlassen, wird sich weniger empfehlen, da es hierbei leicht zu Spannungen und Streitigkeiten unter den Erben kommen kann. Die von den Miterben festgesetzten Vertragsbestimmungen sind nämlich für die übrigen Miterben unverbindlich, soweit sie eine offenbar unbillige Lösung vorsehen (§ 319 BGB). Die Miterben können dann vor Gericht auf Bestimmung des Vertragsinhalts klagen. Besser ist es daher, die Ausgestaltung des Gesellschaftsvertrags einem neutralen Dritten zu übertragen.

428 Wegen der verschiedenen zur Verfügung stehenden Gesellschaftsformen und ihren jeweiligen Besonderheiten darf auf das unter Rz. 399ff. Ausgeführte verwiesen werden. Hier nur einige grundlegende Bemerkungen: Sind sämtlich Erben willens und in der Lage, die Geschäftsführung und die persönliche Haftung zu übernehmen, so ist die **offene Handelsgesellschaft** die gegebene Gesellschaftsform. Trifft diese Voraussetzung nicht bei allen Erben zu, so kann z. B. bestimmt werden, daß die beiden seit Jahren verantwortlich im Geschäft mitarbeitenden Söhne das Unternehmen als OHG fortführen sollen, während die übrigen Familienmitglieder mit **stillen Beteiligungen** abgefunden werden. Auf diese Weise kann vermieden werden, daß Pflichtteilsansprüche geltend gemacht werden und Betriebskapital dem Unternehmen entzogen wird.
Die stillen Gesellschafter sind zwar am Gewinn, nicht aber an der Substanz des Unternehmens beteiligt und erhalten bei Auflösung der Gesellschaft nur den Nennbetrag ihrer Beteiligung ausgezahlt, es sei denn, daß die Form der atypischen stillen Gesellschaft gewählt wird, bei welcher die stillen Gesellschafter auch an der Substanz des Unternehmens beteiligt werden. Grundsätzlich haben die stillen Gesellschafter keine Möglichkeit, auf die Geschäftsführung einzuwirken; ihre Kontrollrechte beschränken sich auf die Prüfung der Jahresbilanz anhand der Bücher und Geschäftspapiere.

429 Vielfach wird auch die Rechtsform der **Kommanditgesellschaft** vorgezogen. Die Familien-KG ist der am meisten verbreitete Typ der Familiengesellschaft. Hier genügt es, wenn ein Familienmitglied (z. B. der älteste Sohn) als Nachfolger des Vaters und persönlich haftender Gesellschafter (Komplementär) die Leitung des Unternehmens übernimmt, während die übrigen Gesellschafter (Kommanditisten) nur mit ihrer Kommanditeinlage haften –

also nicht das volle Unternehmerrisiko tragen –, gleichwohl aber an der Substanz des Unternehmens beteiligt sind und am Wachstum der inneren Reserven teilhaben. Kraft Gesetzes sind die Kommanditisten von der Geschäftsführung und Vertretung ausgeschlossen; sie haben nur beschränkte Kontrollrechte, ähnlich denen der stillen Gesellschafter. Im Gesellschaftsvertrag können allerdings die Kommanditisten, ebenso wie die stillen Gesellschafter, an der Geschäftsführung beteiligt werden. Auch können ihnen Vertretungsbefugnisse eingeräumt werden, indem sie Handlungsvollmacht, Einzel- oder Gesamtprokura erhalten. Eine zweckentsprechende Ausgestaltung des Gesellschaftsvertrages sollte der Erblasser in seiner letztwilligen Verfügung anordnen. Insbesondere muß der Erblasser festlegen, mit welchen Anteilen die einzelnen Erben an der Gesellschaft beteiligt werden. Dem persönlich haftenden und geschäftsführenden Gesellschafter (Komplementär) sollte ein Anteil von mindestens 51 v. H. am Gesellschaftskapital eingeräumt werden, da auf diese Weise sein maßgeblicher Einfluß innerhalb der Gesellschaft am besten gewahrt wird und eine feste und zielbewußte Geschäftsführung, vor allem in Krisenzeiten, gesichert ist. Empfehlenswert erscheinen auch Bestimmungen für den Fall, daß der zur Unternehmensführung berufene persönlich haftende Gesellschafter aus irgendwelchen Gründen (Tod, Krankheit usw.) ausfällt. Die Frage der Nachfolge kann im Gesellschaftsvertrag in der Weise geregelt werden, daß die Gesamtheit aller Gesellschafter oder ein Teil von ihnen den Nachfolger eines ausscheidenden Komplementärs bestimmt, oder daß der betreffende Komplementär im Gesellschaftsvertrag ermächtigt wird, den an seine Stelle tretenden Nachfolger zu bestimmen (wegen der Ausgestaltung des Gesellschaftsvertrags vgl. im übrigen das zu Rz. 399 ff. und 460 ff. Ausgeführte).

Zulässig ist es, falls die Gründung einer OHG angeordnet wird, gleichzeitig 430
zu bestimmen, daß ein Miterbe, der nicht persönlich haftender Gesellschafter werden will, die Einräumung einer Kommanditistenstellung oder, falls die übrigen Miterben damit nicht einverstanden sind, die Auszahlung des Guthabens verlangen kann, das ihm bei Auseinandersetzung der Gesellschaft zustünde. Über die Eignung einer GmbH & Co. als Familiengesellschaft vgl. Rz. 518 ff.

Findet sich unter den Erben kein geeigneter Nachfolger für die Unterneh- 431
mensleitung, so kann, wenn dieser Mangel nur vorübergehend ist – wenn z. B. der dafür vorgesehene Sohn noch zu jung ist –, eine Übergangslösung darin gefunden werden, daß einem Familienfremden die Leitung des Unternehmens übertragen wird. Dieser kann mit oder ohne Kapitalbeteiligung und für begrenzte Zeit als persönlich haftender Gesellschafter in die KG aufgenommen werden. Eine andere Lösung könnte darin gefunden werden, daß der Familienfremde nur als Geschäftsführer angestellt wird und Hand-

lungsvollmacht oder Prokura erhält, um die Gesellschaft nach außen hin vertreten zu können. Dann müßte sich allerdings ein Familienmitglied bereitfinden, als Komplementär die persönliche Haftung zu übernehmen.

432 Fehlt eine geeignete Unternehmerpersönlichkeit in der Familie nicht nur vorübergehend, so bietet sich die Gründung einer **Kapitalgesellschaft** als Ausweg an. Für ein Familienunternehmen dürfte in der Regel die **GmbH** die geeignete Rechtsform sein, während sich AG und KGaA ihrem Wesen nach nur für Großbetriebe eignen. Mit der Unternehmensleitung kann bei der Familien-GmbH eine geeignete familienfremde Person beauftragt werden. Der Geschäftsführer ist Angestellter der Gesellschaft. Die Gesellschafter können ihn bei mangelnder Eignung abberufen. Da die Geschäftsanteile kraft Gesetzes grundsätzlich frei veräußerlich und vererblich sind, empfiehlt es sich, in die Satzung Sicherheiten einzubauen, damit der Charakter der Familiengesellschaft nicht durch das Eindringen Familienfremder verlorengeht. Dies kann dadurch geschehen, daß die Übertragbarkeit der Geschäftsanteile der Zustimmung aller Gesellschafter oder einer Mehrheit von ihnen bedarf. Weiter kann bestimmt werden, daß die Übertragung eines Geschäftsanteils nur an einen bisherigen Gesellschafter oder dessen Abkömmlinge zulässig ist. Für den Fall des Todes eines Gesellschafters kann die Satzung vorsehen, daß dessen Geschäftsanteil nur auf jeweils einen unter seinen Abkömmlingen übertragen werden darf und die übrigen Erben in Geld abgefunden werden müssen. Damit wird zugleich einer Zersplitterung des Anteilsbesitzes vorgebeugt. Besteht der Nachlaß nicht in einem vollkaufmännischen Unternehmen, sondern in einem kleingewerblichen oder handwerklichen Betrieb, so kommt die Rechtsform der OHG oder KG nicht in Frage. Solche Betriebe können nur in Form einer **Gesellschaft des bürgerlichen Rechts** (§§ 705 ff. BGB) geführt werden.

2. Steuerliche Gesichtspunkte

433 Bei den außerordentlich vielen Gestaltungsmöglichkeiten sowie den fast in jedem Falle anders liegenden Verhältnissen (Zahl und Verwandtschaftsgrad der in Betracht kommenden Personen, Zusammensetzung bzw. Arten des Vermögens, Finanzkraft des Betriebes bzw. der Beteiligten, Kreditmöglichkeiten usw.) ist es unmöglich, für alle unter Umständen denkbaren Fälle die besten Lösungen anzudeuten. Wegen der unterschiedlich hohen Steuerfreibeträge von Ehegatte, Kind und Enkel (vgl. die Ausführungen Rz. 40 ff.) kann eine entsprechende Aufteilung des Nachlasses unter diesen Umständen steuerlich recht vorteilhaft sein. Die Freibeträge wirken sich dann bei jedem einzelnen Erwerber aus. Wegen der besonderen zusätzlichen Begünstigung des im gesetzlichen Güterstand der Zugewinngemeinschaft lebenden Ehegat-

ten s. § 5 ErbStG sowie oben Rz. 186 ff. Auch die progressive Staffelung des Steuertarifs führt bei einer möglichst weitgehenden Aufteilung des Nachlasses meist zu günstigeren Ergebnissen.

Ehegatten und Kinder gehören zur Steuerklasse I, für die die niedrigsten Ta- 434
rifsätze gelten. Für die Steuerklasse II (Enkel und weitere Abkömmlinge) schreibt § 19 ErbStG bei den in der Praxis hauptsächlich vorkommenden Wertstufen bereits doppelt, für die Klasse III (Geschwister sowie Geschwister- und Schwiegerkinder) über dreimal und für die Klasse IV (alle übrigen Erwerber) fünf- bis sechsmal so hohe Steuersätze vor (s. o. Rz. 18 ff. und Rz. 179 ff.). Das Überspringen einer Generation ist – abgesehen von den unterschiedlichen Freibeträgen – auch deshalb weniger zu empfehlen, weil sich die Steuer im Rahmen des § 27 ErbStG zum Teil wesentlich ermäßigt, soweit Personen der Steuerklasse I oder II von Todes wegen Vermögen anfällt, das innerhalb der letzten zehn Jahre vor dem Erwerb bereits von Personen dieser Steuerklassen erworben worden ist und für das damals eine Steuer zu erheben war.

Grundsätzlich wird der Berechnung der Erbschaftsteuer die auf den einzel- 435
nen Erwerber nach dem Testament oder bei seinem Fehlen nach dem Gesetz entfallende Erbquote zugrunde gelegt, wobei es weniger darauf ankommt, welche einzelnen Gegenstände der Betreffende aus dem Nachlaß dann für seine Erbquote erhält. Auch für die Miterben verbindliche Teilungsanordnungen des Erblassers sind für die Besteuerung des Erwerbs des einzelnen Miterben ohne Bedeutung (BFH-Urteil vom 10. 11. 1982, BStBl 1983 II S. 329). Soll allerdings nach dem Testament ein Miterbe einen Nachlaßgegenstand erhalten, ohne daß dessen Wert auf seine Erbquote angerechnet werden soll, so handelt es sich insoweit um ein Vorausvermächtnis für diesen bevorzugten Miterben (§ 2150 BGB). Oft erfolgt dieses auch in der Weise, daß ein Miterbe einen bestimmten Vermögensteil zu einem unter dessen wahren (gemeinen) Wert liegenden Übernahmepreis erhalten soll. Handelt es sich um Vorausvermächtnisse, so mindern diese den steuerpflichtigen Erwerb der mit dem Vermächtnis beschwerten Personen. Dafür sind sie bei dem Vermächtnisempfänger steuerpflichtig. Zu beachten ist auch, daß in der von einem Testament oder der gesetzlichen Erbfolge abweichenden Nachlaßauseinandersetzungsvereinbarung u. U. eine außerhalb des Erbgangs zusätzlich steuerbare Schenkung an den/die so begünstigten Miterben liegen kann (BFH vom 14. 7. 1982, BStBl 1983 II S. 714). Über das Vermächtnis oder die Teilungsanordnung ist damit eine Steuergestaltung und je nach Einzelfall Steuerersparnis möglich. Wegen der verschiedenen Möglichkeiten bei der Besteuerung von Nießbrauchs- oder Rentenvermächtnissen sowie der Vor- und Nacherbschaft siehe oben Rz. 287 ff. und Rz. 250 ff.,

wegen der verschiedenen steuerlichen Belastung von Personen- oder Kapitalgesellschaften Rz. 375ff.

3. Sicherstellung des überlebenden Ehegatten

436 Die wirtschaftliche Sicherstellung des überlebenden Ehegatten ist, wie erwähnt, eines der vordringlichsten Ziele bei Errichtung einer letztwilligen Verfügung, gleichgültig, ob Kinder vorhanden sind oder nicht. Das Gleichberechtigungsgesetz vom 18. 6. 1957 (BGBl I S. 609) hat für die im gesetzlichen Güterstand der Zugewinngemeinschaft lebende Ehefrau weitgehende erbrechtliche Verbesserungen gebracht (s.o. Rz. 184ff.), denen das Erbschaftsteuerrecht in der Sondervorschrift des § 5 ErbStG gebührend Rechnung trägt (s. auch Rz. 186ff.). Folgende Möglichkeiten der testamentarischen Gestaltung bestehen:

a) Erbeinsetzung der Ehefrau

437 Zur Alleinerbin* wird der Unternehmer seine Ehefrau einsetzen, wenn er von ihrer Fähigkeit zur Fortführung des Betriebes überzeugt ist; insbesondere also, wenn die Eheleute schon bisher das Unternehmen gemeinsam geführt haben. Ist die Ehe kinderlos, so sind Pflichtteilsansprüche allenfalls von seiten etwa noch lebender Eltern des Erstversterbenden zu erwarten (§ 2303 Abs. 2 BGB); diese betragen aber, wenn die Ehegatten im gesetzlichen Güterstand gelebt haben, für jeden noch lebenden Elternteil nur 1/16 des um den Voraus (Hausrat) verminderten Nachlasses (§§ 2303, 2311, 1931, 1932, 1371 BGB). Die Erbeinsetzung kann in einem einseitigen oder in einem gemeinschaftlichen Testament erfolgen. Der Unternehmer wird häufig bereits eine bestimmte Vorstellung haben, wem er den Betrieb nach dem Tode seines Ehegatten zuwenden will. Er wird mit diesem ein gemeinschaftliches Testament errichten, in welchem sich beide gegenseitig zu Erben einsetzen und als Erben des Letztversterbenden denjenigen bestimmen, dem der Unternehmer nach dem Tode des Längerlebenden das Unternehmen anvertrauen will. Der überlebende Ehegatte ist dann Alleinerbe des Erstversterbenden (§ 2269 BGB); er kann über den Nachlaß unter Lebenden frei verfügen, darf aber keine vom gemeinschaftlichen Testament abweichende Verfügung von Todes wegen treffen (wegen der Bindung an gemeinschaftliche Testamente vgl. Rz. 116ff.).

438 Sind Abkömmlinge vorhanden, so werden diese in dem gemeinschaftlichen Testament, in welchem sich die Ehegatten gegenseitig zu Erben einsetzen, gewöhnlich als Erben des Letztversterbenden bestimmt. Dadurch bleibt ge-

* Vgl. Muster M 18 (Rz. 572) im Anhang.

währleistet, daß das Unternehmen nicht in fremde Hände gelangt. Die Kinder sind dann beim Tode des Erstversterbenden von der Erbschaft ausgeschlossen und können Pflichtteilsansprüche geltend machen. Um dies zu verhindern, kann testamentarisch bestimmt werden, daß ein Abkömmling, der nach dem Tode des erstversterbenden Ehegatten seinen Pflichtteil verlangt, auch nach dem Tode des Letztversterbenden nur den Pflichtteil erhalten soll. Eine solche „Strafklausel" wird in gemeinschaftliche Testamente häufig aufgenommen.

Eine andere – allerdings nicht empfehlenswerte – Möglichkeit besteht dar- 439
in, daß die Ehegatten in einem Ehevertrag Gütergemeinschaft vereinbaren und gleichzeitig bestimmen, daß diese nach dem Tode des einen Ehegatten zwischen dem überlebenden Ehegatten und den gemeinschaftlichen Abkömmlingen fortgesetzt wird. Pflichtteilsansprüche der gemeinschaftlichen Kinder gelangen dann hinsichtlich des Gesamtgutes überhaupt nicht zur Entstehung (§ 1483 BGB).
Allerdings gilt die Bereicherung, die ein Ehegatte bei der Vereinbarung der Gütergemeinschaft erfährt, als steuerpflichtige Schenkung (§ 7 Abs. 1 Nr. 4 ErbStG).

Wird die Gütergemeinschaft nach dem Tode eines Ehegatten von dem ande- 440
ren mit den gemeinschaftlichen Abkömmlingen fortgesetzt, so wird nach § 4 Abs. 1 ErbStG der Anteil des verstorbenen Ehegatten am Gesamtgut so behandelt, wie wenn er ausschließlich den Abkömmlingen angefallen wäre. S. auch Rz. 357ff. Diese haben also den auf jeden von ihnen entfallenden Teil des dem verstorbenen Ehegatten zur Hälfte gehörenden Gesamtgutes zu versteuern. Der Überlebende hat keinen steuerpflichtigen Erwerb hinsichtlich des Anteils des Verstorbenen am Gesamtgut. Jeder Abkömmling ist entsprechend seinem Anteil Schuldner der Erbschaftsteuer, der überlebende Ehegatte jedoch für den gesamten Steuerbetrag, obwohl er von dem Anteil des Verstorbenen nichts erhält (§ 20 Abs. 2 ErbStG). Das Finanzamt kann die Abgabe der Erbschaftsteuererklärung allein von dem überlebenden Ehegatten verlangen (§ 31 Abs. 3 ErbStG).

Häufig wird der Unternehmer nicht wünschen, daß der überlebende Ehegat- 441
te im Falle der Wiederverheiratung* Erbe bleibt. Zu diesem Zweck kann er den überlebenden Ehegatten als Vorerben und die Kinder oder Enkel als Nacherben einsetzen und gleichzeitig anordnen, daß als Nacherbfall auch die Wiederverheiratung des Ehegatten gelten soll. Die rechtliche Stellung des überlebenden Ehegatten kann dabei im Sinne eines befreiten Vorerben ausgestaltet werden (über die Rechtstellung des Vorerben vgl. oben Rz. 250ff.).

* Vgl. Muster M 19 (Rz. 573) im Anhang.

Das gleiche Ergebnis kann mit der sog. **Wiederverheiratungsklausel** erreicht werden (Einsetzung des Ehegatten zum Vollerben mit der Bestimmung, daß im Falle seiner Wiederverheiratung der Nachlaß auf die Abkömmlinge oder andere Angehörige übergehen soll). Bei noch minderjährigen Abkömmlingen kann die Vorerbschaft auch begrenzt werden auf die Zeit bis zu deren Volljährigkeit.
Wegen der besonderen Behandlung der Vor- und Nacherbschaft im Erbschaftsteuerrecht s. o. Rz. 250ff.
Besteht das Vermögen des Unternehmers im wesentlichen aus seinem Betrieb, so genügt es, wenn an Stelle einer Vor- und Nacherbschaft in dem gemeinschaftlichen Testament bestimmt wird, daß im Falle der Wiederverheiratung der überlebende Ehegatte das Unternehmen als Vermächtnis an die Kinder oder bestimmte Verwandte herauszugeben hat.

b) Vermächtniszuwendungen

442 Die wirtschaftliche Sicherstellung des überlebenden Ehegatten läßt sich auch dadurch erreichen, daß nur die Kinder als Erben eingesetzt werden und dem Ehegatten ein Vermächtnis zugewendet wird. Dadurch erhält er einen schuldrechtlichen Anspruch gegen den oder die Erben auf Leistung des zugewendeten Vermögensgegenstandes (§§ 1939, 2174 BGB). Das Vermächtnis kann in der Zuwendung von Sacheigentum, z. B. einer Eigentumswohnung, eines dinglichen Rechts, z. B. eines Wohnungsrechts oder eines Nießbrauchs, ferner in einer Lebensversicherung oder in einer Geldrente bestehen. Auf diesem Wege kann der überlebende Ehegatte finanziell gesichert werden, ohne daß er Erbe wird und das Unternehmen weiterführt.

Die vermächtnisweise Einräumung eines Nießbrauchs*, die auf den gesamten Nachlaß oder einen Teil desselben erstreckt werden kann, berechtigt den Ehegatten, aus dem seinem Recht unterliegenden Vermögen die Nutzungen zu ziehen (§ 1030 BGB). Der Nießbrauch kann nicht an einem Vermögen als Ganzem bestellt werden, sondern nur an den einzelnen zum Vermögen gehörenden Gegenständen (§ 1085 BGB). Ist dem Ehegatten der Nießbrauch an dem Gesamtnachlaß vermacht, so kann er nicht durch einheitlichen Rechtsakt bestellt werden, vielmehr muß der Erbe den Nießbrauch getrennt an den einzelnen Vermögensstücken nach den jeweils dafür bestehenden Vorschriften bestellen. Ist Gegenstand des Nießbrauchs ein Gewerbebetrieb, so kann der Ehegatte den Betrieb verpachten oder in eigener Person oder durch einen angestellten Geschäftsführer fortführen und den Gewinn, den das Unternehmen abwirft, für sich verwenden. Allerdings kann der Erblasser die Rechte des Nießbrauchers durch testamentarische Bestimmung einschrän-

* Vgl. Muster M 21 (Rz. 575) im Anhang.

ken, beispielsweise anordnen, daß der Betrag, den der Ehegatte monatlich für seinen Lebensunterhalt entnehmen darf, das Tarifgehalt eines Angestellten einer bestimmten Gruppe nicht überschreiten darf. Der Erblasser kann dem Nießbraucher gestatten, diesen Betrag auch dann zu entnehmen, wenn die Nutzungen hierzu nicht ausreichen und die Substanz angegriffen werden muß. Andererseits kann der Erblasser den Nießbraucher von gewissen Pflichten, die ihn nach dem Gesetz treffen würden, freistellen. So kann er z.B. bestimmen, daß abweichend von der Regelung des § 1047 BGB nicht der Nießbraucher, sondern der Erbe die öffentlichen Lasten zu tragen hat.

Dem Ehegatten können auch Teile eines Grundstücks oder eines Hauses zur 443
Nutzung überlassen werden. So kann ihm z.B. gestattet werden, bestimmte Räume oder ein Stockwerk zu verpachten oder zu vermieten oder auch selst zu gewerblichen Zwecken zu nutzen. Es handelt sich dabei allerdings nicht um einen Nießbrauch, da einzelne Räume oder Stockwerke als wesentliche Bestandteile eines Grundstücks nicht Gegenstand besonderer Rechte sein können. Vielmehr liegt hier eine beschränkte persönliche Dienstbarkeit im Sinn der §§ 1090ff. BGB vor. Die Dienstbarkeit wird als dingliches Recht im Grundbuch eingetragen und wirkt auch gegenüber einem Erwerber des Grundstücks. Als beschränkte persönliche Dienstbarkeit kann dem Ehegatten auch das Recht vermacht werden, ein Haus oder einen Teil eines Hauses unter Ausschluß des Eigentümers (Erben) als Wohnung zu benutzen (dingliches Wohnungsrecht). Dieses Recht kann der Ehegatte grundsätzlich nur persönlich ausüben (§ 1093 BGB). Einem Dritten darf er die Wohnung entgeltlich oder unentgeltlich nur überlassen, wenn ihm dies im Testament ausdrücklich gestattet ist. Wegen der erbschaftsteuerlichen Besonderheiten bei der Zuwendung eines Nießbrauchs auf seiten des Nießbrauchsberechtigten wie auch des mit dem fremden Nießbrauchrecht Belasteten s.o. Rz. 287ff.

Die einfachste und beliebteste Form der wirtschaftlichen Sicherstellung des 444
Ehegatten ist die Zuwendung einer Versorgungsrente*, sei es auf Lebensdauer oder bis zu einer etwaigen Wiederverheiratung. Zweckmäßigerweise wird der Erblasser den Betrag der Rente testamentarisch festlegen, wobei einer künftigen Änderung der wirtschaftlichen Verhältnisse dadurch Rechnung getragen werden kann, daß die Höhe der Rente auf ein bestimmtes Angestellten- oder Beamtengehalt bezogen wird. Eine derartige „Spannungsklausel" unterliegt nach der Rechtsprechung des BGH keiner Genehmigungspflicht nach § 3 des Währungsgesetzes (so z.B. BGH, Urt. v. 17. 9. 1954 u. v. 16. 9. 1957 – BB 1954 S. 880 u. 1957 S. 1119). Genehmigungspflichtig dagegen sind Klauseln, nach denen die Höhe der monatlichen Rentenzahlungen an einen Preisindex geknüpft wird. Die Genehmigung wird

* Vgl. Muster M22 (Rz. 576) im Anhang.

nach den Richtlinien, die die Deutsche Bundesbank am 9. Juni 1978 (Bundesanzeiger Nr. 109/1978) erlassen hat, von den zuständigen Landeszentralbanken erteilt, wenn es sich um eine laufende Rentenzahlung für die Lebenszeit des Empfängers handelt. Der Lebenshaltungskostenindex wird als Wertsicherungsmaßstab bereits genehmigt, wenn die Rente für die Dauer von mindestens 10 Jahren zu zahlen ist. Außerdem sind die Landeszentralbanken zu einer Genehmigung berechtigt, wenn die Höhe der wiederkehrenden Zahlungen von dem Preisindex für Güter und Leistungen abhängig gemacht wird, die der Schuldner in seinem Betrieb erzeugt, veräußert oder erbringt.

445 In der Regel wird es angebracht sein, daß das Rentenverhältnis **dinglich gesichert** wird. So kann der Erbe testamentarisch verpflichtet werden, die Verbindlichkeit als Reallast auf dem ihm zugefallenen Grundbesitz im Grundbuch eintragen zu lassen (§§ 1105 ff. BGB). Für die Besteuerung gilt folgendes:
Der Erwerber kann vom Vermögen (Erbe), das mit einer Rentenverpflichtung belastet ist, grundsätzlich den Kapitalwert dieser Belastung vom Wert seines Erwerbs absetzen. Dieser Abzug ist nur dann nicht zulässig, wenn der Erwerb mit einer Rentenverpflichtung zugunsten des (Schenkers oder) Ehegatten des Erblassers (Schenkers) belastet ist. In diesen Fällen wird der Erwerb ohne Berücksichtigung der Rentenlast besteuert (sog. Abzugsverbot). Die auf den Kapitalwert der Belastung entfallende Steuer wird jedoch bis zum Erlöschen der Belastung zinslos gestundet. Die Stundung endet vorher, wenn bzw. soweit der Erwerber das belastete Vermögen ganz oder teilweise veräußert. Auch kann der Erwerber jederzeit die Ablösung der gestundeten Steuer mit ihrem Barwert nach § 12 Abs. 3 BewG beantragen.

446 Der Rentenberechtigte muß zwar den kapitalisierten Rentenbetrag versteuern. Er braucht das aber nicht auf einmal zu tun, sondern kann nach § 23 ErbStG die jährliche Entrichtung der Steuer von dem Jahreswert der Rente wählen. Zur Einkommensteuer wird nur der Ertragsanteil der Rente herangezogen; seine Höhe ist nach dem Lebensalter des Berechtigten bei Beginn der Rente abgestuft (vgl. § 22 Nr. 1a EStG). Andererseits können die rentenbelasteten Erben diesen Ertragsanteil nach § 10 Abs. 1 Nr. 1a EStG als Sonderausgabe von ihrem steuerpflichtigen Einkommen abziehen. Näheres s.o. Rz. 287ff.

447 Hat der Unternehmer eine Lebensversicherung abgeschlossen, in der er selbst als Bezugsberechtigter benannt ist, so fällt die Versicherungssumme in seinen Nachlaß und steht dann allen Erben gemeinschaftlich zu. Will er die Versicherungssumme der Ehefrau allein zuwenden, so muß er dies im Testament ausdrücklich anordnen. Die Versicherungssumme fällt dann nicht in

den Nachlaß, sondern unmittelbar an die Ehefrau. Nachlaßgläubiger können in die Versicherungssumme nicht vollstrecken. Eine testamentarische Anordnung erübrigt sich, wenn im Versicherungsvertrag der Ehegatte als Bezugsberechtigter benannt worden ist. Auch dann gilt aber der Anfall der Versicherungssumme, obwohl diese nicht zum Nachlaß gehört, als steuerpflichtiger Erwerb von Todes wegen (§ 3 Abs. 1 Nr. 4 ErbStG).

4. Fürsorge für minderjährige Kinder

Das am 1. 1. 1980 in Kraft getretene Gesetz vom 18. 7. 1979 (BGBl 1979 I 448
S. 1061) zur Neuregelung der elterlichen Sorge betont stärker als bisher die Elternverantwortung und ihre Beaufsichtigung durch das Vormundschaftsgericht sowie die Selbstverantwortlichkeit des heranwachsenden Kindes. Inhalt der elterlichen Sorge (bisher als „elterliche Gewalt" bezeichnet) sind nach wie vor die Personensorge, die Vermögenssorge und die gesetzliche Vertretung des Kindes durch beide Eltern, allerdings mit zahlreichen Änderungen. So bringt u. a. die Neuregelung der Vermögenssorge z. B. einerseits eine erweiterte Inventarisierungspflicht bei Kindesvermögen über 10000,– DM, andererseits eine freiere Stellung der Eltern bei der Anlegung von Geldern des Kindes.

Häufig sind vom Erblasser zu Erben eingesetzte oder mit Vermächtnissen bedachte Personen bei Eintritt des Erbfalles noch minderjährig. Hier ist es notwendig, daß der Erblasser in seinem Testament Vorsorge trifft, daß die Interessen der Minderjährigen für die Dauer ihrer Minderjährigkeit und vielfach auch noch für Jahre darüber hinaus anderweitig, z. B. durch einen Testamentsvollstrecker, wahrgenommen werden. Dies gilt vor allem für den Fall, daß minderjährige Kinder oder Enkelkinder des Erblassers das Unternehmen einmal selbst fortführen sollen.

a) Maßnahmen für den Fall des Ablebens eines Elternteils

Stirbt ein Elternteil, so steht die elterliche Sorge über die minderjährigen 449
Kinder kraft Gesetzes fortan dem anderen Elternteil allein zu (§ 1681 BGB). Nach dem Ableben des Vaters ist die Mutter allein befugt, das Vermögen der Kinder zu verwalten. Die Vermögenssorge des überlebenden Ehegatten kann durch letztwillige Verfügung nicht im ganzen ausgeschlossen werden. Der Erblasser kann aber bestimmen, daß der einem Kinde anfallende Erbteil nicht der Verwaltung durch den überlebenden Ehegatten unterliegen soll, und er kann zu diesem Zweck einen Testamentsvollstrecker* bestellen (§ 1638 BGB, vgl. Rz. 266ff. und Rz. 319ff.).

* Vgl. Muster M 22 (Rz. 576) im Anhang.

450 Eine solche Maßnahme kann sich insbesondere für den Fall der Wiederverheiratung des überlebenden Ehegatten als zweckmäßig erweisen, da dessen Sorgerecht durch die Wiederverheiratung keine Einschränkung erfährt. Gerade dann ergeben sich nicht selten Interessengegensätze zwischen dem zweiten Ehegatten (Stiefvater) und den aus der ersten Ehe der Mutter vorhandenen Kindern. Der Unternehmer wird mit Recht Vorsorge dagegen treffen wollen, daß seine Kinder hierbei benachteiligt werden.
Die Rechte und Pflichten des Testamentsvollstreckers können durch letztwillige Anordnung den Verhältnissen entsprechend ausgestaltet werden (vgl. oben Rz. 266ff.). Hat der Testamentsvollstrecker für den Erben das Unternehmen zu verwalten, so bestehen hinsichtlich der Geschäftsfortführung verschiedene Möglichkeiten, von denen der Testamentsvollstrecker bei Fehlen ausdrücklicher letztwilliger Anordnungen nach seinem pflichtgemäßen Ermessen unter Berücksichtigung des mutmaßlichen Erblasserwillens Gebrauch zu machen hat. Er kann das Unternehmen verpachten, stillegen oder dem Erben zur freien Verfügung überlassen. Er kann es aber auch aufgrund seiner Verfügungsbefugnis veräußern, sofern der Erblasser nichts Gegenteiliges verfügt hat.

451 Soll er nach dem Willen des Erblassers das Geschäft fortführen, so hat er dazu nach einer Entscheidung des Bundesgerichtshofs (Urt. v. 18. 1. 1954, BGHZ Bd. 12 S. 100ff. = DNotZ 1954 S. 270ff.) zwei Möglichkeiten:

1. Der Testamentsvollstrecker kann das Geschäft nach außen hin im eigenen Namen und unter eigener persönlichen Haftung als Treuhänder für den Erben fortführen. In diesem Falle besitzt der Testamentsvollstrecker die Kaufmannseigenschaft und ist als neuer Geschäftsinhaber in das Handelsregister einzutragen. Als Inhaber eines Handelsgeschäfts kann er Prokuristen bestellen und haftet für alle im Geschäft begründeten Verbindlichkeiten des Erblassers mit seinem gesamten Vermögen (§§ 27, 25 HGB), er kann aber, da er das Geschäft nur als Treuhänder für Rechnung des Erben führt, von diesem Befreiung von seiner Haftung verlangen (§ 2218 BGB).
2. Der Testamentsvollstrecker kann das Geschäft aber auch als **Bevollmächtigter** der Erben in deren Namen und unter deren persönlichen Haftung führen. Dann sind die Erben als Geschäftsinhaber in das Handelsregister einzutragen und sie haften für die Geschäftsverbindlichkeiten des Erblassers. Nur die Erben können dann Prokura erteilen, da dieses Recht kraft Gesetzes nur dem Inhaber des Betriebs oder seinem gesetzlichen Vertreter, nicht dagegen einem bestellten Vertreter zusteht (§ 48 HGB).

452 Welchen dieser beiden Wege der Testamentsvollstrecker einschlägt, bleibt, soweit der Erblasser keine besonderen Anordnungen getroffen hat, grund-

sätzlich seinem pflichtgemäßen Ermessen überlassen (BGH a.a.O.). Richtschnur hat für den Testamentsvollstrecker dabei der mutmaßliche Wille des Erblassers zu sein. Insbesondere muß er sich fragen, ob der Erblasser ihn ermächtigen wollte, persönliche Verpflichtungen für die Erben einzugehen. Ist ein solcher Wille des Verstorbenen anzunehmen, so begegnet es rechtlich keinen Bedenken, daß der Testamentsvollstrecker das Geschäft im Namen der Erben als deren Vertreter führt und damit aus den abgeschlossenen Rechtskräften unmittelbar und unbeschränkt die Erben verpflichtet. Zwar hat der Testamentsvollstrecker nach § 2206 BGB grundsätzlich nur die Befugnis, Verbindlichkeiten für den Nachlaß einzugehen, doch hält der BGH (a.a.O.) es für zulässig, daß der Erblasser im Testament seine Erben verpflichtet, dem Testamentsvollstrecker die Befugnis einzuräumen, auch über den Rahmen des § 2206 BGB hinaus persönliche Verpflichtungen für die Erben einzugehen. In der ausdrücklichen oder stillschweigenden Ermächtigung des Testamentsvollstreckers zur Fortführung des Geschäfts im Namen der Erben sieht das Gericht eine solche Auflage des Erblassers, deren Vollziehung der Testamentsvollstrecker von den Erben verlangen kann.

Will der Erblasser dem überlebenden Ehegatten die Verwaltung des Erbteils 453
des Kindes nicht völlig entziehen, so kann er durch testamentarische Bestimmung darauf hinwirken, daß dem überlebenden Ehegatten durch das Vormundschaftsgericht ein Beistand zur Verwaltung des Vermögens des minderjährigen Kindes bestellt wird. Die Beistandsbestellung erfolgt allerdings nur auf Antrag des überlebenden Ehegatten, nicht schon aufgrund einer testamentarischen Anordnung (§ 1685 BGB). Der Erblasser kann aber den überlebenden Ehegatten zur Antragstellung mittelbar dadurch zwingen, daß er dessen Erbeinsetzung oder eine Vermächtniszuwendung an ihn hiervon abhängig macht.

b) Maßnahmen für den Fall des Ablebens beider Eltern

Der Unternehmer muß auch an die Möglichkeit des Ablebens beider Eltern- 454
teile – etwa durch einen Verkehrsunfall – denken. Er wird sich deshalb schon zu Lebzeiten im Verwandten- oder Bekanntenkreise nach einer geeigneten Persönlichkeit umsehen, die bereit ist, die Vormundschaft für die noch minderjährigen Kinder zu übernehmen. In seinem Testament wird er diese Person als Vormund benennen (§§ 1776, 1777 BGB), vgl. Rz. 319ff.). Das Vormundschaftsgericht darf eine so benannte Person bei der Vormundbestellung nur übergehen, wenn bei dem Genannten gesetzliche Hinderungsgründe bestehen, wenn er an der Übernahme der Vormundschaft verhindert ist, sie verzögert oder wenn seine Bestellung das Interesse des Minderjährigen gefährden würde (§ 1778 BGB).

455 Die Auswahl des Vormunds sollte mit größter Sorgfalt erfolgen; nur eine wirklich zuverlässige Person ist für dieses Amt geeignet. Die Befugnisse eines Vormunds als des gesetzlichen Vertreters seines Mündels gehen sehr weit. So übt innerhalb eines Gesellschaftsverhältnisses der Vormund für den minderjährigen Gesellschafter alle Rechte aus, die diesem aus dem Gesellschaftsvertrag zustehen, einschließlich des Rechts der Geschäftsführung und Vertretung. Mit Zustimmung des Vormundschaftsgerichts kann der Vormund auch einen Fremden zum Prokuristen für den Betrieb seines Mündels bestellen. Der Minderjährige haftet mit seinem ganzen Vermögen für die Geschäftsschulden bzw. für die Schulden der Gesellschaft, in welcher er durch seinen Vormund vertreten wird. Der Erbteil des Minderjährigen kann durch Rechtsgeschäfte des Vormunds mit Schulden aller Art belastet werden. Bei erheblichem Vermögen kann sich die Benennung von zwei Vormündern empfehlen, die dann ihr Amt gemeinschaftlich oder getrennt nach verschiedenen Wirkungskreisen ausüben (§ 1797 BGB). Dies ist angezeigt, weil sonst das Vormundschaftsgericht von sich aus einen Gegenvormund bestellen kann, der darauf zu achten hat, daß der Vormund die Vormundschaft pflichtgemäß führt (§ 1799 BGB). Der Erblasser kann testamentarisch bestimmen, daß bei Wegfall des einen Vormunds der andere das Amt allein weiterführen soll.

456 Vielfach erübrigt sich die Benennung eines Vormunds, wenn das minderjährige Kind, dem das Unternehmen zufällt, schon kurz vor der Volljährigkeit steht und bereits zur selbständigen Leitung des Betriebes in der Lage ist. In diesem Fall kann der Unternehmer durch letztwillige Verfügung den Minderjährigen zum selbständigen Betrieb des Unternehmens ermächtigen, was zur Folge hat, daß dieser für solche Rechtsgeschäfte unbeschränkt geschäftsfähig wird, die der Geschäftsbetrieb mit sich bringt. Die Ermächtigung erlangt nur dann Wirksamkeit, wenn das Vormundschaftsgericht sie genehmigt (§ 112 BGB).

II. Testament eines Freiberuflers

457 Der sogenannte Freiberufler ist ebenfalls Unternehmer, der in der Rechtsform des Einzelunternehmers oder mit anderen zusammen als Sozius, Partner oder Gesellschafter tätig sein kann.
Er unterscheidet sich vom Gewerbetreibenden dadurch, daß er eine ganz besondere Art von Diensten (Dienste „höherer Art") leistet und deshalb auch steuerlich anders als der gewerbliche Unternehmer behandelt wird. Er zahlt nämlich keine Gewerbesteuer. Über die Frage, ob ein Unternehmer zu den Freiberuflern oder den Gewerbetreibenden gehört, werden oft Verfahren bis zum Bundesfinanzhof geführt.

Wer Freiberufler ist, läßt sich in § 18 EStG nachlesen. Danach gehören zu der freiberuflichen Tätigkeit die selbständig ausgeübte wissenschaftliche, künstlerische, schriftstellerische, unterrichtende oder erzieherische Tätigkeit, die selbständige Berufstätigkeit der Ärzte, Tierärzte, Rechtsanwälte, Notare, Patentanwälte, Vermessungsingenieure, Ingenieure, Architekten, Handelschemiker, Wirtschaftsprüfer, Steuerberater, beratenden Volks- und Betriebswirte, vereidigten Buchprüfer (vereidigten Bücherrevisoren), Steuerbevollmächtigten, Heilpraktiker, Dentisten, Krankengymnasten, Journalisten, Bildberichterstatter, Dolmetscher, Übersetzer, Lotsen und ähnlicher Berufe. Gestritten wird vor allem über die Frage, ob ein ähnlicher Beruf vorliegt. Ähnlichkeit liegt vor, wenn die ausgeübte Tätigkeit einem der sogenannten Katalogberufe in allen seinen berufstypischen Merkmalen vergleichbar und auch eine gegebenenfalls erforderliche wissenschaftliche Ausbildung vorhanden ist. Dabei setzt die Einordnung als selbständige Tätigkeit grundsätzlich die Erbringung der Arbeitsleistung durch den Steuerpflichtigen selbst voraus, soweit nicht die Mitwirkung anderer Personen nach dem Gesetz (Einkommensteuergesetz) unschädlich ist.

Die Qualifizierung einer Tätigkeit als gewerblich statt als selbständig kann 458
auf vier Arten von Gründen beruhen:

a) der Unternehmer (im Falle gemeinschaftlicher Tätigkeit einer von ihnen) erfüllt nicht die erforderlichen persönlichen Voraussetzungen für die Berufsausübung (sogenannter Berufsfremder, Beispiel: Fortführung einer Arztpraxis durch die Witwe, die beruflich nicht qualifiziert ist, mit Hilfe eines Arztvertreters),
b) die Tätigkeit wird – bei freier Berufstätigkeit über das gesetzlich zugelassene Maß hinaus – unter Mithilfe von Arbeitskräften ausgeübt,
c) es wird eine gemischte (teils freiberufliche, teils gewerbliche) Tätigkeit ausgeübt, bei der eine getrennte Beurteilung nicht möglich ist,
d) die ausgeübte, als ähnlich behauptete Tätigkeit weist nicht dieselben charakteristischen Merkmale auf wie die im Gesetz genannte Tätigkeit.

Die gegenüber dem Gewerbetreibenden (Einzelunternehmer) auftretenden 459
zusätzlichen Probleme sind damit bereits vorgezeichnet.

Die Verteilung des Vermögens auf Verwandte und nahe Angehörige wird erheblich eingeschränkt. Im Todesfall geht – wenn keine Regelung getroffen wurde – das Vermögen auf die Erben als gesetzlich berufene Nachfolger über. Die Gewerbesteuerpflicht auch bei nur kurzer Fortführung der Praxis läßt sich kaum vermeiden.

Die Veräußerung oder Übertragung der Praxis unter Lebenden setzt die – nicht immer vorhandene – Bereitschaft des Inhabers voraus, einen gleichberechtigten Partner aufzunehmen und sich entwickeln zu lassen.

Eine Unternehmernachfolge in Form einer Gesellschaft bürgerlichen Rechts unter den Angehörigen ist – auch standesrechtlich – nicht möglich, da die Voraussetzungen nicht bei allen Angehörigen vorliegen werden.

III. Offene Handelsgesellschaft und Kommanditgesellschaft

460 Die meisten Familienunternehmen werden als offene Handelsgesellschaft (OHG) oder Kommanditgesellschaft (KG) betrieben; OHG und KG sind demnach die typischen Rechtsformen der Familiengesellschaft. Für welche dieser beiden Gesellschaftsarten sich der Unternehmer entscheidet, hängt in erster Linie von der Bereitschaft zur Haftungsübernahme innerhalb der Familie ab.

461 Bei der OHG haften alle Gesellschafter unbeschränkt mit ihrem Gesamtvermögen einschließlich des Privatvermögens für alle Verbindlichkeiten der Gesellschaft (§§ 105, 128 HGB). Bei der KG dagegen unterscheidet man Komplementäre (auch Vollhafter genannt), welche unbeschränkt mit ihrem Gesamtvermögen haften, und Kommanditisten, die nur in Höhe ihres Kapitalanteils haften (§ 161 HGB). Eine OHG wird der Unternehmer ins Leben rufen, wenn alle Familienmitglieder, die für den Eintritt in die Gesellschaft vorgesehen sind, zur Übernahme der unbeschränkten, auch ihr Privatvermögen umfassenden Haftung für die Verbindlichkeiten der Gesellschaft bereit sind. Ist dies nicht der Fall, so kommt die Gründung einer KG in Betracht, bei der es genügt, wenn ein Gesellschafter die volle, unbeschränkte Haftung übernimmt. Die Rolle des Komplementärs kann der Unternehmer selbst übernehmen, während die übrigen Familienmitglieder Kommanditisten werden. Dann muß allerdings für den Fall seines Todes im Gesellschaftsvertrag klargestellt werden, welches von seinen Kindern ihm in seine Komplementärstellung nachfolgt, da die KG, wie erwähnt, mindestens einen Vollhafter haben muß. Vollhafter kann aber auch eine juristische Person, nämlich eine GmbH werden. Dadurch entsteht die bekannte GmbH & Co KG.

462 Die Komplementäre sind von Gesetzes wegen zur Geschäftsführung und zur Vertretung der Gesellschaft nach außen berufen, während die Kommanditisten hierzu nicht befugt sind (§§ 164, 170 HGB). Im allgemeinen werden diejenigen Familienmitglieder eine Komplementärstellung erhalten, in deren Händen die Leitung des Unternehmens liegen soll. Doch kann, abweichend von der gesetzlichen Regelung, im Gesellschaftsvertrag auch einem Kommanditisten das Recht zur Geschäftsführung eingeräumt werden. Geschäftsführung und unbeschränkte persönliche Haftung brauchen nicht zusammenzufallen. Dem zur Geschäftsführung berechtigten Kommanditisten

kann außerdem Prokura oder Handlungsvollmacht erteilt werden, damit er die Gesellschaft nach außen hin vertreten kann. Die Kommanditisten sind mit ihrer Kommanditeinlage am wirtschaftlichen Wachstum des Unternehmens und an seinen Erträgen beteiligt, ohne daß ihr Privatvermögen dem Unternehmerrisiko ausgesetzt ist.

Beide Gesellschaftsformen bieten die typischen Vorzüge der Personengesell- 463
schaft, die persönliche Verbundenheit der Gesellschafter und die Geschlossenheit des Personenkreises. Nur mit Zustimmung aller Gesellschafter können Gesellschaftsanteile an außenstehende Dritte übertragen werden. Damit kann das Eindringen Familienfremder in die Gesellschaft wirksam verhindert werden (s. u. Rz. 476 ff.).

Zur steuerlichen Behandlung der Offenen Handels- und der Kommanditge- 464
sellschaft s. o. Rz. 460 ff. Voraussetzung für die steuerliche Anerkennung einer solchen Familienpersonengesellschaft ist immer, daß alle Beteiligten auch Mitunternehmer des Betriebes im Sinne des § 15 Abs. 1 Nr. 2 EStG sind (gleich ob als vollhaftende Komplementäre oder als nur beschränkt haftende Kommanditisten). Werden z. B. Kinder durch Schenkung entsprechender Beträge in den väterlichen (elterlichen) Betrieb aufgenommen, so behandelt sie die Steuerverwaltung nur dann als Mitunternehmer, wenn sie wenigstens annäherungsweise die Befugnisse eines Kommanditisten haben, wie sie in den §§ 161 ff. HGB als Norm geregelt sind, wobei diese Regeln allerdings durch vertragliche Vereinbarungen gelockert werden können. Diese dürfen die Befugnisse der aufgenommenen Kinder aber nicht so weit beschränken, daß praktisch der bisherige Betriebsinhaber „Alleinherrscher" in der Gesellschaft ist, worauf sich Fremde vermutlich nie eingelassen hätten (z. B. Beschränkung der Stimm- bzw. Entnahmerechte, besondere Kündigungsregelungen usw.; BFH vom 8. 2. und 3. 5. 1979, BStBl 1979 II S. 405 und 515). Gehen diese Beschränkungen zu weit, so wird die Gesellschafterstellung der Kinder steuerlich nicht anerkannt, der Betrieb ggf. als Einzelunternehmen behandelt.

1. Maßnahmen im Hinblick auf den Tod eines Gesellschafters

Soll das Unternehmen über mehrere Generationen hinweg im Familienbesitz 465
bleiben, so muß die Nachfolge für den persönlich haftenden und das Unternehmen leitenden Gesellschafter im Gesellschaftsvertrag geregelt sein. Andernfalls hat der Tod eines Gesellschafters bei der BGB-Gesellschaft und der OHG die Auflösung zur Folge (§ 727 BGB, 131 Nr. 4 HGB). Bei der Kommanditgesellschaft löst nur der Tod eines persönlich haftenden Gesellschafters, nicht auch der eines Kommanditisten, die Gesellschaft auf (§§ 131 Nr. 4, 161 Abs. 2, 177 HGB). Die stille Gesellschaft wird nur beim Tode des

Geschäftsinhabers aufgelöst. Beim Tode des stillen Gesellschafters treten dessen Erben an seine Stelle (§ 339 Abs. 2 HGB). Die Auflösung der Gesellschaft gilt es zu verhindern.

Für die Lösung der Nachfolgefrage bestehen verschiedene Möglichkeiten:

466 a) Der Gesellschaftsvertrag kann bestimmen, daß die Gesellschaft unter Ausscheiden des verstorbenen Gesellschafters unter den übrigen Gesellschaftern fortgesetzt wird (§ 138 HGB). Die Erben des verstorbenen Gesellschafters haben hier nur Anspruch auf Auszahlung des Auseinandersetzungsguthabens nach dem Stande im Todeszeitpunkt. Um eine besondere Abschichtungsbilanz zu vermeiden, kann der Gesellschaftsvertrag vorsehen, daß für die Berechnung des Abfindungsguthabens die letzte Jahresbilanz zugrunde gelegt wird. Weiter können Bestimmungen über die Wertermittlung und über die Art der Auszahlung des Abfindungsbetrages (z. B. Ratenzahlung) getroffen werden.

467 Eine solche Regelung hat nur Sinn, wenn außer dem ausscheidenden Gesellschafter bei einer OHG noch mindestens zwei Gesellschafter und bei einer KG noch mindestens ein persönlich haftender Gesellschafter und ein Kommanditist vorhanden sind, oder wenn sich für den Fall des Todes des persönlich haftenden Gesellschafters einer der Kommanditisten bereitfindet, die persönliche Haftung zu übernehmen. Ist letzteres nicht der Fall, so kann das Unternehmen nur dadurch vor der Auflösung bewahrt werden, daß der Gesellschaftsvertrag für den Fall des Todes des persönlich haftenden Gesellschafters die Umwandlung der KG in eine Kapitalgesellschaft (GmbH) vorsieht, evtl. mit der Klausel, daß die Umwandlung erst erfolgen soll, wenn sich innerhalb einer bestimmten Frist nach dem Tode des Komplementärs kein Kommanditist bereitfindet, die persönliche Haftung zu übernehmen.

468 b) Der Gesellschaftsvertrag kann vorsehen, daß die Gesellschaft mit den Erben des verstorbenen Gesellschafters fortgesetzt wird (sog. Nachfolgeklausel). Dann treten bei Eintritt des Erbfalles die gesetzlichen bzw. die testamentarischen Erben ohne weiteres in die Gesellschaft ein, sofern sie die Erbschaft nicht ausschlagen. Zu beachten ist, daß nach § 139 HGB jeder Erbe sein Verbleiben in der Gesellschaft davon abhängig machen kann, daß ihm die Stellung eines Kommanditisten eingeräumt und der auf ihn fallende Teil der Einlage des Erblassers als seine Kommanditeinlage anerkannt wird. Widersetzen sich die übrigen Gesellschafter diesem Begehren, so ist der Erbe befugt, ohne Einhaltung einer Kündigungsfrist aus der Gesellschaft auszuscheiden. Dieses Recht kann durch den Gesellschaftsvertrag nicht ausgeschlossen werden. Inwieweit die eintretenden Erben zur Geschäftsführung und Vertretung berechtigt sind, sollte eben-

falls im Gesellschaftsvertrag bestimmt sein. So kann z. B. festgelegt werden, daß nur der jeweils älteste Sohn zur Geschäftsführung und Vertretung berechtigt ist, die übrigen Erben aber davon ausgeschlossen sein sollen.

c) Der Gesellschaftsvertrag kann den Eintritt in die Gesellschaft auf be- 469
stimmte Erben beschränken und z. B. bestimmen, daß nur die leiblichen Abkömmlinge eines verstorbenen Gesellschafters an seiner Stelle in die Gesellschaft eintreten können. Die übrigen Erben haben dann nur Anspruch auf einen entsprechenden Teil des Auseinandersetzungsguthabens. Diese Bestimmungen sind geeignet, Familienfremde von der Gesellschaft fernzuhalten. Wollen sich die Gesellschafter hinsichtlich der Person des Nachfolgers noch nicht festlegen, so können sie im Gesellschaftsvertrag vereinbaren, daß die Gesellschaft beim Tode eines Gesellschafters mit demjenigen fortgesetzt werden soll, den der verstorbene Gesellschafter durch Erklärung unter Lebenden oder durch letztwillige Verfügung zu seinem Nachfolger bestimmt hat.

d) Anstatt die Erben beim Tode des Erblassers unmittelbar in die Gesell- 470
schaft aufzunehmen, kann ihnen auch ein bloßes **Eintrittsrecht** eingeräumt werden (sog. Eintrittsklausel). Die Erben haben hier die Wahl, anstelle des Erblassers in die Gesellschaft einzutreten oder sich das Auseinandersetzungsguthaben auszahlen zu lassen. Im Gesellschaftsvertrag wird meist eine Frist gesetzt, innerhalb deren sich die Erben erklären müssen, von welcher der beiden Möglichkeiten sie Gebrauch machen wollen. Auch muß im Gesellschaftsvertrag bestimmt sein, daß die Gesellschaft, wenn die Erben nicht eintreten, unter den übrigen Gesellschaftern fortgeführt wird, da anderenfalls die Gesellschaft bei Nichteintritt der Erben aufgelöst würde. Enthält der Gesellschaftsvertrag keine Bestimmungen über die Nachfolge für einen verstorbenen Gesellschafter, so liegt es an den übrigen Gesellschaftern, zusammen mit den Erben des Verstorbenen die Fortsetzung der Gesellschaft entweder mit allen Erben oder mit einigen von ihnen oder unter Ausschluß der Erben nur mit den verbleibenden Gesellschaftern zu beschließen. Hierzu ist ein einstimmiger Beschluß sämtlicher Gesellschafter einschließlich der Erben erforderlich. Mehrheitsbeschluß genügt nur, wenn dies nach dem Gesellschaftsvertrag zulässig ist. Der verstorbene Gesellschafter jedenfalls hat keinen Einfluß mehr darauf, ob und wie sich die Mitgesellschafter mit seinen Erben einigen, weshalb die Regelung der Nachfolgefrage in keinem Gesellschaftsvertrag fehlen sollte.

e) Mit der Regelung im Gesellschaftsvertrag ist es jedoch nicht getan, denn 471
der Gesellschaftsvertrag legt nur die gegenseitigen Rechte und Pflichten

der Gesellschafter untereinander fest. Dagegen steht nicht im Gesellschaftsvertrag, wer Erbe wird, diese Frage muß der Gesellschafter in seiner letztwilligen Verfügung regeln, da andernfalls gesetzliche Erbfolge eintritt. Umgekehrt kann er in seiner letztwilligen Verfügung nicht bestimmen, daß seine Erben ihm in seine Gesellschafterstellung nachfolgen, wenn der Gesellschaftsvertrag eine solche Nachfolge nicht vorsieht. Die übrigen Gesellschafter brauchen sich gegen ihren Willen einen Nachfolger nicht aufzwingen zu lassen. Gesellschaftsvertrag und letztwillige Verfügung müssen also im Einklang zueinander stehen, wenn die Absichten des Erblassers verwirklicht werden sollen.

472 In **steuerlicher Hinsicht** sei folgendes hervorgehoben: Für die Erbschaftsteuer ist der Wert des Gesellschaftsvermögens am Todestag und der Anteil des Verstorbenen daran besonders zu ermitteln. Jeder Erwerber hat das zu versteuern, was er von diesem Anteil erhält. Nach § 3 Abs. 1 Nr. 2 Satz 2 ErbStG gilt als steuerpflichtiger Erwerb von Todes wegen – hier als Schenkung auf den Todesfall – auch der auf einem Gesellschaftsvertrag beruhende Übergang des Anteils (oder eines Teils davon) eines Gesellschafters bei dessen Tod auf die anderen Gesellschafter oder auf die Gesellschaft selbst, soweit der steuerliche Wert des Anteils im Zeitpunkt des Todesfalls „Abfindungsansprüche Dritter übersteigt“. Die in der Gesellschaft verbleibenden Gesellschafter haben den Unterschied zwischen dem Steuerwert des Anteils des verstorbenen Mitgesellschafters und der Abfindung, die dessen Erben erhalten, wie jede andere Bereicherung als Erwerb von Todes wegen zu versteuern.

473 Für die Einkommensteuer ist folgendes zu beachten: Setzen die Erben des verstorbenen Gesellschafters die Gesellschaft fort, so werden für die Gewinnermittlung bzw. Einkommensteuer ihre Anteile mit den Buchwerten fortgeführt, wenn der Gesellschaftsvertrag nichts anderes vorsieht. Etwaige stille Reserven werden dann erst bei ihrer Realisierung zur Einkommensteuer herangezogen. Treten nach dem Gesellschaftsvertrag die Erben des verstorbenen Gesellschafters nicht in die Personengesellschaft ein und geht dessen Gesellschaftsanteil nicht auf sie über, sondern ist ihnen ein Abfindungsanspruch in Höhe des Auseinandersetzungsguthabens eingeräumt, so gehört nicht der Gesellschaftsanteil zum Nachlaß, erbschaftsteuerpflichtig ist vielmehr dieser Anspruch aufgrund des Gesellschaftsvertrages als eines Vertrages zugunsten Dritter (§ 3 Abs. 1 Nr. 4 ErbStG). Liegt die Abfindung über dem Buchwert des Kapitalanteils des Erblassers, so ist der in dem Unterschied liegende Veräußerungsgewinn einkommensteuerlich noch dem Erblasser zuzurechnen (BFH vom 26. 7. 1963, BStBl 1963 III S. 481).

474 Bis 1990 galt, daß der Erbfall ein privater und kein geschäftlicher Vorgang ist.

Diese Auffassung ist durch den Beschluß des Bundesfinanzhofs vom 5. 7. 1990 vollständig aufgehoben und umgekehrt worden (vgl. BFH vom 5. 7. 1990, BStBl 1990 II S. 837).
Seit diesem Beschluß gelten folgende Grundsätze:

1. *Alle Miterben werden Unternehmer eines Einzelunternehmens.*
2. *Alle Miterben erzielen Einkünfte aus Gewerbebetrieb.*
3. *Die Erbengemeinschaft kann Privatvermögen und Betriebsvermögen haben.*
4. *Die Veräußerung eines Erbanteils ist ein entgeltliches Geschäft.*
5. *Ausscheiden gegen Barabfindung ist entgeltlich.*
6. *Keine Realteilung ist unentgeltlich.*
7. *Die Grundsätze 1 – 6 gelten auch bei Teilerbauseinandersetzungen.*

Abfindungen, die mit entnommenen Betriebsvermögensgegenständen gelei- 475
stet werden, sollten tunlichst vermieden werden, denn Entnahmen zu betriebsfremden Zwecken führen in der Regel zur Versteuerung der in dem (aus dem Betriebsvermögen) entnommenen Wirtschaftsgut ruhenden „stillen Reserven“. Auch Vermächtnisse bestimmter Gegenstände eines Betriebsvermögens (z. B. eines aktivierten Grundstücks) an Dritte, die keine Mitunternehmer sind, können sich einkommensteuerlich recht ungünstig auswirken. Dagegen stellt die Übertragung eines Teiles des Betriebsgrundstücks vom Vater auf seinen Sohn als Mitgesellschafter – auch im Wege vorweggenommener Erbfolge – keine Entnahme dar (BFH vom 31. 1. 1964, BStBl 1964 III S. 240). Die Aufdeckung und Versteuerung stiller Reserven kann hier also dadurch vermieden werden, daß ein als Nachfolger im Unternehmen vorgesehener (späterer) Erbe bereits bei Lebzeiten in die Firma aufgenommen wird und bei Betriebsgrundstücken die grundbuchmäßige Eigentumsübertragung erst später erfolgt.

2. Maßnahmen gegen das Eindringen Familienfremder in die Gesellschaft

Die meisten Unternehmer, die sich zur Gründung einer Familiengesellschaft 476
entschließen, legen Wert darauf, daß das Unternehmen auch in Zukunft im ausschließlichen Besitz der Familie verbleibt und der Familiencharakter der Gesellschaft nicht durch das Eindringen außenstehender Dritter verlorengeht. Diese Gefahr droht durch Verfügungen der Gesellschafter über ihre Mitgliedsrechte, also durch Abtretung oder Vererbung der Gesellschaftsanteile an familienfremde Personen.

477 Zwar sind die Gesellschafterstellung und die einzelnen daraus entstehenden Ansprüche nach dem Gesetz nicht übertragbar, ausgenommen etwaige Ansprüche, die einem Gesellschafter aus seiner Geschäftsführung zustehen, z. B. auf Ersatz von Aufwendungen, sowie die Ansprüche auf den Gewinnanteil und auf das Auseinandersetzungsguthaben. Durch die Abtretung dieser Ansprüche droht keine Gefahr, da sie nicht zum Eintritt dritter Personen in die Gesellschaft führen. Ein neuer Gesellschafter kann grundsätzlich nur mit Zustimmung sämtlicher Gesellschafter aufgenommen werden. Häufig jedoch gibt der Gesellschaftsvertrag abweichend vom Gesetz den Gesellschaftern das Recht, die Gesellschafterrechte auf Dritte zu übertragen. Der dadurch möglichen Überfremdungsgefahr kann durch eine Zusatzvereinbarung begegnet werden, nach der die Übertragung der Gesellschafterrechte nur an Familienangehörige oder nur an bestimmte Familienmitglieder, etwa an die leiblichen männlichen Abkömmlinge oder an den ältesten Sohn, erfolgen darf.

478 Eine Überfremdungsgefahr droht der Familiengesellschaft auch durch den Tod eines Gesellschafters, wenn der Gesellschaftsvertrag bestimmt, daß die Gesellschaft mit den Erben des Verstorbenen fortgesetzt wird. Ist für den Todesfall vertraglich nichts geregelt, so führt der Tod eines Gesellschafters einer BGB-Gesellschaft oder einer OHG, eines persönlich haftenden Gesellschafters einer KG oder des Geschäftsinhabers einer stillen Gesellschaft, wie ausgeführt (s. o. Rz. 465 ff.), zur Auflösung der Gesellschaft. Ein Eindringen Dritter ist damit nicht verbunden. Diese Gefahr besteht nur, wenn die Fortsetzung der Gesellschaft mit den Erben des verstorbenen Gesellschafters vereinbart wird, da zu Erben auch familienfremde Personen bestimmt werden können. Daraus ergibt sich die Notwendigkeit, die Vereinbarung über die Fortführung der Gesellschaft mit den Erben durch die Bestimmung zu ergänzen, daß der verstorbene Gesellschafter mit seinem Ableben aus der Gesellschaft ausscheidet und diese unter den übrigen Gesellschaftern fortgeführt wird, wenn sein Tod zum Eintritt eines Familienfremden führen würde. Die Erben des verstorbenen Gesellschafters haben dann nur Anspruch auf Auszahlung des dem Verstorbenen zustehenden Auseinandersetzungsguthabens.

Eine gleiche Bestimmung muß der Gesellschaftsvertrag auch für den Fall des Todes eines Kommanditisten oder eines stillen Gesellschafters enthalten, da der Tod dieser Person nicht zur Auflösung der Gesellschaft, sondern zu deren Fortsetzung mit den Erben des Verstorbenen führt, wenn im Gesellschaftsvertrag hierüber nichts Gegenteiliges vereinbart ist (s. o. Rz. 465 ff.). Die Gefahr des Eindringens familienfremder Dritter in die Gesellschaft ist hier also in besonderem Maße gegeben.

3. Sicherung des Anteilsbesitzes vor Zersplitterung

Ein Familienvater wird in der Regel bestrebt sein, sein Vermögen und damit seinen Anteil an der Familiengesellschaft möglichst gleichmäßig auf seine Kinder zu übertragen oder zu vererben. Dies führt dazu, daß die Kinder, sofern der Gesellschaftsvertrag es zuläßt, mit den geerbten Teilen des Kapitalanteils ihres Vaters in die Gesellschaft eintreten. Damit aber werden die Gesellschaftsanteile von Generation zu Generation immer weiter aufgesplittert, so daß nach einigen Generationen statt weniger durch starke persönliche Bindungen und hohe Kapitalbeteiligung untereinander verbundener Gesellschafter eine große Anzahl von Zwerganteilsbesitzern vorhanden ist, die häufig für die Belange der Gesellschaft nur noch wenig Interesse zeigen. Nicht wenige Familiengesellschaften sind diesen Weg gegangen und mußten schließlich in Kapitalgesellschaften umgewandelt werden. 479

Die Zersplitterung der Anteile läßt sich vermeiden, wenn der Gesellschaftsvertrag z. B. vorsieht, daß ein Gesellschafter seinen Anteil oder Teile davon zu Lebzeiten nur an **einen** seiner Abkömmlinge übertragen darf oder daß von mehreren Erben eines verstorbenen Gesellschafters immer nur einer (z. B. der älteste männliche Abkömmling oder der, den der Verstorbene in seiner letztwilligen Verfügung ausdrücklich benannt hat) Gesellschafter werden kann, während den anderen nur der Anspruch auf ihren Anteil am Auseinandersetzungsguthaben zusteht. 480

Um wenigstens den Personenkreis der persönlich haftenden Gesellschafter begrenzt zu halten, kann im Gesellschaftsvertrag bestimmt werden, daß jeweils nur die zur Geschäftsführung geeigneten Söhne eines verstorbenen Gesellschafters (und auch davon nur eine begrenzte Anzahl) persönlich haftende Gesellschafter werden können, während die übrigen stille Beteiligungen erhalten. Um die Anzahl der stillen Teilhaber in Grenzen zu halten, empfiehlt sich die Bestimmung, daß von deren Erben nur die Abkömmlinge und der Ehegatte stille Gesellschafter werden können, während die übrigen Erben nur einen Anspruch auf das Auseinandersetzungsguthaben geltend machen können. 481

Zur weiteren Sicherung kann vereinbart werden, daß ein Gesellschafter, dessen Kapitalanteil unter einen bestimmten Mindestbetrag herabgesunken ist, unter Auszahlung seines Auseinandersetzungsguthabens aus der Gesellschaft auszuscheiden hat oder verpflichtet ist, seinen Splitteranteil gegen angemessenes Entgelt an andere Gesellschafter abzutreten. Hierbei sollte aber bereits festgelegt sein, wie das angemessene Entgelt berechnet wird, um Streitigkeiten über die Höhe des Auseinandersetzungsguthabens zu vermeiden.

4. Sicherstellung der nicht aufgenommenen Familienmitglieder

482 In nicht wenigen Fällen kann sich der Unternehmer nicht entschließen, auch seine Töchter und die Ehefrau in die Familiengesellschaft aufzunehmen. Ist die Gefahr doch nicht von der Hand zu weisen, daß durch Verheiratung der Tochter bzw. Wiederverheiratung der Ehefrau Familienfremde Einfluß auf die Gesellschaft nehmen oder daß nach ihrem Ableben ihr Gesellschaftsanteil im Erbgang auf Familienfremde übergeht. Die Familienverhältnisse können es geraten erscheinen lassen, die Ehefrau des Unternehmers nach dessen Ableben von den Kindern möglichst unabhängig zu stellen. Dies kann z. B. notwendig sein, wenn der Unternehmer in späteren Jahren eine zweite Ehe geschlossen hat, da sich durch eine Beteiligung der zweiten Ehefrau am Unternehmen leicht Streitigkeiten mit den Kindern aus erster Ehe ergeben.

483 Vermögensmäßig sollten aber auch die Ehefrau und die Töchter gegenüber den am Unternehmen beteiligten Söhnen nicht benachteiligt werden. Deshalb müssen ihnen Zuwendungen aus dem außerbetrieblichen Vermögen des Unternehmers gemacht werden, die bei den Töchtern die Höhe des gesetzlichen Erbteils, mindestens aber des Pflichtteils erreichen und bei der Ehefrau groß genug sein sollten, um deren Unterhalt auf Lebenszeit sicherzustellen. Die Zuwendungen können den Töchtern entweder schon zu Lebzeiten des Unternehmers als Vorempfang auf den Erbteil gegeben werden, wobei aber bei der Zuwendung ausdrücklich bestimmt werden muß, daß sie auf den Erbteil und auf den Pflichtteil anzurechnen sind (§§ 2050, 2315 BGB). Erhalten die Töchter die Zuwendungen erst im Wege der Erbfolge, so kann durch Teilungsanordnung (§ 2048 BGB) bestimmt werden, daß die Töchter aus dem Nachlaß nur betriebsfremde Vermögenswerte erhalten, z. B. Wertpapiere oder Grundstücke. Im Wege eines Vermächtnisses kann der Tochter z. B. auch ein Nießbrauch an nicht zum Betriebsvermögen gehörenden Grundstücken (Miethäusern) zugewendet werden.
Sind ausreichende Vermögenswerte neben dem Betriebsvermögen nicht vorhanden, so hilft der Abschluß einer **Aussteuerversicherung.** Bei Erreichen ihres 25. Lebensjahres oder bei ihrer Verheiratung erhält die Tochter die Versicherungssumme ausgezahlt und kann damit für ihren Erbanspruch abgefunden werden.

484 Auf welche Weise der Lebensunterhalt der Ehefrau sichergestellt wird, hängt ganz von den Vermögensverhältnissen ab. Fehlt es an ausreichendem außerbetrieblichem Vermögen, so ist zunächst an ein Rentenvermächtnis zugunsten der Witwe zu denken, das aus dem Geschäftsgewinn zu zahlen ist. Wird für die Berechnung der Höhe der Rente das jeweilige Gehalt einer bestimmten Beamten- oder Angestelltengruppe oder der jeweilige Lebenshal-

tungskostenindex als Wertmesser bestimmt, so ist die Witwe vor den Folgen der Kaufkraftverschlechterung geschützt. Zum Schutz des Unternehmens kann festgelegt werden, daß die Rente im Falle einer wesentlichen Verschlechterung der Ertragslage des Unternehmens angemessen herabgesetzt wird. Vorteilhafter ist es aber, den Betrieb von derartigen Belastungen gänzlich freizuhalten und rechtzeitig eine **Lebensversicherung** in Gestalt einer Kapital- oder Rentenversicherung auf das Leben des Unternehmers zugunsten seiner Ehefrau abzuschließen. Da die Prämien mit zunehmendem Eintrittsalter höher werden, empfiehlt sich ein möglichst frühzeitiger Abschluß. Die Prämie für eine als Altersversorgung ausreichende Versicherung ist dann durchaus erschwinglich, vor allem, wenn man die Möglichkeit ihrer Absetzung als Sonderausgabe und die dadurch erzielte Steuerersparnis in Betracht zieht. Darüber hinaus bietet die Lebensversicherung den besonderen Vorteil, daß die volle Versicherungssumme auch dann zur Auszahlung kommt, wenn der Unternehmer vorzeitig stirbt, die Versorgung also gerade dann gesichert ist, wenn sie am dringendsten benötigt wird. Im allgemeinen wird der Kapitalversicherung der Vorzug gegeben, weil sie im Prämienaufwand günstiger liegt und auch steuerlich vorteilhafter ist. Überdies läßt sich eine Kapitalversicherung bei Fälligkeit ohne weiteres in eine Rentenversicherung umwandeln, indem mit der fällig gewordenen Versicherungssumme durch Einmal-Prämie eine Rentenversicherung erworben wird.

Die Zuwendung einer Versicherungssumme (bzw. eines Rentenrechts) ist 485
allerdings erbschaft- bzw. schenkungsteuerpflichtig, auch wenn sie nicht in den Nachlaß des Versicherungsnehmers fällt, sondern nach dem Versicherungsvertrag dem darin genannten Bezugsberechtigten zusteht (unmittelbarer Erwerb von Vermögensvorteilen aufgrund des vom Erblasser bei Lebzeiten abgeschlossenen Versicherungsvertrags im Zeitpunkt des Todes des Erblassers gemäß § 3 Abs. 1 Nr. 4 ErbStG). Entsprechendes gilt, wenn der Erblasser seine Ansprüche aus einem Versicherungsvertrag endgültig an einen Dritten abgetreten hat (BFH vom 12. 6. 1953, BStBl 1953 III S. 247). Die Steuer bemißt sich ohne Rücksicht auf die Höhe der bereits eingezahlten Prämien immer nach der Versicherungssumme; bei Rentenversicherungen ist der kapitalisierte Wert zugrunde zu legen. Erbschaftsteuerpflicht entfällt, wenn (bzw. soweit) der bezugsberechtigte Dritte vereinbarungsgemäß die Versicherungsprämien selbst bezahlt hat. Ebenso sind steuerfrei Beträge, die nicht aufgrund eines vom Erblasser geschlossenen Vertrages an den begünstigten Dritten gezahlt werden, sondern kraft Gesetzes (z. B. die Bezüge der Hinterbliebenen von Beamten oder der von Angestellten usw. aus der Sozialversicherung) oder aus berufsständigen Zwangsversicherungen (z. B. einer Ärztekammer). Andererseits wird der Erwerb der Hinterbliebenen aus einer privaten Unfallversicherung eines tödlich Verunglückten nach den all-

gemeinen Vorschriften zur Erbschaftsteuer herangezogen. Bei der Autoinsassenversicherung hängt es von dem Versicherungsvertrag ab, wem die Versicherungsansprüche zustehen, ob sie zum Nachlaß des Verunglückten gehören und seine Erben die Versicherungssumme dann kraft Erbfall erwerben, oder ob die Erben einen eigenen Anspruch gegen das Versicherungsunternehmen haben. Bei der Luft-Unfall-Versicherung stellen die Versicherungsleistungen keinen der Erbschaftsteuer unterliegenden Erwerb dar (BFH vom 11. 10. 1978, BStBl 1979 II S. 115). Auch der auf einem Dienstvertrag des Erblassers mit seinem Arbeitgeber beruhende Erwerb einer (angemessenen) Rente seiner Witwe (z.B. auch die Witwenbezüge bei dem Gesellschafter-Geschäftsführer einer GmbH) unterliegen nicht der Erbschaftsteuer (BFH vom 20. 5. 1981, BStBl 1982 II S. 27 bzw. 1981 II S. 715 sowie entsprechende Ländererlasse vom Februar 1982). Allerdings mindern solche steuerfreien Witwenbezüge den sog. Versorgungsfreibetrag des Ehegatten (§ 17 Abs. 1 ErbStG) sowie seine erbschaftsteuerfrei bleibende Zugewinnausgleichsforderung. Beruht die Witwenrente allerdings nicht auf einem Arbeitsvertrag des Erbschaftsteuers, sondern steht sie der Empfängerin als Anteil des persönlich haftenden geschäftsführenden Gesellschafters einer Kommanditgesellschaft nach dem Gesellschaftsvertrag gegen die Gesellschaft zu, so unterliegt sie der Erbschaftsteuer (BFH vom 22. 12. 1976 und 21. 9. 1983, BStBl II 1977 S. 420 und 1983 S. 775).

5. Nachfolge bei Personengesellschaften

486 Durch den Tod eines Gesellschafters werden nach dem Gesetz die OHG und die BGB-Gesellschaft aufgelöst. Auflösung tritt auch für die KG ein, wenn ein persönlich haftender Gesellschafter stirbt, und für die stille Gesellschaft mit dem Tod des Geschäftsinhabers. Wollen die Gesellschafter dies vermeiden, so müssen sie im Gesellschaftsvertrag den Tod eines Gesellschafters als Auflösungsgrund ausschließen und für diesen Fall das Fortbestehen der Gesellschaft vereinbaren. Der Gesellschaftsvertrag muß ferner bestimmen, mit welchen Personen die Gesellschaft nach dem Tode eines Gesellschafters weitergeführt werden soll. Hierfür bestehen folgende Möglichkeiten:

487 Der Gesellschaftsvertrag kann die Fortsetzung der Gesellschaft durch die verbleibenden Gesellschafter unter Ausschluß der Erben des Verstorbenen vorsehen. Er kann die Fortsetzung der Gesellschaft mit allen oder nur mit bestimmten Erben anordnen. Die Nachfolger können bereits zu Lebzeiten des Gesellschafters, aber mit Wirkung erst ab Todesfall in die Gesellschaft aufgenommen werden, oder es kann ihnen durch eine sog. **Eintrittsklausel** beim Tode des Erblassers ein Wahlrecht eingeräumt werden, ob sie in die Gesellschaft eintreten wollen oder nicht. In allen Fällen ist es unerläßlich,

daß der Unternehmer seine letztwillige Verfügung den Bestimmungen des Gesellschaftsvertrages anpaßt, da nur unter dieser Voraussetzung sein Wille hinsichtlich der Nachfolge in seine Gesellschafterstellung verwirklicht werden kann. Will der Erblasser einem seiner Abkömmlinge den Eintritt in die Gesellschaft nach seinem Tode ermöglichen, so genügt es nicht, ihn zum Erben einzusetzen und ihm im Testament ein Eintrittsrecht zuzusprechen. Ohne ihre Einwilligung kann den verbleibenden Gesellschaftern nämlich kein neuer Gesellschafter aufgezwungen werden (vgl. Rz. 465 ff.). Der Erbe kann seine Aufnahme in die Gesellschaft nur verlangen, wenn auch der Gesellschaftsvertrag ihm ein Eintrittsrecht einräumt. Ist umgekehrt z. B. im Gesellschaftsvertrag vorgesehen, daß die Gesellschaft nur mit einem von mehreren Erben fortgesetzt werden soll, so muß der Unternehmer denjenigen Erben, der sein Nachfolger werden soll, testamentarisch bestimmen. Die nicht in die Gesellschaft eintretenden Miterben haben dann nur Anspruch auf einen entsprechenden Teil des dem Erblasser zustehenden Auseinandersetzungsguthabens.

a) Fortsetzung der Gesellschaft unter den verbleibenden Gesellschaftern

Ist eine Fortsetzung der Gesellschaft mit den Erben eines verstorbenen Ge- 488
sellschafters nicht beabsichtigt, soll aber gleichwohl die Auflösung verhindert werden, so ist im Gesellschaftsvertrag zu bestimmen, daß im Todesfall die Gesellschaft unter den verbleibenden Gesellschaftern fortgesetzt wird. Die persönlichen Mitgliedschaftsrechte des verstorbenen Gesellschafters (z. B. das Recht auf Geschäftsführung und Vertretung, Stimmrecht, Informations- und Kontrollrechte, Recht auf Mitbenutzung von Gegenständen des Gesellschaftsvermögens) wachsen den übrigen Gesellschaftern zu. Der Kapitalanteil dagegen verwandelt sich, wenn im Gesellschaftsvertrag nichts anderes vereinbart ist, in ein Auseinandersetzungsguthaben, das in den Nachlaß fällt, also von den Erben gegen die Gesellschaft geltend gemacht werden kann. Zweckmäßigerweise wird man im Gesellschaftsvertrag auch den Berechnungsmodus für das Auseinandersetzungsguthaben festlegen, um Meinungsverschiedenheiten über die Höhe dieses Anspruchs vorzubeugen. So kann das Auseinandersetzungsguthaben z. B. auf den Buchwert des Kapitalanteils des Verstorbenen im Todeszeitpunkt beschränkt werden. Ist über diesen Punkt im Gesellschaftsvertrag nichts gesagt, so muß zur Errechnung des Guthabens eine besondere **Abschichtungsbilanz** erstellt werden. Auch die Auszahlungsweise sollte vertraglich geregelt sein (Ratenzahlung, Verzinsung; bei längerer Auszahlungsfrist kommt u. U. eine Wertsicherung in Betracht). Der Anspruch auf das Auseinandersetzungsguthaben kann den Erben auch ganz entzogen werden. Es handelt sich dann um eine Vorausverfügung des Erblassers über sein künftiges Auseinandersetzungsguthaben zu-

gunsten der Mitgesellschafter. Über das Auseinandersetzungsguthaben ist bereits zu Lebzeiten mit Wirkung auf den Todesfall verfügt, so daß dieser Vermögenswert nicht mehr in den Nachlaß fällt und dem Zugriff etwaiger Nachlaßgläubiger entzogen ist. Eine solche Verfügung ist nach der Rechtsprechung nicht als unzulässiger Eingriff in die Bestimmungen des Erbrechtes anzusehen, da sie nicht die Erbfolge als solche ändert, sondern nur zur Folge hat, daß ein Abfindungsanspruch gegen die Gesellschaft nicht zur Entstehung kommt. Über sein Vermögen kann der Erblasser zu Lebzeiten grundsätzlich frei verfügen.

489 Der Ausschluß oder die Beschränkung des Abfindungsanspruchs kann vor allem dann zweckmäßig sein, wenn der Erblasser bereits seine Kinder als Gesellschafter aufgenommen hat. Ihnen wächst sein Kapitalanteil dann ohne weiteres zu. Lebt der Gesellschafter mit seinem Ehegatten in Zugewinngemeinschaft, so ist § 1365 BGB zu beachten. Nach dieser Vorschrift ist zu einer Verfügung über das Vermögen als Ganzes die Zustimmung des anderen Ehegatten erforderlich. Zwar bedeutet nach der Rechtsprechung nicht schon der Abschluß eines Gesellschaftsvertrages eine zustimmungspflichtige Verfügung im Sinne des § 1365 BGB, selbst wenn die zu leistende Einlage das gesamte Vermögen ausmacht, denn das Vermögen hier wird nicht veräußert, es wird lediglich eine andere Anlageart gewählt. Der Zustimmung bedürfen dagegen Vereinbarungen im Gesellschaftsvertrag, nach denen der Gesellschafter gegen einen Abfindungsanspruch aus der Gesellschaft auszuscheiden hat. Solche Vereinbarungen gelten, wenn die Kapitaleinlage das gesamte oder nahezu das gesamte Vermögen des Gesellschafters ausmacht, als Verfügungen über das Vermögen als Ganzes und bedürfen der Zustimmung des anderen Ehegatten. Über die Möglichkeit zur Beseitigung dieser und anderer Nachteile der Zugewinngemeinschaft vgl. Rz. 321 ff. und 347.

b) Übertragung des Gesellschaftsanteils unter Lebenden mit Wirkung auf den Todesfall

490 Steht fest, wer dem Unternehmer in seine Gesellschafterstellung nachfolgen soll, und sind sowohl die übrigen Gesellschafter wie auch der Nachfolger zur Fortsetzung des Gesellschaftsverhältnisses bereit, so kann schon durch Rechtsgeschäft unter Lebenden vereinbart werden, daß der Nachfolger mit dem Tode des Gesellschafters mit allen Rechten und Pflichten unmittelbar an dessen Stelle tritt. Es handelt sich hierbei um eine Verfügung über den Gesellschaftsanteil unter Lebenden, deren Vollzug auf den Todesfall hinausgeschoben ist. Zu ihrer Wirksamkeit ist eine doppelte Vereinbarung erforderlich. Zunächst muß in den Gesellschaftsvertrag eine Bestimmung aufgenommen werden, nach welcher der Gesellschafter unter der aufschiebenden Bedingung, daß der als Nachfolger Vorgesehene (z. B. sein Sohn A) ihn

überlebt, seinen Gesellschaftsanteil auf diesen überträgt und das Gesellschaftsverhältnis zwischen ihm und den übrigen Gesellschaftern fortgesetzt werden soll. Darüber hinaus aber ist die Zustimmung des Sohnes A zu seinem aufschiebenden bedingten Eintritt in die Gesellschaft erforderlich, denn die Gesellschafterstellung bringt für ihn nicht nur Rechte, sondern auch Pflichten mit sich und solche können ihm gegen seinen Willen nicht auferlegt werden.

c) Fortsetzung der Gesellschaft mit den Erben

Sieht der Gesellschaftsvertrag die Fortsetzung des Gesellschaftsverhältnisses 491
mit einem oder mehreren Erben eines verstorbenen Gesellschafters vor, so kommt es darauf an, ob den Erben lediglich das Recht zustehen soll, in die Gesellschaft einzutreten (sog. Eintrittsklausel). Die Erben können dann entscheiden, ob sie Gesellschafter werden wollen. Der Gesellschaftsvertrag kann aber auch vorsehen, daß die Gesellschaft mit den Erben unmittelbar fortgesetzt wird (sog. Nachfolgeklausel). Hier erwirbt der Erbe mit der Annahme der Erbschaft zugleich die Mitgliedschaft in der Gesellschaft, ohne daß es seinerseits noch einer besonderen Willenserklärung bedürfte.
Für die Erbschaftsteuer gehört dann zum Nachlaß der Anteil des Erblassers am Vermögen der Personengesellschaft für den Fall ihrer Auflösung am Todestag. Es ist dann zunächst das ganze Vermögen der Gesellschaft nach den §§ 95 ff. BewG zu ermitteln. Anschließend ist dieses auf die Gesellschafter nach den Bestimmungen des Gesellschaftsvertrages bzw. des Handelsrechts zu verteilen.

aa) Eintrittsklausel

Zum Eintritt in die Gesellschaft an Stelle eines verstorbenen Gesellschafters 492
kann ein Erbe, aber auch ein Nichterbe berechtigt werden. Die entsprechende Bestimmung im Gesellschaftsvertrag kann z. B. lauten:

„Nach dem Tod des Gesellschafters A ist sein Erbe X berechtigt, an seiner Stelle in die Gesellschaft einzutreten."

Diese Klausel wirkt als Angebot an den Eintrittsberechtigten; sie stellt es in sein Ermessen, nach dem Tode des Gesellschafters in die Gesellschaft einzutreten. Für den Fall, daß er von seinem Eintrittsrecht keinen Gebrauch macht, muß der Gesellschaftsvertrag vorsehen, daß die Gesellschaft unter den übrigen Gesellschaftern fortbesteht. Entscheidet sich der Berechtigte für den Eintritt, so schließen die übrigen Gesellschafter mit ihm einen Aufnahmevertrag, durch welchen er die persönlichen Mitgliedsrechte des Erblassers übertragen erhält.

493 Besonders zu regeln ist die Frage, mit welchem Kapitalanteil der Wahlberechtigte in die Gesellschaft eintreten kann. Die Einräumung des Eintrittsrechts bedeutet nämlich noch nicht, daß der Bedachte auch den Kapitalanteil des Verstorbenen erhält. Vielmehr verwandelt sich der Kapitalanteil des Verstorbenen zunächst in einen Abschichtungsanspruch gegen die Gesellschaft, der als Nachlaßgegenstand der Erbengemeinschaft zufällt. Der Gesellschaftsvertrag muß daher festlegen, mit welcher Kapitalbeteiligung der Wahlberechtigte das Gesellschaftsverhältnis fortsetzen soll. Nur in Ausnahmefällen wird der Erblasser dem Dritten ein Eintrittsrecht verschaffen, ohne ihm seinen Kapitalanteil ganz oder zumindest teilweise zuzuwenden. Der Dritte müßte dann, um auch kapitalmäßig an der Gesellschaft beteiligt zu sein, aus seinem eigenen Vermögen eine Einlage leisten. In aller Regel wird es der Wille des Erblassers sein, dem Eintrittsberechtigten auch seinen vollen Kapitalanteil, zumindest aber einen seiner Erbquote entsprechenden Teil davon, zuzuwenden. Dann muß der Erblasser durch eine entsprechende Testamentsbestimmung dafür sorgen, daß dem Eintrittsberechtigten der Abschichtungsanspruch gegen die Gesellschaft, der als Nachlaßgegenstand zum Gesamthandsvermögen der Erbengemeinschaft gehört, zufällt. Dies kann entweder durch Teilungsanordnung nach § 2048 BGB oder durch Vermächtnis erfolgen. Auch hier müssen also Gesellschaftsvertrag und Testament übereinstimmen. Durch Vermächtnis kann auch einem Dritten, der nicht Erbe ist, nach dem Willen des Erblassers aber eintrittsberechtigt sein soll, ein Teil des Abschichtungsanspruchs zugewendet werden. Das Vermächtnis kann auch dahin lauten, daß dem Eintrittsberechtigten das Recht zustehen soll, das der Erbengemeinschaft zustehende Auseinandersetzungsguthaben zu einem bestimmten Preis zu übernehmen.

bb) Nachfolgeklausel

494 Anders als die Eintrittsklausel begründet die Nachfolgeklausel den unmittelbaren Übergang des Gesellschaftsanteils auf den Nachfolger, ohne daß die verbleibenden Gesellschafter mit diesem erst noch einen Aufnahmevertrag schließen müßten. Der Gesellschaftsvertrag kann vorsehen, daß die Gesellschaft mit allen oder nur mit bestimmten Erben fortgesetzt werden soll, z. B. nur mit den männlichen Abkömmlingen oder nur mit Erben, die ein bestimmtes Lebensalter erreicht oder eine bestimmte Ausbildung durchgemacht haben. Im ersteren Fall wird nicht etwa die Erbengemeinschaft als Ganzes, sondern jeder Miterbe für sich Gesellschafter mit dem seinem Erbteil entsprechenden Teil des Kapitalanteils des Verstorbenen. Die Erbengemeinschaft als solche kann nicht Mitglied einer offenen Handelsgesellschaft

sein, weil sie nicht als geschlossene Einheit im Rechtsverkehr auftreten und auch keine unbeschränkte Haftung ihrer Mitglieder begründen kann. Es kommt für die Gesellschafterstellung der Miterben nicht darauf an, ob die Erbengemeinschaft schon auseinandergesetzt ist, da auch bei einer nicht auseinandergesetzten Erbengemeinschaft immer nur die einzelnen Erben Mitgliedschaftsrechte erwerben können (vgl. BGH, Urt. v. 22. 11. 1956, BB 1957 S. 9). Sollen nur einzelne Miterben Gesellschafter werden, so wird die Gesellschaft nur mit denjenigen Miterben fortgesetzt, denen der Gesellschaftsvertrag ein Nachfolgerecht einräumt, während die übrigen Miterben einen Anspruch auf denjenigen Teil des dem Erblasser im Todeszeitpunkt zustehenden Auseinandersetzungsguthabens erhalten, der ihrem Erbanteil entspricht. Der Kapitalanteil des Verstorbenen fällt in den Nachlaß und steht den Miterben entsprechend ihren Erbquoten zu.

Im Gesellschaftsvertrag kann der Abfindungsanspruch der nicht eintreten- 495
den Miterben ausgeschlossen werden. Das bedeutet nicht, daß sich die Kapitalanteile der Eintretenden nun entsprechend erhöhen würden. Vielmehr wächst der auf die nicht eintretenden Erben entfallende Teil des Kapitalanteils des Erblassers den übrigen Gesellschaftern zu. Diese können allerdings nach dem Gesellschaftsvertrag verpflichtet sein, den ihnen zugewachsenen Teil auf den oder die eintretenden Miterben zu übertragen, so daß diese in ihrer Gesamtheit mit demselben Anteil an der Gesellschaft beteiligt sind wie der Erblasser. Im Gesellschaftsvertrag kann auch bestimmt sein, daß der in die Gesellschaft eintretende Erbe den gesamten Kapitalanteil des Verstorbenen erhalten soll; dann haben die übrigen Miterben keinen Abfindungsanspruch gegen die Gesellschaft. Der Eintretende muß sich aber den Wert seiner Beteiligung bei der Erbauseinandersetzung anrechnen lassen. Zwar kann der Erblasser auch die Anrechnung im Testament ausschließen, in der Regel jedoch wird er den Eintretenden zur Abfindung der weichenden Erben verpflichten.

Zu beachten ist, daß der Gesellschaftsvertrag nur die Vererblichkeit des Ge- 496
sellschaftsanteils als solchen, also nur die Möglichkeit des Rechtsübergangs auf den Erben sicherstellt. Wer Erbe wird, bestimmt sich allein nach dem Testament des Erblassers bzw., wenn ein solches fehlt, nach der gesetzlichen Erbfolge. Die in der Nachfolgeklausel Benannten erwerben die Gesellschafterstellung nur, wenn sie auch Erben des bisherigen Gesellschafters werden. Daraus ergibt sich für den Unternehmer die Notwendigkeit, seine letztwilligen Verfügungen mit den Bestimmungen des Gesellschaftsvertrages in Einklang zu bringen. Sieht der Gesellschaftsvertrag vor, daß nach dem Ableben des Vater-Unternehmers die Gesellschaft mit seinem Sohn A fortgesetzt werden soll, setzt der Unternehmer aber nicht A, sondern B zum Erben ein, so wird A nicht ohne weiteres Gesellschafter. Allenfalls wird man die Nach-

folgeklausel in eine Eintrittsklausel umdeuten können, die dem A gegen die übrigen Gesellschafter einen klagbaren Anspruch auf Aufnahme in die Gesellschaft gibt; doch kann er mangels Erbeinsetzung die Übertragung des Kapitalanteils des Erblassers auf sich nicht, auch nicht teilweise, verlangen. Dieser steht vielmehr in Form des Abfindungsguthabens dem Erben B zu. Gegen diesen hat der Nichterbe A keinen Anspruch. Er muß vielmehr, will er auch kapitalmäßig an der Gesellschaft beteiligt sein, aus eigenem Vermögen eine Einlage leisten.

497 Will umgekehrt der Unternehmer einen seiner Angehörigen zum Nachfolger in der Gesellschaft machen, so genügt es nicht, ihn zum Erben einzusetzen; vielmehr muß er dafür sorgen, daß auch der Gesellschaftsvertrag die Fortsetzung des Gesellschaftsverhältnisses mit diesem Erben vorsieht. Setzt der Unternehmer z. B. seinen Sohn B zum Erben ein mit der ausdrücklichen Anordnung, daß dieser in der Gesellschaft an seine Stelle treten soll, so ist eine solche Anordnung unwirksam, wenn im Gesellschaftsvertrag nur A als Nachfolger vorgesehen ist. Da der Gesellschaftsvertrag entgegensteht, kann B nur Gesellschafter werden, wenn die übrigen Gesellschafter seinem Eintritt zustimmen, was dann aber auf den Abschluß eines neuen Gesellschaftsvertrags hinausläuft.

498 Da der Eintritt in die Gesellschaft nicht nur Vorteile, sondern auch Nachteile und Gefahren mit sich bringen kann (man denke nur an die unbeschränkte Haftung des persönlich haftenden Gesellschafters in der OHG und KG), gibt § 139 HGB jedem Miterben das Recht, sein Verbleiben in der Gesellschaft davon abhängig zu machen, daß ihm unter Belassung des bisherigen Gewinnanteils die Stellung eines Kommanditisten eingeräumt und der auf ihn fallende Teil der Einlage des Erblassers als seine Kommanditeinlage anerkannt wird. Lehnen die übrigen Gesellschafter die Umwandlung des Gesellschaftsanteils ab, so ist der Erbe berechtigt, fristlos sein Ausscheiden aus der Gesellschaft zu erklären. Diese Rechte können vom Erben nur innerhalb von drei Monaten, nachdem er vom Anfall der Erbschaft Kenntnis erlangt hat, geltend gemacht werden; der Gesellschaftsvertrag kann sie nicht ausschließen. Es ist nur zulässig, für den Fall, daß der Erbe die Kommanditistenstellung erhält, den Gewinnanteil anders zu bestimmen und für den Fall des Ausscheidens ratenweise Zahlung des Auseinandersetzungsguthabens zu vereinbaren. Der Erblasser wird sich zweckmäßigerweise bereits bei Abschluß des Gesellschaftsvertrags und bei Abfassung seines Testaments überlegen, wie sich die Gewinnverteilung ändern soll, falls ein Erbe von dem Recht in § 139 HGB Gebrauch macht, und wie das Abfindungsguthaben berechnet und gezahlt werden soll, falls der Erbe infolge der Ablehnung seiner Kommanditbeteiligung ausscheidet.

Zur Vermeidung von Streitigkeiten sollte der Gesellschaftsvertrag auch klarstellen, ob und in welchem Umfang dem Nachfolger die Geschäftsführung und Vertretung zustehen soll. Mangels einer solchen Bestimmung wird davon auszugehen sein, daß der Nachfolger auch insoweit die Rechtsstellung des früheren Gesellschafters übernimmt, daß ihm also das Recht und die Pflicht zur Geschäftsführung und Vertretung in demselben Umfang zusteht, wie dem Erblasser. 499

d) Besonderheiten bei der Kommanditgesellschaft

Die KG wird nach dem Gesetz zwar durch den Tod eines persönlich haftenden Gesellschafters, nicht aber durch den Tod eines Kommanditisten aufgelöst (§ 177 HGB). Der Kommanditanteil ist vererblich; mehrere Erben eines Kommanditisten erwerben den Kommanditanteil nicht in ungeteilter Erbengemeinschaft, sondern treten im Verhältnis ihrer Erbanteile als selbständige Kommanditisten an die Stelle des Verstorbenen. Dies führt im Wechsel der Generation zu einer immer stärkeren Zersplitterung des Anteilsbesitzes. Dieser Entwicklung kann nur durch zweckdienliche Bestimmungen im Gesellschaftsvertrag vorgebeugt werden. So kann z. B. bestimmt werden, daß jeweils nur ein Miterbe eines verstorbenen Gesellschafters – oder von jedem Teilhaberstamm nur eine bestimmte Anzahl – in die KG eintreten darf, während die übrigen Erben nur das Abfindungsguthaben erhalten. Als zweckmäßig haben sich auch Bestimmungen erwiesen, nach denen Kapitalanteile, die einen bestimmten Nennbetrag nicht mehr erreichen (Splitteranteile), gegen angemessenes Entgelt an andere Gesellschafter abgetreten werden müssen. Besondere Sorgfalt ist auf die Auswahl des Nachfolgers für den persönlich haftenden Gesellschafter zu richten, da dieser in aller Regel die Geschäftsführung übernimmt. Bei Familien-Kommanditgesellschaften ist häufig der Vater-Unternehmer der einzige Komplementär und führt allein die Geschäfte. Es empfiehlt sich deshalb, im Gesellschaftsvertrag festzulegen, welche Anforderungen der Nachfolger des persönlich haftenden Gesellschafters erfüllen muß (z. B. hinsichtlich Alter, Berufsausbildung, praktischer Erfahrungen usw.). Die Bestimmung des Nachfolgers kann dem bisherigen Komplementär allein überlassen werden; dieser kann in seiner letztwilligen Verfügung den Erben bestimmen, der dann im Todesfalle automatisch in seine Komplementärstellung einrückt. Der Gesellschaftsvertrag kann aber auch vorsehen, daß der Komplementärnachfolger durch die Gesamtheit der Gesellschafter oder durch eine Mehrheit von ihnen bestimmt wird. 500

IV. Stille Gesellschaft

501 Von einer stillen Gesellschaft spricht man, wenn sich jemand an dem Handelsgewerbe eines anderen mit einer Vermögenseinlage in der Weise beteiligt, daß die Einlage in das Vermögen des Geschäftsinhabers übergeht (§ 335 HGB). Der stille Gesellschafter ist lediglich am Gewinn und Verlust, nicht aber an der Substanz und den stillen Reserven des Unternehmens beteiligt. Bei der Auflösung der Gesellschaft kann er nur die Rückzahlung seiner Einlage bzw. seines Guthabens verlangen. Darin unterscheidet sich der stille Gesellschafter vom Kommanditisten, der auch an der Vermögenssubstanz des Unternehmens teilhat. Durch Vereinbarung kann auch dem stillen Gesellschafter eine Substanzbeteiligung eingeräumt werden; dann liegt eine sog. **atypische stille Gesellschaft** vor. Die Beteiligung am Verlust kann im Gesellschaftsvertrag ausgeschlossen werden, nicht aber die am Gewinn (§ 336 HGB). Aus den im Unternehmen abgeschlossenen Geschäften wird nur der Betriebsinhaber berechtigt und verpflichtet. Der „Stille" haftet den Gläubigern nicht unmittelbar. Die Geschäftsführung steht allein dem Geschäftsinhaber zu. Der Stille nimmt an ihr nicht teil, sondern hat lediglich gewisse Kontrollrechte. Er kann abschriftliche Mitteilung der jährlichen Bilanzen verlangen und ihre Richtigkeit unter Einsicht der Bücher und Papiere prüfen (§ 338 HGB). Abweichendes kann vereinbart werden, so daß zahlreiche Gestaltungsmöglichkeiten bestehen, die die stille Beteiligung für viele Familienunternehmen als geeignete Beteiligungsformen erscheinen lassen. Geschäftsinhaber kann bei der stillen Gesellschaft sowohl eine Einzelperson, also der Alleininhaber des Betriebs, wie auch eine Personen- oder Kapitalgesellschaft sein. Man kann sich z. B. an einer OHG oder GmbH still beteiligen. Ein besonderer Vorteil der stillen Gesellschaft besteht darin, daß sie, im Gegensatz zur OHG und KG, nach außen nicht in Erscheinung tritt. Deshalb werden häufig die „weichenden" Erben, also diejenigen Erben, die den Betrieb nicht übernehmen, als stille Gesellschafter am väterlichen Unternehmen beteiligt, das dann als Einzelfirma weitergeführt werden kann. Auf diese Weise wird dem Unternehmen kein Kapital entzogen und die weichenden Erben werden durch die Beteiligung am Geschäftsgewinn angemessen abgefunden.

502 Beim Tod des stillen Gesellschafters wird die Gesellschaft nicht aufgelöst (§ 234 Abs. 2 HGB). Mehrere Erben treten als Erbengemeinschaft an die Stelle des stillen Gesellschafters. Hier wird bereits die unterschiedliche Behandlung zur Kommanditgesellschaft deutlich. Während dort die Einzelnachfolge zwingend ist, tritt hier an die Stelle des stillen Gesellschafters die Erbengemeinschaft. Dies liegt daran, daß die Einlage des stillen Gesellschafters wie eine Darlehensforderung zu sehen ist. Eine Forderung geht aber, wenn keine gesonderte Regelung getroffen wurde, auf die Erben in Erbenge-

meinschaft über. Im Gesellschaftsvertrag sind auch hier abweichende Vereinbarungen zulässig und üblich. Es kann die Auflösung der Gesellschaft, die Fortführung nur mit einzelnen Erben oder die Fortführung mit einem bestimmten Dritten festgelegt werden. Dem stillen Gesellschafter kann die Möglichkeit eingeräumt werden, in seinem Testament den oder die Nachfolger zu bestimmen.
Liegt eine atypische stille Gesellschaft vor, so sind auch hier wiederum steuerliche Besonderheiten zu beachten. Hat der stille Gesellschafter in seinem Testament keine Regelung getroffen, so geht seine „Beteiligung" zunächst auf die gesetzlichen Erben über. Einigen diese sich dann auf einen von mehreren Nachfolgern, und stimmt der Inhaber des Geschäftes dieser Regelung zu, so können sich Probleme aus der Auflösung stiller Reserven ergeben.

V. Gesellschaft des bürgerlichen Rechts

Eine OHG oder KG kann nur zum Betrieb eines Handelsgewerbes im Sinne 503
der §§ 1ff. HGB gegründet werden. Diese Gesellschaftsformen kommen deshalb nur für vollkaufmännisch, also büromäßig organisierte Geschäftsbetriebe der in § 1 Abs. 2 HGB bezeichneten Arten in Betracht. Wollen Kleingewerbetreibende (Minderkaufleute), Land- und Forstwirte, Ärzte, Zahnärzte, Rechtsanwälte, Architekten, Steuerberater und andere Freiberufliche eine Familiengesellschaft gründen, so ist dies nur in der Rechtsform einer Gesellschaft nach bürgerlichem Recht, einer sog. BGB-Gesellschaft möglich (§§ 705ff. BGB). Bei der Freiberufler-Praxis ist zu beachten, daß eine Familiengesellschaft nur dann möglich ist, wenn die in die Gesellschaft aufzunehmenden Familienmitglieder die berufliche Qualifikation erworben haben. Ist an einer derartigen Gesellschaft ein Gesellschafter beteiligt, der diese Qualifikation nicht hat, so werden die Einkünfte der Gesellschaft insgesamt gewerblich und die Einkünfte werden der Gewerbesteuer unterzogen.

Bei der BGB-Gesellschaft handelt es sich, ebenso wie bei der OHG, um eine 504
Gesamthandsgemeinschaft. Die Beiträge der Gesellschafter und das durch die Geschäftsführung Erworbene werden gemeinschaftliches Vermögen der Gesellschafter. Kein Gesellschafter kann über seinen Anteil am Gesellschaftsvermögen und an den einzelnen dazugehörenden Gegenständen verfügen (§§ 718, 719 BGB). Zur Geschäftsführung und Vertretung sind nach dem Gesetz alle Gesellschafter nur gemeinschaftlich berechtigt. Für jedes Geschäft ist die Zustimmung aller Gesellschafter erforderlich (§§ 709, 714 BGB); doch können die Gesellschafter im Gesellschaftsvertrag die Geschäftsführung und Vertretung abweichend vom Gesetz regeln. So kann

z. B. Einzelgeschäftsführung und Einzelvertretung vereinbart werden in dem Sinne, daß jeder Gesellschafter zu allen Rechtshandlungen befugt ist, oder es kann die Geschäftsführung und Vertretung einem Gesellschafter allein oder mehreren von ihnen übertragen werden.
Zu einer Schutzgemeinschaft in Gestalt einer BGB-Gesellschaft schließen sich vielfach die Aktionäre einer Familien-AG zusammen. In diese Gesellschaft bringen sie ihren Aktienbesitz ein. Damit wird erreicht, daß sich die Rechtsverhältnisse der Familienmitglieder hinsichtlich ihres Aktienbesitzes nach den Bestimmungen über die BGB-Gesellschaft und nicht nach dem Recht der Aktiengesellschaft richten. Auf diese Weise wird eine größere Sicherheit gegen das Eindringen von Außenseitern in die Familiengesellschaft erreicht (s. o. Rz. 436 ff.).

505 Steuerlich wird die Gesellschaft des bürgerlichen Rechts wie jede andere Personengesellschaft behandelt. Allerdings entfällt oft die Gewerbesteuerpflicht, weil die Gesellschafter nicht Mitunternehmer eines Gewerbebetriebes sind (§ 2 Abs. 2 Nr. 1 GewStG), sondern in ihrem Zusammenschluß eine freiberufliche, landwirtschaftliche oder rein vermögensverwaltende Tätigkeit ausüben. Für die Erbschaft- und Schenkungsteuer kommt bei Zuwendungen von Dritten an eine (oder auch von einer) Gesellschaft des bürgerlichen Rechts nicht die Gesellschaft selbst, sondern jeder einzelne Gesellschafter im Verhältnis seines Anteils als Erwerber oder Schenker in Betracht. Auf dem Gesellschaftsvertrag beruhende Zuwendungen (Einlagen bzw. Gewinnausschüttungen) sind keine steuerbaren Schenkungen im Sinn des ErbStG. Auch bei der BGB-Gesellschaft ist entscheidend, welche gesellschaftsvertraglichen Vereinbarungen getroffen wurden. Nur wenn im Gesellschaftsvertrag geregelt ist, daß der Anteil des Gesellschafters (Freiberuflers) übertragen werden kann und der Gesellschafter berechtigt ist, den Nachfolger zu bestimmen, besteht für den Gesellschafter überhaupt die Möglichkeit, seine Nachfolge zu regeln.

506 Bei einer Freiberufler-Praxis sind für die Nachfolge einige Besonderheiten zu beachten. Hat der Freiberufler keinen Nachfolger, so wird die Praxis mit dem Tode eingestellt. Die Erben können die Praxis insgesamt oder in Teilen veräußern. Wird die Praxis sofort nach dem Tode des Erblassers veräußert, ohne daß die Praxis fortgeführt wurde, so handelt es sich bei den Einkünften, die aus der Veräußerung erzielt werden, um nachträgliche Einkünfte aus selbständiger Arbeit. Hierbei kommt es nicht darauf an, ob die Erben die berufliche Qualifikation des Erblassers besitzen oder nicht. Auch die Abwicklung der Praxis durch die Erben führt zu keiner anderen Beurteilung.
Bei Ärzten ist infolge der neueren Rechtsprechung zur Patientenkartei eine Praxisveräußerung im Ganzen nur noch schwer vorstellbar. Sämtliche Pa-

tienten müssen einzeln gefragt werden und der Übertragung der Patientendaten auf einen neuen Inhaber zustimmen.

VI. Gesellschaft mit beschränkter Haftung

1. Möglichkeiten und Voraussetzungen

Wird aus den eingangs erwähnten Gründen (s. o. Rz. 399ff.) einer Kapital- 507
gesellschaft der Vorzug gegeben, so wird man zunächst an die Gesellschaft mit beschränkter Haftung (GmbH) denken. Sie eignet sich wegen ihrer anpassungsfähigen Organisation und Verwaltung und wegen ihres einfacheren Gründungsvorganges für Zwecke eines Familienunternehmens besser als die Aktiengesellschaft. Hinzu kommt, daß für die AG ein Mindestkapital von 100000 DM verlangt wird (§ 7 AktG), während für die GmbH 50000 DM genügen (§ 5 Abs. 1 GmbHG).

Was die Errichtung einer GmbH in manchen Fällen zweckmäßiger erschei- 508
nen läßt als die einer KG, ist neben der Beschränkung der Haftung aller Gesellschafter auf ihren Geschäftsanteil die größere Unabhängigkeit der Gesellschaft von der Persönlichkeit der jeweiligen Gesellschafter. Die Verbindung von persönlicher Haftung und Geschäftsführung bei der KG gibt dem Komplementär eine sehr starke Stellung und macht die Gesellschaft in hohem Maße von dessen Eignung und Fähigkeiten abhängig. Seine Abberufung ist nur unter besonderen Voraussetzungen möglich. Demgegenüber ist der Geschäftsführer einer GmbH, mag er aus den Reihen der Familienmitglieder oder von außerhalb kommen, nur Angestellter der Gesellschaft. Er kann bei mangelnder Eignung ohne große Schwierigkeiten abberufen werden. Durch die Möglichkeit, geeignete Persönlichkeiten von außerhalb der Familie für die Unternehmensleitung heranzuziehen, ist die Kapitalgesellschaft weit weniger von der unternehmerischen Führungsqualität ihrer jeweiligen Mitglieder abhängig als die Personengesellschaft.
Diesem unbestreitbaren Vorteil steht als Nachteil gegenüber, daß die beschränkte Haftung der Gesellschafter vor allem bei GmbHs mit kleinerem Kapital unter Umständen die Kreditbeschaffung erschweren kann und die Banken wegen der Haftungsbeschränkung für ihre Darlehen fast immer persönliche Bürgschaften der Gesellschafter verlangen.

Den Gefahren der Kapitalzersplitterung und des Eindringens Familienfrem- 509
der in das Unternehmen kann auch bei der GmbH wirksam vorgebeugt werden. Nach § 15 Abs. 1 GmbHG sind zwar die Geschäftsanteile grundsätzlich frei veräußerlich und vererblich, nach Absatz 5 dieser Bestimmung kann aber durch den Gesellschaftsvertrag die Abtrennung der Geschäftsanteile an bestimmte Voraussetzungen geknüpft, insbesondere von der Geneh-

migung der Gesellschaft abhängig gemacht werden. Damit hat die Familien-GmbH die Möglichkeit, die Beteiligung auf einen engen Personenkreis zu beschränken. Vertragliche Bestimmungen für den Gesellschafterwechsel sind wegen der unzulänglichen gesetzlichen Regelung im Interesse des Familienzusammenhalts sehr zu empfehlen. So kann im Gesellschaftsvertrag z. B. bestimmt werden, daß die Abtretung von Geschäftsanteilen nur an einen bisherigen Gesellschafter oder dessen Abkömmlinge, nicht aber an Schwiegerkinder, Adoptivkinder oder an den Ehegatten zulässig ist. Für den Fall, daß ein Gesellschafter aus wichtigem Grund aus der GmbH ausscheiden will, kann bestimmt werden, daß sein Geschäftsanteil von den übrigen Gesellschaftern oder von der Gesellschaft übernommen werden muß. Entsprechend kann einem Gesellschafter, der aus wichtigem Grunde aus der Gesellschaft ausgeschlossen wird, zur Pflicht gemacht werden, seinen Geschäftsanteil an die Gesellschaft oder an einen von ihr zu bestimmenden Dritten abzutreten. Weiter kann bestimmt werden, daß beim Tode eines Gesellschafters dessen Anteil an den ältesten Sohn abzutreten ist, oder es kann für diesen Fall die Einziehung des Anteils des verstorbenen Gesellschafters durch die Gesellschaft angeordnet werden, wobei die Abfindung zu regeln ist. Zur Abtretung von Teilen eines Geschäftsanteils ist stets die schriftliche Zustimmung der Gesellschaft erforderlich (§ 17 GmbHG). Die Teilung von Geschäftsanteilen kann im Gesellschaftsvertrag auch ganz ausgeschlossen werden. Es bieten sich also genügend Möglichkeiten zu individueller Ausgestaltung des Gesellschaftsverhältnisses; der Charakter einer Familiengesellschaft kann bei der GmbH auch für die Zukunft durchaus gewahrt bleiben. Ordnet der Unternehmer die Gründung einer GmbH erst in seiner letztwilligen Verfügung an, so muß er in ihr die wichtigsten Punkte des Gesellschaftsvertrages, den die Erben abzuschließen haben, festlegen.

510 Die GmbH kann von zwei Personen oder durch eine Person als eine sog. Einmann-Gesellschaft, in notarieller Form und Anmeldung der Gesellschaft beim zuständigen Amtsgericht zur Eintragung in das Handelsregister gegründet werden. Erst mit der Eintragung in das Handelsregister besteht die Gesellschaft in ihrer Eigenschaft als Gesellschaft mit beschränkter Haftung (§ 11 GmbHG). Für die Beteiligung minderjähriger Kinder ist die Genehmigung des Vormundschaftsgerichts erforderlich (§§ 1643 Abs. 1, 1822 Nr. 3 BGB). Das Mindeststammkapital einer GmbH beträgt 50000 DM (§ 5 Abs. 1 GmbHG). Auf das Stammkapital muß insgesamt mindestens soviel eingezahlt werden, daß der Gesamtbetrag der eingezahlten Geldeinlagen zusammen mit dem Gesamtbetrag der Stammeinlagen, für die Sacheinlagen zu leisten sind, 25000 DM erreicht (§ 7 Abs. 2 GmbHG). Die Anhebung der Mindesteinzahlungspflicht soll gewährleisten, daß eine GmbH ihren Gläubigern ein Mindestmaß an finanzieller Leistungskraft nachweisen kann.

Während das Stammkapital eine feste Größe bildet, wechselt das Gesellschaftsvermögen laufend mit der geschäftlichen Entwicklung; entsprechend verändert sich auch der Wert des Geschäftsanteils des einzelnen Gesellschafters, der sich zur Stammeinlage ebenso verhält wie das Gesellschaftsvermögen zum Stammkapital. 511

Die GmbH bleibt als Gesellschaft auch dann bestehen, wenn sich durch Abtretung alle Geschäftsanteile in einer Hand vereinigen (Ein-Mann-Gesellschaft). Auch in diesem Fall unterliegt die GmbH der Körperschaftsteuer. Der ausgeschüttete Gewinn wird zusätzlich beim Alleingesellschafter zur Einkommensteuer veranlagt. Die auf die Ausschüttung entfallende Körperschaftsteuer wird aber dann auf die Einkommensteuer des GmbH-Gesellschafters angerechnet (§ 36 EStG; Abschn. 213f. EStR). Häufig ist der alleinige Gesellschafter gleichzeitig Geschäftsführer. Er steht dann mit der GmbH, die ihm allein gehört, jedoch eine selbständige juristische Person mit eigener Rechtsfähigkeit ist, in einem Dienstverhältnis und kann sein lohnsteuerpflichtiges Geschäftsführergehalt bei der GmbH als Betriebsausgabe absetzen, vorausgesetzt, daß es angemessen ist, d.h. den Bezügen entspricht, die bei einer Gesellschaft dieser Größenordnung und dieser wirtschaftlichen Bedeutung für einen fremden Geschäftsführer üblicherweise gezahlt werden. Sonst liegen in Höhe der übermäßigen Bezüge sog. verdeckte Gewinnausschüttungen vor, die zur Körperschaftsteuer herangezogen werden (§ 8 Abs. 3 KStG; Abschnitt 31 KStR).

2. Nachfolgeregelung

a) Freie Vererblichkeit von Aktien und Geschäftsanteilen

Aktien und Geschäftsanteile an einer GmbH oder Genossenschaft gehen mit dem Erbfall kraft Gesetzes auf die gesetzlichen oder testamentarischen Erben über. Ihre freie Vererblichkeit kann durch die Satzung weder ausgeschlossen noch beschränkt werden. Wird allerdings ein GmbH-Anteil ganz oder teilweise einem Vermächtnisnehmer zugewendet und ist nach der Satzung für die Übertragung eines Geschäftsanteils die Genehmigung der Gesellschaft oder der Gesellschafter erforderlich, so gilt dies auch für die Abtretung zwecks Erfüllung eines Vermächtnisses (vgl. § 15 Abs. 5 GmbHG). Wird die Genehmigung versagt, so ist die Erfüllung des Vermächtnisses nicht möglich. 512

Wird ein Anteilseigentümer von mehreren Personen beerbt, so gehören seine Aktien, GmbH- und Genossenschaftsanteile zum Vermögen der Erbengemeinschaft. Gesellschafterrechte aus Aktien und Geschäftsanteilen, wie z.B. das Stimmrecht, können von den Erben nur gemeinschaftlich ausgeübt werden. Die Auseinandersetzung erfolgt, falls keine Teilungsanordnung des

Erblassers vorliegt, nach dem Willen der Miterben. Einstimmigkeit ist erforderlich. Soll ein GmbH-Anteil unter mehreren Erben aufgeteilt werden, so bedarf es hierzu eines notariellen Auseinandersetzungsvertrages, der der Genehmigung der Gesellschaft bedarf, falls nicht die Satzung die Teilung auch ohne besondere Genehmigung für zulässig erklärt (§ 17 GmbHG). Auch nach der Teilung muß jeder Anteil die Mindeststammeinlage von 500,– DM erreichen (§ 5 Abs. 1 GmbHG).

b) Schutz vor Überfremdung

513 Da die Geschäftanteile einer GmbH grundsätzlich frei veräußerlich und vererblich sind (§ 15 Abs. 1 GmbHG), empfiehlt es sich, um das Eindringen familienfremder Personen in die Gesellschaft zu verhindern, in die Satzung eine Bestimmung aufzunehmen, nach welcher der Anteil beim Tod eines Gesellschafters auf bestimmte familienzugehörige Personen, z. B. auf einen oder mehrere Abkömmlinge oder den überlebenden Ehegatten, zu übertragen ist. Die Bestimmung des Nachfolgers kann auch einem Testamentsvollstrecker übertragen werden. Die Erben sind in diesem Fall zur Übertragung des Anteils an die von ihm bezeichnete Person verpflichtet:
Eine besonders wirksame Satzungsbestimmung gegen Überfremdung wird in dem Buch von *Romanovszky/Rux* „Vorteilhafte Gesellschaftsverträge", 8. Auflage, S. 275 vorgeschlagen; sie lautet:

„Veräußerung und Vererbung von Geschäftsanteilen.

(1) Die Veräußerung von Geschäftsanteilen ist nur an Abkömmlinge oder an Mitgesellschafter zulässig.

(2) Wird ein Gesellschafter nicht ausschließlich von seinem Ehegatten, seinen Abkömmlingen oder Mitgesellschaftern beerbt, so ist die Gesellschaft zur unentgeltlichen Einziehung seines Geschäftsanteils berechtigt.

(3) Die Aufteilung von Geschäftsanteilen, sei es bei einer Veräußerung oder nach dem Tode eines Gesellschafters, unter die Erben oder Vermächtnisnehmer, ist auszuschließen."

514 Nach der vorgeschlagenen Satzungsbestimmung erübrigt es sich, die Übertragung von Geschäftsanteilen überhaupt zustimmungspflichtig zu machen. Ein familienfremder Erbe oder Vermächtnisnehmer erhält also zwar den Geschäftsanteil, wird aber gleichsam mit dem Recht der Gesellschaft zur unentgeltlichen Einziehung belastet. Ob eine noch weitergehende Satzungsbestimmung zulässig ist, wonach ein Geschäftsanteil, der einem Familienfremden vererbt oder vermächtnisweise zugewendet wird, ohne weiteres als ein-

gezogen gelten soll, erscheint allerdings zweifelhaft. Enthält die Satzung keine Schutzbestimmungen gegen Überfremdung wie erwähnt, so liegt es am Erblasser, durch entsprechende Anordnungen im Testament für ein Verbleiben der Gesellschaftsanteile in der Familie zu sorgen. Er kann dem Erben z. B. zur Auflage machen, die Anteile nicht an familienfremde Personen zu übertragen. Diese Auflage kann er dadurch sichern, daß er für den Fall der Zuwiderhandlung eine andere Person zum Erben bestimmt oder den Erben mit einem Vermächtnis beschwert u. ä.

Schwieriger ist der Schutz vor Überfremdung bei der Aktiengesellschaft. 515
Zwar können statt der Inhaberaktien Namensaktien ausgegeben und kann gleichzeitig bestimmt werden, daß deren Übertragung von der Zustimmung der Gesellschaft abhängig sein soll (sog. vinkulierte Namensaktien – § 68 AktG). Doch wird damit nur die rechtsgeschäftliche Übertragung, nicht die Vererblichkeit beschränkt. Eine solche Regelung bietet also keinen Schutz dagegen, daß Aktien durch Erbgang an familienfremde Personen gelangen. Als wirksame Maßnahme gegen die Überfremdung hat sich die Errichtung einer Schutzgemeinschaft in Form einer Gesellschaft nach bürgerlichem Recht erwiesen, in welche alle Aktionäre ihre Aktien einbringen und an welcher sie im Verhältnis ihrer eingebrachten Anteile beteiligt sind (näheres s. oben Rz. 503). Der Gesellschaftsvertrag der Schutzgemeinschaft kann vorsehen, daß die Gesellschaft beim Tode eines Gesellschafters nur mit familienangehörigen Erben fortgesetzt wird, andere Erben dagegen unter Auszahlung des Auseinandersetzungsguthabens ausscheiden. Überdies kann jeder Aktionär – ähnlich wie bei der GmbH – durch entsprechende Anordnungen im Testament dafür sorgen, daß die Aktien in der Familie bleiben.

c) Steuerliche Gesichtspunkte

Für die Berechnung der Erbschaftsteuer sind Aktien und GmbH-Anteile in 516
der Regel mit ihrem Börsenkurs am Stichtag (Todestag) anzusetzen (§ 11 BewG). Für Aktien und GmbH-Anteile, die keinen Börsenkurs haben, ist der gemeine Wert maßgebend, der notfalls unter Berücksichtigung des Gesamtvermögens und der Ertragsaussichten der Gesellschaft geschätzt werden muß. Grundsätzlich wird nach § 9 BewG der gemeine Wert, „durch den Preis bestimmt, der im gewöhnlichen Geschäftsverkehr nach der Beschaffenheit des Wirtschaftsguts bei einer Veräußerung zu erzielen wäre“. Ungewöhnliche oder persönliche Verhältnisse (Notverkäufe, Liebhaberpreise usw.) dürfen dabei nicht berücksichtigt werden; zu ihnen gehören auch Verfügungsbeschränkungen, die auf letztwilligen Anordnungen beruhen. In einem Gesellschaftsvertrag festgelegte Beschränkungen der Veräußerung von GmbH-Anteilen sind dagegen keine persönlichen, sondern objektive

Umstände, die den gemeinen Wert der Anteile durchaus beeinflussen können (BFH vom 24. 2. 1956, BStBl 1956 III S. 138).

517 Andererseits soll nach dem BFH-Urteil vom 11. 7. 1967 (BStBl 1967 III S. 666) bei der Bewertung von Anteilen an einer Familien-GmbH, in der die Anteilseigner hinsichtlich der Veräußerung und Vererbung ihrer Anteile nach dem Gesellschaftsvertrag Beschränkungen unterliegen, ein besonderer Abschlag deshalb nicht zulässig sein. Im übrigen hat der BFH für die mangels zeitnaher Verkaufspreise nötige Schätzung des gemeinen Wertes von GmbH-Anteilen ohne Kurswert das sog. Stuttgarter Verfahren als geeignet anerkannt (Urteil vom 7. 12. 1977, BStBl 1978 II S. 323). Dieses geht von dem (Betriebs-)Vermögen der Gesellschaft aus, wobei Betriebsgrundstücke in der Regel mit 280 % des am Stichtag maßgebenden Einheitswertes anzusetzen sind. Außerdem ist der voraussichtliche künftige Jahresertrag zu berücksichtigen, für dessen Schätzung das zu versteuernde Einkommen aus den letzten drei Jahren wichtige Anhaltspunkte geben kann. Da bei der Schätzung des gemeinen Werts von Anteilen an Kapitalgesellschaften der Betrag anzusetzen ist, den ein Käufer für den Erwerb des Anteils aufwenden würde, sollen nach Abschnitt 79 VStR 1989 die auf den Anteil entfallenden Erträge mit den Zinsen verglichen werden, die das von dem Käufer für den Anteilserwerb aufzuwendende Kapital erbringen würde, falls er es in anderer Weise anlegen würde (dabei soll mit einer Verzinsung von etwa 8 v. H. gerechnet werden); denn nur soweit die (voraussichtlichen) Anteilserträge solche Zinsen übersteigen, würde der Erwerber einen über dem Vermögenswert liegenden Kaufpreis zahlen. Die Abschnitte 76 ff. VStR 1989 enthalten umfangreiche Einzelheiten über die Ermittlung des gemeinen Werts von Anteilen an Kapitalgesellschaften, für die kein Börsenkurs besteht.

VII. GmbH & Co (oder AG & Co)

518 Die GmbH (oder AG) & Co ist eine offene Handelsgesellschaft oder eine Kommanditgesellschaft, die als persönlich haftende Gesellschafterin eine Kapitalgesellschaft (GmbH oder AG) – allein oder zusammen mit anderen natürlichen oder juristischen Personen – aufweist. Diese Mischform zwischen Personengesellschaft und reiner Kapitalgesellschaft hat sich in der Praxis bewährt und eignet sich unter bestimmten Voraussetzungen für Zwecke eines Familienunternehmens, vor allem, wenn eine größere Anzahl von nicht persönlich mitarbeitenden Gesellschaftern vorhanden ist. Am häufigsten findet man Kommanditgesellschaften mit einer GmbH als alleiniger Komplementärin. Man spricht dann von einer „GmbH & Co KG“. Die GmbH & Co KG vereinigt die Vorteile der Personengesellschaft und der Kapitalgesellschaft in sich. Niemand braucht persönlich und unbeschränkt zu

haften; die Haftung beschränkt sich auf die Kommanditeinlagen und den Geschäftsanteil als GmbH-Gesellschafter. Die Frage der Geschäftsführung löst sich damit meist leichter als bei einer reinen Personengesellschaft, wo die Geschäftsführung mit der Übernahme der persönlichen Haftung verbunden ist. Findet sich bei einer Kommanditgesellschaft kein persönlich haftender Gesellschafter, so ist die KG in ihrem Bestand gefährdet. Diese Gefahr läßt sich beseitigen, wenn eine GmbH als Komplementär eingesetzt wird; dann ist lediglich ein GmbH-Geschäftsführer ohne persönliche Haftung zu bestellen. Hierfür kann bei Fehlen einer geeigneten Unternehmerpersönlichkeit innerhalb der Familie auch ein Außenstehender herangezogen werden, der am Unternehmen nicht kapitalmäßig beteiligt zu sein braucht, oder, wenn er beteiligt wird, lediglich einen GmbH- oder Kommanditanteil erhält.

Die Gründung einer GmbH & Co kann die geeignete Lösung sein, wenn bei 519
einer KG der persönlich haftende Gesellschafter stirbt und ein Nachfolger nicht zu finden ist. In diesem Falle kann die Gesellschaft u.U. nur durch Einsetzung einer GmbH als Komplementärin und Berufung eines fremden Geschäftsführers erhalten werden, wenn man nicht die völlige Umwandlung in eine Kapitalgesellschaft vorzieht. Eine solche Situation kann entstehen, wenn der Vater-Unternehmer bisher alleiniger Komplementär war und bei seinem Tode nur minderjährige Kinder hinterläßt, die für eine Übernahme der Geschäftsführung und der persönlichen Haftung noch nicht in Frage kommen. Es empfiehlt sich, für diesen Fall in der letztwilligen Verfügung die Umwandlung der KG in eine GmbH & Co anzuordnen, falls der Vater-Unternehmer dies nicht schon zu Lebzeiten getan hat.
Daß die GmbH & Co eine Personengesellschaft ist, bringt u.a. den Vorteil bis 1995, daß die Gesellschafter keine Bilanzen zu veröffentlichen und keine Pflichtprüfungen vornehmen zu lassen brauchen. Auch können bei einer GmbH & Co die persönlichen Interessen der einzelnen Gesellschafter eher Berücksichtigung finden als bei einer Kapitalgesellschaft, weshalb der Mischform der GmbH & Co mitunter der Vorzug vor einer reinen GmbH gegeben wird.

Die GmbH & Co hat sich besonders bei **Betriebsaufspaltungen** bewährt, bei 520
welchen von den Gesellschaftern einer Personengesellschaft eine AG oder GmbH, oder umgekehrt von den Gesellschaftern einer AG oder GmbH eine KG gegründet wird, an der die Gesellschafter in gleicher Weise beteiligt sind. Die Personengesellschaft verpachtet gewöhnlich das Anlagevermögen, also den Fabrikationsbetrieb, an die Kapitalgesellschaft, während die Personengesellschaft den Vertrieb der Erzeugnisse übernimmt. Häufig wird auch aus einer Personengesellschaft (OHG, KG), die das Fabrikationsunternehmen betreibt, die Verkaufsabteilung ausgegliedert und als Vertriebsgesellschaft in die Form einer Kapitalgesellschaft (AG, GmbH) gekleidet.

521 Steuerlich wird die GmbH & Co als Personengesellschaft angesehen, unterliegt als solche nicht selbst der Körperschaft- oder Vermögensteuer. Ihr Gewinn wird vom Betriebsfinanzamt zwar in einem besonderen Verfahren einheitlich festgestellt, zugleich aber auf die Gesellschafter – in der Regel nach den Bestimmungen des Gesellschaftsvertrages – verteilt und dann bei diesen erst zur Einkommensteuer herangezogen. Für die Nachfolgeregelung ist wiederum in erster Linie der Gesellschaftsvertrag maßgeblich. Hier kommt es darauf an, in welchem Umfang der Erblasser an welcher Gesellschaft beteiligt war. Es ist möglich, daß er sowohl an der GmbH als auch an der Kommanditgesellschaft als Kommanditist Anteile hatte. Zwingend ist diese Regelung jedoch nicht. Je nach Beteiligung ergeben sich nach den Gesellschaftsverträgen bei der GmbH oder der Kommanditgesellschaft die bei den genannten Gesellschaften aufgezeigten Gestaltungsmöglichkeiten.

VIII. Unterbeteiligungen

522 Familienväter, die selbst Gesellschafter einer OHG, einer KG oder einer GmbH sind, wählen nicht selten die Rechtsform der sog. „Unterbeteiligung“, um ihre Familienangehörigen an ihrem eigenen Gesellschaftsanteil zu beteiligen. Der Unterbeteiligte erwirbt keinerlei Beteiligungsrechte an der Gesellschaft des Hauptbeteiligten; er erhält weder einen Anteil am Gesellschaftsvermögen noch nimmt er am Gewinn und Verlust der Gesellschaft unmittelbar teil. Er hat lediglich einen schuldrechtlichen Anspruch gegen den Hauptbeteiligten auf Zuwendung eines entsprechenden Teils von dessen Gewinnanteil bzw. bei Auflösung der Gesellschaft oder Ausscheiden des Hauptbeteiligten auf einen entsprechenden Teil des Auseinandersetzungsguthabens. Ob der Unterbeteiligte nur am Gewinn- oder auch am Verlustanteil des Hauptbeteiligten teilhat und ob ihm auch ein Anspruch an den stillen Reserven zusteht, richtet sich nach den zwischen ihm und dem Hauptbeteiligten getroffenen Vereinbarungen. Nach außen tritt die Unterbeteiligung nicht in Erscheinung; nicht einmal die Mitgesellschafter des Hauptbeteiligten brauchen von ihr etwas zu erfahren. Man spricht dann von einer geheimen Unterbeteiligung. Wissen die Mitgesellschafter um die Unterbeteiligung, so handelt es sich um eine offene Unterbeteiligung.

523 Die Rechtsbeziehungen zwischen Unterbeteiligtem und Hauptbeteiligtem stellen sich je nach ihrer besonderen Ausgestaltung entweder als atypische Gesellschaft des bürgerlichen Rechts oder aber als eine Personengesellschaft eigener Art dar. Von anderen Rechtsformen, wie z.B. von der stillen Gesellschaft, ist die Unterbeteiligung sorgfältig zu scheiden.

Handelt es sich um die Zuwendung einer echten Unterbeteiligung, so ist diese für die Erbschaft- und Schenkungsteuer wie eine Kapitalforderung nach

§ 12 BewG mit dem Nennbetrag anzusetzen, wenn nicht besondere Umstände (z. B. eine für längere Zeit gewährleistete, vom Normalen abweichende Rendite) einen höheren (oder in anderen Fällen auch geringeren) Wert begründen (BFH vom 10. 3. 1970, BStBl 1970 II S. 562).

IX. Aufgaben eines Testamentsvollstreckers

1. Bei Personengesellschaften

Bei Gesellschaftsverhältnissen ist es besonders wichtig, daß der Erblasser 524
den Aufgabenkreis des Testamentsvollstreckers im Testament klar umreißt. Wird die Gesellschaft mit dem Tode des Gesellschafters aufgelöst und der Testamentsvollstrecker nur zur Überwachung der Liquidation der Gesellschaft bestellt, so darf er – wenn eine ausdrückliche letztwillige Ermächtigung fehlt – Gesellschafterrechte nicht ausüben. Erfolgt dagegen die Bestellung des Testamentsvollstreckers, weil der Nachfolger des Unternehmers in der Gesellschaft z. B. noch minderjährig ist, so kommt es für die Frage, ob der Testamentsvollstrecker die Rechte und Pflichten des Nachfolger-Gesellschafters für diesen ausüben kann, nicht allein auf die testamentarische Anordnung des Erblassers, sondern auch darauf an, ob der Gesellschaftsvertrag die Ausübung persönlicher Rechte eines Gesellschafters durch einen Testamentsvollstrecker überhaupt zuläßt. Aus der im Gesellschaftsvertrag vereinbarten Vererblichkeit der Gesellschafterrechte allein ergibt sich noch nicht die Zustimmung der Mitgesellschafter zu der Ausübung der Gesellschafterrechte durch einen Testamentsvollstrecker. Vielmehr muß dies im Gesellschaftsvertrag ausdrücklich vorgesehen sein, oder es müssen die Mitgesellschafter nachträglich zustimmen. Es empfiehlt sich, in den Gesellschaftsvertrag folgende Klausel aufzunehmen:

„Sollte ein Gesellschafter in seinem Testament Testamentsvollstreckung 525
anordnen, so ist der Testamentsvollstrecker berechtigt, nach den Anordnungen im Testament alle Rechte auszuüben, die den Erben aufgrund des Gesellschaftsvertrages zustehen, soweit gesetzliche Bestimmungen nicht entgegenstehen.“

Bestimmt der Unternehmer im Testament, daß der Testamentsvollstrecker die Gesellschafterrechte für den oder die Erben auszuüben hat, und bestehen keine gesellschaftsrechtlichen Hindernisse, so bleibt noch die Frage offen, ob er für den oder die Gesellschaftererben als Treuhänder oder als bevollmächtigter Vertreter tätig werden soll.

526 Er kann als Treuhänder tätig werden mit der eigenen uneingeschränkten Haftung, soweit er als voll haftender Gesellschafter eintritt. Nur beschränkt haftet er, wenn er treuhänderischer Kommanditist ist. Ohne eigene Haftung bleibt er, wenn er kraft Vollmacht der Erben für diese und in deren Namen Gesellschafterfunktionen ausübt. Die Bestimmung im Testament, daß der Testamentsvollstrecker die Gesellschafterrechte als Vertreter der Erben in deren Namen ausüben soll, ist als Auflage an die Erben anzusehen, ihm zur Wahrnehmung ihrer Gesellschaftsrechte die erforderlichen Vollmachten zu erteilen (hierzu BGH, Urteil vom 14. 4. 1957, BB 1957, 529). Ist im Testament nichts darüber verlautbart, ob der Testamentsvollstrecker als Treuhänder oder als Vertreter der Erben tätig werden soll, so liegt diese Entscheidung in seinem pflichtgemäßen Ermessen.
Eine Dauertestamentsvollstreckung beim Kommanditanteil ist grundsätzlich zulässig, vorausgesetzt, die Mitgesellschafter haben im Gesellschaftsvertrag oder ad hoc der Wahrnehmung der Gesellschaftsrechte durch den Testamentsvollstrecker zugestimmt (BGH, Urteil vom 3. 7. 1989, DNotZ 1990, 183). Bei Änderungen des Gesellschaftsvertrages kann der Testamentsvollstrecker mitwirken, wenn es sich nicht um die Grundlagen der Gesellschaft handelt (z. B. nicht bei Änderungen des Gesellschaftszwecks oder Änderungen des Kapital- oder Gewinnanteils des Kommanditisten). Die Entscheidung allerdings, ob der Erbe als persönlich haftender Gesellschafter oder als Kommanditist in die Gesellschaft eintreten will (Wahlrecht aus § 139 HGB), kann in jedem Falle nur der Erbe selbst treffen.

2. Bei Kapitalgesellschaften

527 Die zum Nachlaß des Unternehmers zählenden Anteile an einer Kapitalgesellschaft (GmbH, AG) können, wie jeder sonstige Nachlaßgegenstand, der Verwaltung durch einen Testamentsvollstrecker unterstellt werden. Zur ordnungsmäßigen Verwaltung gehört dann vor allem die Überwachung der Geschäftsführung in der Gesellschaft. Dabei muß der Testamentsvollstrecker die Sorgfalt eines ordentlichen Verwalters aufwenden. Der Testamentsvollstrecker übt insbesondere das Stimmrecht in der Gesellschaft im eigenen Namen aus, ebenso kann er über Änderungen des Gesellschaftsvertrages mit abstimmen. Im Testament kann seine Zuständigkeit auf die Ausübung des Stimmrechts beschränkt werden.

3. Bei stillen Gesellschaften

528 Bei einer – auch atypischen – stillen Gesellschaft kann der Testamentsvollstrecker die Rechte und Pflichten eines verstorbenen stillen Gesellschafters wahrnehmen.

J. Das Testament des Privatmannes

Das Erbrecht kennt keine Sonderbestimmungen für bestimmte Berufsgruppen, vielmehr gibt das Gesetz dem Erblasser so weitgehende Gestaltungsmöglichkeiten, daß durch zweckmäßige Testamente und Erbverträge den Bedürfnissen und Besonderheiten jedes Einzelfalls Rechnung getragen werden kann. Dabei richtet sich die Testierung in erster Linie nach Größe und Art des vorhandenen Vermögens sowie nach den Familien- und Verwandtschaftsverhältnissen. 529
Zahlreiche Freiberufliche, aber auch viele Arbeitnehmer und nicht selten auch Rentner und Pensionäre sind heute Besitzer umfangreicher Vermögenswerte. Einfamilienhäuser und Eigentumswohnungen, mitunter auch Miethäuser befinden sich in ihrem Eigentum. Auch größere Wertpapierbestände, Bausparverträge, Lebensversicherungen usw. gehören oft zum Nachlaß von Nichtunternehmern. Ebenso wie der testierende Unternehmer seine Sorgfalt darauf verwendet, den Fortbestand des Unternehmens über seinen Tod hinaus zu sichern und den Betrieb seiner Familie zu erhalten, ist auch der Arbeitnehmer oder der Privatmann von dem Wunsche beseelt, sein Haus oder seinen sonstigen Besitz, in welchem oftmals die Ersparnisse eines ganzen Lebens stecken, der eigenen Familie zu erhalten und vor Ansprüchen von dritter Seite zu schützen. Vor allem wird der Erblasser dabei an seine Ehefrau denken. Sie soll ihren bisherigen Lebenszuschnitt möglichst beibehalten und insbesondere in der ehelichen Wohnung weiter wohnen können. Dabei wird der Erblasser häufig der Gefahr vorzubeugen suchen, daß das Haus oder die Eigentumswohnung bei der Erbteilung verkauft wird.

Bei komplizierten Vermögens- und Verwandtschaftsverhältnissen und umfangreichem Nachlaß sollte stets eine rechtskundige Person zugezogen werden, die auf eine ordnungsmäßige Abfassung der letztwilligen Verfügung hinwirken und deren steuerliche Folgen richtig einschätzen kann. Am besten wird man schwierige Testamente in öffentlicher Form, also vor einem Notar errichten, eine Form, die für Erbverträge ohnehin zwingend vorgeschrieben ist. Bei der öffentlichen Beurkundung der letztwilligen Verfügung ist am sichersten die Gewähr gegeben, daß der Wille des Erblassers in rechtlich einwandfreier und zweckmäßiger Weise im Testament zum Ausdruck kommt. 530
In den folgenden Beispielen können nur allgemeine Hinweise gegeben werden; jeder Einzelfall verlangt eine besondere Regelung.

I. Letztwillige Verfügung kinderlos Verheirateter*

531 Ein kinderlos Verheirateter wird normalerweise den Wunsch haben, seiner Ehefrau den gesamten Nachlaß oder doch den weitaus größten Teil zuzuwenden. In diesen Fällen empfiehlt es sich zu testieren:

Meine Ehefrau ... setze ich zu meiner alleinigen Erbin ein.
Ort und Datum Unterschrift

Oder in Form eines gemeinschaftlichen Testaments (vgl. oben Rz. 107):

Wir, die Eheleute ..., wohnhaft in ..., setzen uns hiermit gegenseitig zu alleinigen und ausschließlichen Erben ein.

Ort und Datum
Unterschrift beider Ehegatten

532 Eine ausdrückliche Erbeinsetzung des Ehepartners ist notwendig, weil anderenfalls die gesetzliche Erbfolge eintritt, nach welcher auch Eltern, Geschwister, Neffen und Nichten neben dem Ehepartner zu Miterben berufen sein können (vgl. oben Rz. 147 – Rz. 196). Wird wie im obigen Beispiel testiert, so ist der überlebende Eheteil in der Verfügung über das Gesamtvermögen völlig frei. Erfahrungsgemäß trifft dieser aber in seinem eigenen Testament nur selten Verfügungen zugunsten der Verwandten seines verstorbenen Ehepartners. Diese gehen deshalb meist leer aus; nach dem Tode des Letztversterbenden erben gewöhnlich nur dessen Blutsverwandte (Eltern, Geschwister, Geschwisterkinder), und zwar selbst dann, wenn der größte Teil des Nachlasses aus dem Vermögen des erstversterbenden Ehegatten stammt. Will der Erblasser dies verhindern, so kann er Vermächtnisse zugunsten seiner Verwandten anordnen, die dann nach dem Sterbefall von seinem Ehegatten als Alleinerben zu erfüllen sind. Eine solche Vermächtnisanordnung kann entweder als Zusatz zu dem die Erbeinsetzung enthaltenden Testament oder in einem eigenen Testament erfolgen. Als Zusatz zu obigem gemeinschaftlichen Testament könnte z. B. folgendes Vermächtnis ausgesetzt werden:

---

* Vgl. Muster M 24 – M 31 (Rz. 578 – Rz. 585) im Anhang.

Falls ich, der Ehemann ..., der Erstversterbende sein sollte, soll mein Bruder ..., wohnhaft in ..., meine goldene Armbanduhr, ferner meine gesamte Jagdausrüstung, bestehend aus ..., und außerdem noch folgende Gegenstände: ... vermächtnisweise erhalten. Zum Ersatzvermächtnisnehmer bestimme ich den Sohn des Vermächtnisnehmers ..., wohnhaft in ...

Sollte ich, die Ehefrau ..., der erstversterbende Teil sein, so soll meine Schwester ..., wohnhaft in ..., meine gesamte Kleidung und Wäsche, außerdem meine Nichte ..., wohnhaft in ..., meinen Schmuck als Vermächtnis erhalten.

Es besteht auch die Möglichkeit, Vermächtnisse auszusetzen, ohne eine Erb- 533
einsetzung vorzunehmen. Dies wird der Erblasser tun, wenn er mit der gesetzlichen Erbfolge im wesentlichen einverstanden ist und nur noch einzelne Gegenstände bestimmten Personen zuwenden will. Im übrigen vgl. zur Anordnung von Vermächtnissen Rz. 240ff.
Auch durch folgende letztwillige Verfügung können kinderlose Ehegatten trotz gegenseitiger alleiniger Erbeinsetzung für ihre beiderseitigen Verwandten sorgen:

Gemeinschaftliches Testament

Wir, die Eheleute ..., setzen uns hiermit gegenseitig zu alleinigen und ausschließlichen Erben ein. Für den zweiten Sterbefall setzen wir unsere beiderseitigen Verwandten, wie sie zu diesem Zeitpunkt kraft gesetzlicher Erbfolge als Erben von uns beiden berufen wären, je zur Hälfte zu Erben des überlebenden Teils von uns beiden ein. Sollten wir gleichzeitig versterben, so soll jeder von uns von seinen Verwandten nach der gesetzlichen Erbfolge beerbt werden.

Falls ein Grundstück zum Nachlaß gehört, kann noch bestimmt werden, 534
daß ein bestimmter Verwandter berechtigt sein soll, das Grundstück zu einer von den Erblassern festgesetzten Gegenleistung – die normalerweise unter dem Verkehrswert liegen wird – zu übernehmen. Für den Fall, daß der zunächst Vorgesehene beim zweiten Sterbefall nicht mehr am Leben ist oder das Grundstück aus irgendwelchen Gründen nicht übernehmen kann oder will, sollte ein Ersatzmann bestimmt werden. Auf diese Weise wird verhindert, daß das Grundstück im Zuge der Auseinandersetzung verkauft oder versteigert wird und an außerverwandtschaftliche Personen fällt.

535 Für die Erbschaftsteuer ist zu beachten, daß inländischer Grundbesitz nach § 12 Abs. 2 ErbStG mit dem Einheitswert anzusetzen ist, der mit dem Zeitpunkt der Entstehung der Steuer zusammenfällt oder ihm zuletzt vorangegangen ist. Für Vermögensübergänge nach dem 31. 12. 1973 sind die nach dem BewG 1965 (BGBl 1965 I S. 1861) und den Wertverhältnissen vom 1. 1. 1964 ermittelten bzw. fortgeschriebenen Grundstückseinheitswerte zu verwenden, die nach Artikel 2 des Erbschaftsteuerreformgesetzes bei Grundstücken und Betriebsgrundstücken im Sinne der §§ 70 und 99 BewG noch um 40 Prozent zu erhöhen sind. Selbst diese Beträge werden aber den tatsächlichen Verkehrswerten oft nicht entsprechen. Trotzdem muß der Einheitswert (und darf nicht der Verkehrswert) den gesetzlichen oder testamentarischen Erbquoten entsprechend auf die einzelnen Erben aufgeteilt werden. Das gilt auch, wenn der Erblasser in einer Teilungsanordnung ein Grundstück einem bestimmten Miterben zugewiesen hat (Änderung der Rechtsprechung durch BFH-Urteil vom 10. 11. 1982, BStBl 1983 II S. 329, bestätigt durch Urt. v. 1. 4. 1992, DStR 1992, 1281). Hat er allerdings in einem besonderen Vermächtnis (§ 2147 BGB) das getan, so muß der dadurch begünstigte Grundstückserwerber den Einheitswert des ihm vermachten Grundbesitzes versteuern. Ist er außerdem nach dem Testament oder bei gesetzlicher Erbfolge Miterbe des ganzen Nachlasses, so muß er neben seinem Vorausvermächtnis (§ 2150 BGB) noch seine Erbquote an dem (um den Einheitswert des ihm vorausvermachten Grundstücks geminderten) Gesamtnachlaß versteuern (§ 1967 BGB, § 10 Abs. 5 Nr. 2 ErbStG).

II. Testierung bei Vorhandensein von Kindern*

536 Sind Kinder vorhanden, so muß sorgfältig überlegt werden, in welcher Weise und in welchem Umfang diese am Nachlaß beteiligt werden, d. h. wie der Nachlaß zwischen der Witwe und den Kindern aufgeteilt werden soll. Beläßt man es bei der gesetzlichen Erbfolge, so fällt der Nachlaß, wenn die Ehegatten, wie meist, im Güterstand der Zugewinngemeinschaft gelebt haben, zur Hälfte an den überlebenden Ehegatten; die andere Hälfte geht zu gleichen Teilen an die Kinder. Davon abweichend kann angeordnet werden:

Hiermit setze ich meine Ehefrau ... und meine beiden Kinder ... und ... je zu einem Drittel als Erben ein.

* Vgl. Muster M 32 – M 43 (Rz. 587 – Rz. 598) im Anhang.

Eine solche Testierweise birgt eine Reihe von Problemen in sich. Lebten die 537
Ehegatten in Zugewinngemeinschaft und erwarb der Erstversterbende sein Vermögen erst während der Ehe, während der andere Ehegatte keinen nennenswerten Vermögenszuwachs zu verzeichnen hatte, so fährt dieser besser, wenn er die Erbschaft ausschlägt und nach § 1371 BGB Ausgleich des Zugewinns zusammen mit dem Pflichtteil aus dem normalen, nicht erhöhten gesetzlichen Erbteil verlangt. Allein der Ausgleich des Zugewinns macht hier bereits die Hälfte des Nachlasses aus (vgl. oben Rz. 184ff.). Diese Möglichkeit muß der Erblasser berücksichtigen.
Bildet ein Grundstück oder ein anderes, größeres, nicht teilbares Vermögensobjekt den wesentlichen Bestandteil des Nachlasses, so kommt die Gefahr von Streitigkeiten bei der Erbauseinandersetzung hinzu. Jeder Erbe ist, wie erwähnt, an jedem zum Nachlaß gehörenden Gegenstand, also auch an dem Grundstück, entsprechend seinem Erbteil beteiligt. Können sich die Erben wegen der Übernahme des Grundstücks durch einen von ihnen nicht einigen, so kommt das Grundstück zum Verkauf oder zur Versteigerung und geht der Familie verloren. Um dies zu vermeiden, sollten im Testament entsprechende Teilungsanordnungen getroffen werden (vgl. oben Rz. 279).

So kann bestimmt werden, daß die Auseinandersetzung auf Lebenszeit der 538
Witwe ausgeschlossen bleibt, oder daß eines der Kinder das Grundstück zu einem bestimmten, vom Erblasser festgesetzten Preis übernehmen darf und der Mutter ein lebenslängliches, kostenloses Wohnrecht in dem Hause einräumen muß. Dieses Ziel kann auch dadurch erreicht werden, daß das Eigentum am Grundstück gleich den beiden Kindern überlassen wird, diese also als Erben eingesetzt werden, und dem überlebenden Ehegatten als Vermächtnis ein lebenslanges Nutzungsrecht (Nießbrauch) an dem ganzen Grundstück eingeräumt wird. Der Ehegatte ist dann berechtigt, die Räume entweder selbst zu bewohnen oder durch Vermietung oder Verpachtung zu nutzen. Vor allem bei einem Geschäfts- oder Mietshaus sichert dies dem Ehegatten eine Einnahmequelle auf Lebenszeit. Auch die Zuwendung einer Versorgungsrente in bestimmter Höhe, die die Kinder aus den Nutzungen des Grundstücks aufzubringen haben, kommt in Betracht. Wegen der erbschaftsteuerlichen Behandlung derartiger Nutzungs- oder Rentenrechte vgl. die Ausführungen unter Rz. 287ff.

Häufig testieren Eheleute in einem gemeinschaftlichen Testament wie folgt: 539

Wir, die Eheleute ... und ..., wohnhaft in ..., setzen uns hiermit gegenseitig, jeder den anderen, zum alleinigen und ausschließlichen Erben ein. Nach dem Tode des Letztversterbenden von uns soll unser beiderseitiger gesamter Nachlaß an unsere beiden Kinder ... und ... fallen.

(Sog. „Berliner Testament“ – vgl. § 2269 BGB).
Damit wird sichergestellt, daß der überlebende Ehegatte alleiniger Eigentümer des gesamten Vermögens und damit auch des Hauses wird. Ein solches Testament bedeutet allerdings beim Tode des erstversterbenden Ehegatten eine Enterbung der Kinder. Diese können dann den Pflichtteil geltend machen. Da der überlebende Ehegatte die Pflichtteilsansprüche in bar erfüllen muß, sieht er sich vielfach zum Verkauf des Hauses gezwungen. Dieser Gefahr kann bei der Errichtung des gemeinschaftlichen Testaments durch folgenden Zusatz vorgebeugt werden:

Sollte eines unserer Kinder nach dem Tode des Erstversterbenden von uns beiden aus dessen Nachlaß den Pflichtteil verlangen, so soll es auch beim Tode des Letztversterbenden nur den Pflichtteil erhalten. Verlangen beide Kinder beim Tode des Erstversterbenden den Pflichtteil, so ist der Überlebende in der Verfügung über das Gesamtvermögen in keiner Weise mehr gebunden.

540 Anstatt sich gegenseitig zu Alleinerben zu bestimmen, können sich die Ehegatten auch gegenseitig zu befreiten Vorerben (§§ 2136, 2137 BGB) und die Kinder zu Nacherben einsetzen (zur steuerlichen Seite vgl. oben Rz. 250ff.). Die Geltendmachung von Pflichtteilsansprüchen seitens der Kinder beim Tode des erstversterbenden Elternteils ist ausgeschlossen, wenn die Kinder die Nacherbschaft nicht ausschlagen (§ 2306 BGB). Wird als Nacherbfall auch die Wiederverheiratung des überlebenden Ehegatten bestimmt, so wird dadurch verhindert, daß das Vermögen des erstversterbenden Ehegatten bis zum Tode des letztversterbenden über den zweiten Ehepartner des überlebenden Eheteils an Personen gelangt, die zu dem zuerst Verstorbenen in keiner verwandtschaftlichen Beziehung stehen.
Wer ein „Berliner Testament“ errichtet, sollte dabei stets an die Bindungswirkung für den längstlebenden Ehepartner denken, die oft nicht gewünscht wird (vgl. hierzu Rz. 106ff., Rz. 116ff.).

III. Regelungen für ein behindertes Kind

541 Sorgen bereiten ihren Eltern geistig und körperlich behinderte Kinder. Solange die Eltern leben, können sie zumeist selbst für das Kind sorgen, wobei unser Sozialstaat auch eine Vielzahl von Hilfen anbietet. Nur wenn das Kind so schwer behindert ist, daß es nicht mehr im Haushalt der Eltern versorgt werden kann, sondern in einem Heim untergebracht werden muß, stellt sich die Frage, in welchem Umfang die – unterhaltspflichtigen – Eltern die Ko-

sten dieser Unterbringung zu tragen haben. Muß das Sozialamt Leistungen nach dem BSHG erbringen, hat es zu prüfen, inwieweit es eine Erstattung seiner Aufwendungen von den Eltern unter Berücksichtigung ihrer Einkommen und ihres Vermögens fordern, gegebenenfalls erzwingen und sichern kann.
Sterben die Eltern und sind auch die – als geradlinige Verwandte gleichfalls unterhaltsverpflichteten – Großeltern bereits verstorben, sind keine Verwandten mehr vorhanden, die für den Unterhalt des Behinderten aufzukommen haben, da er in aller Regel keinen Ehegatten und keine Abkömmlinge hat. Geschwister sind einander nicht zum Unterhalt verpflichtet. Dem Sozialamt verbleibt dann nur noch der Zugriff auf das Vermögen des Behinderten, insbesondere auf seine Ansprüche an den Nachlaß der Eltern.

Setzen die Eltern sich wechselseitig und das bzw. die nicht behinderte(n) 542
Kind(er) zu Erben ein, steht dem Behinderten bei beiden Erbfällen ein Pflichtteilsanspruch zu. Von dem Grundsatz in § 852 Abs. 1 ZPO, wonach ein Pflichtteilsanspruch der Pfändung nur unterworfen ist, wenn er durch Vertrag anerkannt oder rechtshängig geworden ist, macht § 90 Abs. 1 S. 4 BSHG eine Ausnahme:

Das Sozialamt kann auch Pflichtteilsansprüche auf sich überleiten und gegen den Erben geltend machen.
Den längstlebenden Ehegatten kann hier eine sog. Pflichtteilsstrafklausel etwas schützen (vgl. hierzu M 42 [Rz. 597]).

In jüngerer Zeit wurde der Versuch unternommen, dem Behinderten durch 543
eine Kombination einer Vor- und Nacherbfolge mit einer Dauertestamentsvollstreckung Erträgnisse aus dem ihm vererbten Erbteil zukommen zu lassen, auf die der Sozialhilfeträger nach §§ 88, 89, 76ff. BSHG nicht zugreifen kann. Hat z.B. ein verwitweter Vater zwei Kinder, von denen eines behindert ist, so könnte er beide Kinder zu seinen Erben einsetzen, das behinderte Kind jedoch mit einer Nacherbfolge belasten, wobei Nacherbe das gesunde Kind ist. Zugleich ordnet er eine Dauertestamentsvollstreckung an und ernennt das gesunde Kind zum Testamentsvollstrecker. Dieser wird ausdrücklich angewiesen, die Erträge des Erbteils zugunsten des Vorerben für solche Zwecke zu verwenden, die die Sozialhilfe nicht deckt, z.B. für Urlaubsreisen, Freizeiten, kulturelle Veranstaltungen, Musikinstrumente, zusätzliche Kleidungsstücke und anderes mehr. Diese Rechtskonstruktion basiert darauf, daß zwar ein pflichtteilsberechtigter Erbe, der durch eine Nacherbfolge und Testamentsvollstreckung beschwert ist, gem. § 2306 Abs. 1 S. 2 BGB den Pflichtteil verlangen kann, wenn er den Erbteil ausschlägt,

diese Ausschlagung aber ein sogenanntes Gestaltungsrecht ist, das der Sozialhilfeträger – im Gegensatz zum Pflichtteilsanspruch – nicht auf sich überleiten kann.

544 Über einer solchen gewagten Konstruktion schwebt das Damoklesschwert der in § 138 BGB mit Nichtigkeitsfolge postulierten Sittenwidrigkeit. Der BGH hat zwar in einem solchen Fall eine Sittenwidrigkeit verneint (NJW 1990, 2055) und damit die Vorentscheidung des OLG Hamburg (NJW-RR 1989, 1093) bestätigt. Aus dieser Einzelfallentscheidung können aber keine allgemeingültigen Prognosen für anders gelagerte Fälle abgeleitet werden. Die Fragen letztwilliger Verfügungen von Eltern behinderter Kinder sind so vielschichtig, daß der Versuch von Regelungen nie ohne Hinzuziehung eines Fachjuristen unternommen werden sollte.

Vgl. zu dieser Problematik *van de Loo,* MittRhNotK 1989, 233 ff.; *ders.,* NJW 1990, 2852; *ders.,* Anm. zum Urteil des OLG Hamburg MittRhNotK 1989, 223 (225); *Karpen,* MittRhNotK 1988, 131; *Pieroth,* NJW 1993, 173.

K. Kosten der Testamentserrichtung

Wie die Erläuterungen und Beispiele in den vorhergehenden Abschnitten 545 und im Anhang erkennen lassen, ist bei Abfassung letztwilliger Verfügungen eine Fülle von Fragen und Problemen zu überdenken. Für jede Situation die richtige Lösung zu finden und die Verfügungen so zu fassen, daß die vom Erblasser beabsichtigten Rechtsfolgen eintreten, ist schwierig. Immer wieder geschieht es, daß Privattestamente vom Nachlaßgericht anders ausgelegt werden, als vom Erblasser beabsichtigt war, einfach deshalb, weil es diesem nicht gelungen war, sich unmißverständlich und klar auszudrücken. Oft zeigt auch die letztwillige Verfügung Auswirkungen in vermögensmäßiger und steuerlicher Hinsicht, die der Erblasser, wenn er sie vorausgesehen hätte, gerne vermieden haben würde. Nur allzu leicht entstehen aus unklar oder unrichtig abgefaßten Testamenten Streitigkeiten innerhalb der Familie, die nicht selten zu langwierigen Erbschaftsprozessen führen. Diese schädlichen Rechtsfolgen lassen sich mit großer Wahrscheinlichkeit vermeiden, wenn bei der Testamentserrichtung ein berufener Kenner der einschlägigen Rechtsmaterie zugezogen wird. Vor allem bei nicht ganz einfachen Vermögens- und Verwandtschaftsverhältnissen, z. B. wenn ein gewerbliches Unternehmen oder Grundbesitz zum Nachlaß gehört, wenn Kinder aus verschiedenen Ehen zu berücksichtigen sind, wenn der Erblasser Vor- und Nacherbfolge, komplizierte Vermächtnisse und Auflagen anordnen will oder die Verwaltung des Nachlasses durch einen Testamentsvollstrecker wünscht, sollte der Gang zum Notar nicht gescheut und ein Testament in öffentlicher Form (§§ 2232 ff. BGB) errichtet werden.

Die Gebühren, die für die Errichtung, die Aufbewahrung und den Widerruf 546 notarieller Testamente und Erbverträge anfallen, berechnen sich nach dem Gesetz über die Kosten in Angelegenheiten der freiwilligen Gerichtsbarkeit (Kostenordnung) i. d. F. vom 26. 7. 1957 (BGBl I S. 960). Sie gelten einheitlich für jeden Notar und jedes Gericht in der Bundesrepublik. Durch das Gesetz zur Änderung des Gerichtskostengesetzes, des Gesetzes über Kosten der Gerichtsvollzieher, der Bundesgebührenordnung für Rechtsanwälte und anderer Vorschriften vom 20. 8. 1975 (BGBl I S. 2189) sind mit Wirkung ab 15. 9. 1975 einige Bestimmungen der Kostenordnung geändert und vor allem die Sätze der Gebührentabelle erhöht worden.

I. Geschäftswert als Berechnungsgrundlage

Berechnungsgrundlage für die Gebührensätze der Kostenordnung ist der 547 Geschäftswert. Dieser richtet sich nach dem Verkehrswert (gemeiner Wert, Verkaufswert) des Vermögens des Erblassers im Zeitpunkt der Beurkun-

dung, oder, wenn nur über einen Teil des Vermögens letztwillig verfügt wird, des entsprechenden Vermögensbruchteils. Schulden und Lasten werden abgezogen, aber nur, soweit es sich um Verbindlichkeiten des Erblassers handelt. Nicht abzuziehen sind die erst mit dem Erbfall entstehenden Nachlaßverbindlichkeiten: wie Pflichtteilsrechte, Vermächtnisse und Auflagen.
Beim gemeinschaftlichen Testament von Ehegatten und beim zweiseitigen Erbvertrag, bei dem also beide Vertragsteile als Erblasser verfügen, werden die Werte der beiderseitigen Vermögen zusammengerechnet und die beiderseitigen Schulden in Abzug gebracht.
Bei Bewertung von Grundbesitz war bis 31. 12. 1968 grundsätzlich vom gültigen Einheitswert auszugehen. Seit 1. 1. 1969 ist nach dem Gesetz vom 28. 12. 1968 (BGBl I S. 1458) auch hier für die Gebührenberechnung der Verkehrswert maßgebend. Der Grundstückseinheitswert ist nur ausnahmsweise noch anzusetzen, wenn sich nicht aus dem Inhalt des Geschäftes, den Angaben der Beteiligten, den Grundstücksbelastungen, amtlich bekannten Tatsachen, Tatsachen, die aus den Grundakten ersichtlich sind, Vergleichswerten oder sonstigen ausreichenden Anhaltspunkten ein höherer Wert ergibt. Dieser Ausnahmefall dürfte nur selten gegeben sein.
Der Berechnung der Gebühren sind in der Regel die Angaben des Verfügenden über den Geschäftswert zugrunde zu legen. Stellt sich nachträglich, insbesondere bei Eröffnung des Testaments oder Erbvertrages heraus, daß die Wertangaben unrichtig waren, können die zu niedrig angesetzten Notar- oder Gerichtsgebühren nacherhoben werden. Die Verjährung des Nachforderungsanspruchs beginnt erst mit dem Ablauf des Jahres, in dem das Testament oder der Erbvertrag eröffnet oder zurückgegeben wird (§ 46 Abs. 5 KostO). Die Verjährungsfrist für Notargebühren beträgt zwei Jahre (§ 196 Ziff. 15 BGB).

II. Gebührensätze der Kostenordnung

548 Für die Beurkundung eines Testaments wird eine volle Gebühr erhoben (§ 46 Abs. 1 KostO). Diese beträgt bei einem Geschäftswert

bis zu	*1 000 DM*	*18 DM*	*bis zu*	*100 000 DM*	*260 DM*
bis zu	*4 000 DM*	*38 DM*	*bis zu*	*160 000 DM*	*350 DM*
bis zu	*10 000 DM*	*80 DM*	*bis zu*	*200 000 DM*	*410 DM*
bis zu	*20 000 DM*	*100 DM*	*bis zu*	*300 000 DM*	*560 DM*
bis zu	*40 000 DM*	*140 DM*	*bis zu*	*500 000 DM*	*860 DM*
bis zu	*60 000 DM*	*180 DM*	*bis zu*	*1 000 000 DM*	*1 610 DM*

Diese Tabelle enthält nicht sämtliche Wertstufen der Kostenordnung; für Zwischenwerte gelten dazwischenliegende Gebührensätze. Für gemeinschaftliche Testamente und Erbverträge fällt nicht die einfache, sondern die doppelte Gebühr an, also z. B. bei einem Geschäftswert von 60000 DM nicht 180 DM, sondern 360 DM. Zu den Gebührensätzen der Notare kommen dann noch geringfügige Schreibgebühren, Beträge für Telefon und Porto, sowie 15% Mehrwertsteuer aus der Gesamtgebühr. Wird das Testament oder der Erbvertrag in der Wohnung des Erblassers beurkundet, so berechnet der Notar dazu noch seine Reisekosten und die sog. Zusatzgebühr, die die Hälfte der vollen Gebühr, höchstens aber 60 DM beträgt. Die gleiche Zusatzgebühr fällt auch an für notarielle Beurkundungen an Sonntagen und allgemeinen Feiertagen sowie an Werktagen außerhalb der Zeit von 8.00 – 18.00 Uhr und an Sonnabenden nach 13.00 Uhr (§ 58 KostO).

III. Sonstige gebührenpflichtige Vorgänge

Neben den Beurkundungskosten können noch Kosten für die amtliche Ver- 549
wahrung von letztwilligen Verfügungen entstehen. Öffentliche Testamente müssen stets beim zuständigen Amtsgericht – in Baden-Württemberg beim staatlichen Notariat – in amtliche Verwahrung gegeben werden, eigenhändige Testamente und Erbverträge nur auf Verlangen des Erblassers. Die Hinterlegungsgebühr beträgt in beiden Fällen ein Viertel der vollen Gebühr, also z. B. bei einem Testament oder Erbvertrag über 100000 DM 65, – DM (§ 101 KostO).

Für die notarielle Beurkundung des Widerrufs einer letztwilligen Verfügung, der Aufhebung oder Anfechtung eines Erbvertrags oder des Rücktritts von einem solchen wird die Hälfte der vollen Gebühr erhoben, bei einem Geschäftswert von 100000 DM also 130, – DM. Wird gleichzeitig eine neue Verfügung von Todes wegen beurkundet, so wird die Gebühr für den Widerruf oder die Aufhebung nur insoweit erhoben, als der Geschäftswert der neu errichteten Verfügung hinter dem der widerrufenen oder aufgehobenen Verfügung zurückbleibt.

Beispiel:

Widerruf eines alten Testaments mit einem Geschäftswert von 300000 DM; gleichzeitig Neuerrichtung eines Testaments mit einem Geschäftswert von 200000 DM. An Gebühren fallen an:

Eine volle Gebühr für das neue Testament	*410, – DM*
eine halbe Gebühr für den Wertunterschied zwischen alter und neuer Verfügung (100000 DM)	*130, – DM*
Gesamtgebühr	*540, – DM*

IV. Kostenvorteile durch das öffentliche Testament

550 Die Errichtung eines notariellen Testamentes kann gegenüber einem eigenhändigen Testament sogar eine Kostenersparnis bedeuten, dann nämlich, wenn die Erben zum Nachweis der Erbfolge bei Vorliegen eines Privattestaments einen Erbschein benötigen. Dies ist z. B. stets der Fall, wenn Haus- und Grundbesitz zum Nachlaß gehören. Für die Erteilung eines Erbscheins erhebt das Nachlaßgericht eine volle Gebühr nach den oben aufgeführten Gebührensätzen. Zusätzlich fällt für die Beurkundung der zur Erbscheinserteilung erforderlichen eidesstattlichen Versicherung nochmals eine volle Gebühr an. Diese Gebühren werden bei Vorhandensein eines öffentlichen Testaments eingespart, da dann der Erbschein durch die Vorlage des notariellen Testaments zusammen mit der Niederschrift über die erfolgte Testamentseröffnung ersetzt wird. Da die Gebühr für die Testamentseröffnung in jedem Falle erwächst, sowohl bei einem öffentlichen wie bei einem privaten Testament, ist in diesem Falle ein öffentliches Testament billiger als ein privates. Ein weiterer Kostenvorteil für die Erben des Erblassers ergibt sich noch daraus, daß der Notar bei der Berechnung seiner Gebühren im wesentlichen die Angaben des Testators über die Werte seines Vermögens zugrunde legen wird, die häufig weit unter den wirklichen Werten liegen, während das Nachlaßgericht eine genaue Vermögensbewertung vornehmen muß, die in aller Regel zuungunsten des Kostenschuldners ausfallen wird.

Beispiel:

a) Bei einem privaten Testament, Geschäftswert 200 000 DM, erhebt das Nachlaßgericht folgende Gebühren:

Für die eidesstattliche Versicherung der Erben und Erteilung des Erbscheines je 1 volle Gebühr von 410,– DM, zusammen also	*820,– DM*
Für die Testamentseröffnung 1/2 Gebühr	*205,– DM*
Gesamtgebühr	*1 025,– DM*

b) Bei einem notariellen Testament, Geschäftswert 200 000 DM, entstehen an Kosten:

Beim Notar 1 volle Gebühr	*410,– DM*
Hinterlegung des Testaments bei Gericht	*102,50 DM*
Für Testamentseröffnung 1/2 Gebühr	*205,– DM*
Gesamtgebühr	*717,50 DM*
Kostenersparnis somit	*307,50 DM*

V. Rechtsanwaltgebühren in Testamentsachen

551 Ein Rechtsanwalt, der bei Errichtung eines privatschriftlichen oder notariellen Testaments vom Erblasser zugezogen wird, berechnet seine Gebühr nach § 20 der Bundesrechtsanwaltgebührenordnung (BRAGO). Er hat hier einen Ermessensspielraum von 1/10 – 10/10 Gebühr. Er wird die Höhe seiner Gebühr im Einzelfall unter Berücksichtigung aller Umstände, insbesondere der Bedeutung der Angelegenheit, des Umfangs und der Schwierigkeit der anwaltlichen Tätigkeit sowie der Vermögens- und Einkommensverhältnisse seines Mandanten, nach billigem Ermessen bestimmen. Wenn er mit seinem Mandanten umfangreiche Besprechungen führt und einen vollständigen Testaments- oder Erbvertragsentwurf fertigt, wird im Regelfall wohl eine 10/10 Gebühr als angemessen angesehen werden können. Bei einem Geschäftswert von 200000 DM beträgt eine 10/10 Rechtsanwaltgebühr 2414,– DM, eine 5/10 Gebühr 1207,– DM und eine 1/10 Gebühr 241,40 DM zuzüglich 15 % Mehrwertsteuer aus den Gesamtkosten.

552 Dazu kommen dann noch die oben angeführten Gebühren beim Notar, wenn der Mandant notarielle Beurkundung des Testamentsentwurfs wünscht. Ein Erbvertragsentwurf muß nach dem Gesetz in jedem Fall noch notariell beurkundet werden.
Demgegenüber darf der Notar, auch dann, wenn es sich in einer Testaments- oder Erbvertragssache um besonders schwierige Verhältnisse handelt, und umfangreiche Besprechungen mit dem Mandanten erforderlich sind, außer der Beurkundungsgebühr, wie oben angegeben, keine weiteren Gebühren verlangen. Alle Beratungen und Testaments- oder Erbvertragsentwürfe, die notwendig sein sollten, sind mit der oben genannten Beurkundungsgebühr (1 volle Gebühr bzw. 2 volle Gebühren) abgegolten.

Anhang: Muster

Vorsorgemaßnahmen

M 1 Hinweise für die Hinterbliebenen (zu Rz. 8)

Persönliche Daten: 553
Familienname (auch Geburtsname): ....
Vornamen (Rufname unterstrichen): ....
Geburtstag und -ort: ....
Staatsangehörigkeit(en): ....
Familienstand: ....
Religion: ....
Beruf: ....
Wohnsitz: ....

Ehegatte:
Familienname (auch Geburtsname): ....
Vornamen (Rufname unterstrichen): ....
Geburtstag und -ort: ....
Staatsangehörigkeit(en): ....
Religion: ....
Tag und Ort der Eheschließung: ....
Güterstand (gegebenenfalls wann und vor welchem Notar wurde ein Ehevertrag geschlossen): ....
Sterbedatum (falls bereits verstorben): ....
Beerdigungsort (Angaben zum Friedhof/Grabstelle, gegebenenfalls Grabpflegevertrag): ....

Kinder:
Name, Vorname: ....
Geburtstag und -ort: ....
Anschrift: ....

Adoptierte Kinder:
....

Nichteheliche Kinder:
....
Falls keine Kinder vorhanden, entsprechende Angaben über Eltern, Geschwister, Geschwisterkinder.

Arbeitgeber:
Name/Firma: . . . .
Anschrift: . . . .

Renten- bzw. Pensionsstelle:
Bezeichnung: . . . .
Anschrift: . . . .
Renten-/Personalnummer: . . . .

Krankenkasse/Beihilfebehörde:
Bezeichnung: . . . .
Anschrift: . . . .
Vers.-Nr./Pers.-Nr. . . . .

Lebens-, Unfallversicherung, Sterbekasse:
Bezeichnung, Anschrift, Vers.-Nr. . . . .

Finanzamt (Einkommensteuer, Vermögensteuer), Steuer-Nr. . . . .
Steuerberater: Namen, Anschrift . . . .

Angaben zur Bestattung:
Ich wünsche Erdbestattung/Feuerbestattung.
Ich will beigesetzt werden auf dem . . . .-Friedhof.
Eine Grabstätte muß dort beschafft werden/ist bereits vorhanden (nähere Angaben hierüber).
Die Grabpflege soll übernehmen: . . . . / Ein Pflegevertrag besteht bereits mit: . . . .

Wichtige Urkunden:

Testament:
Privatschriftlich errichtet am . . . ., Ort der Verwahrung.
Notariell errichtet am . . . ., Ort der Verwahrung.

Erbvertrag:
Notarielle Urkunde vom . . . . . . des Notars . . . ., Ort der Verwahrung.

Erbverzichtsvertrag:
Notarielle Urkunde vom . . . . . . des Notars . . . .,
Ausfertigung liegt . . . .

Vorzeitiger Erbausgleich (bei nichtehelichem Kind)
Notarielle Urkunde vom . . . . . . des Notars . . . .,
Ausfertigung liegt . . . .

Vollmachten, die durch den Tod nicht erlöschen/für den Todesfall erteilt wurden:
Bevollmächtigte(r): Name, Anschrift
Kopie der Vollmacht liegt ....

Ehevertrag:
Notarielle Urkunde vom ....des Notars ....,
Ausfertigung liegt ....

Adoptionsurkunde (Vertrag/Gerichtlicher Ausspruch):
Urkunde vom ....
Ausfertigung liegt ....

Familienstammbuch/Geburts-, Heiratsurkunde:
Liegen ....

Scheidungsurteil:
Urteil des ...gerichts in ....
Ausfertigung liegt ....

Angaben zum Vermögen:

Bankverbindungen:
Name, Anschrift der Bank(en)
Girokonten, Sparkonten, Wertpapierdepots Nr. ....
Vollmacht besitzt: ....
Scheckbücher, Scheckkarten, Sparbücher liegen: ....
Verträge zugunsten Dritter auf den Todesfall wurden nicht geschlossen/bestehen bei der ....-Bank zugunsten von ....
Ein Safe ist angemietet bei der ....-Bank. Schlüssel/Code befinden sich ....
Kreditkarten-Verträge bestehen mit ....
Die Karten liegen ....

Bausparverträge:
Firma, Anschrift, Bausparnummern
Laufende Verträge/zugeteilte Verträge/ausbezahlte Verträge, bei denen die Tilgung noch läuft ....

Kraftfahrzeuge:
Art, Kennzeichen, der Fahrzeugbrief liegt ....

Mietverhältnisse:
Ich bin Mieter von ....
Ich bin Vermieter von .... (die Unterlagen liegen ....)

Grundbesitz:
Bebaute(s) Grundstück(e): ....
Unbebaute(s) Grundstück(e): ....
Wohnungseigentum: ....
Erbbaurecht: ....
jeweils angeben: Lage, Grundbuchamt, Grundbuchblatt
Art der Beteiligung: Alleineigentum, Miteigentum mit ...., Erbengemeinschaft mit ...., sonstige Gemeinschaft (z.B. BGB-Gesellschaft) mit ....

Der Grundbesitz ist belastet mit:
Hypothek/Grundschuld zugunsten von .... (genaue Anschrift), in Höhe von DM ....; tatsächlich geschuldet werden per .... noch DM ....; das Aktenzeichen des Gläubigers lautet ....

Getilgt, aber im Grundbuch noch nicht gelöscht sind ....
Die Löschungsunterlagen (Löschungsbewilligung des Gläubigers – in öffentlicher bzw. notariell beglaubigter Form – sowie der Hypotheken- bzw. Grundschuldbrief) liegen ....

Im Grundbuch eingetragen sind ferner folgende Belastungen: ....
(Nießbrauch, Leibgeding, Wohnungsrecht, persönliches Vorkaufsrecht ....)
jeweils Berechtigter: Name, Alter, Anschrift, Grundbuchstelle ....
Die Vereinbarungen hierzu liegen ....

An fremdem Grundbesitz stehen mir folgende Rechte zu ....
Hypotheken, Grundschulden, Nießbrauch, Wohnungsrecht, Vorkaufsrecht ....

jeweils Bezeichnung des betroffenen Grundbesitzes, Eigentümer mit Anschrift, Grundbuchstelle, Vereinbarungen hierzu ....

Versicherungen:
Es bestehen folgende Versicherungen: ....
Art, Gesellschaft m. Anschrift, Vers.-Nr., Vers.-Summe, Bezugsberechtigung, Prämienzahlung über Konto ....

Bürgschaften:
Ich bin Bürge für .... (Name und Anschrift) in Höhe von DM ....
Der Vertrag liegt ....
Für mich hat sich verbürgt .... (Name und Anschrift) in Höhe von DM ....
Der Vertrag liegt ....

Beteiligungen:
Ich bin Gesellschafter an folgender(n) Gesellschaft(en): . . . .
Genaue Bezeichnung und Anschrift der Gesellschaft, Umfang der Beteiligung,
der Gesellschaftsvertrag liegt . . . .

Ich bin Genosse bei folgender(n) Genossenschaft(en): . . . .
Genaue Bezeichnung der Genossenschaft mit Anschrift, Umfang der Beteiligung.
Unterlagen hierzu befinden sich . . . .
Sonstige Beteiligungen: . . . .

Mitgliedschaften:
Ich bin Mitglied folgender Vereine, Verbände, Clubs . . . .
Genaue Bezeichnung mit Anschrift, Höhe der Beiträge . . . .

Entliehene Gegenstände:
Entliehener Gegenstand, Berechtigter, etwaige Vereinbarung hierzu: . . . . . .

Nachricht von meinem Tod sollen erhalten:
. . . .

Anmerkung:

Diese Aufzählung von Hinweisen soll Denkanstöße geben, auf was die Hinterbliebenen hingewiesen werden sollten, um eine reibungslose Abwicklung des Nachlasses zu ermöglichen.
Die Niederschrift derartiger Hinweise gibt häufig Anlaß, Vorsorgemaßnahmen zu treffen, an die man bisher noch nicht gedacht hat.
Die Hinweise sollten so verwahrt werden, daß sie einerseits den Hinterbliebenen sofort nach Eintritt des Todesfalles zur Hand sind, daß sie aber Unbefugten nicht zugänglich sind.

M 2 Generalvollmacht (zu Rz. 16)

Notarielles Beurkundungsprotokoll 554
Es ist anwesend:
Frau Karoline gen. Lina Körner,
geb. am 20. April 1920 in Köln
wohnhaft Rheinstraße 157, 5000 Köln
– ausgewiesen durch Personalausweis Nr. 123456 der Stadt Köln
Der Notar überzeugte sich im Verlaufe des Gesprächs mit der Erschienenen, daß sie unbedenklich voll geschäftsfähig ist.
Sodann erklärt die Erschienene zur öffentlichen Beurkundung folgendes:

Generalvollmacht

I.

Hiermit bestelle ich zu meinen allgemeinen Bevollmächtigten

1. meinen Bruder Karl Gerold, geb. am 1. 3. 1918 und
2. dessen Ehefrau Gretel Gerold geb. Schneider, geb. am 10. 5. 1921 beide wohnhaft ...

mit der Ermächtigung zur Besorgung aller Angelegenheiten und Abgabe rechtsverbindlicher Erklärungen aller Art, soweit überhaupt eine Vertretung nach den Gesetzen zulässig ist. Jeder von ihnen kann mich allein vertreten.
Der Bevollmächtigte ist von der Beschränkung des § 181 BGB befreit und darf diese Vollmacht ganz oder teilweise auf andere Personen übertragen.
Ich weiß, daß ich diese Vollmacht jederzeit widerrufen kann und dieser Widerruf unmittelbar dem Bevollmächtigten gegenüber zu erklären ist. Im Falle eines Widerrufs werde ich hiervon auch den die Urschrift dieser Urkunde verwahrenden Notar schriftlich in Kenntnis setzen. Bis zum Eingang dieser Mitteilung beim Notar gilt der Bevollmächtigte als ermächtigt, sich jederzeit ohne meine Mitwirkung weitere Ausfertigungen der Vollmacht erteilen zu lassen.

II.

Sollte ich künftig in meiner Geschäftsfähigkeit beschränkt sein oder gar geschäftsunfähig werden, hätte dies auf den Fortbestand dieser Vollmacht keinerlei Einfluß. Ich erteile diese Vollmacht auch gerade als Vorsorge für einen solchen Fall, um die Bestellung eines Betreuers im Sinne der §§ 1896ff. BGB in der ab 1. 1. 1992 geltenden Fassung zu vermeiden.
Die Bevollmächtigten genießen mein volles Vertrauen.
Sie haben auch alle Befugnisse, die ein für mich bestellter Betreuer hätte, soweit sie nicht ohnehin durch die generelle Bevollmächtigung in Ziffer I gedeckt sind.
Rein fürsorglich schlage ich aber den/die Bevollmächtigten auch als den/die von mir gewünschten Betreuer gem. § 1897 Abs. 4 BGB neuer Fassung vor.
Die in Ziffer I erteilte Vollmacht erlischt auch durch meinen Tod nicht.

III.

Die Kosten dieser Vollmacht trage ich.
Von dieser Vollmacht soll den Bevollmächtigten sogleich eine Ausfertigung erteilt werden; für mich erbitte ich eine beglaubigte Kopie.

Der Notar hat mich über die Tragweite dieser Vollmacht belehrt und auf die Risiken einer so weitgehenden Ermächtigung hingewiesen. Ich wiederhole, daß ich den Bevollmächtigten voll vertraue. Ich wünsche diese Beurkundung.
Diese Urkunde wurde von dem Notar vorgelesen, von den Erschienenen genehmigt und wie folgt eigenhändig unterschrieben:

Lina Körner　　　　Dr. Ewald Sartorius, Notar

Anmerkung:

Notarielle Beurkundung ist nicht gesetzlich vorgeschrieben; die Vollmacht könnte also auch privatschriftlich erteilt werden.
Sollte sie jedoch öffentlichen Registern gegenüber verwendbar sein, wie dem Grundbuchamt (vgl. § 29 GBO) oder dem Handelsregister (vgl. § 12 HGB), müßte zumindest die Unterschrift notariell beglaubigt sein. Notarielle Beurkundung ist aber empfehlenswert, da der Notar dann auch bestätigt, daß der Vollmachtgeber – nach seinen Feststellungen – geschäftsfähig ist. Niemand könnte dann auch behaupten, der Vollmachtgeber wäre sich der Bedeutung seiner Erklärungen gar nicht bewußt gewesen.
§ 181 BGB gestattet ein Kontrahieren mit sich selbst, d. h. ein Rechtsgeschäft, bei dem der Bevollmächtigte im eigenen Namen und zugleich auch namens des Vollmachtgebers handelt, nur, wenn der Bevollmächtigte von dem grundsätzlichen Verbot des Selbstkontrahierens ausdrücklich befreit wird.
Die Übertragung der Vollmacht kann dann nützlich und bedeutsam sein, wenn der Bevollmächtigte z. B. erkrankt oder verreist und anzunehmen ist, daß gerade zu dieser Zeit für den Vollmachtgeber gehandelt werden muß.
Eine so weitgehende Vollmacht setzt uneingeschränktes Vertrauen in den bzw. die Bevollmächtigten voraus. Gegebenenfalls könnten auch zwei Personen in der Weise bevollmächtigt werden, daß sie nur gemeinschaftlich handeln können, so daß eine gegenseitige Kontrolle besteht.
Da die Vollmacht lediglich die Vertretungsmacht (§ 166 BGB) beinhaltet, kann es sich empfehlen, gesondert das sogenannte Innenverhältnis, also das Verhältnis zwischen Vollmachtgeber und Bevollmächtigten vertraglich in privatschriftlicher Form zu klären und dabei z. B. auch die Frage einer Vergütung zu regeln.

M 3 Erbvertragliche Zuwendung eines Grundstücks mit Verfügungsbeschränkung

Eingang der notariellen Urkunde 555

Vermächtnis

(1) Der Erblasser vermacht sein im Grundbuch von Mannheim Blatt 1733 lastenfrei eingetragenes Anwesen BV Nr. 1 – FlstNr. 3711 – Gebäude-

und Freifläche, Amalienstraße 37 mit 7 a 63 m² seinem Neffen N.
Etwa vorhandene Belastungen sowie die Kosten der Vermächtniserfüllung und die Erbschaftsteuer trägt der Vermächtnisnehmer.
Ersatzvermächtnisnehmer sind die ehelichen leiblichen Abkömmlinge nach den Regeln der gesetzlichen Erbfolge.

(2) N. nimmt diese erbvertraglich getroffene Vereinbarung an.

Verfügungsbeschränkung

(1) Der Notar belehrte über die bindende Wirkung dieser Vereinbarung. Ein Recht zum Rücktritt des Erblassers von diesem Vertrag soll nicht vereinbart werden.

(2) Der Notar belehrte über § 2286 BGB, wonach durch diesen Erbvertrag das Recht des Erblassers, über sein Vermögen durch Rechtsgeschäft unter Lebenden zu verfügen, nicht beschränkt wird.
Der Erblasser verpflichtet sich gegenüber N, ab sofort über das hier vermachte Anwesen ohne Zustimmung des N. nicht mehr zu verfügen, es also weder zu veräußern noch zu belasten.
Ausgenommen ist die Belastung des Objekts mit beliebigen Grundpfandlasten für beliebige Gläubiger bis zu einem Betrage von 50000,– DM nebst laufenden Zinsen und Nebenleistungen bis zu insgesamt 16 % jährlich und einmaliger Nebenleistung bis zu 10 %.
Der Notar belehrte über § 137 BGB, wonach eine schuldrechtliche Verfügungsbeschränkung nicht gegenüber gutgläubigen Dritten wirkt.
Daher vereinbaren die Beteiligten folgende bedingte Übertragungsverpflichtung:
Sollte der Erblasser gegen die vorstehend vereinbarte Verfügungsbeschränkung verstoßen, kann N. die unverzügliche unentgeltliche Übereignung des vermachten Anwesens an sich verlangen, unter Übernahme der dann etwa darauf ruhenden dinglichen Belastungen sowie der ihnen zugrunde liegenden schuldrechtlichen Verpflichtungen.

(3) Der Erblasser bewilligt die Eintragung einer Vormerkung zu Lasten des oben beschriebenen Grundstücks zur Sicherung des hier vereinbarten bedingten Übereignungsanspruchs. Bei der Vormerkung ist ein Vorrangsvorbehalt für Grundpfandlasten bis zum Betrage von 50000,– DM nebst laufenden Zinsen und Nebenleistungen von insgesamt bis zu 16 % jährlich und einmaliger Nebenleistung bis zu 10 % einzutragen mit der Maßgabe, daß er immer wieder ausgenutzt werden kann.
N. beantragt die Eintragung dieser Vormerkung nebst dem Rangvorbehalt.

Vollmacht

Der Erblasser erteilt hiermit N. Vollmacht, das oben vermachte Grundstück nach dem Tode des Erblassers an sich aufzulassen.
Die Vollmacht umfaßt auch alle Erklärungen, die zum Vollzug des Eigentumswechsels sowie einer etwaigen Lasten- und Schuldübernahme erforderlich sind. Der Bevollmächtigte ist von der Beschränkung des § 181 BGB befreit.

. . . .
Ausgang der notariellen Urkunde.

Anmerkung:
Vergleiche hierzu die Ausführungen oben Rz. 130.

M 4 Erbverzichtsvertrag (zu Rz. 205 ff.)

Eingang der notariellen Urkunde 556

§ 1

Helga Müller ist die Tochter von Albert Müller. Mit Urkunde desselben Notars wird sie heute die Eigentumswohnung (Beschrieb) zum Preise von DM 200000,– käuflich erwerben.
Albert Müller verpflichtet sich, diesen Kaufpreis mit schuldbefreiender Wirkung für die Tochter an den Verkäufer entsprechend den Vereinbarungen in dem Kaufvertrag zu entrichten.
Albert Müller will seiner Tochter diese Wohnung schenkungshalber zuwenden.
Helga Müller nimmt diese Zuwendung an.
Vater und Tochter sind sich auch darin einig, daß die Tochter hiermit hinsichtlich ihrer künftigen Ansprüche an den Nachlaß ihres Vaters abgefunden ist.

§ 2

Helga Müller verzichtet hiermit auf ihr gesetzliches Erb- und Pflichtteilsrecht am Nachlaß ihres Vaters Albert Müller.
Dieser Verzicht gilt auch für die Abkömmlinge der Helga Müller.
Albert Müller nimmt diesen Verzicht an.

§ 3

Die Kosten dieser Urkunde trägt Albert Müller. Jeder Vertragsteil erhält eine Ausfertigung.

Anmerkungen:

1. Der Erbverzichtsvertrag gem. §§ 2346ff. BGB ist nur zu Lebzeiten des Erblassers möglich. Der Erblasser muß höchstpersönlich mitwirken, während sich der Verzichtende vertreten lassen kann. Seine im voraus erteilte Vollmacht bzw. seine im nachhinein erklärte Genehmigung sind zwar formfrei. Aus beweistechnischen Gründen ist notarielle Beglaubigung anzuraten. Gleichzeitige Anwesenheit der Vertragspartner ist nicht zwingend vorgeschrieben, so daß auch in getrennten Urkunden das Angebot des Vertrages und dessen Annahme erfolgen kann (§ 128 BGB).
2. Trotz des Erbverzichts bleibt es dem Erblasser unbenommen, dem Verzichtenden durch Rechtsgeschäft unter Lebenden, wie auch Verfügung von Todes wegen weitere Vermögensgegenstäpnde zuzuwenden.
3. Der Erbverzicht bewirkt, daß beim Erbfall der Verzichtende und seine Abkömmlinge als nicht existent behandelt werden. Hat der verwitwete Erblasser E 3 Kinder A – C und hat A auf sein gesetzliches Erbrecht verzichtet, erben B und C je zur Hälfte. Setzt E B zum Alleinerben ein und verweist C auf den Pflichtteil, so beträgt dessen Quote 1/4.
   Der Verzicht könnte gem. § 2346 Abs. II BGB jedoch auf das Pflichtteilsrecht des Verzichtenden beschränkt werden. Zur Berechnung der Pflichtteilsquote wäre dann A als gesetzlicher Erbe hinzuzuzählen, so daß diese Quote nur 1/6 betrüge (§ 2310 BGB). Da E den B zum Alleinerben einsetzte, erbt A nichts.
4. Da ein Erbverzicht (im Gegensatz zum bloßen Pflichtteilsverzicht) die gesetzliche Erbfolge ändert, muß der Notar bereits den Abschluß (nicht Inhalt) des Vertrages dem Geburtsstandesamt des Erblassers mitteilen.
5. Zulässig ist auch, auf eine Erbeinsetzung aufgrund einer letztwilligen Verfügung bzw. auf ein Vermächtnis zu verzichten – sogenannter Zuwendungsverzicht gem. § 2352 BGB.
   Da in Satz 3 dieser Vorschrift nicht auch auf § 2349 BGB verwiesen wird, hat ein Zuwendungsverzicht keine Wirkung gegenüber den Abkömmlingen des Verzichtenden; diese müßten sämtlich selbst verzichten. Problematisch wird es, wenn später weitere Abkömmlinge hinzukommen und nicht auch noch verzichten.
6. Hätte Albert Müller seiner Tochter die DM 200000,– geschenkt, hätte sie die über ihren Freibetrag in Höhe von DM 90000,– hinausgehende Zuwendung versteuern müssen (§ 7 Abs. 1 Ziff. 1; § 15 Abs. 1 Ziff. 2 ErbStG), und zwar mit dem Vomhundertsatz 4,5, somit DM 4950,–. Hier will aber der Vater der Tochter kein Geld zu beliebiger Verwendung schenken, sondern die Eigentumswohnung. Um zu vermeiden, daß er zunächst die Wohnung selbst kaufen muß, um sie sodann gleich der Tochter zu schenken, wobei – neben den zweifachen Beurkundungskosten auch noch eine Grunderwerbsteuer beim Vater in Höhe

von 2%, somit DM 4000, – anfallen würde, während der Erwerb der Tochter innerhalb des Freibetrages bliebe, da hier der 1,4fache Einheitswert der Wohnung, der in der Regel weit unter dem Verkehrswert liegt, der Berechnung der Steuer zugrundegelegt wird, wird von den Finanzämtern akzeptiert, daß die zweckbestimmte Kaufpreisübernahme als einheitswertbezogene Grundstücksschenkung behandelt wird (näher hierzu in *Christner,* Gestaltungsmöglichkeiten bei der Erbschaft- und Schenkungsteuer, 2. Aufl. 1992, Rz. 14ff.).

Testamente für ledige und verwitwete Erblasser ohne Kinder

Allgemeiner Hinweis: 557

Der Erblasser wird diejenigen Personen zu Erben einsetzen, die ihm im Leben am nächsten gestanden sind. Das können Geschwister, Patenkinder, bei verwitweten Erblassern gegebenenfalls auch Geschwister und Geschwisterkinder des verstorbenen Ehepartners, ferner nicht verwandte Personen, z.B. Freunde und Freundinnen, und schließlich auch gemeinnützige Anstalten, kirchliche Stellen und Stiftungen sein. Wenn der Erblasser, wie es vielfach vorkommt, seinen Nachlaß an eine größere Anzahl von Personen verteilen will, ist es zweckmäßig, mindestens eine oder zwei Personen zu Erben einzusetzen und den oder die Erben mit entsprechenden Vermächtnissen zu belasten. Eine größere Zahl von Erben erschwert die Verteilung des Nachlasses. Mitunter empfiehlt sich in einem solchen Falle auch die Bestimmung eines Testamentsvollstreckers, der die Verteilung nach den letztwilligen Verfügungen durchzuführen hat.

M 5 Einsetzung eines Alleinerben, Barvermächtnis

Testament

Ich, Lina Körner, verwitwet, wohnhaft ..., setze hiermit meinen Bruder 558
Karl Gerold, wohnhaft ..., zu meinem alleinigen Erben ein. Zum alleinigen Ersatzerben bestimme ich in erster Linie seine Ehefrau Gretel Gerold, geb. Schneider, in zweiter Linie seinen Sohn Georg Gerold. Mein Patenkind Lina Merk, wohnhaft ...., erhält ein Barvermächtnis von 3000 DM, zahlbar binnen drei Monaten nach meinem Tode.

Köln, den ... Lina Körner

M 6 Einsetzung mehrerer Erben, Anordnung von Vermächtnissen

Testament

559 Ich, Lina Körner, Witwe, wohnhaft ...., bestimme hiermit letztwillig was folgt:

1. Zu Erben setze ich ein:
   a) meinen Bruder Karl Gerold, wohnhaft ...., zu einem Viertel,
   b) meine Schwester Emma Gerold, wohnhaft ...., zu einem Achtel,
   c) die drei Kinder meines Schwagers Ernst Körner, eines Bruders meines verstorbenen Mannes: Max, Richard und Fritz Körner wohnhaft ..., zusammen zu drei Achteln,
   d) meine frühere Wirtschafterin Else Weller, wohnhaft ...., zu einem Viertel.

   An die Stelle eines eingesetzten Erben treten dessen Abkömmlinge zu gleichen Teilen als Ersatzerben; sind Abkömmlinge nicht vorhanden, so tritt Anwachsung zugunsten der anderen Erben ein.
2. Meine Erben belaste ich mit folgenden Vermächtnissen:
   a) Meine Nichte Erika Birken, geb. Gerold, wohnhaft ...., erhält 2000 DM in bar, zahlbar innerhalb von sechs Monaten nach meinem Tode;
   b) meine Freundin Rosel Schmitt, wohnhaft ...., erhält mein Klavier und meinen Fernsehapparat;
   c) meine Schwester Emma Gerold erhält als Vorausvermächtnis meine gesamte Wohnungseinrichtung, Bett- und Leibwäsche und mein Schuhwerk.

Köln, den ... Lina Körner

M 7 Vor- und Nacherbfolge (zu Rz. 250ff.)

Testament

560 Ich, Lina Körner, wohnhaft ...., bestimme meine Schwester Emma Gerold, wohnhaft ...., zu meiner alleinigen Vorerbin. Zu Nacherben bestimme ich die drei Söhne meines Bruders Karl Gerold, nämlich
Fritz Gerold, wohnhaft ....,
Richard Gerold, wohnhaft ....,
Max Gerold, wohnhaft ....,
zu unter sich gleichen Anteilen.

Falls einer der Nacherben vor oder nach dem Erbfall, aber vor dem Nacherbfall stirbt oder aus sonstigen Gründen als Nacherbe wegfällt, sind Ersatznacherben dessen Kinder. Fällt ein Nacherbe ohne Hinterlassung von Abkömmlingen weg, wächst sein Anteil den anderen Nacherben an.
Der Fall der Nacherbfolge tritt ein mit dem Tode oder der Verehelichung der Vorerbin.
Die Vorerbin soll von allen gesetzlichen Beschränkungen befreit sein.

Köln, den ... Lina Körner

Anmerkung:

Vgl. hierzu oben Rz. 250 sowie unten M 54 Rz. 611.

M 8 Einsetzung eines Alleinerben, zahlreiche Vermächtnisse

Testament

1. Ich, Lina Körner, wohnhaft ...., setze hiermit meine Freundin Rosa Seidel, wohnhaft ...., zu meiner alleinigen Erbin ein. Alleiniger Ersatzerbe soll mein Bruder Karl Gerold, wohnhaft ...., sein. 561
2. Mein Alleinerbe soll aus meinem Nachlaß zunächst alle Nachlaßverbindlichkeiten bezahlen. Sodann soll mein Vermögen wie folgt verteilt werden: Es erhalten:
   a) je 1000 DM meine Nichten und Neffen .... (es folgen z. B. die Namen und Anschriften von 15 Personen als Vermächtnisnehmer),
   b) je 500 DM Herr ...., Frau ...., Herr ...., Frau .... (Vornamen, Familiennamen mit Anschriften),
   c) meine gesamte Wohnungseinrichtung, ausgenommen mein Klavier, Fräulein ....,
   d) mein Klavier mein Patenkind ....,
   e) meine gesamte Wäsche und Kleidung meine Nichte ....,
   f) meinen Fernsehapparat meine frühere Hausgehilfin ....

   Mein Alleinerbe darf für seine Bemühungen auf jeden Fall einen Betrag von 3000 DM für sich behalten. Sollte mein Nachlaß nicht ausreichen, um alle von mir unter a) und b) angeordneten Barvermächtnisse zu erfüllen, so sind die Barvermächtnisse verhältnismäßig zu kürzen.

Köln, den ... Lina Körner

M 9 Errichtung einer gemeinnützigen Stiftung und Einsetzung zum Alleinerben

Testament

562 1. Ich, Lina Körner, wohnhaft ...., setze hiermit die von mir hiermit errichtete „Lina Körnersche Stiftung“ zum Alleinerben ein.

2. Die Stiftung soll folgende Satzung haben:

§ 1 **Name, Sitz und Zweck**

(1) Die Stiftung führt den Namen „Lina Körnersche Stiftung“. Sitz der Stiftung ist Köln.

(2) Ausschließlicher und unmittelbarer Zweck der Stiftung (Anm. 1) ist die Unterstützung von

a) in Köln ansässigen armen Kranken,

b) unbemittelten, einer Hilfe bedürftigen Kölner Einwohnern (die Männer sollen möglichst über 60 Jahre und die Frauen möglichst über 55 Jahre alt sein).

§ 2 **Stiftungsvermögen**

(1) Das Vermögen der Stiftung besteht aus meinem gesamten Nachlaß, bestehend aus folgenden Grundstücken: ...., meinem Wertpapierdepot Nr. .... bei der Stadtsparkasse Köln und meinen Spar- und sonstigen Konten bei der gleichen Sparkasse.

Die gesamten Erträge des Stiftungsvermögens sind nach Abzug der Verwaltungskosten zu dem Stiftungszweck zu verwenden.

(2) Die Stiftung ist berechtigt, auch andere Zuwendungen zu dem Stiftungszweck anzunehmen.

§ 3 **Vorstand**

(1) Ein Vorstand aus drei Personen verwaltet die Stiftung. Er setzt sich zusammen aus dem jeweiligen Leiter des Stiftungsamtes Köln und zwei Mitgliedern des Stadtrates der Stadt Köln, die jeweils vom Herrn Oberbürgermeiter der Stadt Köln auf die Dauer von vier Jahren bestimmt werden.

(2) Die Mitglieder des Vorstandes der Stiftung erhalten, abgesehen vom Ersatz ihrer baren Auslagen, keine Vergütung für ihre Tätigkeit.

§ 4 **Verwendung des Vermögens**

(1) Sollte die Genehmigung (Anm. 2) dieser Stiftung nicht binnen zweier Jahre zu erreichen sein oder sonst ein Grund das Entstehen der Stiftung verhindern, so ernenne ich die Stadt Köln zum alleinigen Erben mit der

Auflage, aus meinem Nachlaß eine Stiftung zu dem in § 1 Absatz (2) genannten Zweck zu errichten und bis zu ihrer Errichtung die Erträge meines Nachlasses für ähnliche Zwecke zu verwenden.
(2) Im Falle der Aufhebung (Anm. 3) der Stiftung ist das vorhandene Stiftungsvermögen an die Stadt Köln mit der Auflage zu übertragen, es einer von ihr verwalteten ausschließlich und unmittelbar gemeinnützigen oder mildtätigen Zwecken dienenden Stiftung zuzuführen. Dabei ist dafür Sorge zu tragen, daß die Erträge des Stiftungsvermögens dem von mir begünstigten Personenkreis zufließen.

Köln, den ... Lina Körner

Anmerkungen:

1. Die gesetzlichen Bestimmungen über Stiftungen sind in den §§ 80 – 88 BGB enthalten. Diese Regelungen sind jedoch lückenhaft. Ergänzend gelten die Stiftungsgesetze der Länder (vgl. die Übersicht bei *Palandt-Heinrichs,* 52. Aufl., Vorbm. v. § 80). In den neuen Bundesländern gilt das am 13. 9. 1990 von der Volkskammer erlassene StiftungsG (GBl DDR I S. 1483) als Landesrecht fort (Zusatzvereinbarung zum Einigungsvertrag vom 18. 9. 1990 BGBl II S. 1240; hierzu *Rawert,* BB 1991, Beil. 6 S. 13). Die Errichtung einer Stiftung empfiehlt sich nur bei Vorhandensein eines größeren Vermögens. Ansonsten ist es vorzuziehen, die beabsichtigte Zuwendung einer schon bestehenden Stiftung zu vermachen, evtl. unter der Auflage, die Erträge des Vermögens in bestimmter Weise zu verwenden.
2. Jedes Stiftungsgeschäft muß durch das Land, in dessen Gebiet die Stiftung ihren Sitz haben soll, genehmigt werden (§ 80 BGB). Im allgemeinen ist das jeweilige Staatsministerium des Innern, in manchen Bundesländern der Regierungspräsident und ausnahmsweise (bei einer Familienstiftung des preuß. Rechts) das Amtsgericht für die Erteilung der Genehmigung zuständig.
3. Ist die Erfüllung des Stiftungszwecks unmöglich geworden, so kann die zuständige Behörde die Stiftung aufheben (§ 87 Abs. 1 BGB).

M 10 Erbeinsetzung, Teilungsanordnung, Vermächtnisse, Vorausvermächtnisse

Testament

Ich, Maria Schmitt, wohnhaft in Augsburg, Wendelsteinstraße 10, verfüge 563
hiermit letztwillig folgendes:

I.

Ich setze zu meinen Erben ein:
a) meinen Neffen Franz Schmitt, Kaufmann in ....
zu zwei Drittel Anteilen, und
b) meine Nichte Franziska Schneider, geborene Schmitt, Hausfrau in .... zu einem Drittel Anteil.

Zu Ersatzerben bestimme ich jeweils die Abkömmlinge des Erben zu unter sich gleichen Teilen.
Sollte ein Erbe ohne Hinterlassung von Abkömmlingen vor mir sterben, so wächst sein Anteil dem anderen Erben an.

II.

(1) Mein Neffe Franz Schmitt ist berechtigt, mein Hausgrundstück, Wendelsteinstraße Haus Nr. 10 in Augsburg aus der Nachlaßmasse zu übernehmen. Das Übernahmerecht muß spätestens binnen sechs Monaten nach meinem Tode den übrigen Miterben gegenüber ausgeübt werden, widrigenfalls es erlischt.
(2) Die Übernahme des Hausgrundstücks hat zum Verkehrswert (Verkaufswert) zu erfolgen.
Sollten sich meine Erben über den Verkehrswert nicht einigen können, so wird der Verkehrswert durch einen gerichtlich vereidigten Bausachverständigen mit rechtsverbindlicher Wirkung für alle Beteiligten festgesetzt. Die Person des Bausachverständigen bestimmt im Nichteinigungsfalle die Industrie- und Handelskammer Augsburg.
(3) Mein Neffe Franz Schmitt hat sich den Schätzungswert des Anwesens auf seinen Erbteil in vollem Umfang anrechnen zu lassen.

III.

(1) Meine Erben belaste ich mit einem Barvermächtnis von 15000 DM – fünfzehntausend Deutsche Mark –
zugunsten meiner Hausangestellten Rosa Lindermeir, wohnhaft in ... Die Vermächtnisnehmerin ist seit 35 Jahren in unserer Familie als Hausgehilfin tätig gewesen.
(2) Die Auszahlung des Barvermächtnisses hat spätestens binnen sechs Monaten nach meinem Tode ohne Zulage von Zinsen zu erfolgen.
(3) Sollte sich das Bruttogehalt (d.h. Grundgehalt samt Ortszuschlag der Ortsgruppe S) eines ledigen Regierungsrates des Freistaates Bayern, niedrigste Dienstaltersstufe, in Zukunft gegenüber dem heutigen Stand erhöhen oder vermindern, so erhöht oder vermindert sich der Vermächtnisbetrag von 15000 DM im gleichen Verhältnis.

IV.

Ich mache meinen Erben zur Auflage, daß Fräulein Rosa Lindermeir im Falle ihres Todes in meinem Familiengrab im Westfriedhof beigesetzt wird. Die Kosten ihrer Beerdigung haben meine Erben zu tragen.

V.

(1) Von meinen Schmuck- und Wertsachen erhalten als Vorausvermächtnis, also ohne Anrechnung auf ihren Erbteil:
a) mein Neffe Franz Schmitt die folgenden Gegenstände ....
b) meine Nichte Franziska Schneider die folgenden Gegenstände ....
(2) Ersatzvermächtnisnehmer sind für meinen Neffen Franz Schmitt dessen Abkömmlinge zu gleichen Teilen, für Franziska Schneider deren Tochter Franziska Ulbricht, geborene Schneider, wohnhaft in ....
(3) Sollte der eine oder andere Schmuck- oder Wertgegenstand sich bei meinem Tode nicht mehr in meinem Nachlaß befinden, weil ich ihn schon zu Lebzeiten verschenkt habe, so hat es damit sein Bewenden. Das Vermächtnis bzw. Vorausvermächtnis entfällt dann insoweit.

VI.

Meinem Neffen Franz Schmitt mache ich zur Auflage, für die Pflege meines Grabes, solange der Grabbrief läuft, zu sorgen.
Für die Kosten meiner Beerdigung und der Grabpflege hat mein Neffe Franz Schmitt allein aufzukommen.
Alle übrigen, bei meinem Tode etwa vorhandenen Nachlaßverbindlichkeiten treffen meine Erben im Verhältnis ihrer Erbanteile gemäß Abschnitt I. dieses Testaments.

VII.

Meine Bankkonten befinden sich bei der Kreissparkasse und bei der Genossenschaftsbank Kriegshaber.

Augsburg, den ... Maria Schmitt

Anmerkung:

Die Erblasserin kann den Übernahmepreis im Testament auch selbst bestimmen, etwa: „Den Übernahmepreis für das Grundstück setze ich auf 100000 DM fest.“ Wenn aber zwischen Testamentserrichtung und Todestag eine lange Zeitspanne liegt, z. B. 10 Jahre, entspricht der testamentarisch festgesetzte Betrag meist nicht mehr den Wertverhältnissen am Todestag. Neufestsetzung des Übernahmepreises könnte in einem späteren Testament erfolgen.

Testamente für verwitwete Erblasser mit Kindern

M 11 Einsetzung eines Alleinerben, Geldvermächtnisse, Wertbestimmungen und Wohnungsrechte

Testament

564 Ich, Fritz Rüger, Kaufmann, wohnhaft in Stuttgart, Felsenstraße 5, setze hiermit meinen Sohn Georg Rüger, wohnhaft in ...., zu meinem alleinigen und ausschließlichen Erben ein. Ersatzerben sind seine Abkömmlinge. Sollte mein Sohn Georg vor mir ohne Hinterlassung von Abkömmlingen sterben, so bestimme ich zum Alleinerben meinen Sohn Erich Rüger und zu Ersatzerben seine Abkömmlinge zu gleichen Teilen.

Ich bestimme weiter noch folgendes:

a) Meine drei weiteren Kinder Erich Rüger, wohnhaft in ...., Luise Schmidt, geborene Rüger, wohnhaft in ...., und Grete Rüger, wohnhaft in ...., erhalten je ein Barvermächtnis in Höhe eines Viertels meines Reinnachlasses im Zeitpunkt meines Todes (vgl. Anm. 1). Die Barvermächtnisse sind von meinem Todestag an mit 4 % jährlich zu verzinsen und mit einer beiden Teilen zustehenden Kündigung von 6 Monaten zum Ende eines Kalendervierteljahres aufkündbar. Von den Vermächtnisnehmern können die Vermächtnisbeträge fünf Jahre lang nicht aufgekündigt werden (vgl. Anm. 2).

b) Sollte mein Sohn Erich als Alleinerbe oder sollten seine Abkömmlinge als Ersatzerben zum Zuge kommen, so erhalten meine beiden Töchter Luise und Grete je ein Barvermächtnis in Höhe eines Drittels meines Reinnachlasses im Zeitpunkt meines Todes (vgl. Anm. 1). Im übrigen gilt das unter a) Bestimmte hier entsprechend.

c) Soweit Wertpapiere zu meinem Nachlaß gehören, sind sie mit den Tageskursen an meinem Todestag wertmäßig anzusetzen. Soweit Grundbesitz zu meinem Nachlaß gehört, ist er durch einen vereidigten Grundstückssachverständigen auf seinen Verkehrswert im Zeitpunkt meines Todes zu schätzen.

d) Mein Fabrikationsbetrieb unter der Firma „Fritz Rüger, Kunststofffabrik“ in Stuttgart, ist für die Berechnung der Barvermächtnisse lediglich mit den Buchwerten anzusetzen, wie sie sich aufgrund einer auf meinen Todestag nach steuerrechtlichen Grundsätzen aufzustellenden Zwischenbilanz ergeben (vgl. Anm. 3). Das gilt jedoch nicht für den zum Betriebsvermögen gehörenden Grundbesitz, der ebenfalls auf seinen Verkehrswert zu schätzen und mit diesem Wert anzusetzen ist.

e) Die Person des Grundstücksschätzers bestimmt mein Erbe. Sollte auch nur ein Vermächtnisnehmer dem widersprechen, ist der Grundstückssachverständige von der zuständigen Industrie- und Handelskammer mit rechtsverbindlicher Wirkung für alle Beteiligten zu bestimmen.

f) Meine Tochter Luise hat anläßlich ihrer Verheiratung im Jahre 1984 von mir eine Ausstattung von 60000 DM erhalten. Sie hat diese Zuwendung ihren Geschwistern gegenüber zum Ausgleich zu bringen (vgl. Anm. 4).

g) Meine beiden Kinder Erich und Grete erhalten bis zu ihrer Verheiratung, längstens jedoch bis zur Vollendung des 35. Lebensjahres (vgl. Anm. 5), das unentgeltliche Wohnungsrecht – mit eingeschlossen freie Heizung, freie Beleuchtung und freies Wasser – in je einem Zimmer im zweiten Stock meines Einfamilienhauses Nr. 5 an der Bürgermeister-Braun-Straße in Stuttgart. Die Zimmerwahl trifft mein Erbe. Auf Verlangen der Wohnungsberechtigten ist ihr Wohnungsrecht auf ihre Kosten im Grundbuch dinglich zu sichern. Der Wert der Wohnungsrechte hat bei der Berechnung der Barvermächtnisse außer Betracht zu bleiben.

Stuttgart, den ... Fritz Rüger

Anmerkungen:

1. Die Höhe der Barvermächtnisse nicht betragsmäßig, sondern in einem Bruchteil des hinterlassenen Reinnachlasses festzulegen, empfiehlt sich häufig dann, wenn auf längere Sicht testiert wird; denn die Vermögensverhältnisse des Erblassers und die Wertverhältnisse seines Vermögens können sich schon nach wenigen Jahren wesentlich ändern.
2. Wird im Testament nichts über die Fälligkeit der Barvermächtnisse bestimmt, so werden sie sofort nach Eintritt des Sterbefalles zur Zahlung fällig. Vor allem bei höheren Hinauszahlungsbeträgen empfiehlt es sich, die Kündigungsmöglichkeit für den Gläubiger auf mehrere Jahre auszuschließen oder Höchstbeträge für die jährlich zulässigen Hinauszahlungen festzulegen.
3. Damit verbleiben dem Übernehmer des gewerblichen Unternehmens die in dem beweglichen Anlagevermögen und im Umlaufvermögen steckenden stillen Reserven, auch der Ansatz eines Geschäfts- oder Firmenwerts entfällt hier. Wenn freilich die stillen Reserven recht erheblich sind, besteht die Gefahr, daß die Vermächtnisnehmer die Vermächtnisse ausschlagen und statt dessen ihren Pflichtteil beanspruchen (§ 2307 BGB).
4. Gemäß § 2050 Abs. 1 BGB sind Abkömmlinge, die als gesetzliche Erben zur Erbfolge gelangen, verpflichtet, dasjenige, was sie vom Erblasser bei dessen Lebzeiten als Ausstattung (vgl. hierzu § 1624 BGB) erhalten haben, bei der Auseinandersetzung untereinander zur Ausgleichung zu bringen, soweit nicht der Erblasser bei der Zuwendung ein anderes angeordnet hat. Dies gilt gem. § 2052 BGB auch für Testamentserben, falls ihre Erbteile den gesetzlichen Erbteilen gleichstehen. Angesichts dieser Auslegungsregeln ist dringend anzuraten, bereits bei Leistung der Ausstattung ausdrücklich die Anrechnungsverpflichtung zu vereinbaren und hierauf im Testament zu verweisen.

5. Wohnungsrechte für Ledige sollten auf jeden Fall zeitlich begrenzt werden. Heiratet der Bedachte nie, würde das Recht lebenslänglich währen, was für den Erben des Hauses eine unzumutbare Belastung mit sich bringt: Das Haus wäre ohne dem Einverständnis des Berechtigten weder veräußerbar noch belastbar.

M 12 Einsetzung mehrerer Erben, Teilungsanordnung, Wertbestimmungen, Pflichtteilsentziehung, Geld- und Sachvermächtnisse

Testament

565 1. Ich, Fritz Rüger, verwitweter Drogist in Stuttgart, setze hiermit meine drei Kinder Georg Rüger, wohnhaft in ...., Erich Rüger, wohnhaft in ...., und Luise Schmidt, geborene Rüger, wohnhaft in ...., zu meinen Erben zu gleichen Teilen ein. Zu Ersatzerben bestimme ich jeweils ihre Abkömmlinge zu unter sich gleichen Teilen. Stirbt einer meiner Erben ohne Hinterlassung von Abkömmlingen vor mir, so tritt Anwachsung unter meinen übrigen Erben ein.

2. Meiner Tochter Grete Rüger, wohnhaft in ...., entziehe ich den Pflichtteil, weil sie gegen meinen Willen einen ehrlosen Lebenswandel führt .... (die näheren Umstände wären hier noch anzuführen); (vgl. Anm. 1).

3. Sollte sich einer meiner Söhne dem Drogistenberuf zuwenden, so soll er berechtigt sein, meine Drogerie in Firma „Sonnen-Drogerie Fritz Rüger“, in Stuttgart, mit allem, was dazu gehört, zu übernehmen. Das gleiche Übernahmerecht räume ich meinem Schwiegersohn Georg Schmidt für den Fall ein, daß sich bis zu meinem Tode keiner meiner Söhne dem Drogistenberuf zugewendet hat (vgl. Anm. 2).

4. Die Übernahme meiner Drogerie und des Drogeriegrundstücks durch einen meiner Söhne oder durch meinen Schwiegersohn hat zum Verkehrswert (Verkaufswert) zu erfolgen, wobei für den Geschäftswert (Firmenwert) meines Unternehmens höchstens 5 % des Durchschnittsumsatzes (ohne Mehrwertsteuer) der letzten drei Geschäftsjahre vor meinem Tode angesetzt werden dürfen. Der Übernahmepreis ist ab Übernahme mit 5 % jährlich zu verzinsen und wie folgt in die Nachlaßmasse zu bezahlen: 20000 DM bei Übernahme der Drogerie, der verbleibende Kaufpreisrest in drei gleich großen, unmittelbar aufeinanderfolgenden Jahresraten, die erste Jahresrate fällig zwei Jahre nach Übernahme des Geschäftes.

5. Sollten sich die Beteiligten bezüglich des Übernahmewertes meiner Drogerie nicht einigen können, so wird der Verkehrswert für das Geschäftsgrundstück durch einen vereidigten Bausachverständigen und der Firmenwert, die Geschäftseinrichtung und das Warenlager der Drogerie durch einen möglichst vereidigten Sachverständigen für Drogerien mit rechtverbindlicher Wirkung für alle Beteiligten festgesetzt. Besteht keine Einigkeit über die Person der beiden Sachverständigen, so werden diese durch die zuständige Industrie- und Handelskammer mit rechtsverbindlicher Wirkung für alle Beteiligten bestimmt.
6. Irgendwelche Vorempfänge haben meine Erben unter sich nicht auszugleichen.
7. Meinen gesamten Hausrat, meine Kleidung und Wäsche und meine sonstige bewegliche Habe erhält meine Tochter Luise Schmidt, ohne daß sie sich den Wert dieser Gegenstände auf ihren Erbteil anrechnen lassen muß.
   Ausgenommen hiervon sind folgende Gegenstände:
   a) das gesamte Silber, das sich im großen Schrank im Eßzimmer befindet; dieses Silber erhält mein Enkel Fritz Schmidt,
   b) der goldene Armreif mit Brillanten, ein Familienerbstück; ihn erhält mein Sohn Erich ohne Anrechnung auf seinen Erbanteil;
   c) meine Briefmarkensammlung; sie erhält mein Enkel Karl Rüger.
8. Das bei meinem Tod vorhandene Bargeld und mein Bankguthaben sind in erster Linie zur Bezahlung der Nachlaßverbindlichkeiten zu verwenden. Einen verbleibenden Rest haben meine Erben gleichheitlich unter sich zu verteilen; vorab erhält davon meine langjährige Hausangestellte Lina Stieber die Summe von 1 000 DM.

Stuttgart, den ... Fritz Rüger

Anmerkungen:

1. Vgl. hierzu § 2333 Ziff. 5 BGB. Angesichts des Wandels der Wertvorstellungen und der Pluralität der Anschauungen sind allgemein gültige Moralmaßstäbe nur noch schwer feststellbar – die Wertvorstellungen des Erblassers sind nicht einmal vorrangig maßgeblich. So wird dieser Entziehungsgrund nur ausnahmsweise Bestand haben, etwa wenn die Tochter nachweisbar eine Prostituierte ist.
2. Wenn zum Nachlaß des Erblassers auch ein gewerbliches Unternehmen der Industrie, des Handels oder Handwerks gehört, sollte bei einer Mehrheit von Erben nicht versäumt werden, das Übernahmerecht des in Aussicht genommenen Betriebsnachfolgers oder der mehreren Betriebsnachfolger und die näheren Übernahmebedingungen (Übernahmezeitpunkt, Höhe, Fälligkeit und Verzinsung des Übernahmepreises, Abschätzung des Wertes des Betriebsvermögens durch Sachverständige, Wirtschaftsprüfer u. a.) im Testament festzulegen.

M 13 Einsetzung mehrerer Erben, Teilungsanordnung, Ausschluß der Nachlaßauseinandersetzung, Übernahmerecht, Vermächtnisse

Testament

566 Ich, Fritz Rüger, verwitweter Kaufmann in Stuttgart, Wildstraße 5, bestimme hiermit letztwillig was folgt:

1. Ich berufe meine beiden Kinder Erich Rüger, wohnhaft in ...., und Luise Schmidt, geborene Rüger, wohnhaft in ...., zu meinen Erben zu gleichen Stammteilen.
2. Ich wünsche, daß meine beiden Kinder vermögensmäßig möglichst gleichgestellt werden.
3. Mit meinem Sohn Erich Rüger habe ich am 25. 8. 1977 einen Gesellschaftsvertrag und einen Mietvertrag abgeschlossen. Beide Verträge müssen von meiner Tochter Luise als rechtsverbindlich anerkannt werden.
4. Mein Sohn Erich erhält meinen Kommanditanteil an der Firma „Erich Rüger, Schuhfabrik" in Stuttgart, aber nicht unentgeltlich, sondern in Anrechnung auf seinen Erbteil. Sollte mein Kapitalanteil bei meinem Ableben negativ sein, so hat der Ausgleich erst bei der Auseinandersetzung hinsichtlich meines Geschäftsgrundstücks Karlstraße 10 in Stuttgart zu erfolgen.
5. Da durch die auf meinem Mietwohngrundstück Neidhartstraße Haus Nr. 33 in Stuttgart eingetragene Grundschuld zu 50000 DM Geschäftsverbindlichkeiten gegenüber der Deutschen Bank Stuttgart sichergestellt werden, hat diese Grundschuld im Verhältnis meiner beiden Erben mein Sohn Erich allein zu vertreten.
6. Ich schließe das Recht der Erben, die Nachlaßauseinandersetzung hinsichtlich meiner beiden Häuser Karlstraße 10 und Neidhartstraße 33 zu verlangen, auf die Dauer von 10 Jahren, gerechnet von meinem Todestage an, aus (vgl. Anm.).
7. Mein Sohn Erich ist berechtigt, mein Geschäftsgrundstück Karlstraße 10 aus der Nachlaßmasse zu übernehmen. Das Übernahmerecht muß spätestens bis zum Ablauf des elften Jahres nach meinem Ableben ausgeübt werden, widrigenfalls es erlischt.
   Das Übernahmerecht kann von meinem Sohn jederzeit von meinem Todestage an bis zu dem Zeitpunkt ausgeübt werden, in dem es erlischt.
8. Die Übernahme des Geschäftsgrundstücks durch meinen Sohn hat zum Verkehrswert (Verkaufswert) abzüglich 20 % zu erfolgen.
9. Sollten sich die beiden Erben oder ihre Abkömmlinge über den Übernahmepreis für das Geschäftsgrundstück nicht einigen können, so wird

der Verkehrswert durch einen gerichtlich vereidigten Bausachverständigen mit rechtsverbindlicher Wirkung für alle Beteiligten festgesetzt. Die Person des Bausachverständigen bestimmt im Nichteinigungsfalle die Industrie- und Handelskammer Stuttgart.

10. Übt mein Sohn das Übernahmerecht aus, so kann meine Tochter die Auszahlung ihres Anteils nur in Jahresbeträgen bis zu 20000 DM verlangen. Der erste Jahresbetrag von 20000 DM wird bei Ausübung des Übernahmerechts fällig und zahlbar. Soweit ein Teil des Übernahmepreises bei der Übernahme gestundet wird, ist der Übernahmepreisrest mit 5 % jährlich zu verzinsen.
11. Sollte mein Sohn erklären, daß er das Übernahmerecht nicht ausübt, oder sollte sein Übernahmerecht infolge Fristablauf erlöschen, so steht das Übernahmerecht meiner Tochter Luise zu, die dieses Übernahmerecht binnen Jahresfrist auszuüben hat, widrigenfalls es erlischt. Sollte meine Tochter das Geschäftsgrundstück übernehmen wollen, so hat sie es zu den gleichen Bedingungen zu übernehmen, wie es ihr Bruder hätte übernehmen können.
12. Meine beiden Erben haben von mir und meiner Frau bereits gewisse unentgeltliche Zuwendungen erhalten. Irgendein Ausgleich hierwegen hat nicht zu erfolgen.
13. Meine Tochter Luise erhält als Vorausvermächtnis ohne Anrechnung auf ihren Erbteil den von mir hinterlassenen Schmuck, meine Wäsche und Kleidung und meine Wohnungseinrichtung.
14. Die bei meinem Tod zur Auszahlung gelangende Lebensversicherung bei der Allianz zu 10000 DM erhält als Vermächtnis meine Schwester Erika Schuster, wohnhaft in ...., die in ärmlichen Verhältnissen lebt.

Stuttgart, den ... Fritz Rüger

Anmerkung:

§ 2044 BGB läßt einen solchen Ausschluß zu, verweist aber auch auf § 749 Abs. 2 und 3 BGB, wonach trotz eines solchen Ausschlusses die Aufhebung der Gemeinschaft gleichwohl verlangt werden kann, wenn ein „wichtiger Grund" vorliegt. Ob ein solcher gegeben ist, kann immer nur für den Einzelfall – notfalls durch ein Gericht – festgestellt werden.
Die Beschränkung des Rechts eines jeden Erben, die Aufhebung der Gemeinschaft – gegen den Willen der anderen Erben – verlangen zu können, ist dennoch zu empfehlen. Andernfalls könnte jeder Erbe jederzeit die Aufhebung der Gemeinschaft im Wege der Zwangsversteigerung gem. §§ 180ff. ZVG erzwingen.

Testamente für verheiratete Erblasser ohne Kinder

567 **Allgemeiner Hinweis:**

Kinderlos Verheiratete werden meist darauf bedacht sein, ihren Ehepartner, falls dieser länger leben sollte, finanziell sicherzustellen; sie werden ihn daher in der Regel zum alleinigen Erben einsetzen. Daneben können eigene Verwandte des Erblassers mit Vermächtnissen bedacht oder als Nacherben eingesetzt werden. Nur wenn die Ehe des Erblassers schlecht ist oder wenn der Ehegatte über erhebliches eigenes Vermögen und eine hinreichende Altersversorgung verfügt, ist an eine Erbeinsetzung der Verwandten des Erblassers zu denken. Der Ehegatte kann dann auf den Pflichtteil gesetzt und u. U. kann ihm dieser sogar entzogen werden. Durch testamentarische Teilungsanordnungen und durch Ernennung eines Testamentsvollstreckers kann der Erblasser späteren Auseinandersetzungen unter mehreren Erben vorbeugen.
Neben dem einseitigen, d.h. nur von einer Person errichteten Testament, auf das sich die folgenden Muster beziehen, kennt das Erbrecht noch das gemeinschaftliche Testament, das nur von Ehegatten errichtet werden kann (§ 2265 BGB). Beim gemeinschaftlichen Testament handelt es sich im Grunde um zwei letztwillige Verfügungen, die nur in einer Urkunde zusammengefaßt sind (vgl. oben Rz. 106).

M 14 Einsetzung des Ehegatten zum Alleinerben

Testament

568 Ich, Karl Schnack, Kaufmann in Nürnberg, Ludwigstraße 5, setze hiermit meine Ehefrau Frieda Schnack, geb. Moll, zu meiner alleinigen und ausschließlichen Erbin ein. Sollte meine Ehefrau vor mir sterben, bestimme ich ihre einzige Tochter aus erster Ehe, Fräulein Anna Merck, zu meiner alleinigen Ersatzerbin.

Nürnberg, den ... Karl Schnack

Anmerkung:

Die Verwandten des Erblassers (Eltern, Geschwister und Geschwisterkinder) gehen hier beim Tode seiner Witwe leer aus, es sei denn, daß Frieda Schnack und deren ersteheliche Tochter Anna Merck vor dem Erblasser sterben sollten, oder Frieda Schnack ausnahmsweise in einem eigenen Testament Zuwendungen für die Verwandten ihres Mannes vorsieht.
Will der Erblasser auch seine Verwandten bedacht wissen, müßte das Testament z. B. wie folgt ergänzt werden: „Meine Alleinerbin bzw. meine alleinige Ersatzerbin

belaste ich mit folgenden Vermächtnissen: Mein Bruder Erich Schnack, wohnhaft in Augsburg, Schillerstraße 10, und meine Schwester Maria Müller, geb. Schnack, wohnhaft in Stuttgart, Kirchstraße 16, erhalten aus meinem Nachlaß je ... DM in bar, zahlbar ohne Zulage von Zinsen binnen 6 Monaten nach meinem Tode. Ersatzvermächtnisnehmer sind deren Abkömmlinge zu gleichen Teilen."

M 15 Einsetzung des Ehegatten zum alleinigen Vorerben und der Geschwister zu Nacherben

Testament

Ich, Karl Schnack, Kaufmann in Nürnberg, Ludwigstraße 5, setze hiermit 569
meine Ehefrau Frieda Schnack, geb. Moll, zu meiner alleinigen Vorerbin ein. Zu Nacherben bestimme ich meinen Bruder Erich Schnack, wohnhaft .... und meine Schwester Maria Müller, geb. Schnack, wohnhaft .... Der Fall der Nacherbfolge tritt ein mit dem Tod meiner Ehefrau Frieda Schnack oder mit ihrer Wiederverheiratung.

Nürnberg, den ... Karl Schnack

Anmerkung:

Dieses Testament vermeidet, daß das Vermögen des Erblassers nach dem Tode oder der Wiederverheiratung seiner Witwe an deren Verwandte (Eltern, Geschwister, Geschwisterkinder) fällt. Über Grundstücke und Grundstücksrechte, z. B. Hypotheken und Grundschulden, die zum Nachlaß gehören, kann die Witwe als Vorerbin nur mit Einwilligung der beiden Geschwister ihres Mannes verfügen (§ 2113 Abs. 1 BGB). Auch sonst unterliegt die Frau den im Gesetz vorgeschriebenen Beschränkungen (vgl. §§ 2114, 2116 – 2119, 2123, 2127 – 2131, 2133, 2134 BGB). Im Regelfall dürfte es sich empfehlen, die Witwe als Vorerbin von diesen lästigen Beschränkungen freizustellen. Dann muß der Erblasser in seinem Testament noch folgendes hinzufügen:
„Meine Vorerbin soll von allen nach dem Gesetz vorgesehenen Beschränkungen befreit sein. Meine Nacherben setze ich also nur auf dasjenige ein, was bei Eintritt der Nacherbfolge von meinem Vermögen noch vorhanden ist."
Auch bei einer Vor- und Nacherbfolge kann der Erblasser Vermächtnisse und Auflagen anordnen. Er muß aber bestimmen, ob diese Vermächtnisse und Auflagen bereits von der Vorerbin oder erst von den Nacherben erfüllt werden sollen.

Beispiel:
„Meine Witwe hat sofort nach meinem Tode an mein Patenkind Erich Müller, wohnhaft ..., einen Betrag von 2000 DM als Barvermächtnis zu bezahlen. Meine Nichte

Erika Schnack, wohnhaft ..., erhält nach Eintritt der Nacherbfolge vermächtnisweise mein Bauplatzgrundstück ...“

Vgl. hierzu oben Rz. 250ff. sowie unten Rz. 611.

M 16 Einsetzung der Geschwister zu Erben und Nießbrauchsvermächtnis für die Witwe

Testament

570 Ich, Karl Schnack, wohnhaft ..., berufe zu meinen Erben: meinen Bruder Erich Schnack, wohnhaft ..., zu 2/3 Anteilen und meine Schwester Maria Müller, geb. Schnack, wohnhaft ..., zu 1/3 Anteil.
Zu Ersatzerben bestimme ich:
für meinen Bruder Erich dessen Ehefrau Lore Schnack, geb. Gold, für meine Schwester Maria deren Tochter Ilse. Meine Witwe erhält vermächtnisweise das Nutzungsrecht (Nießbrauch) an meinem gesamten Nachlaß, insbesondere an meinem Mietwohnhausgrundstück Haus Nr. 21 an der Sieglindenstraße in Augsburg. Das Nutzungsrecht erlischt mit ihrem Tode (evtl.: oder mit ihrer Wiederverheiratung). Auf Verlangen meiner Witwe ist ihr Nutzungsrecht als Nießbrauch an meinem Grundbesitz auf Kosten der Erben einzutragen.

Nürnberg, den ... Karl Schnack

M 17 Einsetzung der Geschwister zu Erben, Pflichtteil für den überlebenden Ehegatten

Testament

571 Ich, Karl Schnack, wohnhaft ..., bestimme zu Erben meinen Bruder Erich Schnack, wohnhaft ..., zu 3/8 Anteilen und meine Schwester Maria Müller, geb. Schnack, wohnhaft ..., zu 5/8 Anteilen. Zu Ersatzerben in erster Linie bestimme ich deren Abkömmlinge zu unter sich gleichen Stammteilen. Sollte mein Bruder Erich oder meine Schwester Maria ohne Hinterlassung von Leibeserben vor mir versterben, so sollen der andere Geschwisterteil bzw. dessen Abkömmlinge Ersatzerben in zweiter Linie sein. Sollten meine beiden Geschwister ohne Abkömmlinge vor mir sterben, dann bestimme ich zu meinem Alleinerben die Evangelisch-lutherische Kirchengemeinde St. Johannis in Nürnberg. Diese hat das ihr angefallene Vermögen für folgende Zwecke zu verwenden: ....

Meine Witwe Frieda Schnack, geb. Moll, setze ich auf Pflichtteil. Sie hat sich alle anrechnungsfähigen Vorempfänge auf ihren Pflichtteil anrechnen zu lassen. Insbesondere muß sie sich auch den Betrag von ... DM anrechnen lassen, den ich ihr im Jahre ... mit der ausdrücklichen Bestimmung gegeben habe, daß sie sich diesen Betrag auf ihren etwaigen Pflichtteil anrechnen lassen müsse.

Nürnberg, den ... Karl Schnack

Anmerkung:

Der Erblasser wird seinen Ehepartner in der Regel nur dann auf den Pflichtteil setzen, wenn er mit ihm nicht in harmonischer Ehe gelebt hat, oder der überlebende Eheteil selbst soviel Eigenvermögen besitzt, daß er auf das Vermögen des Erblassers nicht angewiesen ist.

Testamente für verheiratete Erblasser mit Kindern

M 18 Einsetzung des Ehegatten zum Alleinerben

Mein letzter Wille!

Ich, Karl Berger, Kaufmann in ... wohnhaft, setze hiermit meine Witwe, 572
Frau Erika Berger, geborene Geisler, zu meiner alleinigen und ausschließlichen Erbin ein.

Augsburg, den ... Karl Berger

M 19 Einsetzung der Kinder zu Erben, Nießbrauchsvermächtnis für die Witwe

Mein Testament

Ich, Karl Berger, Kaufmann, wohnhaft in ...., setze hiermit meine 573
Söhne Georg, Fritz und Richard zu meinen Erben zu gleichen Teilen ein.
Sollte einer meiner Söhne vor mir sterben, so bestimme ich seine Abkömmlinge zu seinen Ersatzerben zu gleichen Stammteilen.
Meiner Witwe Erika Berger vermache ich den Nießbrauch an meinem gesamten Nachlaß. Der Nießbrauch erlischt mit ihrem Tode oder ihrer Wiederverheiratung.

Augsburg, den ... Karl Berger

M 20 Einsetzung der Witwe zur befreiten Vorerbin, der Kinder zu Nacherben

Testament

574 Ich, Karl Berger, Kaufmann in ...., setze hiermit meine Witwe Erika Berger, geborene Geisler, zu meiner alleinigen Vorerbin ein.
Zu Nacherben bestimme ich meine drei Söhne Georg, Fritz und Richard. Falls ein Sohn vor oder nach dem Erbfall, aber vor dem Nacherbfall stirbt oder aus sonstigen Gründen als Nacherbe wegfällt, sind Ersatznacherben dessen Kinder. Fällt ein Nacherbe ohne Hinterlassung von Abkömmlingen weg, wächst sein Anteil den anderen Nacherben an. Der Fall der Nacherbfolge tritt ein mit dem Tode oder mit der Wiederverheiratung meiner Witwe. Meine Witwe soll als Vorerbin von allen nach dem Gesetz vorgesehenen Beschränkungen befreit sein.

Augsburg, den ... Karl Berger

Anmerkung:
Vgl. hierzu oben Rz. 250 sowie unten M 54, Rz. 611.

M 21 Gesetzliche Erbfolge, Nießbrauchsvermächtnis für die Witwe, Ernennung der Witwe zur Testamentsvollstreckerin

Testament

575 Ich, Karl Berger, Kaufmann in ..., bestimme hiermit letztwillig, was folgt: Es soll die gesetzliche Erbfolge gelten, jedoch erhält meine Witwe vermächtnisweise den Nießbrauch an allem, was ich hinterlasse, auf Lebenszeit. Das Recht der Erben, die Erbauseinandersetzung zu Lebzeiten meiner Witwe zu verlangen, schließe ich hiermit aus.
Meine Witwe ernenne ich zu meiner Testamentsvollstreckerin. Für den Fall der Wiederverheiratung will ich meiner Witwe keinerlei Beschränkungen auferlegen.

Augsburg, den ... Karl Berger

M 22 Einsetzung eines Sohnes zum Alleinerben, Versorgungsrente für die Witwe und Vermächtnisse für die übrigen Kinder, Testamentsvollstreckung

Testament

Ich, Karl Berger, Kaufmann in .... setze hiermit meinen Sohn 576
Georg Berger, Geschäftsführer in ...., zu meinem alleinigen und ausschließlichen Erben ein. Meinen Alleinerben belaste ich mit folgenden Vermächtnissen:

a) Meine Witwe erhält eine lebenslängliche Versorgungsrente im Betrag von monatlich ... DM, jeweils am Ersten eines jeden Monats im voraus zahlbar. Die Leibrente erlischt nicht, wenn sich meine Witwe wieder verehelichen sollte. Sollte sich in Zukunft das Grundgehalt nebst Ortszuschlag eines ledigen Stadtinspektors der Stadt .... erhöhen oder vermindern, so erhöht oder vermindert sich die Leibrente von .... DM im gleichen Verhältnis.
Auf Verlangen meiner Witwe ist die Leibrente durch Eintrag einer Reallast an nächstoffener Rangstelle an meinem Einfamilienwohnhaus Haus Nr. .... an der ....straße in .... dinglich sicherzustellen. Die Kosten der Eintragung gehen zu Lasten meines Alleinerben.

b) Meine beiden Söhne Fritz und Richard Berger und meine Tochter Frieda, verehelichte Schneider, erhalten je ein Barvermächtnis in Höhe eines Achtels meines Reinnachlasses im Zeitpunkt meines Todes. Diese Barvermächtnisse sind von meinem Todestage an mit 6 % jährlich zu verzinsen und mit einer Kündigungsfrist von sechs Monaten beiderseits aufkündbar. Die Vermächtnisnehmer sind nicht berechtigt, die Barvermächtnisse in den ersten fünf Jahren nach meinem Tode zu kündigen.

c) Zum Testamentsvollstrecker bestimme ich Herrn Kurt Helmer, Steuerberater in .... Mein Testamentsvollstrecker hat Anspruch auf eine Testamentsvollstreckungsvergütung in Höhe von 2 % meines Bruttonachlasses. Sollte Herr Helmer aus irgendeinem Grunde als Testamentsvollstrecker nicht in Frage kommen oder nachträglich wieder wegfallen, so soll das Nachlaßgericht ersatzweise eine andere geeignete Person zum Testamentsvollstrecker ernennen.

Augsburg, den ... Karl Berger

M 23 Einsetzung der Witwe und der Kinder zu Erben, Teilungsanordnung

Testament

577 Ich, Karl Berger, ... setze hiermit meine Ehefrau Erika Berger, geb. Geisler und meine beiden Kinder Georg und Frieda Berger zu meinen Erben zu gleichen Teilen ein.
Sollte meine Frau vor mir sterben, so fällt das dadurch freiwerdende Drittel zu 40% an meinen Sohn Georg und zu 60% an meine Tochter Frieda. Ersatzerben für meine Kinder sind jeweils deren Abkömmlinge. Hinterläßt ein Kind keine Abkömmlinge, wächst sein Anteil dem anderen Kinde, ersatzweise dessen Abkömmlingen an.
Ich treffe hiermit folgende Teilungsanordnung:

a) Mein Zweifamilienhaus in ...., erhält mein Sohn Georg. Er muß sich den Schätzungswert des Anwesens auf sein Erbteil voll anrechnen lassen.
b) Meine Witwe und meine Tochter Frieda teilen unter sich mein Wertpapierdepot Nr. .... bei der Bayerischen Vereinsbank, Filiale ...., und meine Sparguthaben, Sparbuch-Nr. .... bei der Bayerischen Hypotheken- und Wechselbank .... und Sparbuch Nr. .... bei der Stadtsparkasse ...
c) Da meine Witwe und meine beiden Kinder Georg und Frieda vermögensmäßig völlig gleichgestellt werden sollen, ist ein Mehr oder Weniger, das sich aus der Teilungsanordnung ergibt, in bar auszugleichen.

Augsburg, den ... Karl Berger

Ehegattentestamente für kinderlose Ehepaare/Verfügungen von Todes wegen nur für den ersten Sterbefall

M 24 Gegenseitige Einsetzung zum Alleinerben

Gemeinschaftliches Testament

578 Wir, Georg und Frieda Trost, geb. Müller, wohnhaft ...., setzen uns hiermit gegenseitig zum alleinigen und ausschließlichen Erben ein.

Stuttgart, den ...

Georg Trost
Frieda Trost, geb. Müller

Anmerkung:

Oft werden noch Sätze zugefügt wie z. B.: „Der überlebende Ehegatte kann über unser beiderseitiges Vermögen frei verfügen" oder „Für den zweiten Sterbefall wollen wir heute noch nichts bestimmen." Solche Zusätze sind überflüssig, weil sie etwas Selbstverständliches zum Ausdruck bringen.

M 25 Einsetzung der Geschwister zu Erben, Nießbrauchsvermächtnis für den überlebenden Ehegatten

Gemeinschaftliches Testament

Wir, Georg und Frieda Trost, geb. Müller, wohnhaft ...., bestimmen für den Fall der Auflösung unserer Ehe durch den Tod folgendes: Der Erstversterbende von uns beiden soll von seinen Geschwistern zu gleichen Teilen beerbt werden. Anstelle eines vorverstorbenen Geschwisterteils treten dessen Abkömmlinge als Ersatzerben zu gleichen Teilen. Stirbt ein Geschwisterteil ohne Hinterlassung von Abkömmlingen, soll sein Erbanspruch seinen übrigen Geschwistern anwachsen. 579

Der Überlebende von uns beiden erhält am Nachlaß des Erstverstorbenen den Nießbrauch auf Lebenszeit.

Stuttgart, den ...

Georg Trost
Frieda Trost, geb. Müller

Anmerkung:

Ein solches Testament setzt voraus, daß jeder Eheteil genügend eigenes Vermögen besitzt und deshalb auf das Vermögen seines Ehepartners nicht angewiesen ist, oder daß die Nutzungen aus dem Nießbrauch zur Deckung des Lebensunterhalts des überlebenden Eheteils ausreichen.

M 26 Einsetzung eines einzelnen Geschwisterteils bzw. Elternteils zum Erben, Barvermächtnis und Wohnungsrecht für den überlebenden Eheteil, Wahlvermächtnis

Gemeinschaftliches Testament

Wir, Georg und Frieda Trost, geb. Müller, wohnhaft ...., bestimmen für den ersten in unserer Ehe eintretenden Sterbefall folgendes: 580

1. Sollte ich, der Ehemann, erstversterbender Teil sein, so berufe ich meine Schwester Erika Kohler, geb. Trost, zu meiner alleinigen Erbin. Ersatzerben sind ihre Kinder Fritz und Hans Kohler, und zwar ersterer zu 3/5 – drei Fünftel-Anteilen und letzterer zu 2/5 – zwei Fünftel-Anteilen. Meine Witwe erhält ein Barvermächtnis im Betrag von 200000 DM (oder: „In Höhe der Hälfte meines Reinnachlasses“), zahlbar binnen sechs Monaten nach meinem Ableben. Außerdem erhält meine Witwe das lebenslängliche und ausschließliche in der Ausübung unentgeltliche Wohnungsrecht in der Dreizimmerwohnung im 1. Stock unseres gemeinschaftlichen Dreifamilienhauses Schillerstraße Haus Nr. 3 in Stuttgart. Das Wohnungsrecht ist auf Verlangen meiner Witwe durch Eintrag einer beschränkten persönlichen Dienstbarkeit im Grundbuch dinglich zu sichern.
2. Sollte ich, die Ehefrau, erstversterbender Teil sein, so berufe ich meinen Vater Kurt Müller, wohnhaft ...., zu meinem alleinigen und ausschließlichen Erben.
   Zum alleinigen Ersatzerben bestimme ich in erster Linie meinen Bruder Erich Müller, wohnhaft ...., in zweiter Linie meine Schwester Gerda Schneider, geb. Müller, wohnhaft ....
   Mein Witwer erhält ein Barvermächtnis im Betrage von 200000 DM oder wahlweise meinen Hälfteanteil an unserem gemeinschaftlichen Dreifamilienhaus Schillerstraße Haus Nr. 3 in Stuttgart.

Stuttgart, den ...

Georg Trost
Frieda Trost, geb. Müller

Anmerkung:

Auch hier ist nur für den ersten Sterbefall testiert. Der überlebende Eheteil kann statt des ihm ausgesetzten Vermächtnisses den Pflichtteil beanspruchen (vgl. § 2307 BGB).

M 27 Einsetzung des überlebenden Ehegatten zum Alleinerben, Barvermächtnisse und Sachvermächtnisse für Geschwister und Geschwisterkinder des Erstversterbenden

Gemeinschaftliches Testament

581 1. Wir, Georg und Frieda Trost, geb. Müller, wohnhaft ...., setzen uns hiermit gegenseitig zum alleinigen und ausschließlichen Erben ein.

2. Der überlebende Eheteil ist als Alleinerbe des Erstversterbenden verpflichtet, ein Viertel des Reinwertes des Nachlasses an die gesetzlichen Erben des erstversterbenden Eheteils vermächtnisweise hinauszuzahlen. Die Hinauszahlung hat innerhalb eines Jahres nach Eintritt des ersten Sterbefalles zu erfolgen (oder: die Hinauszahlung hat in zehn gleichgroßen, unmittelbar aufeinanderfolgenden und unverzinslichen Jahresraten zu erfolgen. Die erste Rate wird fällig im Todesjahr am 31. Dezember).
   Außerdem erhalten vermächtnisweise:
   a) *falls der Ehemann zuerst verstirbt:* sein Bruder Alois Trost, wohnhaft ..., alle im Nachlaß vorhandenen Jagdsachen, insbesondere den Drilling und die Doppelflinte samt allen Jagdtrophäen, ferner folgende Familienerbstücke ... Ersatzvermächtnisnehmer ist der Sohn des Vermächtnisnehmers namens Ludwig Trost, wohnhaft ...
   b) *falls die Ehefrau zuerst verstirbt:* ihre Schwester Veronika Müller, wohnhaft ..., ihre gesamte Wäsche samt Schuhwerk und ihren Photoapparat Marke Voigtländer, und ihr Patenkind Frieda Müller, ersatzweise deren Mutter Olga Müller, wohnhaft ..., ihren gesamten Schmuck.

Stuttgart, den ... Georg Trost
Frieda Trost, geb. Müller

Anmerkung:

Es empfiehlt sich, nicht nur Erben, sondern auch Ersatzerben einzusetzen für den Fall, daß die zu Erben eingesetzten Personen aus irgendeinem Grunde als Erben nicht in Frage kommen, z. B. infolge Todes oder Ausschlagung. Ebenso können für Vermächtnisnehmer Ersatzvermächtnisnehmer für bestimmte Fälle vorgesehen werden. Erbeinsetzungen und Vermächtnisanordnungen können auch unter aufschiebenden oder auflösenden Bedingungen erfolgen; z. B. „Für den Fall, daß mein Patenkind Frieda bei meinem Tode verheiratet ist und ihr Examen als Dolmetscherin bestanden hat, erhält es ein Barvermächtnis von 5000 DM ...".

M 28 Einsetzung des überlebenden Ehegatten zum Vorerben und der Geschwister bzw. Geschwisterkinder zu Nacherben

Gemeinschaftliches Testament

1. Wir, Georg und Frieda Trost, geb. Müller, wohnhaft ..., setzen uns hier- 582
   mit gegenseitig zum alleinigen Vorerben ein. Die Vorerbschaft endigt mit dem Tode (Ergänzung evtl.: „oder der Wiederverheiratung") des Vor-

erben. Den zum Nachlaß gehörenden Miteigentumsanteil am Hausgrundstück Maisenweg Nr. 15 in ... darf der Vorerbe zwar mit Hypotheken, Grund- und Rentenschulden in beliebiger Höhe belasten, aber nicht ohne Zustimmung der Nacherben veräußern.

2. Zum alleinigen Nacherben bestimme ich, der Ehemann, meine Schwester Karolina Neubauer, geb. Trost, wohnhaft ..., zu Ersatznacherben bestimme ich lediglich derenTöchter Ilse und Laura zu gleichen Stammteilen.
3. Zum alleinigen Nacherben bestimme ich, die Ehefrau, lediglich meinen Bruder Max Müller, wohnhaft ..., Ersatznacherben sollen dessen Abkömmlinge zu gleichen Stammteilen sein.
4. Der Überlebende von uns beiden erhält als Vorausvermächtnis alle zum ehelichen Haushalt gehörenden Gegenstände, soweit sie dem Erstversterbenden gehört haben, ferner seinen gesamten Schmuck.

Stuttgart, den ... Georg Trost
Frieda Trost, geb. Müller

Ehegattentestamente für kinderlose Ehepaare/Verfügungen von Todes wegen für den ersten und zweiten Sterbefall

Vor Abfassung solcher sogenannter **Berliner Testamente** sollten die Ausführungen unter Rz. 106ff. eingehend gelesen, die Warnungen vor unbedachten Formulierungen im Hinblick auf die Bindungswirkung für den Längstlebenden beachtet werden.

M 29 Gegenseitige Erbeinsetzung, Berufung der beiderseitigen Verwandten zu Erben des überlebenden Eheteils

Gemeinschaftliches Testament

583 Wir, Georg und Frieda Trost, geb. Müller, wohnhaft ...., bestimmen uns hiermit gegenseitig zum alleinigen und ausschließlichen Erben. Für den zweiten Sterbefall setzen wir unsere beiderseitigen Verwandten, wie sie in diesem Zeitpunkt nach dem Gesetz als unsere Erben berufen sind bzw. wären, je zur Hälfte zu Erben des Überlebenden von uns beiden ein.
Sollten wir gleichzeitig sterben, soll jeder Teil von seinen Verwandten nach der gesetzlichen Erbfolge beerbt werden.

Stuttgart, den ... Georg Trost
Frieda Trost, geb. Müller

M 30 Vor- und Nacherbfolge für den ersten Sterbefall, Erbeinsetzung für den zweiten Sterbefall

Gemeinschaftliches Testament

Wir, Georg und Frieda Trost, geb. Müller, wohnhaft ..., treffen hiermit folgende letztwillige Verfügungen: 584

a) *Für den ersten Sterbefall:*
Wir setzen uns hiermit gegenseitig zum alleinigen und ausschließlichen Vorerben ein. Der Vorerbe soll von den gesetzlichen Beschränkungen befreit sein. Der Fall der Nacherbfolge tritt ein mit dem Tode des Vorerben, nicht schon mit seiner Wiederverheiratung (oder: „oder mit seiner etwaigen Wiederverheiratung").
Nacherbe des Ehemannes soll dessen Neffe Georg Schmitt, wohnhaft ...., sein.
Ersatznacherbfolge wird hier nicht angeordnet. Fällt also der Nacherbe vor dem Erbfall weg, so wird die Ehefrau unbeschränkte Vollerbin; fällt er nach dem Erbfall, aber vor dem Nacherbfall weg, so entfallen für die Ehefrau ab diesem Zeitpunkt die Beschränkungen der Nacherbfolge und sie wird ab dann Vollerbin.
Nacherbe der Ehefrau soll sein deren Mutter Monika Müller, wohnhaft ...., ersatzweise in erster Linie ihr Bruder Karl Müller, wohnhaft ...., ersatzweise in zweiter Linie ihre Schwester Erika Schneider, geb. Müller, wohnhaft ....

b) *Für den zweiten Sterbefall:*
Der Längstlebende kann über sein Vermögen, soweit es nicht der Nacherbfolge unterworfen ist, völlig frei verfügen. Trifft er keine letztwillige Verfügung, tritt bei seinem Tode die gesetzliche Erbfolge ein.

Stuttgart, den ...

Georg Trost
Frieda Trost, geb. Müller

M 31 Gegenseitige Erbeinsetzung, Erbeinsetzung für den zweiten Sterbefall, wobei der Erbe zahlreiche Barvermächtnisse und Auflagen zu erfüllen hat

Gemeinschaftliches Testament

Für den Fall der Auflösung unserer Ehe durch den Tod berufen wir uns hiermit gegenseitig zum uneingeschränkten Alleinerben. 585
Für den zweiten Sterbefall bestimmen wir den Bruder des Ehemannes, Karl Trost, wohnhaft ...., zum alleinigen Erben, ersatzweise Herrn Karl

Schmitt, wohnhaft .... Der Alleinerbe hat folgende Vermächtnisse und Auflagen zu erfüllen:
Es erhalten:
1. Georg Schneider, wohnhaft ...., Karl Müller, wohnhaft ...., Erika Schlund, wohnhaft ...., je ein Barvermächtnis im Betrage von 2000 DM;
2. Frau Elise Horber, wohnhaft ...., und Fräulein Lina Zimmerer, wohnhaft ...., die gesamte Bett- und Leibwäsche, Kleidung und Schuhwerk;
3. unsere Nachbarin Anna Meiser den Fernsehapparat und unsere beiden Fahrräder, sofern dann noch vorhanden;
4. die Katholische Pfarrkirchengemeinde St. Georg in Stuttgart zu Händen des amtierenden Pfarrers 5000 DM mit folgender Auflage: Es muß an unserem Todestage auf die Dauer von 10 Jahren je eine Heilige Messe gelesen werden. Im übrigen schreiben wir einen bestimmten Zweck für die 5000 DM dem Herrn Pfarrer der Katholischen Pfarrkirchengemeinde St. Georg in Stuttgart nicht vor.

Stuttgart, den ... Georg Trost
Frieda Trost, geb. Müller

Anmerkung:

Bei jedem gemeinschaftlichen Testament oder Erbvertrag, in dem auch Verfügungen für den zweiten Sterbefall getroffen werden, müssen sich die Erblasser darüber klar werden, ob der überlebende Teil berechtigt sein soll, die für den zweiten Sterbefall vorgesehenen Erbeinsetzungen, Vermächtnisse und Auflagen ganz oder teilweise aufzuheben oder abzuändern, oder ob er dazu nicht berechtigt sein soll. Wird im Testament oder Erbvertrag hierüber nichts verlautbart, so ist nach Eintritt des ersten Sterbefalles der überlebende Eheteil zu einer Aufhebung oder Abänderung nicht mehr berechtigt, auch wenn die künftige Entwicklung der Verhältnisse eine solche Aufhebung oder Abänderung dringend erforderlich machen würde, z.B. weil die zum Alleinerben des überlebenden Eheteils eingesetzte Person in Konkurs gerät, wegen strafbarer Handlungen zu Freiheitsstrafen verurteilt wird, sich um den überlebenden Erblasser in keiner Weise mehr kümmert u.ä. mehr (Ausnahmen jedoch bei Beachtung des § 2271 Abs. 2 mit § 2294 BGB). Soll der überlebende Eheteil nach Eintritt des ersten Sterbefalles zur Abänderung der Verfügungen für den zweiten Sterbefall berechtigt sein, so muß z.B. testiert werden: „Der Überlebende von uns darf die Verfügungen für den zweiten Sterbefall nach Belieben aufheben oder abändern." Oder: „Der Überlebende darf die Erbeinsetzung für den zweiten Sterbefall zwar nicht ändern, wohl aber darf er die eingesetzten Erben mit Vermächtnissen für beliebige Personen bis zum Gesamtbetrage von ... DM belasten."

Ehegattentestamente und Erbvertrag für Ehegatten mit Kindern/Verfügungen für den ersten Sterbefall

Die Ehegatten treffen nur Verfügungen für den ersten Sterbefall; dann ist 586
der überlebende Eheteil berechtigt, über seinen Nachlaß nach eigenem Ermessen durch Testament oder Erbvertrag frei zu verfügen.

M 32 Gegenseitige Einsetzung zum Alleinerben

Gemeinschaftliches Testament

Wir, Georg und Emma Schneider, geborene Molton, wohnhaft in 587
.........., setzen uns für den Fall der Auflösung unserer Ehe durch den Tod gegenseitig zum alleinigen und ausschließlichen Erben ein.

München, den ... Georg Schneider Emma Schneider

Anmerkung:

Wenn der überlebende Eheteil kein weiteres Testament errichtet, wird er von seinen Kindern, auch solchen aus einer früheren Ehe oder auch von nichtehelichen Kindern, zu gleichen Stammteilen beerbt, d. h. an die Stelle eines vor ihm versterbenden Kindes treten dessen Abkömmlinge (also seine Enkelkinder) zu gleichen Teilen. Beachte bei nichtehelichen Kindern des Vaters die §§ 1934 a – 1934 e BGB über den Erbersatzanspruch und vorzeitigen Erbausgleich (vgl. hierzu oben Rz. 170 ff.); falls Vater und Kind am 2. 10. 1990 noch Bürger der DDR waren Art. 235 § 1 Abs. II EGBGB, wonach nichteheliche Kinder den ehelichen Kindern gleichgestellt sind (vgl. hierzu oben Rz. 178).

Hier kann der überlebende Eheteil über das ihm zugefallene Vermögen des erstversterbenden Eheteils frei verfügen, und zwar unter Lebenden (z. B. durch Schenkung) oder von Todes wegen. Das kann für die gemeinschaftlichen Abkömmlinge von Nachteil sein, wenn sich der überlebende Eheteil wieder verehelicht, insbesondere dann, wenn aus der zweiten Ehe ebenfalls Kinder hervorgehen oder der zweite Ehegatte ihn überlebt.

M 33 Gegenseitige Einsetzung zum alleinigen Vorerben

Gemeinschaftliches Testament

Wir, Georg und Emma Schneider, geborene Molton, wohnhaft ...., 588
setzen uns hiermit für den ersten Sterbefall gegenseitig zum alleinigen und ausschließlichen Vorerben ein.

Der Vorerbe soll von allen im Gesetz vorgesehenen Beschränkungen befreit sein.
Nacherben sind unsere gemeinschaftlichen Kinder zu unter sich gleichen Anteilen. Falls ein Kind vor oder nach dem Erbfall, aber vor dem Nacherbfall stirbt oder aus sonstigen Gründen als Nacherbe wegfällt, sind Ersatznacherben dessen Kinder. Fällt ein Kind ohne Hinterlassung von Abkömmlingen weg, wächst sein Erbteil den anderen Nacherben an.

Die Nacherbfolge tritt mit dem Tode des Vorerben ein.

Auf Ableben des Längstlebenden von uns treffen wir hier keine Anordnungen. Er kann also völlig frei über sein nicht der Nacherbfolge unterworfenes Vermögen verfügen.

München, den ... Georg Schneider Emma Schneider

Anmerkung:

Hier bleibt die Substanz des Vermögens des erstversterbenden Eheteils grundsätzlich den Kindern aus erster Ehe erhalten. Der überlebende Ehegatte kann insbesondere aus dem Nachlaß des erstversterbenden Eheteils ohne Zustimmung der Nacherben keine unentgeltlichen Verfügungen vornehmen. Im übrigen kann er aber über den Nachlaß frei verfügen, also z. B. ohne Zustimmung der Nacherben (Kinder, Enkelkinder) vorhandenen Grundbesitz des erstversterbenden Eheteils verkaufen oder mit Hypotheken und Grundschulden belasten.
Soll der überlebende Ehegatte im Interesse der gemeinschaftlichen Kinder und Enkelkinder Grundstücksveräußerungen und Grundstücksbelastungen nur mit Zustimmung der Nacherben vornehmen können, so muß der Satz „Der Vorerbe soll von allen im Gesetz vorgesehenen Beschränkungen befreit sein" wegfallen, und es kann zur Klarstellung noch ausdrücklich vermerkt werden „Der Vorerbe wird von den im Gesetz vorgesehenen Beschränkungen nicht befreit".

M 34 Gesetzliche Erbfolge, Ausschluß der Erbauseinandersetzung, Nießbrauchsvermächtnis für den überlebenden Eheteil, überlebender Eheteil wird Testamentsvollstrecker

Gemeinschaftliches Testament

589 Wir, Georg und Emma Schneider, geborene Molton, wohnhaft in ...., bestimmen hiermit für den ersten Sterbefall letztwillig was folgt:

1. Der überlebende Eheteil und unsere gemeinschaftlichen Kinder sollen Erben nach der gesetzlichen Erbfolge sein.

2. Die Nachlaßauseinandersetzung ist bis zum Tode oder bis zur etwaigen Wiederverehelichung des überlebenden Eheteils ausgeschlossen; der überlebende Eheteil selbst kann die Auseinandersetzung jederzeit betreiben.
3. Der überlebende Eheteil erhält am ganzen Nachlaß des Erstversterbenden den Nießbrauch, und zwar bis zu seinem Tode oder seiner Wiederverehelichung.
4. Der überlebende Eheteil wird zum Testamentsvollstrecker ernannt. Die Testamentsvollstreckung endigt mit seinem Tode oder seiner Wiederverheiratung.
5. Sollte ein Abkömmling den Pflichtteil beanspruchen, so steht sein Erbanteil, belastet mit dem Pflichtteil, ersatzweise dem überlebenden Eheteil zu.
6. Der überlebende Eheteil kann über seinen eigenen künftigen Nachlaß frei verfügen.
7. Soweit bei Eintritt des ersten Sterbefalles ein Abkömmling seinen Pflichtteil beanspruchen sollte, werden der betreffende Abkömmling und seine Nachkommenschaft auch für den zweiten Sterbefall auf den Pflichtteil verwiesen.

München, den ... Georg Schneider Emma Schneider

Anmerkung:

Die Abkömmlinge werden an der Substanz des Nachlasses des erstversterbenden Elternteils wesentlich (beim gesetzlichen Güterstand zusammen zur Hälfte, bei Gütertrennung und Gütergemeinschaft zusammen zu drei Viertel Anteilen) beteiligt. Beachte hier auch § 1931 Abs. 4 BGB. Die Nutzung und die Verwaltung des ganzen Nachlasses verbleibt lebenslänglich (oder bis zur Wiederverehelichung) beim überlebenden Ehegatten.

M 35 Einsetzung eines oder mehrerer Kinder zu Erben, Nießbrauchs- und Rentenvermächtnis zugunsten des überlebenden Eheteils

Gemeinschaftliches Testament

Wir, Georg und Emma Schneider, geborene Molton, wohnhaft ...., 590
setzen für den ersten Sterbefall unsere beiden Söhne Wolfgang und Richard Schneider zu Erben zu gleichen Stammteilen ein. Der überlebende Eheteil erhält den Nießbrauch am Nachlaß des Erstversterbenden, und zwar solange, bis unser jüngster Sohn Richard das 23. Lebensjahr vollendet hat.

Vom Zeitpunkt der Beendigung des Nießbrauchs an erhält der Überlebende von uns beiden eine monatliche Leibrente, deren Jahresbetrag 5 % des Reinnachlasses des erstversterbenden Eheteils im Zeitpunkt seines Ablebens, mindestens aber .... DM monatlich beträgt.
Sollten sich nach dem Tode des erstversterbenden Eheteils die Gehaltssätze eines ledigen Regierungsrates des Freistaates Bayern um mehr als 10 % erhöhen oder vermindern, so erhöht oder vermindert sich die Leibrente des überlebenden Eheteils im gleichen Verhältnis, und zwar immer ab dem gleichen Zeitpunkt, mit dem die Gehaltssätze geändert werden.

München, den .... Georg Schneider Emma Schneider

Ehegattentestamente und Erbvertrag für Ehegatten mit Kindern/Verfügungen für den ersten und zweiten Sterbefall

M 36 Gegenseitige Erbeinsetzung, Einsetzung der Abkömmlinge zu Erben des überlebenden Eheteils

Gemeinschaftliches Testament

591 1. Wir, Georg und Emma Schneider, geborene Molton, wohnhaft in ...., setzen uns hiermit gegenseitig zum alleinigen und ausschließlichen Erben ein.
2. Zu Erben des überlebenden Teiles bestimmen wir unsere beiden Söhne Erwin und Richard Schneider zu gleichen Stammteilen.

Die Erbeinsetzung für den zweiten Sterbefall gilt auch dann, wenn sich der Überlebende von uns beiden wieder verheiratet oder wenn sonstige Pflichtteilsberechtigte später noch hinzutreten.
Der überlebende Eheteil ist berechtigt, die Erbeinsetzung für den zweiten Sterbefall aufzuheben oder abzuändern.

München, den ... Georg Schneider Emma Schneider

Anmerkung:

Durch den Satz „Die Erbeinsetzung für den zweiten Sterbefall gilt auch dann, wenn sich der Überlebende von uns beiden wieder verheiratet oder wenn ...“ wird das sonst bestehende Anfechtungsrecht des zweiten Ehegatten und der Kinder aus zweiter Ehe beseitigt (vgl. §§ 2079 bis 2082, 2281 bis 2283, 2285 BGB).

M 37 Gegenseitige Erbeinsetzung, Einsetzung der Kinder zu Erben des überlebenden Eheteils, bedingte Pflichtteilsanordnung, beschränktes Änderungsrecht des überlebenden Eheteils

Gemeinschaftliches Testament

Für den Fall der Auflösung unserer Ehe durch den Tod bestimmen wir, Georg und Emma Schneider, geborene Molton, wohnhaft in ...., uns hiermit gegenseitig zum alleinigen und ausschließlichen Erben. Für den zweiten Sterbefall setzen wir heute schon unsere drei Kinder Inge, Reinhardt und Wilfried und alle aus unserer Ehe weiter noch hervorgehenden Kinder zu Erben des Überlebenden von uns beiden zu gleichen Stammteilen ein. Diese Erbeinsetzung für den zweiten Sterbefall gilt auch dann, wenn der überlebende Eheteil sich nochmals verheiratet oder wenn sonstige Pflichtteilsberechtigte später noch hinzutreten. 592

Der überlebende Eheteil ist nach seinem Gutdünken einseitig berechtigt, das vorgesehene Erbrecht unserer Kinder zu gleichen Stammteilen zu ändern oder auch eines der Kinder und Kindeskinder von der Erbfolge ganz auszuschließen und statt dessen die Erbanteile der übrigen Kinder dementsprechend zu erhöhen, Vermächtnisse, Vorausvermächtnisse und Auflagen zugunsten des einen oder anderen Abkömmlings oder Testamentsvollstrekkung anzuordnen oder Teilungsanordnungen zu treffen. Alle diese Verfügungen dürfen aber immer nur zugunsten oder zu Lasten der aus unserer Ehe hervorgegangenen Kinder oder ihrer Abkömmlinge getroffen werden. Die Einsetzung von anderen Personen zu Erben oder die Anordnung von Vermächtnissen und Auflagen zugunsten solcher anderer Personen sind dem überlebenden Eheteil nicht gestattet. Sollte eines unserer Kinder beim ersten Sterbefall den Pflichtteil beanspruchen, so soll es für den zweiten Sterbefall auf Pflichtteil gesetzt werden.

München, den ... Georg Schneider Emma Schneider

Anmerkung:

Diese Art der Testierung ist beliebt, weil sie einerseits dem überlebenden Ehegatten freie Hand in der Verfügung über seinen Nachlaß gegenüber den gemeinschaftlichen Abkömmlingen gibt, andererseits diesen gemeinschaftlichen Abkömmlingen eine gewisse Sicherheit bietet für den Fall, daß sich der überlebende Elternteil wieder verheiraten sollte. Daß der neue Ehegatte einen Pflichtteilsanspruch gegen die Erben geltend machen kann, muß hingenommen werden.

M 38 Nichtbefreite Vorerbfolge und Nacherbfolge für den ersten Sterbefall, Einsetzung der ehelichen Abkömmlinge zu Erben des überlebenden Eheteils, Pflichtteil für das nichteheliche Kind des Ehemannes

Gemeinschaftliches Testament

593 1. Für den Fall der Auflösung unserer Ehe durch den Tod berufen wir, Georg und Emma Schneider geborene Molton, wohnhaft in ..., uns hiermit gegenseitig zum alleinigen Vorerben. Der Vorerbe soll von den nach dem Gesetz bestehenden Beschränkungen nicht befreit sein.

2. Zu Nacherben bestimmt jeder Eheteil seine ehelichen Kinder zu gleichen Stammteilen. Falls ein Kind vor oder nach dem Erbfall, aber vor dem Nacherbfall stirbt oder aus sonstigen Gründen als Nacherbe wegfällt, sind Ersatznacherben dessen Kinder. Fällt ein Kind ohne Hinterlassung von Abkömmlingen weg, wächst sein Erbteil den anderen Nacherben an. Der Fall der Nacherbfolge tritt ein mit dem Tod oder der Wiederverehelichung des Vorerben.

3. Im Falle der Wiederverheiratung verbleibt jedoch dem überlebenden Ehegatten als Vorausvermächtnis der gesamte vorhandene Hausrat.

4. Erben des überlebenden Eheteils sind dessen Abkömmlinge zu gleichen Stammteilen.

5. Unsere Tochter Frieda hat uns von 1960 an bis zu ihrer Verheiratung im Jahre 1970, also 10 Jahre lang, den Haushalt geführt. Da sie in dieser Zeit von uns außer Verköstigung und Wohnung lediglich ein geringfügiges Taschengeld erhalten hat, steht ihr ein Ausgleichsanspruch gegenüber ihren Geschwistern in Höhe von 30000 DM zu, der innerhalb von 6 Monaten nach Eintritt des zweiten Sterbefalles in bar auszugleichen ist.

6. Ich, der Ehemann, habe ein nichteheliches Kind namens Erich Huber, wohnhaft in ...., geboren am 10. Mai 1961. Seine Mutter ist Frau Ilse Utz, geborene Huber, wohnhaft in .... Meinen nichtehelichen Sohn Erich verweise ich hiermit ausdrücklich auf den Pflichtteil, gleichviel ob ich erst- oder letztversterbender Eheteil sein sollte.

München, den ... Georg Schneider Emma Schneider

Anmerkung:

Die nichtbefreite Vor- und Nacherbfolge empfiehlt sich häufig zum Schutz von erstehelichen Abkömmlingen. Wegen des Ausgleichsanspruchs eines Abkömmlings siehe § 2057a BGB (in Kraft getreten am 1. 7. 1970). Wenn der Vater eines nichtehelichen Kindes schlechthin „seine Kinder" oder „seine Abkömmlinge" zu Erben einsetzt, ohne die zu Erben eingesetzten Abkömmlinge namentlich zu bezeichnen oder ausdrücklich „seine ehelichen Kinder“ als Erben zu bestimmen, dann hat das nichteheliche Kind im Zweifel einen Erbersatzanspruch nach § 1934a ff. BGB (in Kraft getreten am 1. 7. 1970). Wegen des Erbrechts nichtehelicher Kinder im Verhältnis zum Vater vgl. oben Rz. 170ff., insbes. auch wegen der abweichenden Rechtslage in den neuen Ländern. Zur Problematik einer Vor- und Nacherbfolge vgl. oben Rz. 250ff. sowie unten M 54 Rz. 611).

M 39 Gegenseitige Erbeinsetzung mit Wiederverehelichungsklausel, Einsetzung der Kinder zu Erben für den zweiten Sterbefall

Gemeinschaftliches Testament

1. Wir, Georg und Emma Schneider geborene Molton, wohnhaft in ......, setzen uns hiermit gegenseitig zum alleinigen und ausschließlichen Erben ein. 594
2. Erben des überlebenden Eheteils werden zu je einem Viertel unsere gemeinschaftlichen Kinder Isolde, Erika und Fritz sowie mein, der Ehefrau, erstehelicher Sohn Karl Stötter, wohnhaft in ... Zu Ersatzerben bestimmen wir jeweils deren Abkömmlinge zu unter sich gleichen Teilen. Sind Abkömmlinge nicht vorhanden, tritt Anwachsung zugunsten der übrigen eingesetzten Erben ein.
3. Sollte sich der Überlebende von uns beiden wieder verheiraten, so soll er für den ersten Sterbefall nur bedingter Vorerbe sein mit der Verpflichtung, alles, was ihm beim ersten Sterbefall an Vermögenswerten zugefallen ist, an die unter 2. aufgeführten Abkömmlinge als Nacherben zu gleichen Stammteilen hinauszugeben. Als bedingter Vorerbe ist der überlebende Eheteil von allen nach dem Gesetz vorgesehenen Beschränkungen befreit. Der überlebende Eheteil ist nicht berechtigt, die Erbeinsetzung für den zweiten Sterbefall aufzuheben oder abzuändern.

München, den ... Georg Schneider Emma Schneider

Anmerkung:

Hier fällt der gesamte Nachlaß des erstversterbenden Elternteils, soweit noch vorhanden, an die Abkömmlinge, wenn sich der überlebende Elternteil wieder verheiratet.

Dieser Text klingt einfach und überzeugend, birgt aber für einen Laien nur schwer überschaubare rechtliche Probleme in sich. Beachte die Ausführungen oben Rz. 250ff. sowie unten M 54 Rz. 611.

M 40 Gesetzliche Erbfolge für den ersten Sterbefall, Ausschluß der Erbauseinandersetzung, Nießbrauchsvermächtnis für den überlebenden Eheteil, Testamentsvollstreckung, Einsetzung der Abkömmlinge zu Erben des überlebenden Eheteils

Gemeinschaftliches Testament

595 Wir, Georg und Emma Schneider, geborene Molton, wohnhaft in ...., bestimmen hiermit letztwillig folgendes:

A. Erster Sterbefall

1. Für den Fall der Auflösung unserer Ehe durch den Tod soll die gesetzliche Erbfolge gelten. Da wir im Ehevertrag vom 10. 5. 1967, Urkunde des Notars W. Schneider in München URNr. 1460, Gütertrennung vereinbart haben, sind gesetzliche Erben demnach der überlebende Eheteil zu einem Viertel und unsere fünf Kinder Anna, Kurt, Georg, Klaus und Fritz zu je drei Zwanzigstel. Sollte eines unserer Kinder vor uns versterben, so sind dessen Abkömmlinge Ersatzerben zu gleichen Teilen. Sollte eines unserer Kinder vor uns ohne Hinterlassung von Abkömmlingen sterben, so tritt Anwachsung unter den Geschwistern ein.
2. Unsere Kinder können die Auseinandersetzung des Nachlasses des Erstversterbenden solange nicht verlangen, als der überlebende Eheteil am Leben ist. Der überlebende Eheteil ist zur Durchführung der Nachlaßauseinandersetzung – ganz oder teilweise – jederzeit berechtigt.
3. Der überlebende Eheteil erhält am Nachlaß des Erstversterbenden auf Lebenszeit den Nießbrauch eingeräumt.
4. Der überlebende Eheteil ist auf Lebensdauer zum Testamentsvollstrecker ernannt mit der Aufgabe, den ungeteilten Nachlaß des Erstversterbenden zu verwalten. Er kann dabei frei über den Nachlaß des Erstversterbenden verfügen und unbeschränkt Verbindlichkeiten für diesen Nachlaß eingehen.
5. Der überlebende Eheteil hat als Testamentsvollstrecker keinen Anspruch auf Testamentsvollstreckervergütung. Er kann nur Ersatz seiner baren Aufwendungen verlangen und diese aus der Nachlaßmasse entnehmen.
6. Teilungausschluß, Nießbrauch und Testamentsvollstreckeramt endigen mit der etwaigen Wiederverheiratung des überlebenden Eheteils.

B. Zweiter Sterbefall

1. Für den zweiten Sterbefall setzen wir unsere fünf Kinder Anna, Kurt, Georg, Klaus und Fritz zu gleichen Stammteilen zu Erben ein.
2. Sollte eines unserer Kinder beim ersten Sterbefall seinen Pflichtteil verlangen, so soll es für den zweiten Sterbefall auf den Pflichtteil gesetzt

sein. In diesem Falle hat es sich alle anrechnungsfähigen Zuwendungen, die es zu unseren Lebzeiten von uns erhalten hat, auf seinen Pflichtteil anrechnen zu lassen.

3. Der überlebende Eheteil ist nach seinem Ermessen berechtigt, die Erbeinsetzung für den zweiten Sterbefall aufzuheben oder abzuändern. Er kann auch Vermächtnisse und Auflagen anordnen und Teilungsbestimmungen treffen.
4. Unsere Tochter Anna hat aus Anlaß ihrer Verheiratung eine Ausstattung erhalten, die sie mit ... DM beim zweiten Sterbefall ihren Geschwistern gegenüber auszugleichen hat.

München, den ... Georg Schneider Emma Schneider

M 41 Gegenseitige Erbeinsetzung, Einsetzung der Kinder zu Erben des überlebenden Eheteils mit Teilungsanordnung

Gemeinschaftliches Testament

1. Wir, Georg und Emma Schneider, geborene Molton, wohnhaft in ....., 596
setzen uns hiermit gegenseitig zum alleinigen und ausschließlichen Erben ein.
2. Zu Erben des Überlebenden von uns berufen wir hiermit unsere beiden Töchter Anna Müller, geborene Schneider, wohnhaft in ...., und Elisabeth Fischer, geborene Schneider, wohnhaft in ...., zu gleichen Stammteilen.
3. Für den zweiten Sterbefall treffen wir folgende Teilungsanordnung:
   a) Unsere Tochter Anna Müller erhält das Hausgrundstück Lerchenstraße 24 in Augsburg;
   b) unsere Tochter Elisabeth Fischer erhält unsere sämtlichen, in der Gemarkung Laim gelegenen unbebauten Grundstücke;
4. Unsere beiden Töchter sollen vermögensmäßig völlig gleichgestellt sein. Sie haben sich deshalb den Verkehrswert der ihnen zugeteilten Grundstücke in vollem Umfang auf ihren Erbteil anrechnen zu lassen.
   Sollten sich unsere beiden Töchter über den Verkehrswert unserer Grundstücke nicht einigen können, so wird der Verkehrswert durch den örtlich zuständigen Gutachterausschuß gemäß §§ 192ff. BauGB, falls ein solcher nicht mehr bestehen sollte, durch einen gerichtlich vereidigten Bausachverständigen mit rechtsverbindlicher Wirkung für alle Beteiligten festgesetzt. Sollten sich die Beteiligten über die Person des Bausachverständigen nicht einigen können, so wird dieser von der Handwerkskammer München bestimmt.

5. Soweit die Werte der unbebauten Grundstücke einerseits und des Hausgrundstücks andererseits voneinander abweichen, hat ein Ausgleich unter unseren beiden Töchtern in bar zu erfolgen. Dieser Wertausgleich soll binnen fünf Jahren nach Eintritt des zweiten Sterbefalles erfolgen.
6. Unser Grundbesitz ist zur Zeit unbelastet. Sollte der Grundbesitz bei Eintritt des zweiten Sterbefalles belastet sein, so ist dies bei der Auseinandersetzung zu berücksichtigen.
7. Unseren Hausrat und unsere sonstige bewegliche Habe sowie unsere Spar- und Bankguthaben haben unsere beiden Töchter gleichheitlich unter sich zu teilen.
8. Irgendwelche ausgleichspflichtige Zuwendungen bestehen zur Zeit nicht. Sollten wir einen Teil der unbebauten Grundstücke noch zu unseren Lebzeiten verkaufen und den Erlös unserer Tochter Elisabeth ganz oder teilweise zum Ankauf einer Bäckerei oder zu einem anderen Zweck unentgeltlich als Ausstattung zur Verfügung stellen, so hat sie sich den zugewendeten Betrag auf ihren Erbteil voll anrechnen zu lassen.
9. Der Überlebende von uns beiden ist berechtigt, die vorstehenden Verfügungen für den zweiten Sterbefall nach Belieben aufzuheben oder abzuändern.

München, den ... Georg Schneider Emma Schneider

M 42 Gegenseitige Einsetzung zu Alleinerben, Erbeinsetzung von Kindern zu Erben des überlebenden Elternteils unter Verweisung des behinderten Kindes auf den Pflichtteil

597 1. Unter Widerruf aller früheren letztwilligen Verfügungen setzen wir uns gegenseitig zu alleinigen unbeschränkten Erben ein.
Dies gilt auch, falls andere pflichtteilsberechtigte Personen hinzukommen, wie insbesondere also, falls sich der Längstlebende von uns wieder verheiratet. Ein Anfechtungsrecht gemäß § 2079 BGB ist damit ausgeschlossen.
2. Der Längstlebende von uns kann völlig frei über sein Vermögen sowie das vom Erstverstorbenen ererbte unter Lebenden wie auch von Todes wegen verfügen. Nur wenn er letztwillig nichts anderes verfügt, gelten auf sein Ableben die folgenden Anordnungen:
3. Der Längstlebende von uns setzt unsere Kinder A und B zu seinen Erben ein. Sie erben zu gleichen Anteilen. Sollte ein Kind vorversterben oder aus sonstigem Grunde als Erbe wegfallen, so erben ersatzweise seine Abkömmlinge, unter sich entsprechend den gesetzlichen Regeln. Hinterläßt das Kind keine Abkömmlinge, wächst sein Erbteil dem anderen Kinde an.

4. Unser behindertes Kind C wird auf den Pflichtteil verwiesen.
5. Verlangt einer unserer Abkömmlinge (für das behinderte Kind das Sozialamt) auf Ableben des Erstversterbenden den Pflichtteil, so sind er und seine Nachkommen von der Erbfolge auf Ableben des Längstlebenden ausgeschlossen.
   Jedes unserer 3 Kinder, mit Ausnahme dessen, der den Pflichtteil verlangt hat und seiner Nachkommen, erhält in diesem Falle aus dem Nachlaß des Erstversterbenden ein Geldvermächtnis in Höhe des Wertes seines gesetzlichen Erbteils auf Ableben des Erstversterbenden. Dieses Vermächtnis fällt erst mit dem Tode des Letztversterbenden von uns an und nur dann, wenn die Bedachten bzw. deren Abkömmlinge diesen Zeitpunkt erleben.

Anmerkung:

Vgl. hierzu oben Rz. 541.
Die in Ziff. 5 verfügte Strafklausel (sog. Jastrow'sche Klausel) bewirkt, daß diese vom Erstversterbenden angeordneten Vermächtnisse zu seinen Nachlaßverbindlichkeiten gehören und daher den Wert des Nachlasses des Längstlebenden und damit auch die Höhe der gegen seinen Nachlaß gerichteten Pflichtteilsansprüche mindern.
(Vgl. zu dieser Klausel *Weiss* MDR 1979, 812; *Strobel* MDR 1980, 363; *von Olshausen* DNotZ 1979, 707/714 Fn. 19; ferner *van de Loo* MittRhNotk 1989, 233/247).

M 43 Gegenseitige Einsetzung zu Alleinerben, Barvermächtnisse für die Kinder, Einsetzung der Kinder zu Erben des überlebenden Elternteils

Erbvertrag

(Notarielles Beurkundungsprotokoll)

I.

Wir, die Eheleute Georg und Emma Schneider, wohnhaft in ..., sind in der 598
freien Verfügung über unseren dereinstigen Nachlaß in keiner Weise behindert. Vorsorglich widerrufen wir hiermit sämtliche bisher von uns errichteten Verfügungen von Todes wegen.

II.

1. Für den ersten während unserer Ehe eintretenden Sterbefall bestimmen wir uns hiermit erbvertragsmäßig, in einseitig unwiderruflicher Weise, gegenseitig zum alleinigen und ausschließlichen Erben.
Unsere drei Kinder Inge, Reinhard und Wilfried, erhalten je ein Barvermächtnis in Höhe ihres gesetzlichen Erbteils, das ab Eintritt des ersten Sterbefalls mit 5 % jährlich zu verzinsen ist. Die Vermächtnisbeträge samt Zinsen werden erst beim Eintritt des zweiten Sterbefalls zur Zahlung fällig. Die Vermächtnisnehmer sind berechtigt, hypothekarische Sicherstellung ihrer Vermächtnisse an nächst offener Rangstelle zu verlangen, falls zum Nachlaß des Erstversterbenden Grundbesitz gehören sollte.
2. Für den zweiten Sterbefall setzen wir heute schon unsere drei Kinder Inge, Reinhard und Wilfried und alle aus unserer Ehe etwa weiter noch hervorgehenden Kinder als Erben des Überlebenden von uns beiden zu gleichen Stammteilen ein. Diese Erbeinsetzung für den zweiten Sterbefall gilt auch dann, wenn der überlebende Eheteil sich nochmals verheiratet, oder wenn sonstige pflichtteilsberechtigte Personen später noch hinzutreten. Der Überlebende von uns beiden ist jedoch nach seinem Gutdünken einseitig berechtigt, das vorgesehene Erbrecht unserer Kinder zu gleichen Stammteilen zu ändern, oder auch eines der Kinder oder Kindeskinder von der Erbfolge ganz auszuschließen und statt dessen die Erbanteile der übrigen Kinder dementsprechend zu erhöhen, Vermächtnisse und Vorausvermächtnisse und Auflagen zugunsten des einen oder anderen Abkömmlings, oder Testamentsvollstreckung anzuordnen oder Teilungsanordnungen zu treffen.
3. Alle diese Verfügungen dürfen aber immer nur zugunsten oder zu Lasten der aus unserer Ehe hervorgegangenen Kinder getroffen werden. Die Einsetzung von anderen Personen zu Erben oder die Anordnung von Vermächtnissen und Auflagen zugunsten solcher anderer Personen sind dem überlebenden Eheteil nicht gestattet.
4. Sollte eines unserer Kinder beim ersten Sterbefall den Pflichtteil beanspruchen, so soll es auch für den zweiten Sterbefall auf Pflichtteil gesetzt sein. Das ihm in Ziffer 1 zugedachte Vermächtnis entfällt.

III.

Vorstehende Bestimmungen nehmen wir hiermit ausdrücklich gegenseitig an.

IV.

Auf die einseitige Unwiderruflichkeit dieses Vertrages und die einschlägigen gesetzlichen Bestimmungen wurden wir vom amtierenden Notar hingewiesen.

(Siegel)

gez. Georg Schneider
Emma Schneider
Dr. Franz Huber, Notar

Anmerkung:

Die Zuwendung der Barvermächtnisse für die gemeinschaftlichen Kinder beim ersten Sterbefall zusammen mit der Pflichtteilsklausel in Ziff. 4 wird diese wahrscheinlich veranlassen, beim ersten Sterbefall keine Pflichtteilsansprüche zu stellen. Weiter werden die Freibeträge bei der Erbschaftsteuer (für jedes Kind 90000,– DM) auch beim ersten Sterbefall ausgenützt.

Einseitige Testamente von Einzelunternehmern

Allgemeiner Hinweis: 599

In vieler Hinsicht wird der Unternehmer (Fabrikant, Großkaufmann, Einzelhändler, Handwerker) nicht anders testieren als der Privatmann (Beamte, Angestellte, Rentner). Beim Unternehmertestament tritt zu den allgemeinen Erwägungen für die Abfassung eines Testaments oder Erbvertrags noch hinzu der besondere Gesichtspunkt der Erhaltung und Sicherung des Unternehmens über den Tod hinaus. Hier für den Einzelfall die beste erbrechtliche Lösung zu finden, ist vielfach schwierig, für die Kontinuität des Unternehmens aber von weittragender Bedeutung. Auch steuerliche Probleme sind zu berücksichtigen, sollten aber doch zweitrangig bleiben.
Gedanken über die Ausgestaltung eines *Unternehmertestaments* oder *Erbvertrags* sollte man sich frühzeitig in ruhiger Überlegung machen, möglichst unter Einschaltung eines Juristen, der auf dem Gebiet des Erbrechts und der Testamentsgestaltung besondere Kenntnisse und Erfahrungen besitzt. Überstürzte Testierung bei schwerer Erkrankung oder gar erst auf dem Sterbebett führt häufig zu Verfügungen, die sich nach Eintritt des Erbfalls als fehlerhaft erweisen und nicht mehr behebbaren Schaden anrichten können.

M 44 Einsetzung des Sohnes und Firmennachfolgers zum Alleinerben, Barvermächtnisse und stille Beteiligungen für die weiteren Kinder, Rentenvermächtnis und Wohnungsrecht für die Witwe, Testamentsvollstreckung für den Fall des Eintritts der Ersatzerbfolge

Testament

600 Ich, Georg Schneider, Fabrikant, wohnhaft in ..., lebe mit meiner Ehefrau Gisela Schneider, geb. Schön, in Gütertrennung. Aus unserer Ehe sind drei Söhne Hans, Karl und Günter Schneider hervorgegangen. Mein Sohn Hans, der seit vielen Jahren in meiner Süßwarenfabrik als Prokurist tätig ist, soll meinen Fabrikbetrieb nach meinem Tode als Alleininhaber übernehmen und weiterführen.

Für den Fall meines Todes bestimme ich daher folgendes:

1. Ich bestimme meinen Sohn Hans zum Alleinerben. Zu Ersatzerben bestimme ich seine beiden Söhne Fritz und Oskar zu unter sich gleichen Stammteilen.
2. Bei meinem Tode hat mein Alleinerbe ein genaues Vermögensverzeichnis über meinen gesamten Nachlaß aufzustellen. In dieses Verzeichnis ist auch der Verkaufswert meiner Süßwarenfabrik unter Auflösung aller stillen Reserven mitaufzunehmen, und zwar aufgrund einer Wertschätzung, die der Wirtschaftsprüfer .... in .... vorzunehmen hat. Falls Herr .... die Wertschätzung aus irgendeinem Grunde nicht durchführen kann, soll die Schätzung durch einen möglichst branchekundigen Wirtschaftsprüfer oder Buchsachverständigen durchgeführt werden, dessen Person die Industrie- und Handelskammer in ... vorschlägt. Ein Geschäftswert (Firmenwert) meines Unternehmens hat außer Ansatz zu bleiben.
3. Meine beiden Söhne Karl und Günter erhalten ein Barvermächtnis in Höhe ihres Pflichtteils. Diese Barvermächtnisse sind ab Todestag mit 1 % über Diskont jährlich zu verzinsen und beiderseits mit einer Kündigungsfrist von zwölf Monaten jeweils zum Schlusse eines Kalenderjahres aufkündbar. Gläubigerseits sind die Vermächtnisbeträge fünf Jahre lang unkündbar.
4. Meine beiden Söhne Karl und Günter können verlangen, daß sie mit ihren Barvermächtnissen zehn Jahre lang als typische stille Gesellschafter am Unternehmen meines Sohnes Hans beteiligt werden. Sie erhalten eine angemessene Gewinnbeteiligung, die jedoch jährlich 15 % ihrer Einlagen nicht übersteigen soll. In schlechten Geschäftsjahren erhalten sie von ihrem Bruder Hans eine Gewinngarantie (= Verzinsung) von jährlich 6 %

ihrer Einlagen, die auch bei Verlust zu zahlen ist. An einem etwaigen Verlust des Unternehmens nehmen sie nicht teil.
Entstehen Meinungsverschiedenheiten über die inhaltliche Gestaltung des Gesellschaftsvertrages, insbesondere über die Höhe der Gewinnbeteiligung meiner Söhne Karl und Günter, dann entscheidet über diese Fragen der Wirtschaftsprüfer .... in .... als Schiedsgutachter mit rechtsverbindlicher Wirkung für alle Vertragsbeteiligten. Sollte Herr .... als Schiedsgutachter nicht in Frage kommen, so wird die Person des Schiedsgutachters von der Industrie- und Handelskammer in .... bestimmt.

5. Meine Witwe Gisela Schneider erhält auf ihre Lebensdauer eine Versorgungsrente von jährlich 36000 DM. Die Rente ist monatlich im voraus fällig und zahlbar, erstmals am zweiten Monatsersten nach meinem Tode. Im Wiederverheiratungsfalle ist die Versorgungsrente in halber Höhe weiterzuzahlen. Sollte sich ab heute das Grundgehalt eines ledigen Regierungsrates des Bundes, niedrigste Dienstaltersstufe, gegenüber dem heutigen Stand um mehr als 10% erhöhen oder vermindern, so erhöht oder vermindert sich die Leibrente von monatlich 3000 DM vom gleichen Zeitpunkt an im gleichen Verhältnis. Soweit erforderlich, hat mein Alleinerbe um Genehmigung dieser Wertsicherungsklausel bei der zuständigen Stelle (Landeszentralbank von Bayern) nachzusuchen. Im Nichtgenehmigungsfall ist eine genehmigungsfähige bzw. genehmigungsfreie Wertsicherungsklausel zu vereinbaren. Auf Verlangen meiner Witwe ist die Leibrente durch Eintragung einer Reallast an meinem Wohnhausgrundstück Friedrichstraße 25 in ... sicherzustellen. Die dadurch entstehenden Notar- und Grundbuchgebühren hat mein Alleinerbe zu tragen. Die Eintragung hat an nächstoffener Rangstelle zu erfolgen.
6. Meine Witwe Gisela Schneider erhält das lebenslängliche und unentgeltliche Wohnungsrecht in meinem Zweifamilienhaus Friedrichstraße 25 in ...., und zwar in der Wohnung im 1. Stock. Das Wohnungsrecht ist durch Eintragung einer beschränkten persönlichen Dienstbarkeit auf Kosten meines Alleinerben dinglich sicherzustellen.
7. Für den Fall, daß die Ersatzerbfolge eintreten sollte, ordne ich Testamentsvollstreckung an, und zwar solange, bis auch der jüngere Enkelsohn Oskar das 25. Lebensjahr vollendet hat. Der Testamentsvollstrekker hat weitgehendste Verwaltungs- und Verfügungsrechte. Seine Aufgabe ist es, nach meinem Tode die von mir unter Ziff. 2 bis 6 getroffenen Verfügungen durchzuführen.
   Zum Testamentsvollstrecker bestimme ich meinen Freund Willi Müller, zum Ersatztestamentsvollstrecker Herrn Rechtsanwalt Dr. Karl Schmidt. Mein Testamentsvollstrecker hat Anspruch auf Auslagenersatz und eine

Testamentsvollstreckervergütung, die jedoch höchstens 2 % des Reinwertes meines Nachlasses betragen soll.

München, den ... Georg Schneider

M 45 Einsetzung der Kinder zu Erben, Übernahmerecht für den Sohn, ersatzweise für dessen Söhne, Abfindung der Schwestern aus der Betriebsübernahme, Testamentsvollstreckung für die Durchführung der Betriebsübertragung

Testament

601 Ich, Georg Schneider, verwitweter Apotheker, Alleininhaber und Eigentümer der Löwen-Apotheke in ...., wohnhaft in ...., habe aus erster Ehe einen Sohn namens August Schneider, verheirateter Apotheker, wohnhaft in ...., und aus zweiter Ehe zwei Töchter namens Gerda Müller, geb. Schneider, wohnhaft in ...., und Maria Schmidt, geb. Schneider, wohnhaft in .... Für den Fall meines Todes bestimme ich letztwillig was folgt:

1. Ich setze meine drei Kinder August, Gerda und Maria zu meinen Erben zu je einem Drittel ein. Ersatzerben sind ihre Abkömmlinge nach gesetzlicher Erbfolge. Stirbt eines meiner Kinder ohne Hinterlassung von Abkömmlingen, so tritt Anwachsung zugunsten meiner übrigen Kinder ein.
2. Mein Sohn August ist berechtigt, meine Apotheke mit dem Apothekengebäude sofort nach meinem Tod mit allen Aktiven und Passiven und mit dem Recht der Firmenfortführung in sein Alleineigentum zu übernehmen. Aus dieser Übernahme schuldet mein Sohn seinen beiden Schwestern oder deren Ersatzerben mit Rücksicht auf die stillen Reserven, die sich aus den Wertansätzen für Apothekengebäude und Apothekeeinrichtung zugunsten des Übernehmers ergeben, je 40 % des Buchwertes, der sich aus der letzten steuerlichen Jahresschlußbilanz vor meinem Tod als Reinwert meines Betriebsvermögens ergibt. Die Abfindungsbeträge zugunsten meiner beiden Töchter hat mein Sohn August als Übernahme mit 6 % jährlich zu verzinsen und in drei aufeinanderfolgenden, gleich großen Jahresraten zu bezahlen; die erste Jahresrate wird fällig zwei Jahre nach meinem Tod.
3. Mein übriges Vermögen, bestehend aus Haus- und Grundbesitz, Wertpapieren und Bankguthaben, haben meine Erben gleichheitlich unter sich zu teilen. Der Haus- und Grundbesitz ist dabei zum Verkehrswert anzusetzen. Soweit sich meine Erben über die Höhe der Verkehrswerte nicht einigen können, sind Schätzungsgutachten durch vereidigte Grund-

stücks- und Bausachverständige einzuholen. Diese Wertschätzungen sind für die Erbteilung rechtsverbindlich. Im Nichteinigungsfalle bestimmt den oder die Schätzer die Industrie- und Handelskammer in ....

4. Sollte mein Sohn August als Übernehmer meiner Apotheker nicht in Frage kommen, insbesondere wegen Vorablebens, so steht das Übernahmerecht nach Ziff. 2 seinem ältesten Sohn Karl, der den Apothekerberuf ergreifen will, zu. Falls auch dieser für die Übernahme meiner Apotheke nicht in Frage kommen sollte, ist übernahmeberechtigt mein Enkelsohn Richard. Das Übernahmerecht steht den Genannten zu, ohne Rücksicht darauf, ob sie tatsächlich Apotheker werden oder nicht.
5. Ich ordne Testamentsvollstreckung an. Zum Testamentsvollstrecker bestimme ich meinen Freund, Rechtsanwalt Dr. Karl Schmidt in ... Dieser hat die Aufgabe, unverzüglich nach meinem Tod die Übertragung der Apotheke und des Apothekengebäudes auf meinen Sohn August bzw. den ersatzweise übernahmeberechtigten Enkel vorzunehmen und alle Erklärungen abzugeben, die zu dieser Übertragung erforderlich sind. Sollte einer meiner Enkelsöhne das Übernahmerecht ausüben und noch nicht die persönlichen Voraussetzungen zur selbstverantwortlichen Führung einer Apotheke erfüllen, so hat der Testamentsvollstrecker dafür zu sorgen, daß die Apotheke in zulässiger Weise durch einen anderen Apotheker solange betrieben wird, bis mein Enkelsohn die Apotheke als Apothekenleiter für eigene Rechnung übernehmen kann.
   Der Testamentsvollstrecker erhält neben dem Ersatz seiner Auslagen eine Testamentsvollstreckervergütung in Höhe von DM ....
6. Sollte der von mir vorgesehene Testamentsvollstrecker nicht in Frage kommen, so soll das Gericht eine rechtskundige Person, möglichst einen Notar, Wirtschaftsprüfer oder Steuerberater, ersatzweise zum Testamentsvollstrecker bestellen.

München, den ... Georg Schneider

M 46 Einsetzung der erstehelichen Söhne zu Erben, Vermächtnis und Verpachtungsverpflichtung für die Witwe, Anpachtrecht der Erben, Testamentsvollstreckung für den Abschluß des Pachtvertrages, bedingtes Rentenvermächtnis, Bestimmungen über die Gründung einer OHG

Testament

Ich, Georg Schneider, Fabrikant, wohnhaft in ...., bin Eigentümer 602
einer Mineralwasserfabrik in Firma „Weißenburger Mineralwasserfabrik

Georg Schneider". Aus meiner Ehe mit Emma Schneider, geb. Molton, die am .... verstorben ist, sind zwei Söhne Erich und Kurt Schneider hervorgegangen, die seit Jahren in meinem Betrieb beschäftigt sind, Erich als technischer Leiter, Kurt als kaufmännischer Leiter.
Seit zehn Jahren bin ich wieder verheiratet mit Gisela Schneider, geb. Huber. Diese Ehe ist kinderlos geblieben. Ich verfüge hiermit letztwillig was folgt:

1. Ich setze meine beiden Söhne Erich und Kurt zu meinen Erben zu gleichen Stammteilen ein. Sollte einer meiner Söhne ohne Hinterlassung von Abkömmlingen vor mir sterben, so ist der andere Sohn Alleinerbe.
2. Meine Witwe Gisela Schneider erhält als Vermächtnis das Betriebsvermögen meiner Mineralwasserfabrik. Sollte sich meine Witwe wiederverheiraten, so fällt der Betrieb mit dem Tag ihrer Wiederverheiratung an meine Söhne.
3. Da meine Witwe nicht branchenkundig ist, ist sie verpflichtet, meinen Mineralwasserbetrieb an meine beiden Söhne oder auch nur an einen von ihnen zu verpachten, sofern die Söhne mit diesem Verlangen an sie herantreten. Der Pachtzins soll so bemessen werden, daß etwa zwei Drittel des Reinertrages meines Unternehmens vor Abzug der Pachtzinsen dem oder den Pächtern zufließen, während etwa ein Drittel des Reinertrages als Pachtzins an meine Witwe zu zahlen ist. Im übrigen bestimme ich den Wirtschaftsprüfer .... wohnhaft in ...., der die Verhältnisse in der Mineralwasserindustrie besonders gut kennt, zum Testamentsvollstrecker mit der Aufgabe, die Verpachtung meines Unternehmens zu angemessenen Bedingungen an meine Söhne vorzunehmen. Sollte keiner meiner Söhne daran interessiert sein, meinen Betrieb zu pachten, so soll der Testamentsvollstrecker die anderweitige Verpachtung veranlassen und den hierzu erforderlichen Pachtvertrag ausarbeiten und namens meiner Erben abschließen. Herr .... erhält neben Ersatz seiner Auslagen eine Testamentsvollstreckervergütung von DM ....
4. Meine Witwe kann gegen Verzicht auf ihr Vermächtnis verlangen, daß ihr meine Erben auf Lebensdauer eine monatliche Leibrente von .... DM bezahlen. Die Leibrente ist immer am Monatsersten im voraus fällig. Sie ermäßigt sich im Falle ihrer Wiederverheiratung um die Hälfte. Sollte das Tarifgehalt eines ledigen kaufmännischen Angestellten der Gruppe .... gemäß Tarifvertrag vom .... für die Mineralwasserindustrie (z.Z. monatlich .... DM) sich in Zukunft erhöhen oder vermindern, so erhöht oder vermindert sich die ausgesetzte Leibrente im gleichen Verhältnis. Soweit erforderlich, haben meine Erben um Genehmigung dieser Wertsicherungsklausel bei der zuständigen Stelle (Landeszentralbank von Bayern) nachzusuchen.

5. Nach dem Tod meiner Witwe haben meine beiden Erben mein Unternehmen in Form einer OHG unter der bisherigen Firma fortzuführen. Für den Gesellschaftsvertrag bestimme ich: Voller Einsatz jedes Gesellschafters für die Belange der Gesellschaft, gleicher Kapitaleinsatz, gleiche Beteiligung an Gewinn und Verlust, alleinige Vertretungs- und Geschäftsführungsbefugnis für jeden Gesellschafter, Vertragsdauer mindestens zehn Jahre.
   Scheidet ein Gesellschafter durch Kündigung aus, so ist der andere Gesellschafter berechtigt, das Betriebsvermögen mit allen Aktiven und Passiven zu den Buchwerten der Steuerbilanz zu übernehmen. Der ausscheidende Gesellschafter erhält lediglich seinen zu Buch stehenden Kapitalanteil ausbezahlt, hat also keinen Anteil an den stillen Reserven. Scheidet ein Gesellschafter durch Tod aus, so kann eines seiner Kinder Nachfolger in der Gesellschaft werden. Der Nachfolger ist entweder im Gesellschaftsvertrag oder später in den Testamenten meiner Söhne zu bestimmen. Fehlt die Nachfolgerbestimmung, so ist der überlebende Gesellschafter berechtigt, das Unternehmen als Einzelfirma fortzuführen, während die Erben des verstorbenen Gesellschafters lediglich dessen zu Buch stehenden Kapitalanteil, wie er sich aus der letzten Steuerbilanz vor dem Ableben ergibt, zu beanspruchen haben. Die Auszahlung des Auseinandersetzungsguthabens hat binnen drei Jahren ohne Zulage von Zinsen zu erfolgen.
6. Sollte bei der Errichtung der OHG einer meiner Söhne bereits verstorben sein, so haben seine Erben eines seiner Kinder zu bestimmen, das an seiner Stelle persönlich haftender Gesellschafter in der Gesellschaft werden soll.
7. Sollte meine Witwe auf das Vermächtnis (Betriebsvermögen meiner Mineralwasserfabrik) verzichten, dann gelten meine Verfügungen laut Ziff. 5 und 6 bereits ab diesem Verzicht.

München, den ... Georg Schneider

M 47 Einsetzung der Kinder zu Erben, Testamentsvollstreckung zwecks Übertragung des Unternehmens auf eine bereits vor dem Tod errichtete GmbH; Aufteilung der Stammeinlagen unter die Erben, Rentenvermächtnis zugunsten der Witwe

Testament

Ich, Georg Schneider, Fabrikant, wohnhaft in ...., bin Alleininhaber und Eigentümer einer Schuhfabrik. Mein Sohn Hans ist seit vielen Jah- 603 ren in meiner Fabrik als Prokurist und Leiter der kaufmännischen Abteilung tätig. Um mein Unternehmen, das nach den Erträgnissen der letzten Jahre den Lebensunterhalt für drei Familien sicherstellen kann, meiner Familie zu erhalten, soll meine Fabrik nach meinem Tod unter der Leitung meines Sohnes Hans in Form einer Familien-GmbH weitergeführt werden.

Deshalb verfüge ich letztwillig:

1. Ich bestimme zu meinen Erben meine drei Kinder Hans, Inge und Doris zu gleichen Stammteilen. Meine Witwe Gisela Schneider schließe ich von der Erbfolge aus.
2. Ich habe am .... zu Urkunde des Notars .... in .... Urkundenrolle Nr. .... eine Gesellschaft mit beschränkter Haftung unter der Firma „Schneidersche Schuhfabrik GmbH" mit dem Sitz in .... errichtet. Die GmbH ist im Handelsregister eingetragen, besteht also bereits als juristische Person. Das Stammkapital beträgt .... DM. Auf dieses Stammkapital wurden .... DM auf das Konto Nr. .... bei der Stadtsparkasse .... einbezahlt und stehen zur Verfügung der Geschäftsführung. An dem Stammkapital sind beteiligt mein Sohn Hans mit .... DM und ich mit .... DM. Alleinzeichnungs- und vertretungsberechtigter Geschäftsführer ist mein Sohn Hans. Mit ihm hat die Gesellschaft einen langjährigen Gechäftsführer-Anstellungsvertrag abgeschlossen, in dem vor allem seine Gehaltsbezüge und seine Altersversorgung als Geschäftsführer geregelt sind.
3. Meine Erben haben meine Stammeinlage zu .... DM unter sich so aufzuteilen, daß am gesamten Stammkapital beteiligt sind:
   a) mein Sohn Hans mit .... DM,
   b) meine Töchter Inge und Doris mit je .... DM.
4. Ich bestimme hiermit meine Witwe Gisela Schneider zu meiner Testamentsvollstreckerin, meinen Freund Rechtsanwalt Dr. Karl Schmidt zum Ersatztestamentsvollstrecker. Einzige Aufgabe des Testamentsvollstrekkers ist es, das gesamte Betriebsvermögen meiner Schuhfabrik mit allen Aktiven und Passiven auf die Gesellschaft zu übertragen. Der Testamentsvollstrecker erhält für seine Tätigkeit neben Ersatz seiner baren Auslagen eine Vergütung von ... DM.
5. Meine Witwe Gisela Schneider erhält von meinen Erben eine lebenslängliche Versorgungsrente von monatlich ... DM, die im Wiederverheiratungsfall erlischt. Für die Bezahlung der Versorgungsrente haften meine Erben gesamtschuldnerisch ihrer Mutter gegenüber. Im Innenverhältnis haben mein Sohn Hans die Hälfte und meine beiden Töchter Inge und Doris je ein Viertel zu tragen. Sollte sich in Zukunft das Grundgehalt eines ledigen Regierungsrates des Bundes gegenüber dem heutigen Stand

um 10% und mehr erhöhen oder vermindern, so erhöht oder vermindert sich die Versorgungsrente meiner Witwe vom gleichen Zeitpunkt an im gleichen Verhältnis. Ich mache meinen Erben zur Pflicht, die Genehmigung zu dieser Wertsicherungsklausel von der Landeszentralbank von Bayern nach § 3 des Währungsgesetzes einzuholen. Zur dinglichen Sicherung der Versorgungsrente sind meine Erben verpflichtet, ihrer Mutter an ihren Gechäftsanteilen zu notarieller Urkunde ein Pfandrecht zu bestellen.

6. Mein sonstiges Vermögen, bestehend aus ..., haben meine Erben vermächtnisweise an meine Witwe hinauszugeben.

München, den ... Georg Schneider

Gemeinschaftliche Testamente von Einzelunternehmern

M 48 Gegenseitige Erbeinsetzung zum Alleinerben, Einsetzung eines Sohnes oder Enkelsohnes zum Alleinerben des überlebenden Eheteils, Verweisung der übrigen Abkömmlinge auf ihren Pflichtteil, Anrechnung der Zuwendungen unter Lebenden

Testament

Unser Vermögen besteht im wesentlichen aus dem Betriebsvermögen unseres gemeinschaftlich aufgebauten Einzelhandelsgeschäfts, einer Drogerie, die im Handelsregister unter der Firma „Engel-Drogerie Georg Schneider" eingetragen ist. Durch die nachfolgende Einsetzung eines unserer Söhne oder Enkelsöhne zum Alleinerben, soll der Fortbestand unseres Geschäftes ohne Nachlaßauseinandersetzung gesichert werden. 604

Wir, Georg und Emma Schneider, geb. Molton, wohnhaft in .... bestimmen deshalb letztwillig was folgt.

1. Für den Fall der Auflösung unserer Ehe durch den Tod bestimmen wir uns gegenseitig zum Alleinerben.
2. Für den zweiten Sterbefall bestimmen wir unseren Sohn Dieter, ersatzweise unseren Sohn Ulrich, zum Alleinerben des Überlebenden von uns beiden. Sollten weder Dieter noch Ulrich als Alleinerbe in Betracht kommen, so bestimmen wir zum alleinigen Ersatzerben unsere nachgenannten Enkelsöhne in der Reihenfolge: August, Bernhard, Christoph.
3. Sollte auch nur einer unserer Söhne beim ersten Sterbefall den Pflichtteil beanspruchen, ist der Überlebende von uns beiden berechtigt, frei über seinen Nachlaß zu verfügen.

4. Unsere Tochter Inge Schröder, geb. Schneider, und unseren Enkelsohn Fritz Schulz, einziger Sohn unserer verstorbenen Tochter Gerda Schulz, geb. Schneider, verweisen wir auf die Geltendmachung ihrer Pflichtteilsansprüche. Auf diese Pflichtteilsansprüche haben sich die Genannten die ihnen von uns bereits zu unseren Lebzeiten gemachten Zuwendungen in vollem Umfang anrechnen zu lassen. Es haben erhalten:
   a) Unsere Tochter Inge in mehreren Beträgen einen Gesamtbetrag von 50000 DM.
   b) Unser Enkelsohn Fritz Schulz den Betrag von 60000 DM.

   Die Zahlungen erfolgten durch Überweisung von unserem gemeinschaftlichen Bankkonto Nr. ... bei der Stadtsparkasse ... Die Empfangsbestätigungen über die bezahlten Beträge befinden sich in unserem Kassenschrank. Auf allen Quittungen haben die Empfänger bestätigt, daß sie sich die erhaltenen Beträge auf ihren seinerzeitigen Pflichtteil anrechnen lassen müssen.

München, den ... Georg Schneider Emma Schneider

M 49 Gegenseitige Einsetzung zum Alleinerben, Einsetzung der Kinder zu Erben für den zweiten Sterbefall, Übernahmerecht eines Angestellten, Testamentsvollstreckung zwecks Geschäftsübertragung, Verpachtung oder Veräußerung

Testament

605 Wir, Georg und Emma Schneider, geb. Molton, wohnhaft in ..., haben zusammen ein Textileinzelhandelsgeschäft aufgebaut, das wir gemeinsam betreiben. Unsere drei Töchter Berta, Klara und Doris sind verheiratet und nicht branchenkundig.

Für den Fall unseres Todes bestimmen wir letztwillig was folgt:

1. Wir setzen uns gegenseitig zu alleinigen und ausschließlichen Erben ein.
2. Für den zweiten Sterbefall berufen wir unsere drei Töchter Berta, Klara und Doris zu unseren Erben zu gleichen Stammteilen.
3. Unserem langjährigen Angestellten und Prokuristen Karl Mittelhammer räumen wir im Wege des Vermächtnisses das Recht ein, nach unserem Tode unser Textilgeschäft mit allen Aktiven und Passiven und mit dem Recht der Firmenfortführung zu übernehmen.

   Der Übernahmepreis ist gleich dem Steuerbilanzwert des letzten Jahresabschlusses vor Eintritt des zweiten Sterbefalles. Dieser Übernahmepreis ist ab Übernahme mit 6 % jährlich zu verzinsen. Er wird umgewandelt in eine Darlehensschuld, die beiderseitig unter Einhaltung einer Kündigungsfrist von sechs Monaten zum Schlusse eines Kalenderjahres aufgekündigt werden kann. Das Übernahmerecht erlischt, wenn es nicht innerhalb drei Monaten nach Eintritt des zweiten Sterbefalles unseren Erben gegenüber ausgeübt worden ist.

4. Um die Durchführung der Betriebsübernahme zu erleichtern, bestimmen wir unsere älteste Tochter Berta, ersatzweise ihre Schwester Klara, zur Testamentsvollstreckerin. Aufgabe der Testamentsvollstreckerin ist es, alle Rechtshandlungen vorzunehmen, die zur Geschäftsübertragung auf Herrn Mittelhammer notwendig oder zweckdienlich sind. Die Ausübung des Übernahmerechts braucht nur gegenüber der Testamentsvollstreckerin erklärt zu werden.
5. Lehnt Herr Mittelhammer die Geschäftsübernahme ab, so ist es Aufgabe der Testamentsvollstreckerin, unser Geschäft langfristig für die Erbengemeinschaft zu verpachten, oder falls ein geeigneter Pächter nicht gefunden werden kann, zu einem möglichst günstigen Preis zu verkaufen. Vor Abschluß des Pachtvertrages oder Kaufvertrages hat die Testamentsvollstreckerin die Vertragsbedingungen mit ihren Schwestern zu besprechen.
6. Sollte eine unserer Töchter bereits beim Ableben des Erstversterbenden von uns ihren Pflichtteil geltend machen, so ist sie und ihr ganzer Stamm von der Erbfolge im zweiten Sterbefall auszuschließen. Ihr Erbteil wächst den anderen Erben zu gleichen Teilen an. Falls der Pflichtteilsanspruch von allen Pflichtteilberechtigten geltend gemacht werden sollte, ist der Überlebende von uns beiden berechtigt, frei über seinen Nachlaß letztwillig zu verfügen.

München, den ... Georg Schneider Emma Schneider

Testamente von Gesellschaftern

M 50 Letztwillige Verfügungen eines OHG-Gesellschafters

Bestimmung eines Erben zum Nachfolger in der OHG (vgl. Anm. 1), voller Wertausgleich gegenüber den Miterben ohne Berücksichtigung eines Firmenwertes, Zins- und Zahlungsbestimmungen für die Abfindungsansprüche der Miterben

Testament

Ich, Georg Schneider, verwitweter Kaufmann, wohnhaft in ...., bin 606
Mitinhaber der Firma „Schneider & Fröbel Kunststoffabrik“ mit dem Sitz in

.... Nach dem Gesellschaftsvertrag, den ich am .... mit meinem Teilhaber Kurt Fröbel abgeschlossen habe, wird beim Tode eines Gesellschafters die Gesellschaft nur mit einem Erben als Nachfolger fortgesetzt. Der zur Nachfolge berechtigte Erbe ist durch Testament, ersatzweise durch die Gesamtheit der Miterben, notfalls durch die zuständige Industrie- und Handelskammer zu bestimmen.

Ich verfüge hiermit letztwillig was folgt:

1. Zu meinen Erben zu gleichen Stammteilen bestimme ich meine Kinder Karl, Fritz und Ilse.

2. Zu meinem Nachfolger als Gesellschafter in unserer Firma Schneider & Fröbel bestimme ich meinen Sohn Karl Schneider, der in unserem Unternehmen bereits seit 10 Jahren als Leiter der kaufmännischen Abteilung tätig ist (Anm. 2). Ersatznachfolger ist in erster Linie mein Sohn Fritz, Dipl.-Ingenieur und seit fünf Jahren in unserer Firma tätig, in zweiter Linie meine Tochter Ilse Fröhlich, geb. Schneider, wohnhaft in ....

3. Mein Erbe, der als Nachfolger in die Gesellschaft eintritt, hat sich den Wert meiner in vollem Umfang auf ihn übergehenden Beteiligung auf seinen Erbteil anrechnen zu lassen (vgl. Anm. 3). Für den Wertausgleich ist auf meinen Todestag eine Auseinandersetzungsbilanz aufzustellen, in der alle stillen Reserven aufzulösen sind, so daß mein Nachfolger den vollen Wert meiner Beteiligung seinen Geschwistern gegenüber auszugleichen hat. Ein Firmenwert (Geschäftswert) ist nicht in Ansatz zu bringen.

4. Mein Nachfolger in der Firma ist verpflichtet, die Abfindungsguthaben seiner Geschwister von meinem Todestag an mit 6% jährlich zu verzinsen und in fünf gleich großen, unmittelbar aufeinanderfolgenden Jahresraten, die erste Jahresrate fällig sechs Monate nach meinem Tode, bar und kostenfrei zu bezahlen.

5. Für mein sonstiges Vermögen, bestehend aus ...., treffe ich folgende Teilungsanordnung (vgl. Anm. 4):
   ....

.........., den ... Georg Schneider

M 51 Letztwillige Verfügungen eines Kommanditisten

Einsetzung des Nachfolger-Gesellschafters zum Alleinerben, Barvermächtnisse für Witwe und Geschwister, Unterbeteiligung der Witwe und Geschwister an der Kommanditbeteiligung des Alleinerben

Testament

Ich, Georg Schneider, Kaufmann, wohnhaft in ...., bin mit einer 607
voll einbezahlten Kommanditeinlage von 400000 DM an der „Ansbacher Kunststoffabrik Karl Schulze Komm. Ges." in Ansbach beteiligt. Persönlich haftender Gesellschafter ist Herr Karl Schulze, einziger Kommanditist bin ich. Nach dem Gesellschaftsvertrag vom ... wird bei meinem Tode die Gesellschaft nur mit meinem Sohn Karl Schneider, der seit vielen Jahren bereits Prokurist in der Firma ist, als Kommanditist fortgesetzt, wenn ich meinen Sohn Karl testamentarisch zum Alleinerben bestimme. Mein Vermögen besteht im wesentlichen aus der erwähnten Kommanditbeteiligung.

1. Ich setze hiermit meinen Sohn Karl zu meinem alleinigen und ausschließlichen Erben ein.
2. Meine Witwe erhält ein Barvermächtnis von 100000 DM; meine beiden Söhne Fritz und Erich erhalten ein Barvermächtnis von je 50000 DM. Diese Barvermächtnisse gelten dadurch als getilgt, daß meine Witwe mit 100000 DM und meine beiden Söhne Fritz und Erich mit je 50000 DM an der Kommanditbeteiligung meines Sohnes Karl (= Hauptbeteiligter), die 400000 DM beträgt, unterbeteiligt werden (vgl. Anm. 5).
3. Mein Sohn Karl ist als Kommanditist mit 50% am Gewinn und Verlust unserer Firma beteiligt. Von diesem Anteil am Gewinn und Verlust erhält der Hauptbeteiligte 60%, meine Witwe 20% und meine beiden Söhne Fritz und Erich je 10%. Die Unterbeteiligten können über die ihnen zufließenden Beträge frei verfügen.
4. Den Unterbeteiligten stehen entsprechend ihren Anteilen am Gewinn und Verlust nach Ziff. 3 die stillen Reserven des Hauptbeteiligten zu.
5. Die Unterbeteiligung endet mit dem Tod des Hauptbeteiligten, längstens aber nach 15 Jahren. Mit dem Tod eines Unterbeteiligten geht dessen Unterbeteiligung auf seine Erben über.
6. Veräußert der Hauptbeteiligte seine Beteiligung oder löst sich die Firma auf, so wird die Unterbeteiligung aufgelöst. Der Hauptbeteiligte ist in diesem Falle verpflichtet, den Erlös anteilmäßig an die Unterbeteiligten abzuführen, d. h. die zu Buch stehenden Kapitalanteile der Unterbeteiligten, berichtigt um den nach dem Gewinn- und Verlustverteilungsschlüssel sich ergebenden Mehr- oder Mindererlös, auszuschütten.

7. Eine Abtretung der Unterbeteiligungen ist nur mit Zustimmung des Hauptbeteiligten zulässig.
8. Der Firma Ansbacher Kunststoffabrik Karl Schulze Komm. Ges. gegenüber sind die Rechte und Interessen der Unterbeteiligten durch den Hauptbeteiligten wahrzunehmen. Die Unterbeteiligten unterwerfen sich insoweit den Maßnahmen des Hauptbeteiligten. Der Hauptbeteiligte ist aber verpflichtet, bei seinen Entscheidungen die Interessen der Unterbeteiligten zu berücksichtigen. Die Unterbeteiligten haben das Recht auf laufende Information und Vorlage einer Abschrift des Jahresbilanz durch den Hauptbeteiligten.
9. Nach Beendigung der Unterbeteiligung ist der Hauptbeteiligte verpflichtet, an jeden Unterbeteiligten als Auseinandersetzungsguthaben den Betrag auszuzahlen, der anteilmäßig nach Ziff. 6 auf die Unterbeteiligten entfällt, wenn die Kommanditgesellschaft zu diesem Zeitpunkt aufgelöst würde. Er hat zu diesem Zweck eine Auseinandersetzungsbilanz aufgrund der wirklichen Werte auf diesen Zeitpunkt als Stichtag aufzustellen. Ein Firmenwert hat außer Ansatz zu bleiben.

.........., den ... Georg Schneider

M 52 Letztwillige Verfügung eines GmbH-Gesellschafters

Aufteilung der Stammeinlagen auf die Erben, Wertausgleich nach dem steuerlichen Wert der Anteile

Testament

608 Ich, Georg Schneider, Fabrikant, wohnhaft in ...., bin der alleinige Gesellschafter der „Mindelheimer Schuhfabrik GmbH“ mit einem Stammkapital von 500000 DM. Geschäftsführer meines Unternehmens ist mein einziger Sohn Karl Schneider, wohnhaft in Mindelheim. Für den Fall meines Todes bestimme ich folgendes:

1. Zu Erben bestimme ich meine Ehefrau Lore Schneider, geb. Weber, zur einen Hälfte und meine beiden Kinder Karl und Berta zu je 1/4. Sollte meine Frau vor mir sterben, so bestimme ich zu Erben: meinen Sohn Karl zu 60 % und meine Tochter Berta zu 40 %.
2. Von dem Stammkapital meines Unternehmens sollen erhalten: Mein Sohn Karl 55 %, meine Ehefrau 20 % und meine Tochter Berta 25 %. Sollte meine Ehefrau vor mir sterben, so sollen ihre 20 % meiner Tochter Berta zufallen, so daß diese dann mit 45 % an meinem Unternehmen beteiligt ist.

3. Soweit die Beteiligung meiner Erben am Stammkapital meines Unternehmens nicht ihren Erbanteilen entspricht, hat Wertausgleich zu erfolgen. Dabei sind je 1000 DM des nominellen Stammkapitals mit dem zuletzt vom Finanzamt festgestellten steuerlichen Wert der Anteile anzusetzen.
4. Sollte einer meiner Erben die ihm von mir zugedachte Stellung nicht übernehmen wollen, so haben die übrigen Erben entsprechend der Größe ihrer Erbanteile das Übernahmerecht mit der Verpflichtung zum Wertausgleich gemäß Ziff. 3.
5. Sollte einer meiner Erben oder Erbeserben den Geschäftsanteil an meinem Unternehmen in Zukunft veräußern wollen, so ist er verpflichtet, ihn den übrigen Mitgesellschaftern zum Kauf anzubieten. Als Übernahmepreis gilt höchstens der zuletzt finanzamtlich festgestellte steuerliche Wert der Anteile, auch wenn von dritter Seite ein höherer Kaufpreis für den Geschäftsanteil geboten werden sollte.

.........., den ... Georg Schneider

M 53 Letztwillige Verfügungen eines Hauptaktionärs

Ausschluß des Rechts der Auseinandersetzung und Veräußerungsverbot hinsichtlich des Aktienpakets, Verpflichtung der Erben zum Abschluß eines langjährigen Schutzgemeinschaftsvertrages

Testament

1. Ich, Georg Schneider, Kaufmann, wohnhaft in ...., setze hiermit meine drei Söhne .... zu Erben zu unter sich gleichen Stammteilen ein. 609
2. Zum Testamentsvollstrecker bestimme ich .... (vgl. Anm. 6).
3. Der wesentliche Teil meines Vermögens besteht aus Aktien der „Bären-Bräu AG“ in ...., die mehr als 45 % des gesamten Aktienkapitals dieser Brauerei ausmachen. Mit diesen Aktien vertrete ich somit eine qualifizierte Minderheit.

   a) Ich schließe hiermit das Recht meiner Erben, die Auseinandersetzung hinsichtlich dieser Aktien zu verlangen, solange aus, bis der nach Buchstabe d) von mir verfügte Konsortialvertrag abgeschlossen ist.
   b) Mein Testamentsvollstrecker ist nicht befugt, die Aktien ganz oder teilweise zu veräußern, auch wenn alle Erben mit der Veräußerung ausdrücklich einverstanden sein sollten.

c) Aufgabe des Testamentsvollstreckers ist es, das Stimmrecht in den Generalversammlungen der genannten Brauerei einheitlich für das gesamte Aktienpaket auszuüben.
d) Ich belaste meine Erben für sich und ihre Erben mit der ausdrücklichen Verpflichtung, daß sie sofort nach meinem Tod einen 25jährigen Schutzgemeinschaftsvertrag über meinen gesamten Aktienbesitz an der Bären-Bräu AG abschließen, durch den der Zusammenhalt des Aktienbesitzes und die Wahrnehmung der gemeinsamen Interessen meiner Erben aus diesem Aktienbesitz noch auf lange Jahre gewährleistet sein sollen.
e) Weitere Aufgaben des Testamentsvollstreckers ist die Ausarbeitung des Schutzgemeinschaftsvertrages, wobei ihm der meinem Testament beigefügte Entwurf eines solchen Vertrages geeignete Richtlinien für die inhaltliche Ausgestaltung des von mir verfügten Vertrages geben soll. Auch soll der Testamentsvollstrecker diesen Vertrag mit meinen Erben abschließen. Ich gebe ihm insoweit unter Befreiung von der Beschränkung des § 181 BGB weitgehendste Verfügungs- und Verpflichtungsrechte, so daß der Abschluß des Schutzgemeinschaftsvertrages auch dann gewährleistet ist, wenn einer meiner Erben sich weigern sollte, den Vertrag mitzuunterzeichnen.
f) Sollte einer meiner Erben sich weigern, den Schutzgemeinschaftsvertrag zu unterzeichnen, so schließe ich ihn hiermit ausdrücklich für sich und seine Abkömmlinge von jeglicher Erbfolge aus.

4. Hinsichtlich meines sonstigen Nachlasses bestimme ich folgendes:

.........., den ... Georg Schneider

Anmerkungen zu den Muster M 50 – M 53:

1. Grundsätzlich wird die OHG durch den Tod eines Gesellschafters aufgelöst, falls nicht im Gesellschaftsvertrag eine andere Regelung getroffen ist (§ 131 Nr. 4 HGB). In dem Gesellschaftsvertrag ist auch zu vereinbaren, ob die Gesellschaftsanteile vererblich sein sollen oder nicht. Wird die Person des Nachfolgers bereits im Gesellschaftsvertrag bestimmt, so kann der Erblasser nicht letztwillig einen anderen Nachfolger bestimmen. Über eingegangene gesellschaftsvertragliche Verbindungen kann er sich testamentarisch nicht hinwegsetzen.
2. Das Testament geht in Übereinstimmung mit dem Gesellschaftsvertrag von der unmittelbaren und automatischen Nachfolge des vorgesehenen Erben in die Stellung des Erblassers als Gesellschafter aus. Der Gesellschaftsvertrag kann dem zum Nachfolger berufenen Erben auch lediglich das Recht zum Eintritt in die Gesellschaft einräumen. In diesem Fall vollzieht sich die Nachfolge in die Gesellschafterstellung des Erblassers nicht von selbst mit dessen Tode, son-

dern erst aufgrund einer Eintrittserklärung des zum Nachfolger berufenen Erben.

3. Ist in einem Gesellschaftsvertrag dem Gesellschafter das Recht eingeräumt worden, einen von mehreren Miterben zu seinem Nachfolger zu bestimmen, so erwerben nach der Rechtsprechung des BGB (vgl. BGHZ 22, 186ff.) die von der Nachfolge in die Beteiligung ausgeschlossenen Miterben einen Abfindungsanspruch gegen die Gesellschaft in Höhe ihrer Erbanteile, während der zum Nachfolger berufene Erbe nur entsprechend dem Umfang seines Erbanteils dem Erblasser in dessen Unternehmensbeteiligung nachfolgt. Allerdings können der Gesellschaftsvertrag und Testament – wie hier geschehen – diesen Abfindungsanspruch der übrigen Miterben gegen die Gesellschaft ausschließen.
4. Es folgt die Teilungsanordnung hinsichtlich des Grundbesitzes, der Sparguthaben, der Wertpapierdepots usw.
5. Die Unterbeteiligung ist zivilrechtlich gesehen eine Variante der Innengesellschaft. Dies Form der Beteiligung kann gewählt werden, wenn die Übertragung einer Beteiligung erschwert ist, besonders bei Personengesellschaften. Sieht der Gesellschaftsvertrag die Nachfolge mehrerer Erben nicht vor, will aber der Erblasser außer dem Nachfolger in die Unternehmensbeteiligung noch andere Personen an den Einkünften und dem Wert der Beteiligung teilhaben lassen, so kann dies auf dem Weg über die Unterbeteiligung geschehen. Die Unterbeteiligung kann geheimgehalten werden, es sei denn, daß der Gesellschaftsvertrag etwas anderes vorsieht.
6. Während der Testamentsvollstrecker bei der OHG und KG die Gesellschafterrechte des Erben nur mit Zustimmung der Gesellschafter als Treuhänder ausüben kann, nimmt er bei Kapitalgesellschaften, wie z. B. Aktiengesellschaft und GmbH, die Gesellschafterrechte des Erben kraft eigenen Rechts wahr. Soll bei Kapitalgesellschaften die einheitliche Verwaltung des Aktienpaketes oder der Gesellschaftsanteile gewährleistet sein, so empfiehlt es sich, einem Testamentsvollstrecker die Verwaltung dieser Gesellschafterrechte zu übertragen.

Einsetzung eines Nacherben

Allgemeiner Hinweis: 610

Die Nacherbfolge schafft die Möglichkeit, daß der Erblasser sein Vermögen beim Erbfall zwar dem Vorerben persönlich für eine gewisse Zeit zukommen läßt, daß aber der Vorerbe die Erbschaft nicht an seine Familienangehörigen (z. B. Ehefrau und Kinder) weitervererben kann. Eine Sondernacherbfolge in einzelne Nachlaßgegenstände, z. B. in ein Unternehmen oder in einen landwirtschaftlichen Betrieb, kann der Erblasser nicht anordnen, da sonst der Wirkung nach ein Fideikommiß errichtet würde. Denkbar ist in einem solchen Fall die Umdeutung (§ 140 BGB) in ein befristetes Vermächtnis (§ 2177 BGB). Manche Erblasser, vor allem Unternehmer

und Grundbesitzer neigen häufig dazu, die zukünftige Entwicklung ihres Vermögens, soweit es sich um Betriebsvermögen handelt, langfristig, möglichst bis in die zweite oder dritte Generation hinein, bindend festzulegen. Das ist menschlich wohl verständlich, ob es für den Einzelfall zweckmäßig ist, ist eine andere Frage.
Der Vorerbe erwirbt das mit einer Nacherbfolge belastete Vermögen als Sondervermögen, das sich grundsätzlich mit seinem eigenen Vermögen nicht vermischt. Bei Grundvermögen wird dieses Sondervermögen durch einen Vermerk im Grundbuch gekennzeichnet. Geldguthaben sowie Wertpapiere sollten in separaten Konten bzw. Depots verwahrt werden, um eine Vermischung mit eigenem Vermögen zu vermeiden. Zu beachten ist auch die Surrogationsregel in § 2111 BGB.
Hierzu und zu sonstigen Problemen der für einen Laien kaum erkennbaren Risiken einer Vor- und Nacherbfolge vgl. oben Rz. 250ff.
Für die Nacherbeneinsetzung gibt es, wie die nachfolgenden Muster zeigen, viele Varianten.

Musterbeispiele

M 54 Einsetzung der Ehefrau als Vorerbin, der Kinder als Nacherben

611 Ich setze meine Ehefrau als meine alleinige Vorerbin ein.
Der Nacherbfall tritt mit dem Tode der Vorerbin ein.
Als Nacherben setze ich meine Kinder A und B sowie weitere Kinder, die beim Erbfall bereits geboren oder erzeugt sind, zu gleichen Teilen ein (Anm. 1).

M 55 Einsetzung von Ersatznacherben

612 Falls ein Kind vor oder nach dem Erbfall, aber vor dem Nacherbfall stirbt oder aus sonstigen Gründen als Nacherbe wegfällt, sind Ersatznacherben dessen Kinder. Wenn ein Nacherbe ohne Hinterlassung von Abkömmlingen wegfällt, wächst sein Erbteil den anderen Nacherben an (Anm. 2).

M 56 Ausschluß der Vererblichkeit und Übertragbarkeit der Anwartschaftsrechte der Nacherben

613 Die Anwartschaften der Nacherben und Ersatznacherben sind nicht vererblich. Sie sind jedoch auf den Vorerben sowie auf alle oder einzelne Nacherben oder Ersatznacherben übertragbar. Die Übertragung auf andere Personen ist ausgeschlossen.

Falls ein Nacherbe oder ein für ihn berufener Ersatznacherbe seine Anwartschaft auf den Vorerben, einen Nacherben oder Ersatznacherben überträgt, entfallen sämtliche Rechte der anstelle des Übertragenden berufenen Ersatznacherben (auflösende Bedingung). In diesem Fall ist auch die Anwachsung nach § 2094 BGB ausgeschlossen. Bei Übertragung auf den Vorerben kann dieser über den Erbteil, der dem Übertragenden ohne die Übertragung beim Nacherbfall zustehen würde, letztwillig wieder frei verfügen (Anm. 3).

M 57 Pflichtteilsklausel

Wenn ein pflichtteilsberechtigtes Kind oder bei dessen Vorversterben ein 614
pflichtteilsberechtigter Abkömmling die Nacherbschaft ausschlägt und nicht innerhalb 6 Wochen ab Wirksamwerden der Ausschlagung gegenüber der Vorerbin auf seinen Pflichtteilsanspruch verzichtet, entfällt die Einsetzung der an seiner Stelle berufenen Ersatznacherben (Anm. 4).

M 58 Ersatzerben

Die von mir eingesetzten Nacherben sind auch Ersatzerben, falls meine Ehe- 615
frau vor oder gleichzeitig mit mir verstirbt oder aus einem sonstigen Grund nicht meine Vorerbin wird. Weitere Ersatzerben sind die Ersatznacherben in der angegebenen Reihenfolge (Anm. 5).

M 59 Vorausvermächtnis

Ich vermache meiner Ehefrau zum Voraus mein gesamtes bewegliches Ver- 616
mögen einschließlich aller Geldguthaben, Forderungen etc.
Die zum Voraus vermachten Vermögenswerte werden frei verfügbares Vermögen der Ehefrau und unterliegen nicht den Beschränkungen der Nacherbfolge (Anm. 6).

M 60 Bedingte Nacherbeneinsetzung mit Bestimmungsrecht des Vorerben

Die Nacherben sind unter der auflösenden Bedingung eingesetzt, daß meine 617
Ehefrau berechtigt ist, letztwillig auf ihr Ableben auch über den von mir ererbten Nachlaß zu verfügen. Trifft sie eine solche Verfügung, so entfällt die Beschränkung durch Nacherbfolge; sie verfügt dann insoweit als Vollerbin meines Vermögens.

Sie kann jedoch mit derartigen Verfügungen den Nachlaß nur unter unseren gemeinsamen Abkömmlingen – und zwar auch unter nichtehelichen Abkömmlingen unserer Kinder – anderweitig verteilen, insbesondere die Erbteile vermindern, erhöhen oder ganz entziehen, Teilungsanordnungen treffen sowie Vermächtnisse, Vorausvermächtnisse, Auflagen und Testamentsvollstreckungen anordnen. Sie kann jedoch keine anderen Personen als unsere Abkömmlinge zu Erben, Vermächtnisnehmern und durch Auflagen Begünstigte und als Testamentsvollstrecker einsetzen (Anm. 7).

M 61 Mehrfache Nacherbeneinsetzung

618 Zweck des Testamentes ist es, zu verhindern, daß durch den Tod von Abkömmlingen Vermögen, das aus meinem Nachlaß stammt, an meine geschiedene Ehefrau fällt, falls sie mich überlebt.
Ich setze meine Abkömmlinge nach Maßgabe der gesetzlichen Erbfolge zu meinen Erben ein. Lebt im Zeitpunkte meines Todes meine geschiedene Ehefrau noch, so ordne ich folgende **Nacherbfolge** an:

1. Wer von meinen Abkömmlingen mein Erbe wird, ist nur Vorerbe und zwar befreit von allen gesetzlichen Beschränkungen, soweit eine Befreiung zulässig ist. Nacherben sind jeweils die Abkömmlinge des Vorerben, unter sich nach Maßgabe der gesetzlichen Erbfolge, und falls ein Vorerbe keine Abkömmlinge hinterläßt, meine übrigen Abkömmlinge, die bei gesetzlicher Erbfolge durch Anwachsung an seine Stelle treten.
   Die Nacherbfolge tritt für jeden Vorerben mit dessen Tod ein. Die Anwartschaftsrechte der Nacherben sind nicht veräußerlich und nicht vererblich.
2. Ich ordne eine weitere Nacherbfolge an, soweit bei Eintritt eines Nacherbfalles nach Ziffer 1 meine geschiedene Ehefrau noch lebt. In diesem Falle sind die Nacherben gem. Ziff. 1 nur Vorerben. Nacherben sind ihre erbberechtigten Abkömmlinge, wobei für die weitere Nacherbfolge die Bestimmungen in Ziffer 1 in vollem Umfange gelten.
3. Sind bei Eintritt der Nacherbfolge oder der weiteren Nacherbfolge keine Abkömmlinge von mir mehr vorhanden, so sind Nacherben: ....
   Mit dem Anfall an diese Personen endigt die Nacherbfolge.
4. Alle Beschränkungen durch Nacherbfolge fallen mit dem Tode meiner geschiedenen Ehefrau weg. Wer also Vorerbe bei ihrem Tode ist, wird auf diesen Zeitpunkt für seinen Erbteil unbeschränkter Vollerbe.
5. Ich ordne eine Testamentsvollstreckung an. Aufgabe des Testamentsvollstreckers ist es, die Rechte und Pflichten der bekannten und unbekannten Nacherben wahrzunehmen. Die Testamentsvollstreckung endigt mit dem Tode meiner geschiedenen Ehefrau.

Ich ernenne zum Testamentsvollstrecker .... und ersatzweise ....

Nehmen die Genannten das Amt nicht an oder fallen sie weg, so ersuche ich hiermit das Nachlaßgericht, einen Testamentsvollstrecker zu ernennen (Anm. 8).

M 62 Allgemeine Befreiung des Vorerben

Der Vorerbe ist von allen gesetzlichen Beschränkungen befreit, soweit eine 619
Befreiung zulässig ist (Anm. 9).

M 63 Befreiung des Vorerben von einzelnen Beschränkungen

.... Der Vorerbe soll befugt sein, über die zur Erbschaft gehörigen 620
Grundstücke und Grundstücksrechte frei zu verfügen (Anm. 10).

.... Der Vorerbe soll bei der Einziehung von zur Erbschaft gehörigen Hypothekenforderungen, Grundschulden oder Rentenschulden verlangen können, daß die Zahlung an ihn ohne Einwilligung des Nacherben erfolgt (Anm. 11).

.... Der Nacherbe soll nicht berechtigt sein zu verlangen, daß der Vorerbe die zur Erbschaft gehörenden Inhaberpapiere hinterlegt (Anm. 12).

.... Der Vorerbe soll Geld ohne Rücksicht auf die für die Anlegung von Mündelgeld geltenden Vorschriften anlegen dürfen (Anm. 13).

.... Der Vorerbe soll nicht verpflichtet sein, das Maß der Nutzung und die Art der wirtschaftlichen Behandlung der zur Erbschaft gehörenden Wälder durch einen Wirtschaftsplan festzustellen (Anm. 14).

.... Der Nacherbe soll nicht berechtigt sein, vom Vorerben Auskunft über den Bestand der Erbschaft zu verlangen (Anm. 15).

.... Der Nacherbe soll unter keinen Umständen berechtigt sein, vom Vorerben Sicherheitsleistung zu verlangen (Anm. 16).

.... Der Nacherbe soll nicht berechtigt sein zu verlangen, daß der Vorerbe über die Verwaltung der Erbschaft Rechenschaft ablegt (Anm. 17).

Anmerkungen:

1. Die Einsetzung eines Nacherben ist nicht davon abhängig, daß dieser schon beim Tode des Erblassers lebt (§ 2101 BGB), wohl aber davon, daß er bei Eintritt des Nacherbfalls schon und noch lebt (§§ 1923, 2108 Abs. 1 BGB).
2. Stirbt der eingesetzte Nacherbe vor dem Eintritt des Falles der Nacherbfolge, aber nach dem Eintritt des Erbfalles, so geht sein Recht auf seine Erben über, sofern nicht ein anderer Wille des Erblassers anzunehmen ist (§ 2108 Abs. 2

BGB). Da ein Erblasser in aller Regel gerade deshalb eine Nacherbfolge anordnet, um das Vermögen seinen Abkömmlingen zu erhalten, wird er vermeiden wollen, daß sich die Anwartschaftsrechte des Nacherben – auch – an seinen Ehegatten oder gar an testamentarisch eingesetzte Fremde vererben. Daher ist die Benennung von Ersatznacherben stets geboten.

3. Vgl. Anm. 2. Das Anwartschaftsrecht des Nacherben ist nach Eintritt des Erbfalles, aber vor Eintritt des Nacherbfalles nicht nur vererblich, sondern grundsätzlich auch abtretbar, verpfändbar und pfändbar. Dies wird den Vorstellungen und Wünschen des Erblassers erst recht nicht entsprechen. Die Vererblichkeit und die Übertragbarkeit der Anwartschaftsrechte sollten daher ausdrücklich ausgeschlossen werden. Billigen wird der Erblasser allerdings in aller Regel eine Übertragung an den Vorerben und/oder andere Nacherben, da sie ja zu seinen gewollten Nachfolgern zählen. Sind Ersatznacherben eingesetzt, bleibt eine Übertragung der Anwartschaft jedoch nur wirksam, wenn der übertragende Nacherbe den Nacherbfall auch erlebt und nicht aus sonstigen Gründen wegfällt. Diesem Risiko soll die Muster-Formulierung begegnen.

4. Gemäß § 2142 BGB kann der Nacherbe die Erbschaft ausschlagen, sobald der Erbfall eingetreten ist. Die Erbschaft verbleibt dann dem Vorerben, soweit nicht der Erblasser ein anderes bestimmt hat. Eine solche andere Bestimmung liegt in der Einsetzung eines Ersatznacherben (§ 2096 BGB). Fehlt eine ausdrückliche Ersatzbestimmung, wäre zu prüfen, ob die Auslegungsregel des § 2069 BGB zum Zuge kommt, wonach bei Wegfall eines bedachten Abkömmlings im Zweifel dessen Abkömmlinge bedacht seien. Der BGH hat hierzu entschieden, daß § 2069 BGB nicht gälte, wenn der als Nacherbe berufene Abkömmling die Nacherbschaft ausschlägt und denPflichtteil verlangt (§ 2306 Abs. 2 BGB; DNotZ 1960, 662 = NJW 1960, 1899; hierzu auch OLG Stuttgart RPfleger 1982, 106). Da zwar die Ausschlagungsfrist kurz ist, der Pflichtteilsanspruch aber erst nach drei Jahren verjährt, könnte ein Schwebezustand eintreten, der sich äußerst nachteilig auf Vor- und Nacherben auswirken kann und niemals den Wünschen des Erblassers entspräche. Die hier vorgeschlagene Formulierung soll einerseits klare Verhältnisse schaffen, die keiner Auslegung bedürfen, andererseits den Schwebezustand so kurz wie möglich halten.

5. Vgl. § 2102 Abs. 1 BGB.

6. Gegenstand der Nacherbfolge kann nicht ein einzelner Nachlaßgegenstand sein, sondern nur die Erbschaft insgesamt oder ein Erbteil. So könnte z. B. bestimmt werden, daß A, B und C zu Erben zu je ein Drittel Erbteil eingesetzt werden, jedoch nur der Erbe A mit seiner Nacherbfolge belastet wird.
Besteht der Nachlaß aus einem Hausgrundstück sowie der Einrichtung, einem Pkw sowie Geldguthaben und Wertpapieren, und wünscht der Erblasser, daß lediglich das Hausgrundstück seinen Kindern erhalten bleiben soll, so könnte er zwar nicht seine Ehefrau als Vorerbin des Hausgrundstücks einsetzen, sie

aber sehr wohl als Vorerbin für sein gesamtes Vermögen bestimmen und ihr zugleich im Wege des Vorausvermächtnisses (§ 2150 BGB; vgl. hierzu oben Rz. 244 ff.) sein gesamtes bewegliches Vermögen zukommen lassen.

7. § 2065 BGB – eine der Säulen des deutschen Erbrechts – verbietet es dem Erblasser grundsätzlich, einen Dritten zu ermächtigen, die Person, die eine Zuwendung erhalten soll sowie den Gegenstand der Zuwendung zu bestimmen, auch nicht, ob eine letztwillige Verfügung des Erblassers gelten oder nicht gelten soll.
Daher wäre es unzulässig, einen Vorerben einzusetzen und diesen zu ermächtigen, nach eigenem Gutdünken die Nacherben zu bestimmen.
Anerkannt ist jedoch, einen Vorerben unter der auflösenden Bedingung einzusetzen, daß er die Nacherbfolge beseitigen kann, falls er ausdrücklich eine letztwillige Verfügung über das dem Vorerben angefallene Vermögen des Erblassers trifft und sich damit zum Vollerben macht. Zu beachten ist, daß die bloße Errichtung einer solchen Verfügung noch keinen Wegfall der Nacherbenbeschränkung zur Folge hat, sondern daß dieser erst beim Tode des Vorerben und Eröffnung seiner entsprechenden Verfügung rückwirkend festgestellt werden kann.
Der überwiegende Teil der Rechtsprechung und des Schrifttums wollen es zulassen, daß der Erblasser die unbeschränkte Änderungsbefugnis dahin einschränkt, daß nur innerhalb der Abkömmlinge anderweitig verfügt werden darf (vgl. *Palandt-Edenhofer* § 2065 Rn. 6; BGH, DNotZ 1973, 105).

8. Der Erblasser kann grundsätzlich mehrfache Nacherbenfolgen anordnen. Das Gesetz will aber die Bindung des Vermögens in der Hand des Vorerben nicht länger als 30 Jahre bestehen lassen, damit der Erblasser seine Testierfreiheit nicht dazu ausnutzen kann, fideikommißähnliche Regelungen zu treffen. Allerdings läßt § 2109 BGB zwei Ausnahmen zu, die die Regelfrist fast völlig zurückdrängen und die es dem Erblasser ermöglichen, den Nachlaß für zwei Generationen innerhalb der Familie festzulegen, was in besonderen Fällen, also nicht nur denen der Musterformulierung, bedeutsam werden kann.

9. Eine allgemeine Befreiung des Vorerben liegt auch in der Bestimmung, daß der Nacherbe nur das erhalten soll, was bei Eintritt der Nacherbschaft von der Erbschaft noch übrig ist (§ 2137 BGB).
10. Vgl. §§ 2113 Abs. 1, 2136 BGB.
11. Vgl. §§ 2114, 2136 BGB.
12. Vgl. §§ 2116, 2136 BGB.
13. Vgl. §§ 2119, 2136 BGB.
14. Vgl. §§ 2123, 2136 BGB.
15. Vgl. §§ 2127, 2136 BGB.
16. Vgl. §§ 2128, 2136 BGB.
17. Vgl. §§ 2130, 2136 BGB.

Widerruf, Änderung und Aufhebung von Testamenten und Erbverträgen

621 **Allgemeiner Hinweis:**

Rechtsgrundlage: Für Widerruf von Testamenten die §§ 2253 – 2258 BGB; für Widerruf von gemeinschaftlichen Testamenten (Ehegatten-Testamenten) §§ 2271 BGB; für Aufhebung von Erbverträgen die §§ 2290 – 2292 BGB; für Rücktritt vom Erbvertrag die §§ 2293 – 2299 BGB.
Form: Der Widerruf von Testamenten kann durch privatschriftliches (eigenhändiges) Testament erfolgen. Für den Widerruf von gemeinschaftlichen Testamenten und den Rücktritt von Erbverträgen ist grundsätzlich notarielle Beurkundung vorgeschrieben.

M 64 Widerruf eines Testaments

622 Hiermit widerrufe ich, Karl Hübner, wohnhaft in ...., mein notarielles Testament vom .... und erkläre es in vollem Umfang für ungültig.

Augsburg, den .... Karl Hübner

M 65 Aufhebung eines Testamentswiderrufs

623 Ich, Karl Hübner, wohnhaft in ...., habe in meinem Testament vom ...., Urkunde des Notars .... in Augsburg ...., URNr. ...., über meinen gesamten Nachlaß letztwillig verfügt. Dieses Testament habe ich durch notarielles Testament vom .... widerrufen. Diesen Widerruf hebe ich hiermit auf. Es soll also mein Testament vom .... in vollem Umfange in Kraft bleiben.

Augsburg, den ... Karl Hübner

M 66 Abänderung eines Testaments

624 Ich, Karl Hübner, wohnhaft in ...., habe in meinem Testament vom ...., beurkundet von dem Notar .... in .... unter URNr. ...., meinem Bruder Georg Hübner, wohnhaft in ...., ein Barvermächtnis von .... DM ausgesetzt. Diese Vermächtnisanordnung ändere ich dahin ab, daß mein Bruder Georg lediglich .... DM erhalten soll. Das Grundstücksvermächtnis zugunsten meiner Schwester Gisela Schnurr, geb. Hübner, wohnhaft in ...., hebe ich in vol-

lem Umfange auf. Alle übrigen Verfügungen in meinem Testament vom ...., insbesondere die Einsetzung meines Bruders Hermann Hübner zum Alleinerben, bleiben ausdrücklich aufrechterhalten.

Augsburg, den ... Karl Hübner

M 67 Neues gemeinschaftliches Testament

Unter Aufhebung aller früheren Testamente bestimmen wir, Karl und Erika 625
Hübner, geb. Noll, Apothekerseheleute in Augsburg, ..., letztwillig was folgt: ....

Augsburg, den ... Karl Hübner

Erika Hübner, geb. Noll

M 68 Abänderung eines gemeinschaftlichen Testaments

Wir, Karl und Erika Hübner, wohnhaft in ...., haben in unserem 626
gemeinschaftlichen Testament vom .... unsere Schwester bzw. Schwägerin, Frau Gisela Schnurr, geb. Hübner, wohnhaft in ...., ein Barvermächtnis von .... DM ausgesetzt. Diese Vermächtnisanordnung heben wir hiermit auf. Alle übrigen Bestimmungen in unserem Testament vom .... bleiben ausdrücklich bestehen.

Augsburg, den ... Karl Hübner

Erika Hübner, geb. Noll

M 69 Einseitiger Widerruf eines gemeinschaftlichen Testaments

(Notarielles Beurkundungsprotokoll) 627

I.

Ich, Karl Hübner, wohnhaft in ...., habe am .... ein eigenhändiges gemeinschaftliches Testament mit meiner Ehefrau Erika Hübner, geb. Noll, errichtet. Dieses Testament befindet sich in Händen meiner Ehefrau, von der ich seit .... getrennt lebe.

II.

Ich hebe hiermit alle meine letztwilligen Verfügungen in unserem Ehegatten-Testament vom .... in vollem Umfang auf.

III.

Ich ersuche den beurkundenden Notar, eine Ausfertigung dieses Widerrufs an meine Ehefrau, Frau Erika Hübner, jetzt wohnhaft in ...., zuzustellen.

IV.

Ich, Karl Hübner, trage die Kosten und Auslagen dieser Urkunde und ersuche um Erteilung von zwei Ausfertigungen und einer beglaubigten Abschrift.

gez. Karl Hübner
gez. Notar

M 70 Rücktritt vom Erbvertrag

628 (Notarielles Beurkundungsprotokoll)

I.

Ich, Karl Hübner, habe in meinem Erbvertrag, den ich zu Urkunde des Notars .... in .... am .... mit meiner Schwester Gisela Schnurr, geborene Hübner, wohnhaft in ...., und meinem Bruder Georg Hübner, wohnhaft in ...., abgeschlossen habe, unter anderem den Kindern meiner Schwester Gisela und den Kindern meines Bruders Georg je ein Barvermächtnis von .... DM ausgesetzt, mir aber in dem genannten Erbvertrag das Recht des einseitigen Rücktritts von diesen Verfügungen vorbehalten.

II.

Ich übe hiermit das Rücktrittsrecht aus und zwar hinsichtlich der Anordnung des Barvermächtnisses von .... DM zugunsten der Kinder meiner Schwester Gisela. Diese sollen aus meinem Nachlaß nichts erhalten.
Die Vermächtnisanordnung zugunsten der Kinder meines Bruders Georg bleibt in vollem Umfang aufrechterhalten. Auch die weiteren erbvertraglichen Verfügungen in dem genannten Erbvertrag vom .... bleiben unverändert bestehen.

III.

Ich ersuche den beurkundenden Notar, eine Ausfertigung dieser Urkunde meiner Schwester Gisela Schnurr und meinem Bruder Georg Hübner zuzustellen.

IV.

Ich trage die Kosten dieser Urkunde und ersuche um drei Ausfertigungen und eine beglaubigte Abschrift.

gez. Karl Hübner
gez. Notar

Vertrag über die Berechnung des Pflichtteils

M 71 Pflichtteilsberechnung

1. Vorbemerkung

Der am .... in Nürnberg verstorbene Fabrikant Karl Schneider hat 629
in seinem Testament vom .... seine beiden Söhne Karl und Dr. Richard Schneider und seine Tochter Inge Gerold geb. Schneider zu Erben zu gleichen Teilen eingesetzt und seinen weiteren Sohn Andreas Schneider auf die Geltendmachung des gesetzlichen Pflichtteils verwiesen. Der vierte Sohn Siegfried Schneider hat dem Erblasser gegenüber mit Wirkung für seine Abkömmlinge auf sein gesetzliches Erb- und Pflichtteilsrecht verzichtet laut Erbverzichtsvertrag vom ...., beurkundet durch den Notar .... in .... unter Urkundenrolle Nr. ....
Herr Andreas Schneider hat am ... von seinen drei Geschwistern, die Erben geworden sind, die Auszahlung seines Pflichtteils verlangt.

2. **Reinwert des Nachlasses** (Anm. 1)

(1) Der Bestand des Nachlasses ergibt sich aus den als Anlagen beigefügten Bestandsverzeichnissen, in denen auch die Nachlaßverbindlichkeiten aufgeführt sind.
Die zum Nachlaß gehörenden Betriebs- und Baugrundstücke, deren Einheitswert insgesamt 40000 DM beträgt, haben laut Schätzung des vereidigten Bausachverständigen .... vom .... einen Verkehrswert von 350000 DM.
Das weitere Betriebsvermögen des Fabrikationsbetriebes des Erblassers einschließlich der stillen Reserven und einem Betrag von 60000 DM als Firmenwert wurde von dem Wirtschaftsprüfer Dr. .... laut Zusammenstellung vom .... zum Todestag festgestellt auf (Anm. 2) 250000 DM.

Dazu kommt noch das sonstige Vermögen laut Inventarverzeichnis mit	100 000 DM
Zusammen	700 000 DM
Abzüglich Verbindlichkeiten am Todestag	250 000 DM
Ergibt einen Reinwert des Nachlasses von	450 000 DM

(2) Sämtliche Vertragspartner – die unterzeichneten Erben und der mitunterzeichnete pflichtteilsberechtigte Andreas Schneider – erkennen die beigehefteten Bestandsverzeichnisse und die vorliegenden Wertschätzungen als vollständig und richtig an. Unter Vorbehalt späterer Verrechnung verbleiben für die nachstehende Pflichtteilsberechnung die unsicheren Forderungen laut Verzeichnis (dubiose Forderungen) und der bestrittenen Nachlaßverbindlichkeiten gegenüber der Firma .... über .... einstweilen außer Betracht.

3. Berichtigter Nachlaßwert

An Beträgen, die im Falle der gesetzlichen Erbfolge nach § 2050 BGB ausgleichspflichtig gewesen wären, werden die nachfolgenden allseits anerkannt:

a)	Ausstattung für Inge Gerold aus Anlaß ihrer Verheiratung am	40 000 DM
b)	Bauplatz Flurstück Nr. 613 der Gemark Neusäß, übereignet an Karl Schneider mit der Verpflichtung zur Ausgleichung zum Verkehrswert	50 000 DM
c)	für Ankauf einer Arztpraxis am .... an Dr. Richard Schneider gegeben	30 000 DM
d)	an Andreas Schneider zur Begleichung von Schulden und mit der Verpflichtung zur Anrechnung auf den Pflichtteil (Anm. 3) am .... gegeben	60 000 DM
	Ausgleichspflichtige Beträge insgesamt	180 000 DM
	Der Reinwert des Nachlasses von	450 000 DM
	erhöht sich unter Berücksichtigung der ausgleichspflichtigen Beträge auf	630 000 DM

4. Höhe des Pflichtteils

Da Siegfried Schneider infolge Erbverzichts völlig außer Betracht bleibt, würde der gesetzliche Erbteil des Andreas Schneider

ein Viertel von 630 000 DM =	157 500 DM
ab ausgleichspflichtiger Betrag	60 000 DM
betragen:	97 500 DM
Der Pflichtteil ist die Hälfte dieses Betrages, somit	48 750 DM

Da Andreas Schneider, wie er anerkennt, sich die ihm zugewendeten 60000 DM nach der Bestimmung des Erblassers auch auf den Pflichtteil anrechnen lassen muß (Anm. 4), geht für die Berechnung seines Pflichtteils die Hälfte der Zuwendung = 30000 DM noch ab, so daß Andreas Schneider als Pflichtteil von seinen Geschwistern (Anm. 5), Karl, Richard und Inge insgesamt den Betrag von 18750 DM zu beanspruchen hat (Anm. 6). Da der Pflichtteil erstmals am .... geltend gemacht wurde, ist er von diesem Tage an bis zum Zahlungstag mit 4 % jährlich zu verzinsen (vgl. Anm. 7).

Nürnberg, den ...

Karl Schneider
Dr. Richard Schneider

Inge Gerold
Andreas Schneider

Anmerkungen:

1. Zur Berechnung des Pflichtteils ist ein Erbteilungsplan auf der hypothetischen Grundlage aufzustellen, daß gesetzliche Erbfolge stattfindet und auch im übrigen die gesetzlichen Bestimmungen anzuwenden wären (§ 2316 BGB). Es kommt daher nicht darauf an, was etwa im Testament über die Ausgleichung von Vorempfängen bestimmt ist, sondern nur darauf, was sich bei Anwendung der gesetzlichen Regeln der §§ 2050ff. BGB ergeben würde. Wegen des Wertes des Nachlasses s. §§ 2311 ff. BGB.
2. Der Pflichtteilsberechtigte kann von den Erben verlangen, daß diese den Wert eines zum Nachlaß gehörenden Unternehmens oder Handelsgeschäfts durch einen unparteiischen Sachverständigen ermitteln lassen (BGH, Urt. v. 30. 10. 1974, NJW 1975 S. 258).
3. Jeder Pflichtteilsberechtigte hat sich auf den Pflichtteil das anrechnen zu lassen, was ihm der Erbe zu Lebzeiten mit der Bestimmung dieser Anrechnung zugewendet hat (§ 2315 BGB). Dabei ist aber der Kaufkraftschwund des Geldes zu berücksichtigen (BGH, Urt. v. 4. 7. 1975, NJW 1975 S. 2292).
4. Nachträglich kann die Anrechnungspflicht nur im Weg des Erbverzichts, also weder durch formlose Vereinbarung noch durch nachträgliche einseitige Anordnung des Erblassers, begründet werden.
5. Die Erben haften dem Pflichtteilsberechtigten ohne Rücksicht auf die Höhe ihrer Erbteile als Gesamtschuldner (§ 2058 BGB); für das Innenverhältnis zwischen ihnen gelten die Vorschriften der §§ 2320ff. BGB.
6. Der Erblasser kann durch Verfügung von Todes wegen die Pflichtteilslast im Verhältnis der Erben zueinander einzelnen Erben auferlegen (vgl. § 2324 BGB).
7. Der Pflichtteilsanspruch wird verzinslich ab Verzug oder Rechtshängigkeit. Zur Frage der Verjährung des Anspruchs s. BGH, Urt. v. 14. 5. 1975 (NJW 1975 S. 1409) und v. 10. 11. 1976 (FamRZ 1977 S. 128) sowie OLG Zweibrücken, Urt. v. 25. 6. 1976 (NJW 1977 S. 1825).

Vermögensverzeichnis beim gesetzlichen Güterstand der Zugewinngemeinschaft

M 72 Vermögensverzeichnis bei Zugewinngemeinschaft

1. Verzeichnis über die Anfangsvermögen am 1. Oktober 1973 (Anm. 1)

Wir, Karl Schilling und Erika Schilling, geborene Müller, Kaufmannsehe- 630
leute in Augsburg, Metzstraße 17 wohnhaft, haben am 1. Oktober 1973 geheiratet und einen Ehevertrag nicht abgeschlossen. Wir leben also im gesetzlichen Güterstand der Zugewinngemeinschaft. Unsere Anfangsvermögen haben wir unter gegenseitiger Mitwirkung wie folgt aufgestellt:

A. Anfangsvermögen des Ehemannes

I. Aktive Vermögensbestandteile:

1. Grundstück Metzstraße Haus Nr. 17 in Augsburg, Einheitswert 40 000 DM, Verkehrswert, angenommen mit (Anm. 2)	160 000 DM
2. Sparguthaben bei der Stadtsparkasse Augsburg lt. Sparbuch Nr. ... (Anm. 3)	15 000 DM
3. Kraftwagen, Marke „Rekord", Baujahr 1970 Schätzungswert	5 000 DM
4. Fernsehapparat, Marke „Blaupunkt", neuwertig, lt. Rechnung der Firma ... vom ...	1 500 DM
	181 500 DM

II. Schuldverbindlichkeiten:

1. Kaufpreisrestschuld gegenüber der Firma „Autoverkauf Karl Mayer", Augsburg	1 500 DM
2. Hypothekenverbindlichkeit gegenüber der Bayer. Landesbausparkasse in München, eingetragen auf dem Anwesen Metzstraße Haus Nr. 17 in Augsburg	10 000 DM
zusammen:	11 500 DM
Ergibt Anfangsvermögen des Ehemannes (Anm. 4)	170 000 DM

B. Anfangsvermögen der Ehefrau

I. Aktive Vermögensbestandteile:

1.	Komplette Aussteuer, neu, belegt durch Rechnungen	30000 DM
2.	Wertpapierdepot bei der Kreissparkasse Augsburg lt. Depot-Schein Nr. ..., Kurswert am 1. Oktober 1973	15000 DM
3.	Ausstattungsforderung gegen Gerhard Müller, Vater der Ehefrau, lt. Urkunde des Notars Dr. Georg Herold in Augsburg vom 10. September 1973, URNr. 2640	10000 DM
zusammen:		55000 DM

II. Schuldverbindlichkeiten:

Schuldverbindlichkeiten bestehen nicht.
Ergibt Anfangsvermögen der Ehefrau 55000 DM
Wir bestätigen uns hiermit gegenseitig durch Unterschrift, daß wir unsere Anfangsvermögen im Bestand vollständig aufgeführt und richtig bewertet haben (Anm. 5).

Augsburg, den ... Karl Schilling Erika Schilling, geb. Müller

2. Änderungen im Bestand der Anfangsvermögen

1. Ich, Karl Schilling, bin mit Wirkung ab 1. März 1974 in das Geschäft meines Vaters Georg Schilling in Firma „Georg Schilling, Textilgeschäft" in Augsburg als persönlich haftender Gesellschafter eingetreten. Mein Vater hat gleichzeitig einen Teilbetrag von 20000 DM seines Kapitalanteils auf mich unentgeltlich als Ausstattung übertragen. Unter Berücksichtigung der im Geschäft steckenden stillen Reserven und des Firmenwertes unseres Textilgeschäftes veranschlagen wir den Wert meiner Kapitalbeteiligung auf 40000 DM, so daß sich dadurch mein – des Ehemannes – Anfangsvermögen von 170000 DM auf 210000 DM erhöht.

2. Ich, Erika Schilling, habe meinen am 1. Dezember 1973 verstorbenen Vater Moritz Müller, zusammen mit meinem Bruder Fritz Müller je zur Hälfte beerbt. Der Reinwert des Nachlasses betrug 100000 DM. Der Wert meines Hälfteanteils am Erbe beträgt somit 50000 DM. Mein – der Ehefrau – Anfangsvermögen hat sich somit von 55000 DM auf 105000 DM erhöht.

Augsburg, den ... Karl Schilling Erika Schilling, geb. Müller

Anmerkungen:

1. Maßgebend für die Bewertung des Anfangsvermögens ist der Zeitpunkt des Eintritts des gesetzlichen Güterstandes (in der Regel der Tag der Eheschließung bzw. der 1. 7. 1958, wenn die Ehe schon vor diesem Zeitpunkt geschlossen wurde), bei späterem Hinzuerwerb der Zeitpunkt des Zuerwerbs. Diese Zeitpunkte sind auch für die Bewertung der Verbindlichkeiten, die das Anfangsvermögen oder das hinzuzurechnende Vermögen belasten, maßgebend. Fällt eine solche Verbindlichkeit später weg, z. B. durch Erlaß, durch Barzahlung usw., so ändert das am Anfangsvermögen nichts.
2. Es handelt sich bei Anfangsvermögen lediglich um für den Stichtag festgestellte Rechnungsgrößen. Wird also z. B. das zum Anfangsvermögen gehörende Grundstück während des Güterstandes wertvoller, so gilt dieser Wertzuwachs als Zugewinn. Dagegen stellt eine durch den Kaufkraftschwund des Geldes eingetretene nur nominelle Wertsteigerung keinen Zugewinn dar (BGH, Urt. v. 14. 11. 1973, DB 1973 S. 2391).
3. Der Wert des Anfangsvermögens ändert sich nicht, wenn es ganz oder teilweise verlorengeht oder verbraucht wird. Der andere Ehegatte nimmt dann mittelbar an dem Verlust dadurch teil, daß der Zugewinn des Ehegatten, der den Verlust oder Verbrauch hatte, zunächst dazu dient, den Verlust des Anfangsvermögens auszugleichen.
4. Verbindlichkeiten können nur bis zur Höhe des Aktivvermögens abgezogen werden (§ 1374 Abs. 1 BGB). Demnach ist, wenn die Schulden die Aktivmasse übersteigen, das Vermögen nicht mit der dann noch verbleibenden Schuldsumme negativ anzusetzen, sondern mit Null (OLG München, Urt. v. 11. 4. 1975, BB 1975 S. 1555).
5. Jeder Ehegatte hat ein Interesse, sein Anfangsvermögen möglichst hoch festzustellen, wenn er seinen Zugewinn und damit den etwaigen Ausgleichsanspruch des anderen Ehegatten niedrig halten will.

Vorteilhaft geänderte Zugewinngemeinschaft

M 73 Ehevertrag zum Güterstand

Ehevertrag

(Notarielles Beurkundungsprotokoll)

Die Fabrikanteneheleute Kurt und Erika Gehring, letztere geb. Müller, 631
deutsche Staatsangehörige, wohnhaft in ...., im gesetzlichen Güterstand der Zugewinngemeinschaft lebend, vereinbaren für die weitere Dauer ihrer Ehe folgendes:

1. Der Güterstand der Zugewinngemeinschaft wird ausdrücklich aufrechterhalten.

2. Die Verfügungsbeschränkungen nach Maßgabe der §§ 1365 – 1369 BGB werden abbedungen, sollen also für unseren Güterstand nicht gelten[1].
3. Der Zugewinnausgleich unter Lebenden wird beiderseits ausgeschlossen[2]. Für den Todesfall bleibt der Zugewinnausgleich ausdrücklich aufrechterhalten.

gez. Kurt Gehring
gez. Erika Gehring
gez. . . ., Notar

Anmerkungen:

1. Die Verfügungsbeschränkungen der §§ 1365, 1369 BGB werden von vielen Geschäftsleuten als lästig empfunden, da sie ihre Dispositionsfreiheit einengen.
2. Der Zugewinnausgleich unter Lebenden, insbesondere bei Scheidung einer Ehe, kann für den Unternehmer existenzgefährdend werden. Deshalb ist es im Wirtschaftsleben sachgerecht, Gütertrennung zu vereinbaren. Die Gütertrennung hat aber den Nachteil, daß im Todesfall dem überlebenden Ehegatten die Erbschaftsteuerfreiheit des Zugewinnausgleichs verlorengeht. Vor allem bei größerem Vermögen kann das für den überlebenden Ehepartner zu einer beträchtlichen Mehrbelastung an Erbschaftsteuer führen. Aus diesem Grunde wird die abgeänderte Zugewinngemeinschaft nach obigem Muster anstelle einer Gütertrennung empfohlen.

Vorsorgevereinbarung für den Scheidungsfall

M 74 Ehevertrag über Vorsorgevereinbarung

Ehevertrag über Gütertrennung, Ausschluß des Versorgungsausgleichs und Unterhaltsverzicht

(Notarielles Beurkundungsprotokoll)

632 Herr Karl Fröhlich, Facharbeiter, geb. am .... in .... als Sohn der Eheleute ...., wohnhaft in ...., und Frau Gertrud Mühling, geb. Meier, Buchhalterin, rechtskräftig geschieden, geb. am ...., in .... als Tochter der Eheleute ...., wohnhaft in ...., beide deutsche Staatsangehörige, beabsichtigen, demnächst die Ehe miteinander einzugehen.
Herr Fröhlich und Frau Mühling treffen heute die nachfolgenden Vereinbarungen, die mit dem Zeitpunkt ihrer Eheschließung in Kraft treten sollen.

I.

1. Sie vereinbaren für die Dauer ihrer künftigen Ehe Gütertrennung nach § 1414 BGB.
2. Sie schließen für den Fall der Scheidung der Ehe den Versorgungsausgleich gemäß §§ 1587ff. BGB vollständig aus.
3. Sie verzichten für den Fall der Scheidung der Ehe gegenseitig auf jeglichen Unterhaltsanspruch für die Zeit nach der Scheidung.
   Beide Vertragspartner nehmen die vorstehenden Verzichtserklärungen hiermit gegenseitig an.
   Über die rechtliche Auswirkung der Gütertrennung und des Verzichts auf Versorgungsausgleich und Unterhalt wurden die Vertragspartner von dem beurkundenden Notar eingehend belehrt. Sie wurden auch darüber unterrichtet, daß der Ausschluß des Versorgungsausgleichs nach dem Gesetz unwirksam wird, falls ein Ehepartner innerhalb eines Jahres Antrag auf Scheidung der Ehe stellt.
   Sollten einzelne der vorgetroffenen Vereinbarungen unwirksam sein oder werden, wird hierdurch die Wirksamkeit der übrigen Vereinbarungen nicht berührt.

II.

Eine Eintragung des vereinbarten Güterstandes der Gütertrennung in das Güterrechtsregister nach erfolgter Eheschließung wünschen die Vertragschließenden derzeit nicht. Jeder von ihnen ist aber berechtigt, nach der Verehelichung einseitig Antrag auf Eintragung der Gütertrennung im Güterrechtsregister zu stellen.
Den Vertragspartnern ist bekannt, daß beim Güterstand der Gütertrennung ein Zugewinnausgleich nicht besteht. Über die Höhe dieses Anspruchs und seine Berechnung wurden die Beteiligten vom Notar belehrt.

gez. Karl Fröhlich
gez. Gertrud Mühling
gez. ..., Notar

Übergabeverträge

633 **Allgemeiner Hinweis:**

Der Übergabevertrag ist kein Vertragstyp des BGB. Sein Zweck ist nicht, wie beim Kauf oder Tausch, auf adäquaten Austausch von Leistung und Gegenleistung gerichtet, sondern auf Vorwegnahme der Erbfolge unter besonderer Sicherung der Versorgungsinteressen des Übergebers und seines Ehepartners und unter gebührender Berücksichtigung der Interessen der weichenden Erben auf Versorgung, soweit erforderlich, und auf angemessene Beteiligung am elterlichen Erbvermögen.

M 75 Übergabe eines Einzelhandelsgeschäfts

Übergabevertrag

Zwischen Herrn Karl Wellhagen, Apotheker in München, Friedrichstraße 4, 634
im gesetzlichen Güterstand des BGB lebend (Anm. 1), und seinem Sohn, Herrn Sieghart Wellhagen, Apotheker in München, Friedrichstraße 4, wird nachstehender Vertrag abgeschlossen:

§ 1 Sachstand
Herr Friedrich Ebert ist Alleineigentümer des Anwesens Friedrichstraße Haus Nr. 4 in München. Er hat die gewerblichen Räume im Erdgeschoß und Kellerräume dieses Hauses an Herrn Karl Wellhagen vermietet. Letzterer betreibt in den gemieteten Räumen unter der Firma „Stern-Apotheke Karl Wellhagen" eine Apotheke als Alleininhaber. Der Inhalt des schriftlichen Mietvertrages vom .... ist Herrn Sieghart Wellhagen bekannt.

§ 2 Vertragsgegenstand
(1) Herr Karl Wellhagen – nachfolgend kurz als „Übergeber" bezeichnet – übergibt hiermit sein Apothekengeschäft mit allen Aktiven und Passiven und mit dem Recht, die bisherige Firma unverändert oder verändert fortzuführen, an seinen Sohn Herrn Sieghart Wellhagen – nachfolgend kurz „Übernehmer" genannt –.
(2) Herr Sieghart Wellhagen nimmt diese Übertragung hiermit an.
(3) Die Vertragspartner sind sich darüber einig, daß die sich aus einer Betriebsprüfung für den Zeitraum bis zum 31. Dezember 1989 eventuell ergebende Steuernachforderung vom Übergeber zu tragen ist (Anm. 3).

§ 3 Gegenleistung
(1) Als Übergabepreis ist der Betrag vereinbart, der aufgrund der Schlußbilanz zum 31. 12. 1991 als Kapitalkonto des Übergebers ausgewiesen wird. Diese Bilanz ist von dem Steuerberater Reinhold Mayer in München nach den bisher geübten Grundsätzen aufzustellen, wobei die bisherigen Buchwerte fortzuführen sind.
(2) Einen Geschäftswert (Idealwert) der Apotheke hat der Übernehmer dem Übergeber nicht zu vergüten (Anm. 4).

(3) Der sich aus der Bilanz zum 31. 12. 1991 ergebende Übergabepreis ist ab 1. 1. 1992 mit 6% jährlich zu verzinsen und in vierteljährlichen, am Ersten eines jeden Kalendervierteljahres, erstmal am 1. 4. 1992 fälligen Teilbeträgen von ... DM bar und kostenfrei zu bezahlen. Der Übernehmer ist berechtigt, auch höhere Vierteljahreszahlungen zu leisten, jedoch müssen die Beträge durch die Zahl 100 teilbar sein (Anm. 5).

§ 4 Warenlager
Über das zum 31. 12. 1991 zu übergebende Warenlager ist auf diesen Stichtag von der Fa. .... in .... eine Inventur aufzustellen. Die Kosten dieser Inventur trägt der Übernehmer.

§ 5 Übergang von Nutzen und Lasten
Die Übergabe der Apotheke erfolgt zum 1. 1. 1992. Von diesem Tage an gehen Nutzen und Lasten der Apotheke auf den Übernehmer über.

§ 6 Gewährung
(1) Das Apothekengeschäft wird übergeben, wie es liegt und steht (Anm. 8). Der Übergeber übernimmt keinerlei Gewährleistung, insbesondere nicht für Umsatz und Ertrag der Apotheke.
(2) Der Übernehmer hatte während seiner langjährigen Mitarbeit in der Apotheke Gelegenheit, in alle Geschäftsbücher und Geschäftspapiere, insbesondere auch in frühere Bilanzen und in die monatlichen Umsatzsteuervoranmeldungen, Einsicht zu nehmen (Anm. 9).

§ 7 Geschäftsbücher
Der Übergeber verpflichtet sich, dem Übernehmer sämtliche vorhandenen Geschäftsbücher und Geschäftspapiere der Apotheke auszuhändigen.

§ 8 Bestehende Verträge
(1) Der Übernehmer tritt in alle für die Apotheke bestehenden Verträge ein, insbesondere in die Dienstverträge mit den Angestellten der Apotheke und in die bestehenden Versicherungsverträge (Anm. 10).
(2) Der Übernehmer wird den Eintritt in die bestehenden Verträge den Vertragspartnern des Übergebers in handelsüblicher Weise bekanntgeben.
(3) Der Übernehmer verpflichtet sich, die Kunden und Lieferanten der Stern-Apotheke, soweit tunlich, in handelsüblicher Weise von dem Inhaberwechsel in Kenntnis zu setzen.

§ 9 Apothekenräume
Der Übernehmer tritt anstelle des Übergebers mit Wirkung ab 1. 1. 1992 in den bestehenden Geschäftsraummietvertrag mit dem Hauseigentümer vom

... ein unter Befreiung des bisherigen Mieters von jeglicher weiterer Mithaftung. Der Hauseigentümer und Herr Sieghart Wellhagen haben zu dem genannten Geschäftsraummietvertrag zusätzliche Vereinbarungen getroffen (Anm. 2).

§ 10 Mitarbeit des Übergebers
Der Übergeber ist zur Mitarbeit in der Apotheke berechtigt, aber nicht verpflichtet. Er wird dem Übernehmer in allen Fragen der Apothekenführung weiterhin beratend zur Seite stehen.

§ 11 Zustimmung der Ehefrau des Übergebers
Die Ehefrau des Übergebers, Frau Berta Wellhagen, stimmt den in diesem Vertrag getroffenen Vereinbarungen zu.

§ 12 Nebenabreden, Vertragsänderungen
Mündliche Nebenabreden zu diesem Vertrag wurden nicht getroffen. Änderungen und Ergänzungen des Vertrages bedürfen zur ihrer Rechtswirksamkeit der Schriftform.

München, den ... gez. Karl Wellhagen
Sieghart Wellhagen
Berta Wellhagen

M 76 Geschäftsübergabe auf Rentenbasis

Übergabevertrag

Zwischen Herrn Karl Schweiger, verheirateter Kaufmann in Augsburg, 635
Markusgasse 12, im gesetzlichen Güterstand des BGB lebend (Anm. 1), und seinem Schwiegersohn, Herrn Wilhelm Wolf, verheirateter Kaufmann in Augsburg, Blumengasse 4, in Gütertrennung lebend, wird nachstehender Vertrag abgeschlossen:

§ 1 Sachstand
Herr Karl Schweiger betreibt in dem Gebäude Markusstr. 12 in Augsburg in gemieteten Räumen eine Metallwarenhandlung unter der im Handelsregister eingetragenen Firma „Karl Schweiger, Metallwaren". Eigentümer des Hauses ist der Fabrikant Georg Betz in Nürnberg (Anm. 11).

§ 2 Vertragsgegenstand
(1) Herr Karl Schweiger – nachfolgend kurz als „Übergeber" bezeichnet – übergibt sein gewerbliches Unternehmen mit allen Aktiven und Passiven

lt. Vermögensaufstellung vom 31. 12. 1991, mit Wirkung ab 1. 1. 1992 an seinen Schwiegersohn, Herrn Wilhelm Wolf – nachfolgend kurz „Übernehmer" genannt.
(2) Der Übergeber erteilt hiermit seine Zustimmung zur Fortführung der bisherigen Firma durch den Übernehmer. Dieser ist berechtigt, der Firma einen Nachfolgezusatz beizufügen.
(3) Der Übernehmer nimmt diese Übertragung hiermit an.

§ 3 Übertragung des Betriebsvermögens
(1) Soweit das Betriebsvermögen des übergebenen Unternehmens aus beweglichen Gegenständen besteht, sind die Vertragschließenden über den Eigentumsübergang auf den Übernehmer einig. Die Besitzübergabe ist bereits erfolgt.
(2) Soweit das Betriebsvermögen aus Außenständen besteht, werden diese hiermit auf den Übernehmer übertragen; dieser nimmt die Übertragung an. Er wird vom Übergeber hiermit unwiderruflich ermächtigt, die Schuldner von der erfolgten Abtretung in Kenntnis zu setzen.
(3) Die in § 2 Abs. 1 genannte Vermögensaufstellung per 31. 12. 1984 ist diesem Vertrag als Anlage beigefügt.

§ 4 Gewährleistung des Übergebers
(1) Der Übernehmer hat vom Zustand des gewerblichen Unternehmens genaue Kenntnis und übernimmt es, wie es liegt und steht (Anm. 9).
(2) Der Übergeber haftet für ungehinderten Besitz- und Eigentumsübergang und Freiheit des Vertragsgegenstandes von Rechten Dritter.
(3) Eine weitere Gewähr wird weder verlangt noch geleistet.

§ 5 Gegenleistungen
(1) Für die vorstehend vereinbarte Geschäftsübergabe verpflichten sich der Übernehmer und seine Ehefrau Sabine Wolf, die insoweit diesem Vertrag beitritt, zu folgenden Gegenleistungen:
a) Sie haben an den Übergeber und seine Ehefrau Berta Schweiger als Gesamtgläubiger ab 1. 1. 1992 auf Lebensdauer des Längstlebenden der Berechtigten eine Leibrente zu bezahlen. Sie beträgt bis zum Ableben des erstversterbenden Berechtigten monatlich ... DM und vermindert sich von dem auf den Todestag des Erstversterbenden folgenden Monatsersten an auf ... DM. Die Leibrente ist jeweils bis zum 5. eines Monats im voraus zu entrichten.
b) Der Übernehmer und seine Ehefrau haben die Kosten für ärztliche Hilfe und Heilmittel sowie für etwaige Krankenhausaufenthalte des Übergebers und seiner Ehefrau zu tragen, soweit solche Kosten nicht von der Krankenkasse gedeckt werden.

c) Der Übernehmer und seine Ehefrau haben die seinerzeitigen Beerdigungskosten für den Übergeber und seine Ehefrau zu übernehmen.
d) Der Übernehmer und seine Ehefrau haben an die Tochter des Übergebers, Christine Schweiger, Lehrerin in Aschaffenburg, Bahnhofstraße 5, als Elterngut einen Betrag von ... DM hinauszuzahlen. Der Betrag ist unverzinslich und bis 31. 3. 1992 fällig und zahlbar.

(2) Für den Fall, daß sich der Lebenshaltungskostenindex für die mittlere Verbrauchergruppe in Bayern gegenüber dem Stand vom Jahresende 19.. verändert, kann jeder Vertragspartner eine Erhöhung bzw. Ermäßigung der in Absatz 1a festgelegten Leibrente im gleichen Verhältnis verlangen (Anm. 6). Die Veränderung der Höhe der Rente erfolgt immer nur einmal jeweils für ein ganzes Kalenderjahr; der jeweils für Dezember eines Jahres geltende Lebenshaltungskostenindex ist für die Höhe der Rente für das ganze folgende Kalenderjahr maßgebend.

(3) Die Vertragspartner sind sich darüber im klaren, daß die hier vereinbarte Wertsicherungsklausel zu ihrer Rechtswirksamkeit der Genehmigung der Landeszentralbank in Bayern bedarf (Anm. 7). Der Übernehmer verpflichtet sich, diese Genehmigung unverzüglich zu erholen und von dem ergehenden Bescheid dem Übergeber sogleich Mitteilung zu machen. Sollte die Genehmigung versagt werden, so wird hiervon die Gültigkeit der übrigen Bestimmungen dieses Vertrages nicht berührt; die Vertragspartner werden dann eine andere genehmigungsfähige oder genehmigungsfreie Wertsicherungsklausel vereinbaren.

§ 6 Mietvertrag über die Geschäftsräume

Der Übernehmer ist mit Wirkung ab 1. 1. 1992 anstelle des Übergebers in den bestehenden Geschäftsraummietvertrag vom ... eingetreten, unter Befreiung des bisherigen Mieters von jeglicher weiterer Mithaftung. Der Hauseigentümer hat den Eintritt des Übernehmers in diesen Mietvertrag mit Erklärung vom ... schriftlich genehmigt.

§ 7 Bestehende Verträge

(1) Der Übernehmer tritt in alle für das übergebende Unternehmen bestehenden Verträge ein, insbesondere in die Dienstverträge mit den Angestellten des Geschäfts und in die bestehenden Versicherungsverträge (Anm. 10).

(2) Der Übernehmer wird den Eintritt in die bestehenden Verträge den Vertragspartnern des Übergebers in handelsüblicher Weise bekanntgeben.

§ 8 Mitarbeit des Übergebers
Der Übergeber wird seine Arbeitskraft dem heute überlassenen Unternehmen weiterhin unentgeltlich zur Verfügung stellen. Eine Verpflichtung zur weiteren Mitarbeit besteht jedoch nicht.

§ 9 Nebenabreden, Vertragsänderungen
Mündliche Nebenabreden zu diesem Vertrag wurden nicht getroffen. Änderungen und Ergänzungen des Vertrages bedürfen zu ihrer Rechtswirksamkeit der Schriftform.

§ 10 Zustimmung der Ehefrau des Übergebers
Die Ehefrau des Übergebers, Berta Schweiger, stimmt den in diesem Vertrag getroffenen Vereinbarungen zu.

Augsburg, den ...

gez. Karl Schweiger
Berta Schweiger
Wilhelm Wolf
Sabine Wolf

Anmerkungen zu den Mustern M 75 und M 76:

1. Ein im gesetzlichen Güterstand lebender Ehegatte kann sich nur mit Einwilligung des anderen Ehegatten verpflichten, über sein Vermögen im ganzen zu verfügen (§ 1365 BGB).
2. Für die zusätzlichen Vereinbarungen zum Geschäftsraummietvertrag ist die Schriftform erforderlich (§ 566 BGB).
3. Diese Vereinbarung hat nur im Innenverhältnis der Vertragspartner Bedeutung. Gegenüber dem Finanzamt besteht für den Übernehmer eines Betriebes eine gesetzliche Haftpflicht im Rahmen des § 75 AO, die durch Vereinbarungen der Beteiligten nicht berührt werden kann.
4. Soll der Übernehmer dem Übergeber auch den Geschäftswert des Unternehmens vergüten, ist zur Ermittlung desselben eine Schätzung durch Sachverständige in der Regel empfehlenswert.
5. Eine Verzinsung des geschuldeten Übergabepreises entspricht der Billigkeit, weil der Übernehmer aus dem Unternehmen bereits Gewinne erzielt. Die Vereinbarung, daß bei höheren Zahlungen des Übernehmers die Beträge durch 100 teilbar sein müssen, dient der rechnerischen Vereinfachung.
6. Die Vereinbarung einer Wertsicherungsklausel sollte regelmäßig nur unter Beiziehung eines Juristen erfolgen.
7. Maßgebend sind derzeit die Genehmigungsgrundsätze der Deutschen Bundesbank vom 9. 6. 1978 (Bundesanzeiger No. 109/78) mit der Änderung vom 7. 7. 1978 (Bundesanzeiger No. 124/78). Vorsichtshalber empfiehlt es sich, die Genehmigung auch dann zu beantragen, wenn es sich um eine als genehmigungsfrei geltende Klausel handelt; die Landeszentralbank erteilt dann ggf. ein sog. Negativattest.

8. Zur Auslegung dieser Klausel vgl. RG JW 33, 1387.
9. Vgl. § 460 BGB.
10. Für die Schadensversicherung gelten insoweit die §§ 69ff. VVG.
11. Wenn das Betriebsgrundstück im Eigentum des Geschäftsinhabers steht, muß es an den Geschäftsnachfolger als Teil des Betriebsvermögens übertragen werden. Notarielle Beurkundung ist notwendig. Möglich ist auch, daß der Geschäftsinhaber das Betriebsgrundstück als Alleineigentum zurückbehalten will; dann muß er mit dem Übernehmer einen schriftlichen Mietvertrag über die gewerblichen Räume abschließen.

Geschäftsverpachtung

M 77 Vertrag zur Geschäftsverpachtung

Pachtvertrag

Zwischen Herrn Karl Riedel, Konditormeister in Nürnberg – Verpächter – 636
und seinem Sohn Bruno Riedel, Konditormeister in Schwabach – Pächter – wird heute folgender Pachtvertrag (Anm. 1) geschlossen:

§ 1 Gegenstand des Pachtvertrages

(1) Gegenstand des Pachtvertrages ist die in dem Gebäude Karlstraße, Haus Nr. 16 in Nürnberg betriebene Konditorei-Café mit – ohne – Pächterwohnung.

(2) Sämtliche in den Pachträumen befindlichen Einrichtungsgegenstände und Inventarstücke sind mitverpachtet. Sie sind aufgeführt in einem besonderen Inventarverzeichnis, dessen Richtigkeit und Vollständigkeit die Vertragsschließenden geprüft und durch ihre Unterschrift anerkannt haben. Das Inventarverzeichnis gilt als Bestandteil dieses Vertrages.

(3) Dem verpachteten Geschäftsbetrieb dienen die folgenden Räume:
a) Im Erdgeschoß ....
b) Im ersten Stock ....
c) Im Keller ....

(4) Pachtweise zur Verfügung gestellt wird außerdem noch folgendes: ....

(5) Die Wohnung für den Pächter, die sich im .... Stock befindet, umfaßt folgende Räume: ....

§ 2 Verwendung des Pachtobjekts

(1) Die in § 1 Abs. 3 aufgeführten gewerblichen Räume dürfen nur zum Betrieb einer Konditorei verwendet werden. Eine andere Verwendung ist

dem Pächter nur mit ausdrücklicher schriftlicher Zustimmung des Verpächters gestattet.

(2) Der Pächter ist verpflichtet, den Pachtbetrieb spätestens am 1. 1. 1992 zu eröffnen und ordnungsgemäß zu führen.

(3) Der Pächter ist nicht berechtigt, seine Rechte aus diesem Pachtvertrag auf einen Dritten zu übertragen. Eine Untervermietung oder Unterverpachtung, auch von einzelnen Räumen, ist dem Pächter nur mit schriftlicher Zustimmung des Verpächters gestattet.

§ 3 Firma des Pachtbetriebs

(1) Sofern das verpachtete Unternehmen im Handelsregister eingetragen ist, verpflichtet sich der Pächter, die bisherige Firma fortzuführen und sich auf seine Kosten als Pächter in das Handelsregister eintragen zu lassen. Die Firmierung hat zu lauten ....

(2) Der Pächter haftet nicht für Verbindlichkeiten, die vor Beginn des Pachtvertrags begründet wurden. Der Ausschluß dieser Haftung ist auf Kosten des Pächters in das Handelsregister einzutragen und bekanntzumachen.

(3) Der Pächter übernimmt den Einzug der Außenstände des Verpächters – Vorpächters – mit monatlicher Abrechnung.

(4) Bei Beendigung des Pachtvertrages gelten diese Vereinbarungen entsprechend. Die alsdann notwendig werdende Änderung der Handelsregistereintragung erfolgt in diesem Fall auf Kosten des Verpächters.

§ 4 Zustand und Veränderungen des Pachtobjekts

(1) Die Übergabe der Pachträume und des Inventars erfolgt zum 1. 1. 1992. Der Pächter hat Räume und Inventar bereits besichtigt und übernimmt das Pachtobjekt in dem vorgefundenen Zustand.

(2) Der Pächter ist verpflichtet, die Pachträume und das Inventar pfleglich zu behandeln und in gutem Zustand zu erhalten. Unbrauchbar gewordene oder verlorengegangene Inventarstücke hat er sofort auf seine Kosten durch gleichwertige Neuanschaffungen zu ersetzen, es sei denn, daß die Inventarstücke infolge eines vom Pächter nicht zu vertretenden Umstandes in Abgang gekommen sind. Im letzteren Fall, für dessen Vorliegen der Pächter beweispflichtig ist, hat der Verpächter die fehlenden Inventarstücke auf seine Kosten zu ersetzen. Alle Ersatzstücke – gleichviel auf wessen Kosten sie beschafft werden – gehen mit ihrer Einverleibung in das Inventar in das Eigentum des Verpächters über.

(3) Schönheitsreparaturen an den Pachträumen hat der Pächter auf eigene Kosten vornehmen zu lassen. Zu baulichen Veränderungen ist er nur mit schriftlicher Genehmigung des Verpächters berechtigt.

§ 5 Pachtdauer und Kündigung

(1) Der Pachtvertrag wird geschlossen auf die Dauer von 10 Jahren. Das Pachtverhältnis beginnt am 1. 1. 1992 und endet am 31. 12. 2001. Wird es nicht spätestens sechs Monate vor Ablauf der Pachtzeit gekündigt, so verlängert es sich bei gleichbleibender Kündigungsfrist um weitere 1, 2, 3, 4, 5 Jahre*.

(2) Der Verpächter ist berechtigt, das Pachtverhältnis ohne Einhaltung einer Kündigungsfrist zu kündigen und die sofortige Räumung und Herausgabe der Pachtgegenstände zu verlangen, wenn sich der Pächter gröblicher Verletzungen des Pachtvertrages schuldig macht. In diesem Falle ist vorherige Abmahnung durch den Verpächter erforderlich.

(3) In jedem Falle fristloser Kündigung haftet der Pächter dem Verpächter für alle Vermögensnachteile, die sich aus der vorzeitigen Kündigung des Vertrages ergeben, für Pachtzinsausfälle jedoch längstens für ein Jahr.

(4) Eine Kündigung muß durch eingeschriebenen Brief erfolgen. Bei der ordentlichen Kündigung ist für die Rechtzeitigkeit der Tag des Zugangs des Kündigungsschreibens maßgebend.

(5) Stirbt der Verpächter, so wird das Pachtverhältnis mit seinen Erben fortgesetzt.

(6) Stirbt der Pächter, so sind seine Erben berechtigt, den Pachtvertrag mit einer Kündigungsfrist von drei Monaten aufzukündigen. Dieses außerordentliche Kündigungsrecht kann nur innerhalb eines Monats nach dem Tode des Pächters ausgeübt werden. Wird von diesem Kündigungsrecht Gebrauch gemacht, so erlischt der Pachtvertrag drei Monate nach Ablauf des Monats, in dem die Kündigungserklärung dem Verpächter zugegangen ist. Das gleiche außerordentliche Kündigungsrecht wird dem Verpächter – nicht einräumt.

(7) Es besteht Einverständnis unter den Vertragspartnern, daß mit der Beendigung des Pachtvertrages auch der Mietvertrag über die Pächterwohnung erlischt, ohne daß es einer besonderen Aufkündigung des Wohnungsverhältnisses bedarf.

§ 6 Pachtzins

(1) Der Pachtzins beträgt jährlich .... DM und ist in gleichgroßen monatlichen Teilbeträgen von .... DM im voraus – im nachhinein – jeweils bis zum 10. Tage eines Monats, erstmals zum 10. ...., an den Verpächter zu zahlen oder auf das von ihm angegebene Bankkonto zu überweisen.

(2) Neben dem Pachtzins hat der Pächter für die ihm zur Verfügung gestellte Wohnung eine monatliche Miete von .... DM, jeweils im vor-

* Nicht zutreffende Zahlen streichen.

aus – im nachhinein – bis zum .... eines Monats, erstmals zum 10. .... an den Verpächter zu zahlen oder auf dessen Bankkonto zu überweisen.

Gegenüber Miet- und Pachtzinsforderungen des Verpächters darf der Pächter nur mit solchen Forderungen aufrechnen, die entweder vom Verpächter schriftlich anerkannt oder durch gerichtliche Entscheidung rechtskräftig festgestellt sind.

§ 7 Wertbeständigkeitsklausel (Anm. 2)

(1) Für den Fall, daß sich der vom Statistischen Bundesamt in Wiesbaden bekanntgegebene Lebenshaltungskostenindex der mittleren Verbrauchergruppe für den Monat, mit dem der Pachtvertrag beginnt, in Zukunft um mehr als 10 % nach oben oder unten verändert, verändert sich auch die vereinbarte Festpacht (Anm. 3) im gleichen Verhältnis nach oben oder unten. Veränderungen um mehr als 10 % nach oben oder unten sind in vollem Umfang auszugleichen. Die Veränderung der Höhe der Pacht erfolgt immer nur einmal jeweils für ein ganzes Kalenderjahr. Der jeweils für Dezember eines Jahres geltende Lebenshaltungskostenindex ist für die Höhe der Festpacht für das ganze folgende Kalenderjahr maßgebend. Nach der ersten Erhöhung oder Verminderung der Pacht wirkt sich jede weitere Erhöhung oder Verminderung des Lebenshaltungskostenindex nach oben oder unten, auch wenn diese Erhöhung oder Verminderung 10 % nicht erreicht, erhöhend oder vermindernd auf die Pacht aus.

(2) Pächter und Verpächter haben davon Kenntnis, daß die Wertbeständigkeitsklausel nach Absatz 1 gemäß § 3 des Währungsgesetzes der Genehmigung durch die zuständige Landeszentralbank bedarf. Sie haben ferner davon Kenntnis, daß nach den gegenwärtigen Genehmigungsrichtlinien die Wertbeständigkeitsklausel nur dann genehmigt werden kann, wenn der Pachtvertrag auf die Lebensdauer des Verpächters oder auf die Dauer von mindestens zehn Jahren abgeschlossen wird.

§ 8 Nebenkosten

Neben dem Pachtzins und der Wohnungsmiete hat der Pächter die auf die Pachträume und die Pächterwohnung anteilig entfallenden Unkosten für Heizung, elektr. Strom, Gas, Abwasser, Wasser und Müllabfuhr zu tragen. Soweit der Pächter für die Unkosten nicht unmittelbar aufkommt, werden sie ihm vom Verpächter nach Anfall in Rechnung gestellt und sind dann zusammen mit der nächstfälligen Pachtzahlung zu begleichen.

§ 9 Warenlager

(1) Der Pächter übernimmt vom Verpächter – Vorpächter – das Warenlager sowie die Hilfs- und Betriebsstoffe zu Einkaufspreisen aufgrund einer bei Betriebsübernahme von beiden Vertragspartnern unterschriftlich anzuerkennenden und diesem Vertrag beizufügenden Bestandsaufnahme.

(2) Die Übernahme von Warenmengen und Hilfs- und Betriebsstoffen, die dem normalen Geschäftsumfang des Pachtbetriebes nicht angemessen sind, sowie von unbrauchbaren, verdorbenen und unverkäuflichen Waren können der Pächter bei Beginn und der Verpächter bei Beendigung der Pacht ablehnen.

(3) Der Kaufpreis für das Warenlager und die Hilfs- und Betriebsstoffe ist bei Beginn der Pacht vom Pächter und bei Beendigung der Pacht vom Verpächter bar zu bezahlen. Für den Fall der Stundung des Kaufpreises gilt folgendes:

a) Der Pächter zahlt bei Übernahme des Pachtbetriebes den Betrag von .... DM.

b) Der verbleibende Kaufpreisrest ist ab Pachtbeginn mit .... % jährlich zu verzinsen und in monatlichen – vierteljährlichen Teilbeträgen von .... DM, immer am Ersten eines jeden Monats, Kalendervierteljahres, erstmals am .... bar oder durch Überweisung kostenfrei zu zahlen. Bleibt der Pächter mit einer Ratenzahlung länger als vier Wochen ganz oder teilweise im Rückstand, so wird damit der gesamte noch geschuldete Kaufpreisrest zur sofortigen Zahlung fällig. Die geschuldeten Zinsen sind halbjährlich – vierteljährlich im nachhinein am Ende eines jeden Kalenderhalbjahres – Kalendervierteljahres zu bezahlen. Der Pächter ist zu einer vorzeitigen Zahlung des Kaufpreisrestes berechtigt.

§ 10 Versicherungsverträge

Der Pächter ist verpflichtet, für die Dauer des Pachtverhältnisses auf eigene Kosten eine Betriebshaftpflichtversicherung für Personen- und Sachschäden und eine übliche Schadenversicherung für das Inventar des Pachtobjekts in angemessener Höhe abzuschließen oder, wenn solche Versicherungsverträge bereits bestehen, in diese ab Pachtbeginn einzutreten.

§ 11 Polizeiliche und Unfallverhütungsvorschriften

Der Pächter haftet für die Einhaltung aller polizeilichen Vorschriften und aller Unfallverhütungsvorschriften und ist verpflichtet, für den Fall, daß der Verpächter wegen Nichtbeachtung solcher Vorschriften zivil- oder strafrechtlich in Anspruch genommen wird, diesen schadlos zu halten.

§ 12 Besichtigungsrecht des Verpächters
Der Verpächter ist berechtigt, während der üblichen Geschäftsstunden die Pachträume und das Inventar zu besichtigen oder durch Beauftragte besichtigen zu lassen. Die Besichtigung hat tunlichst in der stillen Geschäftszeit zu erfolgen.

§ 13 Kaution
Zur Sicherung der sich aus dem Pachtverhältnis ergebenden Ansprüche des Verpächters, hat der Pächter binnen eines Monats nach Abschluß dieses Vertrages eine Kaution in Höhe von .... DM zu leisten. Der Betrag ist auf ein bei der Stadtsparkasse in Nürnberg zu eröffnendes Sperrkonto einzuzahlen mit der Bestimmung, daß die Auszahlung an einen Vertragsteil nur mit schriftlicher Zustimmung des anderen Teiles erfolgen darf. Der Verpächter verpflichtet sich, die anfallenden Zinsen abzüglich etwaiger Bankspesen jeweils zur Auszahlung an den Pächter freizugeben. Nach Beendigung des Pachtverhältnisses hat der Verpächter binnen zwei Monaten seine Zustimmung zur Auszahlung der Kaution an den Pächter zu erteilen, wenn er nicht bis dahin etwaige Ansprüche gegen den Pächter aus dem Pachtverhältnis gerichtlich geltend gemacht hat.

§ 14 Reparaturen und bauliche Veränderungen
(1) Der Verpächter darf Reparaturen und bauliche Veränderungen, die zur Erhaltung des Gebäudes oder der Pachträume oder zur Abwendung drohender Gefahren oder zur Beseitigung von Schäden notwendig werden, auch ohne Zustimmung des Pächters vornehmen.
(2) Reparaturen und bauliche Veränderungen, die zwar nicht notwendig, aber doch zweckmäßig sind, dürfen ohne Zustimmung des Pächters vorgenommen werden, wenn sie den Pächter nur unwesentlich beeinträchtigen.
(3) Soweit der Pächter solche Arbeiten dulden muß, kann er weder Minderung des Pachtzinses noch Ersatz eines Schadens verlangen, sofern die Beeinträchtigung nur unwesentlich ist. Handelt es sich jedoch um Reparaturen oder bauliche Veränderungen, die den Gebrauch des Pachtgegenstands zu dem vereinbarten Zweck ganz oder teilweise ausschließen oder erheblich beeinträchtigen, so hat der Pächter Anspruch auf entsprechende Minderung des Pachtzinses bzw. Anspruch auf Schadloshaltung.

§ 15 Beendigung des Pachtvertrages
(1) Bei Beendigung des Pachtverhältnisses hat der Pächter während der Pachtzeit eingetretene, über die normale Abnutzung hinausgehende Mängel an den Pachtgegenständen auf seine Kosten beseitigen zu lassen.

(2) Einrichtungen, die der Pächter in den Pachträumen angebracht hat, darf er bei Pachtbeendigung nicht entfernen, wenn der Verpächter bereit ist, hierfür den Zeitwert zu vergüten. Lehnt der Verpächter die Übernahme von Einrichtungen ab, kann er die Wiederherstellung des früheren Zustandes auf Kosten des Pächters verlangen.
(3) Im übrigen verbleiben alle Verbesserungen, die der Pächter während der Pachtzeit an den Pachtgegenständen genommen hat, unentgeltlich dem Verpächter, soweit nicht die Parteien im Einzelfall schriftlich eine abweichende Vereinbarung getroffen haben.

§ 16 Konkurrenzverbot
(1) Der Pächter verpflichtet sich, während der Dauer des Pachtverhältnisses und innerhalb eines Zeitraums von drei Jahren nach seiner Beendigung im Umkreis von 2000 m um den Standort des Pachtobjekts keinen Konkurrenzbetrieb zu errichten oder zu betreiben.
(2) Für jeden Fall der Zuwiderhandlung gegen das in Absatz 1 vereinbarte Konkurrenzverbot verpflichtet sich der Pächter zur Bezahlung einer Vertragsstrafe in Höhe von ... DM. Daneben bleibt das Recht des Verpächters, Unterlassung und Schadenersatz zu beanspruchen, ausdrücklich aufrechterhalten.

§ 17 Nebenabreden, Änderungen des Vertrages
Mündliche Nebenabreden zu diesem Vertrag bestehen nicht. Spätere Änderungen oder Ergänzungen sind nur wirksam, wenn sie schriftlich vereinbart werden.

Nürnberg, den ...
Der Verpächter: Karl Riedel — Der Pächter: Bruno Riedel

Anmerkungen:

1. Zur Geschäftsverpachtung vgl. Nr. 1. Der obige Muster-Pachtvertrag ist deshalb so ausführlich gehalten, damit der Leser bei der Vertragsabfassung möglichst an alle Punkte erinnert wird, die – je nach der Interessenlage der Vertragspartner – im Pachtvertrag geregelt werden können oder sollten. Man bedenke, daß die Geschäftsverpachtung für die Vertragspartner – auch zwischen Eltern und Kindern – von ähnlicher Tragweite ist wie eine Geschäftsveräußerung oder Geschäftsübergabe. Vereinbarungen im Pachtvertrag sind u. a. noch möglich über folgende Punkte:
   Konkurrenzverbot für den Verpächter, Sicherheitsleistung durch den Pächter, Vorkaufsrecht und Ankaufsrecht zugunsten des Pächters; statt der in § 7 des Vertrags vorgesehenen genehmigungspflichtigen Wertbeständigkeitsklausel könnte auch eine nicht genehmigungspflichtige Anpassungsklausel vereinbart werden.

2. Eine Wertbeständigkeitsklausel entfällt in der Regel dann, wenn an Stelle der im Mustervertrag vorgesehenen Festpacht eine sog. Umsatzpacht vereinbart wird. Berechnungsgrundlage für die Höhe des Pachtzinses ist gewöhnlich der Umsatz des Pachtbetriebes ohne Mehrwertsteuer (Nettojahresumsatz).
3. Für die Pächterwohnung kann seit 1. Januar 1975 eine Mietpreisgleitklausel nicht mehr rechtswirksam vereinbart werden. Die Wertbeständigkeitsklausel nach § 7 gilt zur Zeit nur für die Höhe des Pachtzinses, nicht für die Miete der Pächterwohnung. Die Erhöhung der Wohnungsmiete kann vom Verpächter nur unter den gesetzlich festgelegten Voraussetzungen und in dem gesetzlich bestimmten Umfang verlangt werden (vgl. Gesetz zur Regelung der Miethöhe vom 18. 12. 1974).

Abkürzungsverzeichnis

a. A.	= anderer Ansicht
a.a.O.	= am angegebenen Ort
Abs.	= Absatz
ÄndG	= Änderungsgesetz
a. F.	= alte(r) Fassung
AG	= Aktiengesellschaft
AktG	= Aktiengesetz
Anm.	= Anmerkung
AO	= Abgabenordnung 1977
Art.	= Artikel
BAnz	= Bundesanzeiger
BaWü	= Baden-Württemberg
BayObLG	= Bayerisches Oberstes Landesgericht
BayObLGZ	= Sammlung von Entscheidungen des Bayer. Obersten Landesgerichts in Zivilsachen
BB	= Der Betriebsberater, Zeitschrift
Bem.	= Bemerkung
Beschl.	= Beschluß
BeurkG	= Beurkundungsgesetz
BewG	= Bewertungsgesetz
BFH	= Bundesfinanzhof
BFHE	= Bundesfinanzhof, Entscheidungen
BGB	= Bürgerliches Gesetzbuch
BGBl I S.	= Bundesgesetzblatt Teil I Seite
BGH	= Bundesgerichtshof
BGHZ	= Entscheidungen des Bundesgerichtshofs in Zivilsachen
BMF	= Bundesminister der Finanzen
BSHG	= Bundessozialhilfegesetz vom 30. 6. 1961 i. d. F. v. 20. 1. 1987 (BGBl I 1987 S. 401, 494)
BStBl	= Bundessteuerblatt
BtG	= Betreuungsgesetz v. 12. 9. 1990
BVerfG	= Bundesverfassungsgericht
BVerfGE	= Entscheidungssammlung des BVerfG
BVerwG	= Bundesverwaltungsgericht
BWNotZ	= Zeitschrift für das Notariat in Baden-Württemberg
DB	= Der Betrieb, Zeitschrift
DFG	= Deutsche Freiwillige Gerichtsbarkeit, Zeitschrift

dgl.	= dergleichen
DNotZ	= Deutsche Notar-Zeitschrift
DR	= Deutsches Recht, Zeitschrift
DStR	= Deutsches Steuerrecht
DStRdsch.	= Deutsche Steuer-Rundschau, Zeitschrift
DStZ	= Deutsche Steuer-Zeitung
DVO	= Durchführungsverordnung
DVStR	= Deutsche Verkehrsteuer-Rundschau, Zeitschrift
EFG	= Entscheidungen der Finanzgerichte
EG	= Einführungsgesetz
EGBGB	= Einführungsgesetz zum Bürgerl. Gesetzbuch
EGHGB	= Einführungsgesetz zum Handelsgesetzbuch
ErbStG	= Erbschaftsteuergesetz in der Fassung vom 19. 2. 1991 (BGBl I S. 468)
EStDV	= Erbschaftsteuer-Durchführungsverordnung
EStG	= Einkommensteuergesetz
EStR	= Einkommensteuer-Richtlinien
FA	= Finanzamt
FamG	= Familiengesellschaften in Recht und Praxis, Lose-Blatt-Handbuch
FamRÄndG	= Gesetz über die Änderung und Ergänzung familienrechtl. Vorschriften u. über die Rechtsstellung der Staatenlosen
FamRZ	= Zeitschrift für das gesamte Familienrecht
FG	= Finanzgericht
FGB	= Familiengesetzbuch der Deutschen Demokratischen Republik vom 20. 12. 1965 (in Kraft am 1. 4. 1966)
FGG	= Gesetz über die Angelegenheiten der freiwilligen Gerichtsbarkeit
FGO	= Finanzgerichtsordnung
FR	= Finanz-Rundschau/Deutsches Steuerblatt, Zeitschrift
fr	= früher(e)
G	= Gesetz
GBO	= Grundbuchordnung
GewStG	= Gewerbesteuergesetz
GewStDV	= Gewerbesteuerdurchführungsverordnung
GewStR	= Gewerbesteuerrichtlinien
GG	= Grundgesetz der Bundesrepublik Deutschland
GleichberG	= Gleichberechtigungsgesetz
GmbH	= Gesellschaft mit beschränkter Haftung

GmbHG	= Gesetz, betreffend die Gesellschaften mit beschränkter Haftung
GrEStG	= Grunderwerbsteuergesetz
GrS	= Großer Senat (des BFH)
GrStG	= Grundsteuergesetz
GVBl	= Gesetz- und Verordnungsblatt
Gr.	= Gruppe
h. A.	= herrschende Ansicht
Hess.	= Hessisches (FG)
HFR	= Höchstrichterliche Finanz-Rechtsprechung
HGA	= Hypothekengewinnabgabe
HGB	= Handelsgesetzbuch
h. M.	= herrschende Meinung
HRR	= Höchstrichterliche Rechtsprechung
HuG	= Haus- und Grundbesitz in Recht u. Praxis, Loseblatt-Zeitschrift
i. d. F.	= in der Fassung
i. d. R.	= in der Regel
i. S. v.	= im Sinne von
i. V. m.	= in Verbindung mit
JFG	= Jahrbuch für Entscheidungen in Angelegenheiten der freiwilligen Gerichtsbarkeit
JR	= Juristische Rundschau
JW	= Juristische Wochenschrift
JZ	= Juristenzeitung
Kartei	= Steuerrechtsprechung in Karteiform (Mrozekkartei) – bis 1944
KG	= Kammergericht; Kommanditgesellschaft
KGaA	= Kommanditgesellschaft auf Aktien
KO	= Konkursordnung
KostO	= Kostenordnung
KStG	= Körperschaftsteuergesetz
KSt	= Körperschaftsteuer
KStR	= Körperschaftsteuerrichtlinien
KVStG	= Kapitalverkehrsteuergesetz
KVStDV	= Kapitalverkehrsteuerdurchführungsverordnung
LAG	= Lastenausgleichgesetz

LM = Lindenmaier-Möhring, Nachschlagewerk der BGH-Rechtsprechung
LStDV = Lohnsteuerdurchführungsverordnung
LStR = Lohnsteuerrichtlinien

MittRhNotK= Mitteilungen der Rheinischen Notarkammer
MDR = Monatsschrift für Deutsches Recht
MV = Mustervertrag

Nds. = Niedersächsisches (FG)
n. F. = neue Fassung
NichtehelG = Gesetz über die rechtliche Stellung der nichtehelichen Kinder
NJW = Neue Juristische Wochenschrift
NJW-RR = NJW-Rechtsprechungs-Report Zivilrecht
Nr. = Nummer
NSt = Neues Steuerrecht von A – Z
NWB = Neue Wirtschaftsbriefe

OFD = Oberfinanzdirektion
OGH = Oberster Gerichtshof
OHG = Offene Handelsgesellschaft
OLG = Oberlandesgericht
OLGZ = Entscheidungen der Oberlandesgerichte in Zivilsachen

Palandt = Kommentar zum BGB (51. Aufl. 1992)

RdL = Recht der Landwirtschaft
RHF = Reichsfinanzhof
RG = Reichsgericht
RGBl = Reichsgesetzblatt
RGRK = Kommentar zum BGB, hrsg. v. Reichsgerichtsräten und Bundesrichtern
RGZ = Entscheidungen des Reichsgerichts in Zivilsachen
Rpfleger = Der deutsche Rechtspfleger, Zeitschrift
RPflG = Rechtspflegergesetz
RStBl = Reichssteuerblatt
RVO = Reichsversicherungsordnung
RWP = Rechts- und Wirtschaftspraxis
Rz. = Randziffer

S. = Satz, Seite
s. = siehe

s.o.	= siehe oben
sog.	= sogenannt
s.u.	= siehe unten
StAnpG	= Steueranpassungsgesetz
StbJB.	= Steuerberater-Jahrbuch
StGB	= Strafgesetzbuch
StKl.	= Steuerklasse
StRK	= Steuerechtsprechung in Karteiform – ab 1944
StuW	= Steuer und Wirtschaft
StWK	= Steuer- und Wirtschafts-Kurzpost, Loseblatt-Zeitschrift
TV	= Testamentsvollstrecker
UStDB	= Umsatzsteuerdurchführungsbestimmungen
UStG	= Umsatzsteuergesetz
UStR	= Umsatzsteuerrichtlinien
u.U.	= unter Umständen
VerwG	= Verwaltungsgericht
vgl.	= vergleiche
VglO	= Vergleichsordnung
VormGer.	= Vormundschaftsgericht
VStG	= Vermögensteuergesetz
VStR	= Vermögensteuerrichtlinien
VStRG	= Vermögensteuerreformgesetz
VVG	= Versicherungsvertragsgesetz
WM	= Wertpapiermitteilungen
ZAP/EN	= Zeitschrift für die Anwaltspraxis/Eilnachrichten
ZPO	= Zivilprozeßordnung

Stichwortverzeichnis (Die Zahlen bezeichnen die Randziffern)